DROIT DES CONTRATS ADMINISTRATIFS

Laurent Richer
Professeur à l'Université Paris I (Panthéon-Sorbonne)

DROIT DES CONTRATS ADMINISTRATIFS

5e édition

L.G.D.J

31, rue Falguière,
75741 Paris Cedex 15
ISBN : 2.275.03011.5

Table des abréviations

ACCP	Actualité de la commande et des contrats publics (voir CP-ACCP)
AN	Assemblée Nationale
AJDA	Actualité juridique, droit administratif
AJFP	Actualité juridique. Fonction publique
Avis CE	Avis du Conseil d'État dans une formation administrative
BJDCP	Bulletin juridique des contrats publics
BIIAP	Bulletin de l'Institut International d'Administration Publique
BOCC	Bulletin officiel concurrence, consommation et répression des fraudes
Bull. civ.	Bulletin de la Cour de cassation, chambres civiles
CAA	Cour administrative d'appel
CADA	Commission d'accès aux documents administratifs
CCAG	Cahier des clauses administratives générales
CGCT	Code général des collectivités territoriales
CJEG	Cahiers juridiques de l'électricité et du gaz (voir RJEP)
CC	Conseil constitutionnel
CE	Conseil d'État
CE avis	Avis contentieux du Conseil d'État
CGCT	Code général des collectivités territoriales
CGPPP	Code général de la propriété des personnes publiques
CMP	Code des marchés publics
CP-ACCP	Contrats publics — L'actualité de la commande et des contrats publics
CTACAA	Code des tribunaux administratifs et des cours administratives d'appel
Ctts et MP	Contrats et marchés publics
concl.	Conclusions
D.	Recueil Dalloz
DAG	Droit administratif général

DCE	Dossier de consultation des entreprises
Dr. adm. ou DA	Droit administratif (bulletin mensuel)
Dr. soc.	Droit social
GACE	« Grands avis du Conseil d'État » par Y. Gaudemet et al. Dalloz, 2e éd., 2002
GAJA	« Grands arrêts de la jurisprudence administrative » par M. Long, P. Weil, G. Braibant, P. Delvolvé, B. Genevois, 15e édition, Dalloz, 2005
GDCC	« Grandes décisions du Conseil constitutionnel » par L. Favoreu et L. Philip, Dalloz 12e éd., 2003
JCP	Jurisclasseur périodique (édition générale)
J.-Cl	Jurisclasseur
JO	Journal officiel
LPA	Les Petites Affiches
Mél.	Mélanges
Mon.	Moniteur des travaux publics et du bâtiment
op. cit.	Ouvrage déjà cité
PPLR	*Public Procurement Law Review*
RCDIP	Revue critique de droit international privé
Rec.	Recueil des décisions du Conseil d'État (ou du Conseil constitutionnel)
Rev. adm.	Revue administrative
Rev. fr. Déc.	Revue française de la décentralisation (cette revue a eu quatre numéros en 1995-1996 puis a cessé de paraître)
RDP	Revue du droit public et de la science politique
RFDA	Revue française de droit administratif
req.	requête (le numéro de requête est indiqué quand la décision n'est pas publiée ou n'est disponible que sur le site *Legifrance*)
RJEP	Revue juridique de l'entreprise publique (Cahiers jurdiques de l'électricité et du gaz)
RTDC	Revue trimestrielle de droit civil
S.	Recueil Sirey
t.	tables
TA	Tribunal administratif
TC	Tribunal des conflits
Traité des contrats	Traité des contrats administratifs, A. de Laubadère, P. Delvolvé, F. Moderne, LGDJ, 1983-1984
TO	Textes officiels (supplément hebdomadaire du Moniteur des travaux publics et du bâtiment)
V.	Voir
V°	au mot (dans un répertoire alphabétique)
Vis	aux mots (dans un répertoire alphabétique)

Introduction

> « Pour définir et faire appliquer les lois régissant l'activité privée, il faut un État fort et compétent. Mais le bon fonctionnement des marchés suppose aussi une perception claire des limites du rôle de l'État. Le gouvernement lui-même doit obéir à la loi et les entreprises privées doivent avoir la certitude qu'il n'interviendra pas arbitrairement dans leurs affaires, qu'il respectera le programme d'action annoncé et qu'il s'acquittera de ses obligations. De récentes comparaisons entre pays ont fait apparaître une corrélation positive entre la confiance des citoyens dans la capacité du gouvernement de tenir ses promesses et de s'acquitter de ses obligations et la croissance ».
> (Banque mondiale, *Dix-neuvième rapport sur le développement dans le monde*, 1996, p. 113).

1. Propriété et liberté contractuelle étant les bases du libéralisme conçu comme protection contre l'État, peut-on concevoir une liberté contractuelle de l'État ? Une telle notion peut être perçue comme une tentative d'appropriation ou de détournement d'un droit fondamental ; l'État, en se « mettant en civil » s'ouvrirait à lui-même de nouvelles possibilités d'action.

Mais la liberté contractuelle de l'État peut aussi être conçue comme un investissement du champ politique par le droit civil, ce qui va dans le sens d'une « dépolitisation » du droit public, d'un rapprochement avec la société civile.

Cela ne signifie pas nécessairement rapprochement avec le droit civil. En effet, de même que la propriété publique n'est pas en tous points identique à la propriété privée, de même la liberté contractuelle des personnes publiques peut avoir ses particularités.

Comme en droit privé, la liberté contractuelle recouvre divers aspects de l'activité contractuelle, elle porte sur le droit de choisir ou non le procédé du contrat, sur celui de déterminer le mode de passation et les clauses du contrat, d'écarter ou d'adapter les règles applicables aux contrats.

Mais on pressent que la liberté contractuelle des personnes publiques diffère nécessairement de celle des personnes privées. À certains égards, elle est susceptible d'une plus grande intensité, par exemple lorsqu'elle recoupe la libre administration des collectivités territoriales. À d'autres égards, les règles fondamentales du droit public imposent inéluctablement des limites spécifiques tenant, principalement, à ce que les collectivités publiques ne peuvent agir que si elles ont reçu compétence et à l'indisponibilité de ladite compétence.

2. Mais dans ce cadre, bien des possibilités restent ouvertes, sans que le droit français ait toujours opté clairement. On peut subordonner la validité du contrat à une habilitation précise donnant compétence pour conclure tel ou tel type de contrat ou bien admettre que si la personne publique est compétente pour intervenir dans un domaine, elle peut *ipso facto* le faire par voie de contrat.

Le principe d'indisponibilité des compétences, qui dérive de l'article 3 de la Déclaration de 1789, comporte, lui aussi, une part d'indétermination dans ses conséquences en matière de contrat, au point que la compétence semble parfois supplantée par le droit subjectif. Le droit positif des contrats administratifs est traversé de contradictions.

Cela n'empêche pas le contrat d'être un instrument de résolution de contradictions.

3. Le constant développement du contrat dans l'action administrative tient en effet à ses capacités de synthèse. La concession permet de faire converger l'entreprise privée et le service public, les contrats entre l'État et les collectivités locales concilient décentralisation et orientation de l'action locale, la contractualisation de l'action publique permet, de façon générale, de renforcer le rôle de l'État tout en faisant mieux accepter celui-ci.

Sans cesse, de nouvelles synthèses sont opérées, le droit des contrats est en constante évolution, sans que ni la doctrine, ni les autorités de l'État elles-mêmes en aient toujours conscience, parce que le droit du contrat, en droit administratif comme ailleurs, c'est aussi la pratique contractuelle.

Les mutations les plus sensibles ont concerné au cours des dernières années les marchés publics et les contrats de type partenarial. Croissance des dépenses d'investissement des collectivités locales, ouverture des frontières, tentatives de moralisation de la vie publique ont été à l'origine d'importantes évolutions depuis une décennie et l'évolution est loin d'être terminée, si elle doit jamais l'être.

Particulièrement importante est l'influence du droit communautaire, à certains égards paradoxale, étant donné que le droit communautaire se veut, autant que possible, indifférent aux distinctions nationales entre droit privé et droit public et ignore la distinction entre contrats de droit privé et contrats de droit public ; mais cette neutralité même a contribué à stimuler la réflexion juridique. En définissant des règles de passation qui s'imposent aussi bien à des contrats de droit privé qu'à des contrats de droit public, en soumettant à des régimes identiques des personnes privées et des personnes publiques, le droit communautaire est venu bouleverser les classifications du droit français et a contraint à s'interroger sur la validité et la pérennité de ces classifications. De manière moins avouable, le renforcement des règles de concurrence qui caractérise le droit communautaire, mais aussi le droit interne français des dernières années a, lui aussi, eu un effet stimulateur : maints experts ont cherché, et cherchent toujours, à inventer des « montages » contractuels permettant d'échapper à des cadres considérés comme trop rigides.

4. Le développement du « procédé contractuel » est donc incontestable ; mais tous les contrats de l'administration ne sont pas des contrats administratifs ; les personnes publiques peuvent conclure des contrats de droit privé, alors qu'on désigne par l'expression « contrats administratifs » les contrats de droit public soumis à un régime différent de celui qui s'applique aux contrats entre personnes privées.

Régime de droit public, le régime du contrat administratif est principalement d'origine jurisprudentielle, mais la théorie générale du contrat administratif a été élaborée par les efforts conjugués de la jurisprudence et de la doctrine. Les textes législatifs et réglementaires n'y ont contribué que pour une moindre part et surtout pour reprendre à leur compte des notions déjà définies par ailleurs.

Le régime des contrats administratifs ne consiste cependant pas seulement en une « théorie générale », il se diversifie en fonction des collectivités concernées et de l'objet du contrat. Dans la définition de ces règles spécifiques, les textes législatifs et réglementaires tiennent une place importante.

Il faut aussi, naturellement, tenir le plus grand compte du contenu des contrats, d'une part parce qu'il sont eux-mêmes créateurs du droit, d'autre part parce que les contrats peuvent être conclus sur certains objets en dehors de tout cadre législatif ou réglementaire. Il est donc impossible de s'en tenir à l'examen des textes, de la jurisprudence et de la doctrine, il convient aussi d'être attentif à la pratique contractuelle pour avoir une vue complète des contrats administratifs.

À cet égard, le contenu des contrats est plus facile à connaître qu'en droit privé pour plusieurs raisons : les contrats administratifs constituent des documents administratifs communicables, ils font parfois l'objet d'une publication au *Journal officiel*, ils sont souvent la reproduction de documents-types eux-mêmes publiés.

À partir de ces différentes sources, on commencera par situer le contrat administratif dans la théorie juridique et dans la pratique administrative, avant d'étudier le régime général de ces contrats, puis les règles spécifiques applicables aux plus importants d'entre eux.

AVERTISSEMENT

Dans le présent ouvrage les références jurisprudentielles sont indiquées entre parenthèses et en italiques ; les références des arrêts les plus importants figurent de plus en caractères gras (il s'agit de décisions « de principe », de décisions comportant des formulations particulièrement significatives ou marquant un revirement ou l'application d'une règle nouvelle). Les lois et décrets sont indiqués par leurs dates, sans la numérotation annuelle, sauf si cette indication est nécessaire pour éviter toute ambiguïté. En général, on ne donne pas la référence des lois et décrets, qui sont accessibles sur le site Legifrance.

Plan général

PREMIÈRE PARTIE
THÉORIE ET PRATIQUE DU CONTRAT ADMINISTRATIF

DEUXIÈME PARTIE
RÉGIME GÉNÉRAL DU CONTRAT ADMINISTRATIF

TROISIÈME PARTIE
PRINCIPAUX CONTRATS ADMINISTRATIFS

Première partie
Théorie et pratique du contrat administratif

Plan de la première partie

Chapitre 1
Le contrat administratif dans la théorie du contrat

5. La notion de contrat suscite en permanence la réflexion de la doctrine, qui cherche à déterminer pourquoi le contrat est obligatoire et en quoi son effet obligatoire diffère de celui d'autres normes ou actes juridiques (V. notamment « Archives de philosophie du droit » 1940 et 1968 et la revue « Droits », n° 12, 1990).

La notion générale de contrat est et ne peut être que la même en droit public et en droit privé. Si tel n'était pas le cas, on voit mal comment il serait possible d'identifier le contrat dans l'une ou l'autre branche du droit. Que la notion soit identique n'implique cependant pas que les régimes juridiques le soient : le contrat administratif est régi par des règles particulières dont les plus importantes sont caractérisées par l'inégalité des parties. Cette inégalité est telle qu'un auteur a pu s'interroger : les contrats administratifs font-ils vraiment la loi des parties ? (J. L'Huillier, « Les contrats administratifs tiennent-ils lieu de loi à l'administration ? », *D.* 1953, chron. 88), ce qui revient à se demander si les contrats administratifs sont vraiment des contrats, puisque la notion de contrat suppose la création de droits et d'obligations.

§ 1. Définition du contrat

Bibliographie : *Traité des contrats*, n° 13.

6. On peut prendre comme point de départ, quitte à cerner par la suite la notion avec plus de précision, une définition minimale du contrat comme l'accord conclu entre deux personnes au moins, d'où résultent des droits et obligations. Aussi neutre soit-elle, cette définition implique cependant un certain nombre d'exclusions et de présupposés.

La notion d'accord renvoie à celle de volonté, d'échange de consentements : le contrat résulte de la rencontre de plusieurs volontés, il repose sur la « volonté de se lier par des obligations réciproques » *(CE 20 mars 1996 Commune de Saint-Céré, Rec. p. 87, Dr. adm. 1996, n° 307)*. Cette formulation laisse en suspens un certain nombre d'interrogations : l'échange des consentements est-il le fondement du caractère obligatoire du contrat ou seulement une condition de celui-ci ? Les volontés ont-elles en vue des intérêts antagonistes ou un intérêt commun ?

A Accord entre des parties

7. Le sens commun conçoit difficilement qu'un accord puisse ne pas lier au moins deux personnes, et c'est bien ce qui se produit dans la majorité des cas, mais les juristes ont posé le problème du contrat avec soi-même en envisageant la possibilité pour un même sujet de droit d'agir dans l'intérêt de deux patrimoines ou centres d'intérêts distincts. Lorsque les parties sont deux États, se pose aussi le problème de la distinction entre contrat et traité.

a) « Contrat avec soi-même »

8. On a pu expliquer par la théorie du « contrat avec soi-même » certaines pratiques suivies dans l'administration (B. Delcros, *L'unité de la personnalité juridique de l'État*, LGDJ 1976, p. 83 et s.). Ainsi, la Régie industrielle des Établissements pénitentiaires, service de l'État dénué de la personnalité morale, vend des fournitures à d'autres services de l'État, ainsi encore le Conseil d'État qui, comme toutes les juridictions, n'a pas la personnalité morale, avait, jadis, conclu une convention avec le CNIJ, service de l'État et, surtout, les administrations centrales concluent des contrats avec les services déconcentrés de l'État. Ainsi, il a été décidé en 1996 de mettre en place des « contrats de service » liant les administrations centrales à certains de leurs services déconcentrés. Et des services déconcentrés contractent entre eux pour se coordonner.

Incontestablement les services ainsi mis en présence sont dotés d'autonomie les uns par rapport aux autres, chacun poursuit l'intérêt général à travers ses propres finalités, chacun est doté d'une organisation et de moyens spécifiques, mais ils restent des services de l'État et, quand ils concluent des contrats, ils expriment la volonté de l'État. Compte tenu des impératifs qui sont à l'origine du principe d'unité de la personnalité juridique de l'État, considéré comme garant de la continuité et de la cohérence, il est difficile pour le droit administratif français de concevoir la rencontre des volontés de deux organes de l'État : la volonté étatique est une, le contrat entre deux organes ou deux autorités de l'État est proprement inconcevable.

Force est cependant de s'interroger sur la pertinence du refus catégorique de la qualification de ces accords comme contrats au sens juridique du terme.

Pour rendre compatible ce type d'accord avec la conception traditionnelle du contrat, défini comme un accord entre plusieurs sujets de droit, il a été envisagé de reconnaître à des entités autonomes au sein de l'État une personnalité limitée, de caractère fonctionnel, mais cette solution présente l'inconvénient de remettre en cause l'unité de l'État à laquelle le droit français est très attaché.

Toute possibilité de reconnaître valeur juridique à ce type d'accord n'est cependant pas exclue. On peut, en effet, se demander si la conception du contrat comme un accord entre au moins deux sujets de droit n'est pas liée aux notions de capacité et de droit subjectif, alors qu'en droit public la notion dominante est celle de compétence. Un texte législatif ou réglementaire pourrait, sans doute, attribuer compétence à un organisme non personnalisé, mais de simples circulaires ne sont certainement pas suffisantes ; or, jusqu'à présent ce type d'accord, qui n'a de contrat que le nom, a été mis en place par des circulaires.

b) Contrat et traité

Bibliographie : AUDIT (M.) : « Les conventions transnationales entre personnes publiques », *LGDJ*, 2002.

BENCHEDIKH (F.) : « Le régime juridique des arrangements administratifs », *Dr. adm.*, 2005, Oct. 13.

LEBEN (C.) : « Retour sur la notion de contrat d'État et sur le droit applicable à celui-ci », *Mélanges Hubert Thierry, Pedone*, 1998, p. 247 et s.

LEMAIRE (S.) : « Les contrats internationaux de l'administration », *LGDJ*, 2005.

VERHOEVEN (J.) : « Traités ou contrats entre États ? Sur les conflits de lois en droit des gens », *Clunet* 1984, p. 5 et s.

KOVAR (R.) : « La distinction "gestion publique-gestion privée" et le régime des conventions en droit international », *Mél. Eisenmann*, p. 423 et s.

9. Dans le cas habituel où le contrat met en présence au moins deux personnes, dont l'une doit être publique pour que la qualification comme contrat administratif soit possible, s'agit-il nécessairement de sujets de droit interne ? On touche ici à la question délicate de la distinction entre contrat et traité.

10. Le traité est conclu entre deux sujets de droit international, c'est-à-dire, en général, deux États. Tout accord entre deux États est-il un traité régi par le droit international ? Plusieurs positions sont en présence.

Selon certains, les accords entre États sont toujours des traités, quels que soient leur contenu et leur finalité ; si l'accord renvoie à un droit interne, il n'en demeure pas moins un traité qui incorpore les dispositions de la loi nationale. Selon d'autres, les accords entre États peuvent être ou ne pas être des traités selon la volonté des signataires, qui sont libres de décider que le droit applicable est ou n'est pas le droit international, sous réserve cependant de l'objet de la convention : « lorsqu'il y a "objet de souveraineté", selon la formule de von Liszt, l'accord doit nécessairement être un traité » (Verhoeven, *art. cit.*, p. 21). Enfin, dans une troisième conception, les accords entre États sont soit des traités, soit des contrats selon leur objet : il s'agit d'un contrat si l'objet relève normalement du droit interne.

Chacune de ces formules soulève des difficultés et il ne paraît pas possible de considérer que l'une d'elles a été adoptée par le droit international ; cependant, il est contestable de définir un domaine qui, par nature, relèverait du traité : comme le souligne le professeur P.-M. Dupuy, leur souveraineté permet aux États de soustraire leurs relations au droit des gens (« La coopération régionale transfrontalière et le droit international », AFDI 1977, p. 837).

Une certaine clarté est apportée en ce domaine par S. Lemaire (*op. cit.* p. 67 et s.), qui opère une distinction entre État-Personne Internationale et État-Administration. Pour savoir en quelle qualité l'État agit, on tiendra compte de l'objet de l'accord et de l'intention des parties, laquelle renvoie au droit applicable.

En dehors de ce cas où l'hésitation porte sur l'application du droit international ou du droit national, il est plus fréquent que l'incertitude concerne l'application d'un régime de droit. La question est alors de savoir si un accord produit ou non des effets de droit.

B Production d'effets de droit

11. Le droit international connaît le *gentlemen's agreement* (P. M. Eisemann, « Le *gentlemen's agreement* comme source du droit international », *Clunet* 1979, 32) qui ne relève pas du droit, ce qui, comme le remarque P. M. Eisemann, ne l'empêche pas d'être en pratique aussi bien respecté qu'un traité, en dépit de l'absence de sanction juridique.

a) « Gentlemen's agreement » administratif

11 *bis*. Le *gentlemen's agreement* diffère du traité avant tout par l'absence d'intention de s'obliger juridiquement. Une négociation a eu lieu, un accord est intervenu, mais il est clair pour l'ensemble des intéressés qu'aucun engagement juridique n'en résulte.

Ce type d'accord est loin d'être inconnu dans l'administration. Il arrive, par exemple, que soient signés des protocoles d'accord prévoyant l'intervention de décisions unilatérales ou de contrats ultérieurs, protocoles signés avec des syndicats de fonctionnaires pour mettre fin à une grève, ou avec une entreprise pour résoudre ses difficultés. De tels protocoles ne peuvent tenir lieu des actes qu'ils prévoient, ni même lier les autorités administratives compétentes, mais, le plus souvent, les signataires connaissent ces limites et il est clair dans leur esprit que la signature ne correspond pas à un véritable engagement juridique. S'il y avait un tel engagement, il serait d'ailleurs illicite, ce qui ne ferait guère de différence, puisque, dans un cas comme dans l'autre, l'accord est insusceptible de sanction juridique. Mais ce n'est pas une sanction juridique que recherchent les signataires de ce type d'accord, qui a une valeur morale et politique.

Il ne faudrait cependant pas déduire de ce qui précède que tout accord prévoyant l'intervention d'actes ultérieurs est insusceptible de constituer un contrat. Un tel accord peut avoir le caractère d'un contrat s'il apparaît que les parties, et singulièrement la partie publique, ont eu l'intention de s'obliger. En principe, un tel contrat est nul s'il comporte un engagement relatif au pouvoir de décision unilatérale ; il est susceptible d'être valable s'il prévoit la conclusion de contrats subséquents. Il arrive néanmoins que la loi ou la jurisprudence valide même des contrats relatifs à l'intervention d'un acte unilatéral.

Lorsque la volonté de s'obliger existe, l'accord est générateur d'effets de droit. Tout accord générateur d'effets de droit est-il un contrat ? Une partie de la doctrine l'a contesté.

b) Contrat et convention

12. Léon Duguit (*Traité de droit constitutionnel*, 3e éd., 1927, t. I, p. 380 et s.) reprenant des analyses de la doctrine allemande, considère que le contrat n'est qu'une catégorie particulière de convention. Toute convention n'est pas un contrat parce « qu'il peut y avoir concours de volontés sans qu'il y ait contrat, qu'il n'y a pas de contrat lorsqu'il y a pluralité de déclarations ayant le même objet et déterminées par le même but, et non pas pluralité de déclarations de volonté ayant des objets différents, déterminées l'une par l'autre, qu'il n'y a pas contrat non plus, bien qu'il y ait convention, quand celle-ci a pour objet de provoquer la formation d'une situation, qui n'est pas un rapport de créancier à débiteur » (p. 385). Le but déterminant les volontés en présence joue donc un rôle fondamental dans cette classification. Si les volontés sont « concourantes », l'acte qui résulte de ce concours n'est pas un contrat. Ce peut être un « acte collectif » ou une « union ».

13. L'acte constitutif d'une association ou d'un syndicat n'est pas un contrat, c'est un acte collectif (« Gesammtakt »), résultant d'une pluralité d'actes unilatéraux déterminés par un but commun.

Le concours des volontés peut aussi déboucher sur la conclusion d'une convention non contractuelle que Duguit propose d'appeler l'« union » (« Vereinbarung »), accord de volontés dont résulte une règle permanente ou une situation juridique objective tel le mariage, la convention collective de travail, la concession de service public dans ses stipulations relatives aux conditions d'exploitation du service, la nomination de fonctionnaires. Ces actes sont liés à l'existence d'une institution et s'adaptent à l'évolution de celle-ci, aux conditions nouvelles, à la différence du contrat qui est figé.

Cette théorie a été critiquée par Kelsen (« La théorie juridique de la convention », *APD* 1940, p. 40) qui fait valoir que les volontés ont toujours le même objet parce que la volonté manifestée par une des parties porte aussi bien sur la prestation que sur la contre-prestation.

Il est cependant certain que les actes ainsi mentionnés comportent des particularités par rapport à la théorie classique du contrat, particularités dont on verra que la jurisprudence tient compte dans une certaine mesure, mais, de manière générale, le droit positif français se montre assez rebelle aux catégories nouvelles et préfère intégrer les actes qualifiés d'union par Duguit à la catégorie générale des contrats, quitte à introduire des dérogations par rapport aux règles normalement applicables. On peut regretter le caractère quelque peu simplificateur de cette démarche, mais aussi souligner que les distinctions proposées par Duguit seraient difficiles à mettre en œuvre dans la pratique, car « la permanence des relations contractuelles et la poursuite d'un but partiellement commun sont trop fréquentes et surtout trop relatives pour permettre de tracer une ligne de séparation suffisamment significative » (J. Ghestin, « La notion de contrat », *Droits*, n° 12, p. 23).

Lorsqu'existe un accord de volontés visant à produire des effets de droit, le problème se pose de savoir pourquoi cet accord est obligatoire. Plusieurs conceptions s'opposent à ce sujet. Bien que les controverses doctrinales trouvent principalement leur siège dans la doctrine privatiste, il est indispensable de les évoquer pour savoir si les problèmes se posent de la même manière quand le contrat est de droit public.

C Fondement du caractère obligatoire

14. La valeur obligatoire du contrat a longtemps été expliquée par l'idée d'autonomie de la volonté (sur les origines de cette théorie : J. Ghestin, *Le contrat : formation*, LGDJ 1988, p. 161 et s. ; V. Ranouilh, *L'autonomie de la volonté : naissance et évolution d'un concept*, PUF, 1980 — pour qui la notion est issue de la doctrine de droit international privé — et G. Rouhette, rapport français sur la force obligatoire du contrat in *Le contrat aujourd'hui : comparaisons franco-anglaises*, dir. D. Tallon et D. Harris, LGDJ 1987, p. 27 et s. — selon qui la notion, à connotation morale, renvoie à un « kantisme républicain »), mais d'autres explications existent.

a) L'autonomie de la volonté

Bibliographie : NICINSKI (S.) : « Le dogme de l'autonomie de la volonté dans les contrats administratifs », *Contrats publics, Mél. Guibal*, 2006, p. 45.

15. De même que dans l'ordre international, l'État peut se lier parce qu'il est souverain — et non en dépit de sa souveraineté —, de même dans l'ordre interne, les sujets de droit peuvent se lier parce qu'ils ont une volonté, et, le contrat est obligatoire uniquement parce qu'il est un accord de volontés, chacune des parties s'étant obligée. Cette conception (dont on peut se demander si elle a jamais prévalu à l'état pur) a été critiquée par Kelsen (art. précit.).

Pour cet auteur, il faut distinguer dans l'acte conventionnel l'accord de volonté et la norme créée par la convention, la procédure et la norme. En tant que procédure, la convention est uniquement un accord de volontés, mais cet accord tire son caractère normatif d'une norme supérieure (loi ou coutume), le contrat bénéficie seulement d'une « force obligatoire déléguée par la loi », sans que le législateur soit d'ailleurs tenu d'opérer cette délégation s'il l'estime inopportune. La capacité de contracter n'est, en somme, qu'une compétence attribuée par le droit objectif.

Un autre courant doctrinal, aujourd'hui dominant, renoue avec la conception ancienne du contrat, conception qui était loin d'être étrangère aux auteurs du Code civil et que l'on peut qualifier de « classique ».

b) La conception classique

16. Cette théorie du contrat trouve son origine chez Aristote, relayé par saint Thomas d'Aquin puis par la doctrine moderne du droit naturel (J. Gordley, *The Philosophical Origins of Modern Contract Doctrine*, Clarendon Press, 1991 ; Rouhette, *op. cit.*, LGDJ 1987).

Les parties au contrat ne sont pas liées seulement par ce qu'elles ont voulu ; les obligations dérivent aussi de l'essence ou de la nature du contrat, ce qui suppose une recherche du but du contrat et laisse place aux « idées de bonne foi, de justice objective, voire de confiance légitime, c'est-à-dire en définitive d'équilibre des intérêts en présence — *suum cuique tribuere* » (Rouhette, *op. cit.*, p. 42). Pour déterminer les obligations des parties, il ne convient pas de se référer seulement à la volonté des parties ; les obligations dérivent de l'essence du contrat qui est déterminé à partir de son but et de la décomposition de ses éléments (J. Gordley, *op. cit.*, p. 16 et s.). Il apparaît ainsi que la recherche du fondement du contrat n'est pas seulement une question de pure théorie juridique : si le contrat ne repose pas sur l'autonomie de la volonté, le droit positif ne se référera pas seulement à ce qui a été voulu pour déterminer les obligations des parties.

Plus personne ne paraît admettre la conception radicale de l'autonomie de la volonté « entendue comme l'exercice d'un pouvoir souverain parallèle et concurrent à la loi » (J. Ghestin). S'inclinant devant ce qui a toujours été la réalité du droit positif, chacun reconnaît que la volonté n'a comme place que celle que lui laisse le droit objectif.

Tous les juristes sont-ils, pour autant, devenus kelseniens ? Certainement pas. Chez Kelsen, le contrat ne peut être que la concrétisation d'une norme supérieure qui, elle-même, repose sur la norme fondamentale, alors que, dans la conception classique, le contrat tire sa force des valeurs autant que des normes supérieures.

c) Conception du droit administratif

17. Qu'en est-il en droit administratif ? La question paraîtra déplacée à ceux qui opposent radicalement le « droit étatique » au « droit contractuel » (Cohen-Tanugui, *Le droit sans l'État*, PUF, 1985) ; là où est l'État, il ne peut y avoir de véritable contrat. Les recherches sur le fondement du contrat sont alors sans aucune utilité pour le droit public marqué du sceau de la réglementation.

Cette thèse paraît critiquable parce qu'elle repose sur le postulat d'une séparation entre État et « société civile » qui paraît bien théorique, car l'État et, singulièrement, l'administration sont dans la société civile. Immergée dans celle-ci, l'administration est en négociation permanente avec les acteurs économiques et sociaux qui, lorsqu'ils entrent en relations contractuelles avec les collectivités publiques, adoptent des comportements qui ne sont pas fondamentalement différents de ceux que l'on rencontre dans les relations entre « particuliers ».

Évincer l'État — et ses satellites — du monde du contrat relève donc de la simplification abusive et d'une option idéologique à habillage scientifique. La question du fondement de la valeur obligatoire du contrat se pose aussi en droit public.

1° Volonté et intérêt général

18. En 1775, Turgot, dans le cadre d'une réforme administrative générale, résilie un contrat conclu en 1772 par lequel l'État avait confié pour six ans à un fermier le droit de récolter le salpêtre ; une régie des poudres et salpêtres est substituée à l'affermage. Un contemporain note : « Cette infraction faite à une convention sacrée avec le monarque effraie les fermiers généraux » (L. Petit de Bachaumont, *Mémoires secrets*... 26 mai 1775, t. VIII, p. 47, cité par E. Faure, *La disgrâce de Turgot*, Gallimard, 1961, p. 109).

Ainsi, les conventions avec le monarque étaient considérées comme sacrées — même s'il était parfois enclin à l'oublier. Est-ce parce que la parole du monarque est sacrée que les conventions qu'il conclut le sont ? La volonté tient-elle une place particulière dans ces conventions ? D'un point de vue politique, certainement. Le monarque et l'État sont, selon une formule consacrée, « présumés honnêtes gens » (cf. E. Villey, « L'État "honnête homme" », *Rev. d'éco. pol.* 1911, p. 386), et la violation de leurs promesses choque spécialement. Il n'en demeure pas moins qu'à l'origine de ces contrats, comme des contrats entre particuliers, se trouve un accord de volontés ; c'est bien de cet accord et non de la seule promesse de l'État que résulte le contrat. Il n'y a donc pas lieu, *a priori*, de donner une valeur particulière à la volonté de la puissance publique comme fondement du contrat. Autre chose est de relever que l'État, étant aussi à l'origine de la loi, peut être tenté de s'affranchir de ses contrats.

Le principe d'autonomie de la volonté, « principe essentiellement civiliste » (concl. Gand sous *CE 28 novembre 1958, Langlois, rec. 590*) paraît cependant inadapté aux contrats de l'État. En droit public, en effet, prévalent les concepts de fonction et de but qui excluent que la volonté des autorités compétentes puisse être autonome. En revanche, la compréhension de la notion de contrat à partir des fins poursuivies et d'autres éléments extérieurs aux parties semble en harmonie avec l'esprit du droit public centré sur la notion finaliste d'intérêt général.

Pourtant dans la jurisprudence administrative, la volonté des parties apparaît de prime abord comme la source unique des obligations contractuelles. Pour déterminer la portée de ces obligations, le juge administratif se réfère constamment à l'intention des parties, parfois même pour retenir des solutions contraires à la lettre du contrat (V. *infra*, n° *281 et s.*) ou pour fonder des constructions dont il est en fait exclu qu'elles aient été envisagées par les parties.

L'attachement à une conception du contrat fondée sur l'autonomie de la volonté est, notamment, illustré par la limitation du contrôle de cassation.

2° Attachement à l'autonomie de la volonté

19. Traditionnellement, le juge de cassation n'exerce qu'un contrôle limité sur l'interprétation des clauses d'un contrat, il ne censure que la méconnaissance de clauses claires et précises et la dénaturation.

À l'encontre de cette solution, un commissaire du gouvernement, M. Tabuteau (concl. sous *CE Sect. 10 avril 1992, SNCF, RFDA 1993, 79*), a exposé les raisons qui, selon lui, devaient amener le Conseil d'État statuant en cassation à contrôler pleinement l'interprétation des contrats. Parmi ces raisons, la principale était, selon M. Tabuteau, la différence de nature entre contrat de droit privé et contrat de droit public : le contrat, mode d'action administrative retentit sur la situation des tiers, « les contrats administratifs sont susceptibles par nature de constituer des règles de droit objectives ou, du moins, comportant des effets objectifs ». Le Conseil d'État a refusé de suivre la proposition, il n'a accepté de contrôler que la dénaturation, marquant ainsi l'unité de la notion de contrat (V. un exemple de cassation dans *CE 10 mai 1995, Centre hospitalier de Faucigny, JCP 1995, II, 22454, concl. Aguila* : dénaturation consistant à avoir interprété une clause relative au calcul de la rémunération comme limitative du pouvoir de résiliation pour dépassement du coût). Une nuance a, néanmoins, été introduite, pour tenir compte d'une particularité de certains contrats administratifs, qui se réfèrent à des cahiers des charges préétablis : le juge de cassation accepte de contrôler l'interprétation de ces cahiers des charges, car leurs « stipulations sont, en raison des conditions de leur élaboration, de leur portée et de leur approbation par l'autorité administrative, appelées à s'appliquer à un grand nombre de marchés sur l'ensemble du territoire national ; qu'il appartient, dès lors, au juge de cassation, qui a pour mission d'assurer l'application uniforme de la règle de droit, de contrôler l'interprétation » *(CE 27 mars 1998, Société d'assurances La Nantaise et l'Angevine réunies, Rec. 109 ; RFDA 1998, 732, concl. Bergeal).*

20. Dans le même sens va la jurisprudence relative aux effets de la loi nouvelle sur le contrat.

La loi nouvelle ne s'applique pas aux contrats de droit privé. Cette survie de la règle ancienne peut être justifiée par la liberté contractuelle, qui postule la diversité des situations. Pour les contrats de droit public il est parfois soutenu que la loi nouvelle s'applique aux contrats en cours (cf. J. Petit, *Les conflits de lois dans le temps en droit public interne*, LGDJ, 2002, n° 982 et s.). Il est vrai que la jurisprudence admet dans certains cas une telle application, mais c'est dû soit au caractère d'ordre public de la règle nouvelle (ex. : *CE 29 juin 1951, CGT, Rec. 378 ; CE 18 février 1983, Min. Agric., Rec. t. 785*), soit à ce que le contrat place le cocontractant dans une situation à caractère réglementaire (cf. *infra*) et c'est par référence à ces cas particuliers que s'explique la réserve des règles générales applicables sur ce point aux contrats administratifs, qui figure dans un arrêt du Conseil d'État (*CE Ass. 24 mars 2006, Soc. KPMG, AJDA 2006. 1032).* Le principe est, comme en droit privé, la survie de la règle ancienne (ex. : *CE 12 octobre 1960, chron. de Nantes, Rec. 528 ; CE 7 décembre 1973, Le Couteur, Rec. 704 ; CE 13 novembre 1987, Syndicat intercommunal de l'école des Clos, Rec. 365*).

21. Là encore, apparaissent l'unité du droit et le rôle créateur de la volonté des parties.

Néanmoins, en dépit de la prégnance du modèle volontariste dans la jurisprudence administrative, une place est faite à des considérations extérieures à la volonté des parties. Il est, en effet, devenu impossible de fonder le pouvoir de modification unilatérale et le pouvoir de résiliation unilatérale sur une volonté implicite des contractants dès lors qu'a été introduite, comme on le verra, la notion de règles générales. Ces règles générales ont leur source, en dehors de la volonté des parties, dans le pouvoir d'organisation du service.

On pourrait objecter que la jurisprudence sur les règles générales ne peut être utilisée dans une discussion relative au fondement de la valeur obligatoire du contrat : il s'agit d'une réglementation juridique extérieure au contrat. Il peut être répondu que le pouvoir de modification, le pouvoir de résiliation ne sont pas extérieurs au contrat. Il s'agit de pouvoirs contractuels, les obligations imposées s'intègrent au contrat, l'indemnité de résiliation a un caractère contractuel. Il s'agit bien d'obligations contractuelles, mais qui ne sont pas fondées sur la volonté des parties.

La valeur obligatoire du contrat administratif n'a donc pas un fondement unique, ce qui ne constitue pas, on l'a vu, une spécificité du droit public du contrat. En quoi cette spécificité consiste-t-elle ?

§ 2. Droit public du contrat

22. Un contrat est de droit public à la fois parce qu'au moins une des deux parties est une personne publique et parce que le régime juridique applicable relève du droit public, ce qui signifie qu'il est autonome par rapport au Code civil et sous-tendu par l'intérêt général et que le juge administratif est compétent sur les litiges.

Que les contrats des personnes publiques ne soient pas régis par les principes qui sont établis dans le Code civil, pour les rapports de particulier à particulier, n'a rien d'inévitable, comme en témoigne en France même, la soumission de très nombreux contrats de l'administration au droit privé.

À certains égards l'utilisation du contrat pourrait même apparaître comme une acceptation par la personne publique du « droit commun », ce qui explique que la théorie du contrat administratif n'ait été forgée que progressivement et qu'elle n'ait rien d'universel. Mais à partir du moment où cette théorie a été constituée elle n'a cessé de s'affirmer dans son particularisme.

A La formation de la théorie du contrat administratif

23. L'Ancien Droit reconnaissait à certains contrats, aujourd'hui qualifiés de contrats administratifs, une incontestable spécificité. C'était notamment le cas pour les marchés de travaux publics qui n'ont jamais cessé par la suite d'être régis par le droit public, ce qui explique que maintes règles applicables aux autres contrats administratifs trouvent leur origine dans la pratique contractuelle et la jurisprudence intervenues en cette matière.

En dehors des marchés de travaux publics et des concessions de travaux publics qui leur étaient assimilées, d'autres contrats ont été considérés au XIXe siècle comme des « actes d'administration » dont seule la juridiction administrative pouvait connaître (V. G. Bigot, *Introduction historique au droit administratif depuis 1789*, PUF, 2002, pp. 60 et s. ; 136 et s. ; 188 et s.). Jamais n'a été consacré par la jurisprudence ou la doctrine du XIXe siècle le principe selon lequel tout contrat serait nécessairement un « acte de gestion » relevant du droit privé. Toutefois, la catégorie des contrats administratifs était moins importante qu'elle ne l'est aujourd'hui.

24. Les études doctrinales relatives aux contrats de l'administration, notamment à ceux qui portent sur les travaux publics, ne sont pas absentes de la littérature juridique du XIXe siècle (voir par ex. : E. Perriquet, *Les contrats de l'État*, 1890), mais c'est à Gaston Jèze que l'on doit la première grande synthèse (G. Jèze, *Les contrats administratifs de l'État, des départements, des communes et des établissements publics*, 3 vol., 1927-1934).

Jèze entend mettre en valeur l'existence d'un régime juridique spécial qui constitue un ensemble cohérent.

Selon Jèze, par ailleurs arrêtiste fidèle de la *Revue du droit public*, cette conception est celle du Conseil d'État.

Le contrat administratif est, comme tout contrat, fondé sur le respect de la parole donnée, mais il diffère du contrat de droit privé, par certaines règles : « Toutes ces règles spéciales se résument en ceci : les effets des contrats administratifs ne sont pas les mêmes que les effets des contrats civils. Celui qui conclut un contrat administratif prend l'obligation non seulement de ne pas gêner le fonctionnement du service public, mais encore de faciliter le fonctionnement du service public » (Jèze, *op. cit.*, p. 8), ce qui amène les contractants à se trouver sur un certain pied d'inégalité.

C'est donc la notion de service public qui se trouve au centre de la conception de Jèze, mais est-elle vraiment apte à fournir l'explication de toutes les particularités du contrat administratif ? On a pu faire remarquer que la théorie de Jèze est plus adaptée à un contrat particulier, la concession de service public, qu'aux autres contrats administratifs. Dans ces derniers, dont le lien avec le service public est plus lâche, « l'inégalité des parties peut aussi bien être rattachée à la notion d'intérêt général ou de puissance publique » (G. Salon, « Gaston Jèze et la théorie générale des contrats administratifs », *Rev. Hist. des Fac. de Droit* 1991, n° 12, p. 71 et s.).

On pourrait en dire autant de toutes les règles du droit administratif, mais il n'en demeure pas moins que, comme on le verra, la notion de service public reste très présente dans le droit du contrat administratif, même si elle ne peut fournir le principe et l'explication de l'ensemble du régime de ce contrat.

La synthèse de Jèze a été suivie d'une thèse importante consacrée en 1945 par Georges Péquignot à la *Théorie générale du contrat administratif* (Pedone, 1945). Constatant que Jèze lui-même n'était pas allé au-delà d'une étude de chacun des grands contrats administratifs, l'auteur entend dégager la théorie générale commune à tous les contrats administratifs aussi bien nommés qu'innommés. L'apport de cet ouvrage fondamental est double : il montre les limites et incohérences de l'analyse « matérialiste » de l'acte juridique (acte créateur de situation subjective, acte-règle) ; il établit la primauté du but de service public : « le contrat administratif tire ses particularités de l'insertion dans son sein des règles propres au service public » (p. 605).

Une étude complète unissant les points de vue de Jèze et de Péquignot a été publiée en 1957 par A. de Laubadère et rééditée en 1983-1984 par les professeurs F. Moderne et P. Delvolvé. Ce *Traité des contrats administratifs* reste aujourd'hui l'ouvrage de référence en la matière, mais le développement du procédé contractuel dans l'action administrative a suscité de nombreux travaux sur certaines catégories de contrats et, depuis quelques années, les revues, principalement consacrées aux marchés publics et conventions de délégation de service public, se multiplient ; un *Jurisclasseur* en deux volumes est consacré aux *Contrats et marchés publics* depuis 1999 et des manuels destinés aux étudiants sont publiés (F. Lichère, *Droit des contrats publics, Memento Dalloz, 2005* ; C. Guettier, *Droit des contrats administratifs, PUF, 2004*).

La spécificité du contrat administratif se trouve ainsi clairement affirmée en droit français.

B Les éléments de spécificité du contrat administratif

25. Sans anticiper sur la présentation des règles particulières aux contrats administratifs, il convient d'en souligner avec la doctrine les caractéristiques les plus saillantes.

Ces caractéristiques peuvent se ramener aux deux idées d'indisponibilité et d'inégalité.

Indisponibilité : les personnes publiques ont des prérogatives qui n'ont pas le caractère de droits subjectifs dont elles pourraient disposer. Il en résulte que certains objets échappent au contrat. Ainsi, il n'est pas possible à la personne publique de s'engager sur l'exercice d'une compétence ou de renoncer à son pouvoir d'organiser un service.

Inégalité : à la fois comme titulaire de prérogatives de puissance publique et comme responsable de l'intérêt général, l'administration dispose d'une incontestable supériorité dans l'exécution du contrat, elle peut, notamment, infliger des sanctions ou modifier unilatéralement certaines clauses (moyennant compensation du préjudice causé). Toutefois, cette caractéristique se trouve nécessairement infléchie lorsque le contrat est conclu entre deux personnes publiques.

Ces caractéristiques sont, en quelque sorte, internes au contrat administratif, elles concernent son exécution par les parties ; mais il existe aussi des caractéristiques qui peuvent être qualifiées d'externes parce qu'elles concernent le contexte dans lequel est conclu et exécuté le contrat. Elles concernent les sources du droit du contrat, la place du contrat parmi les actes juridiques, les effets des contrats pour les tiers.

a) Sources du droit des contrats

Bibliographie : AUBY (J.-B.) : « L'internationalisation du droit des contrats publics », *Dr. adm.* 2003, doct. 14.

DELVOLVÉ (P.) : « Constitution et contrats publics », *Mélanges F. Moderne*, Dalloz, 2004, p. 469.

GLASER (E.) : « Obligation de transparence et absence de transparence », *BJDCP*, 2005, n° 43, p. 414.

LLORENS (F.) : « Le droit des contrats administratifs est-il un droit essentiellement jurisprudentiel ? », *Mélanges Cluseau*, Presses IEP Toulouse, 1985, p. 377 s.

LLORENS (F.) : « Principe de transparence et contrats publics », *Contrats et marchés publics*, janvier 2004, chron. 1.

MODERNE (F.) : « *À propos de la codification du droit des contrats publics. Réflexions sur l'expérience française* », Études en l'honneur de G. TIMSIT, Bruylant, 2004, p. 433 et s.

PLESSIX (B.) : *L'utilisation du droit civil dans l'élaboration du droit administratif*, Éditions Panthéon-Assas, 2003.

RICHER (L.) : « La transparence et l'obstacle », *Contrats publics, Mél. Guibal*, 2006, p. 175.

WALINE (J.) : « La théorie générale du contrat en droit civil et en droit administratif », *Mélanges Ghestin*, LGDJ, 2001, p. 965.

26. Les règles générales du contrat administratif ont été élaborées par le juge administratif, mais le rôle créateur de celui-ci tend à se réduire. En effet, des principes d'origine communautaire et constitutionnelle prennent une place de plus en plus importante et le droit écrit est très développé.

Un principe est de plus en plus important, le principe de transparence, consacré aux niveaux communautaire et constitutionnel. En dehors de ce principe d'autres règles constitutionnelles intéressent le droit des contrats publics, et, notamment celles qui régissent la répartition entre loi et règlement. En effet, la place du droit écrit est importante, mais elle est variable : dans certains domaines, notamment en matière de marchés publics, existe une pléthore de textes, dans d'autres domaines très peu ou pas du tout.

1° Principe de transparence

27. Apparu dans le droit des marchés publics (*infra n° 688)*, le principe de transparence est doté d'une force d'expansion qui lui donne vocation à s'appliquer à un grand nombre de contrats.

Par l'arrêt Telaustria (***CJCE 7 décembre 2000, Telaustria Verlags GmbH, Telefonadress GmbH, affaire C-324/98, AJDA 2001, 106, note L. Richer***), la CJCE a affirmé l'existence d'une « obligation de transparence », découlant du « principe de non-discrimination » consacré par le Traité.

Le principe de base est celui de non-discrimination, en fonction de la nationalité particulièrement, la transparence n'est qu'un moyen au service de la non-discrimination, elle permet de ménager la preuve de l'absence de discrimination dans l'attribution du contrat : « les entités adjudicatrices... sont... tenues de respecter les règles fondamentales du traité en général et le principe de non-discrimination en raison de la nationalité en particulier, ce principe impliquant, notamment, une obligation de transparence qui permet au pouvoir adjudicateur de s'assurer que ledit principe est respecté ». La Cour considère que le meilleur moyen d'établir la non-discrimination est de mettre en place une procédure transparente consistant « à garantir, en faveur de tout soumissionnaire potentiel, un degré de publicité adéquat permettant une ouverture du marché des services à la concurrence ainsi que le contrôle de l'impartialité des procédures d'adjudication ».

28. L'arrêt Telaustria est relatif à une concession de service, mais, par la suite, il s'est avéré que le principe de transparence est applicable à la conclusion de tout contrat susceptible d'avoir un impact sur le commerce intra-communautaire. Un tel impact peut exister à l'état de simple potentialité : il suffit qu'une entreprise d'un autre État-membre soit susceptible d'être intéressée (*CJCE 21 juillet 2005, Coname, aff. C-231/03, CP-ACCP 2005, n° 50, note Richer ; BJDCP, 2005, n° 43, p. 446, concl. Stix-Hackl*). Dès lors qu'un contrat entre dans le champ d'application du droit communautaire primaire, le principe de transparence est applicable ; il peut s'agir du contrat d'occupation du domaine public (*cf. infra* n° 1017), du contrat de recrutement d'un agent public, ou, ainsi que l'a jugé une cour administrative d'appel par un arrêt qui a fait grand bruit, d'un contrat d'aménagement (*CAA Bordeaux du 9 novembre 2004, Sodegis c/ Cne de Cilaos, req. n° 01BX00381, CP-ACCP, 2005, n° 41, note Fatôme et Richer ; AJDA 2005. 267, obs. J.-D. Dreyfus ; Ctts et MP, 2005, com. 31 — cf. infra, n° 772*). La question qui se pose n'est donc pas de savoir quels contrats sont soumis à la transparence, elle est celle de savoir s'il existe des contrats échappant à la transparence. À cet égard, la CJCE admet l'existence d'exceptions. Une première exception peut résulter de la théorie de l'« opérateur interne », selon laquelle un tiers placées sous l'entière dépendance du pouvoir adjudicateur est assimilé à un service de celui-ci, sa situation étant assimilée à une prestation « in house » (*CJCE 13 octobre 2005, Parking Brixen GmbH, aff. C-458/03, BJDCP, 2005, n° 43, p. 454, concl. Kokott*). Le principe de transparence peut aussi être inapplicable en vertu de l'article 86, § 2 du traité si son application compromet l'accomplissement d'une mission d'intérêt économique général (en ce sens v. *concl. Stix-Hackl sur CJCE 21 juillet 2005, Coname, aff. C-231/03, BJDCP, 2005, n° 43, p. 446*).

29. En France, le Conseil constitutionnel, par décision du 20 janvier 1993 (*Rec. CC, p. 14*), a d'abord affirmé que la transparence est un « objectif constitutionnel » ; dix ans après elle est devenue un principe du droit de la « commande publique » (***CC 26 juin 2003, Loi habilitant le Gouvernement à simplifier le droit, Rec. CC, p. 382. Revue française de droit constitutionnel, 2003. 772, note E. Fatôme et L. Richer ; RDP, 2003, 1163, note F. Lichère***). Le Conseil constitutionnel fait référence à l'article 1er du Code des marchés publics de 2001, selon lequel « quel que soit leur montant, les marchés publics respectent les principes de liberté d'accès à la commande publique, d'égalité de traitement des candidats et de transparence des procédures » ; il considère que ce texte n'est que l'expression de principes plus généraux : les principes de liberté d'accès à la commande publique, d'égalité de traitement des candidats et de transparence des procédures « découlent des articles 6 et 14 de la Déclaration de 1789 » et sont seulement rappelés par l'article 1er du code des marchés publics.

Pour le Conseil constitutionnel le principe de transparence procède à la fois de l'article 6 et de l'article 14 de la DDH, sans distinction. La référence qui est faite à l'article 14, selon lequel « tous les Citoyens ont le droit de constater, par eux-mêmes ou par leurs représentants, la nécessité de la contribution publique, de la consentir librement d'en suivre l'emploi, et d'en déterminer la quotité, l'assiette, le recouvrement et la durée », suppose que le principe ne s'applique qu'aux contrats qui emportent des dépenses publiques, c'est-à-dire avant tout aux marchés publics (*cf. infra* n° 539 et s.), ce qui devrait exclure les conventions dans lesquelles la rémunération n'est pas assurée par des fonds publics, conventions qu'il serait logique d'exclure de la notion de « commande publique ». Cependant, l'article 6 de la DDH à lui seul peut suffire à fonder une obligation de transparence, procédant de l'égalité, comme dans la jurisprudence communautaire, ce qui justifierait que le principe ait la même extension.

2° Constitution

30. C'est à l'occasion de réformes relatives au droit de la « commande publique », qui recouvre principalement le droit des marchés publics, que le Conseil constitutionnel a eu, à plusieurs reprises, l'occasion de définir les contours, assez approximatifs, d'un droit constitutionnel des contrats publics. Le Conseil constitutionnel a, notamment, fait application à plusieurs reprises du principe d'égalité. Cette jurisprudence sera étudiée en même temps que les marchés publics. Mais, un certain nombre de normes constitutionnelles sont applicables à tout contrat administratif.

Par exemple, on peut considérer que l'article 2 de la Constitution, selon lequel « la langue de la République est le français », implique que le contrat public, acte officiel, doit être rédigé en français. Ainsi encore, le Conseil d'État, dans une formation consultative, a été d'avis en 1986 que la garde et la détention des personnes incarcérées ne peuvent être confiées à des personnes privées car elles figurent au nombre des tâches qui sont liées à l'exercice par l'État de sa fonction de souveraineté qui, en vertu de principes de valeur constitutionnelle, ne peuvent être confiées à d'autres personnes (voir *EDCE 1987 n° 38, p. 138*), ce que le Conseil constitutionnel a confirmé à deux reprises (*CC 29 août 2002, Loi d'orientation et de programmation pour la justice, consid. 7 ; CC 26 juin 2003, Loi habilitant le Gouvernement à simplifier le droit, consid. 19*).

Est également régie par la Constitution la répartition entre loi et règlement en matière de contrats administratifs.

3º Loi et règlement

31. La matière des contrats administratifs échappe à la disposition de l'article 34 de la Constitution selon laquelle la loi détermine les principes fondamentaux des « obligations civiles et commerciales ». Cette solution n'était pas absolument évidente dès lors que le Conseil constitutionnel a, par exemple, considéré que la responsabilité administrative entre dans le droit des « obligations civiles » *(CC 24 octobre 1980, RDP 1981, 625)* mais elle a reçu le soutien aussi bien du Conseil constitutionnel *(CC 12 mai 1964, Rec. 37)* que du Parlement, notamment lors de débats sur la loi de transposition de la directive « secteurs exclus » (Rapport Lancournet, *Doc. Sén.* nº 15, 1re SO 1992-93, p. 33 et p. 43 ; *JO Déb. Sén.* 28 octobre 1992, p. 2900). Au surplus, par une motivation qui ne vise pas seulement les contrats administratifs, mais tous les contrats, le Conseil constitutionnel a décidé que « ni l'article 34 de la Constitution, ni aucune règle de valeur constitutionnelle n'exige que les conditions de passation des marchés et contrats passés par l'État soient définies par la loi » *(Décision nº 2002-460 du 22 août 2002, Loi sécurité intérieure,* AJDA *2002, 1059, note Chérot et Trémeau).* Il en résulte que les contrats administratifs peuvent être régis par des textes réglementaires, sauf si est mise en cause la libre administration des collectivités locales, auquel cas l'article 72 de la Constitution impose le recours à la loi.

Mais, en matière de contrat comme ailleurs, la jurisprudence administrative tient une place fondamentale.

Le juge administratif applique les textes lorsqu'il y en a, mais, en principe, il n'applique pas le Code civil, qui régit les rapports « de particulier à particulier ». Cependant à ce principe sont apportées des dérogations et assouplissements.

4º Code civil

32. Il arrive d'abord, exceptionnellement, que le Code civil se déclare lui-même applicable aux collectivités publiques (cf. en matière de prescription, art. 2227 : « l'État, les établissements publics et les communes sont soumis aux mêmes prescriptions que les particuliers et peuvent légalement les opposer »).

Ensuite et surtout, dans de nombreux cas le juge administratif accepte de se référer au Code civil, mais il ne le considère pas, pour autant, comme ayant une valeur supplétive : l'application du code résulte d'une réception volontaire motivée par une appréciation préalable de l'absence d'incompatibilité avec les exigences du service public.

Cette réception du Code civil ou du Code de procédure civile peut prendre deux formes.

33. Parfois, le juge administratif entend préserver son autonomie par rapport au droit privé, et notamment par rapport aux interprétations du juge judiciaire, en faisant application des principes qui fondent ou qui inspirent le droit civil ; l'exemple le plus connu de cette démarche est la jurisprudence relative à la garantie décennale *(TC 12 juin 1961, Lannoy, Rec. 870 ; CE 15 mars 1963, ASR de la Cauche, Rec. 170;* ***CE 2 février 1973, Trannoy, Rec. 95.*** — V. *infra*, n° 451 et s.). La même technique a été utilisée pour l'article 1326 dans le cas de cautionnement accessoire à un contrat de prêt de nature administrative *(CE 28 juin 1996 Krief, JCP 1996, 22704, concl. Combrexelle).*

34. Mais dans de nombreux autres cas, il est directement fait application des dispositions du Code civil ou du Code de procédure civile. Et le Président Odent (cité par B. de Froment, concl. sous *CE Sect. 22 juillet 1992, Dép. du Var, Commune de Marcilly-sur-Eure, RFDA 1994, 268*) exposait dans son cours que « chaque fois qu'aucune considération tirée de la structure ou des conditions de fonctionnement des services publics n'y fait obstacle, ce ne sont pas seulement les principes du droit civil, ce sont les textes mêmes qui s'appliquent en droit public ».

L'application directe du Code civil est particulièrement répandue en droit des contrats.

Citons :

— l'article 541 C. proc. civ. devenu l'article 1269 du NCPC, qui pose la règle d'intangibilité des décomptes et a donné lieu à une jurisprudence très fournie ;

— les articles 1153 et 1154 C. civ., relatifs aux intérêts de retard ont également suscité une jurisprudence très abondante ;

— l'article 1166 C. civ. consacrant l'action oblique (ex. : *CE Sect. 18 mars 1927, Fauvet, Rec. 360 ; CE 21 juin 1957, Dupuy, AJDA 1957, II, 49, concl. Chardeau* ; *CE 20 octobre 2000, Perreau, BJDCP 2001, n° 17, p. 345, concl. Mignon)*

— les articles 1168 à 1183 C. civ. relatifs aux obligations conditionnelles *(CAA Paris 12 novembre 1992, Soc. BSM, Rec. 588)* ;

— l'article 1202 C. civ. selon lequel la solidarité ne se présume pas (ex. : *CE 12 février 1915, Driout, Rec. 23*) ;

— l'article 1251 C. civ. définissant les cas de subrogation de plein droit (ex. : *CE Sect. 13 octobre 1972, CRRMA de l'Est, Rec. 635*) ;

— les articles 1253 et 1254 C. civ. sur l'imputation des paiements *(CE 11 juillet 1991, Commune de La Queue-en-Brie, Rec. t. 1049 ; CE 29 juillet 1994, Soc. La Main noire, Rec. 382)* ;

— les articles 1641 et 1648 sur la garantie des vices cachés *(CAA Nancy 30 mai 2005, Soc. Applicam, JCP A, n° 51/2005. 1853, note G. Marty)* ;

— l'article 2244 C. civ. dans sa rédaction issue de la loi du 5 juillet 1985 est appliqué pour admettre l'effet interruptif de prescription d'une demande en référé *(CE Avis 22 juillet 1992, « Commune de Marcilly-sur-Eure », RFDA 1994, 275, concl. de Froment)* ;

— l'article 2262 C. civ. sur la prescription trentenaire *(CE 9 juillet 1937, Commune d'Arzon, Rec. 680)*, qui applique la prescription à l'action en nullité d'un contrat administratif au motif « que cette disposition est générale ») ;

— l'article 2277 C. civ. prévoyant la prescription quinquennale de certaines dettes (ex. : *CE 22 mai 1914, « Compagnie d'éclairage au gaz de Lunel », Rec. 624*).

C'est seulement si une règle du Code civil paraît inadaptée, par exemple parce qu'elle a pour vocation de protéger des particuliers inexpérimentés *(CE 28 février 1986, Entreprise Blondet, RFDA 1986, 604, concl. Denoix de Saint-Marc)*, que le juge administratif refuse d'en opérer la réception. Ainsi, le Conseil d'État a jugé que les entreprises titulaires d'un marché de travaux publics qui ont encouru des pénalités « ne sauraient... utilement demander au juge administratif, sur le fondement des dispositions de l'article 1152 du Code civil, la réduction du taux desdites pénalités » *(CE 13 mai 1987, Société Citra, RDP 1988, 1427)*.

L'autonomie par rapport au droit privé est donc une autonomie raisonnée, mais elle est moins marquée en matière de contrats qu'en d'autres domaines.

35. Au point de vue des sources, une autre spécificité existe : alors que dans les relations commerciales les tribunaux sont fortement concurrencés par les arbitres qui, eux aussi, participent à l'interprétation des contrats, en droit public, l'arbitrage est, en principe, exclu (cf. *infra*, n° 495 et s.), ce qui donne à la jurisprudence un caractère purement étatique.

b) Autres caractéristiques externes

36. Une deuxième caractéristique externe tient à la place du contrat par rapport à l'acte unilatéral. Pour réaliser certaines opérations, l'autorité administrative ne peut agir que par la voie de la décision unilatérale à caractère individuel ou réglementaire ; pour d'autres, le choix existe entre le contrat et l'acte unilatéral ; pour d'autres, enfin, le contrat est la seule possibilité. À cela s'ajoute que dans une même opération contrat et acte unilatéral peuvent se mêler, soit que la conclusion d'un contrat soit la condition ou le préalable d'un acte unilatéral, soit que l'acte unilatéral ait pour objet d'approuver un contrat. Les problèmes ainsi posés, sur lesquels on reviendra ci-après, sont spécifiques au droit public puisque la possibilité de prendre des décisions unilatérales est exceptionnelle en droit privé.

37. La troisième caractéristique externe porte sur l'effet relatif du contrat. En vertu du principe de l'effet relatif, le contrat ne crée de droits et d'obligations que pour les parties, ce qui ne l'empêche cependant pas d'exister pour les tiers à qui est, par exemple, opposable le droit réel issu d'un contrat. Le principe de l'effet relatif s'applique aussi en droit administratif. Pas plus qu'un contrat de droit privé un contrat de droit public ne saurait imposer d'obligation à un tiers. Toutefois, d'importantes exceptions sont apportées au principe soit en vertu de la loi, soit en vertu de la théorie dite des clauses ou des effets réglementaires de certains contrats.

Les éléments de spécificité du contrat administratif sont donc liés autant à la présence d'une personne publique avec les prérogatives dont elle dispose, qu'à l'importance sociale attribuée à ce contrat conclu dans un but d'intérêt général. Faut-il en déduire que la spécificité du contrat administratif est inévitable ? Une brève incursion dans les droits étrangers conduit à une réponse nuancée.

C Comparaisons

Bibliographie : ARROWSMITH (S.) : *The Law of Public and Utilities Procurement*, Sweet and Maxwell, 1996, 2e éd. 2005.

FERRARI (E.), dir. : *I Contratti della pubblica amministratzione in Europa*, Giappichelli, 2003.

BUSCEMA (S.) et BUSCEMA (A.) : *I contratti della pubblica amministrazione* (tome 7 du *Trattato di diritto amministrativo*), dir. G. Santaniello, CEDAM, 2e éd., 1994, p. 56 et s.).

FORSTHOFF (E.) : *Traité de droit administratif allemand*, trad. M. Fromont ; Bruylant, 1969, p. 415 et s.

FROMONT (M.) et RIEG (A.) : *Introduction au droit allemand*, Cujas, 1984.

GOMEZ-FERRER MORANT (R.), dir. : *Comentario a la ley des contratos de las Administraciones Publicas*, Madrid, 1996.

MASSERA (A.), *I Contratti* in CASSESE (S.) : *Trattato di Diritto amministrativo*, t. 2, p. 1365 et s., Giuffre éd., 2000.

MAURER (H.) : « Droit administratif allemand », trad. M. Fromont, LGDJ 1994, p. 359 et s.

PAREJO ALFONSO (L.), JIMENEZ BLANCO (A.), ORTEGA ALVAREZ (L.) : *Manual de derecho administrativo*, Ariel derecho, 4e éd., 1996, p. 612 et s.

RUDDEN (B.) : Rapport anglais sur le domaine du contrat in *Le contrat aujourd'hui : comparaisons franco-anglaises*, dir. D. Tallon et D. Harris, LGDJ 1987, p. 125 et s.

TURPIN (C.) : *Government Procurement and Contracts*, Longman, 1989.

WHELAN (J.) : *Understanding Federal Government Contracts*, éd. Commerce Clearing House Inc., Chicago, 1993 ; « An introduction to the United Federal Government System of contracting », *Public Procurement Law Review* 1992, p. 207 et s.

38. Le droit français est de ceux qui vont le plus loin dans la définition d'un régime spécifique des contrats de l'administration.

Une tendance fréquente des droits étrangers, même lorsqu'ils connaissent un droit administratif est de considérer que l'utilisation du contrat par l'administration entraîne la soumission au droit commun. Cependant, il apparaît difficile d'appliquer aux personnes publiques, ou en tout cas à l'État, l'intégralité des règles valables dans les relations entre personnes privées. C'est ce que montrent quelques exemples pris aussi bien dans des systèmes où n'existent en principe qu'un seul droit et une seule juridiction, que dans des systèmes dualistes.

a) Systèmes unitaires

1° Le droit anglais

39. Traditionnellement le droit anglais se caractérisait par le refus du droit administratif considéré comme incompatible avec la « Rule of Law » ; mais, depuis un siècle, le système anglais a beaucoup évolué et un corps de règles et de procédures spécifiques est apparu. Il n'en demeure pas moins « admis que l'État, quand il passe un contrat, agit comme s'il était une personne privée » (Turpin, *op. cit.*, p. 97) ; le contrat est donc soumis au « Common Law ». Cependant, la présence de l'État n'est pas sans entraîner des conséquences : « dans les pays où les contrats de l'administration sont soumis au droit privé, notamment dans les systèmes de common law... de nombreuses modifications sont apportées dans l'application du droit des contrats aux entités publiques » (S. Arrowsmith , J. Linarelli, Don Wallace *Regulating Public Procurement*, Kluwer Law, 2000, p. 14). Comme l'écrit un auteur canadien : « on a beau vouloir, comme le prétendent certains auteurs, assimiler le plus possible les contrats gouvernementaux aux contrats de droit civil, il y a une limite à cette assimilation. Cette limite est imposée par des règles de droit public. Ces règles, en ce qui concerne la formation du contrat, sont, entre autres, le principe de l'*ultra vires* et la théorie de l'autorité apparente » (P. Garant, *Droit administratif*, 3e éd. 1991, vol. 1, p. 425). Il a ainsi été jugé que les contrats conclus par l'État ne peuvent lier l'exercice d'une compétence donnée par la loi ou d'un pouvoir discrétionnaire (cf. la célèbre affaire de l'Amphitrite jugée par la *High Court* en 1921 — C. Turpin, *op. cit.*, p. 85 et s.) Les juridictions anglaises n'ont cependant que rarement l'occasion de statuer sur des litiges relatifs aux contrats de la Couronne compte tenu de l'importance du règlement par voie d'arbitrage. Mais, par ailleurs, les clauses-types (« standard conditions ») applicables à de nombreux contrats de l'État consacrent des pouvoirs particuliers comme le pouvoir de modification unilatérale ou de résiliation unilatérale. De plus, la décision relative à la conclusion du contrat est susceptible de « judicial review ».

2o Le droit américain

40. Aux États-Unis les contrats de l'État fédéral sont soumis au droit commun, en vertu d'un principe général selon lequel « when the United States enters into contract relations, its rights and duties therein are governed generally by the law applicable to contracts between private individuals » (*US Supreme Court July 1, 1996 United States v. Winstar Corp 518 US 839 (1996*). Mais, les contrats publics n'en présentent pas moins un incontestable particularisme. Ainsi une Federal Acquisition Regulation (FAR) intégrée au Code of Federal Regulations définit des clauses types applicables aux marchés qui prévoient la modification unilatérale (« Contract modification ») et la résiliation unilatérale (« Termination for Default » et « Termination for Convenience »). Le contentieux des contrats avec l'État fédéral est attribué à une juridiction particulière qui a progressivement développé un véritable droit des contrats administratifs dérogatoire au droit commun. La juridiction compétente était jusqu'en 1982 la *Court of Claims* et est depuis 1982 la *United States Court of Federal Claims* (voir le site internet : www.pubklaw.com). Il existe aussi auprès de plusieurs administrations des « Boards of contract Appeals » régis par le *Contract Disputes Act* de 1978. Les décisions de ces autorités sont susceptibles de recours devant les *District Courts*.

b) Systèmes dualistes

1° Le droit allemand

41. En Allemagne, il existe un droit administratif et une juridiction administrative, mais la notion de contrat administratif diffère de celle du droit français. Ainsi, quand l'administration conclut un achat, elle est « censée agir comme un simple particulier qui se procure les biens et les services dont elle a besoin » (M. Fromont et A. Rieg, *Introduction au droit allemand*, p. 133) et les marchés publics de travaux, de fournitures et de services sont donc des contrats de droit privé. Il n'en demeure pas moins que certaines règles spécifiques s'appliquent, comme l'obligation de recourir à l'appel d'offres pour la passation des marchés. Et surtout, depuis 1945, se sont développés des contrats de droit public qui interviennent en lieu et place d'un acte unilatéral (« contrat décisoire ») ou qui sont conclus entre personnes publiques (« contrat de coordination »). La notion de contrat administratif n'a cependant commencé à être véritablement reconnue en droit allemand qu'avec la loi de 1976 sur la procédure administrative (cf. Maurer, *op. cit.*, p. 359). La loi mentionne deux contrats : la transaction et l'« échange », mais il est admis qu'« il n'y a pas de *numerus clausus* en matière de contrats administratifs » (Maurer, *op. cit.*, p. 370) : d'autres contrats peuvent être qualifiés d'administratifs à raison de leur objet, c'est-à-dire s'ils portent application de règles de droit public, comportent l'obligation d'émettre un acte administratif ou se réfèrent à la création d'un droit ou d'une obligation de droit public (Maurer, *op. cit.*, p. 366). Les tribunaux administratifs sont compétents sur les litiges nés de l'exécution du contrat, ainsi que sur la réparation des dommages causés par l'inexécution (*id.*, p. 362).

Certains auteurs contestent encore la validité de la notion de contrat administratif, mais le droit communautaire va dans le sens de l'admission de cette notion (cf. Huber « The Europeanization of Public Procurement in Germany », *European Public Law*, vol. 7, 2001, p. 33).

2° Le droit belge

42. En Belgique il résulte des articles 92 et 93 de la Constitution que la juridiction judiciaire est compétente en matière de droits subjectifs et, par conséquent, de contrats. Cependant, la notion de contrat administratif existe : le Code civil ne s'applique qu'à titre de « droit commun supplétif » à défaut de principes particuliers (M.-A. Flamme, *Droit administratif*, Bruylant, 1989, t. II, p. 777).

3° Le droit italien

43. Les contrats de l'administration sont, en principe régis par le code civil et pour déterminer la compétence juridictionnelle, la distinction entre intérêts légitimes et droits subjectifs est consacrée par l'article 103 de la Constitution, ce qui entraîne la compétence judiciaire sur les litiges contractuels. Cependant, le juge administratif connaît de la légalité de la « deliberazione a contrare », même s'il revient ensuite au juge judiciaire d'en tirer les conséquences sur le contrat. Dans un but de simplification, des assouplissements et aménagements, qui sont admis par l'article 103 de la Constitution ont été introduits. En particulier, la loi n° 205 du 21 juillet 2000 donne compétence au juge administratif sur les litiges relatifs à l'attribution des travaux, services et fournitures.

De façon générale, l'Italie est très avancée dans le processus de « contrattualizazzione dell'azione amministrativa ». Ainsi la loi 241/1990 permet de conclure des accords pour déterminer le contenu d'une décision ou se substituer à elle.

4º Le droit espagnol

44. En Espagne existent une juridiction et un droit administratifs. Ce dernier est très largement écrit. La loi de 1956 sur le contentieux administratif donne compétence aux juridictions administratives pour connaître du contentieux des contrats qui ont pour objet des travaux et services publics. Comme en France, les contrats de l'administration sont tantôt de droit public, tantôt de droit privé. La loi sur les contrats de l'État de 1995 (LCAP) qualifie expressément de contrats administratifs les contrats de travaux publics, de services et de fournitures.

La loi définit notamment un régime de la concession de service public et elle prévoit dans son article 63 que « l'État pourra gérer indirectement, au moyen de contrats, tous les services de sa compétence, à chaque fois qu'ils ont un contenu économique qui leur permet d'être exploités par des entrepreneurs privés et s'ils ne mettent pas en cause l'exercice de droits souverains ». En dehors des contrats nommés, d'autres contrats administratifs non réglementés par la loi existent, outre les contrats de droit privé de l'administration.

5º Les droits des États d'Afrique francophone

45. En dépit de l'unité de juridiction, qui n'exclut pas une certaine spécialisation, sous forme de chambres administratives, le droit des États d'Afrique francophone, ou anciennement sous influence française, n'ignore pas la notion de contrat administratif (ex. : J. Garagnon et M. Rousset, *Droit administratif marocain*, Imprimerie nationale, Rabat, 1984, 4e éd., p. 326 et s. ; J.-C. Gautron et M. Rougevin-Baville, *Droit public du Sénégal*, Pedone, 1970, p. 269 ; A.-S. Mescheriakoff, *Le droit administratif ivoirien*, Economica, 1982, p. 170 et s. ; T. Bidja Nkotto, *Les Contrats de l'administration au Cameroun*, th. Paris I, 2000).

Ce rapide survol montre donc qu'il existe une irréductible mais variable spécificité des contrats de l'administration.

D La remise en cause du contrat administratif

Bibliographie : BRENET (F.) : *Recherches sur l'évolution du contrat administratif*, th. Poitiers, 2002, dactyl., p. 225 et s. ; *La théorie du contrat administratif, évolutions récentes, AJDA* 2003, 918.

CANEDO (M.) : « L'exorbitance du droit des contrats administratifs », in *L'exorbitance du droit administratif en question(s)*, LGDJ, 2004, p. 125 et s.

CHAUVIN (F.) : « Vers la privatisation du droit des contrats de l'administration ? », *Mélanges Blaise*, Economica, 1995, p. 95.

TERNEYRE (P.) : « L'influence du droit communautaire sur le droit des contrats administratifs », *AJDA*, n° spéc. « Droit administratif et droit communautaire », juin 1996, p. 84 s.

46. S'il paraît inévitable que les règles applicables aux contrats de l'administration soient toujours quelque peu dérogatoires par rapport au droit commun, il n'en demeure pas moins que la spécificité de principe qui s'attache à la notion française de contrat administratif fait figure d'exception, de par son caractère étendu. Cette situation a suscité des critiques doctrinales et certaines modifications de l'environnement juridique, notamment communautaire, devraient entraîner une évolution au moins partielle.

47. La critique des conceptions françaises relatives au contrat administratif s'inscrit dans un mouvement plus large de contestation du droit administratif et de la juridiction administrative considérés comme insuffisamment protecteurs des droits des administrés et, en particulier, des cocontractants de l'administration. Il faut reconnaître qu'en matière de contrats administratifs cette contestation trouve un aliment dans certaines solutions jurisprudentielles difficiles à justifier qui donnent une fâcheuse image de la juridiction administrative, déjà suffisamment handicapée par sa lenteur.

C'est pourquoi nombre de juristes contemporains estiment que l'on devrait confier à la juridiction judiciaire le contentieux des contrats de l'administration, ce qui est loin d'être une idée neuve puisque des propositions en ce sens ont déjà été faites sous la IIIe République (V. en annexe : projet de loi Viviani). Il n'en résulterait pas nécessairement un sacrifice de l'intérêt général : les exemples étrangers montrent que l'unité de juridiction est compatible avec une certaine spécificité du droit applicable. Un tel transfert de compétence devrait cependant être précédé d'un sérieux effort de formation des magistrats en matière de droit public.

48. En tout état de cause, un rapprochement entre le contrat de droit privé et le contrat de droit public s'opère inéluctablement sous l'influence du droit communautaire qui ne se préoccupe pas des conceptions nationales relatives à la distinction du droit public et du droit privé.

Ainsi les directives relatives à la responsabilité en matière de produits ou de services défectueux s'appliquent aussi bien aux contrats de droit privé qu'aux contrats administratifs, et la directive du 5 avril 1993 sur les clauses abusives s'applique à toute personne agissant dans le cadre d'une activité professionnelle « qu'elle soit publique ou privée ».

En matière de marchés publics il pourrait sembler que le droit communautaire isole un régime de droit public puisque les directives sur les marchés publics s'appliquent aux marchés de fournitures, de travaux et de services des entités publiques (cf. *infra*). Mais il n'en demeure pas moins que ces directives transcendent la distinction entre droit public et droit privé et par là, la remettent en cause.

En effet, les règles issues des directives sont valables aussi bien pour des marchés qui, en droit français, ont le caractère de contrats administratifs que pour d'autres qui sont des contrats de droit privé.

Ainsi, les directives sur les marchés de travaux, de fournitures et de services s'appliquent aux marchés des « organismes de droit public » parmi lesquels il faut compter des organismes qui, en droit français, sont des personnes morales de droit privé. L'« organisme de droit public » est en effet défini comme celui qui est « créé pour satisfaire spécifiquement des besoins d'intérêt général ayant un caractère autre qu'industriel ou commercial et doté d'une personnalité juridique et dont l'activité est financée majoritairement par l'État, les collectivités territoriales ou d'autres organismes de droit public dont, soit la gestion est soumise à un contrôle par ces derniers, soit l'organe d'administration, de direction ou de surveillance est composé de membres dont plus de la moitié est désignée par l'État, les collectivités territoriales ou d'autres organismes de droit public ».

Cette définition très large a d'abord été transposée en droit français par l'article 9 de la loi du 3 janvier 1991. Elle s'applique aussi bien à des établissements publics qu'à des personnes privées comme, par exemple, les caisses de Sécurité sociale, l'AFNOR, les SAFER et nombre d'autres organismes intervenant dans le service public.

Les contrats de ces organismes sont en droit français des contrats de droit privé dès lors qu'ils sont conclus entre deux personnes privées. Il n'empêche qu'au regard du droit communautaire et des textes qui le transposent ces contrats sont assujettis aux mêmes règles que les contrats administratifs appartenant aussi à la catégorie des marchés publics au sens communautaire du terme. On pourrait trouver d'autres exemples de ce type de remise en cause, notamment dans la directive sur les marchés dans les secteurs Eau, Énergie, Transports (cf. *infra*) ; le résultat est toujours le même : des contrats qui, en droit français, sont conclus selon des règles différentes se trouvent régis en vertu du droit communautaire par les mêmes règles. L'identité de régime n'est que partielle étant donné que les directives communautaires ne portent que sur les règles de passation et les spécifications techniques, mais il n'en demeure pas moins que la distinction entre contrat administratif et contrat de droit privé se trouve en partie remise en cause. Pour certains juristes, cette remise en cause serait nécessaire pour que les contrats administratifs soient vraiment des contrats.

§ 3. Les contrats administratifs sont-ils vraiment des contrats ?

49. L'administration use et abuse du « procédé contractuel » dans des domaines de plus en plus nombreux, même si le secteur des interventions économiques est privilégié. Les actes plurilatéraux appelés contrats n'en sont pas toujours véritablement : « quelques-uns, conventions de collaboration ou conventions avec des organisations professionnelles sont des actes-règles, d'autres, comme les dérogations en matière d'échanges extérieurs, ne sont que des actes-conditions », estime, par exemple, un auteur partisan de la classification matérielle des actes juridiques (C.-L. Vier, *Le procédé contractuel dans l'administration économique*, Th. Paris II, 1972, p. 386).

Dans ces hypothèses la question qui se pose est celle de savoir si l'acte en cause n'est pas en réalité un acte unilatéral ; mais certains juristes vont plus loin dans leurs interrogations : ils se demandent si, même dans le cas où il est exclu qu'on soit en présence d'un acte unilatéral, la qualification comme contrat est véritablement concevable.

C'est à propos du pouvoir de modification unilatérale du contrat par l'autorité administrative qu'un auteur a posé la question : « Les contrats administratifs tiennent-ils lieu de loi à l'Administration ? » (J. L'Huillier, chron. *D.* 1953, 87). Dans la conception de cet auteur, si l'administration a le pouvoir de modification unilatérale il faut en déduire que les contrats administratifs ne tiennent pas « lieu de loi » à l'une des parties, ce qui amène logiquement à douter du caractère obligatoire de ce contrat. L'Huillier concluait cependant à l'inexistence du pouvoir de modification unilatérale, ce dont il déduisait que le principe fondamental du droit des contrats s'applique bien aux contrats administratifs. Mais, dans la jurisprudence actuelle, on le verra, l'existence du pouvoir de modification unilatérale est expressément admise. La question reste donc posée.

Elle l'avait déjà été, avant Jean L'Huillier, par Georges Péquignot qui relevait que « la théorie de la mutabilité suggère un doute envers le contrat administratif » (*op. cit.*, p. 433). Ce doute se retrouve dans la conclusion de la thèse du professeur Péquignot : « si le contrat administratif est un acte volontaire... la volonté dont il est issu n'a pas entièrement le caractère de la volonté contractuelle » (p. 606). L'auteur estime que le contrat administratif donne naissance à une situation intermédiaire entre la situation purement contractuelle et la situation statutaire (p. 609).

Ces remises en cause prennent leur source dans la conception selon laquelle le contrat tire sa force obligatoire du principe d'autonomie de la volonté : les obligations sont fondées sur la rencontre de deux volontés égales et si l'une des deux volontés peut les remettre en cause tout le mécanisme est faussé.

Mais on a vu que d'autres conceptions de la force obligatoire du contrat peuvent être admises qui font notamment appel aux idées de but et d'équilibre des intérêts en présence (*supra*, n° 14 et s.). Il en résulte que la remise en cause de l'autonomie de la volonté n'équivaut pas à une remise en cause du contrat.

De toute façon, même si l'équilibre des droits et obligations résultant du contrat administratif ne procède pas entièrement de la volonté des parties, il n'en demeure pas moins que cette volonté reste fondamentale quelle que soit l'importance des notions de service public et d'intérêt général ; c'est à l'intention des parties que le juge se réfère le plus souvent pour déterminer le contenu des obligations et il est certain que dans la pratique les parties à un contrat administratif perçoivent bien celui-ci comme un contrat qui les lie au même titre qu'un contrat de droit privé.

50-54. *Réservés*

DOCUMENT

DOCUMENTS PARLEMENTAIRES — CHAMBRE (Session ordin. — Séance du 25 juillet 1916), ANNEXE n° 2407, JO p. 1351-1352. Sur ce projet, V. Gicquel J. E., *La loi du 31 décembre 1987 et l'accélération du procès administratif,* Th. dactyl. Paris I, 1994, p. 74 et s.

PROJET DE LOI portant attribution de compétence aux tribunaux civils pour les marchés de travaux publics et de fournitures passés par les diverses administrations publiques et aux conseils de préfecture pour toutes les concessions de services publics, présenté au nom de M. Raymond Poincaré, Président de la République française, par M. René Viviani, garde des sceaux, ministre de la justice. — (Renvoyé à la commission de la législation civile et criminelle.)

EXPOSÉ DES MOTIFS

Il est donc nécessaire, si l'autorité judiciaire est déclarée compétente pour statuer sur les marchés des administrations publiques, de décider que l'interprétation des articles des cahiers des charges sera placée sous le contrôle de la cour de cassation, et pourra donner lieu à un recours pour violation de la loi. Et cette solution n'aura, dans ce cas, rien que de très logique. Ici, en effet, il ne s'agit pas de contrats purement privés, mais de contrats qui intéressent les services publics, la vie publique ; il y a un intérêt d'ordre public à ce que le sens et la portée du cahier des charges s'appliquent à toute une série de contrats, soient déterminés d'une façon fixe et uniforme pour toutes les entreprises régies par ce cahier des charges, et ceci ne peut avoir lieu que si la cour suprême a qualité pour contrôler cette interprétation. Il est bien entendu que le juge du fond demeurera seul compétent sur tous les points de fait : le recours devant la cour de cassation pour violation de la loi s'appliquera uniquement à la détermination du sens des stipulations du contrat en elles-mêmes, le juge du fond restant chargé d'en faire application aux circonstances de fait par lui appréciées.

Article 4. — (Compétence de la juridiction administrative en matière de concession de services publics.)

L'article 4 a pour objet de : 1° préciser la compétence de la juridiction administrative, à l'encontre de la compétence civile, pour toutes les concessions de services publics ; 2° unifier la compétence, sur le domaine administratif, en l'attribuant dans tous les cas au conseil de préfecture.

Si la jurisprudence du Conseil d'État est aujourd'hui nettement fixée en ce sens que tous les contrats de concession de toutes les personnes administratives sont de la compétence administrative, la jurisprudence civile est moins nette ; s'attardant dans une ancienne théorie qui attribuait compétence aux tribunaux civils pour tous les litiges intéressant les personnes publiques autres que l'État, elle continue quelquefois à traiter comme des marchés de fournitures purs et simples de véritables concessions de services publics communaux et à reconnaître la compétence des tribunaux ordinaires à leur égard.

C'est ainsi que les tribunaux civils statuent sur les litiges entre la ville de Paris et la compagnie des omnibus, alors que les concessions de tramways sont jugées par le conseil de préfecture. Il en résulte que la compagnie générale des omnibus qui, depuis quelques années, est concessionnaire également des tramways dans Paris, relève pour ses lignes d'omnibus de l'autorité judiciaire et pour ses lignes de tramways de la juridiction administrative.

Actuellement, d'après la jurisprudence du Conseil d'État, commandée par les textes en vigueur :

Le conseil de préfecture en première instance n'est compétent que pour les concessions de travaux publics, parce que la loi du 28 pluviôse an VIII qui lui attribue compétence ne parle que des travaux publics ;

Pour les concessions de services publics, où il n'y a aucun élément de travail public, le conseil de préfecture n'ayant pas compétence, c'est le Conseil d'État qui statue en premier et dernier ressort, comme juge de droit commun administratif.

Il en résulte que dans l'exemple cité plus haut, celui de la compagnie générale des omnibus à Paris, si on admettait — comme on devrait le faire — que la compétence est administrative dans tous les cas, on serait néanmoins obligé de distinguer :

Pour les tramways, c'est le conseil de préfecture en première instance, avec appel au Conseil d'État ;

Pour les omnibus, ce serait le Conseil d'État en premier et dernier ressort, comme juge de droit commun.

En résumé, d'après le texte proposé, tous les marchés ordinaires des administrations publiques relèveraient des tribunaux civils ; tous les contrats de concession de services publics relèveraient du conseil de préfecture et en appel du Conseil d'État.

PROJET DE LOI

Art. 1er. — Les litiges relatifs aux marchés de travaux publics et de fournitures — autres que les concessions de services publics passés par l'État, les départements, les communes et toutes autres administrations publiques, seront de la compétence des tribunaux civils.

Art. 2. — À défaut de stipulation spéciale du marché, le tribunal civil compétent sera : pour les travaux publics, celui du lieu où ils seront exécutés et, pour les fournitures, celui du domicile du demandeur.

Art. 3. — Le recours en cassation sera ouvert pour violation des clauses des cahiers des charges arrêtés par les diverses administrations publiques.

Art. 4. — Tous les litiges entre les concessionnaires de services publics et l'administration concédante sont de la compétence du conseil de préfecture.

Art. 5. — Les dispositions qui précèdent s'appliqueront à toutes les instances engagées après la promulgation de la présente loi.

Chapitre 2
Le contrat dans l'action administrative

55. Sauf dans quelques secteurs où s'applique un principe d'indisponibilité (état civil, corps humain) le contrat est partout présent dans les relations civiles. Il n'en va pas différemment dans les relations où intervient l'administration, à cette réserve près que les zones d'indisponibilité sont, au moins en théorie, plus étendues. Omniprésent, le contrat l'est d'autant plus qu'il est porté depuis quelques décennies par un courant « contractualiste » qui s'inscrit dans une tendance générale à une action administrative non autoritaire ou moins autoritaire. Le contrat est une des techniques qui sont utilisées pour accroître l'efficacité de l'administration grâce à la collaboration des intéressés. Certains y voient un moyen pour le pouvoir de mieux étendre son emprise, d'autres admettent que la place ainsi faite au consentement des intéressés introduit plus d'égalité et permet des « partenariats » rapprochant le pouvoir du citoyen.

Pour le juriste une autre interrogation surgit : en dehors des usages classiques du contrat, les nouvelles formes juridiques sont-elles réellement des contrats ? Ne s'agit-il pas d'un simple habillage d'actes unilatéraux ou de mesures dénuées de véritable effet juridique ? Il n'existe pas de réponse unique : le contractualisme a engendré de nouveaux contrats, alors même que l'appellation contrat est parfois utilisée abusivement.

Mais, en dehors de ce phénomène, d'autres données, tout aussi importantes doivent être prises en considération : les règles classiques concernant les domaines respectifs du contrat et de l'acte unilatéral constituent une limite à l'expansion du contrat ; des évolutions importantes se sont produites concernant des formes classiques de contrats comme, par exemple, les marchés publics et les concessions.

Après avoir brièvement présenté ce qu'on peut appeler le « contractualisme », puis les limites imposées à l'emploi du contrat on s'efforcera d'évaluer l'importance de la technique contractuelle dans l'action administrative.

§ 1. Le « contractualisme »

56. Certains auteurs parlent d'une « idéologie du contrat » (J. Caillosse), d'autres de « pan-contractualisme » (F. Moderne) ou d'« illusion contractualiste » (P. Legendre). On pourrait aussi penser à une mythologie du contrat. Le terme « contractualisme » sera retenu à raison de sa neutralité : sans renvoyer aux notions complexes d'idéologie ou de mythologie, il désigne un phénomène politico-juridique qui consiste, d'une part, à voir des contrats dans de nombreuses relations en apparence étrangères à l'idée d'accord de volonté, d'autre part à introduire effectivement le contrat dans des domaines où il n'avait pas pénétré antérieurement.

Il faut assigner à ce phénomène des fondements politiques.

A Fondements politiques

Bibliographie : Basdevant-Gaudemet (B.), dir. : *Contrat ou institution : un enjeu de société*, LGDJ, 2004.

Berrivin (R.) et Musselin (C.) : « Les politiques de contractualisation entre centralisation et décentralisation », *Sociologie du travail*, 1996, 575.

Freeland (M.) : « Governement by Contract and Private Law », *Public Law*, Spring, 1994, 87.

Harden (I.) : *The Contracting State*, Open University Press, 1992.

Lascoumes (P.) : « Négocier le droit : formes et conditions d'une activité gouvernementale conventionnelle », *Politiques et Management publics*, 1993, n° 4, p. 48.

Sestier (J.-F.) : *Le développement des techniques administratives conventionnelles*, th. Lyon, 1988, dactyl.

Stewart (J.) et Walsh (K.) : « Change in the Management of Public Services », *Public Administration*, 1992, p. 497.

57. Sans prétendre se livrer à une étude complète, on rappellera les liens entre l'expansion du contrat et les conceptions du pouvoir.

Léon Duguit faisait le constat d'une « diminution constante du rôle du contrat dans les sociétés modernes et notamment dans les rapports entre gouvernants et gouvernés » et cela parce « qu'on accepte de plus en plus facilement... les manifestations unilatérales de la volonté gouvernante... parce qu'on a une notion chaque jour plus nette de la solidarité sociale » (*L'État, le droit objectif et la loi positive*, 1901, p. 381, rééd. Dalloz, 2003). Cette analyse est restée isolée ; on s'accorde aujourd'hui sur le constat d'un essor sans précédent du procédé contractuel.

Consciemment ou non, le contractualisme contemporain procède en partie d'une influence proudhonienne diffuse et il est certainement lié aux mutations qu'a subies le concept de légitimité.

a) Un « proudhonisme » diffus

Bibliographie : CHAMBOST (S.) : *Proudhon et la norme*, Presses universitaires de Rennes, 2004, p. 109 et s.

58. Pour réaliser la justice et l'égalité, Proudhon envisage une organisation sociale à base d'association où la liberté de chaque membre est respectée. Ce système repose sur le contrat. À la différence du « contrat social » de Rousseau, le contrat du système fédératif envisagé par Proudhon est « plus qu'une fiction, c'est un pacte positif, effectif, réellement proposé, discuté, voté, adopté « (*Du principe fédératif*, 1862, 1re partie, chap. VII, Paris, éd. Dentu, 1863, p. 67). Le contrat est appliqué à l'organisation économique qui doit être « mutualiste », il est aussi appliqué à l'organisation politique de type fédéraliste.

Dans l'organisation politique, les cocontractants sont les chefs de famille, les communes, les provinces, l'État. Les communes et provinces gèrent librement leurs services, les services dépendant de l'État sont dotés d'une grande autonomie. La coordination entre les différents groupes géographiques est réalisée grâce à des contrats synallagmatiques qui permettent à la fois de concilier autorité et liberté et de réaliser l'idée de justice : « le contrat résout tous les problèmes. Le producteur traite avec le consommateur, l'associé avec sa compagnie, le paysan avec sa commune, la commune avec le canton, le canton avec le département » (*Idée générale de la Révolution au XIXe siècle*, éd. Rivière, 1851, p. 317).

Proudhon n'a pas seulement exercé une influence sur les courants socialistes. Se sont réclamés de lui aussi bien le fédéralisme de droite que le syndicalisme révolutionnaire. Compte tenu du poids du proudhonisme dans l'histoire des idées et de sa forme très juridique, on peut identifier là une des origines du contractualisme moderne.

b) Une nouvelle conception de la légitimité du pouvoir

59. Le contrat est, par ailleurs, particulièrement adapté aux exigences contemporaines de l'exercice du pouvoir : l'autorité n'est plus acceptée pour elle-même, l'obéissance au droit est un choix raisonné qui repose sur la libre discussion, « la décision se transforme... en un vaste processus de négociation » (F. De Baecque et J. L. Quermonne, *Administration et politique sous la Ve République*, FNSP, 1981, p. 192). Ainsi un Premier ministre nouvellement nommé adressait aux membres de son gouvernement la recommandation suivante : « nous devrons préférer, toutes les fois que c'est possible, aux arguments d'autorité, des négociations réelles, loyales, méthodiques et, s'il y a lieu, formalisées dans des conventions » (Circulaire de Michel Rocard du 28 mai 1988 relative à la méthode de travail du Gouvernement, *JO* 27 mai 1988, p. 7381). Et ce même Premier ministre voyait dans la conclusion de contrats entre les services, érigés en « centres de responsabilité », et le ministère des Finances un moyen d'assouplir les règles de gestion tout en améliorant les performances des administrations (circulaire du 23 février 1989, Renouveau du service public, *JO* 24 février 1989). La même idée est reprise dans la circulaire du Premier ministre du 26 juillet 1995 relative à la réforme de l'État et des services publics (*JO* 28 juillet 1995), qui prévoit la conclusion de « contrats de service » entre les services déconcentrés et les administrations centrales.

Le droit communautaire va aussi parfois dans le même sens. Ainsi, en matière d'environnement, la Commission des Communautés européennes incite les États membres à développer « les accords libres et les autres formes d'autoréglementation » (*Vers un développement soutenable*, COM (92) 23 final) et plusieurs directives ont prévu la conclusion d'accords entre les pouvoirs publics et les secteurs professionnels ou entreprises intéressés (ex. : directive 94/62 relative aux emballages et déchets d'emballages, *JOCE* n° L 365 du 31 décembre 1994, 14 janvier 1997 ; directive 96/82 dite « Seveso II », *JOCE* n° L 10 du 14 janvier 1997).

Le contrat présente ainsi un attrait puissant et en partie symbolique dû à son lien avec les notions de droits individuels, de liberté de choix, de responsabilité.

60. À cela s'ajoute l'influence des méthodes de gestion du secteur privé, parfois considérées comme un modèle pour l'administration : une des bases du « management » est la définition d'objectifs qui doivent être atteints en un temps donné par les responsables ; la technique contractuelle peut paraître adaptée à la mise en place d'une telle organisation, même si elle traduit, au fond, une certaine méfiance envers les « managers », car une autre méthode existe, qui consiste à donner à l'agent les pouvoirs nécessaires pour atteindre les objectifs dont il est responsable. Certains opposent même cette « méthode managériale » à la « méthode contractuelle » (A. Schick, *The Spirit of Reform, Managing the New Zealand State Sector*, State Services Commission, 1996).

Les accords qui sont, de la sorte, conclus par les autorités publiques n'ont souvent de contrat que le nom ; par leur contenu ils peuvent être proches de « gentlemen's agreements » et ne pas comporter d'obligations précises (ex. : *CJCE 5 octobre 1994, Commission c/ France, aff. C-255-93, rec. 4949* : les accords entre l'État français et les fédérations professionnelles au sujet des emballages ne constituent pas des programmes au sens de la directive 94/62 car ils ne comportent pas d'engagements clairs et précis des pouvoirs publics).

Mais de nouvelles formes de contrats apparaissent aussi.

B Politique administrative

Bibliographie : BASDEVANT-GAUDEMET (B.), dir. : *Contrat ou institution : un enjeu de société*, LGDJ, 2004.

BERNARD (P.) : « Les relations contractuelles entre collectivités publiques », *AJDA* 1990. 131.

BROUANT (J.-P.) : « Les contrats d'agglomération : l'intercommunalité de projet à l'épreuve du principe de spécialité », *AJDA* 2004, 905.

CAILLOSSE (J.) : *Sur la progression en cours des techniques contractuelles d'administration, Le droit contemporain des contrats* (dir. L. Cadiet), Economica, 1987, p. 89 et s.

CHEVALLIER (J.) : « Loi et contrat dans l'action publique », *Cahiers du Conseil Constitutionnel*, n° 17/2004, p. 81.

DOUENCE (J.-C.) : « Les conventions entre personnes publiques », *Mél. Stassinopoulos*, 1974, p. 113.

FLECHER-BOURJOL (D.) : « Essai de typologie fonctionnelle des contrats passés entre l'État et les collectivités locales et les établissements publics territoriaux », *BIIAP* 1976, 309.

GOHIN (O.) : « La loi et le contrat dans les rapports entre collectivités publiques », *Cahiers du Conseil constitutionnel*, n° 17/2004, p. 95.

HECQUARD-THÉRON (M.) : « La contractualisation des actions et des moyens publics d'intervention », *AJDA* 1993, 451.

IFSA : « L'administration contractuelle », colloque du 28 novembre 2002, *AJDA* 2003, p. 970 et s.

JEGOUZO (Y.) : « L'administration contractuelle en question », *Mélanges F. Moderne*, Dalloz, 2004, p. 543.

LAUBADÈRE (A. de) : « Administration et contrat », *Mél. Brèthe de la Gressaye*, 1960, p. 453.

MARCOU (G.), RANGEON (F.) et THIEBAULT (J.-C.) Dir. : *La coopération contractuelle et le gouvernement des villes*, L'Harmattan, 1997.

MODERNE (F.) : « L'évolution récente du droit des contrats administratifs : les conventions entre personnes publiques », *RFDA* 1984, p. 14.

MOREAU (J.) : « Les contrats de plan État-régions, technique nouvelle d'aménagement du territoire », *AJDA* 1979, 737.

PONTIER (J.-M.) : *Les contrats de plan entre l'État et les régions*, PUF, Que sais-je ?, 1998.

POULET-GIBOT-LECLERC (N.) : « La contractualisation des relations entre personnes publiques », *RFDA*, 1999, 551.

ROLLAND (P.) : « Les contrats de pays », *RDP* 1979, 1315.

61. Les exemples foisonnent de « conventions » par lesquelles les signataires s'engagent à faire preuve de bonne volonté l'un envers l'autre, à étudier un problème, etc. Citons dans ce registre les « conventions nationales de partenariat » conclues entre l'État et des organisations professionnelles pour lutter contre le travail clandestin (convention du 27 mars 1992 avec la Confédération de l'artisanat et des petites entreprises du bâtiment, *Mon. TO*, 3 avril 1992 ; convention du 6 avril 1995 avec le SNBATI, *Mon. TO*, 14 avril 1995, p. 387) qui, après avoir rappelé la définition du travail clandestin, prévoient que les syndicats membres de la confédération assureront une information en collaboration avec l'administration. Aucune obligation concrète, aucun délai, aucune sanction ne sont prévus.

À la croisée de l'influence du proudhonisme et de celle de la gestion « managériale » l'instrument contractuel est ainsi érigé en technique de gouvernement.

Il ne faut cependant pas donner à l'emploi du terme « contrat » plus d'importance qu'il n'en a : des directives comme celles de Michel Rocard en 1988 et 1989 entendent surtout souligner l'importance de la négociation, ce qui revient, au fond, à prendre acte d'une réalité administrative dans laquelle « la règle n'est pas faite pour être appliquée, mais pour qu'au sujet de son application une négociation puisse s'engager » (F. Dupuy et J.-C. Thoenig, *L'administration en miettes*, Fayard, 1985, p. 191).

Mais, en dehors de cette influence diffuse, le contractualisme a plus particulièrement marqué certains secteurs de l'action administrative, dont les principaux sont l'administration économique et l'administration territoriale. En ces domaines, les pouvoirs publics ont recouru au contrat pour avoir l'occasion de négocier avec les acteurs économiques et les collectivités locales, et pour corriger les inconvénients qui peuvent résulter de l'uniformité de la règle de droit (cf. *CE 6 novembre 1987, CGCI, req. 48285, 68332* : « s'agissant d'un document contractuel, le moyen tiré à l'encontre de la légalité de ladite convention de la violation du principe de l'égalité des citoyens est inopérant »). L'accord lui-même a moins d'importance que le processus qui y conduit et l'évaluation qu'il peut fonder.

a) Intervention économique

62. Dans le domaine de l'économie, l'« essor du concept contractuel » (M. Vasseur « Un nouvel essor du concept contractuel : les aspects juridiques de l'économie concertée et contractuelle » *RTDC* 1964, 31) doit beaucoup à la planification. Le lien entre plan et contrat n'est certes pas identique à ce qu'il était dans le système soviétique où les contrats tiraient leur force obligatoire de la conformité au plan. Dans la planification indicative qui a été pratiquée en France le contrat est apparu comme un irremplaçable instrument d'incitation des agents économiques privés et publics.

C'est pourquoi, si la contractualisation des relations entre l'État et les acteurs économiques n'a pas toujours été liée au plan, c'est avec le plan qu'elle est devenue une doctrine.

Dans le plan intérimaire de 1960-1961 puis dans le IVe Plan (1962-1965), les accords conclus avec les entreprises ont été curieusement qualifiés de « quasi-contrats ». Puis avec le Ve Plan (1966-1970) sont apparues les conventions de plan, mais très peu ont été conclues dans la pratique (cf. H. Jacquot, *Le statut juridique du plan français*, LGDJ, 1973, p. 207).

Dans les relations avec les collectivités locales le contrat de plan est apparu en 1969 dans une déclaration du premier ministre J. Chaban Delmas (H. Jacquot, *op. cit.*, p. 184). Une loi du 23 décembre 1970 a prévu une expérience limitée à des contrats entre l'État et les communautés urbaines. Par la suite, la politique contractuelle a connu un certain déclin avant d'être relancée par la loi du 29 juillet 1982 sur la planification (cf. *infra*).

Une politique contractuelle axée sur les régions a été mise en œuvre à partir du IXe Plan (1984-1988) et s'est poursuivie par la suite. Ces contrats avec les régions ont été complétés par de nombreux contrats avec d'autres collectivités locales, notamment dans le cadre de la politique de la ville (cf. circulaire du 31 décembre 1998 relative aux contrats de ville, *JO* 15 janvier 1999, p. 726).

63. Des contrats sont aussi conclus entre l'État et les grandes entreprises publiques nationales pour définir des objectifs et des modalités de relations (cf. *infra*). On ne saurait trop souligner l'importance, dans l'histoire de cette politique contractuelle du rapport Nora sur les entreprises publiques publié en avril 1967. Ce rapport, qui reste d'actualité à bien des égards, a exercé son influence bien au-delà du milieu des entreprises publiques et contribué à la progression des techniques contractuelles.

En ce qui concerne les entreprises publiques, le rapport Nora préconisait qu'elles soient laissées libres de « faire leur métier d'entreprise » mais dans un cadre défini par un « contrat de programme » (p. 93-94 du rapport).

Un premier contrat de programme a été conclu en 1969 avec la SNCF (texte in H. Jacquot « La réforme de la SNCF et l'apparition d'une nouvelle notion de l'entreprise publique », *Dr. soc.* 1970, 337) puis un second en 1970 avec EDF (texte in *CJEG* 1971, 178).

Par la suite des contrats dénommés tantôt contrat de programme, tantôt contrat d'objectifs (GDF 1991-1993), tantôt contrat de plan, d'entreprise ou de régulation ont été conclus entre l'État et les grandes entreprises publiques nationales (EDF, GDF, RATP, SNCF, Air France, La Poste). Ces contrats ont avant tout un objet financier : fixation des dotations et de la rémunération du capital, niveau d'endettement, évolution des tarifs, investissements. Ils s'attachent également à la fixation d'objectifs en matière de productivité, de satisfaction de la clientèle.

Un autre domaine dans lequel le contrat tient une place privilégiée est l'administration territoriale.

b) Administration territoriale

64. De multiples conventions sont conclues entre l'État et les collectivités locales. Des procédures conventionnelles existaient déjà avant 1982, mais les lois de décentralisation adoptées à partir de 1982 leur ont donné un développement sans précédent.

1° Avant 1982

65. L'existence de contrats entre l'État et les collectivités locales est ancienne ; Monsarrat (*Contrats des communes*, 1947, p. 271) appelait « accords administratifs » les conventions conclues entre une commune et d'autres administrations publiques pour assurer le fonctionnement d'un service public. L'auteur cite notamment les conventions conclues entre les communes et l'État pour le fonctionnement d'écoles maternelles. Il s'agissait aussi de contrats de bail par lesquels les communes mettaient un immeuble à la disposition de l'État. Était également très répandue la pratique du contrat d'offre de concours : pour inciter l'État à installer un service public sur son territoire, une collectivité locale s'engageait à participer au financement du service. C'est, par exemple, de cette manière qu'ont été mis en place les premiers réseaux téléphoniques financés par offres de concours des départements (sur l'offre de concours, cf. *infra*, n° 106).

Puis la pratique des conventions État-collectivités locales s'est étoffée et diversifiée avec le développement du rôle économique de l'État et de la décentralisation.

Avant 1982 les conventions avec les collectivités locales ont surtout eu pour but d'orienter les interventions dans une direction souhaitée par l'État qui pour cela dispensait des aides financières. Des circulaires avaient, ainsi, prévu la conclusion de contrats de pays et de contrats d'aménagement de villes moyennes. À partir du IXe Plan les contrats de plan entre l'État et la région sont devenus le moyen essentiel d'exécution du plan, avant de survivre seuls à ce dernier, sous le nom de contrats de projets depuis 2006.

Mais, par ailleurs, les mécanismes contractuels se sont diversifiés et ce de deux manières.

2° Depuis 1982

66. En premier lieu, les lois de décentralisation ont utilisé le contrat entre personnes publiques comme instrument juridique d'organisation du service public.

En effet, la loi du 2 mars 1982 et la loi du 7 janvier 1983 ont prévu que la mise à disposition et le transfert des services de l'État nécessaires à l'exercice des nouvelles compétences des collectivités locales seraient réalisés par voie de convention (cf. *infra*).

Dans les relations entre collectivités locales, l'article L. 5111-1 du CGCT (art. 6 de la loi du 7 janvier 1983) dispose que « les collectivités territoriales peuvent conclure entre elles des conventions par lesquelles l'une d'elles s'engage à mettre à la disposition d'une autre collectivité ses services et moyens afin de lui faciliter l'exercice de ses compétences » et d'autres dispositions prévoient la conclusion de conventions entre collectivités locales (ex. : art. L. 5223-2 CGCT ; art. 46 de la loi du 9 janvier 1985 sur la montagne, etc.).

67. En second lieu, s'est développé en marge de la décentralisation ce qu'un auteur a dénommé un « partenariat encadré » (« Une nouvelle répartition des compétences », article anonyme, *Gazette des communes*, 19 janvier 1990, p. 42). Il s'agit de politiques conventionnelles mises en place dans des domaines où l'administration de l'État conserve la compétence mais a besoin des collectivités locales pour agir efficacement. Aussi, les conventions s'organisent sur une base égalitaire ou, en tout cas, sont assorties d'un discours égalitaire. Tel est le cas des contrats de ville conclus en application de la loi du 13 juillet 1991 qui ont pour ambition de coordonner les actions des collectivités locales et de l'État et non d'attribuer des « enveloppes » en vue de la réalisation des programmes locaux d'habitat. Ces contrats ont eu de nombreux précédents (cf. *AJDA* mai 1993, n° spéc., p. 135).

Un autre exemple est celui de l'enseignement supérieur. L'État est compétent en ce domaine, mais il a besoin des collectivités locales pour faire face à des besoins croissants. Aussi a-t-il été fait appel à l'aide des collectivités locales avec lesquelles ont été conclues entre 1991 et 1993 des conventions « Université 2000 » qui prévoient essentiellement une répartition des charges d'investissement ainsi que la consultation des collectivités sur les implantations d'établissements et de filières d'enseignement supérieur. En vue de concrétiser ce « partenariat » (terme employé par la circulaire du ministre de l'Intérieur du 13 janvier 1993 sur l'exercice par les collectivités territoriales de la maîtrise d'ouvrage de construction d'établissements d'enseignement supérieur) la loi du 4 juillet 1990 a prévu que « l'État peut confier aux collectivités territoriales ou à leurs groupements la maîtrise d'ouvrage de constructions ou d'extensions d'établissements d'enseignement supérieur ».

68. Ce type de relations contractuelles vient donc perturber la répartition des compétences entre l'État et les collectivités locales. Un auteur dénonce le « désordre indescriptible » qui résulte de la contractualisation des interventions (M. Hecquard-Théron, *art. précit.*, p. 460).

À dire vrai il semble que la contractualisation est une conséquence plus qu'une cause : il s'est avéré impossible de mettre en place les « blocs de compétence » qui avaient été envisagés en 1982, les enchevêtrements de compétences, les financements croisés restent inévitables dans une administration où les niveaux sont trop nombreux et les notables trop puissants. Le contrat reste alors le dernier recours, facteur d'ordre et non de désordre et ce rôle devrait encore se développer dans le cadre du nouvel article 72 de la Constitution réformée le 17 mars 2003. En effet, le nouvel alinéa 4 de l'article 72 consacre la notion de collectivité « chef de file » en prévoyant que « lorsque l'exercice d'une compétence nécessite le concours de plusieurs collectivités territoriales, la loi peut autoriser l'une d'entre elles ou un de leurs groupements à organiser les modalités de leur action commune » ; le contrat tiendra nécessairement une place importante en la matière.

Et même si la multiplication des procédures contractuelles risque de nuire à la cohérence des politiques, n'est-ce pas le prix à payer pour introduire plus de négociation et de concertation et, en fin de compte, une meilleure adéquation à la réalité ?

Si le « contractualisme » présente des risques, celui de désordre ne semble donc pas le plus grave.

69. Les véritables risques sont ailleurs.

Un premier risque est celui de retour à la centralisation. Dans son rapport public pour 1993, le Conseil d'État a souligné que : « le système de relations contractuelles entre collectivités publiques actuellement en vigueur est... davantage placé sous le signe des rapports de force et d'une certaine opacité, que sous celui du droit et de la transparence » (*EDCE*, n° 45, p. 97). En ce sens, le rapport Chérèque sur les contrats de plan État-régions (publié *in Gazette des communes*, 31 août 1998, p. 505) a souligné la nécessité de rééquilibrer la relation en faveur de la région.

Un autre risque est celui de la renaissance de relations de type féodal, alors que le « féodalisme » est le contre-modèle de notre droit public ; mais il est aussi vrai que « la féodalité est naturelle à l'homme et même à l'administration » (Hauriou, note *Sirey* 1908, 3, 67). La généralisation du contrat peut, en effet, être dangereuse en ce qu'elle habitue les administrateurs à considérer comme des droits dont ils peuvent disposer leurs compétences et leurs fonctions, l'autorité publique intervenant comme « agent sur un marché » (Y. Mény, *La corruption de la République*, Fayard, 1992). Il y a là un germe de corruption du système du droit public mais il ne se développe que si le contrat n'est pas suffisamment encadré et si la négociation se déroule uniquement au sein d'une élite fermée (cf. Mény, *op. cit.*, p. 304). Le problème de la relation entre contrat et décision unilatérale n'en est pas moins posé.

§ 2. Le contrat et l'acte unilatéral

Bibliographie : FLOGAITIS (S.) : « Contrat et acte administratif unilatéral », *Mélanges Braibant*, Dalloz, 1996, p. 229.

FRIER (P.-L.) : « Contrats et urbanisme réglementaire : les obstacles juridiques », *Dr. Adm.*, 2005, chron. 5.

PAQUES (M.) : *De l'acte unilatéral au contrat dans l'action administrative*, Story Scientia, Bruxelles, 1991.

PETIT (J.) : « Nouvelles d'une antinomie : contrat et police », *Mélanges Moreau*, Economica, 2002, p. 345.

ROLIN (F.) : *Accord de volontés et contrat dans les relations entre personnes publiques*, th. Paris II, 1996, dactyl.

70. L'autorité administrative est titulaire du pouvoir de prendre des décisions unilatérales qui créent des droits et des obligations sans le consentement des destinataires. Il peut arriver que le consentement de la personne intéressée soit nécessaire, comme, par exemple, pour la nomination d'un fonctionnaire, mais ce consentement est seulement une condition d'efficacité de la volonté unilatérale de l'administration : l'acte juridique existe alors indépendamment de ce consentement.

Le contrat et l'acte unilatéral sont utilisés tantôt concurremment, tantôt exclusivement selon les domaines de l'action administrative ; ils peuvent se conjuguer au sein d'une même opération.

A Domaines respectifs du contrat et de l'acte unilatéral

Bibliographie : *Traité des contrats*, n° 24 s.

71. En apparence, le contrat et l'acte unilatéral sont fréquemment substituables l'un à l'autre compte tenu de l'équivalence des résultats qu'ils permettent d'obtenir. Ainsi, l'administration peut se procurer un bien mobilier en l'achetant, mais elle peut aussi recourir à la réquisition ; elle peut recruter des fonctionnaires nommés par voie de décision unilatérale, mais elle emploie aussi des agents contractuels ; quand elle accorde une autorisation d'occuper le domaine public ou une subvention, c'est tantôt par voie de décision unilatérale, tantôt par voie de contrat.

Ce serait cependant une erreur de penser que l'autorité compétente peut en principe choisir entre l'acte unilatéral et le contrat. En réalité, ce choix est souvent absent, compte tenu des textes régissant l'action administrative qui prévoient le mode d'intervention à utiliser : pour se procurer un bien mobilier, la collectivité publique doit normalement conclure un contrat, car le pouvoir de réquisition ne lui est reconnu qu'exceptionnellement ; en matière de recrutement de personnel la loi pose le principe du caractère exceptionnel du recours aux agents contractuels ; pour l'octroi de subventions les textes prévoient généralement que telle subvention est octroyée par décision unilatérale et telle autre par contrat.

La répartition entre la décision unilatérale et le contrat dépend donc principalement des textes. Cependant, comme on le verra d'abord, en certains domaines le contrat est normalement exclu au nom des principes fondamentaux qui régissent l'exercice des compétences administratives.

a) Nullité des conventions relatives à l'exercice du pouvoir de décision unilatérale

72. Selon une jurisprudence assez fournie, sont nulles ou, en tout cas, sans effet, les conventions relatives à l'exercice d'un pouvoir de décision unilatérale.

L'interdiction de contracter au sujet du pouvoir de décision a trois conséquences :

— interdiction de transférer à un tiers le pouvoir de décision (ex. : *CE 30 septembre 1983, Fédération départementale des associations agréées de pêche de l'Ain, Rec. 392* : impossibilité de transférer à la Compagnie nationale du Rhône le droit de réglementer et accorder le droit de pêche) ;

— interdiction de prendre un engagement sur une décision à venir (ex. : promesse de nommer un fonctionnaire : *CE 23 janvier 1981, Siméon, AJDA 1981, 204* — de délivrer un permis de construire, *CE 24 février 1956, Leduc, Rec. 89* ; de ne pas modifier l'organisation d'un service : *CE 11 janvier 1961, Barbaro, Rec. 25*) ;

— interdiction de substituer le contrat à l'acte unilatéral *(CE Sect. 20 janvier 1978, Synd. Nat. de l'enseignement technique agricole public, AJDA janvier 1979, 37, concl. Denoix de Saint-Marc ;* ***CE 8 mars 1985, Assoc. les Amis de la Terre, RFDA 1985, 363, concl. Jeanneney, Rec. 73 ; CE Sect. 23 juin 1995, Min. Cult. c/ Association Défense Tuileries, CJEG 1995.376, concl. Arrighi de Casanova).***

Ces solutions peuvent paraître quelque peu inadaptées et dépassées par l'expansion du « contractualisme ». Elles privent l'administration d'un instrument de négociation et vident la négociation collective de toute portée juridique (V. p. ex. pour la fonction publique : *CE Ass. 23 mars 1973, Fédération du personnel de la défense nationale, Rec. 247* : un accord sur la récupération d'heures pour compenser des jours de grève est illégal). Plusieurs explications ont été données à la jurisprudence qui vient d'être rapportée.

Dans un article célèbre, le professeur Jacques Moreau a étudié « l'interdiction faite à l'autorité de police d'utiliser une technique d'ordre contractuel » (*AJDA* 1965, 3). Il estime que cette interdiction est fondée à la fois sur le caractère d'ordre public des compétences et sur la contradiction qui existerait entre le mécanisme contractuel et la fin légale assignée aux interventions de police (maintien de l'ordre public).

Il est cependant permis de mettre en doute la spécificité de la police à cet égard. En effet, le but d'ordre public n'entraîne pas l'interdiction des conventions concourant à ce but lorsqu'elles n'ont pas pour objet le pouvoir d'action unilatérale. Ainsi, l'enlèvement des véhicules en stationnement illicite est confié à des personnes privées sans que le juge y ait trouvé à redire et a été admise la légalité d'une convention mettant à la charge des propriétaires d'emplacement sur un marché à la brocante une indemnité en contrepartie de sujétions de police (*CE 19 février 1988, SARL Poré Gestion, Rec. 77*).

Une autre explication pourrait être tirée de l'indisponibilité des compétences, principe dérivé de l'article 3 de la Déclaration des droits de l'homme : les compétences ne sont pas des droits subjectifs. Mais cette explication va trop loin car elle n'admet pas les exceptions qui, pourtant, existent.

C'est pourquoi on est amené à retenir une explication beaucoup plus simple : les contrats en cause sont illégaux parce que l'autorité signataire n'est pas compétente pour les signer. Elle n'est pas compétente pour les signer parce que la réglementation en vigueur prévoit seulement une décision unilatérale.

Il pourrait être objecté que dans le silence des textes la compétence pour contracter n'est pas exclue, mais à cela on répondra que la compétence pour contracter, comme la compétence pour prendre une décision unilatérale, suppose une habilitation. Ainsi s'explique que des exceptions aient pu être apportées au principe.

b) Habilitations à contracter

73. Dans des domaines où le principe est l'intervention par voie de décision unilatérale réglementaire ou individuelle la loi a pu faire une place au contrat.

1° Droit fiscal

74. La législation fiscale a prévu depuis 1948 la possibilité d'accorder à certains contribuables des allégements subordonnés à un agrément délivré par l'administration. Le Ve Plan a qualifié de « contrat fiscal » les réductions d'impôt accordées aux entreprises en échange d'un programme d'investissement, incitant ainsi la doctrine à s'interroger.

La thèse du caractère contractuel a pu être soutenue par un auteur (M. Fleuriet, *Les techniques de l'économie concertée*, Sirey, 1974, p. 52 et s.) mais son analyse, qui est fondée surtout sur les éléments formels, n'est partagée ni par le reste de la doctrine (V. p. ex. H. Jacquot, *Le statut juridique des plans français*, 1973, p. 191 et s. ; M. de Saint-Pulgent, « Le droit français des agréments fiscaux », *EDCE* 1989, n° 41, p. 185 et s.) ni par les juridictions. Le juge administratif considère qu'il est en présence d'un acte unilatéral sous condition résolutoire *(CE Sect. 10 mars 1967, Min. Éco. Fin. c/ Société Samat, AJDA 1967, 280, concl. Galmot)*. Les conditions doivent être fixées avec suffisamment de précision par le législateur *(CC 30 décembre 1987, Loi de finances pour 1988, Rec. 63)* et l'administration en vérifie l'existence avant de délivrer l'agrément.

Il eût été possible d'admettre la coexistence d'un acte unilatéral et d'une convention complémentaire, selon un mécanisme qui existe en d'autres domaines (cf. *infra*), mais le Conseil d'État n'a pas crû devoir faire sienne cette analyse alors que les textes institutifs ne retiennent pas expressément la qualification contractuelle.

Il faut toutefois réserver les cas où, par exception, c'est bien la conclusion d'une convention qui est prévue comme, par exemple, pour l'octroi des avantages fiscaux aux SDR (P. Delvolvé, *Le principe d'égalité devant les charges publiques*, LGDJ 1969, p. 135 et s.).

2° Fonction publique et salariés des entreprises publiques

Bibliographie : AUTIN (J.-L.) : « La contractualisation de l'accès à la fonction publique », *Contrats publics, Mél. Guibal*, 2006, p. 129.

WAUQUIER (J.-P.) : « Les protocoles d'accord, dépourvus de valeur juridique sont des outils de bonne gestion de la Fonction publique », *Gazette des communes*, 1er juillet 2002, p. 60.

75. En matière de fonction publique, alors même que le statut du fonctionnaire est légal et réglementaire, le contrat fait quelques apparitions. Ainsi la loi du 13 juillet 1972 sur le personnel en coopération prévoit que la rémunération des fonctionnaires coopérants est fixée par un contrat, même quand ces personnes ne sont pas des agents contractuels.

On citera aussi le décret du 16 septembre 1985 sur la mise à disposition des fonctionnaires de l'État qui prévoit dans son article 3 que la mise d'un fonctionnaire à la disposition de certains organismes est subordonnée à la conclusion d'une convention entre ces organismes et l'État en vue de définir les conditions de la mise à disposition.

Le statut des agents des grandes entreprises nationales comme EDF, GDF, la SNCF a, lui aussi, un caractère réglementaire, ce qui n'empêche pas les contrats de travail conclus dans leur cadre d'être de droit privé. Un changement important a été apporté par la loi du 13 novembre 1982 (art. L. 134-1 du Code du travail) qui a introduit dans les entreprises publiques les conventions ou accords d'entreprises. La coexistence entre les accords et le système statutaire traditionnel n'est pas sans poser de très délicats problèmes (cf. Y. Saint-Jours, « La contractualisation subsidiaire des statuts du personnel des entreprises publiques », *Dr. soc. 1993, 175 ;* J. Chorin, « Le particularisme des relations du travail dans les entreprises publiques à statut », LGDJ 1994, p. 173 et s.).

3° Police

Bibliographie : MOREAU (L.) « La contractualisation de l'exercice de la police administrative », *Contrats publics, Mél. Guibal*, 2006, p. 171.

76. Dans le domaine de la police, lui-même, on a vu que tout contrat n'est pas exclu. Un contrat n'est pas inconcevable s'il n'aboutit pas au dessaisissement de l'autorité de police. Hauriou avait déjà relevé (note *sous CE 24 décembre 1909, Commune de la Bassée, S. 1910, 3, 49*) que cela laisse ouverte la possibilité de confier certaines tâches matérielles à des personnes privées. Ainsi, une circulaire du ministre de l'Intérieur du 22 septembre 1987 relative à l'application de la « Loi Montagne » (*JO* 2 octobre) prévoit que si une commune a le devoir d'organiser les secours en montagne sans pouvoir transférer cette mission, cela ne lui interdit pas de confier à un délégataire une prestation de transport des skieurs accidentés, à qui l'article 97 de la loi du 9 janvier 1985 permet, par ailleurs, de demander le remboursement des frais de secours. Et, en dehors d'une activité de prestation matérielle, la loi du 15 avril 1999 relative aux polices municipales a introduit le contrat à la fois dans les relations entre personnes publiques et en matière de police avec un article L. 2212-6 du CGCT, selon lequel « dès lors qu'un service de police municipale comporte au moins cinq emplois d'agent de police municipale, une convention de coordination est conclue entre le maire de la commune et le représentant de l'État dans le département ».

4° Répartition des compétences

Bibliographie : DREYFUS (J.-D.) : *Contribution à une théorie générale des contrats entre personnes publiques*, L'Harmattan, 1997, p. 46 et s.

77. L'exercice des compétences de l'État et des collectivités locales peut aussi être l'objet de convention si la loi le veut. C'est ce qu'a admis le Conseil constitutionnel dans la décision du *19 juillet 1983, Convention fiscale avec la Nouvelle-Calédonie (AJDA 1984, p. 28, note Jarnevic)* : « aucun principe ou règle de valeur constitutionnelle ne s'oppose à ce que de telles conventions aient pour objet d'harmoniser l'action des administrations respectives de l'État, d'une part, et des collectivités territoriales d'autre part, dans l'exercice des compétences qui leur sont dévolues en vertu de la Constitution et de la loi ». Mais la loi ne saurait renvoyer à une convention la définition même des compétences *(CC 26 janvier 1995, loi d'orientation pour l'aménagement du territoire, Rec. CC, p. 183).*

De manière spectaculaire, la loi du 13 août 2004, relative aux libertés et responsabilités locales, prévoit la conclusion en certains domaines de conventions de délégation de compétences entre l'État et les collectivités locales, mais celles-ci n'ont à ce jour guère été intéressées.

Et, au sein de l'administration d'État, il a même été admis qu'un arrêté ministériel peut renvoyer ses modalités de mise en œuvre à une convention dès lors qu'il comporte des précisions suffisantes et ne dépossède pas le ministre de sa compétence (*CE Sect. 5 janvier 2000, Assoc. Fr. des banques, Rec. 1).*

Il apparaît de la sorte qu'il n'existe que peu de domaines interdits par nature au contrat. Tout dépend des textes attributifs de compétences. Ainsi s'explique la fréquence des opérations dans lesquels l'acte unilatéral et le contrat se conjuguent.

B Combinaison du contrat et de l'acte unilatéral dans une opération

Bibliographie : BARLOY (F.) : « Quelques observations sur la présence du contrat en droit de l'urbanisme », *Contrats publics, Mél. Guibal*, 2006, p. 47. FATÔME (E.) : « L'urbanisme contractuel », *AJDA* 1993, n° spéc., p. 63 et s.

78. Pour marier les avantages de la décision unilatérale et ceux du contrat la réglementation prévoit parfois que les deux se combinent dans une même opération.

La conclusion d'un contrat par lequel l'autorité administrative s'engage à prendre une décision unilatérale à certaines conditions n'est pas admise. La pratique en est cependant répandue, mais ces accords sont dénués de portée. Par exemple les conventions préalables à la délivrance d'un permis de construire ou d'une autorisation de lotir ont été considérées, comme de simples mesures préparatoires *(CE 20 juillet 1971, Soc. civile du domaine du Bernet, JCP 1973, II, 1733 ; CE 2 octobre 1992, Min. Budget c/ Crédit immobilier de la Somme, Rec. 352).*

À l'inverse, la loi a mis en place des systèmes dans lesquels l'octroi d'une autorisation est subordonnée à la conclusion d'une convention. L'intérêt d'un tel mécanisme est de renforcer et préciser les obligations du titulaire de l'autorisation en permettant une adaptation à sa situation particulière.

On a déjà rencontré des exemples de cette combinaison entre contrat et acte unilatéral en matière d'avantages fiscaux conditionnés par la conclusion d'une convention avec le contribuable (v. aussi loi du 5 janvier 1988 sur les monuments historiques). Mais d'autres exemples importants peuvent être cités.

Ainsi la loi de décentralisation du 2 mars 1982 et certains de ses décrets d'application subordonnent à la conclusion d'une convention entre les collectivités locales et l'entreprise l'octroi d'aides financières.

L'octroi de l'aide résulte d'une décision unilatérale mais les conditions de l'octroi et du maintien sont définies dans la convention. Si la convention n'est pas signée l'aide est illégale, si la convention n'est pas respectée l'aide peut être supprimée (cf. *infra*).

Dans un autre domaine, la loi du 30 septembre 1986 modifiée en 1989 subordonne la délivrance d'autorisations de fréquence de radiodiffusion et télévision à la conclusion d'une convention entre l'État, représenté par le Conseil supérieur de l'audiovisuel, et le titulaire.

Cette convention fixe les règles applicables au service et attribue au CSA des pouvoirs de sanction qui s'ajoutent à ceux qui lui sont déjà donnés par la loi. Le Conseil constitutionnel a jugé que ce système qui permet d'adapter les règles de portée générale à chaque situation particulière est parfaitement conforme au principe d'égalité *(CC 17 janvier 1989, Rec. CC p. 23),* mais le caractère véritablement contractuel de l'acte a pu être contesté *(concl. Hubac sous CE Ass. 8 avril 1998, Société Ser c/ Fun Radio, Rec. 138).*

De même, l'article L. 330-3 du Code de l'aviation civile prévoit que l'autorisation d'effectuer un service régulier de transport aérien de voyageurs est subordonnée à la conclusion d'une convention qui définit la consistance générale, les conditions de fonctionnement et de financement du service.

Il n'est pas certain que les résultats obtenus grâce à la coexistence du contrat et de l'acte unilatéral ne pourraient pas l'être en l'absence de contrat, mais cette combinaison des deux sortes d'actes présente inévitablement des avantages du point de vue de l'action administrative sans introduire trop de complexité. On ne peut pas en dire autant dans le cas où le contractuel et l'unilatéral coexistent non plus au sein d'une même opération, mais au sein d'un même acte.

C Intrusion de la disposition unilatérale dans le contrat

Bibliographie : *Traité des contrats*, n° 46 s.

MADIOT (Y.) : *Aux frontières du contrat et de l'acte administratif unilatéral : recherches sur la notion d'acte mixte en droit public français*, LGDJ 1971.

79. Le pouvoir de décision unilatérale est étroitement mêlé à la vie du contrat. Au stade de la conclusion du contrat interviennent des actes détachables émanant de l'autorité compétente pour conclure le contrat ou de l'autorité éventuellement chargée d'approuver le contrat (cf. *infra*). Au stade de l'exécution du contrat, l'administration conserve le pouvoir d'émettre des actes unilatéraux. Sanctions, modifications, décisions financières sont prises de cette manière tout en obéissant à un régime juridique quelque peu différent du régime habituel des actes administratifs unilatéraux en ce qui concerne les possibilités de recours (cf. *infra*).

Mais l'acte unilatéral n'est pas présent seulement à la périphérie du contrat, il s'immisce jusque dans les clauses et les effets du contrat : certains contrats comportent des clauses réglementaires, d'autres produisent des effets réglementaires.

a) Clauses réglementaires et effets réglementaires

Bibliographie : *Traité des contrats*, n° 62 et s.

80. Certains contrats administratifs produisent des effets envers des tiers, ce qui les rapproche, au point de vue de leurs effets, des actes réglementaires. La consécration la plus ancienne de ce rapprochement résulte de la qualification de certaines clauses comme réglementaires à raison de leur objet qui est d'organiser le service public, qui fonctionne au profit de tiers. Par la suite, des effets réglementaires ont été reconnus par le juge administratif à des contrats qui n'ont pas forcément pour objet d'organiser le service public, mais font l'objet d'une approbation qui leur donnent effet envers des tiers. Tel est, notamment, le cas de certaines conventions nationales médicales (cf. *infra*, n° 97 s.).

La notion de clause réglementaire renvoie à l'analyse « matérialiste » de l'acte juridique qui n'est pourtant pas acceptée dans sa globalité par le juge administratif.

Dans l'analyse matérialiste de Duguit et Jèze le contrat est un acte créateur de situation subjective. Il se distingue de l'acte-règle qui crée une situation objective et de l'acte-condition qui entraîne l'application d'une situation objective préexistante. Selon cette conception, un acte-condition ou un acte-règle ne sont pas des contrats ; s'ils sont qualifiés comme tels, il y a là une erreur.

Léon Duguit s'est attaché à dénoncer ce qu'il considérait comme des erreurs de ce type, en particulier à propos des situations de l'usager et du concessionnaire de service public. Ainsi, pour lui, l'usager d'un service public n'est pas en situation contractuelle : « comme les agents du service, les usagers se trouvent dans une situation qui n'a rien de contractuel : elle est purement et exclusivement légale, et je l'appelle objective » (L. Duguit, « De la situation juridique du particulier faisant usage d'un service public », *Mél. Hauriou, 1929, p. 258*).

En ce qui concerne la concession de service public, Duguit retient une analyse plus nuancée : il y voit un « acte complexe » comprenant des clauses contractuelles et des clauses réglementaires (*Traité de droit constitutionnel*, 3e éd., 1927, p. 420 et s.).

1° L'usager du service public

Bibliographie : *Traité des contrats*, n° 56 s.

DU BOIS DE GAUDUSSON (J.) : *L'usager du service public administratif*, LGDJ, 1974.

NICINSKI (S.) : *L'usager du service public industriel et commercial*, L'Harmattan, 2001.

81. Les idées exposées par Duguit en ce qui concerne la situation de l'usager ne paraissent guère avoir influencé les solutions du droit positif français selon lequel l'usager est très fréquemment en situation contractuelle, le contrat n'étant cependant qu'exceptionnellement de droit public.

En effet, la règle est que les usagers des services publics à caractère administratif se trouvent dans une situation légale et réglementaire. Tel est le cas, par exemple, des élèves de l'enseignement public, des malades hospitalisés, des occupants de résidences universitaires, des usagers des voies publiques (et ce, même s'ils acquittent un péage : cf. *Cass. 1re Civ., 10 mai 1983, Bull. I, n° 143*), etc. Le bénéfice du service public implique donc une certaine soumission à la puissance publique à qui est, notamment, reconnue la possibilité de modifier les conditions de fonctionnement du service ou de supprimer celui-ci. Et, il n'est pas possible de transformer la situation de l'usager en concluant un contrat avec lui (cf. *CE Sect., Avis 28 juillet 1995 Kilou, Dr. adm., 1995, n° 613 ; CE 20 mars 2000 Mayer et Richer, AJDA 2000, 756, note Jegouzo*).

En revanche, les usagers des services publics à caractère industriel et commercial sont, de manière constante, considérés comme titulaires d'un contrat, lequel est, au surplus, de droit privé. Tel est le cas des abonnés à l'eau, au gaz, à l'électricité, des usagers des transports en commun, etc. Les usagers de certains services administratifs sont aussi considérés, par exception, comme titulaires d'un contrat pour des raisons qui paraissent tenir à la ressemblance avec les relations de particulier à particulier. Par exemple, les locataires de logement HLM sont dans une situation contractuelle de droit privé *(CE 6 octobre 1965, Denis, Rec. 491)*, de même que les clients des Caisses de crédit municipal *(TC 6 juillet 1981, Lebret, JCP 1981, II, 19637, concl. Baudouin)*. Il en va également ainsi des usagers de la poste et du téléphone depuis que l'article 25 de la loi du 2 juillet 1990 prévoit que les relations de La Poste et France Télécom avec leurs usagers sont régies par le droit commun.

De la sorte, non seulement la situation de nombreux usagers est contractuelle, mais encore elle est de droit privé. La critique de Duguit est donc restée dénuée d'effet pratique. Force est cependant de constater que le « contrat » de l'usager est un peu particulier.

En premier lieu, lorsqu'il s'agit d'un contrat de droit privé, son contenu dépend largement du règlement du service (cf. *infra*). En second lieu, dans les rares cas où c'est un contrat administratif, il a été qualifié de contrat « à contenu légal et réglementaire » (*CE 6 mai 1985, Min. PTT c/ Ricard, Rec. 144*, à propos de l'usager du téléphone avant 1990).

2° La concession de service public

Bibliographie : *Traité des contrats*, n° 68 et s.

MADIOT (Y.) : *Aux frontières du contrat et de l'acte administratif unilatéral : recherches sur la notion d'acte mixte en droit public français*, LGDJ 1971.

82. Les idées de Duguit concernant le contrat de concession ont été mieux accueillies. La concession a pour objet de confier à une personne privée la gestion d'un service public (cf. *infra*, n° 660 et s.). Gérée par une personne privée, l'activité n'en demeure pas moins un service public et la collectivité responsable ne peut renoncer à son pouvoir d'organiser ce service, alors même que les règles d'organisation sont fixées par le contrat.

Pour Duguit, dans la concession les dispositions relatives à l'organisation du service sont réglementaires quoique « conventionnellement établies ».

Cette théorie des clauses réglementaires a été admise très tôt par la jurisprudence et elle l'a été à propos de tout contrat confiant l'exécution d'un service public même quand il ne s'agit pas d'une concession *(CE Sect. 23 février 1968, Picard, Rec. 131 ; CE Sect. 18 mars 1977, Chambre de Commerce de La Rochelle, Rec. 153, concl. Massot)*. Elle a été poussée au point qu'un contrat peut ne comporter que des clauses réglementaires (*CE 14 janvier 1998, Syndicat national du personnel des affaires sanitaires et sociales FO, Rec. 9 ; LPA 18/12/98, n° 151, p. 20, concl. Bonichot ; CE 14 janvier 1998 Syndicat départemental Interco 35 CFDT, AJDA 1999, 164, note Petit* — à propos de la convention constitutive d'un groupement d'intérêt public).

83. Cependant, dans sa thèse consacrée à l'acte mixte, Yves Madiot estime que la présence d'un élément réglementaire remet en cause la notion de contrat.

Les actes comme la concession de service public ou les accords entre l'État et les écoles privées sont pour lui des actes mixtes. L'acte mixte est défini comme l'« acte passé entre une ou plusieurs personnes privées et l'administration et qui associe, par fusion ou par juxtaposition, des éléments contractuels à des éléments réglementaires » (*op. cit.*, p. 243). Dans la concession il y a association par « fusion ».

Intermédiaire entre le contrat et le règlement, la catégorie de l'acte mixte n'est pas reconnue par le droit positif français : en dépit de clauses et d'effets réglementaires, les actes qualifiés de mixtes par Yves Madiot sont traités comme des contrats, même si certains éléments, de plus en plus nombreux, du régime de l'acte réglementaire sont introduits. Ce régime est, par exemple, exposé par M. Dutheillet de Lamothe ***(concl. sous CE Ass. 16 avril 1986, CLT, RDP 1986, p. 857)*** : « les clauses d'un contrat de concession, et notamment du cahier des charges, relatives à l'organisation et au fonctionnement du service présentent un caractère réglementaire en ce sens que les usagers peuvent s'en prévaloir tant à l'appui d'un recours pour excès de pouvoir dirigé contre les actes des autorités de tutelle du concessionnaire... qu'à l'appui d'un recours contractuel dirigé contre le concessionnaire lui-même... Mais, expose le commissaire du gouvernement au Conseil d'État, vous n'en avez jamais déduit que le cahier des charges, qui constitue l'un des éléments du contrat de concession, puisse faire lui-même l'objet d'un recours pour excès de pouvoir ». Les effets sont donc réglementaires, mais l'acte n'en demeure pas moins contractuel.

Un important revirement de jurisprudence a cependant réduit la différence entre la clause réglementaire et l'acte réglementaire puisque le Conseil d'État, faisant droit à une ancienne revendication doctrinale et à la pression des justiciables, a admis la recevabilité du recours pour excès de pouvoir contre les clauses réglementaires ***(CE 10 juillet 1996, Cayzeele, Rec. 274 ; AJDA 807, chron. Chauvaux et Girardot, p. 732 ; RFDA 1987, 89, note Delvolvé ; CJEG 1996, 382, note Terneyre)***.

Il se peut dans d'autres cas que l'élément réglementaire l'emporte totalement parce que l'acte n'est pas considéré comme conventionnellement établi, mais c'est alors l'existence même d'un contrat qui est niée.

b) Acte d'apparence contractuelle qualifié d'acte unilatéral

Bibliographie : *Traité des contrats*, n° 365 s.

BRUNET (P.) : « Le conflit des qualifications : le cas des actes réglementaires en forme de conventions », *Revue des contrats*, 2005/2, p. 434.

ROMI (R.) : « La requalification par le juge des actes négociés en actes unilatéraux, archaïsme paradoxal ou technique d'avenir ? », *AJDA*, 1989, n° 1, p. 9.

84. Au-delà des apparences, et sauf le cas où la loi impose la qualification contractuelle ou réglementaire, le juge peut requalifier un acte. Ainsi, un « règlement d'exploitation » de hangars, annexé à un contrat d'occupation du domaine public constitue un document contractuel *(CE 25 novembre 1994, Soc. Aticam, Rec. 514)*, alors qu'un « cahier des charges » signé par l'État et par l'établissement du Grand Louvre pour définir les conditions de délivrance des autorisations d'occupation du jardin des Tuileries est un acte réglementaire (**CE Sect. *23 juin 1995, Min. Cult. c/ Association Défense Tuileries, CJEG 1995, 376, concl. Arrighi de Casanova***).

Ce pouvoir de qualification a donné lieu à quelques solutions importantes.

Dans le cadre de l'ancienne législation sur les prix, des arrêtés ministériels ont libéré les prix de certains secteurs moyennant certains engagements pris par les différentes organisations professionnelles et leurs adhérents (cf. J. Dutheil de la Rochère « Le régime conventionnel des prix », *AJDA* 1967, 579 ; D. Linotte « L'évolution récente du régime administratif des prix », *RDP* 1979, 1425). Ces engagements n'ont pas été qualifiés de contrat. Le mécanisme a été considéré par la jurisprudence comme un agrément ministériel : l'engagement sur les prix est agréé par arrêté et acquiert valeur réglementaire *(CE 2 mars 1973, Syndicat national de commerce en gros des équipements, pièces pour véhicules et outillages, AJDA 1973, 323, concl. Braibant, note Vier ; CE 4 juillet 1975, Syndicat national du commerce de la chaussure, Rec. 404 ; CE 4 mars 1991, District de l'agglomération Belfortaise, Rec. t. 651).*

De la même manière, a été admise la recevabilité du recours pour excès de pouvoir contre la convention liant la Sécurité sociale et une organisation représentative de laboratoires d'analyses *(CE 10 juin 1994, Confédération française des syndicats de biologistes, RFDA 1995, 645, concl. Le Chatelier)*, ce qui implique le caractère réglementaire de ce type de convention, qu'un commissaire du gouvernement a assimilé à un « acte-union » *(concl. Le Chatelier sous CE Ass., 17 décembre 1993, Groupement national des établissements de gérontologie, AJDA 1994, 61).*

Il ne s'agit pas en ces cas de clause réglementaire d'un contrat ; c'est l'existence même d'un contrat qui est niée par le juge à partir d'une analyse du régime de l'acte : l'autorité administrative impose des obligations aux tiers, qui ne peut s'y opposer.

Il ne peut pas non plus être question de clauses réglementaires lorsqu'un contrat ne fait que renvoyer à la réglementation en vigueur. En ce cas l'existence du contrat n'apporte rien au point de vue juridique. Ainsi, a-t-il été jugé que l'État peut librement modifier les conditions de revalorisation des allocations spéciales du Fonds national de l'emploi, qui sont, selon le Code du travail, déterminées par voie réglementaire, alors même que les conditions de départ en pré-retraite des intéressés avaient été prévues par un contrat de solidarité signé entre l'État et leur employeur *(CE 1er mars 1991, Pabion, Rev. dr. sanit. et soc. 1992-201, concl. Hubert).*

L'activité contractuelle étant ainsi délimitée, il reste à examiner en quoi elle consiste.

§ 3. Les usages du contrat administratif

Bibliographie : GUETTIER (C.) : « Droit des contrats administratifs », PUF, 2004, n° 280 et s.

85. Tout contrat administratif est conclu dans un but d'intérêt général ; mais l'intérêt général peut être recherché de bien des manières et il peut prendre les formes les plus diverses. Compte tenu de l'indétermination de la notion, il semble impossible de classer les contrats administratifs en fonction du type d'intérêt général poursuivi. En revanche, il est possible d'opérer des distinctions selon la nature du lien avec l'intérêt général, lien qui peut être plus ou moins direct, plus ou moins complexe.

De ce point de vue trois catégories de contrats administratifs peuvent être distinguées :

— les contrats définissant des règles générales, qu'on dénommera « contrats d'encadrement » ;

— les contrats ayant pour objet la satisfaction des besoins d'un service public, qu'on appellera « contrats-moyens » puisque leur objet est de procurer au service public les moyens nécessaires à l'accomplissement de ses fonctions d'intérêt général ;

— les contrats ayant pour objet (mais non pour but) la satisfaction des besoins du cocontractant, qu'on qualifiera de « contrats-buts », parce que leur relation à l'intérêt général consiste en ce que le but d'intérêt privé qu'ils permettent d'atteindre coïncide par certains aspects avec l'intérêt général.

A Les contrats d'encadrement

86. Ces contrats ne réalisent pas par eux-mêmes le but d'intérêt général, ils définissent des règles, mettent en place des moyens en vue de l'exercice d'une activité d'intérêt général. Ce type de contrat, conclu entre une personne publique et une personne privée ou entre deux personnes publiques peut avoir pour objet l'organisation d'un service public, la programmation d'une action administrative ou la fixation des conditions de collaboration entre des personnes privées qui ne sont pas chargées d'un service public et l'administration.

a) Organisation d'un service public

87. Le type même du contrat définissant les règles d'organisation d'un service public est le contrat qui, comme la concession, opère la dévolution de service public à une personne privée ou publique, mais d'autres contrats portant sur l'organisation du service se sont développés.

1° Convention de gestion du service public

88. Il existe aujourd'hui une catégorie de contrats dits de « délégation de service public » (L. 29 janvier 1993) qui, selon des modalités variables, ont pour objet de confier à un tiers la gestion d'un service public. Ces contrats devant faire l'objet d'une étude détaillée (*infra*, n° 862 et s.), pour le moment, on se contentera d'exposer en quoi ils sont des « contrats d'encadrement » à caractère statutaire.

Les contrats qui confient l'exécution d'un service public sont la concession, l'affermage, la régie intéressée, la gérance, le marché d'entreprise de travaux publics, auxquels s'ajoutent les contrats innommés parfois intitulés « convention d'exploitation » ou « convention de gestion ». Tous ces contrats, qui ne sont pas nécessairement des « délégations de service public » ont pour objet de décharger plus ou moins la collectivité publique de la gestion d'un service déterminé. C'est donc le cocontractant qui est chargé de satisfaire à l'intérêt général, en faisant fonctionner le service public.

Mais, pour autant, la collectivité publique ne peut se désintéresser du service dont elle est responsable. Quel que soit le degré d'autonomie reconnu au cocontractant, la collectivité conserve un pouvoir d'organisation et le contrôle qui est inhérent à la notion même de service public.

Aussi le contrat qui confie l'exécution du service ne se borne pas à habiliter le cocontractant à gérer. Il définit les règles de gestion qui procèdent des principes fondamentaux du service public que sont la continuité et l'égalité, il reconnaît à la collectivité publique des pouvoirs de contrôle financier et technique et il prévoit les sanctions qui peuvent être prises de manière unilatérale en cas de manquement du cocontractant. En contrepartie, ce dernier a droit à une rémunération qui émane tantôt des usagers (concession, affermage), tantôt de la collectivité publique elle-même (autres contrats).

Ces contrats présentent de nombreux avantages pour la collectivité publique : ses charges en personnel et, selon les cas, en dépenses de fonctionnement et d'investissement sont allégées, des entreprises spécialisées à haute compétence technique interviennent. Pour autant, et contrairement à ce qui est parfois affirmé, il n'y a pas « privatisation » du service public. Service public avant d'être confiée par contrat, l'activité demeure service public après sa dévolution contractuelle. C'est justement le but du contrat de maintenir l'activité dans un cadre garantissant qu'elle ne sera pas dénaturée en activité privée. Le contrat a autant un rôle dévolutif qu'un rôle constitutif.

En dehors de ces contrats, d'autres contrats peuvent avoir pour objet l'organisation d'un service public. Tel est le cas des conventions conclues en application des lois de décentralisation.

2° Conventions pour la mise en œuvre de la décentralisation

Bibliographie : DREYFUS (J.-D.) : *Contribution à une théorie générale des contrats entre personnes publiques*, L'Harmattan, 1997.

POUYAUD (D.) : Contrats entre personnes publiques, *Jurisclasseur administratif*, fasc. 675.

89. À propos d'une convention de transfert de service conclue en application de l'article 26 de la loi du 2 mars 1982, le Conseil d'État a considéré que ce contrat a « pour objet l'organisation d'un service public » ***(CE Sect. 31 mai 1989, Département de la Moselle, AJDA 1989, 339, RFDA 1989-466, concl. Fornacciari ; RDP 1989, 1171, note Llorens)***. Dès lors que la loi prévoit la conclusion de conventions, le juge ne peut se laisser arrêter par le fait que la convention porte sur l'organisation de service public pour la requalifier en acte réglementaire (cf. E. Fatôme et J. Moreau, « Les relations contractuelles entre collectivités publiques : l'analyse juridique dans le contexte de la décentralisation », *AJDA* 1990, 142).

Des conventions ont d'abord été prévues par les articles 26 et 73 de la loi du 2 mars 1982. Conforme à une convention-type approuvée par décret (décret du 15 mars 1982), la convention était conclue entre le représentant de l'État et l'exécutif départemental ou régional pour fixer des modalités selon lesquelles les services correspondant aux nouvelles compétences du département ou de la région étaient placés sous l'autorité du président du conseil général et du président du conseil régional.

Pour d'autres services de l'État, les articles 27 et 74 de la loi du 2 mars 1982 (art. L. 3141-1 et CGCT), l'article 10 de la loi du 7 janvier 1983 (modifiée par la loi du 22 juillet 1983) prévoient non pas un transfert mais seulement une mise à disposition. Des modèles de convention ont été établis par circulaire (ex. : pour les services d'urbanisme Circ. urb. int. du 21 mars 1984).

La mise en œuvre de ces dispositifs n'est pas allée sans difficulté. Si le sort de certains services a été réglé sans problèmes, il n'en est pas allé de même pour d'autres. Ce n'est qu'à la fin de 1992, qu'une solution a été trouvée pour les services de l'Équipement (loi du 2 décembre 1992), et, pour d'autres services, les désaccords ont débouché sur des contentieux.

90. De ce qu'un contrat est conclu entre deux personnes publiques résultent certaines particularités du régime juridique applicable ; mais elles s'avèrent, en fin de compte, assez ponctuelles. On pourrait penser que, la présence de deux personnes publiques instaurant une égalité entre les parties, les prérogatives reconnues à l'administration contractante disparaissent. Tel n'est pourtant pas le cas général.

Il a, par exemple, été admis que le pouvoir de résiliation unilatérale peut subsister dans un contrat de délégation de maîtrise d'ouvrage d'un OPHLM à l'État *(CE 29 juin 1990, Société ERIC, rec. 1990, tab. 862)*. La jurisprudence n'a introduit de dérogation aux règles générales que pour des contrats conclus entre l'État et les collectivités locales pour l'organisation d'un service public. En ce domaine le juge administratif a, semble-t-il, été sensible au risque d'instauration de tutelles par contrat et il a donc renforcé l'égalité des parties. Encore, les adaptations des règles générales ne sont-elles que de portée limitée et douteuse. Un premier arrêt a dénié aussi bien à l'État qu'au département le droit de modifier un contrat conclu en application de l'article 26 de la loi du 2 mars 1982 pour la répartition des services entre les deux collectivités ***(CE Sect. 31 mars 1989, Dép. de la Moselle, Rec. 105 ; AJDA 1989, 315, chron. Honorat et Baptiste ; RDP 1989. 1171, note Llorens ; RFDA 1989, 466, concl. Fornacciari)*** ; mais, un peu plus tard, il a adopté une position plus nuancée : il a été jugé que le motif tiré du manque de crédits « n'est pas de ceux » qui permettent de fonder une modification ou une résiliation *(CE 13 mai 1992, Ville d'Ivry-sur-Seine, Rec. 197 ; AJDA 1992, 480, chron. Maugüé et Schwartz)*. Par ailleurs, ces deux mêmes arrêts ont admis que le juge a le pouvoir de prononcer l'annulation de la mesure illégale, alors que, en principe, le juge du contrat ne détient pas ce pouvoir, comme on le verra.

Nombre de commentateurs présentent ces solutions comme ayant vocation à s'appliquer à tous les contrats conclus entre personnes publiques afin d'organiser un service public ; mais il semble que ce soit là une généralisation abusive.

3º Autres conventions d'organisation

91. En dehors de l'administration locale, les conventions relatives à l'organisation d'un service public n'ont pas un caractère systématique, mais elles sont loin d'être inconnues. Par exemple, un décret du 27 mars 1991 (*JO* 29 mars 1991, p. 4304) prévoit la création de services communs de documentation par conventions entre plusieurs établissements publics à caractère scientifique, culturel et professionnel et l'ordonnance nº 96-346 du 24 avril 1996 portant réforme de l'hospitalisation publique institue les Agences régionales de l'hospitalisation, qui prennent la forme de groupements d'intérêt public, dont les statuts sont des contrats relatifs à l'organisation d'un service public *(CE 14 janvier 1998, Syndicat national du personnel des affaires sanitaires et sociales FO, Rec. 9 ; LPA 18/12/98, nº 151, p. 20, concl. Bonichot ; CE 14 janvier 1998 Syndicat départemental Interco 35 CFDT, AJDA 1999, 164, note Petit).*

De telles conventions peuvent être conclues sans être prévues par un texte ; ainsi EDF et la Compagnie nationale du Rhône ont signé un contrat « relatif à la coordination de leurs missions respectives de service public » *(TC 16 janvier 1995, Préfet de la région I. de F. ; CNR c/ EDF, Rec. 489 ; CJEG 1995, 259, concl. Martin).*

b) Programmation d'une action administrative

Bibliographie : *Traité des contrats*, nº 360 s.

BROUANT (J.-P.) : « Les contrats d'agglomération : l'intercommunalité de projet à l'épreuve du principe de spécialité », *AJDA* 2004. 905.

GUETTIER (C.) : « Quel avenir pour les contrats de plan État-régions ? », *Contrats publics, Mél. Guibal*, 2006, p. 73.

JOYE (J-F.) : « Vers un renforcement de la valeur juridique des contrats de plan entre l'État et les régions », *Contrats et marchés publics*, avril 2002, nº 4.

MARCOU (G.) : *La coopération contractuelle, la ville et le droit.*

MARCOU (G.), RANGEON (F.) et THIEBAULT (J.-C.), dir. : *La coopération contractuelle et le gouvernement des villes*, L'Harmattan, 1997, p. 47 et s.

MOULIN (O. ; Dir.) : *Les contrats de plan État-Région, Doc. fr.*, 2002.

« Contractualisation et territoires : les contrats d'agglomération », Cahier du GRIDAUH, 2005, nº 12.

92. Nombreux sont les contrats qui définissent les objectifs ou même seulement les principes d'une action à venir en application de dispositions législatives. Compte tenu de ce que les engagements ainsi pris nécessitent l'intervention d'actes unilatéraux ou de contrats ultérieurs, ils constituent un encadrement de l'action administrative. Ce type de contrat a longtemps été caractéristique de l'action économique, notamment sous la forme des contrats de plan ; mais ce mode d'intervention a essaimé en d'autres domaines de l'action administrative.

1° Contrats État-régions

93. Depuis le IXe Plan (1984-1988) les contrats de plan État-régions ont été l'élément fondamental de la planification. Au cours du XIe Plan (1993-1997), ils ont commencé à prendre leur autonomie par rapport au plan puisqu'ils étaient conclus pour la période 1994-1998 et sans que les lois de plan aient été adoptées par le Parlement, contrairement à ce qui est prévu par la loi sur le plan.

La loi du 29 juillet 1982 relative à la planification comporte un chapitre sur « l'exécution du plan de la nation et les contrats de plan ». L'article 11 prévoit que « l'État peut conclure avec les collectivités territoriales, les régions, les entreprises publiques ou privées et éventuellement d'autres personnes morales des contrats de Plan comportant des engagements réciproques des parties en vue de l'exécution du Plan et de ses programmes prioritaires » et l'article 12 précise qu'« ils sont réputés ne contenir que des clauses contractuelles ». Il en a été déduit que le contrat de plan est un véritable contrat administratif ***(CE Ass. 8 janvier 1988, Min. du Plan et de l'aménagement du territoire c/ CUS, AJDA 1988, 159)***. Ceci étant, il ne peut s'agir que d'un « contrat d'intention » (D. Turpin, note *AJDA* 1986, 109), d'un « protocole d'accord » (Madiot, note *RFDA* 1997, 339) et le Conseil d'État a jugé que « le contrat de plan n'emporte, par lui-même, aucune conséquence directe quant à la réalisation effective des actions ou opérations qu'il prévoit » *(CE 25 octobre 1996, Association Estuaire-Écologie, Rec. 416 ; RFDA 1997, 339, concl. Stahl, note Madiot ; D. 1997, 441, note Le Noan)*. En effet, l'État et la région ne peuvent s'engager financièrement au-delà d'un an et rien n'oblige le Parlement à voter les crédits. Mais, observe Yves Madiot (*L'aménagement du territoire*, Masson, 1993, p. 77), « le principe de l'annualité budgétaire s'accommode assez bien avec la contractualisation des crédits : à l'engagement juridique limité découlant du contrat s'ajoute un engagement moral (et politique) difficile à transgresser » et qui, dans la pratique a été peu transgressé, mais la situation s'est dégradée au cours des dernières années (v. Cour des comptes, *Rapport public* 1998, p. 137 et s.), ce qui a incité des députés à déposer une proposition de loi « portant modification et sécurisation du régime des contrats de plan État-Régions » (proposition n° 630, 13 février 2003), qui prévoit l'obligation pour l'État de verser une indemnité à ses partenaires financiers en cas d'inexécution. Il n'y a pas eu de suite, mais on peut penser qu'il est conforme à l'intention du législateur de 1982 d'appliquer aux contrats de plan les règles générales du contrat administratif, ce qui implique la réparation des conséquences d'une résiliation (en ce sens *CAA Nantes 30 décembre 2005, Établissement public Loire, AJDA 2006. 1165, obs. Dreyfus).*

Le Conseil Économique et Social a considéré, dans un avis de 2004 (avis du 23 juin 2004, *Nouvelle politique contractuelle et avenir des contrats de plan État-Régions*), qu'il n'est pas souhaitable de renforcer la force obligatoire des contrats de plan. Ce serait générateur de lourdeur ; mieux vaut mettre en place des instances de négociation et régulation.

Il est, en tout cas, clair que les contrats de plan État-régions, aujourd'hui dénommés contrats de projets, définissent des actions qui, pour être menées à bien, supposent des décisions financières et des contrats spécifiques (contrat de plan particulier, marchés de travaux, etc.). En cela le contrat de plan est bien un contrat d'encadrement de l'action administrative. Et cette action administrative peut, elle-même, prendre une forme contractuelle puisque la législation met en place une pyramide de contrats. Ainsi les contrats de pays et les contrats d'agglomération prévus par l'article 26 de la loi du 25 juin 1999 sur l'aménagement sont des contrats d'application du contrat de plan État-Région (cf. décret du 21 décembre 2000 et circulaire du 7 juin 2001).

2° Contrats État-entreprises publiques

94. Bien qu'ils mettent plus l'accent sur des objectifs que sur des actions précises, les contrats entre l'État et les entreprises publiques sont aussi des contrats d'encadrement. Le contrat constitue un document de référence dans les relations entre l'entreprise publique et sa tutelle, mais sa portée est doublement limitée : les pouvoirs de tutelle mis en place par la réglementation subsistent intégralement, la non-réalisation des objectifs n'est pas assortie de sanctions. La loi du 4 février 1995 d'orientation pour l'aménagement et le développement du territoire (article 29) prévoit que « l'État établit, pour assurer l'égal accès de tous au service public, les objectifs d'aménagement du territoire et de services rendus aux usagers que doivent prendre en compte les établissements et organismes publics ainsi que les entreprises nationales placées sous sa tutelle et chargées d'un service public. Les objectifs sont fixés dans les contrats de plan ou les cahiers des charges lorsqu'ils sont approuvés par décret... ou dans des contrats de service public conclus à cet effet ». Depuis la loi du 15 mai 2001 relative aux nouvelles régulations économiques (art. 140), ces contrats dénommés contrats d'entreprise sont dissociés de l'exécution du plan.

Quels sont les objectifs définis par ces contrats ?

95. Une idée peut en être donnée à partir de l'exemple du contrat conclu le 14 mars 2001 entre l'État et le groupe EDF pour la période 2001/2003, qui a été complété par un contrat de service public du 19 avril 2002 (textes in P. Sablière, *Droit de l'électricité*, Dalloz, 2003, p. 1143) et remplacé en 2005 par un nouveau contrat de service public en application de la loi du 9 août 2004 sur le service public de l'électricité et du gaz.

Le contrat de groupe fixait des objectifs en matière de baisse des tarifs et de développement des services à la clientèle. Il prévoyait le maintien de la sécurité et de la politique de l'environnement, ainsi que l'amélioration des relations sociales.

Ces engagements ne sont pas imposés à EDF par l'État. Pour beaucoup d'entre eux, ces objectifs ne font que reprendre ceux qui sont assignés par la loi du 10 février 2000 sur l'ouverture du marché de l'électricité (par exemple, ouverture du marché des clients éligibles ou contribution à la cohésion sociale dans le cadre du service public). Pour d'autres objectifs le contrat ne faisait que consacrer la politique adoptée par l'entreprise publique (poursuivre la stratégie de croissance internationale, développer les valeurs et les pratiques managériales de groupe).

Ce contrat n'a pas été parfaitement respecté ; EDF, après s'être développée au plan international, a dû, à partir de 2002, opérer un revirement, compte tenu de graves difficultés ; alors que le contrat prévoit la poursuite de l'effort des tarifs, EDF a demandé à plusieurs reprises des augmentations et en a obtenu une en 2003. Ces manquements au contrat ne sont assortis d'aucune sanction.

Les contrats de service public de 2002 et 2005 rappellent les obligations de service public qui figurent dans la loi du 10 février 2000, mais, sur un certain nombre de points ils viennent préciser les moyens par lesquels le groupe EDF assurera ses missions de service public en matière de qualité et de sécurité des prestations ainsi que de solidarité nationale et de protection de l'environnement ; les contrats comportent également des dispositions sur la transparence, la concertation et l'éthique.

Il est permis de douter du caractère véritablement contractuel de tels documents en l'absence de qualification législative caractérisée.

Longtemps cantonné au domaine de l'intervention économique, le contrat de programmation de l'action administrative est aujourd'hui pratiqué également pour les interventions en matière culturelle et sociale.

3° Contrats en matière culturelle et sociale

96. Dans la législation récente le recours au procédé contractuel revêt un caractère quasi systématique. Il n'est guère de réforme importante qui n'y fasse pas appel.

Citons, par exemple, les contrats d'établissement entre l'État et les Universités (art. 20 loi du 26 janvier 1984), les contrats d'objectifs conclu entre l'État et les fédérations sportives chargées d'une mission de service public (art. 16 de la loi du 13 juillet 1992 sur le sport, modifiée par la loi n° 2000-67 du 6 juillet 2000), les contrats conclus avec les départements en matière de RMI (art. 39 et 43-3 de la loi du 29 décembre 1992), les conventions d'objectifs et de gestion entre l'État et les organismes nationaux de Sécurité sociale (ordonnance n° 96-334 du 24 avril 1996), les contrats d'objectifs et de moyens entre les agences régionales de l'hospitalisation et les établissements de santé publics et privés (ordonnance n° 96-346 du 24 avril 1996), les contrats signés avec les personnes publiques et les organismes privés chargés d'un service public en application de la loi n° 97-940 du 16 octobre 1997 relative au développement d'activités pour l'emploi des jeunes (*JO* 17 octobre 1997 — art. L. 322-4-18 C. trav.).

Le contrat est privilégié parce qu'il permet de réformer en expérimentant et en faisant participer, au moins en apparence, les différents acteurs, ou certains d'entre eux. Mais aussi, les textes entendent marquer qu'il s'agit de véritables contrats et non de simples déclarations d'intention. Ainsi, l'ordonnance n° 96-

334 du 24 avril 1996 dispose que les conventions d'objectifs et de gestion comportent des « engagements réciproques des signataires » (art. L. 227-1-I du Code de la Sécurité sociale) et l'ordonnance n° 96-346 du 24 avril 1996 prévoit des sanctions en cas d'inexécution du contrat (art. L. 710-16-1 de l'ancien Code de la Santé publique).

c) Détermination par voie générale des conditions de collaboration de personnes privées non chargées d'un service public

Bibliographie : *Traité des contrats*, n° 735.

CHENEVOY-GUERIAUD (M.) : *Les conventions nationales médicales*, PU Clermont-Ferrand, 2004.

97. Certains contrats apparaissent comme les substituts d'une réglementation mais ne sont pas requalifiés en actes réglementaires compte tenu des dispositions législatives qui les prévoient.

C'est le cas des conventions conclues entre les organismes représentatifs des professions de santé et les caisses nationales de Sécurité sociale au sujet du remboursement des soins. Avant 1971 ces conventions étaient conclues avec les Caisses primaires, organismes de droit privé, et ne pouvaient donc constituer des contrats administratifs ***(CE 13 décembre 1963, Syndicat des praticiens de l'art dentaire du Nord, D. 1964-55, concl. Braibant)***. Depuis 1971 elles sont signées avec les caisses nationales, établissements publics, et ont le caractère de contrat administratif *(CE Sect. 18 octobre 1974, Confédération nationale des auxiliaires médicaux, Rec. 496, concl. Doudoux ; Dr. soc. 1975-335, note F. Moderne)*. Cependant, la convention doit être approuvée par le ministre de la Santé et elle s'applique à toutes les caisses sans aucune adhésion de leur part. Le Conseil d'État estime que l'arrêté d'approbation incorpore les dispositions de la convention et confère à la convention les effets qui s'attachent aux dispositions réglementaires *(CE Sect. 18 février 1977, Hervouët, Rec. 98, concl. Dondoux ; CE Sect. 9 octobre 1981, Syndicat des médecins de la Haute-Loire, Rec. 360 ; RTDSS 1982-106, concl. Bacquet ; Cons. constit. 22 janvier 1990, RFDA 1990, 416, note Genevois)*. En ce qui concerne la convention elle-même, un commissaire du gouvernement a parlé d'acte « quasi-réglementaire », tout en relevant que la jurisprudence traite ces actes comme de véritables contrats. Toutefois, dans les cas où n'intervient pas un arrêté d'approbation parce que l'accord est tripartite (le ministre signe l'accord avec les organismes de Sécurité sociale et les organisations professionnelles), le Conseil d'État a admis la recevabilité d'un recours pour excès de pouvoir contre l'accord, le considérant ainsi comme un acte réglementaire *(CE 10 juin 1994, Confédération française des syndicats de biologistes, RFDA 1995, 645, concl. Le Chatelier).*

Également dans le domaine de la santé, la loi du 30 juin 1975 relative aux institutions sociales et médico-sociales prévoit la conclusion de conventions pour coordonner l'action des organismes publics et privés gérant de telles institutions (art. 2) et de conventions avec les établissements privés qui reçoivent des bénéficiaires de l'aide sociale (art. 11-2) ; art. L. 311-1 et s. Code de l'action sociale et des familles).

Ces contrats d'encadrement tiennent donc une place de première importance dans la vie économique et sociale.

Très différents des « contrats d'encadrement » sont les contrats qui sont conclus pour procurer des moyens au service public.

B Les « contrats-moyens »

98. Le besoin d'intérêt général est satisfait grâce à l'activité du service public qui, lui-même, a des besoins auxquels il pourvoit par des contrats. Ces contrats permettent au service de se procurer les moyens humains, financiers et matériels nécessaires à son bon fonctionnement.

a) Moyens humains

99. S'agissant des moyens humains, trois types de contrats doivent être distingués : les contrats de recrutement, les marchés de prestation de services, les autres conventions portant sur des services.

1° Contrats de recrutement

100. L'administration peut recruter des agents contractuels par un contrat de louage de service. Selon les cas, ces agents ont la qualité de salariés de droit privé ou d'agents publics. En droit, les emplois de l'État et des collectivités locales sont normalement occupés par des fonctionnaires. Le statut général de la fonction publique n'autorise le recrutement de contractuels que dans des cas exceptionnels : emploi à temps incomplet ou saisonnier, absence de corps ou de cadre de fonctionnaires susceptibles d'assurer les fonctions, etc. (cf. *infra*, n° 1218 et s.).

En dépit de ces conditions, au moins un million de contractuels sont employés par l'État, les établissements publics administratifs et les collectivités locales. Ce phénomène s'explique par le besoin en spécialistes, par la création de services nouveaux, mais aussi par la situation moins protégée que celle des fonctionnaires.

Ces agents non titulaires sont signataires d'un contrat, comme des salariés de droit privé, mais, lorsqu'il s'agit d'un contrat de droit public (ce qui est le cas le plus fréquent), leurs droits et obligations sont presqu'entièrement définis pas des textes réglementaires. La différence est mince entre ce contrat et l'acte par lequel un fonctionnaire consent à le devenir.

Mais, en dehors du louage de service, qui comporte un élément de subordination, d'autres contrats permettent aux personnes publiques de se procurer des services tout en n'instaurant pas de lien de subordination avec le prestataire, ce qui n'exclut pas le contrôle.

2° Contrats de prestation de services

101. À part les marchés de fournitures, qui portent sur des biens, les marchés publics ont pour objet de procurer à l'administration des services. C'est, bien sûr, le cas des contrats dits « marchés de services » qui peuvent concerner des prestations très diverses, allant des études à la maîtrise d'œuvre, en passant par le nettoyage de locaux, du développement de logiciels, mais, c'est aussi le cas des marchés de travaux publics, car la réalisation de travaux est une forme de service parfois dénommée « service de construction ».

102. Enfin, d'autres contrats peuvent avoir pour objet l'accomplissement de services sans pour autant entrer dans la catégorie des marchés publics. Tel était le cas jusqu'en 2001 de certaines conventions entre collectivités publiques, comme les conventions par lesquelles les collectivités locales confient à l'État une mission de maîtrise d'œuvre *(cf. CE 2 octobre 1968, Min. Équip. c/ Commune de La Chapelle Vieille-Forêt, Rec. 471)* ou encore les conventions de délégation de maîtrise d'ouvrage qui sont des mandats. On verra que ces contrats tendent à être absorbés dans la catégorie des marchés publics.

b) Moyens matériels

103. Les moyens matériels dont les services ont besoin sont les biens mobiliers et immobiliers qu'ils utilisent. Les moyens financiers de l'administration ne proviennent pas seulement de l'impôt, elle peut par divers contrats se procurer des ressources affectées ou non affectées.

1° Contrats relatifs aux biens mobiliers et immobiliers

104. Pour se procurer des biens mobiliers, l'administration conclut des marchés de fournitures, (cf. *infra*). Les acquisitions et locations d'immeubles font l'objet de contrats qui relèvent, le plus souvent, du droit privé.

2° Contrats d'emprunt

Bibliographie : *Traité des contrats*, n° 316 s.

HASTINGS-MARCHADIER (A.) : *Le régime juridique des contrats d'emprunt des collectivités locales*, Th. Nantes, dactyl., 1995.

MINISTÈRE DE L'INTÉRIEUR : *Guide de l'emprunt des collectivités locales*, DGCL, s.d.

TAILLEFAIT (A.) : *Les emprunts communaux*, éd. du Moniteur, 2003.

105. Pour se procurer des moyens financiers, les collectivités publiques peuvent recourir à l'emprunt, qui constitue un contrat de prêt portant sur une somme d'argent. L'État peut placer ses emprunts dans le public ou recourir à un établissement financier. Les collectivités locales peuvent emprunter auprès de l'État et des établissements financiers ; elles peuvent aussi placer leurs emprunts dans le public.

La doctrine et la jurisprudence ont toujours admis que l'emprunt, même en cas d'approbation par la loi, est un contrat (cf. F. Colly, *Les emprunts publics de l'État*, Th. Paris I, 1982, p. 30 et s.). Le contrat d'emprunt public a le caractère d'un contrat administratif à raison des clauses exorbitantes du droit commun qu'il comporte et du régime exorbitant qui le régit *(CE 30 juillet 1949, Gluckberg, Rec. 387 ; CE 17 avril 1953, Compagnie générale d'éclairage par le gaz Lebon, Rec. 169)*. Mais dans le cas où l'emprunt est souscrit auprès d'une banque, le contrat est généralement de droit privé (ex. : *TC 26 novembre 1990, CRCA du Finistère, Rec. 403*).

À côté de l'emprunt proprement dit, d'autres techniques contractuelles permettent à l'administration d'obtenir des moyens financiers destinés à une opération particulière : offre de concours, participations contractuelles.

3° Contrats d'offre de concours

106. Le contrat d'offre de concours est un contrat unilatéral, c'est-à-dire ne comportant d'engagement que pour l'une des parties : l'auteur de l'offre. Ce dernier souscrit un engagement conditionnel de contribuer à une opération administrative à laquelle il trouve intérêt, ce qui distingue l'offre de concours d'une donation avec charges (cf. B. Poujade, « L'offre de concours », *RDP* 1985, p. 1631). L'engagement peut porter sur une somme d'argent mais aussi sur un terrain nécessaire à la réalisation d'une construction ou sur des prestations de service (ex. : une entreprise prête son personnel).

Dès que l'offre a été acceptée, son auteur ne peut plus la retirer *(CE 15 février 1989, Cudel-Oury, RDP 1989, p. 1795)*, mais la collectivité bénéficiaire n'est pas obligée de faire les travaux *(CE Sect. 17 juin 1960, Langellier-Bellevue, Rec. 405)*.

L'offre de concours n'est utilisée dans la pratique que pour la réalisation de travaux et c'est seulement en ce cas que la jurisprudence et la doctrine admettent son existence (cf. B. Poujade, *op. cit.*, p. 1633). Rien ne s'opposerait pourtant à ce que l'offre de concours soit utilisée en dehors des travaux publics : « toute offre de participation aux dépenses de création ou de réorganisation d'un service public faite purement et simplement ou à la condition que le service fonctionnera d'une certaine manière, devrait être une opération administrative d'offre de concours régie par le droit public » (G. Jèze, *Les contrats administratifs*, t. I, p. 159). On pourrait, par exemple, concevoir que les compagnies d'assurances contribuent au financement du fichier des véhicules volés tenu par les services de police.

De l'offre de concours il faut distinguer les participations en matière d'urbanisme dont le régime est défini par la loi.

4° Contrats relatifs aux participations en matière d'urbanisme

107. Ces participations sont destinées à financer les équipements publics rendus nécessaires par des constructions. Certaines sont dues par les constructeurs et imposées unilatéralement par les permis de construire. Toutefois, la loi SRU du 13 décembre

2000 a partiellement contractualisé les participations des constructeurs (art. L. 332-11-2 du Code de l'urbanisme). Les articles 1535 C. du CGI et L. 311-4 du Code de l'urbanisme prévoient aussi des participations de l'aménageur sous forme de travaux, d'apport de terrain ou de financement. Les participations de l'aménageur sont prévues par la convention d'aménagement dont elles constituent une condition essentielle (cf. E. Fatôme, « Les participations : financement et maîtrise d'ouvrage des équipements publics », *Droit et Ville* 1993, n° 36, p. 163 et s.).

Le régime des participations est fixé dans le Code de l'urbanisme, modifié à plusieurs reprises, et en dernier lieu par la loi SRU du 13 décembre 2000, qui n'autorise à mettre à la charge de l'aménageur que « le coût des équipements publics à réaliser pour répondre aux besoins des futurs habitants et usagers des constructions à édifier dans la zone » (art. L. 311-4-1 du Code de l'urbanisme). Il serait impossible d'échapper à ces exigences en concluant en marge des textes une convention *(CE 6 mars 1989, Commune de Crolles, Dr. adm. n° 225).*

C Les « contrats-buts »

108. La fin d'intérêt général poursuivie par le service public peut s'accomplir par le biais de la satisfaction donnée aux besoins du cocontractant. En ce cas il est possible de considérer que la conclusion du contrat s'identifie avec la réalisation du but d'intérêt général. Ainsi, un service créé pour fournir des prestations à des usagers en situation contractuelle a pour but, entre autres, de conclure des contrats avec les usagers. Le contrat constitue l'exécution du service public. On ne reviendra toutefois pas sur le cas de l'usager car il est aujourd'hui tout à fait exceptionnel que l'usager d'un service public soit lié à celui-ci par un contrat administratif.

Peuvent être rattachés à la catégorie envisagée deux principaux types de contrats : les contrats d'aide et les contrats d'occupation du domaine public.

a) Contrats d'aide aux personnes privées

Bibliographie : FROMONT (M.) : « Aides publiques économiques », *J.-Cl. Adm.*, Fasc. 258.

LIGNIÈRES (P.) : *Les cautionnements et garanties d'emprunt donnés par les collectivités locales*, Litec, 1994.

RAPP (L.) : « Développement économique décentralisé et contrats de localisation industrielle », *JCP E*, 1994, suppl. n° 3, p. 35.

TEBOUL (G.) et TUOT (T.) : « Fondement et régime des aides de l'État aux entreprises en France », *EDCE* 1989, p. 147.

109. L'aide aux personnes privées peut notamment prendre la forme d'une subvention, d'une avance remboursable, d'un prêt à des conditions avantageuses, d'une garantie d'emprunt. Dans tous les cas l'aide n'est légale que si elle correspond à un objectif d'intérêt général, lequel n'est pas une contrepartie directe pour la personne publique, ce qui permet, notamment, de distinguer la subvention et le prix : la cause juridique de la subvention n'est pas l'acquisition d'un bien ou d'un service, mais l'orientation de l'activité privée dans le sens de l'intérêt général (*CAA Marseille 1er mars 2004, GAEC L'Avrier, BJDCP 2005, n° 38, p. 16, concl. Louis*) ; la distinction n'est pas toujours aisée à mettre en œuvre en pratique, comme on le verra en étudiant les marchés publics.

Il est certain que l'aide est souvent accordée par décision unilatérale. Cependant, elle résulte dans certains cas d'un contrat et, même lorsque la décision de principe revêt un caractère unilatéral, elle peut être complétée par un contrat.

1° Les textes applicables

110. L'administration n'est pas libre de choisir entre contrat et acte unilatéral, les textes définissent le plus souvent la forme de l'aide. Toutefois, l'autorité compétente conserve sa liberté de choix lorsqu'il n'existe pas de texte ou lorsque le texte n'est qu'une circulaire qui ne peut comporter que des recommandations. Ainsi, la circulaire du Premier ministre du 7 juin 1996 (*JO* 12 juin), succédant à d'autres, définit une convention-cadre relative aux modalités d'attribution et de contrôle pour le financement par l'État d'associations sur une base pluriannuelle.

Mais c'est parfois la loi qui prévoit la conclusion de conventions. Tel est le cas pour les aides apportées aux établissements d'enseignement privé : la loi du 31 décembre 1959 dite loi Debré (art. L. 442-5 du Code de l'éducation) prévoit la conclusion soit de contrats simples, soit de contrats d'association entre l'établissement et l'État ; le contrat impose des obligations définies par la loi et, en contrepartie, l'établissement a droit aux aides qu'elle prévoit. Tel est aussi le cas, au dessus d'un certain seuil (fixé à 23 000 euros par an par le décret du 6 juin 2001), pour les subventions aux organismes privés, notamment associatifs, depuis la loi du 12 avril 2000 (art. 10).

Cependant, la plupart des aides sont destinées aux entreprises. En ce domaine, il existe des dizaines de régimes dont certains comportent la conclusion d'une convention.

Les objectifs des aides sont variables : orienter la localisation des entreprises, encourager certains aspects de leur activité, par exemple l'exportation ou la recherche, sauver une entreprise en difficulté, participer à la lutte contre le chômage en favorisant la création d'emplois et l'embauche ; tels sont les principaux, mais non les seuls, objectifs poursuivis. Dans tous ces domaines, il est possible de trouver des exemples de conventions. Mais la convention n'occupe pas toujours la même place dans le dispositif d'aide. Trois cas peuvent être distingués.

2° Le contrat, condition d'institution d'un régime d'aide

111. Ce premier cas semble unique : l'article 4 de la loi du 7 janvier 1982 (art. L. 1511-5, CGCT) sur le plan met en place un curieux mécanisme de substitution de la convention à la loi. Dès lors qu'une collectivité locale a conclu une convention avec l'État pour définir des actions de politique agricole et industrielle, elle peut instituer des aides aux entreprises qui dérogent à la réglementation en vigueur *(CE 18 novembre 1991, Département des Alpes-maritimes, RDP 1992, 531, concl. Pochard).* La convention préalable n'est pas conclue avec les bénéficiaires, mais rien n'empêche que les aides subséquentes fassent l'objet de conventions, cette fois avec les bénéficiaires.

3° Le contrat d'aide

112. Le deuxième cas est celui dans lequel l'aide est accordée par un contrat qui est le seul acte juridique à intervenir. De tels contrats sont conclus aussi bien par l'État que par les collectivités locales.

1. État

113. Pour M. Fromont *(op. cit.*, n° 115), « le procédé du contrat administratif demeure assez exceptionnel en matière d'aide ». S'agissant d'une aide de l'État l'existence d'un contrat administratif a été admise dans le cadre de l'ancien système des « lettres d'agrément » par lesquelles l'État faisait bénéficier de certains avantages les entreprises acceptant de stocker des marchandises dans le but d'en régulariser le cours *(CE 10 mai 1963, Soc. coop. La Prospérité Fermière, RDP 1963, 584, concl. Braibant)*. D'autres exemples plus récents peuvent être donnés.

Ainsi, le ministère de l'Économie et des Finances peut accorder des aides à la prospection commerciale à l'étranger qui font l'objet d'un contrat avec l'entreprise. La trame habituelle du contrat dans le cadre de l'ancienne présentation budgétaire était la suivante :

> art. A : La convention a pour objet la réalisation d'un programme de développement des exportations qui est joint en annexe.
>
> art. B : En contrepartie l'État accorde une avance prélevée sur le chapitre 64.00, article 40 du budget du Ministère.
>
> art. C : Toute modification du programme doit être approuvée par la DREE.
>
> Si les sommes versées ne sont pas utilisées conformément aux engagements le titulaire doit les rembourser.
>
> art. D : Les avances sont remboursables à des dates fixées. Toutefois si la société a respecté les engagements souscrits le Ministre peut l'exonérer du remboursement.
>
> La convention peut être résiliée par le Ministre en cas de changement dans la répartition du capital de la société, au cas où le programme ne serait pas respecté. En ce cas l'avance doit être remboursée immédiatement.

Il s'agit donc d'un contrat assez bref qui impose à l'entreprise de respecter le programme qu'elle s'est donnée à elle-même, mais le contrôle du respect des obligations n'est pas aisé.

Dans un contexte totalement différent, l'État peut participer au plan de sauvetage d'une entreprise en difficulté. On sait, en effet, que lorsqu'une entreprise de taille importante est menacée, les pouvoirs publics sont susceptibles d'intervenir de diverses manières et notamment en faisant pression sur les banques. Cette intervention peut se concrétiser dans une convention dont on va analyser un exemple.

> Il s'agit d'essayer de redresser la société X... La convention est signée entre 17 parties soit la société X..., 14 banques, une SDR et « les pouvoirs publics » représentés par la Direction du Trésor. Elle prévoit que, en raison de l'intérêt que présente l'entreprise, les pouvoirs publics sont déterminés à l'appuyer dans ses efforts pour assurer sa survie. De son côté l'entreprise prévoit un processus de restructuration. Quant aux banques, en considération de l'intérêt général exprimé par les pouvoirs publics, elles acceptent de participer au redressement.
>
> Ces intentions se traduisent par un abandon partiel de leurs créances par les banques et par leur conversion partielle en prêts participatifs ainsi

que par la mainlevée de diverses sûretés. Les « pouvoirs publics » s'engagent, quant à eux, à financer un audit, à assurer la moitié de la trésorerie pendant l'audit, à obtenir des administrations concernées un moratoire par le paiement des charges fiscales et à supporter certains coûts sociaux. Enfin, un changement est prévu à la direction du groupe.

Dans cet exemple, l'implication financière de l'État est assez importante et sa légitimité peut être discutée, mais elle est la condition d'une implication encore plus grande des banques qui conditionne la possibilité de redressement, lequel a été réussi en l'espèce.

Les aides des collectivités locales à l'économie peuvent aussi prendre la forme contractuelle.

2. Collectivités locales

114. Avant la loi du 2 mars 1982, les communes concluaient, par exemple, des contrats en vue d'inciter par divers avantages les entreprises à s'installer sur leur territoire (ex. : *CE 26 juin 1974, Société La Maison des isolants de France, Rec. 365 ; RDP 1974, 1486, note Auby*). La loi du 2 mars 1982 avait introduit deux distinctions fondamentales : aides directes et aides indirectes d'une part, aides au développement ou à l'implantation des entreprises et aides aux entreprises en difficulté d'autre part. Une réforme des aides en gestation depuis 1997 a abouti en 2004.

Le régime de ces différentes aides a d'abord été défini par la loi du 2 mars 1982 (art. 5, 48 et 66) et ses décrets d'application ainsi que par la loi du 7 janvier 1982 (art. 4) ; il a été codifié aux articles L. 1511-1 et suivants, et L. 2251-1 et suivants du CGCT et a fait l'objet de plusieurs modifications, dont les dernières remontent à la loi du 13 août 2004 et au décret du 27 mai 2005 (art. R. 1511-2 et s. CGCT). Seules les régions peuvent, en principe, accorder des aides directes au développement dans le cadre défini par délibération du conseil régional (article L. 1511-2). Cette délibération peut prévoir la conclusion de conventions. S'agissant d'aides au maintien des services en milieu rural les communes sont compétentes et la loi prévoit expressément une convention (L. 2251-3) et il en va de même pour les aides du département aux entreprises en difficulté (L. 3231-3).

Mais, le plus fréquemment, le contrat intervient à titre de condition ou de conséquence d'un octroi par décision unilatérale.

4° Le contrat, complément d'un acte unilatéral

115. En matière d'implantation des entreprises, l'État accorde des aides à la mobilité dans le cadre de « contrats de localisation » qui peuvent être conclus aussi bien avec des organismes publics qu'avec des entreprises : la signature du contrat déclenche l'attribution d'aides diverses (Y. Madiot *L'aménagement du territoire*, 1993, p. 175). Le mélange, parfois inextricable, du contrat et de l'acte unilatéral est également pratiqué dans les réglementations visant à lutter contre le chômage. Des contrats sont conclus avec les entreprises en vue de les aider à recruter des demandeurs d'emploi en contrepartie de concours financiers ou d'autres avantages qui sont prévus par la réglementation et, en outre parfois accordés par une décision séparée (ex. de tels systèmes : contrat de solidarité créé en 1982, contrat de retour à l'emploi créé en 1991..., contrat initiative-emploi en 2005...).

Les aides des collectivités locales peuvent aussi être mises en place par une combinaison d'actes.

Quand une commune accorde une aide en vue d'assurer le maintien des services nécessaires en zone rurale, quand un département accorde une aide à une entreprise en difficulté, la loi rend obligatoire la conclusion d'une convention passée avec l'entreprise. Peu importe que l'aide soit accordée par la convention elle-même ou qu'elle résulte de décisions séparées : l'existence de la convention est une condition de légalité de l'aide. Dans le premier cas, la convention a pour objet de fixer les obligations du bénéficiaire de l'aide, dans le second cas la convention doit prévoir les mesures de redressement.

Lorsque l'aide est accordée par décision unilatérale, une convention complémentaire avec un tiers en est parfois la conséquence. Ainsi, c'est par délibération unilatérale qu'une collectivité territoriale accorde sa garantie à l'emprunt d'une entreprise (ex. : *TA de Nantes 29 janvier 1992, D. 1993-238, note F. Chouvel*), mais cette décision a pour suite nécessaire la conclusion avec l'établissement prêteur d'une convention, qui est d'ailleurs, le plus souvent, un contrat de droit privé. De même, lorsqu'une collectivité locale accorde une aide à l'achat ou à la location de bâtiments par l'intermédiaire d'un organisme relais, une convention est conclue avec cet organisme, à qui l'aide est versée (cf. Ministère de l'Intérieur, *Guide des aides*).

b) Contrats d'occupation du domaine public

116. Les biens du domaine public sont affectés soit à l'usage du public, soit à un service public mais ces affectations ne sont pas incompatibles avec certaines occupations par des personnes privées dont l'activité s'exerce sur le domaine public.

L'occupation peut être autorisée par décision unilatérale, mais elle peut aussi résulter d'un contrat souvent dénommé concession d'occupation ou concession de voirie. Des contrats d'occupation sont conclus aussi bien pour des dépendances affectées à l'usage du public que pour des dépendances affectées à des services publics.

Ainsi, les exploitants de restaurants dans les parcs ouverts au public sont généralement titulaires d'une concession. Le droit d'occuper le domaine peut aussi résulter d'une convention dont l'objet est plus large : le concessionnaire de distribution d'eau est, par exemple, autorisé par la concession de service public à utiliser la voie publique.

Les biens affectés à un service public font également l'objet de contrats d'occupation. C'est par exemple le cas de la concession d'outillage dans les ports. Compte tenu de leur importance, ces contrats seront étudiés plus loin.

La principale différence entre le contrat et l'autorisation unilatérale d'occupation tient à ce que l'abrogation de la permission n'ouvre pas droit à indemnité, alors que la résiliation du contrat donne droit à une indemnité de résiliation. Cependant, un arrêté du 30 juillet 1970 (art. A. 26 du Code du domaine de l'État) a atténué la différence en prévoyant que l'acte d'autorisation peut, en cas d'abrogation avant terme pour motif d'intérêt général, prévoir l'indemnisation de l'occupant lorsqu'il a édifié des constructions ou installations d'intérêt général avec l'agrément de l'administration. L'administration a interprété l'article A. 26 comme impliquant la conclusion d'une convention, ce qui illustre une tendance au rapprochement entre l'autorisation unilatérale et le contrat d'occupation (C. Bréchon-Moulènes, « Une technique juridique explosive : l'"autorisation conventionnelle" d'occupation du domaine public », *Mél. Burdeau*, 1977, p. 753 et s.). On verra que le rapprochement a été accentué par la loi du 25 juillet 1994 relative à la constitution de droit réel sur le domaine public.

La diversité des types de contrats témoigne ainsi de l'importance de l'activité contractuelle de l'administration, mais cette activité ne relève pas intégralement du droit public : tout contrat de l'administration n'est pas un contrat administratif.

117-121. Réservés

Chapitre 3
La notion de contrat administratif

122. Il existe un certain nombre de règles communes à tous les contrats des personnes publiques, qu'ils soient de droit privé ou de droit public. Les règles concernant la compétence des autorités administratives, l'interdiction de l'arbitrage, l'interdiction de contracter en certains domaines, par exemple, sont liées à la seule présence d'une personne publique ; leur application ne dépend pas de la nature du contrat. Mais la majorité des règles applicables au contrat administratif est liée à ce caractère administratif et à la compétence de la juridiction administrative. L'enjeu de la qualification est donc important puisque le régime du contrat en dépend.

La matière n'est pas exempte d'incertitudes compte tenu du caractère principalement jurisprudentiel des critères. Si les hésitations ne sont pas possibles quand il s'agit d'un contrat de délégation de service public ou d'un marché public, en revanche, il n'est pas rare que la compétence juridictionnelle donne lieu à débat à propos de contrats de louage de service, de contrats de location de biens, de contrats d'aide à une entreprise. La question de la qualification n'a donc rien d'académique.

À partir du moment où il est admis que tous les contrats des personnes publiques ne sont pas des contrats administratifs, plusieurs méthodes peuvent être employées pour déterminer quels contrats sont de droit public.

Une première méthode consiste à se référer à la volonté des parties : ont-elles ou non entendu se placer sous l'empire du droit public ?

Cette méthode subjective ne peut être admise en la matière ne serait-ce que parce qu'elle aboutirait à faire dépendre de la volonté des parties la compétence juridictionnelle, alors que la répartition des compétences entre les deux ordres de juridiction est d'ordre public.

Une autre méthode est donc employée par la jurisprudence, sans que cela empêche la volonté des parties de produire certains effets, mais seulement de façon indirecte : sont qualifiés de contrats administratifs les contrats qui comportent au moins une clause exorbitante du droit commun ou qui ont un lien suffisant avec le service public.

Les critères ainsi dégagés déploient leurs effets dans un champ d'application délimité de deux manières : ils ne s'appliquent pas lorsque le contrat est qualifié par la loi ou relève d'un « bloc de compétences », ils ne s'appliquent qu'aux contrats auxquels est partie au moins une personne publique — sauf à préciser que la personne publique peut être représentée et que la règle connaît une exception — et ils prennent un caractère subsidiaire lorsque le contrat est conclu entre deux personnes publiques.

§ 1. Les critères jurisprudentiels

Bibliographie : *Traité des contrats*, n° 106 s.

AMSELEK (P.) : « La qualification des contrats de l'administration », *AJDA* 1983, 3.

BRENET (F.) : *Recherches sur l'évolution du contrat administratif*, Thèse, Poitiers, 2002, dactyl.

LAMARQUE (J.) : « Les difficultés présentes et les perspectives d'avenir de la distinction entre les contrats administratifs et les contrats de droit privé », *AJDA* 1961, 123.

WEIL (P.) : « Le critère du contrat administratif en crise », *Mél. Waline*, 1974, p. 831.

123. Nombre de contrats conclus par l'administration sont de droit privé. Ce peut, par exemple, être le cas de la garantie d'un emprunt par une commune *(CE 14 mai 1943, Commune de Joinville-le-Pont, Rec. 123 ; TC 12 janvier 1987, Ville d'Eaubonne, D. 1987, 205, concl. Massot)* ; du contrat de transport de malades *(CE 27 juin 1947, Hôpital-hospice de Saint-Dizier, Rec. 285)* ; d'un contrat de vente de véhicules *(CE 9 novembre 1949, Soc. Diesel Traction, Rec. 471)* ; d'un contrat de charte-partie *(Cass. com. 19 juin 1951, Transports maritimes de l'État, D. 1951, 717)* ; d'un contrat d'affrètement *(TC 6 avril 1947, Soc. franco-tunisienne d'armement, Rec. 327 ; Aix 16 octobre 1951, Cie des Docks et entrepôts de Marseille c/ ONIC, D. 1951, 676)* ; d'un contrat de prêt de biens mobiliers *(CE 27 mars 1957, Raepsaet, Rec. t. 955)* ; d'un protocole d'accord consigné par l'État avec une entreprise en difficulté et les créanciers de celle-ci *(Paris*

10 juillet 1986, Rev. jur. comm. 1987, 17, note Gallet) ; d'un contrat relatif au domaine privé *(CE 26 janvier 1951, Société anonyme minière, Rec. 49 ; Cass. 1re Civ., 9 octobre 1991, Ville de La Ferté-Saint-Aubin, Quot. jur. 26 mars 1992, p. 5).*

À la base des solutions jurisprudentielles se trouve une interrogation sur le régime applicable au contrat : est-il ou non concevable que le contrat ne soit pas soumis au droit public ? Une telle démarche pragmatique apparaît, par exemple, dans les célèbres conclusions de M. Long sous l'arrêt Bertin ***(CE Sect. 20 avril 1956, Bertin, AJDA 1956, II, 221).***

L'État avait confié à des particuliers, en 1944, l'hébergement de ressortissants russes en attente de rapatriement ; quelle était la nature du contrat ? Le commissaire du gouvernement a considéré qu'il s'agissait d'un contrat administratif après avoir affirmé, au départ de son raisonnement : « nous ne pouvons en tout cas pas laisser l'Administration confier à un simple particulier l'exécution d'une mission de service public, et se dépouiller, en même temps, des droits et prérogatives que lui assure le régime de droit public ».

Donc, le contrat est administratif parce qu'il doit relever d'un régime de droit public.

On ne saurait aller jusqu'à affirmer que la démarche suivie par le juge est toujours aussi finaliste, mais elle repose dans tous les cas sur l'idée de compatibilité, mise en œuvre de manière variable. Dans le cas où est utilisé le critère des clauses exorbitantes du droit commun, la qualification du contrat repose sur le constat d'une incompatibilité entre une stipulation du contrat et la représentation que se fait le juge des relations normales de droit privé. Dans le cas où est utilisé le critère du service public, la qualification repose sur l'idée qu'à partir du moment où le service public est suffisamment impliqué, l'application d'un régime de droit public s'impose.

Dans les deux cas, le régime applicable est donc déterminant dans le raisonnement.

A Le critère de la clause exorbitante

Bibliographie : ANDRÉ (M.-E.) et RAYNARD (J.) : « Regards dubitatifs de juristes de droit privé sur la clause exorbitante », *Contrats publics, Mél. Guibal*, 2006, p. 783.

GUETTIER (C.) : *Droit des contrats administratifs*, PUF, 2004, n° 138 et s.

LAMARQUE (J.) : « Le déclin du critère de la clause exorbitante », *Mél. Waline*, 1974, p. 512.
VEDEL (G.) : « Remarques sur la notion de clause exorbitante », *Mél. Mestre*, 1956, p. 559.

124. La notion de clause exorbitante repose sur la distinction entre gestion privée et gestion publique et, par conséquent, sur l'idée que les personnes publiques peuvent se comporter comme des personnes privées : « ... il peut se faire que l'administration, tout en agissant non comme personne privée (*NB :* ce qu'elle fait pour la gestion de son domaine privé), mais comme personne publique, dans l'intérêt d'un service public proprement dit, n'invoque pas le bénéfice de sa situation de personne publique, et se place volontairement dans les conditions d'un particulier, soit en passant un de ces contrats de droit commun, d'un type nettement déterminé par le Code civil (location d'un immeuble, par exemple, pour y installer les bureaux d'une administration), qui ne suppose par lui-même l'application d'aucune règle spéciale au fonctionnement des services publics, soit en effectuant une de ces opérations courantes, que les particuliers font journellement, qui suppose des rapports contractuels de droit commun, et pour laquelle l'administration est réputée agir comme un simple particulier : commande verbale chez un fournisseur, salaire à un journalier, expéditions par chemin de fer aux tarifs du public, etc. » ***(concl. Romieu sous CE 6 février 1903, Terrier S. 1903, 3, 27, note Hauriou)***.

Romieu dans ces conclusions célèbres envisage le contrat dans sa globalité sans s'attacher particulièrement au contenu, aux clauses.

La même démarche se retrouve quelques années plus tard dans l'arrêt Compagnie d'assurances Le Soleil *(CE 4 juin 1910, Rec. 446, concl. Feuilloley)* qui retient la compétence judiciaire sur une action en responsabilité d'une commune propriétaire contre l'État occupant d'un immeuble au motif que l'« occupation de cet immeuble a eu lieu non en vertu d'un acte régulier et permanent d'affectation, mais en vertu d'un accord qui, par sa nature et ses effets, rentre dans la catégorie des contrats de droit civil ». La tendance était donc à la constitution de blocs de compétence par catégories de contrats.

125. Ce n'est qu'ultérieurement que la démarche jurisprudentielle s'est faite analytique : à partir de l'arrêt ***Société des granits porphyroïdes des Vosges du 31 juillet 1912 (GAJA, p. 151)***, il est tenu compte, à la suggestion du commissaire du gouvernement Léon Blum, non seulement de l'objet et du but du contrat mais aussi de son contenu. Ce « grand arrêt » n'emploie pas l'expression « clause exorbitante du droit commun », mais l'idée y est ; les termes sont, quant à eux, apparus dans la jurisprudence des années 20.

Selon cette jurisprudence, il suffit qu'un contrat comporte une clause exorbitante du droit commun pour qu'il soit de droit public. Au XIXe siècle, on avait « songé à séparer les différentes parties du contrat, à résoudre l'attribution de compétence distributivement : à l'autorité judiciaire les clauses correspondant à des contrats de droit commun ; à l'autorité administrative celles relatives à des marchés de travaux publics. Cette doctrine n'a pas prévalu et la jurisprudence allait, de façon constante, affirmer une autre doctrine : celle de l'unité de compétence en appliquant la théorie de l'acte indivisible » *(concl. Pilon sur Req. 14 janvier 1935, Compagnie des eaux minérales de Royat, D. 1935, 1, 81).*

À quoi reconnaît-on qu'une clause sort de l'orbite du droit privé ?

126. Il n'existe pas un critère général de la clause exorbitante et les solutions jurisprudentielles sont parfois imprévisibles, à la fois parce que l'appréciation du caractère exorbitant est empreinte d'une certaine subjectivité et parce que le droit privé lui-même évolue et peut faire couramment place aujourd'hui à des techniques jadis ignorées ou exceptionnelles. Ainsi, à quinze ans d'intervalle, le Conseil d'État a jugé que la seule référence à un cahier des charges donnait au contrat un caractère administratif (*CE Sect. 17 novembre 1967, Roudier de la Brille, Rec. 428* — solution implicite), puis que cette conséquence ne se produit que si le cahier des charges comporte une clause exorbitante *(CE 2 octobre 1981, Commune de Borce, Rec. 654)* ; cette évolution peut s'expliquer par une prise de conscience de la fréquence de la référence à des documents-types en droit privé.

a) Identification de la clause exorbitante

127. En fonction des circonstances du procès le soin d'identifier la clause exorbitante peut revenir au juge administratif, au juge judiciaire ou au Tribunal des conflits.

De ce fait, certaines divergences et hésitations peuvent apparaître. Il semble que ce soit, par exemple, le cas pour la clause de résiliation unilatérale.

Un arrêt de la Cour de cassation énonce que « la clause d'un contrat conférant à une personne publique le droit de le résilier de plein droit, même sans mise en demeure préalable, en cas de manquement de son cocontractant à l'une de ses obligations, n'est pas exorbitante du droit commun » *(Cass. 1re Civ., 24 mars 1987, Bull. n° 110)*, alors que, dans nombre de cas, la clause de résiliation unilatérale est considérée comme exorbitante du droit commun *(CE Ass. 26 février 1965, Soc. du Vélodrome du Parc des Princes, Rec. 133 ; RDP 1965, 506, concl. Bertrand, note Waline ; TC 16 janvier 1967, Soc. du vélodrome du Parc des Princes, Rec. 652, D. 1967, 416, concl. Lindon ; TC 17 novembre 1975, Leclert, Rec. 800 ; CE 30 janvier 1980, Ville de Paris, Rec. 54 ; Cass. 1re Civ., 7 mars 1984, Bull. n° 91, p. 74)* sans, toutefois, que cette solution ait une portée générale (ex. : *TC 28 mars 1955, EDF c/ Dép. des Basses-Pyrénées, Rec. 615 ; concl. Braibant sous CE 10 mai 1963, Soc. La Prospérité Fermière, RDP 1963, p. 589* : « les clauses qui autorisent la résiliation unilatérale des contrats ne sont pas, par elles-mêmes et d'une façon générale, considérées comme étrangères au droit privé » ; voir aussi *CE 12 décembre 2003, Commune du Lamentin, Dr. adm., 2004, n°* 22).

Il convient donc de distinguer entre plusieurs sortes de clauses de résiliation unilatérale. On a proposé d'expliquer la jurisprudence par le caractère conditionné ou discrétionnaire du pouvoir de résiliation *(Tr. des contrats, t. I, n° 167)*, ce qui paraît logique étant donné que lorsque le droit privé admet la résiliation unilatérale, ce pouvoir est toujours conditionné. Mais, cette logique a ses limites car le pouvoir de résiliation unilatérale est en réalité toujours conditionné.

1° Exemples

128. En dehors de la clause de résiliation unilatérale, le caractère exorbitant a été reconnu aux clauses suivantes :

— clause prévoyant le recouvrement des créances par voie d'état exécutoire *(TC 27 juillet 1950, Peulaboeuf, Rec. 668)* ;

— clause autorisant l'administration à agir d'office pour le règlement des litiges *(CE 16 avril 1969, SNCF, Rec. 194)* ;

— clauses conférant à l'administration « des pouvoirs de contrôle, de direction et de surveillance sur l'activité de son contractant, ou bien imposant à ce dernier des obligations d'intérêt général au profit du public » *(Cass. 1re Civ., 7 mars 1984, Bull.*

n° 91, p. 74 — v. aussi TC 22 juin 1998, Agent judiciaire du Trésor c/ Miglierina, Dr. adm. n° 335) ;

— clause par laquelle l'administration se réserve le droit d'exiger le renvoi du personnel *(TC 20 avril 1959, Société nouvelle d'exploitation des plages, piscines et patinoires, Rec. 866 ; Cass. 3e Civ., 25 juin 1970, Bull. III, n° 441, p. 329)* ;

— clause par laquelle la ville bailleresse s'est réservé le droit d'utiliser le théâtre à certains moments, une commission municipale surveillant le prix et la qualité des spectacles *(Cass. com. 5 janvier 1953, Gagneux, Bull. III, n° 3, p. 2)* ;

— clauses « dérogatoires au droit commun » dans le bail d'une salle de spectacles : la salle doit être mise à la disposition de la ville à certains moments, le maire s'interdit d'autoriser les cirques itinérants, le preneur a l'obligation de ne donner que des spectacles « de haute tenue artistique et morale », il est exonéré de la taxe sur les spectacles *(CE 2 juillet 1962, Cazautets c/ Ville de Limoges, Rec. 823)* ;

— clause du contrat de vente d'un terrain par une commune à une SCI prévoyant un pouvoir de contrôle de la commune ainsi que la soumission de toute négociation de locaux à l'agrément communal *(Cass. 1re Civ., 18 novembre 1992, Commune de Pantin, n° 007249 ; TC, 20 juin 2005, Soc. Hôtelière Guyanaise, BJDCP, 2005, n° 43, p. 422, concl. Bachelier)* ;

— clause de modification unilatérale *(Cour d'appel de Paris 24 octobre 1995, CJEG 1996, 26, note Savignat).*

129. En revanche, les clauses suivantes n'ont pas été qualifiées d'exorbitantes du droit commun :

— clauses d'un cahier des charges prévoyant la passation d'un contrat par adjudication *(TC 14 novembre 1960, SA commerciale et agricole, Rec. 867)* ;

— délais d'exécution et pénalités de retard *(TC 14 novembre 1960, SA commerciale et agricole, Rec. 867)* ;

— clause du bail d'une carrière appartenant à une commune prévoyant la résolution de plein droit du contrat en cas de manquement de la société *(TC 15 juin 1970, Commune de Comblanchien, Rec. 889)* ;

— obligation de consentir un tarif préférentiel à une catégorie du personnel d'une commune, partie à un contrat de location d'un bar-restaurant *(Cass. 1re Civ., 7 mars 1984, Bull. n° 91, p. 74)* ;

— engagement souscrit par une entreprise d'exporter les produits locaux et de créer des emplois *(TC 11 mai 1992, Société Office maraîcher fruitier, Rec. 485).*

Ces quelques exemples ne font certes pas ressortir une unité de la notion, mais on peut néanmoins rechercher les critères ainsi mis en œuvre, les critères du critère.

2° Critères

130. Dans une décision ancienne, le Conseil d'État s'est risqué à une définition générale de la clause exorbitante comme « clause ayant pour objet de conférer aux parties des droits ou de mettre à leur charge des obligations étrangers par leur nature à ceux qui sont susceptibles d'être librement consentis par quiconque dans le cadre des lois civiles et commerciales » *(CE 20 octobre 1950, Stein, Rec. 505).*

Il s'est rapidement avéré que cette définition était trop restrictive car beaucoup de clauses considérées comme exorbitantes peuvent, légalement, figurer dans des contrats de droit privé.

Plus conforme aux solutions de la jurisprudence est la définition donnée par le Tribunal des conflits : « la situation réciproque des contractants n'(est) pas de celle qui, normalement, serait résultée d'un accord conclu conformément au droit commun » *(TC 19 juin 1952, Soc. des combustibles, Rec. 628).*

L'idée de normalité est à la base des solutions jurisprudentielles : la clause exorbitante est celle qui ne se trouve pas normalement dans un contrat de droit privé.

Elle peut ne pas s'y trouver normalement parce qu'elle y serait illégale. Mais tous les auteurs s'accordent pour considérer que de telles clauses, illégales en droit privé, légales en droit public sont rares ; on peut citer la clause d'exonération de la garantie décennale.

La plupart du temps, la clause exorbitante est une clause qui est soit impossible, soit inusuelle dans les relations entre particuliers.

Impossibles sont les clauses qui prévoient l'exercice par la partie publique de pouvoirs sans équivalent en droit privé (état exécutoire, engagement de ne pas donner d'autorisation à des tiers, etc.). Inusuelles sont les clauses qui instaurent une inégalité marquée entre les parties (pouvoir de contrôle, droit d'utilisation de locaux, etc.).

Il est donc clair que certaines clauses exorbitantes sont possibles dans les contrats entre personnes privées (cf. G. Vedel, « Remarques sur la notion de clause exorbitante », *Mél. Mestre*, p. 559) et on ne peut admettre que la clause exorbitante serait seulement la clause impossible dans les contrats entre personnes privées comme un auteur l'a soutenu (J. Lamarque, « Le déclin du critère de la clause exorbitante », *Mél. Waline*, 1974, p. 512).

Avec M. Chapus *(DAG, 14e éd., 2000, no 724 et s.)*, il est possible de distinguer deux sortes de clauses exorbitantes : les clauses exclues dans les relations privées, les clauses inégalitaires, étant entendu que ces dernières sont concevables dans les contrats de droit privé.

131. Un certain trouble a cependant été jeté dans les esprits par quelques solutions *a priori* surprenantes.

Statuant à propos du contrat par lequel une commune avait garanti un emprunt souscrit auprès d'une banque par la commune de Torcy, le Conseil d'État a jugé que ne revêt pas un caractère exorbitant du droit commun la stipulation selon laquelle la commune s'engageait, en cas de défaillance de l'emprunteur, à créer et à mettre en recouvrement, en cas de besoin, les impositions directes nécessaires pour assurer le remboursement des annuités *(CE 6 décembre 1989, Caisse fédérale du crédit mutuel d'Île-de-France c/ Commune de Torcy ; même jour CALIF, AJDA 1990, 484, obs. Moreau ; LPA, 4 juillet 1990, no 80, note Llorens)*.

De la même manière, la Cour de cassation a considéré qu'une clause identique, insérée dans un contrat de prêt entre la ville de Roubaix et une compagnie d'assurances n'était pas exorbitante du droit commun, alors que la cour d'appel avait considéré qu'elle l'était comme ne pouvant être stipulée par un particulier *(Cass. 1re Civ., 18 février 1992, Cie La Mondiale c/ Ville de Roubaix, LPA, 17 avril 1992, no 47, p. 21, note Poujade)*.

À la différence du Conseil d'État, la Cour de cassation fournit un motif à sa décision : la clause « était sans influence sur les rapports contractuels entre les parties et n'avait pas pour objet de conférer à l'une d'elles un avantage de nature différente que celui résultant de toute garantie ou sûreté de droit privé qu'un prêteur est en droit d'exiger ».

L'idée est donc que la clause reste extérieure aux rapports contractuels. Ce genre de considération n'est pas de nature à simplifier la mise en œuvre du critère de la clause exorbitante et il est permis de ne pas être convaincu par l'explication qui pourrait aussi bien s'appliquer à la clause prévoyant le recouvrement des créances par voie de titre exécutoire.

L'explication de cette solution est peut-être ailleurs : la clause en question ne comporte ni pouvoir pour l'administration, ni obligation pour la partie privée ; elle stipule des obligations à la charge de l'administration. Il faudrait donc admettre que le caractère exorbitant ne peut pas s'appliquer à de telles obligations.

Une autre solution déconcertante émane du Tribunal des conflits : une société a confié à l'État la maîtrise d'œuvre de travaux ; dans le contrat figure une clause de renonciation à la responsabilité décennale, clause qui est illégale en droit privé, mais admise par la jurisprudence administrative. Le Tribunal des conflits juge que cette clause doit être réputée non écrite et dès lors ne peut constituer une clause exorbitante du droit commun *(TC 2 mai 1988, CAMB, RFDA 1989, 605, note Grellois)*. Faut-il en déduire que l'illégalité en droit privé n'est pas un critère de la clause exorbitante ? Si tel est le cas, le rejet de ce critère est-il valable en toute hypothèse ou seulement si l'illégalité de la clause ne remet pas en cause la validité d'ensemble du contrat ?

b) Clause exorbitante et régime de droit public

132. Pourquoi la présence d'une clause exorbitante confère-t-elle au contrat le caractère administratif ?

À en croire les arrêts, c'est parce que la présence d'une telle clause traduit une intention des parties.

En témoignent quelques rédactions d'arrêts :

« les transports effectués pour le compte de l'État ne peuvent relever... des tribunaux de l'ordre judiciaire que dans le cas où l'administration... a entendu s'adresser au transporteur dans les mêmes conditions que le public en général » *(TC 7 novembre 1922, Manon, RDP 1923, 433)*.

Ou encore :

« ... qu'à supposer que certaines de ces clauses, qui ne sont pas dérogatoires au droit commun, puissent être regardées comme nulles et de nul effet en application de la législation des baux commerciaux, il n'en résulte pas que les parties aient entendu se placer en dehors des règles du droit privé pour des motifs tenant à la qualité d'établissement public de l'office, alors que l'intention contraire résulte de l'ensemble des stipulations du contrat » *(TC 2 juin 1975, Salas, Rec. 796)*.

Il peut paraître étonnant que de l'intention des parties dépende la qualification du contrat dès lors que la qualification détermine le juge compétent et que la répartition des compétences entre les deux ordres de juridictions est une question d'ordre public. Et, de fait, en présence de clauses exorbitantes, une clause attributive de compétence au juge judiciaire est sans effet, « la compétence, qui est d'ordre public, ne dépendant pas des parties, mais de la loi » *(Cass. com. 5 janvier 1953, Gagneux, Bull. III, n° 3, p. 2 ; Cass. soc. 23 juillet 1985, Bull. civ. V, n° 428 ; Paris, 30 mai 1964, JCP 1964, II, 13795, concl. Talagrand)* et un contrat peut fort bien être qualifié de contrat administratif alors même qu'il prévoit qu'il est soumis à un régime de droit privé (ex. : *TC 29 juin 1987, Ficheux, Rec. t. 776*). Tout au plus, « si les parties ne peuvent déroger aux règles de compétence d'ordre public par le jeu d'une clause attributive de juridiction, les juges du fond peuvent prendre en considération une telle clause pour rechercher si l'intention des contractants a été de conclure un contrat de droit public ou de droit privé » *(Cass. 1re Civ., 7 mars 1984, Bull. n° 91, p. 74 ; V. aussi : TC 22 avril 1985, Coujard de Laplanche, D. A. n° 289 ; CE 19 février 1988, SARL Poré Gestion, Rec. 77).*

Quel est alors le rôle de l'intention ?

Compte tenu de l'impossibilité pour les parties de disposer de la compétence juridictionnelle, leur intention ne peut être prise en considération que de manière indirecte : les parties ont bien la liberté de déterminer les conditions dans lesquelles la prestation sera fournie, mais ces conditions une fois définies, le juge détermine si elles sont compatibles ou non avec un régime de droit privé. Il ne revient pas aux parties de faire porter directement leur volonté sur le choix du droit public ou du droit privé.

Ainsi que l'écrit le doyen Vedel « ... le point de savoir si, en insérant des clauses inusuelles dans leur contrat, les parties ont ou non souscrit à un régime de puissance publique, ne peut dépendre de leur seule volonté. Tout d'abord, il s'agit d'un régime objectif qui ne peut être accepté ou répudié à volonté. Ensuite et surtout, la présence d'une personne publique au contrat ne permet pas de croire que les clauses qui seraient bien peu vraisemblables entre des particuliers aient été écrites sous une influence autre que celle de la puissance publique. Le caractère inusuel de la clause a un sens qu'il ne faut pas minimiser ; il témoigne que, si ce n'était pas une personne publique qui avait contracté, la clause n'aurait pas été écrite » (G. Vedel, « Remarques sur la notion de clause exorbitante », *Mél. Mestre*, 1956, p. 559).

133. En s'inspirant de ces observations il paraît possible d'expliquer de deux manières la valeur opératoire de la clause exorbitante :

— la clause exorbitante n'est souvent que la reprise de règles générales applicables au contrat administratif (pouvoir de résiliation dans certains cas, pouvoir de contrôle) ; elle manifeste l'appartenance du contrat au droit public, le contrat comprend ou reprend une règle de droit public ;

— la clause exorbitante manifeste la présence d'une personne publique ; à travers ce critère se marque l'importance des considérations organiques dans le droit administratif.

En dépit de ses incertitudes, la notion de clause exorbitante n'est donc pas dénuée de toute « logique intrinsèque », comme on l'affirme parfois (J. Lamarque, « Le déclin du critère de la clause exorbitante », *Mél. Waline*, p. 499).

B Le critère du service public

Bibliographie : GUETTIER (C.) : *Droit des contrats administratifs*, PUF, 2004, n° 89 et s.

CHEVALLIER (J.) : « L'association au service public », *JCP* 1974, I, 2667.

LACHAUME (J.-F.) : « Sur le critère de l'agent public », *Dr. soc.*, 1986, 44.

LACHAUME (J.-F.) : « Évolution et permanence dans l'identification de l'agent public non statutaire », *CJEG* 1997, 35.

134. Des contrats pour les besoins du service public et des contrats faisant participer à la gestion du service public ont toujours été conclus par les personnes publiques sans que cela retentisse nécessairement sur leur nature juridique. Mais, des problèmes sont apparus avec le développement de la notion juridique de service public et de son rôle. La question s'est alors posée de savoir si tout contrat conclu pour l'exécution d'un service public ne doit pas relever du droit administratif sans qu'il y ait à se préoccuper de l'éventuelle ressemblance avec un contrat de droit commun.

Une telle conception fut un temps retenue ***(CE 4 mars 1910, Thérond, GAJA, p. 126)*** et est encore prônée par certains (J.-M. Rainaud, « Le contrat administratif : volonté des parties ou loi du service public ? , *RDP* 1985, 1184). Elle a l'avantage de la simplicité, mais elle présente l'inconvénient de faire relever de deux droits et de deux juges différents des contrats dont les clauses sont comparables et elle n'est pas conforme aux tendances générales du droit administratif qui ne fait qu'une place non exclusive et limitée au service public.

Il en va ainsi pour la définition du contrat administratif : la notion de service public a un rôle non exclusif et limité.

Tout contrat ayant un lien avec le service public n'est pas un contrat administratif, mais un contrat est administratif, même s'il ne contient pas de clause exorbitante du droit commun, dès lors qu'il a avec le service public un lien suffisamment fort. Le problème est donc de déterminer à partir de quand le lien est assez fort.

Il est admis que le contrat est administratif lorsqu'il constitue l'exécution même du service, lorsqu'il fait participer à cette exécution, lorsqu'il confie l'exécution même du service, lorsqu'il organise le service.

a) Le lien avec le service public

135. Jusqu'à l'arrêt ***Bertin*** rendu par le Conseil d'État le ***20 avril 1956 (GAJA, p. 482)***, le critère du service public n'était utilisé qu'avec discrétion par une jurisprudence selon laquelle un contrat était parfois qualifié d'administratif parce qu'il constituait une modalité d'exécution du service public (ex. : *CE 29 mai 1925, Décatoire, Rec. 534 ; CE 6 novembre 1925, Lefèvre-Utile, Rec. 868* : contrat de cession de céréales par le service du ravitaillement en temps de guerre).

Cette formule a été reprise par l'arrêt ***du 20 avril 1956, Min. de l'agriculture c/ Grimouard (GAJA, p. 482)*** qui décide qu'est administratif le contrat conclu entre l'État et des propriétaires privés en vue du reboisement d'une parcelle parce qu'il constitue une modalité de l'exécution même du service du reboisement ; puis, elle a été illustrée par une décision célèbre du Tribunal des conflits qui a considéré que les contrats par lesquels le Fonds d'orientation et de régularisation des marchés agricoles (FORMA) attribuait des subventions aux exportateurs de produits agricoles avaient pour objet l'exécution même du service public *(TC 24 juin 1968, Soc. Distilleries bretonnes, D. 1969, 116, note Chevallier ; JCP 1969, II, 15674, concl. Gégout)*. De même, ont été considérés comme constituant l'exécution du service public le contrat par lequel est accordée une aide à la réinstallation de rapatriés en France *(CE Sect. 18 juin 1976, Culard, AJDA 1976, 579, note Durupty ; id. CAA Paris 30 avril 1992, ANIFOM, Gaz. Pal. 1993, Pan. 119)*, le contrat conclu entre le Conservatoire de l'espace littoral et des rivages lacustres et un propriétaire *(Cass. 1re Civ., 27 octobre 1992, Bull. nº 271)* ou celui par lequel une université assure une mission de formation continue (*TC 18 décembre 2000, Préfet de l'Essonne, DA 2001, nº 35*).

Mais, le même jour que l'arrêt Grimouard, l'arrêt Bertin retient le critère du service public sous une autre forme en reconnaissant le caractère administratif à un contrat qui a pour objet de confier à un particulier « l'exécution même du service public » (de l'hébergement de ressortissants soviétiques). Ainsi s'opposent les contrats qui confient l'exécution du service et ceux qui sont seulement conclus « pour la satisfaction des besoins d'un service public » *(CE 11 mai 1956, Soc. Gondrand, Rec. 202).*

136. Cependant, des contrats qui ne délèguent pas l'exécution du service public ou n'en constituent pas une modalité d'exécution peuvent être administratifs si le cocontractant coopère de façon suffisamment étroite avec l'administration. C'est ce qui a été admis à propos des agents contractuels à partir des arrêts ***Affortit et Vingtain du 4 juin 1954 (Rec. 342, concl. Chardeau)*** : l'agent était dans une situation de droit public si ses fonctions le faisaient participer directement au service public.

Ce critère de la participation n'est toutefois pas réservé aux agents publics — pour lesquels on verra qu'il a été abandonné ; il est également utilisé en d'autres domaines (ex. : *Cass. civ. 19 avril 1977, Association MJC de Boulogne-Billancourt, D. 1979, 197, note Plouvin* — pour un contrat relatif à l'utilisation d'un local ; *CE 16 décembre 1992, SA International décor, Rec. t. 1101* — la convention par laquelle une Agence financière de bassin accorde une aide financière à une entreprise pour l'acquisition d'équipements dépolluants fait participer l'entreprise à l'exécution même du service public ; *CE 8 juin 1994, Société Codiam, Rec. 294* — le contrat de location de téléviseurs à des hospitalisés fait participer à l'exécution du service hospitalier ; *TC 23 février 2004, Sté Leasecom, Ctts et MP, 2004, nº 63* — un contrat de crédit-bail). En revanche, le prêt accordé par une banque à une commune pour financer un équipement public ne fait pas participer au service public *(CAA Lyon 2 mars 1994, Commune d'Allos, LPA 25 novembre 1994, nº 141, p. 15).*

137. La question se pose de savoir si le critère du service public ne prendrait pas une quatrième forme : l'association au service public.

Ainsi, le Conseil d'État a dénié à un contrat, relatif à la gestion du domaine privé, le caractère administratif au motif qu'il « n'associait en aucune façon la société... à la gestion d'un service public » *(CE 26 janvier 1951, Société anonyme minière, Rec. 49)* et un arrêt *Artaud du 27 mai 1957* qualifie d'administratif le contrat conclu entre un groupement mandataire de l'État et une entreprise en vue d'assurer le stockage de beurre en relevant que les entreprises cocontractantes se trouvent « étroitement associées » à l'exécution du service public du ravitaillement (*Rec. 350 ; V. aussi CE 1er décembre 1982, Salat, Marchés publics, n° 210, 11, concl. Stirn* : un contrat d'entretien d'un réseau de télédistribution « n'a pas pour effet d'associer à l'exécution d'un service public » et la jurisprudence citée par M. J.-M. Auby, *RDP* 1974, p. 1493).

Dans un autre cas, le Tribunal des conflits considère que le contrat de dépôt de fonds auprès d'une caisse de crédit municipal n'associe pas le déposant au service public, le commissaire du gouvernement ayant examiné la question de savoir si ce contrat a pour objet l'exécution même du service public *(TC 6 juillet 1981, Lebret, JCP 1981, II, 19637)*.

La doctrine fait aussi le rapprochement avec les « contrats d'association » qui peuvent être conclus entre l'État et les établissements d'enseignement privé (loi du 31 décembre 1959, art. L. 442-5 C. éduc.) ainsi qu'avec les accords d'association qui peuvent lier un établissement de santé privé et un établissement public de santé ou un syndicat inter-hospitalier (art. L. 711-5 et art. L. 715-11 de l'ancien Code de la santé publique).

Ces contrats sont administratifs, mais il ne semble pas que ce soit parce qu'ils réalisent une association au service public. Force est en effet de constater que dans les cas mentionnés la personne privée titulaire d'un contrat d'association est associée à une personne publique sans l'être pour autant au service géré par celle-ci : la personne privée gère son activité pour son propre compte tout en bénéficiant, moyennant certaines contreparties, d'avantages procurés par l'administration. Le caractère de contrat administratif résulte donc plutôt de la soumission à un régime exorbitant du droit commun défini par les textes.

Il apparaît ainsi que la notion d'association au service public ne constitue pas une forme spécifique du critère du service public ; elle désigne tantôt la participation à l'exécution du service public, tantôt le contrat-modalité d'exécution du service public, tantôt la soumission à un régime exorbitant.

138. Plus récemment, une nouvelle forme du lien avec le service public a fait son apparition. Certains contrats, dont la conclusion est souvent prévue par la loi, ont pour objet l'organisation du service public, or « les actes qui ont pour objet l'organisation du service public sont des actes administratifs et il s'agit là d'un principe général qui concerne tant les actes unilatéraux que les actes contractuels » (concl. *Bonichot sous CE 14 janvier 1998, Syndicat national du personnel des affaires sanitaires et sociales FO, LPA 18/12/98, n° 151, p. 20*). Selon M. Bonichot, c'est par application de ce critère que les contrats entre personnes publiques sont en principe des contrats administratifs (cf. *infra*, n° 179), car ils portent souvent sur l'organisation du service public.

Sous les quatre formes qu'il revêt, le critère du service public n'est pas sans susciter des difficultés d'application.

b) Mise en œuvre du critère

139. Pour appliquer le critère du service public, le juge doit d'abord vérifier l'existence d'un service public ; ensuite, s'assurer que le contrat confie l'exécution du service, y fait participer ou en constitue une modalité d'exécution ; sous ces deux dernières formes, le critère pose des problèmes d'application.

1° L'existence du service public

140. Sous ses formes de « contrat confiant l'exécution du service public » ou faisant participer à cette exécution, le critère du service public peut d'abord poser le problème de l'existence d'un service public. En effet, à partir du moment où l'activité est confiée à une personne privée, un doute peut exister. C'est ainsi que ne fait pas participer à l'exécution d'un service public le contrat relatif au domaine privé *(CE 26 janvier 1951, Société anonyme minière, Rec. 49 ; TC 10 janvier 1983, Commune d'Onesse-Laharie, D. 1983, IR 114 ; TC 28 juin 2001, Lelaidier, D. 2001, IR 2560)*. Mais il est possible que l'activité du cocontractant soit transformée ou érigée en service public par l'effet même du contrat qui en confie l'exécution : ainsi a-t-il été admis qu'un contrat de location d'un local qui impose à l'occupant des obligations d'intérêt général confie l'exécution d'un service public, service public qui est créé par le contrat lui-même ; mais encore faut-il que les obligations soient suffisamment caractérisées (cf. *TC 30 mars 1992, Soc. Le Joli Bois, Rec. t. 835* : n'est pas un contrat administratif le contrat par lequel une commune donne à bail un terrain pour y exploiter un hôtel-restaurant avec obligation de servir de poste de secours en cas d'incendie ; *CE 12 mars 1999, Ville de Paris, AJDA 1999, 439, note Raunet et Rousset* : n'est pas un service public la gestion d'un restaurant dans le Bois de Boulogne).

Le service public objet du contrat peut aussi bien être administratif qu'industriel et commercial : le seul fait de confier un service public suffit, alors que si le contrat constitue l'exécution d'un service industriel et commercial, il est normalement considéré comme de droit privé *(TC 11 novembre 1960, Société agricole de stockage de la région d'Ablis et Soc. Vaudroy-Jaspar, Rec. 866).*

Par ailleurs, la qualification comme contrat administratif peut être retenue même dans le cas où le contrat n'opère pas une délégation globale, mais confie l'exécution d'une partie d'un service public *(CE 4 juillet 1969, Trouvé, Rec. 360 ; TC 24 juin 1996, Préfet de l'Essonne, Rec. 546).*

2° L'application de la notion de « modalité d'exécution du service public »

141. Sous sa forme « modalité d'exécution du service public », le critère est susceptible d'attraire dans le champ du contrat administratif un nombre très important de contrats. Il est, en effet, possible de distinguer deux grandes catégories de contrats : ceux qui sont conclus pour procurer des moyens au service (personnel, achats de matériel, construction, etc.), ceux par lesquels le service réalise sa mission lorsque celle-ci comporte la conclusion de contrats (contrat de prestation de service avec les usagers, contrat d'aide, contrat d'intervention économique, etc.). Tous les contrats de la deuxième catégorie sont susceptibles en théorie d'être qualifiés de contrats administratifs par application du critère de la « modalité d'exécution du service ». Le caractère attractif du critère du service public envisagé sous cette forme reste néanmoins à l'état de potentialité. Plusieurs raisons expliquent ce cantonnement.

En premier lieu, l'existence même de cette forme du critère du service public est parfois tout simplement ignorée. Par exemple, dans l'affaire Société La Prospérité fermière le commissaire du gouvernement Braibant relève que « la mission de service public est assurée par l'administration seule, qui l'exerce en prenant des mesures réglementaires ou en passant des contrats » *(concl.*

Braibant sous CE 10 mai 1963, Soc. coopérative La Prospérité fermière, RDP 1963, p. 589). Pourtant, le commissaire du gouvernement considère que le contrat ne peut être administratif par application du critère du service public parce qu'il ne confie pas l'exécution du service ; c'est donc par application du critère des clauses exorbitantes du droit commun que la lettre d'agrément a été qualifiée de contrat administratif. Il est très fréquent que les jugements et arrêts procèdent de cette manière en n'envisageant que deux possibilités : clause exorbitante ou contrat confiant l'exécution du service public.

La deuxième méthode pour limiter la force d'expansion du critère du service public consiste à retenir une conception restrictive de la notion de service public. Une illustration se trouve dans la jurisprudence relative à l'interventionnisme économique.

Par une décision remarquée, le Conseil d'État a reconnu le caractère de contrat administratif à un contrat de « décentralisation industrielle » par lequel une commune accorde des avantages à une entreprise pour l'inciter à s'installer sur son territoire ***(CE 26 juin 1974, Soc. La Maison des Isolants de France, Rec. 365 ; RDP 1974, 1486, note Auby).*** Par la suite, le Tribunal des conflits, sans expliciter la solution retenue, a qualifié de contrat administratif la convention par laquelle l'État accorde une subvention à une entreprise en difficulté pour financer un plan social (*TC 23 octobre 2000, Matois, Dr. adm. 2001, n° 36*). En revanche est considéré comme de droit privé le contrat de garantie par une commune d'un emprunt souscrit par une association *(CE 6 décembre 1989, Caisse fédérale du crédit mutuel d'Île-de-France c/ Commune de Torcy et même jour CALIF, LPA 4 juillet 1990, n° 80, p. 23, note Llorens).* Ce dernier arrêt mentionne expressément que « cet engagement n'a pas pour objet l'exécution d'une mission de service public », ce qui est une autre façon d'énoncer qu'il ne constitue pas une modalité d'exécution du service. Les commentateurs expliquent cette solution par une tendance globale du juge à pousser vers le juge judiciaire les conventions financières à raison de leur parenté avec les techniques contractuelles du droit privé.

Une autre explication a été trouvée par un commissaire du gouvernement dans la notion de service public : il faut distinguer selon que la collectivité publique a assumé l'ensemble des conditions matérielles de l'implantation d'une entreprise ou selon que la collectivité se borne à une intervention ponctuelle ; ce n'est que dans le premier cas qu'il y a exécution d'un service public *(concl. Cazin d'Honincthum sous CE 10 mai 1985, Société Boussac, AJDA 1985, 434)*. Mais cela n'éclaire pas la jurisprudence relative au financement des plans sociaux, qui pourrait s'expliquer par l'insertion du contrat dans une politique de l'État.

3º L'application de la notion de « participation à l'exécution du service public »

Bibliographie : QUEROL (F.) : « Réflexions sur la jurisprudence récente relative à la participation directe à l'exécution du service public administratif », *RDP* 1995, 1269.

142. Dans le domaine du louage de service, qui a longtemps été sa matière de prédilection, le critère de la participation à l'exécution du service a conduit à des solutions complexes et peu satisfaisantes qui sont aujourd'hui abandonnées. Elles ne concernaient que les agents des services administratifs car ceux des services industriels et commerciaux et des établissements publics industriels et commerciaux sont des salariés de droit privé à l'exception du directeur et de l'agent comptable s'il a la qualité de comptable public ***(CE 26 janvier 1923, de Robert Lafreygère, Rec. 67 ; RDP 1923, 224, concl. Rivet ; CE 8 mars 1957, Jalenques de Labeau, D. 1957, 387, concl. Mosset)***.

Pour la qualification des contrats des agents de services administratifs, le critère de la clause exorbitante était résiduel, même s'il en a parfois été fait application (ex. : *CE 8 octobre 1946, Citerne, Rec. 175 ; TC 19 avril 1982, Robert, D. 1982, 586, note Imbert*) ; le critère très largement dominant a été celui de la participation à l'exécution du service public qui a donné lieu à une jurisprudence excessivement fournie des deux ordres de juridiction aussi bien que du Tribunal des conflits (V. J.-B. Auby, *J.-Cl. Adm.*, fasc. 180, nº 22 et s.). Les positions du Tribunal des conflits n'étaient pas toujours en harmonie avec celles du Conseil d'État (Y. Saint-Jours, « Les petits emplois publics en quête d'une clause exorbitante révélatrice de leur identité juridique », *JCP* 1993, I, 3640) ou des juridictions judiciaires (J.-F. Lachaume, « Sur le critère de l'agent public », *Droit social*, 1986, 44). Ces difficultés étaient gênantes dans la pratique parce que les agents contractuels éprouvent, en cas de contentieux, une préférence pour le conseil de prud'hommes, devant lequel était régulièrement soulevée l'exception d'incompétence ; elles s'expliquaient par l'imprécision de la notion de participation au service public.

Ainsi avait-il été jugé que la serveuse d'un restaurant universitaire ne participait pas au service public *(TC 19 avril 1982, Robert, D. 1982, 546, note Imbert ; JCP 1983, II, 19959, note Saint-Jours)*, alors que celle d'une cantine scolaire y participait *(CE 22 juin 1979, Canti, DA 1979, n° 252)* et que le cuisinier d'un hôpital était dans une situation de droit privé *(TC 4 novembre 1991, Celli, Rec. t. 985)*, alors que celui d'une maison de retraite ou d'une cantine se trouvait en situation de droit public *(TC 30 juillet 1990, Léger, DA 1990, n° 427)*. À cela s'ajoutait qu'un même agent pouvait, par suite de l'évolution de ses tâches, se trouver successivement dans une des deux situations *(TC 25 novembre 1963, Mazerand, Rec. 792 ; JCP 1964, II, 13466, note Lindon ; TC 29 juin 1987, Bungener, Rec. 451 ; JCP 1989, II, 21196, note Renaud)*.

143. Des solutions plus nettes étaient donc souhaitées unanimement car il était particulièrement choquant que de pareilles difficultés génératrices de retard et de coûts de procédure existent dans un domaine où le justiciable dispose souvent de moyens très limités.

Ces nécessités ont été prises en considération puisque par un arrêt du 25 mars 1996 le Tribunal des conflits a décidé que « les personnels non statutaires travaillant pour le compte d'un service public à caractère administratif sont des agents contractuels de droit public quel que soit leur emploi » ***(TC 25 mars 1996, Préfet de la région Rhône-Alpes c/ Conseil prud'hommes de Lyon-Berkani, RFDA 1996, 818, concl. P. Martin ; AJDA 1996, 399 ; JCP 1996, 22664, note Moudoudou)***. De la sorte, la seule question qui se pose est celle du caractère du service public, qui, à elle seule, est déjà fréquemment de nature à susciter des hésitations.

Les seuls cas, où des exceptions sont introduites, sont ceux de qualification législative (cf. *infra*, n° 145) et de transfert à la collectivité publique d'un salarié d'une entreprise privée : à titre transitoire, celui-ci a droit au maintien de son contrat (*CE sect. 22 octobre 2004, Lamblin, RFDA, 2005, n° 187, concl. Glaser ; TC 19 janvier 2004 Devun, RJEP-CJEG 2004. 120, concl. Duplat*), mais ce n'est qu'à titre transitoire car la loi n° 2005-843 du 26 juillet 2005 portant diverses mesures de transposition du droit communautaire à la fonction publique dispose que « lorsque l'activité d'une entité économique employant des salariés de droit privé est, par transfert de cette entité, reprise par une personne publique dans le cadre d'un service public administratif, il appartient à cette personne publique de proposer à ces salariés un contrat de droit public, à durée déterminée ou indéterminée selon la nature du contrat dont ils sont titulaires ».

§ 2. Les limites des critères jurisprudentiels : la qualification *a priori*

144. Les critères tirés de la clause exorbitante et du lien avec le service public ne s'appliquent pas dans certains cas où la qualification du contrat soit comme contrat de droit public, soit comme contrat de droit privé résulte non du contenu ou de l'objet du contrat mais de son contexte ou d'un texte. Alors, la nature du contrat est connue à l'avance et n'est pas affectée par l'absence ou la présence de clause exorbitante, ni par le lien avec le service public.

A La qualification par la loi

Bibliographie : *Traité des contrats*, n° 89 s.

145. Dès lors qu'est en cause la répartition des compétences entre les deux ordres de juridiction, seule une loi, à l'exclusion d'un règlement, peut définir la nature d'un contrat (cf. *TC 2 mars 1970, Soc. Duvoir, Rec. 885, concl. Braibant*).

Une certaine place peut cependant être laissée au décret d'application. Ainsi, l'ordonnance du 21 août 1967 sur la Sécurité sociale ayant prévu que les agents des caisses nationales (établissements publics) sont soit des fonctionnaires, soit des agents de droit public, soit des agents de droit privé, un décret a pu décider que telle catégorie de personnel est placé sous un régime de droit privé *(TC 8 novembre 1982, Blanchenoix, Rec. 462)*.

Comme c'est souvent le cas, l'intervention du législateur n'apporte pas nécessairement une simplification par rapport à la qualification purement jurisprudentielle puisque la loi fait appel à des notions qu'il revient au juge d'interpréter.

Le législateur peut utiliser deux méthodes : soit il attribue compétence au juge administratif ou au juge judiciaire sur les litiges suscités par un type de contrat, soit il attribue directement le caractère de contrat administratif à une catégorie de contrats. Le résultat est exactement le même dans les deux cas.

a) La loi du 28 pluviôse an VIII

146. La loi du 28 pluviôse an VIII sur la division du territoire de la République et l'administration a, notamment, mis en place les conseils de préfecture, ancêtres des tribunaux administratifs. Son article 4, alinéa 3, toujours en vigueur, dispose que le conseil de préfecture est compétent « sur les difficultés qui pourraient s'élever entre les entrepreneurs de travaux publics et l'administration concernant le sens ou l'exécution des clauses de leurs marchés ». Dès lors que le contrat porte sur l'exécution d'un travail public, il a le caractère administratif, alors même qu'il se référerait aux règles du droit privé (ex. : *CE 17 octobre 1986, Entreprise industrielle et financière, Dr. adm. 1986, n° 658*).

Il est revenu à la jurisprudence de définir la notion de travail public.

Deux définitions coexistent : est un travail public soit le travail exécuté pour le compte d'une personne publique dans un but d'intérêt général ***(CE 10 juin 1921, Commune de Monségur, GAJA, p. 235)***, soit le travail réalisé par une personne publique en vue d'un service public ***(TC 28 mars 1955, Effimieff, GAJA, p. 476)***. Dans les deux cas, il doit s'agir de travaux à caractère immobilier.

Un travail est réalisé pour le compte d'une personne publique, lorsqu'il porte sur un bien appartenant à une personne publique ou, lorsque l'ouvrage réalisé, est destiné à devenir la propriété d'une personne publique.

Les deux définitions du travail public impliquent donc la présence d'une personne publique et un but d'intérêt général.

147. En ce qui concerne la première condition, il importe peu que la personne publique soit un établissement public à caractère industriel et commercial.

Peuvent être des marchés de travaux publics les marchés des établissements publics industriels et commerciaux et notamment d'EDF et GDF avant 2004 *(Cass. civ. 30 mai 1960, Gray, CJEG 1964, J, 223 ; CE 7 octobre 1966, Ville de Bordeaux, CJEG 1966, J, 256, concl. Braibant, note A. C. ; CE 19 février 1969, EDF c/ Entrep. Pignetta et Repetti, Rec. 107)*.

En revanche, n'est pas un marché de travaux publics le contrat conclu par une commune avec une entreprise pour l'entretien d'un réseau de télédistribution qui appartient à une association syndicale de droit privé *(CE 1er décembre 1982, Salat, MP n° 210, p. 11, concl. Stirn)* ou pour la réalisation d'un immeuble destiné à être seulement utilisé par une personne publique (ex. : *CE 12 octobre 1988, Min. Aff. soc. c/ SERGIC ; LPA n° 86, 19 juillet 1989, note Llorens ; CJEG 1990, 119, étude E. Fatôme*).

148. Pour l'application de la deuxième condition, il est admis que dans certains cas l'activité d'une personne publique ne poursuit pas un but d'intérêt général. Ainsi, n'est pas un marché de travaux publics le contrat conclu par EDF en vue de l'édification de logements destinés à son personnel *(Cass. 1re Civ., 19 mai 1969, Bull. I, n° 192, p. 155)* ni le contrat par lequel une commune charge une entreprise de construire des logements dans un intérêt financier *(Cass. 1re Civ., 13 janvier 1971, Bull. I, n° 18, p. 15).*

149. Compte tenu du « caractère attractif » traditionnellement reconnu à la notion de travaux publics, la compétence administrative n'est pas limitée aux marchés de travaux ; d'autres contrats peuvent se voir reconnaître le caractère administratif parce qu'ils sont en relation avec une opération de travail public (ex. : *CE 6 novembre 1987, Dép. de l'Allier, Dr. adm. n° 677* : la convention ayant pour objet de prévenir un litige en matière de dommages de travaux publics est un contrat administratif).

150. Il faut ajouter que la loi du 28 pluviôse an VIII comporte une autre attribution de compétence d'importance secondaire : le Conseil de préfecture statue « sur le contentieux des domaines nationaux », ce qui a été interprété comme une attribution de compétence pour tout le contentieux des ventes d'immeubles de l'État, même quand ils appartiennent au domaine privé. Cette disposition est codifiée depuis 2006 à l'article L. 3331-1 du CGPPP.

b) L'article L. 2331-1 du CGPPP

151. Jusqu'en 1938, la jurisprudence distinguait deux catégories d'occupations du domaine public : si le cocontractant était chargé d'une mission de service public, le contrat était administratif, mais si l'activité du cocontractant n'était pas constitutive d'un service public, le contrat était de droit privé (ex. : *TC 11 janvier*

1937, Chavon, S. 1938, 3, 57, note Alibert). Cette solution méconnaissait la spécificité du domaine public et était critiquée, ce qui explique sa remise en cause par le décret-loi du 17 juin 1938 selon lequel : « sont portés en premier ressort devant le conseil de préfecture sauf recours au Conseil d'État, les litiges relatifs aux contrats comportant occupation du domaine public, quelle que soit leur forme ou dénomination, passés par l'État, les départements, les communes ou leurs concessionnaires ». L'attribution de compétence était clairement motivée par des considérations tirées du régime juridique applicable puisque, selon l'exposé des motifs du décret : « le domaine public est par sa nature essentiellement hors du commerce et en conséquence les contrats auxquels sa gestion peut donner lieu sont des actes administratifs qui échappent à ce titre tant à la compétence des tribunaux judiciaires qu'aux règles de fond de notre législation civile » (*S.* 1938, 4, 879).

Cette attribution de compétence est, depuis 2006, codifiée à l'article L. 2331-1 du Code général de la propriété des personnes publiques (CGPPP), selon lequel « sont portés devant la juridiction administrative les litiges relatifs : 1° Aux autorisations ou contrats comportant occupation du domaine public, quelle que soit leur forme ou leur dénomination, accordées ou conclus par les personnes publiques ou leurs concessionnaires ».

Toutes les actions liées à un contrat qui a en tout ou partie pour objet de permettre l'occupation du domaine public relèvent donc de la compétence du juge administratif. Une seule exception est apportée : le juge judiciaire s'est parfois reconnu compétent sur les actions tendant à l'expulsion d'un occupant dont le titre est expiré ; mais, en ce cas, le juge administratif est également compétent ; il y a là une contradiction de jurisprudence, qui a pour effet de permettre au maître du domaine de choisir son juge, mais qui paraît avoir été levée au profit du juge administratif, au moins par le Tribunal des conflits (*TC 24 septembre 2001, Soc. BE Diffusion, Ctts et MP, 2001, n° 242, note Eckert*).

152. L'attribution de compétence ne concerne que les contrats ayant pour effet de permettre l'occupation du domaine public.

Ce n'est pas, par exemple, parce qu'un marché porte sur un bien du domaine public qu'il peut être qualifié de contrat administratif. Dans la pratique, la plupart des contrats relatifs à un bien du domaine public sont des contrats administratifs, mais c'est parce qu'il s'agit le plus souvent de marchés de travaux. Une situation différente est parfaitement concevable. Tel serait, par exemple, le cas d'un contrat de prêt de tableaux des collections d'un musée : ces tableaux appartiennent au domaine public mobilier mais le contrat peut être un contrat de droit privé s'il ne comporte pas de clause exorbitante.

153. Inversement, un contrat relatif au domaine privé peut être un contrat administratif s'il comporte une clause exorbitante *(TC 13 juin 1955, Stanesco, D. 1955, 637 ; TC 3 décembre 1979, Préfet de l'Indre-et-Loire, D. 1980, IR 118)* ; sauf les baux ruraux qui sont toujours de droit privé en application de l'article 861 du Code rural *(TC 22 novembre 1965, Calmette, D. 1966, 258, note Lenoir ; JCP 1966, II, 14483, concl. Lindon)*. Mais si le contrat d'occupation du domaine privé impose des obligations de service public, le bien se trouve, à raison même de ce contrat, affecté au service public et cesse de relever du domaine privé *(TC 3 décembre 1979, Préfet de l'Indre-et-Loire, Rec. 578* ; ***CE 6 mai 1985, Association Eurolat, Rec. 141 ; RFDA 1986, 21, concl. Genevois ; AJDA 1985, 620, note Fatôme et Moreau ; LPA 23 octobre 1985, p. 4, note Llorens)***.

154. De plus, dans un souci de simplification la loi qualifie de contrat administratif certains contrats d'occupation du domaine privé, quelles que soient leurs clauses. C'est le cas des baux emphytéotiques passés par les collectivités territoriales en application de l'article L. 1311-3 du Code général des collectivités territoriales et des baux emphytéotiques passés par les établissements publics de santé, conformément à l'article L. 6148-2 du Code de la santé publique (v. art. L. 2331-1 CGPPP), qui peuvent porter aussi bien sur des dépendances du domaine public que sur des dépendances du domaine privé.

c) Les marchés publics

155. Un contrat soumis au Code des marchés publics peut-il être de droit privé ?

Une partie de la doctrine, et non des moindres, avait considéré que les marchés publics étaient nécessairement des contrats administratifs (G. Jèze, *op. cit., loc. cit.* ; R. Drago in *Réglementation et pratique des marchés publics*, Dalloz 1985, p. 11) ; mais, selon la majorité des auteurs, il n'existait pas d'incompatibilité entre le Code des marchés publics et le droit privé (*Traité des contrats,* nº 195 ; F. Llorens, *Contrat d'entreprise et marchés de travaux publics*, LGDJ 1981, p. 57 ; L. Richer, « Le marché public : problèmes actuels de définition », *CJEG* 1986, p. 37).

En ce sens, la Cour de cassation avait jugé que la soumission d'un contrat au Code des marchés publics n'en faisait pas un contrat administratif *(Cass. 1re Civ., 17 décembre 1996, Dr. adm. 1997, nº 122, note Richer)* et cette solution avait été confirmée par le Tribunal des conflits *(TC, 5 juillet 1999, Commune de Sauve, RFDA 1999. 1163, concl. Schwartz ; AJDA 1999. 626, chron. Fombeur et Raynaud ; RDP 2000. 247, note Llorens).*

Mais, pour des raisons qui tiennent surtout à une volonté de simplification du contentieux, il a été prévu par la loi du 11 décembre 2001 (*JO* 12 déc. 2001, p. 19703), portant mesures d'urgence à caractère économique et financier (« loi MURCEF ») que le juge administratif est compétent sur tous les litiges relatifs aux contrats passés en application du code des marchés publics. Cette attribution ne concerne que les marchés conclus après la loi (*TC 15 novembre 2004, Préfet de la Moselle, BJDCP, mai 2005, nº 40, p. 242*). Dans certains cas, le résultat de cette attribution de compétence est le transfert au juge administratif du contentieux de contrats régis depuis fort longtemps par le droit privé, comme les contrats d'assurance ou les contrats financiers ; et la crainte de divergences de jurisprudence avait motivé des propositions tendant à introduire des exceptions pour ces contrats, mais elles ont été rejetées par l'Assemblée Nationale. Aussi, dorénavant, le juge administratif est seul compétent en matière de marchés publics. Cette attribution de compétence ne concerne toutefois pas les marchés qui, sans être soumis au code, le sont à des règles analogues en application de l'ordonnance du 6 juin 2005 (*infra, nº 579 et s.*).

d) L'article 25 de la loi du 2 juillet 1990

Bibliographie : LACHAUME (J.-F.) : « Personnes publiques, service public, droit administratif, compétence du juge administratif dans le régime juridique de la gestion de la Poste et des Télécommunications issu de la loi du 2 juillet 1990 », *Mél. Auby*, 1992, p. 129.

156. L'article 25 de la loi du 2 juillet 1990 relative au service public de la poste et des télécommunications dispose que « les relations de La Poste et de France Télécom avec leurs usagers, leurs fournisseurs et les tiers sont régies par le droit commun. Les litiges auxquels elles donnent lieu sont portés devant les juridictions judiciaires ». Cette attribution de compétence ne conserve toute sa portée que pour La Poste, puisque France Telecom est une personne privée depuis 1996 ; elle ne supprime pas le caractère administratif de certains contrats de La Poste, notamment les marchés de travaux publics.

B L'« identification directe »

Bibliographie : AMSELEK (P.) : « Une méthode peu usuelle d'identification des contrats administratifs : l'identification directe », *Rev. Adm* 1973, p. 633.

157. Un contrat est administratif lorsqu'il est soumis à un « régime exorbitant du droit commun » ***(CE Sect. 19 janvier 1973, Société d'exploitation électrique de la rivière du Sant, Rec. 48 ; CJEG 1973, 239 concl. Rougevin-Baville, note Carron ; Rev. Adm. 1973, 633, note Amselek)***. Dans l'affaire qui a donné lieu à cette affirmation il s'agissait du contrat par lequel EDF achetait l'électricité aux producteurs autonomes ; le Conseil d'État considère que le contrat est administratif parce que EDF était obligée d'acheter l'électricité et parce que les litiges étaient obligatoirement soumis au ministre qui statuait après avis du Conseil supérieur de l'électricité et du gaz. Les éléments considérés comme exorbitants du droit commun ne sont donc pas ici des clauses du contrat, ils se trouvent dans les règles prédéterminées qui s'appliquent au contrat (*voir aussi Cass. 1re Civ., 30 septembre 2003, SMPDC, AJDA 2002. 2205, note J.-D. Dreyfus* qui qualifie un contrat d'administratif à raison du contexte administratif et des règles exorbitantes du droit commun).

Le professeur Amselek a qualifié cette méthode d'« identification directe » et il a montré qu'elle a été ou est utilisée par ailleurs.

158. Procèdent notamment par identification directe les arrêts qui pour qualifier des contrats se réfèrent aux « conditions de fonctionnement » ou à la « nature du service ». Or, dès les années 1920 la jurisprudence avait recouru à un tel procédé de qualification soit pour admettre, soit pour dénier l'existence d'un régime exorbitant (à propos de l'assurance maritime en temps de guerre : *CE 23 décembre 1921, Soc. générale d'armement, RDP 1922, 77, concl. Rivet ; CE 23 mai 1924, Soc. des affréteurs réunis, S. 1926, III, 10, concl. Rivet*). Cette méthode est toujours utilisée.

En effet, la jurisprudence considère que, les services publics industriels et commerciaux fonctionnant dans les mêmes conditions qu'une entreprise, les liens entre ces services et leurs usagers sont de droit privé et que, de ce fait, les tribunaux judiciaires sont compétents alors même que le contrat contiendrait une clause exorbitante du droit commun ***(TC 17 décembre 1962, Dame Bertrand, Rec. 831, concl. Chardeau)***.

On peut penser que c'est aussi parce que les mêmes règles, celles du Code des assurances, s'appliquent à tous les contrats d'assurances que les assurances des collectivités publiques ont été considérées comme des contrats de droit privé *(TC 3 mars 1969, Esposito, Rec. 681)* jusqu'à leur intégration dans le champ d'application du Code des marchés publics.

La méthode de l'identification directe à partir du régime applicable est de la sorte beaucoup plus utilisée sous la forme négative de l'absence de régime exorbitant que sous la forme positive (V. *TC 11 octobre 1993, Préfet de la Moselle, Rec. 405* : la circonstance que les ouvrages réalisés en application d'un contrat étaient soumis à autorisation d'occupation du domaine public ne constitue pas un régime exorbitant ; *CE 1er mars 2000, commune de Morestel, CJEG 2000. 191, concl. Goulard* — absence d'application du critère dans un cas d'avance à une commune par la Caisse Nationale de l'Énergie).

Toutefois, il est possible de rattacher à cette méthode la référence qui est parfois faite à l'objet du contrat. Ainsi, les contrats de transaction conclus entre une personne publique et une personne privée sont des contrats administratifs lorsqu'ils ont pour objet de mettre fin à un litige administratif, parce que pour juger la validité de ces contrats il faut se référer aux règles applicables au litige qui en est l'objet (***CE Ass., avis, 6 décembre 2002 Syndicat intercommunal des établissements du second cycle du second degré de l'Haÿ-les-Roses, Rec. 433, concl. Le Chatelier, BJDCP 2003, nº 26, p. 54, concl. Le Chatelier ; RFDA 2003. 291, concl. Le Chatelier***).

C La théorie de l'accessoire

Bibliographie : LIGNIÈRES (P.) : *Les cautionnements et garanties d'emprunt données par les collectivités locales*, Litec, 1994, p. 424 et s.

LIGNIÈRES (P.) : « Le droit nouveau des garanties et cautionnements octroyés par les collectivités locales », *Banque et droit*, 1997, nº 53, p. 9.

159. Dans un souci de simplification et de bonne administration de la justice, la jurisprudence fait une place, assez limitée, à l'idée d'ensemble contractuel : le caractère administratif est reconnu à un contrat, indépendamment de son objet et de ses clauses, uniquement parce qu'il se rattache à un autre contrat administratif.

Est, par exemple, un contrat administratif par accessoire l'accord conclu entre l'État, son cocontractant défaillant et une société pressentie pour reprendre les marchés de ladite société *(TC 10 mai 1971, Soc. des laboratoires Derveaux, Dr. adm. 1971, n° 181).*

160. Mais c'est surtout en matière de garanties et cautionnements que la théorie de l'accessoire est utilisée.

Le cautionnement ou caution est un engagement accessoire d'une obligation principale (cf. art. 2012 C. civ.) ; il se distingue de la garantie à première demande qui est un engagement distinct de l'obligation principale (L. Rapp, « Réflexions sur la collectivité locale, caution d'une personne privée », *Cah. dr. entr.*, suppl. n° 4, 1991, p. 16 et s.).

Cette différence n'a longtemps pas été prise en considération lorsqu'il s'agit d'établir la nature juridique du contrat : le caractère accessoire était admis aussi bien pour des cautionnements que pour des garanties autonomes (en ce sens : F. Llorens, « Le contentieux des garanties d'emprunt accordées par les collectivités locales », note sous CE 6 décembre 1989, CFCMIF, *LPA* 4 juillet 1990, n° 80, p. 23) ; mais une solution différente semble aujourd'hui prévaloir *(CE 3 novembre 2004, Société Technibat, req. 263934).*

Lorsqu'un établissement financier se porte caution ou garant vis-à-vis de la collectivité publique de la bonne exécution d'un contrat, l'engagement de caution ou de garantie a un caractère administratif si le contrat cautionné l'a aussi.

La solution est constante pour les engagements de caution qui sont exigés des titulaires de marchés de travaux publics : un contrat de cautionnement passé avec une collectivité publique qui « a pour objet la garantie d'obligations incombant... dans le cadre d'un marché de travaux publics... a, par suite, le caractère d'un contrat de droit public » *(CE Sect. 13 octobre 1972, SA de Banque Le Crédit du Nord, AJDA 1973, 213 ; CE 22 mars 1974, Banque Alexandre de Saint-Phalle, Rec. 211).*

De même, est qualifié de contrat administratif le contrat par lequel un département garantit le remboursement par une société d'un emprunt souscrit auprès de la Caisse nationale de crédit agricole, emprunt qui résulte lui-même d'un contrat de droit public — parce que constituant l'exécution du service public du développement agricole *(CE 13 juin 1986, Dép. de La Réunion, AJDA 1986, 652, note Moreau).*

161. À l'inverse, et le plus fréquemment, l'engagement de caution ou garantie est un contrat de droit privé parce qu'il se rattache à un autre contrat de même nature. Tel est notamment le cas lorsqu'une collectivité publique garantit le remboursement d'un emprunt souscrit par une entreprise auprès d'une banque : « le contrat de cautionnement ainsi souscrit... qui n'est pas l'accessoire d'un contrat de prêt de caractère administratif, n'a pas pour objet l'exécution d'une mission de service public et ne comporte aucune clause exorbitante du droit commun » est un contrat de droit privé *(TC 12 janvier 1987, Ville d'Eaubonne, D. 1987, 205, concl. Massot ; TC 9 décembre 1996 Préfet du Gard, AJDA 1997, 477 ; CE 28 octobre 2002 Commune de Moisselles, AJDA 2002. 1450).* Il en va de même pour une garantie à première demande, qui est autonome par rapport aux garanties incombant au titulaire du contrat (*CE 3 novembre 2004, Société Technibat, req. 263934*).

§ 3. Les contrats entre personnes privées

Bibliographie : DELACOUR (E.) : « Les contrats publics des personnes privées en droit français », *Contrats publics, Mél. Guibal*, 2006, p. 633.

LICHÈRE (F.) : *Les contrats administratifs entre personnes privées*, th. dactyl. Montpellier, 1998 ; « L'évolution du critère organique du contrat administratif », *RFDA* 2002. 341.

POIROT-MAZÈRES (I.) : *La représentation en droit administratif français*, Th. Toulouse, 1989, p. 421 et s.

PRÉVOST (J.-F.) : « À la recherche du critère du contrat administratif : la qualité des contractants », *RDP* 1981, 317.

162. Normalement, une des deux parties à un contrat administratif est une personne morale de droit public et la jurisprudence fait preuve d'un attachement particulier au critère organique. Toutefois, il peut arriver qu'un contrat signé entre deux personnes privées n'en soit pas moins un contrat administratif.

A Le principe : le contrat entre personnes privées, contrat de droit privé

163. Un contrat ne peut être administratif que si au moins une des parties est une collectivité publique : « la règle selon laquelle les contrats passés par les personnes privées, même chargées d'une mission de service public, sont des contrats privés, est l'une des plus solides de notre système de répartition des compétences » ***(concl. Braibant sous TC 7 janvier 1972, SNCF c/ Solon et Barrault, RDP 1973, 473)*** et il s'agit d'une « règle de valeur législative » (*TC 26 juin 1989, Soc. CGEF, Dr. adm. 1989, nº 439*). Tel est le principe auquel s'en tient strictement le juge.

a) Affirmation du principe

164. Dès lors que le contrat lie des personnes privées, peu importe qu'il poursuive un but d'intérêt général, qu'il ait pour objet la réalisation de travaux publics ou qu'il se réfère à des règles de droit public : il ne peut être que de droit privé.

Ainsi, en dépit du but d'intérêt général, est nécessairement de droit privé un contrat d'interventionnisme économique entre une société d'intervention ayant un statut de société commerciale et une entreprise ***(TC 3 mars 1969, Soc. Interlait, AJDA 1969, 307, concl. Kahn, note Laubadère)***, un accord collectif intervenu entre une entreprise employant des ouvriers d'État et les salariés *(TC 11 mai 1992, Préfet du Var c/ Agostini, Quot. jur. nº 15, 23 février 1993, p. 4, note Deguergue)*, un contrat de vente de terrains par une SEM. chargée d'aménager une ZAC *(TC 23 octobre 1995 Soc. Canal Plus Immobilier, Rec. 500)*.

Et, en dépit du lien avec un travail public, a été qualifié de contrat de droit privé le marché conclu par la SNCF — alors société de droit privé — pour la réalisation de travaux publics ***(TC 17 janvier 1972, SNCF c/ Entreprise Solon, RDP 1972, 465, concl. Braibant)***. Il en va de même pour les contrats conclus par un entrepreneur de travaux publics avec ses sous-traitants (ex. : *CE 21 juillet 1970, Lachaud, Rec. 509 ; CE 24 mai 1974, Soc. Paul Millet, Rec. 310*, etc.) ou par une société d'économie mixte avec des entrepreneurs (ex. : *TC 25 juin 1973, SEMVIT, AJDA 1973, 543 ; CE 10 novembre 1972, Soc. des grands travaux alpins, AJDA 1973, 47, note Moderne*), par un concessionnaire avec des entreprises de travaux (*TC 17 décembre 2001 Société Rue impé-*

riale de Lyon, BJDCP 2002, n° 21, p. 127, concl. Bachelier) ou par plusieurs entreprises entre elles en vue de former un groupement (ex. : *CE 3 décembre 1986, SARL Cabinet Global, req. 43427*). De même, il importe peu que le contrat comporte des clauses exorbitantes du droit commun et se réfère au Code des marchés publics *(TC 26 mars 1990, AFPA, Dr. adm., n° 341)*.

Le contrat administratif contraste donc singulièrement avec l'acte administratif unilatéral puisque, en application de la jurisprudence Monpeurt, les décisions d'une personne privée chargée de l'exécution d'un service public peuvent être des actes administratifs.

b) Justifications du principe

165. Ne conviendrait-il pas de transposer en matière de contrats les solutions qui valent pour l'acte unilatéral ? Beaucoup d'auteurs le pensent et considèrent qu'un contrat devrait être considéré comme administratif dès lors qu'une des deux parties est dans la sphère d'influence publique. Il est certain que la solution jurisprudentielle présente des inconvénients pratiques, notamment parce qu'elle est susceptible de conduire à faire éclater le jugement d'un litige entre les deux ordres de juridictions, par exemple en cas de sous-traitance ou de convention de groupement d'entreprises, et aussi parce que, dans des cas fréquents, le statut d'organisme de droit privé a un caractère fictif, ainsi que le relevait le commissaire du gouvernement Kahn dans l'affaire Société Interlait.

Il est cependant possible d'expliquer la persistance de la jurisprudence par la nature des critères du contrat administratif.

166. L'hypothèse avancée est la suivante : le critère de la clause exorbitante et le critère du service public comportent tous deux un élément organique implicite qui fait défaut lorsque le contrat est conclu entre deux personnes privées.

Le lien entre la clause exorbitante et la personne publique est évident lorsque le caractère exorbitant de la clause tient à ce qu'elle prévoit l'usage d'une prérogative qui ne peut être exercée que par une personne publique (ex. : titre de perception), mais, de manière plus discrète, l'élément organique est présent dans beaucoup d'autres cas. Ainsi, la clause de résiliation unilatérale ou la clause de règlement des litiges par l'administration contractante tire son caractère exorbitant autant de son contenu que de l'intervention d'une autorité administrative.

Quand il s'agit du critère du service public, la difficulté d'application à un contrat entre personnes privées est ailleurs : il paraît difficile d'admettre qu'une personne privée investie d'une mission de service public puisse subdéléguer librement cette mission alors que l'administration ne peut renoncer à son pouvoir d'organisation du service public. De ce fait, le critère du service public au moins sous la forme du contrat confiant l'exécution même du service public ne paraît pas généralisable pour un contrat entre personnes privées.

Ceci étant, il faut bien reconnaître que l'hypothèse explicative ainsi avancée a ses limites. Ainsi, elle ne vaut pas pour le contrat portant sur des travaux publics. Mais on verra que c'est justement en ce cas qu'une exception a été apportée au principe par la jurisprudence Peyrot. Il convient de ne pas confondre cette exception avec une modalité du principe qui est l'application de la notion de mandat.

B Le mandat

Bibliographie : BRARD (Y.) : « Le mandat comme fondement des contrats administratifs entre personnes privées », *JCP* 1981, I, 3032.

CANEDO (M.) : *Le mandat administratif*, LGDJ, 2001.

COUDEVYLLE (A.) : « La notion de mandat en droit administratif », *AJDA* septembre 1979, 7.

CP-ACCP : n° 29, janvier 2004, « Les conventions de mandat ».

LICHÈRE (F.) : *Les contrats administratifs entre personnes privées*, th. dactyl. Montpellier, 1998.

LLORENS (F.) : *La mission du maître d'ouvrage délégué, RDI* 1996, 463 ; « Mandat et Code des marchés publics. À propos de l'application du Code aux marchés des mandataires », *Mélanges Moderne*, Dalloz, 2004, p. 557.

RICHER (L.) : « Le contrat de mandat au risque du droit administratif », *CJEG* 1999, 127.

167. Un contrat signé entre deux personnes privées peut lier une personne privée et une personne publique si un des deux signataires agit comme représentant d'une personne publique. Rien ne s'oppose alors à la qualification comme contrat administratif étant donné qu'à travers le mandataire c'est le mandant qui consent.

Le mandataire agit au nom et pour le compte du mandant, c'est-à-dire qu'il se présente en tant que représentant et que les effets de son consentement se produisent directement sur la tête du mandant.

Ce mécanisme de représentation est parfois prévu par un texte, mais il est parfois appliqué sans texte.

a) Existence du mandat

168. L'article R. 321-20 du Code de l'urbanisme prévoit que l'État, les collectivités locales et les établissements publics peuvent confier à des organismes aménageurs le soin de procéder « en leur nom et pour leur compte » à des acquisitions et travaux. L'article R. 432-1 du Code des assurances donne pour mission à la COFACE de garantir « pour le compte de l'État et sous son contrôle » les risques liés aux échanges internationaux. La loi du 12 juillet 1985, relative à la maîtrise d'ouvrage public permet aux collectivités publiques de confier à un mandataire une mission de maîtrise d'ouvrage. La représentation est dans tous ces cas prévue par un texte et ne soulève donc pas de problème au regard des règles classiques sur la délégation de compétence. Mais, le mandat peut également résulter d'une convention, qui est le plus souvent un contrat administratif (ex. : *CAA Paris 7 juillet 1992, SA La Campinoise d'HLM, Rec. 562* : le contrat de mandat est administratif dès lors qu'il est lié à l'aménagement d'une zone urbaine et renvoie à un cahier des charges).

L'existence d'un mandat a, par exemple, été admise pour le groupement national des produits laitiers, chargé par une convention de 1949 avec le Haut-Commissariat au Ravitaillement de conclure des contrats au nom de l'État *(CE 27 mai 1957, Artaud, Rec. 350)* et pour le Crédit foncier, à qui une convention du 5 mai 1958 avait confié le soin de consentir des prêts aux rapatriés pour le compte de l'État *(CE Sect. 18 juin 1976, Culard, AJDA 1976, 579).*

Il arrive aussi que l'existence d'un mandat soit déduite de celle d'une situation de fait. Ainsi, le Conseil d'État a jugé qu'agissait comme mandataire de l'État une association qui avait recruté des agents contractuels ensuite employés par des services de l'État ***(CE avis, 16 mai 2000, Joly, Gaz. Comm. 30 juillet 2001, p. 67, concl. Fombeur ; RDP 2001.1513 note M. Canedo)*** et un GIE placé dans la dépendance de Caisses nationales de Sécurité Sociale (*TC 23 septembre 2002, Sociétés Sotrame et Metalform, BJDCP*

2003, n° 26, p. 48, concl. Bachelier ; AJDA 2002. 1437, obs. F. Donnat et D. Casas).

La reconnaissance d'un mandat exprès ou tacite non prévu par un texte est la manifestation d'un assouplissement en matière contractuelle des règles relatives à la délégation de compétence puisque le mandat emporte délégation de la compétence pour conclure un contrat.

b) Conséquences du mandat

169. Le mandat produit aussi d'autres conséquences. Si l'on se réfère au « droit commun du mandat établi par l'article 1998 du Code civil » (selon l'expression de l'arrêt : *CE 24 février 1954, SE à la Production industrielle c/ Sté Ateliers Schwartz-Hautmont, Rec. 125*), il faut considérer que les règles applicables au mandant le sont au mandataire et que les actes du mandataire engagent le mandant dès lors que le mandataire a agi dans le cadre de ses pouvoirs.

En droit administratif ces règles sont fréquemment appliquées. Ainsi, l'article 4 de la loi du 12 juillet 1985 dispose que « les règles de passation des contrats signés par le mandataire sont les règles applicables au maître de l'ouvrage » et il a été jugé que les marchés conclus par une société d'économie mixte mandataire de la ville de Paris sont susceptibles de faire l'objet d'un déféré préfectoral, comme s'ils avaient été conclus par la collectivité elle-même ***(CE 28 juillet 1995 Préfet d'Île-de-France c/ Société de gérance Jeanne d'Arc, RDP 1996, 569, concl. Fratacci ; JCP 1996, II, 22577, note Haïm)***.

De même, le Conseil d'État a admis à plusieurs reprises que par l'effet de la représentation l'administration mandante est responsable envers les personnes qui ont contracté avec le mandataire (ex. : *CE 30 janvier 1931, Soc. Brossette, Rec. 124 ; CE 2 février 1940, Min. Éd. nat. c/ Soc. coop. de reconstruction du diocèse d'Amiens, Rec. 44 ; CE 25 juin 1975, Ville de Joigny, Rec. 389*).

La jurisprudence fait donc application du « principe de représentation » *(avis du Conseil d'État du 22 janvier 1998, EDCE, 1999, n° 50, p. 226)*.

Mais, certaines ambiguïtés n'en subsistent pas moins, en particulier au sujet de la question encore mal résolue du mandat « administratif ».

c) La question du mandat « administratif »

Bibliographie : CANEDO (M.) : *Le mandat administratif*, LGDJ, 2001.

DELVOLVÉ (P.) : « De la nature juridique des sociétés d'économie mixte et de leurs travaux », *RDP* 1973, p. 351.

LICHÈRE (F.) : *Les contrats administratifs entre personnes privées*, th. dactyl. Montpellier ; 1998.

LICHÈRE (F.) : « Le régime juridique exorbitant du droit commun, nouvelle exception au critère organique du contrat administratif », *Dr. adm.*, mai 1996.

LLORENS (F.) : « La jurisprudence société Entreprise Peyrot : nouveau développement », *RFDA* 1985, p. 353.

LLORENS (F.) : « Mandat et Code des marchés publics. À propos de l'application des dispositions du Code aux marchés des mandataires », *Mélanges F. Moderne*, Dalloz, 2004, p. 557.

MAZÈRES (J.-A.) : « Que reste-t-il de la jurisprudence Entreprise Peyrot ? », *Mél. Couzinet*, 1974, p. 475.

170. Dans les cas évoqués ci-dessus, le juge administratif fait application de la conception « civiliste » du mandat. Mais, selon d'autres solutions jurisprudentielles, une personne privée peut conclure un contrat « pour le compte » d'une personne publique et ce contrat peut être de droit public, sans que toutes les conséquences du mandat se produisent. On a généralement considéré qu'il s'agit d'autant de situations spécifiques constitutives d'exceptions au principe général. Cependant, un auteur a montré qu'il est possible de les rattacher à une notion, encore un peu confuse mais non dénuée de cohérence, de « mandat administratif ». Les critères d'identification de ce mandat administratif sont variables.

1° La jurisprudence Peyrot

171. Par la décision du ***8 juillet 1963, Société entreprise Peyrot (GAJA, p. 563 ; Rec. 787 ; D. 1963, 534, concl. Lasry, note Josse ; JCP 1963, II, 13375, note Auby ; RDP 1964, 767, note Fabre et Morin)***, le Tribunal des conflits a considéré que les marchés de travaux d'une société d'économie mixte concessionnaire de la construction et de l'exploitation d'une autoroute sont conclus pour le compte de l'État et doivent être qualifiés de contrats administratifs. La quasi totalité de la doctrine s'accorde pour admettre que la solution ne s'explique pas par la notion de mandat mais repose à titre principal sur l'objet du contrat, ce que confirme la jurisprudence (*CE 19 novembre 2004, Soc. National*

Westminster Bank, JCPA, nº 51/2004, p. 1626, concl. Casas). Le Tribunal des conflits a expressément relevé que la construction des routes nationales « appartient par nature à l'État ». Le concessionnaire, qui agit à ses risques et périls, n'est donc pas considéré comme un représentant de l'État, mais les marchés de travaux qu'il a conclus obéissent aux mêmes règles que s'ils avaient été conclus par l'État — au moins en ce qui concerne la juridiction compétente et le régime de l'exécution. Cette solution reste limitée aux travaux routiers ; elle a été, par exemple, appliquée à un marché ayant pour objet l'entretien et la construction d'installations annexes à un tunnel autoroutier *(TC 12 novembre 1984, Société d'économie mixte du tunnel de Sainte-Marie-aux-Mines, Rec. 666 ; AJDA 1985, 156, concl. Genevois ; RFDA 1985, 353, note Llorens)* ou d'un pont *(Cass. 1re Civ., 10 mai 1983, Bull. I, nº 145, p. 126)*. Mais, un marché pour des travaux qui ne concernent pas les ouvrages routiers ne relève pas de la jurisprudence Peyrot (*CE 9 février 1994, SAPRR, Rec. 63* : construction d'un bâtiment).

Dégagée à propos de marchés conclus par des sociétés d'économie mixte, cette solution est aussi bien applicable aux marchés des sociétés privées ***(CE Sect. 3 mars 1989, Société des autoroutes de la région Rhône-Alpes, Rec. 69, concl. Guillaume ; RFDA 1989, 619, note Pacteau ; AJDA 1989, 391, note Dufau ; JCP 1989, II, 21323, note Level)***.

172. Peut-elle s'appliquer à des contrats autres que des marchés de travaux ? Une réponse positive semble impliquée par un arrêt du Tribunal des conflits (*TC 15 janvier 1979, Payan, Rec., tab., 793 ; JCP 1980, II, 19453, note Brard* : une convention de location conclue entre un concessionnaire d'autoroute et un particulier est qualifiée de contrat de droit privé parce qu'elle ne comporte pas de clause exorbitante et non parce qu'elle est conclue entre deux personnes privées). Mais la solution est loin d'être certaine étant donné qu'a été considéré comme de droit privé, parce que conclu entre personnes privées, le contrat d'extraction de matériaux liant un concessionnaire d'autoroutes et un propriétaire privé *(TC 2 mars 1987, COREP du Tarn-et-Garonne, Rec. 445)* ; on relève cependant que cet arrêt renvoie au juge judiciaire à la fois parce que le contrat est conclu entre deux personnes privées et parce qu'il ne fait pas participer le propriétaire privé « à l'exécution même du travail public », ce qui laisse planer un doute sur son interprétation.

2º La jurisprudence Commune d'Agde

173. En 1975, par deux arrêts célèbres ***(CE Sect. 30 mai 1975, Société d'équipement de la région montpelliéraine, Rec. 326 ; AJDA 1975, 345, chron. Franc et Boyon ; D. 1976, 3, note Moderne ; TC 7 juillet 1975, Commune d'Agde, Rec. 798 ; D. 1977, 8, note Bettinger ; JCP 1975, II, 18171, note Moderne)*** il a été jugé, au vu de certains indices, que la personne privée titulaire d'un contrat d'aménagement avait agi pour le compte de la personne publique en concluant un contrat avec une entreprise et que, par conséquent, ce dernier contrat était un contrat administratif.

Cette action « pour le compte de » a été admise au vu d'un certain nombre d'indices : objet du contrat (travaux publics), cahier des charges dressé par les services de l'État, financement par des subventions aux collectivités locales, remise des ouvrages réalisés par les aménageurs aux collectivités locales avec bénéfice de la garantie décennale.

174. À propos de cette jurisprudence a été posée la question de l'existence d'un « mandat ».

En faveur du mandat va incontestablement un arrêt du *27 novembre 1987, Sté provençale d'équipement (RFDA 1988, 384, concl. Fornacciari, note Moderne)* qui a qualifié expressément le contrat entre une collectivité locale et un aménageur de « mandat ».

Mais d'un autre côté, quelque temps après, un arrêt a retenu le caractère administratif du contrat conclu entre une société d'aménagement et une entreprise, tout en déniant expressément à la société d'économie mixte d'aménagement la qualité de mandataire *(CE 20 janvier 1992, Ville de Talant, req. 46624-46728)* et surtout, un arrêt rendu par le Conseil d'État le *27 janvier 1984 Ville d'Avignon c/ Da Costa* (*Rec. 28 ; LPA 4 août 1984, p. 2, obs. Moderne ; id. 5 avril 1985, p. 9, note Llorens*) est incompatible avec la notion « civiliste » de mandat : la société d'équipement du département du Vaucluse a conclu un marché avec une entreprise pour l'aménagement de la place du Palais des Papes en Avignon ; au cours des travaux un mur s'effondre. Les victimes demandent réparation à la ville, propriétaire du mur, laquelle se retourne contre l'entreprise. Le Conseil d'État décide que le marché entre la société d'aménagement et l'entreprise a été « passé pour le compte de la ville » et constitue par conséquent un marché de travaux publics, ce dont résulte la compétence du juge administratif. Mais, ajoute l'arrêt, la ville d'Avignon n'a pas été partie à ce marché de travaux et ne peut donc agir sur son fondement à l'encontre de l'entreprise.

On est tenté d'en déduire que la notion de mandat est étrangère à la solution sur la compétence puisque l'action « pour le compte de » n'a fait naître aucun lien entre le prétendu représenté et le prétendu représentant.

3° Autres solutions

175. Un problème d'interprétation analogue est posé par deux jurisprudences qui ont connu très peu d'applications.

L'action « pour le compte de » a été retenue pour un contrat conclu par une association entièrement dépendante d'une collectivité publique *(TC 22 avril 1985, Laurent, Dr. Adm. 1985, n° 324 ; CAA Paris 2 avril 2002, Commune de Noisy-le-Grand, Coll. Territ., Intercomm., 2002, n° 188).*

La même qualification ressort d'une décision relative à la construction d'une centrale nucléaire *(TC 10 mai 1993, Société Wanner Isofi Isolation, CJEG 1994, p. 86, concl. (contraires) P. Martin, note D. Delpirou ; RDP 1996, 1171, note F. Lichère).* Le Tribunal des conflits considère, contrairement aux conclusions du commissaire du gouvernement, que les marchés de travaux de la société Nersa (qui a pour objet la construction en France d'un réacteur surgénérateur et qui, en dépit de son statut législatif particulier, est une personne privée) sont des marchés de travaux publics au motif que cette société doit être regardée comme agissant pour le compte d'EDF, établissement public. Pour retenir cette solution contestable, le Tribunal des conflits s'est fondé sur les éléments suivants : la constitution de la société Nersa a été autorisée par décret, les centrales nucléaires en cause ne peuvent être exploitées que dans les conditions prévues par la loi du 8 avril 1946, le personnel de Nersa est soumis au même statut que celui d'EDF, EDF possède 51 % du capital de Nersa. De tous ces éléments il est déduit que le marché a « pour objet la construction d'un ouvrage public concourant à la réalisation des mêmes objectifs que ceux d'EDF et que la société Nersa doit être regardée comme agissant pour le compte de cet établissement public » (voir une autre application — négative — dans *CE 17 décembre 1999, soc. Ansaldo industria, Rec. 424).*

4º Explication par le « mandat administratif »

176. La doctrine récente a montré que le juge administratif met en œuvre une idée de substitution (M. Canedo, *précit.* ; F. Lichère, *op. cit.*).

M. Canedo constate que le juge administratif fait parfois application du mandat de type civiliste, dans lequel le contrat conclu crée un lien entre mandant et cocontractant *(CE 2 juin 1961 Leduc, rec. 365 ; CE 16 février 1966 Bernard, Rec. 114 ; CE 14 octobre 1966, Ville de Montdidier, Rec. 539 ; TC 16 mars 1983, Cie toulousaine de transports, Rec. 659).* Mais, dans d'autres cas, c'est une notion spécifique de « mandat administratif » qui est sous-jacente.

Il s'agit d'une application du critère organique comparable à celle qui est mise en œuvre pour la définition du service public ; alors que la doctrine considère souvent que le droit administratif consacre un mandat sans représentation, selon l'auteur, c'est, en quelque sorte, une « sur-représentation » qui apparaît dans la jurisprudence : le mandataire a une mission plus étendue qu'en droit civil, pendant la durée de l'opération il agit comme s'il était la personne publique compétente, alors même qu'il conserve sa qualité de personne privée. Ce particularisme, que M. Canedo rattache à la continuité du service public, où l'on peut aussi voir une protection de l'administration contre les tiers, consiste en ce que pendant sa mission, le mandataire est pleinement responsable, et notamment seul engagé envers ses cocontractants (*op. cit.*, p. 70 et s.) et en ce qu'il peut accomplir des actes matériels.

Ce mandat est identifié à partir d'indices dans lesquels la doctrine perçoit une série d'exceptions, mais qui peuvent être regroupés autour de la notion de « mandat administratif », qui explique aussi bien la jurisprudence Peyrot, Commune d'Agde, Laurent et NERSA. Il ne s'agit pas d'un simple mandat implicite de type civiliste.

Dans la logique de ce mandat, le mandataire ne devrait pas être soumis, sauf texte, aux règles de passation des contrats de son mandant et l'intérêt du mandat est d'échapper à certaines pesanteurs administratives (*op. cit.*, p. 607 et s.). Mais, la tendance de la jurisprudence ainsi que le discours en faveur de la transparence, poussent à une extension des règles applicables au mandant, notamment en matière de marchés publics (*op. cit.*, p. 624).

Cette thèse est assez convaincante dans la mesure où elle repose sur une notion générale de dépendance par rapport aux pouvoirs publics qui imprègne de plus en plus le droit des contrats. On reste cependant déconcerté par la diversité des solutions sans qu'apparaisse la rationalité du choix entre le mandat civiliste et le mandat administratif et entre les différents types d'indices.

C Exception législative

177. Si l'on admet la notion de mandat administratif, les divers cas de conclusion de contrat « pour le compte de » la personne publique ne sont pas des exceptions à l'exigence de présence d'une personne publique au contrat, puisqu'on se trouve en présence d'une sorte de substitution. Une seule véritable exception existe alors : celle qui résulte du décret-loi du 17 juin 1938 (article L. 2231-CGPPP) selon lequel le contrat comportant occupation du domaine public passé par un concessionnaire avec une autre personne privée est un contrat administratif. La jurisprudence a interprété ce texte en ce sens que seuls les contrats des concessionnaires de service public sont visés, et non ceux des simples « concessionnaires de voirie » *(TC 10 juillet 1956, Soc. des steeple-chases de France, Rec. 487 ; AJDA 1956, 352 ; RDP 1957, 522, note Waline).*

D Transformation d'une personne publique

Bibliographie : DELALOY (G.) : « L'incidence du changement de statut d'EDF sur la nature juridique des contrats conclus avec les producteurs autonomes », *Ctts et MP*, 2006, chron. 3.

RICHER (L.) : « Transformation d'un établissement public en société et contrats en cours », *CP-ACCP*, septembre 2005, n° 47, p. 58.

178. Une exception à la nécessité de la présence d'une personne publique existe dans le cas un peu marginal, où une société est créée en remplacement d'un établissement public, dont elle poursuit les contrats. Ainsi EDF établissement public, partie à de nombreux contrats administratifs a été transformée en société en 2004, de même qu'Aéroports de Paris en 2005. Les contrats qui se poursuivent restent-ils administratifs ? La jurisprudence n'a pas tranché très clairement, mais la tendance dominante est au maintien de la qualification initiale, c'est-à-dire que la transformation par la loi d'un établissement public en société laisse subsister le caractère administratif des contrats conclus par l'établissement public avant la transformation. C'est en ce sens que s'est prononcé le Conseil d'État dans son rapport *Les établissements publics : transformation et suppression* (Doc. fr., 1989), où il invoque un arrêt relatif au cas voisin de la cession d'un contrat par l'État à une personne privée (*CE sect. 9 juillet 1965, Sté Pêcheries de Kéroman, Rec. 419*). Mais, cette solution a une limite ; elle ne peut être appliquée que si les critères du contrat administratif ne sont pas rendus inopérants par la disparition de la personne publique ; ainsi, une personne publique ne pouvant être propriétaire d'un domaine public, le contrat qu'elle conclut pour l'occupation d'un de ses biens cesse d'être un contrat d'occupation du domaine public si la personne devient privée et il cesse donc d'être de droit public (*Cass. 3e Civ. 5 mars 1997, Durand c/ SNCF, nº 95-12384*).

§ 4. Les contrats entre personnes publiques

Bibliographie : *Traité des contrats*, nº 370 s.

DREYFUS (J.-D.) : *Contribution à une théorie générale des contrats entre personnes publiques*, L'Harmattan, 1997, p. 162 et s.

LAGRANGE (P.) : « La qualification des contrats entre personnes publiques », *Dr. Adm.* 2000, nº 6.

POUYAUD (D.) : « Contrats entre personnes publiques », J.-Cl. Adm., Fasc. 675.

ROLIN (F.) : *Accord de volontés et contrat dans les relations entre personnes publiques*, th. Paris 2, 1996.

179. Il est de plus en plus fréquent, on l'a vu, que les personnes publiques contractent entre elles. La similitude de statuts introduit une égalité qui rapproche du droit privé, mais le caractère de droit public de ce statut peut faire pencher vers le contrat de droit public.

Cette dernière considération l'a emporté dans un arrêt UAP rendu par le ***Tribunal des conflits le 21 mars 1983 (AJDA 1983, 356, concl. Labetoulle)*** : « un contrat entre deux personnes publiques revêt en principe un caractère administratif... sauf dans le cas où, eu égard à son objet, il ne fait naître entre les parties que des rapports de droit privé ». Selon le commissaire du gouvernement Labetoulle, il existerait une présomption selon laquelle le contrat entre personnes publiques est de droit public ; cette idée de présomption n'est pas reprise expressément dans l'arrêt ; mais la solution retenue par celui-ci n'est pas des plus claires.

De la référence à l'« objet » du contrat, il faudrait, semble-t-il, déduire que le principe du caractère administratif ne peut être écarté du fait de l'absence de clause exorbitante ; l'objet du contrat n'est pas alors en cause.

Le commissaire du gouvernement Labetoulle donnait comme exemples de contrats de droit privé entre personnes publiques les « contrats liés à la gestion du domaine privé et contrats devant être regardés comme commerciaux », sous réserve de leur soumission à un régime exorbitant du droit commun. Mais la jurisprudence ne s'en est pas tenue à ces limites.

M. Hubert, dans des conclusions relatives à un contrat conclu entre deux établissements publics — un OPHLM et un bureau d'aide sociale — a considéré que le contrat était de droit public parce que soumis à un régime exorbitant ; il n'a pas été suivi par le juge, pour qui le contrat n'avait fait naître que des rapports de droit privé *(CE 11 mai 1990, BAS de Blenod-les-Pont-à-Mousson, CJEG 1990, 347, concl. Hubert).*

Le Tribunal des conflits, dans un cas analogue a, au contraire, décidé que le contrat conclu entre un OPHLM et un CROUS pour la mise à disposition d'une résidence universitaire était un contrat administratif, au motif que son objet est « l'exécution même du service public de logement des étudiants » *(TC 7 octobre 1991, CROUS de l'Académie de Nancy-Metz, AJDA 1992, 157, obs. Richer).* Et le même Tribunal des conflits a jugé que la cession par une commune de biens de son domaine privé à une autre personne publiquc est un contrat administratif eu égard à la présence dans la convention de clauses exorbitantes du droit commun *(TC, 15 novembre 1999, comm. de Bourisp, Dr. Adm. 2000, n° 29).*

Il s'avère, de la sorte, que la jurisprudence UAP n'a qu'une portée limitée puisqu'elle ne dispense pas de faire application des autres critères y compris celui de la clause exorbitante. Pour clarifier la jurisprudence il a été proposé de considérer qu'elle ne concerne que les contrats ayant pour objet de coordonner deux services publics (F. Rolin, *th. cit.*, p. 295), ce qui correspond à la plus grosse part des contrats entre personnes publiques.

Les contrats très divers qui sont qualifiés de contrats administratifs, en application des règles qui viennent d'être exposées, obéissent à un ensemble de règles qui constituent le régime général du contrat administratif.

180-184. *Réservés*

Deuxième partie
Régime général du contrat administratif

Plan de la deuxième partie

Chapitre 1
Conclusion du contrat

Bibliographie : GUETTIER (C) : *Droit des contrats administratifs*, PUF, 2004, n° 188 & s.

MAHOUACHI (M.) : *La liberté contractuelle des collectivités locales* PUAM, 2002.

MODERNE (F.) : « La liberté contractuelle est-elle vraiment et pleinement constitutionnelle ? », *RFDA* 2006. 2.

TURPIN (D.) : « La protection constitutionnelle de la liberté contractuelle », *Contrats publics, Mél. Guibal, 2006, p. 63.*

185. Le contrat administratif est formé, comme tout contrat, par l'échange des consentements, et, les personnes publiques bénéficient de la « liberté contractuelle » aussi bien que les personnes privées (ex. : ***CE 2 février 1983, Union des transports publics urbains et régionaux, Rec. 33, RDP 1984, 212, note Auby, RFDA 1984, 45, note Llorens ; CE 28 janvier 1998 Soc. Borg Warner, Rec. 20 ; AJDA 1998, 287 ; CJEG 1998, 269, art. F. Moderne***). Le Conseil constitutionnel a d'abord affirmé que cette liberté contractuelle n'a pas en elle-même valeur constitutionnelle *(CC 4 juin 1984, Rec. 113 ; CC 3 août 1994, Rec. 117)*, mais que sa méconnaissance peut être invoquée si elle conduit à porter atteinte à des droits et libertés constitutionnellement garantis *(CC 20 mars 1997, Rec. 31 ; CC 10 juin 1998, Rec. 258 ; AJDA 1998, 540)* et, notamment, à la libre administration des collectivités locales (ex. : *CC 20 janvier 1993, Loi relative à la prévention de la corruption, Rec. 14 ; CC 26 janvier 1995, Loi d'orientation pour l'aménagement et le développement du territoire, Rec. 183*). Puis il a déclaré inconstitutionnelle la loi qui porte une atteinte manifeste à l'économie des contrats (*CC 10 juin 1998, Temps de travail, Rec. 558 ; CC 12 janvier 2002, Modernisation sociale, Rec. 49*). Cependant, la décision du Conseil constitutionnel du *19 décembre 2000, Financement de la Sécurité sociale (Rec. 190)* marque un changement : elle fait découler de l'article 4 de la Déclaration des droits de l'homme la liberté contractuelle ; mais, pour le moment, cela ne concerne pas les personnes publiques et le Conseil ne semble pas prêt à donner une portée générale au principe de liberté contractuelle puisqu'il a admis que « ni l'article 34 de la Constitution ni aucune autre règle de valeur constitutionnelle n'exige que les conditions de passation des marchés et contrats passés par l'État soient définies par la loi » *(CC 22 août 2002, loi d'orientation et de programmation sur la sécurité intérieure, AJDA 2002. 1059)*. Dans ce cadre, du côté de la personne publique, la volonté s'exprime selon des modes particuliers qui portent la marque du droit public. On retrouve aussi cette spécificité dans la détermination des clauses du contrat.

§ 1. L'expression du consentement

Bibliographie : *Traité des contrats*, n° 404 et s.

GUETTIER (C.) : *Droit des contrats administratifs*, PUF, 2004, n°440 et s.

186. « Un contrat administratif, comme tout contrat, suppose l'existence et la rencontre de deux consentements » *(concl. G. Guillaume sous CE Sect. 11 février 1972, OPHLM du Calvados c/ Caisse franco-néerlandaise de cautionnement, AJDA 1972, 245)*. Le litige sur lequel statue l'arrêt du 11 février 1972 est particulièrement illustratif de ce principe élémentaire : un établissement financier s'est porté caution du remboursement par une entreprise d'une avance qui devait être versée par le maître d'ouvrage à concurrence de 60 % des équipements effectivement mis en place ; ultérieurement, sans en informer clairement la caution, le maître d'ouvrage accepte de payer des avances sans justification de mise en place des équipements. Le Conseil d'État juge que le contrat de cautionnement « était entaché d'un défaut d'accord de volonté des deux parties sur certaines de ses clauses essentielles ; que, dès lors, l'accord litigieux doit être tenu pour nul ».

Mais, pour que l'accord existe, il est également nécessaire que les consentements soient exempts de vice, qu'il s'agisse du consentement de la collectivité publique ou de celui de la personne privée.

A Le consentement de la collectivité publique

187. La théorie des vices du consentement, telle qu'elle est conçue en droit civil, tient en droit administratif une place secondaire ; en revanche, comme en matière d'acte administratif unilatéral, les questions de compétence des autorités administratives ont une importance fondamentale.

Pour les personnes privées, la liberté contractuelle se manifeste par la capacité générale de contracter aussi bien que par la possibilité de conclure tout contrat même non prévu par la loi. Toutefois, dans le cas où il s'agit de personnes morales, la capacité de contracter est limitée par l'objet de l'organisme et celui-ci n'est engagé que si le signataire est apte à représenter la personne morale. Pour les personnes morales de droit public la situation est à la fois comparable et différente.

Elle est comparable parce que, comme en droit privé, le contrat doit entrer dans l'objet de l'organisme et être signé par une personne habilitée à cet effet. Elle est différente parce que la limitation de l'objet et l'habilitation procèdent en droit public de la notion de compétence, qui constitue une fonction d'intérêt général et non un droit subjectif. Il en résulte que les règles de compétence sont extérieures au contrat et que leur violation entraîne toujours la nullité du contrat (ce qui n'empêche pas, cependant, que, sous l'influence de la liberté contractuelle, certains assouplissements peuvent être apportés, dont on a déjà rencontré un exemple avec le mandat).

En droit privé, le contrat ne peut être valablement conclu que par la personne physique ayant qualité pour engager une personne morale ; mais le principe est largement tempéré par la théorie du mandat apparent et de l'inopposabilité. En droit public, il en va différemment : « le formalisme du droit administratif, et tout spécialement le caractère absolu des règles de compétence des autorités administratives, font obstacle à ce que votre jurisprudence puisse retenir des nuances de cette nature », relevait le président Morisot dans d'importantes conclusions (sous *CE Sect. 28 janvier 1977, Min. fin. c/ Soc. Heurtey, AJDA 1977, 395*). La solution est ancienne, comme en témoigne la jurisprudence relative aux contrats conclus avec la commune de Paris en 1871 : le Conseil d'État a décidé que ces contrats n'engageaient pas l'État et que le cocontractant « a agi à ses risques et périls, en vertu d'une convention conclue avec les agents de la commune insurrectionnelle » *(CE 14 février 1873, Cibille, Rec. 170)*. La conception exposée par M. Morisot n'est, cependant, pas au-dessus de la critique ; un auteur a fait valoir d'une part que la théorie de l'apparence n'est pas totalement étrangère au droit public, qui connaît la notion de « fonctionnaire de fait », d'autre part, qu'il est de l'essence de l'apparence d'aller à l'encontre du jeu normal de la règle de droit, à l'instar de la théorie des circonstances exceptionnelles (A. Dannis-Fatôme, *Apparence et contrat*, th. Paris I, 2002, p. 201).

Les engagements signés par une autorité incompétente n'ont aucune valeur contractuelle ; ils peuvent seulement entraîner la responsabilité pour faute de l'administration, si un préjudice est établi.

Ces solutions sont valables qu'il s'agisse de la compétence de la collectivité publique concernée ou de la compétence de l'autorité habilitée à agir pour la collectivité.

a) La compétence de la personne publique

188. Toute personne publique, même territoriale, a une compétence plus ou moins largement déterminée par les textes institutifs. La spécialité des établissements publics est circonscrite à la gestion de services déterminés. La compétence des collectivités territoriales est définie plus largement : elles interviennent dans l'intérêt de la population résidant sur un territoire et elles ne peuvent empiéter ni sur les attributions des autres collectivités publiques, ni sur le domaine réservé à l'initiative privée.

L'application de cette règle de compétence en matière de contrats ne pose généralement pas de problème car il est plutôt rare qu'une collectivité publique prétende se substituer à une autre dans la passation d'un contrat. Cependant, des difficultés peuvent se présenter dans certains cas particuliers qui concernent la répartition des compétences soit entre l'État et les collectivités locales, soit entre les collectivités locales et des établissements publics, soit entre collectivités locales.

1º État et collectivités locales : le cas de la coopération décentralisée

Bibliographie : AUDIT (M.) : *Les conventions transnationales entre personnes publiques*, LGDJ, 2000.

AUTEXIER (C.) : « Le cadre juridique de l'action extérieure des régions », *RFDA* 1986, 568.

Commission de l'UE (dir.) : *Le droit appliqué à la coopération interrégionale en Europe*, LGDJ, 1995.

DOLEZ (B.) : « Le régime juridique de la coopération décentralisée », *RFDA* 1995, 936.

LAFORE (R.) : « L'action à l'étranger des collectivités territoriales », *RDP* 1988, 763.

LEMAIRE (S.) : « Les contrats internationaux de l'administration », LGDJ, 2005, p. 107 et s.

LEVRAT (N.) : *Le droit applicable aux accords de coopération transfrontalière entre collectivités publiques infra-étatiques*, PUF, 1994.

PHILIPPE (X.) : « Les limites et le renouveau de la coopération décentralisée », *LPA* 21 juin 1993, n° 74, p. 5.

ROUSSET (M.) : *L'action internationale des collectivités locales*, LGDJ, 1998.

189. Au nombre des fonctions de l'État figure la conduite des relations internationales. Faut-il en déduire que les collectivités locales et les établissements publics sont insusceptibles d'avoir des relations, notamment contractuelles, avec des collectivités publiques étrangères ?

La doctrine apporte à cette question des réponses variées. Il pourrait être admis que l'État a un monopole en ce domaine, mais il est aussi parfois soutenu que la libre administration des collectivités locales implique la possibilité d'action extérieure des collectivités locales (en ce sens : C. Autexier, *op. cit.*).

En pratique, des accords sont conclus depuis longtemps entre collectivités locales françaises et étrangères (p. ex. pour des jumelages). La loi a suivi ; elle procède d'une démarche pragmatique qui laisse subsister quelque incertitude sur le contenu de la règle constitutionnelle.

Dans un premier temps, l'intervention législative a été limitée aux régions et à la coopération transfrontalière (art. 65 de la loi du 2 mars 1982 abrogé en 1992) : les régions pouvaient organiser, avec l'autorisation du gouvernement, des contacts avec les collectivités décentralisées étrangères ayant une frontière commune avec la région.

Puis, en 1984, la France a ratifié une convention du Conseil de l'Europe sur la coopération transfrontalière (décret du 4 juin 1984, *JO* 9 juin, p. 1803) qui donne des modèles de conventions (textes in Levrat, *op. cit.*). Là encore, le contrôle de l'État est assuré puisqu'il a été prévu que l'application de la convention est subordonnée à la conclusion d'accords interétatiques.

Ensuite, la loi du 6 février 1992 sur l'administration territoriale de la République (art. 131-I) a renforcé la compétence des collectivités locales en leur reconnaissant le pouvoir de conclure avec des collectivités territoriales étrangères des conventions, qui, a précisé le Conseil d'État, « ne constituent pas des engagements internationaux » et ne peuvent donc déroger au droit interne *(avis CE 25 octobre 1994, EDCE 1994, n° 46, p. 379).*

190. La possibilité de contracter avec un État étranger n'est pas admise par la loi et, lors des débats sur le projet de loi relatif au développement du territoire, il a été soutenu que la convention entre une collectivité locale et un État étranger serait inconstitutionnelle (intervention P. Mazeaud, *JO Déb. AN*, séance du 12 juillet 1994, p. 4744). Une telle prise de position repose sur l'idée que la compétence pour conclure ce type de contrat découle de l'autorisation donnée par l'État et non du principe de libre administration des collectivités locales, ce qui est critiquable ; elle peut aussi être rattachée à la distinction entre les affaires politiques et les affaires administratives, ce qui relève d'une conception plus politique que juridique. Cette conception a été consacrée par l'article 83 de la loi du 4 février 1995 d'orientation pour l'aménagement et le développement du territoire, qui prévoit qu'« aucune convention, de quelque nature que ce soit, ne peut être passée entre une collectivité territoriale ou un groupement et un État étranger » (art. L. 1112-5 du CGCT).

2° Collectivité locale et établissement public

191. Certaines activités locales sont gérées par des établissements publics rattachés aux collectivités locales ou les regroupant. En pareil cas, la collectivité locale perd sa compétence *(CE 26 novembre 1908, Commune de Labastide-Saint-Pierre, S. 1909, 3, 81, concl. Teissier, note Hauriou ; CE 10 août 1917, Commune de Vivonne, Rec. 634 ; CE Ass. 16 octobre 1970, Commune de Saint-Vallier, Rec. 583).* Il s'ensuit qu'un contrat conclu par une collectivité locale pour l'exécution d'un service public transféré à un tel établissement public serait illégal.

192. Cette répartition des compétences a soulevé quelques difficultés à l'occasion de la conclusion de contrats concernant les lycées et collèges.

Les lycées et collèges ont un statut très particulier résultant des lois de décentralisation (loi du 22 juillet 1983, art. 14-III ; loi 25 janvier 1985) : établissements publics rattachés à la région et au département, ils sont chargés d'un service public national et utilisent des locaux sur lesquels la collectivité de rattachement exerce les prérogatives du propriétaire avec les charges financières qui en découlent. La question s'est posée de savoir qui de l'établissement public ou de la collectivité locale est compétent pour conclure les marchés relatifs au chauffage des lycées et collèges.

193. Pour réaliser des économies d'échelle de nombreux départements et régions ont conclu eux-mêmes ce type de marchés qui confient à une entreprise à la fois la fourniture de combustible, la gestion des installations et leur réparation, ou seulement l'une de ces prestations.

Les solutions retenues aboutissent à une situation complexe qui n'est pas des plus satisfaisantes.

À propos d'un marché qui confiait aussi bien la fourniture de combustible que l'exécution de travaux de maintenance et de renouvellement, le tribunal administratif de Bordeaux a décidé que le département n'était pas compétent car le décret du 30 août 1985 pris en application de la loi du 22 juillet 1983 prévoit que « les marchés de travaux, de fournitures et de transport sont passés directement par l'établissement ou par un groupement d'achats publics » *(TA Bordeaux 10 mai 1988, Aguila, Rec. 509)*. La solution est contestable car il aurait fallu s'interroger sur la validité du décret de 1985, comme l'a fait le commissaire du gouvernement devant le tribunal administratif de Versailles quelques années plus tard *(concl. V. Haïm sous TA Versailles 4 janvier 1994, Préfet de Seine-et-Marne, JCP 1994, II, 22276)*. Il aurait, au moins, fallu distinguer entre prestations de travaux et autres prestations.

C'est ce qu'ont fait d'autres tribunaux administratifs. En effet, statuant à propos de marchés qui confiaient à des entreprises l'entretien et le renouvellement des installations, certains tribunaux administratifs ont décidé que la région, qui assume l'ensemble des obligations du propriétaire, est compétente *(TA Nantes 22 juin 1989, Préfet de région des Pays de Loire, LPA 5 avril 1990, n° 40, p. 7, note Chouvel ; TA Versailles 4 janvier 1994, précit.)*.

Par un arrêt du 2 juin 1995 le Conseil d'État a réglé le cas symétrique de la fourniture de combustibles et de l'entretien en décidant que le département de l'Essonne était incompétent pour attribuer les lots correspondants *(CE 2 juin 1995, Société COFRETH, AJDA 1995, 752, obs. Richer)*.

On relève cependant que cet arrêt admet un assouplissement.

Alors que le tribunal administratif de Bordeaux avait considéré, par son jugement précité de 1988, que le seul moyen pour le département d'intervenir en la matière était de participer à la mise en place d'un groupement d'achats dans les conditions du Code des marchés publics, le Conseil d'État admet une seconde possibilité : le conseil d'administration des collèges peut donner son accord préalable au département pour que celui-ci se substitue à lui. Il est donc possible de recourir au mandat conventionnel. Au point de vue de la théorie du mandat, la solution ne manque pas de retenir l'attention puisqu'elle implique qu'une personne publique peut donner mandat à une autre personne publique en dépit de l'incompétence de principe du mandataire dans la matière considérée.

3° Collectivité locale et collectivité locale

Bibliographie : LEMAIRE (O.) : « Le transfert de contrat entre personnes publiques », *ACCP* 2002, n° 9, p. 7 ; n° 10, p. 7.

194. Une collectivité locale ou un groupement de collectivités locales ne peut conclure un contrat intéressant les affaires d'une autre collectivité. Si une affaire intéresse plusieurs collectivités locales, il leur est possible de cosigner le contrat ou de conclure une convention de mise à disposition de moyens (art. 6, alinéa 3 de la loi du 7 janvier 1983 — art. L. 5111-1 du CGCT).

Mais il peut arriver qu'un contrat conclu par une collectivité locale soit transféré à une autre entité en application des règles — difficiles à synthétiser — relatives à la succession entre personnes publiques. Ainsi, dans le cas de création d'une nouvelle commune, « cette création ne saurait, en raison notamment de la nécessaire continuité des services publics, être regardée comme ayant eu pour effet de soustraire la nouvelle commune aux droits et obligations contractés par la commune dont elle est issue » *(TA Montpellier 7 décembre 1978, Syndicat intercommunal de Manguio-Perols, Rec. 631)*. Il en va de même en cas de partage de la commune *(CE 1er décembre 1943, Société des pompes funèbres réunies, Rec. 275)* ou d'adhésion de la commune à un syndicat intercommunal *(CE 6 avril 1938, Stouvenet, Rec. 650)*.

Ces solutions jurisprudentielles ont été reprises par la loi du 12 juillet 1999 relative à la coopération intercommunale qui prévoit que les nouvelles personnes morales reprennent les droits et obligations de celles auxquelles elles succèdent (art. 51 et 56 de la loi ; art. L. 5211-41, L. 5341-2 du CGCT). Mais, à côté de cette tendance favorable à la continuité du service public, existent quelques arrêts qui n'admettent pas que le transfert est opéré de plein droit (ex. : *CE 25 octobre 1978, Société OCIB, RDP 1980.1480*). Peut-être faut-il distinguer entre les contrats qui confient et ceux qui ne confient pas l'exécution d'un service public.

Une fois déterminée la collectivité publique compétente, il faut savoir qui peut exprimer le consentement de cette personne morale.

b) La compétence de l'autorité administrative

195. L'autorité compétente l'est non seulement pour conclure le contrat initial, mais encore pour le modifier par voie d'avenant, pour prendre les actes d'exécution, pour mettre fin au contrat.

La compétence pour contracter est attribuée par des textes législatifs ou réglementaires. Tantôt elle est détenue par une seule autorité, tantôt, elle est partagée.

1° Compétence d'une seule autorité

196. Lorsque le contrat est conclu par l'État, la compétence pour le signer n'est, sauf exception, pas partagée. Mais, les autorités pouvant engager l'État sont multiples. L'autorité compétente est soit le ministre, soit une autorité déconcentrée. En application du décret du 29 avril 2004, c'est en principe le préfet qui, dans les départements, est compétent, sauf texte donnant compétence au ministre ou à un fonctionnaire de l'administration centrale.

Certains textes ajoutent l'exigence d'une approbation par la loi (ex. : emprunts de l'État), ou, plus fréquemment, par décret, comme par exemple pour les concessions d'autoroutes (art. L. 122-4 Code de la voirie routière), ou d'énergie hydraulique (art. 19 du décret du 13 octobre 1994), auquel cas le décret est un acte créateur de droits *(CE 26 mars 2001, Association pour la gratuité de l'autoroute A8, BJDCP 2001, n° 17, p. 359).*

197. La délégation de pouvoir ou de signature est possible comme en tout domaine et aux mêmes conditions (délégation prévue par un texte et publiée) et, en pratique, des délégations extrêmement nombreuses sont données en la matière aux fonctionnaires des administrations centrales et des services extérieurs.

Le contrat signé par un fonctionnaire, dont la délégation est irrégulière, est entaché d'une nullité d'ordre public *(CE 7 mai*

1954, Min. Fin. et des Aff. Écon., Rec. 257 ; CE 22 mai 1963, Compagnie générale des pétroles français, AJDA 1963, 554).

En dehors de l'État, les textes relatifs aux établissements publics donnent parfois compétence à la seule autorité exécutive (directeur ou président) pour passer les contrats, ou au moins certains d'entre eux (ex. : art. L. 712-2 du Code de l'Éducation pour les universités), mais, dans la plupart des cas, les statuts d'établissements publics prévoient l'intervention de l'assemblée délibérante (conseil d'administration), suivie de la signature par l'exécutif, la compétence est alors partagée.

2° *Compétence partagée*

Bibliographie : COLSON (E.) : « Faut-il brûler l'avis Préfet de la Côte d'Or ? », *Ctts et MP*, 2004, chron. 3.

198. On parlera de compétence partagée lorsque le consentement de la collectivité publique s'exprime par des manifestations de volonté émanant de plusieurs organes. Cette situation est à distinguer des cas où l'organe compétent doit procéder à des consultations préalables, comme, par exemple, celle du comité technique paritaire avant la conclusion d'un contrat qui a des conséquences pour l'organisation du service public (art. 15 L. 11 janvier 1984 ; art. 33 L. 26 janvier 1984).

Dans le droit des collectivités locales, le principe est le partage de compétence entre l'assemblée délibérante (conseil municipal, conseil général, conseil régional, comité syndical...) et l'autorité exécutive ; faute de délibération, la convention n'a « pas fait l'objet d'un accord valable entre les parties » *(CE 31 juillet 1992, Soc. Barchetta, Rec. 307).*

Le contrat est signé par l'exécutif mais celui-ci doit avoir été autorisé par l'assemblée délibérante, dont la décision est créatrice de droits, ce qui signifie que, après la délibération, l'exécutif doit signer *(CE 16 décembre 1988, SCI Paule, RDP 1989, 1797 ; TA Nantes 29 janvier 1992, Association Chant'Lavie, D. 1993, 238, note Chouvel).*

Et, il est nécessaire que les élus aient donné un consentement éclairé, en bénéficiant d'une information suffisante *(CE sect. 23 avril 1997 Ville de Caen c/ Paysant, Rec. 158 ; AJDA 1997, 518, concl. Pécresse)*, sans que les motifs réels de la passation leur aient été dissimulés *(CE 1er octobre 1997 Avrillier, AJDA 1997, 815 ; LPA 18 février 1998, n° 21, p. 19).*

En conséquence, un contrat signé par l'exécutif local sans délibération de l'assemblée délibérante est entaché d'incompétence et il en va de même si l'assemblée délibérante a approuvé un projet de contrat auquel le contrat signé n'est pas conforme *(CE 19 octobre 1973, Patrick d'Uckermann, Rec. 576)* ou si elle n'a pas fixé les caractéristiques du contrat (*CE 5 décembre 2005, Commune de Pontoy, req. 270948).*

199. Il est vrai que la jurisprudence ancienne admettait que l'intervention de l'assemblée délibérante pouvait n'avoir qu'une portée globale (ex. : *CE 5 juin 1908, Delmas, Rec. 633* : conseil municipal ayant autorisé le maire à passer « tous actes » avec une personne déterminée — id. pour un établissement public : *CE 2 novembre 1987, Mansier, Rec. 341).*

Mais cette solution a été remise en cause. La loi du 6 février 1992 a imposé de mettre à la disposition des membres des assemblées délibérantes les projets de contrats de service public et de marchés (ex. : art. L. 2121-12 du CGCT pour les communes de 3 500 habitants et plus). S'il demeure admis que, sur la base d'une seule et même délibération, peuvent être conclus aussi bien le contrat lui-même que des avenants postérieurs (cf. Rép. Duboc, *JO* 17 janvier 1994, déb. AN), cela ne vaut plus pour les marchés publics et les délégations de service public depuis que l'article 8 de la loi du 8 février 1995 (repris en partie à l'art. L. 1411-6 CGCT) a prévu que tout projet d'avenant à un marché public ou à une convention de délégation de service public entraînant une augmentation de montant global supérieure à 5 % est soumis pour avis à la commission d'appel d'offres et fait l'objet d'une délibération.

Sous l'influence de ce changement de législation, le Conseil d'État a jugé que, même en l'absence de texte, un conseil municipal devait statuer au vu d'un projet de contrat *(CE 21 juin 1999, ASA du grand canal de Briançon, req. 152369)*, mais il suffit que ce projet soit consultable *(CE 24 septembre 2004 Association Avenir d'Alet, req. 215557).*

200. Conformément à la loi du 2 mars 1982, la délibération de l'assemblée délibérante est transmise au représentant de l'État, faute de quoi elle n'a pas un caractère exécutoire (art. L. 2131-1 et s. ; L. 3131-1 et s. ; L. 4141-1 et s. du CGCT) L'exécutif ne peut-il cependant pas signer le contrat avant cette transmission, ce qui permet de transmettre à la fois la délibération et le contrat, lorsque ce dernier doit l'être ? Cette possibilité a été déniée par le Conseil d'État au nom d'une conception particulièrement rigoureuse de l'acte exécutoire : il a jugé que si la délibération autorisant le maire à signer n'a pas été transmise à la date de signature, « le maire n'était pas autorisé à signer le contrat » *(CE 20 janvier 1989, Ville de Millau, MP, 1989, n° 241, p. 12)*. Dans la pratique cette exigence de transmission préalable est souvent méconnue ; mais, quoique le contraire ait été soutenu (*Rép. Dalloz Coll. loc.*, p. 4523-26), la jurisprudence postérieure n'a pas infirmé la solution de l'arrêt Ville de Millau, d'ailleurs confirmée par un avis du Conseil d'État ***(Avis du 10 juin 1996, Préfet de la Côte d'Or Rec. 198, D. 1997, 45, note F.-P. Bénoît)***. Il en résulte qu'un contrat signé avant transmission de la délibération est entaché de nullité, nullité qui est d'ordre public *(CE 20 octobre 2000, Société Citécable Est, Rec. 457, RFDA, 2001. 359, concl. Savoie, CE 29 juillet 2002, Association des consommateurs de Fontaulière, ACCP 2002, n° 16, p. 53, obs. Richer)*. Comme beaucoup de contrats ont été conclus en méconnaissance de cette règle, faute de diffusion suffisante de l'arrêt Ville de Millau, il est à craindre que des centaines de contrats souffrent de cette nullité, sans régularisation possible.

Le principe d'intervention de l'assemblée délibérante connaît cependant des aménagements et assouplissements.

201. En premier lieu, les textes ouvrent la possibilité de délégations.

L'article L. 2122-22-4° du Code général des collectivités territoriales permet au conseil municipal de déléguer au maire la compétence pour conclure certains contrats : louage de choses pour moins de douze ans, contrats d'assurance ainsi que — depuis la loi MURCEF du 11 décembre 2001 (*JO* 12 déc. 2001, p. 19703), — marchés qui peuvent être passés sans formalités préalables en raison de leur montant lorsque les crédits sont prévu au budget. En ces cas, le maire prend lui-même et seule la décision de contracter et signe, il n'agit pas en exécution d'une décision de contracter prise par le conseil municipal. La même possibilité a été reconnue en matière de marchés publics aux présidents de conseils généraux et régionaux par la loi du 11 décembre 2001 (art. L. 3221-11 et L. 4231-8 du CGCT).

En dehors des marchés publics, le conseil général et le conseil régional peuvent donner délégation à leur commission permanente, mais non au président (art. L. 3211-2 ; L. 4221-5 du CGCT) et les organes délibérants des établissements publics de coopération peuvent déléguer à leur bureau ou à leur président, sous réserve de certaines exceptions, parmi lesquelles figure la « délégation de la gestion d'un service public » (L. 5211-10 du CGCT).

202. En second lieu, la répartition des compétences connaît des aménagements en matière de marchés publics. S'il est constant que l'assemblée délibérante doit autoriser la signature *(ex : CE 27 octobre 1997, Préfet de Seine-et-Marne, req. 158794)*, la combinaison de l'intervention de l'assemblée avec celle de la commission d'appel d'offres a suscité quelques difficultés (voir *infra*, n° 653).

c) La manifestation de volonté

Bibliographie : *Traité des contrats*, n° 434 et s.

203. La volonté se manifeste le plus souvent par une déclaration écrite, mais il arrive que la volonté de la personne publique ne se suffit pas à elle-même.

1° Forme

204. En pratique, les contrats de l'administration sont presque toujours écrits, et les textes imposent parfois la rédaction d'un écrit.

Dès lors que le contrat est écrit, il doit l'être en langue française, à peine d'inopposabilité de la clause en langue étrangère lorsqu'elle porte préjudice à la partie à laquelle elle est opposée (loi du 4 août 1994 relative à l'emploi de la langue française, art. 5).

205. Mais, il peut arriver que le contrat ne soit pas écrit.

Cela peut d'abord résulter de ce que l'existence d'un contrat est déduite du croisement de deux actes de forme unilatérale *(CE 20 mars 1996, Commune de Saint-Céré, Rec. 87 ; CE 5 octobre 2005, Commune de Maurepas, Ctts et MP, 2006, com. 17)*.

Cela peut aussi être la conséquence de ce que le contrat peut être verbal ***(CE Sect. 20 avril 1956, Bertin, AJDA 1956, II, 221 ; GAJA, p. 482)*** ou de ce que la volonté de l'administration peut s'exprimer de manière tacite au moment de la conclusion du contrat (ex. : *CE 10 janvier 1930, Commune de Pointe-à-Pitre, Rec. 32 ; CE 4 avril 1952, Compagnie navale des pétroles, Rec. 211 ; CE 28 juin 1999, Min. Équip. c/ syndicat des Combrail-*

les, BJDCP 1999, p. 63 ; CE 29 décembre 1999 Société FCA Méditerranée, req. 188018 ; CE 9 mai 2005, ONIL, req. 256661) ou à l'occasion de sa reconduction (ex. : *CAA Paris 11 octobre 1994 SARL Technog, AJDA 1994, 901, concl. Paitre ; TA Poitiers 19 octobre 1995 Préfet de la Charente-Maritime, CJEG 1996, 273, concl. Lainé*) et cela même en l'absence de clause prévoyant la reconduction.

La volonté tacite est aussi susceptible de produire des effets après la conclusion du contrat (acceptation tacite de travaux, réception tacite) ; a également été admise une autorisation tacite de cession du contrat *(CE 28 mai 2001, Territoire des Îles Wallis et Futuna, BJDCP, 2001, n° 18, p. 396).*

Toutefois, les manifestations informelles de volonté ne sont pas toujours efficaces ; elles ne peuvent pas l'être lorsque le consentement de plusieurs autorités est requis ; elles ne peuvent pas non plus l'être quand un texte impose la forme écrite (ex. : Code des marchés publics art. 11 ; directive 91/533 du 14 octobre 1991 imposant la rédaction du contrat de travail par écrit et applicable aux agents publics) ou l'insertion de clauses déterminées (voir concl. Glaser sur *CE 25 octobre 2004, Commune du Castellet, BJDCP 2005, n° 38, p. 51*).

2° Documents contractuels

206. Le contrat administratif peut comporter un faible nombre de clauses, mais il peut aussi être constitué d'une masse importante de documents entre lesquelles une hiérarchie est établie, ce qui est le cas notamment en matière de marchés publics.

Les documents contractuels constituent des documents administratifs communicables à tous, sauf atteinte à l'un des secrets protégés par l'article 6 de la loi du 17 juillet 1978.

En effet, la jurisprudence qualifie de documents administratifs les contrats administratifs en excluant les contrats de droit privé *(CE Sect. 26 juillet 1985, Amadou, AJDA 1985, 742, obs. Moreau ; RFDA 1986, 179, concl. Jeanneney ; CE Sect. 30 mars 1990, Boâtte, CJEG 1990, 345, note Roman).* Toutefois, il semble que la coïncidence n'est pas totale : a été considéré comme document administratif un protocole entre l'État et une filiale de la poste au seul motif qu'il concernait une mission de service public, sans que le caractère de contrat administratif soit mentionné *(CE 3 février 1992, Min. PTE, Rec. 49).*

Certaines dispositions prévoient la non-communicabilité de documents (ex. : Ancien Code des marchés publics, art. 299 *ter* : le procès-verbal d'ouverture des plis par la commission d'appel d'offres n'est pas public) ; mais la CADA a eu l'occasion de préciser qu'un texte réglementaire comme l'article 299 *ter* du Code des marchés publics ne peut tenir en échec la loi du 17 juillet 1978 *(avis CADA 29 septembre 1992, MP n° 274, p. 25 et CE 11 juillet 1990, CHG de Neufchâteau, Rec. t. 780).*

3° Approbation du contrat

Bibliographie : *Traité des contrats*, n° 454 s.

207. Une fois manifesté le consentement des contractants, une formalité supplémentaire s'impose parfois sous la forme d'une approbation du contrat signé. Cette formalité a disparu pour les contrats des collectivités locales depuis 1982, mais elle subsiste pour les contrats de certains établissements publics. Elle doit être prévue par un texte législatif ou réglementaire, et ne peut l'être par le contrat lui-même *(CE 9 décembre 1949, Chami, Rec. 542).*

L'ancienne jurisprudence relative aux contrats communaux admettait que l'approbation avait un caractère rétroactif, c'est-à-dire que le contrat approuvé prenait effet à compter de sa date de signature *(CE 17 janvier 1951, Ville de Joinville-le-Pont, Rec. 24 ; CE Sect. 19 mars 1963, Jean-Louis, Sévère et Caraman, D. 1966, 162, concl. Galabert)*, mais, en dépit de ce caractère rétroactif de l'approbation, les mesures d'exécution prises avant elle n'étaient pas considérées comme valides, ce qui paraissait impliquer qu'avant l'approbation, le contrat n'était pas définitif (S. Regourd, *L'acte de tutelle en droit administratif français*, 1982, p. 438). Ces solutions restent valables dans les cas où une approbation est encore prévue par les textes *(CE 18 mars 1998, UNAF, Rec. 93).*

Non soumis à approbation, certains contrats des collectivités locales, considérés comme particulièrement importants (marchés, délégations de service public, emprunts, convention de coopération transfrontalière, contrats de partenariat), ne deviennent exécutoires qu'une fois transmis au préfet. Cela signifie d'une part qu'aucun acte d'exécution n'est possible avant le dépôt auprès du représentant de l'État, d'autre part qu'est illégale une clause prévoyant une prise d'effet antérieure à ce dépôt.

B Aptitude de la personne privée

208. Pour être apte à contracter avec l'administration, la personne privée doit répondre aux conditions de capacité du droit privé. Et, s'il y a représentation d'une personne privée par une autre, par exemple dans le cadre d'un groupement d'entreprises prévu à l'article 51 du Code des marchés publics, la validité du contrat administratif est subordonnée à celle du mandat.

En cas de contentieux et de difficulté sérieuse sur ce point, le juge administratif doit renvoyer au juge judiciaire (v. D. Pouyaud, *La nullité des contrats administratifs*, LGDJ 1991, n° 46).

Mais, en dehors de ces conditions générales, existent aussi des règles particulières qui conditionnent la possibilité de se lier à une administration.

Tel est le cas, par exemple, de l'article 43 du Code des marchés publics qui interdit l'accès aux marchés publics des personnes en situation fiscale ou sociale irrégulière.

C Protection du consentement

Bibliographie : *Traité des contrats*, n° 472 s.

209. Seule la volonté authentique donne naissance à des obligations ; si la volonté d'une des parties est viciée, le contrat est nul. Ainsi formulée, la théorie des vices du consentement est valable aussi bien en droit public qu'en droit privé ; mais, en droit public elle ne connaît que peu d'applications.

Cependant, peuvent également être considérées comme assurant une protection de l'intégrité du consentement (de la personne publique) certaines règles visant à assurer l'impartialité dans la passation des contrats : l'impartialité garantit que le signataire du contrat exprime bien la volonté de la personne publique et non la sienne propre.

a) Les vices du consentement

Bibliographie : MODERNE (F.) : « Permanence et actualité d'une théorie classique : le dol dans la formation des contrats de l'administration », *CJEG* 2001.91.

PLESSIX (B.) : *L'utilisation du droit civil dans l'élaboration du droit administratif, éd. Panthéon-Assas*, 2003 ; « La théorie des vices du consentement dans les contrats administratifs », *RFDA* 2006. 12.

POUYAUD (D.) : *La nullité des contrats administratifs*, 1991, p. 105 et s.

WEBER (Y.) : « La théorie des vices du consentement dans les contrats administratifs », *Mél. Drago*, Economica, 1996, p. 315 et s.

210. La jurisprudence administrative a transposé la théorie des vices du consentement du droit privé ; mais, le droit public se particularise par le caractère très marginal de cette théorie : les décisions de justice sont peu nombreuses et les déclarations de nullité de ce chef rarissimes, ce qui peut s'expliquer par le plus grand développement de l'encadrement procédural de la passation du contrat en droit public.

Les vices susceptibles d'entacher aussi bien le consentement du contractant public que celui du contractant privé sont le dol, la violence et l'erreur, sans que la lésion soit admise par la jurisprudence administrative.

Un contrat administratif est nul s'il a été conclu sous l'empire du dol de l'une des parties (ex. : *TA Paris 21 avril 1971, Ville de Paris, AJDA 1972, 164, note P. Godfrin*). Le juge administratif a aussi admis par un arrêt ancien que le dol qui n'a qu'un caractère incident, c'est-à-dire qui a seulement conduit à accepter des conditions plus onéreuses, n'ouvre droit qu'à dommages-intérêts *(CE 14 décembre 1923, Soc. des grands moulins de Corbeil, Rec. 852)* et cette notion de dol incident a été reprise par un jugement du *tribunal administratif de Paris du 17 décembre 1998 SNCF (Dr. adm.* 1999, n° 97, *D.* 1999, 313, note J.-D. Dreyfus confirmé par *CAA Paris 22 avril 2004, AJDA 2004.1417, concl. V. Haïm ; JCP 2005, II, 10013, note J. Martin*) pour condamner des entreprises à réparer le préjudice causé au maître d'ouvrage par une entente de répartition des marchés. La solution est critiquable. La jurisprudence judiciaire sur la question paraît manquer de fermeté, mais depuis longtemps, on a remarqué en droit civil que la distinction entre deux sortes de dols est fondamentalement illogique : « la volonté d'acquérir ne prend une valeur juridique que si elle est la volonté d'acquérir moyennant un prix déterminé » (Ripert et Boulanger, *Traité de droit civil*, t. II, n° 185). On ne voit pas de raison pour laquelle cette exigence logique ne prévaudrait pas en droit administratif.

La violence est également une cause de nullité (ex. : *CE 4 mai 1900, Héritiers de Gouy, Rec. 318*), qu'elle émane d'une partie ou d'un tiers *(CE 19 janvier 1945, Soc. des aéroplanes G. Voisin, Rec. 19)*.

211. Mais, le vice le plus souvent invoqué est l'erreur sur la substance du contrat ou, plus rarement, sur la personne du cocontractant. Pour être une cause de nullité, l'erreur doit avoir été déterminante et excusable. Il reste exceptionnel que le juge administratif admette l'existence d'une erreur de nature à vicier le consentement.

Assez fréquemment, les entreprises prétendent que le contrat qu'elles doivent exécuter est nul parce qu'elles ont commis une erreur dans l'évaluation du prix (marché) ou des recettes (concession). L'existence d'un tel vice du consentement semble n'avoir jamais été admise (pour un exemple de rejet : *CE 30 mai 1980, Soc. de la piscine de la dame Blanche, Rec. 257)*, car une telle erreur ne paraît pas excusable de la part d'une entreprise normalement diligente. En revanche, a été reconnue l'existence d'un défaut d'accord des parties sur un élément essentiel d'un contrat relatif à l'indemnisation d'un dommage de travaux publics dans un cas où l'estimation du préjudice était fondée sur des éléments manifestement erronés *(TA Limoges 23 février 2006, SCI Le Magnolia c/ RTE, req. 0301110)*.

212. De même, l'erreur de droit est considérée comme inexcusable (ex. : *CE 25 octobre 1946, Ville de Sancerre, Rec. 247 ; CAA Nancy 19 décembre 1989, Soc. du tunnel de Ste-Marie-aux-Mines, Rec. 365*), sauf circonstances particulières (ex. : *CAA Paris 19 décembre 1997 Commune de Chalou-Moulineux, Rec. tab. 924* : auteur d'une offre de concours se croyant à tort propriétaire d'un ouvrage, sur les affirmations de l'administration).

213. Selon un auteur, le juge administratif, quand il fait application de la notion de vice du consentement, rendrait « hommage au consensualisme » (D. Pouyaud, *op. cit.*, n° 129), en appliquant en apparence la théorie des vices du consentement ; mais, plus qu'il ne rechercherait vraiment la protection de la volonté, il privilégierait la stabilité des conventions en procédant à une analyse de la volonté moins approfondie que celle du juge judiciaire (*id.*, n° 152). Une telle appréciation est sujette à caution. Elle est fondée surtout sur l'arrêt du *1er décembre 1976, Berezowski (D. 1978, 45, note Richer)* : la commune de Lons a conclu avec M. Berezowski un contrat de concession funéraire ; au cours des travaux de réalisation d'un caveau, a été découverte la présence d'eaux souterraines rendant les travaux sinon impossibles, du moins beaucoup plus onéreux. Le Conseil d'État décide que le contrat est valide car la présence des eaux « ne constituait pas un obstacle qui rendait impossible l'utilisation du terrain concédé conformément à sa destination ». Selon Mme Pouyaud, le juge civil aurait admis en pareil cas l'erreur sur la substance compte tenu de l'inaptitude de l'objet. Pourtant, dans une affaire exactement semblable, la Cour d'appel de Bourges avait retenu une solution identique à celle du Conseil d'État *(Bourges 28 novembre 1910, DP 1912, 2, 21).*

Il n'en demeure pas moins que, dans l'ensemble, la jurisprudence administrative marginalise la théorie des vices du consentement et privilégie la stabilité du contrat en l'objectivant, ce qui, selon le professeur Weber, tend à faire prévaloir la sécurité juridique, et, donc, en fin de compte, l'intérêt du service public (pour une opinion différente, voir B. Plessix, art. *RFDA* 2006).

b) Les garanties d'impartialité

214. La notion d'impartialité est mentionnée à l'article 1er de la loi du 3 janvier 1991 relative à la transparence et à la régularité des procédures de marchés, qui crée une mission chargée d'enquêter sur les « conditions de régularité et d'impartialité » dans lesquelles sont passés les marchés et les conventions de délégation de service public.

Mais l'obligation d'impartialité ne concerne pas seulement la passation de ces deux types de conventions. Dans tous les cas l'autorité signataire doit choisir le cocontractant uniquement en fonction de considérations d'intérêt général, sans faire intervenir son intérêt personnel. Ce principe élémentaire est à la base de dispositions du Code pénal et du Code électoral.

1° Code pénal

215. L'article 432-12 du nouveau Code pénal (remplaçant l'ancien article 175 sur le délit d'ingérence) punit le délit de prise illégale d'intérêts qu'il définit comme « le fait, par une personne dépositaire de l'autorité publique ou chargée d'une mission de service public ou par une personne investie d'un mandat électif public de prendre, recevoir ou conserver, directement ou indirectement, un intérêt quelconque dans une entreprise ou dans une opération dont elle a, au moment de l'acte, en tout ou partie la charge d'assurer la surveillance, l'administration, la liquidation ou le paiement ».

Ce texte ne s'applique pas seulement à la passation de contrats, mais c'est un de ses domaines d'application privilégiés.

Il n'interdit pas, de manière générale, la passation d'un contrat entre la collectivité publique et son représentant ; le principe reste la liberté (cf. *CE 27 janvier 1957, Société Cracco, Rec. 56, concl. Chardeau*). Est seulement prohibé le cumul entre la surveillance sur une entreprise et la détention d'intérêts, financiers ou autres, dans cette entreprise. Il en résulte qu'une même personne, un maire par exemple, ne peut pas à la fois être intéressée, à un titre quelconque, à une entreprise cocontractante d'une collectivité publique et chargée de contrôler, de près ou de loin, au nom de cette collectivité, la bonne exécution du contrat (sauf les assouplissements introduits dans les petites communes, de moins de 3 500 habitants, pour les contrats de faible valeur).

216. En cas de violation de ces interdictions, l'auteur encourt personnellement une sanction pénale ; mais ce n'est pas tout : le Conseil d'État annule aussi une délibération par laquelle une commune décide la passation d'un contrat dont le signataire serait coupable d'ingérence *(CE 9 novembre 1984, Laborde-Casteix, Rec. 356)*. En dépit de la distinction entre droit public et droit privé, le Code pénal fait donc partie du bloc de légalité (pour un précédent en dehors du contrat cf. *CE Sect. 24 janvier 1969, Syndicat national des cadres des organismes sociaux, D. 1969, 441, note Dutheil de la Rochère*).

Par ailleurs, qu'il s'agisse ou non d'un élu, tout « fonctionnaire ou agent ou préposé d'une administration publique », qui a été chargé de « conclure des contrats de toute nature avec une entreprise privée » ou publique se voit interdire de participer « par travail, conseil ou capitaux » dans l'une de ces entreprises avant un délai de cinq ans (art. 432-13 du Code pénal).

2º Code des collectivités territoriales

217. L'impartialité est également garantie par l'article L. 2131-11 du CGCT selon lequel sont illégales les délibérations auxquelles ont pris part un ou plusieurs conseillers municipaux « intéressés à l'affaire ».

En résulte notamment l'illégalité de la décision autorisant la signature d'un contrat avec un organisme dans lequel le conseiller municipal a un intérêt, fût-il moral, à condition, toutefois, que la participation à la délibération ait effectivement exercé une influence sur le résultat (ex. : *CE Sect. 16 décembre 1994, Com-*

mune d'Oullins, Rec. 559 : bail avec une association présidée par le maire).

3° Code électoral

218. Les interdictions précédentes ne doivent pas être confondues avec celles qui figurent au Code électoral.

Selon les articles L. 207 et L. 343 du Code électoral, la fonction d'entrepreneur de services départementaux ou régionaux est incompatible avec la qualité de conseiller général ou régional, et selon l'article L. 231-6° la qualité d'entrepreneur de services municipaux entraîne l'inéligibilité aux fonctions de conseiller municipal.

Une jurisprudence abondante est venue préciser la qualité d'entrepreneur de service public ; il en résulte que de très nombreux contrats donnent cette qualité (ex. : *CE 7 janvier 1994, Moutoussamy, Rec. 10,* pour un entrepreneur de services de transports). La sanction de l'interdiction n'est pas la nullité du contrat, mais l'impossibilité d'être ou de rester élu (art. L. 231-6°) ou la nécessité de choisir entre les deux qualités (art. L. 207 et L. 343).

§ 2. Détermination et validité des stipulations du contrat

Bibliographie : MAUGÜÉ (C.) : « Les variations de la liberté contractuelle dans les contrats administratifs », *AJDA* 1998, 694.

MOREAU (J.) : « Les matières contractuelles », *AJDA* 1998, 747.

219. Le contrat administratif est souvent un contrat d'adhésion, dont le contenu est peu ou prou dicté par l'administration. Il n'en demeure pas moins que, quel que soit leur mode d'élaboration, les clauses du contrat ne tirent leur force obligatoire que du consentement des parties. Mais le contrat se trouve dans la hiérarchie des normes à un niveau « infra-législatif » et « infra-décrétal ». Ses stipulations doivent donc respecter les normes à caractère général qui définissent des règles de procédure et de fond. Toutefois, la violation par un contrat des règles budgétaires, comme, par exemple, le principe d'annualité ou celui de l'existence des crédits au moment de l'acte d'engagement, ne serait pas susceptible d'entraîner la nullité du contrat (cf. *Traité des contrats*, n°411 ; P. Amselek « Sur le particularisme de la légalité budgétaire », *Rev. adm.* 1970, 653), mais seulement de faire obstacle à un paiement.

De quel degré de liberté les parties disposent-elles dans la détermination des clauses de leurs contrats ?

Le droit administratif n'encadre pas la liberté contractuelle seulement par des procédures de passation, il comporte aussi des règles de fond qui imposent ou interdisent l'insertion de certaines stipulations.

A Stipulations obligatoires

220. Pour que le contrat accède à l'existence juridique il doit comporter un minimum d'éléments permettant d'identifier l'accord de volontés ; en résulte l'obligation d'insérer certaines stipulations essentielles à l'existence du contrat. Mais au-delà de ce minimum contractuel, les textes peuvent imposer de manière plus précise des stipulations déterminées, cela pouvant aller jusqu'à l'élaboration de tout un cahier des charges.

a) Les stipulations essentielles à l'existence du contrat

221. Un document qui ne détermine ni l'objet, ni la durée, ni les conditions de rémunération d'un travail, ne lie pas la collectivité publique qui l'a signé *(CE 28 mars 1980, Société Cabinet 2000, RDP 1981, 523)* tout simplement parce qu'il ne peut être considéré comme un contrat.

Un contrat doit avoir un objet identifié et licite, ainsi qu'une durée. Quand il est conclu à titre onéreux, il doit indiquer sinon le prix, du moins les éléments nécessaires à sa détermination. Cette exigence, formulée à l'article 12 du Code des marchés publics, a une portée générale, elle touche « à la naissance même du lien contractuel » (*concl. Prétot sous TA Versailles, 24 mars 1994, Préfet de l'Essonne, CJEG 1994, 552*, qui applique le « principe selon lequel un contrat administratif ne saurait être régulièrement conclu que pour autant que l'accord des parties porte sur le prix »). Il faut toutefois reconnaître, en ce qui concerne la condition relative au prix, que la jurisprudence n'est pas toujours aussi exigeante (cf. *CE 24 mai 1968, Min. Int. c/ Chambrin, Rec. 331* : contrat pour la mise en fourrière de véhicules ne prévoyant pas de rémunération, le titulaire a droit à la rémunération des services rendus), sans que la différence paraisse s'expliquer par l'objet du contrat.

b) Les stipulations imposées par un texte

222. Généralement, dans le but de protéger la collectivité publique contre ses propres errements, des lois récentes ont rendu obligatoire l'insertion de clauses dans certains contrats. Le contenu de ces clauses n'est cependant pas fixé avec précision ; l'obligation porte seulement sur l'insertion de clauses relatives à un objet déterminé.

Le texte le plus complet est l'article L. 1523-2 du Code général des collectivités territoriales (ancien art. 5 de la loi du 7 juillet 1983 sur les sociétés d'économie mixte locales), qui, après s'être appliqué à tout contrat entre les SEML et les collectivités publiques, ne concerne plus, depuis la loi du 2 janvier 2002 sur les SEM, que les conventions d'aménagement.

À peine de nullité, ces conventions doivent prévoir l'objet du contrat, les obligations des parties, les modalités de rémunération, etc. À ces égards, l'article L. 1523-2 est un simple rappel de la nécessité de mentionner les clauses essentielles. Mais, il rend aussi obligatoires l'insertion de stipulations concernant le rachat, la résiliation ou la déchéance par la collectivité ainsi que les pénalités en cas de faute de la société. Ces règles ont été étendues par la loi du 20 juillet 2005 à toutes les concessions d'aménagement (*infra, n° 1077 et s.).*

Des dispositions analogues ont été reprises par la loi relative à la montagne du 9 janvier 1985 en ce qui concerne les conventions d'aménagement et les conventions confiant la gestion de remontées mécaniques (art. 42 et 47).

Pour un type de contrat différent, la même technique a été adoptée par la loi MOP du 12 juillet 1985. Un des objets de ce texte est de définir les conditions de passation des contrats par lesquels les collectivités publiques confient des mandats de maîtrise d'ouvrage. L'article 4 de la loi énumère les mandataires possibles, l'article 5 définit un contenu obligatoire du contrat (définition de l'ouvrage, mode de financement, etc.).

223. De manière exceptionnelle, une autre technique est parfois utilisée, qui consiste à imposer le recours à un type de contrat déterminé.

Ainsi, l'article 36 de la loi du 8 avril 1946 sur la nationalisation de l'électricité et du gaz prévoit le maintien du système de la concession par les communes pour la distribution de l'électricité et du gaz. Il en résulte que, quelles que soient les déformations subies par la notion classique de concession du fait du statut particulier d'EDF et de GDF, il ne serait pas possible aux parties de conclure un contrat autre qu'une concession. Il est heureux que cette technique de « pré-qualification » ne soit que rarement employée car, faute de définition législative, la détermination des clauses qui doivent impérativement figurer dans tel ou tel type de contrat peut donner lieu à de sérieuses hésitations (v. aussi L. 300-4 du Code de l'urbanisme, qui a fixé un régime de la « concession d'aménagement »).

c) Les stipulations résultant d'un cahier des charges préétabli

224. Des documents contractuels types facultatifs (ex. : modèles de contrats élaborés par l'AFNOR) ou obligatoires (ex. : le Code de déontologie médicale permet d'imposer un contrat-type dans les relations entre praticiens — cf. *CE 13 mai 1987, Syndicat national professionnel des médecins du travail, Dr. adm. 1987, n° 362*) existent en droit privé, mais le procédé du contrat-type sous forme de cahier des charges est surtout usuel en droit public, notamment dans le domaine des délégations de service public et des marchés publics.

Il convient de distinguer entre les cahiers des charges-type et les modèles de cahiers des charges.

1° Cahiers des charges types

225. Au sens strict les cahiers des charges types sont des documents rendus obligatoires. Ils doivent donc être approuvés par une disposition législative ou réglementaire. Cette situation se rencontre pour les contrats de l'État. Ainsi, l'article 37 de la loi du 8 avril 1946 a prévu l'approbation par RAP de cahiers des charges types pour les concessions d'électricité et de gaz. S'agissant des concessions des communes ces cahiers des charges sont devenus facultatifs depuis 1982, mais ils restent obligatoires pour les concessions de l'État (décret du 23 décembre 1994 pour la concession du réseau d'alimentation générale).

226. D'autres cahiers des charges sont approuvés par décret sans être pour autant obligatoires. Tel était le cas des grands cahiers des charges pour les marchés publics (travaux, approuvé par le décret 76-87 du 21 janvier 1976, fournitures et services courants, approuvé par le décret 77-699 du 27 mai 1977, prestations intellectuelles, approuvé par le décret 78-1306 du 26 décembre 1978, marchés industriels, approuvé par le décret 80-809 du 14 octobre 1980) : les décrets qui les approuvent prévoient qu'ils ne s'appliquent qu'aux contrats qui s'y réfèrent (ex. : *CE 22 mars 1974, Banque A. de Saint-Phalle, Rec. 211 ; CE 25 juin 1975, Ville de Joigny, Rec. 389*). L'article 13 du Code des marchés publics a cependant prévu que pour les futurs cahiers de charges un simple arrêté suffira et que la référence aux cahiers des charges est toujours facultative, même si elle reste très conseillée.

Cependant, même lorsque leur normativité est limitée, les cahiers des charges approuvés par l'autorité réglementaire sont considérés, au point de vue de la recevabilité du recours pour excès de pouvoir, comme des actes réglementaires susceptibles de recours *(CE 5 mai 1961, Ville de Lyon, CJEG 1961, 175, concl. Braibant ; CE 2 juillet 1982, Conseil national de l'Ordre des architectes, AJDA 1983, 30, concl. Pauti).*

2° Modèles de cahiers des charges

227. De manière générale, dans les cas où un cahier des charges applicable aux contrats des collectivités locales avait un caractère obligatoire, celui-ci a disparu avec les lois de décentralisation, l'article 13-1 de la loi du 22 juillet 1982 ayant précisé qu'ils deviennent des « modèles de cahiers des charges ». Le ministre de l'intérieur est chargé d'élaborer des modèles de contrats pour la gestion des services publics locaux (art. L. 1231-2 du Code général des collectivités territoriales), ce dont il ne s'acquitte guère.

De nombreux modèles de cahiers des charges ne sont pas approuvés par l'autorité réglementaire. Un grand nombre d'entre eux sont annexés à des circulaires (V. *Recueil des modèles de cahiers des charges*, Documentation française, 1987) qui en conseillent l'utilisation ; d'autres font simplement l'objet de recommandations émanant d'organismes spécialisés, comme les groupes permanents d'étude des marchés prévus par le Code des marchés publics. Dans ces cas, les cahiers des charges ne peuvent faire l'objet de recours *(CE 16 février 1977, Galosiaux, Rec.*

t. 824 ; CE 20 décembre 1989, Association des foyers de la RP, Gaz. Pal. 23-9-90, pan. DA). Enfin, des modèles ont été mis au point dans le cadre de discussions entre les représentants des collectivités locales et ceux des entreprises pour la concession de la distribution d'électricité et pour l'affermage de la distribution d'eau potable.

B Stipulations prohibées

Bibliographie : AMAR (J.) : « De l'application de la réglementation des clauses abusives aux services publics », *D. 2001*, doct. 2810.

DELACOUR (E.) : « Délégation des services publics et droit de la consommation », *Ctts et MP* 2001, chron. 13.

228. L'insertion de certaines clauses dans les contrats administratifs est interdite par des règles écrites ou non écrites qui ont un caractère d'ordre public. Mais l'interdiction peut aussi porter sur le contrat dans son ensemble, ce à quoi s'ajoute le fait qu'un contrat parfaitement légal en apparence est susceptible d'être mis à néant à raison de l'absence de cause ou de la présence d'une cause illicite.

a) Prohibition d'une clause déterminée

229. Il ne saurait être question de donner une liste exhaustive des clauses prohibées par un principe non écrit ou par un texte de valeur législative. On se bornera à quelques exemples.

230. En application de principes non écrits sont illégales les stipulations par lesquelles l'administration contracterait en matière de police ou renoncerait à l'exercice de sa compétence (V. *supra*, n° 62 et s. et D. Pouyaud, *La nullité des contrats administratifs*, n° 292 et s.). Dans le même ordre d'idée, parce que la protection de la légalité est en cause, sont illicites les clauses de renonciation à l'exercice du recours pour excès de pouvoir (ex. : *CAA Paris 30 décembre 1996, Boyer, JCP 1997, 22871, note Haïm*).

En revanche, n'est pas assimilée à une renonciation à l'exercice de la compétence de contracter la promesse de contrat : la validité d'une promesse de contrat est admise en droit administratif (*Traité des contrats*, n° 446). Cela s'explique : dès lors que la promesse émane de l'autorité compétente pour contracter, elle constitue un mode d'exercice de cette compétence et non une renonciation à celle-ci.

231. Les textes prohibant une stipulation déterminée ont parfois une portée générale. Par exemple, s'applique aux contrats administratifs l'article L. 112-2 du Code monétaire et financier, issu de l'ordonnance du 4 février 1959, qui prohibe les indexations sur le salaire minimum, sur le niveau général des prix et salaires ou sur les prix de biens, produits et services n'ayant pas de relation directe avec l'objet de la convention ou l'activité de l'une des parties.

La prohibition des clauses abusives (art. L. 132-1 et s. du Code de la consommation) est également valable pour les contrats administratifs (J. Huet, « La détermination des clauses abusives dans les contrats de service public », *LPA* 6 février 1998, n° 7 p. 7). La directive 93/13/CEE du 5 avril 1993 *(JOCE 21 avril 1993 ; BOCC 30 septembre 1994, p. 449)* précise d'ailleurs que l'interdiction des clauses abusives « s'applique aux activités professionnelles à caractère public ». Cette prohibition ne concerne que les contrats entre un professionnel et un non-professionnel, c'est-à-dire surtout les contrats avec les usagers des services publics industriels et commerciaux, qui sont de droit privé, mais elle peut intéresser le droit des contrats administratifs puisque la clause peut être prévue par le contrat de concession dont le contenu est repris par le contrat avec l'usager *(cf. CE, 29 juin 2001, Société des eaux du Nord, Rec. 348, concl. Bergeal ; CP-ACCP, 2001, n° 3, note S. Nicinski ; AJDA 2001.253 ; RDP 2001, p. 1495, note G. Eckert).*

Plus nombreux sont les textes interdisant des stipulations déterminées. Ainsi, l'article L. 1411-2, alinéa 4 du CGCT (issu de la loi du 29 janvier 1993 sur la prévention de la corruption) interdit dans les conventions de délégation de service public la prise en charge de services ou paiements étrangers à l'objet de la délégation et la reconduction tacite des délégations consenties par une personne publique autre que l'État. Les articles L. 2222-2 et L. 3241-3 du CGCT comportent une interdiction dans les « contrats de travaux publics » des clauses portant affermage d'une recette publique. La loi de finances rectificative du 23 décembre 1972 (art. L. 2131-10 CGCT) déclare nulle et de nul effet la renonciation par les collectivités locales à l'exercice de l'action en garantie décennale et la loi du 8 août 1994 portant DDOEF dispose que dans les marchés publics et achats sur facture « est réputée non écrite toute renonciation au paiement des intérêts moratoires » (art. 67), antérieurement considérée comme valide *(CE 11 février 1976, SA Industrie européenne de construction, Rec. t. 1 000).*

Comme on le voit, les textes prohibitifs visent fréquemment à protéger les intérêts financiers des collectivités publiques — et donc des contribuables.

b) Prohibition d'un contrat

232. Parfois, la loi ne permet de conclure un contrat déterminé qu'avec certaines personnes ; il en résulte que ce type de contrat est interdit si le cocontractant n'est pas une de ces personnes. Deux exemples peuvent être cités : l'article L. 300-4 du Code de l'urbanisme ne permettait la conclusion de « conventions publiques d'aménagement » qu'avec une société d'économie mixte ou un établissement public à l'exclusion des aménageurs privés ; l'article 4 de la loi du 12 juillet 1985 relative à la maîtrise d'ouvrage public (« loi MOP ») ne permettait aux collectivités publiques de confier un mandat de maîtrise d'ouvrage qu'à certaines personnes morales publiques ou para-publiques considérées par le législateur comme dignes de confiance.

La question de la validité de ces « droits exclusifs » au regard des obligations communautaires a été posée, et ces textes ont été modifiés par l'ordonnance n° 2004-566 du 17 juin 2004 pour le premier, par la loi du 20 juillet 2005 pour le second ; dans les deux cas, les droits exclusifs ont été supprimés et le mandat peut être conclu avec des personnes privées.

c) Cause absente ou illicite

Bibliographie : *Traité des contrats*, n° 514 et s.

POUYAUD (D.) : *La nullité des contrats administratifs*, n° 212 et s.

233. En droit civil, « l'obligation sans cause ou sur une fausse cause, ou sur une cause illicite, ne peut avoir aucun effet » (art. 1131 Cass. civ.). On sait que la notion de cause est entendue de deux manières, à la fois contrepartie objective et motif subjectif (V. p. ex. : J. Ghestin, *Le contrat : formation*, LGDJ, n° 629 et s.).

En droit administratif, la jurisprudence retient une conception similaire, mais elle est extrêmement peu développée.

234. Le contrat ou une des clauses de celui-ci sont nuls par absence de cause quand la contrepartie espérée par l'un des cocontractants n'existe pas au moment de la conclusion ou quand le contrat n'a pas d'utilité contrairement à la croyance des parties.

Un des rares arrêts à déclarer un contrat nul pour absence de cause renvoie à la notion d'utilité : un texte avait rendu obligatoire l'assurance des navires de guerre par l'État, sauf si une autre assurance avait été contractée ; un contrat d'assurance signé avec l'État, alors qu'une autre assurance existait, a été considéré comme sans cause *(CE 12 novembre 1948, Compagnie des messageries maritimes, Rec. 428)*.

Dans la jurisprudence, peu abondante, on trouve surtout des décisions de rejet des actions en nullité soit parce que la cause existe (ex. : *CE 12 janvier 1906, Commune de Caudry, Rec. 22 ; CE 19 février 1988, SARL Poré gestion, Rec. 77*), soit parce que, même si elle a disparu ultérieurement, elle existait au moment de la signature (ex. : *CE 29 janvier 1947, Michaux, RDP 1948, 78 ; concl. Theis, note Waline*). La disparition ultérieure de la cause peut cependant fonder une action en résiliation. C'est ce qui a été admis en matière de contrat d'offre de concours : l'absence d'exécution par la collectivité publique de tout ou partie de ses obligations relatives à l'exécution de l'opération de travaux publics est considérée par la jurisprudence comme entraînant une disparition de la cause susceptible de justifier la résiliation par le juge (ex. : *CAA Nantes 18 février 1993, Département du Finistère, D. 1994, 472, note Vigneux*).

235. La notion de cause illicite fait appel à des considérations d'ordre moral, de la même manière que celle de détournement de pouvoir dans le recours pour excès de pouvoir. Si l'administration décide de conclure un contrat dans un but illicite, la décision de conclure est entachée de détournement de pouvoir et la nullité du contrat peut en résulter par voie de conséquence, sans qu'il soit besoin de s'interroger sur l'attitude du cocontractant, et notamment sur sa connaissance du motif illicite (pour un exemple de nullité par voie de conséquence à la suite d'un détournement de pouvoir : *CE 5 mars 1954, Soulier, Rec. 139 ; RJ PUF 1954, 624, concl. Jacomet*).

Quand la question posée est celle de la validité du contrat — et non de l'acte détachable — la jurisprudence n'utilise plus la notion de détournement de pouvoir, elle se réfère à celle de cause illicite, dont les applications sont exceptionnelles (ex. : *CE 25 novembre 1921, Savonneries Olive, RDP 1921, 107, concl. Rivet* : l'obligation contractée par une entreprise de verser une redevance en contrepartie du droit d'importer des marchandises repose sur une cause illicite).

236-240. *Réservés*

Chapitre 2
Contentieux de la formation du contrat

241. L'organisation des recours contentieux permettant de sanctionner la violation des règles de formation des contrats administratifs se caractérise par une certaine complexité et une relative inefficacité, contre laquelle des textes récents s'efforcent de lutter.

Le juge compétent pour assurer la sanction des règles de formation des contrats est soit le juge du plein contentieux, soit le juge de l'excès de pouvoir. La répartition se faisant conformément au tableau ci-dessous :

Plein contentieux	**Excès de pouvoir**
Référé précontractuel	Acte détachable Clauses réglementaires
« Juge du contrat »	
	Déféré préfectoral
Responsabilité quasi-délictuelle	

Par ailleurs, les autorités chargées d'assurer le respect des règles de la concurrence — Conseil de la concurrence et Cour d'appel de Paris — ont aussi leur mot à dire.

Et il convient d'ajouter que dans le cas de violation des règles du droit communautaire, principalement en matière de marchés publics, la Cour de justice des Communautés européennes peut être saisie par la Commission, cette possibilité n'ayant pas disparu avec la mise en place de règles nationales transposant les directives sur les recours en matière de marchés publics (V. *Ordonnance du président de la Cour de justice 22 avril 1994, RFDA 1995, 613, comm. Flamme ; D. 1995, 21, note Bergerès*).

Bibliographie : BERBARI (M.) et autres : *Les référés dans les contrats administratifs*, éd. du Moniteur, 2004.

DE BÉCHILLON (D.) : « Le contentieux administratif de l'annulation en matière contractuelle : une présentation graphique », *LPA* 14 mai 1990, p. 10.

BERGEAL (C.) et LENICA (F.) : *Le contentieux des marchés publics*, Imprimerie nationale, 2004.

BRÉCHON (C.) : « Remarques sur la notion de nullité absolue dans le contentieux des contrats administratifs », *JCP* 1973, I, 2588.

BRISSON (J.-F.) : « Le droit au juge dans le contentieux des marchés publics. Dynamisme, dynamiques et limites du droit communautaire processuel », *Contrats publics, Mél. Guibal*, 2006, p. 339.

DARCY (G.) : « Variations sur l'acte détachable du contrat », *Contrats publics, Mél. Guibal*, 2006, p. 503.

DELVOLVÉ (P.) : « Nouveaux juges, nouveaux pouvoirs ? », *Mélanges Perrot*, Dalloz, 1996, p. 83.

FOLLIOT (L.) : *Pouvoirs des juges administratifs et distinction des contentieux en matière contractuelle*, Th. dactyl. Paris II, 1994.

GONAND (B.) : « La place des référés-suspension et liberté dans les contentieux pré-et post-contractuels », *ACCP*, octobre 2001, n° 4.

GOURDOU (J.) : « La validation législative du contrat de concession du Stade de France », *CJEG* 1997, 203.

GOURDOU (J.) et TERNEYRE (P.) : « Pour une clarification du contentieux de la légalité en matière contractuelle », *CJEG*, 1999, 208.

GOURDOU (J.) et TERNEYRE (P.) : « Le référé pré contractuel administratif au lendemain de la réforme législative des procédures d'urgence », *CJEG* 2001.135.

GUETTIER (C.) : « Droit des contrats administratifs », *PUF*, 2004, n° 642 et s.

HAIM (V.) : « Le contrôle de la légalité des marchés publics », *JCP* 1998, I, 132.

LAGUMINA (S.) et PHILIPPE (E.) : « Le référé pré contractuel : bilan et perspectives », *AJDA* 2000.283.

LLORENS (F.) : « Le référé précontractuel entre continuité et changement » in WACHSMANN (P.), dir., *Le nouveau juge administratif des référés*, PU Strasbourg, 2002, p. 27 et s.

LLORENS (F.) : « Les conséquences de la nullité des marchés publics et des délégations de service public », *CJEG* 2002.571.

MACERA (B.-F.) : *Les actes détachables dans le droit public français*, PU Limoges, 2002.

MARCUS (L.) et PERRIN (A.) : « Annulation de l'acte détachable et distinction des contentieux », *Dr. adm.* 2006, chron. 1

PACTEAU (B.) : « Quel retentissement de l'annulation d'un acte détachable sur la validité et l'exécution du contrat auquel cet acte se rapporte ? », *CJEG* 1991, 115.

POUJADE (B.) : « L'article L. 22 du Code des tribunaux administratifs et des cours administratives d'appel : un espoir déçu ? », *D.* 1996, chron. 211.

POUYAUD (D.) : *La nullité des contrats administratifs*, LGDJ, 1991.

POUYAUD (D.) : « Recours pour excès de pouvoir des tiers et contrats publics », *BJDCP* 1999, n° 3, p. 238.

TERNEYRE (P.) : « Les paradoxes du contentieux de l'annulation des contrats administratifs », *EDCE* 1988, 90.

Traité des contrats, n° 1675 s.

VANDERMEEREN (P.) : « Le référé administratif précontractuel », *AJDA* 1994, n° spécial, p. 91 ; « Les procédures d'urgence devant le juge administratif en matière de contrats publics », *BJDCP*, 2000, n° 13, p. 390 ; « Le renforcement du référé précontractuel », *CP-ACCP*, mars 2006, n° 53

§ 1. Le référé précontractuel en matière de marchés publics, de conventions de délégation de service public et de contrats de partenariat

242. Compte tenu de la durée incompressible de tout procès et de la lenteur particulière du juge administratif, l'efficacité des recours juridictionnels visant à sanctionner les violations des règles de formation des contrats administratifs se trouve trop souvent compromise par le fait accompli. Il n'est, par exemple, guère utile qu'un tribunal administratif annule la décision d'attribuer un marché de fourniture un ou deux ans après que ce marché a été exécuté. Pour être vraiment efficace le recours doit être préventif et l'intervention du juge rapide. L'introduction en France d'un recours répondant à ces exigences a supposé une réforme législative, compte tenu des limitations qui pesaient sur le juge du référé. Cette réforme a été, à certains égards, une « révolution », mais elle reste de portée limitée, en dépit de modifications récentes.

A Une « révolution »

243. Sous l'influence du droit communautaire, mais pas seulement pour son application, le législateur a créé un nouveau recours qui, dans un souci d'efficacité, déroge aux règles traditionnelles du droit administratif français.

a) Origines

244. L'origine des articles L. 22 et L. 23 du Code des tribunaux administratifs et des cours administratives d'appel, devenus L. 551-1 et 551-2 du Code de justice administrative, est communautaire.

D'une manière générale, la CJCE affirme un impératif d'efficacité des recours visant à assurer le respect des règles communautaires (cf. *CJCE 19 juin 1990, Factortame, aff. C-213/89, Rec. 2433, concl. Tesauro ; AJDA 1990, 832, note Le Mire ; RFDA 1990, 912, note J.-C. Bonichot*). Dans le cas particulier de la passation des marchés publics cette exigence s'est traduite dans deux directives sur les recours, l'une concerne les marchés conclus dans les « secteurs classiques » (sur cette notion, cf. *infra*, n° 560 et s.), c'est la directive 89/ 665 du 21 décembre 1989, l'autre vise les marchés des « secteurs spéciaux » (énergie, eau, transports), c'est la directive 92/13 du 25 février 1992.

La première directive a été transposée en droit français par la loi n° 92-10 du 4 janvier 1992, la seconde par la loi n° 93-1416 du 29 décembre 1993.

La loi du 29 décembre 1993 a le même champ d'application organique que la directive 92/13, ce qui signifie qu'elle s'applique en grande partie à des contrats conclus entre personnes privées puisque, comme on le verra, les « entités adjudicatrices » sont fréquemment, en ce domaine, des organismes de droit privé dont les contrats le sont aussi. Néanmoins, les marchés et autres contrats visés par la directive secteurs spéciaux peuvent aussi être conclus par des personnes publiques et, donc, être susceptibles de constituer des contrats de droit public, auquel cas l'article L. 551-2 s'applique (cf. art. 7-2 de la loi du 11 décembre 1992 modifiée en 1993). Ainsi en irait-il, par exemple, pour les marchés de travaux de la SNCF ou de La Poste. En revanche les marchés, même conclus dans les secteurs spéciaux par l'État ou les collectivités locales, ne relèvent pas de l'article L. 551-2, mais de l'article 551-1.

La loi du 4 janvier 1992, qui se contentait de transposer la directive recours secteurs classiques, a été partiellement réformée par la loi du 29 janvier 1993 dans un sens extensif. Le recours s'appliquait dès l'origine à tout marché public et à toute convention de délégation de service public, que le contrat relève ou non du champ d'application des directives sur les marchés. Cette nationalisation intégrale du système communautaire de recours est une parfaite illustration de l'action du droit communautaire par influence : les règles communautaires sont sous-tendues par une « éthique juridictionnelle » dont il n'y a pas de raison pour qu'elle « demeure cantonnée au seul domaine communautaire » (F. Grévisse et J.-C. Bonichot, « Les incidences du droit communautaire sur l'organisation et l'exercice de la fonction juridictionnelle dans les États membres », *Mél. Boulouis*, 1991, p. 302).

Par la suite, le champ d'application du recours a été étendu dans la logique de l'arrêt du ***Conseil d'État du 20 mai 1998 Communauté de communes du Piémont de Barr (Rec. 201, concl. H. Savoie***) qui juge que les contrats non soumis au Code des marchés, mais assujettis au droit communautaire ont le caractère de « marchés publics » au sens de l'article L. 22.

Puis, le référé précontractuel a été rendu applicable par les textes récents à des contrats qui ne sont pas soumis au code des marchés publics, mais n'en sont pas moins au regard du droit communautaire des marchés publics. Modifié par l'ordonnance du 17 juin 2004 sur les contrats de partenariat, la loi du 9 août 2004 relative à la politique de la santé publique et l'ordonnance du 6 juin 2005 relative aux marchés passés par les pouvoirs adjudicateurs ou entités adjudicatrices non soumis au Code des marchés publics, l'article L. 551-1 CJA vise non seulement les « marchés publics », mais aussi les « marchés mentionnés au 2° de l'article 24 de l'ordonnance n° 2005-649 du 6 juin 2005 (...) », les « contrats de partenariat » et les « contrats visés au premier alinéa de l'article L. 6148-5 du Code de la santé publique » (sur ces contrats v. *infra*, n° 1118 et s.), c'est-à-dire tous les contrats qui sont des marchés publics au sens du droit communautaire sans l'être au regard du droit national.

Dans la logique de l'arrêt Communauté de communes du Piémont de Barr, l'article L. 551-1 « a une portée résiduelle et générale lui permettant d'englober tous les contrats de la commande publique » (R. Vandermeeren, art. précit. *CP-ACCP*, n° 53).

L'éthique juridictionnelle ainsi mise en œuvre se traduit, en l'espèce, par la mise en place d'une procédure modelée par l'exigence d'efficacité, ce qui contraint à surmonter certaines inhibitions traditionnelles du contentieux administratif.

b) Pouvoirs du juge

245. La grande nouveauté dans les procédures des articles L. 551-1 et L. 551-2 concerne les pouvoirs du juge, qui est le président du tribunal administratif ou son délégué.

Dans le cadre de l'article L. 551-1, le président « peut ordonner à l'auteur du manquement de se conformer à ses obligations et suspendre la passation du contrat ou l'exécution de toute décision qui s'y rapporte. Il peut également annuler ces décisions et supprimer les clauses ou prescriptions destinées à figurer dans le contrat et qui méconnaissent lesdites obligations ».

Il s'agit donc tantôt de mesures provisoires, tantôt de mesures définitives dont l'objectif est de prévenir l'illégalité et non de réparer *a posteriori*. L'innovation la plus importante est la reconnaissance au juge d'un pouvoir d'injonction. Mais cela ne doit pas faire négliger une autre innovation : le juge peut ordonner la suspension de mesures qui ne constituent pas des décisions faisant grief et il peut supprimer des clauses du projet de contrat.

Dans le cadre de l'article L. 551-2, les pouvoirs du juge sont moins diversifiés : le président du tribunal administratif dispose seulement du pouvoir d'enjoindre à l'auteur du manquement de se conformer à ses obligations. Le texte précise que l'injonction peut être assortie d'une astreinte.

c) *Rapidité*

246. L'efficacité suppose aussi la rapidité de l'intervention juridictionnelle. Les textes font place à l'idée d'urgence en organisant une procédure qualifiée de « référé en matière de passation de contrats et marchés », mais qui n'est pas un véritable référé administratif puisque le juge prend des mesures définitives.

Outre la compétence d'un juge unique, le souci de rapidité se traduit par l'absence d'intervention du commissaire du gouvernement, par l'obligation (non sanctionnée) de statuer dans les vingt jours (art. R. 551-1 CJA) qui n'est cependant prévue que dans le cadre de l'article L. 551-1, ainsi que par la suppression du double degré de juridiction puisque le président statue en premier et dernier ressort, ce qui ne laisse ouvert que le recours en cassation.

Rapidité ne signifie cependant pas précipitation. Dès lors que le président du tribunal administratif statue au fond, il peut, au préalable, prendre une mesure d'instruction, comme l'injonction de communiquer les motifs du choix d'un candidat *(Ord. TA Grenoble 11 janvier 1994, Société routière Chambard, RFDA 1994, 741, note M. B.)* ou ordonner une expertise *(Ord. TA Nancy du 12 août 1993 et du 20 septembre 1993, SARL Norit, CJEG 1994, 544, note D. Pouyaud)* ou soulever d'office un moyen d'ordre public sur lequel les parties ont à s'expliquer *(CE 2 octobre 1996, SARL Beranger, Rec. 379).*

La gravité des conséquences de la décision explique aussi que « les parties doivent être mises à même de présenter au cours d'une audience publique des observations orales à l'appui de leurs observations écrites » ***(CE Ass. 10 juin 1994, Commune de Cabourg, RFDA 1994, 728, concl. Lasvignes)***. Ce respect du contradictoire ne devrait pas compromettre l'efficacité de la procédure. En revanche, d'autres règles viennent en limiter la portée.

B Une portée limitée

247. La procédure dite de « référé précontractuel » est limitée dans son objet, puisqu'elle ne concerne que les marchés et contrats de délégation de service public, ainsi que, depuis 2004, les contrats de partenariat, mais dans ce cadre il s'agit d'une procédure spéciale qui n'est ouverte qu'à une catégorie définie de requérants sur le fondement de moyens appartenant à une catégorie prédéterminée.

a) Les requérants

248. Peuvent saisir le président du tribunal administratif les personnes « qui ont un intérêt à conclure le contrat et qui sont susceptibles d'être lésées » par le manquement commis. Il s'agit avant tout des candidats évincés. Il est également logique d'admettre l'action d'entreprises qui n'ont pas été candidates au moins lorsque l'absence de candidature résulte d'un défaut de publicité. Il est également possible à une entreprise qui n'a ni été ni candidate, ni empêché de l'être de former un recours dès lors qu'elle a « vocation à exécuter les prestations... incluses dans l'objet du marché litigieux » (*CE 8 juillet 2005, Communauté d'agglomération de Moulins, BJCP n° 43/2005, p. 436, concl. D. Casas* et *CJCE 12 février 2004, Grossmann Air Service, aff. C-230/02, Rec. 1829*). Mais, des organisations professionnelles ou des contribuables ne sont pas recevables.

Peut également agir le représentant de l'État qui a, de la sorte, le choix entre le « référé précontractuel » et le déféré préfectoral.

Enfin, survivances du projet un moment envisagé de permettre une saisine par la Commission des Communautés européennes, les articles L. 551-1 et L. 551-2 prévoient la saisine par l'État sur demande de la Commission lorsqu'il ne s'agit pas de contrats de l'État.

b) Les délais

249. En application d'une disposition de la directive de 1989, selon laquelle les États membres « peuvent exiger que la personne qui utilise une telle procédure ait préalablement informé le pouvoir adjudicateur de la violation alléguée et de son intention d'introduire un recours », une procédure de recours préalable avait été instaurée afin d'inciter à un règlement non contentieux. L'article R. 241-21 CTACAA prévoyait qu'avant d'exercer le recours de l'article L. 22, l'intéressé devait demander « à la personne morale tenue aux obligations de publicité et de mise en concurrence... de s'y conformer ». Le président du tribunal administratif ne pouvait être saisi qu'après un refus exprès ou une absence de réponse pendant un délai de dix jours. En tant que moyen de prévention du contentieux, ce préalable obligatoire était certainement opportun, mais, combiné avec une autre règle, il était générateur d'effets pervers.

En effet, en dépit d'une certaine ambiguïté du texte, et de quelques hésitations de départ, il a été admis que le recours doit être présenté avant la conclusion du contrat. Si le recours est postérieur à la signature, il doit donc être déclaré irrecevable et si la signature intervient en cours de procédure, le juge ne peut plus exercer ses pouvoirs. « les pouvoirs conférés au juge administratif, en vertu de la procédure spéciale instituée par l'article L. 22..., ne peuvent plus être exercés après la conclusion du contrat » ***(CE 3 novembre 1995, CCI de Tarbes, Rec. 394, concl. Chantepy ; AJDA 1995, 945 et chron. Stahl-Chauvaux, p. 875 ; RFDA 1995, 1077, concl. Chantepy)*** et cela sans que le juge puisse contrôler la validité de la signature, sauf inexistence *(CE 8 février 1999, Soc. Campenon-Bernard ; Dr. adm. n° 110 ; BJDCP, 1999, n° 4, p. 361, concl. Bergeal ; CE 7 mars 2005 Société Grandjouan, Rec. 961 ; D. 2005. 2732, note J. Martin).*

Or, le délai de dix jours imposé par l'article R. 241-21 risquait d'être mis à profit par la personne publique pour signer le contrat.

250. Pour limiter la possibilité d'échapper au contrôle juridictionnel, le décret du 22 novembre 2000, pris en application de la loi du 30 juin 2000, a supprimé l'obligation de réclamation préalable et la loi du 30 juin 2000 a ouvert la possibilité au président du Tribunal administratif, dès la saisine, d'enjoindre de différer la signature pour un délai maximum de vingt jours (art. L. 551-1, alinéa 3 du CJA). Si cette injonction de ne pas signer n'est pas respectée, la signature doit être réputée inexistante.

c) Les motifs

251. L'efficacité de l'intervention du juge dépend aussi de l'étendue de son contrôle.

Les articles L. 551-1 et L. 551-2 assurent la sanction des manquements aux « obligations de publicité et de mise en concurrence », qui résultent du droit national et du droit d'origine communautaire.

Deux interprétations sont concevables.

Selon une interprétation restrictive, ne sont visées que les règles de procédure posées par les textes qui imposent un certain formalisme.

Selon une interprétation plus ouverte, il est possible de considérer que « toute décision contraire aux obligations d'impartialité et d'égalité de traitement des candidats... méconnaît... l'obligation de mise en concurrence » (R. Vandermeeren, *art. cit.*, p. 96).

Certains tribunaux administratifs avaient opté en faveur de la première interprétation (ex. : *TA Lyon 8 septembre 1993, SAUR, req. 93-3030* : « considérant qu'il est constant que la commune de Sorbiers a satisfait à l'exigence de publicité prévue par les textes susvisés ; que si la société SAUR soutient que les critères invoqués par la décision l'écartant de la liste des candidats admis à présenter une offre ne sont pas prévus par la loi ou n'ont pas été annoncés dans l'appel de candidature, un tel moyen présente un caractère inopérant au regard des dispositions de l'article L. 22 »).

Plus soucieuse d'efficacité est la deuxième interprétation, qui a été adoptée par d'autres décisions (ex. : *TA Nancy 20 décembre 1993, SARL Norit*, précit. — atteinte à la concurrence résultant d'une clause du projet de contrat qui favorisait une entreprise ; *TA Grenoble 8 février 1994, RFDA 1994, 741, note M. B.* — absence d'erreur manifeste d'appréciation dans le choix du candidat). Le Conseil d'État a retenu cette interprétation en admettant que les pouvoirs du juge des référés peuvent être utilisés dans un cas où des spécifications techniques exagérément restrictives étaient imposées *(CE 3 novembre 1995, District de l'agglomération nancéienne, Rec. 391, concl. Chantepy)*. De manière générale, « une interprétation large du champ du L. 22 est d'autant plus possible que la plupart des dispositifs régissant la passation d'une délégation ou d'un marché public ont pour objectif de respecter des obligations de publicité et de mise en concurrence » *(concl. Bergeal sous CE 21 juin 2000, syndicat intercommunal de la Côte d'Amour et de la presqu'île guérandaise, BJDCP 2000, n° 12, p. 361 ; RFDA 2000, p. 1031).*

252. Il s'agit d'un « contrôle de pleine juridiction » *(CE 3 mars 2004, Commune de Chateaudun, req. 258602)*, ce qui n'a rien d'étonnant compte tenu des pouvoirs du juge, mais il n'en demeure pas moins que certains moyens ne sont pas recevables.

253. Sont recevables tous les moyens liés à la publicité et à la mise en concurrence. Tout manquement à ces obligations peut être sanctionné et cela même si le manquement n'a pas été commis au détriment du requérant *(CE 16 octobre 2000, Sté STEREAU, Rec. 1091)* ; c'est donc une conception objective de la légalité qui est retenue, alors même que le texte mentionne que le recours émane de personne « susceptibles d'être lésées ». Les conséquences de cette solution sont parfois difficiles à admettre par les défendeurs, qui y voient un encouragement à la mauvaise foi.

254. Sont, notamment, sanctionnées les insuffisances dans les avis de publicité, le non-respect par l'administration des règles qu'elle s'est imposées, notamment dans la sélection des candidats et des offres *(CE 6 octobre 2004, Soc. La Communication Hospitalière, AJDA 2004, 2338)*, les manquements à l'égalité *(CE 21 juin 2000, Syndicat intercommunal de la Côte d'Amour et de la presqu'île guérandaise, BJDCP 2000, n° 12, p. 361 ; RFDA 2000, p. 1031).* Le juge du référé précontractuel peut aussi suspendre une procédure de passation dans le cas de violation de l'article 76 du Code des marchés publics, qui oblige à communiquer les motifs de rejet d'une candidature *(CE 21 janvier 2004, Société Aquitaine Démolition, req. 253509).*

255. En revanche, le juge ne peut examiner des moyens tirés de la compétence de la personne publique ou de ses organes *(CE 21 juin 2000, précité ; CE 3 juin 1999, Soc. Demathieu, BJDCP 1999, n° 7, p. 640 ; CE 30 décembre 2002, Commune de Bandol, Ctts et MP, mars 2003, com. 56)*, ni l'appréciation portée sur les mérites respectifs des candidats *(CE 29 juillet 1998, Synd. Mixte des transports en commun de l'agglomération clermontoise,*

Dr. Adm., n° 302). Et, s'il peut faire application des règles du droit de la concurrence, c'est à condition que les manquements soient directement imputables à l'autorité responsable de la passation du contrat *(CE 2 juillet 1999, SA Bouygues, Rec. 265 ; CE 24 octobre 2001, Collectivité territoriale de Corse, Rec. 485, BJDCP 2002, p. 139, concl. Bergeal)*, ce qui risque de rester exceptionnel.

256. Quelles que soient ses limites, le référé précontractuel s'avère un instrument utile et utilisé, qui, dans certains secteurs fait presque partie de la vie du contrat. En témoigne la croissance du nombre de requêtes : 299 demandes enregistrées auprès de l'ensemble des tribunaux en 2003, 480 en 2004, 510 en 2005.

§ 2. Le recours contre les actes détachables antérieurs à la conclusion du contrat

257. Complément procédural du principe de légalité, le recours pour excès de pouvoir permet à l'administré qui est lésé par un acte unilatéral illégal d'en obtenir l'annulation. Il en va autrement en matière de contrat puisque, comme on le verra, le recours pour excès de pouvoir n'est pas recevable contre ce type d'acte juridique (ex. : *CE 22 avril 1988, Labit, RDP 1988, 1457 ; CE 14 mars 1997, Cie d'aménagement des coteaux de Gascogne, RFDA 1997, 349, note Delvolvé)*, cette irrecevabilité ayant longtemps été étendue aux clauses dites « réglementaires » de certains contrats (ex. : ***CE Ass. 16 avril 1986, CLT, RDP 1986, 856, concl. Dutheillet de Lamothe***) jusqu'au revirement opéré en 1996 par un important arrêt qui admet le recours d'un usager contre une clause réglementaire ***(CE 10 juillet 1996, Cayzeele, Rec. 274 ; AJDA 807, chron. Chauvaux et Girardot, p. 732 ; RFDA 1987, 89, note Delvolvé ; CJEG 1996, 382, note Terneyre)***.

Pourtant, un contrat peut préjudicier à un tiers. Par exemple, l'usager d'un service public peut avoir à se plaindre des stipulations du contrat de concession de ce service. Néanmoins, cet usager ne peut attaquer le contrat.

C'est avant tout pour remédier à cette situation que la jurisprudence a admis le caractère détachable de certains actes antérieurs au contrat, qui sont des actes unilatéraux, considérés comme faisant grief, en dépit de leur caractère objectivement préparatoire. La théorie de l'acte détachable constitue ainsi un bastion avancé du principe de légalité au sein du contrat ; elle n'en est pas moins très discutée compte tenu des difficultés de mise en œuvre et l'opinion doctrinale générale est en faveur d'une évolution vers la recevabilité du recours pour excès de pouvoir contre le contrat lui-même.

A La recevabilité du recours pour excès de pouvoir

258. Selon la présentation habituelle (V. p. ex. D. Pouyaud, *op. cit.*, p. 293 et s.) la notion d'acte détachable aurait été introduite dans le contentieux contractuel avec l'arrêt du *11 décembre 1903, Commune de Gorre (S. 1906, 3, 49, note Hauriou)*, qui admet contre un acte préparatoire d'un contrat de droit privé le recours en annulation fondé sur des moyens de légalité.

Ensuite, le même système aurait été admis pour le contrat administratif par le célèbre arrêt ***Martin du 4 août 1905 (GAJA, p. 93 ; D. 1907, 3, 49, concl. Romieu)*** qui statue sur un recours dirigé contre la délibération d'un conseil général relative à une concession de tramways.

Un auteur a pu montrer que cette présentation n'est pas parfaitement conforme à l'évolution jurisprudentielle (L. Folliot, *Th. cit.*, p. 240 et s.). La doctrine et Romieu lui-même ont trop rapidement amalgamé le cas du contrat de droit privé et celui du contrat administratif sans prendre garde que, depuis le début du XIXe siècle, le Conseil d'État avait admis la recevabilité du recours contre des actes précontractuels relatifs à des contrats administratifs (*id.* p. 245). L'arrêt Martin n'a pas innové en déclarant recevable le recours pour excès de pouvoir dirigé contre les délibérations d'un conseil général relatives à un contrat de concession. La seule innovation se trouvait dans les conclusions de Romieu selon lesquelles le recours pour excès de pouvoir n'était recevable que de la part des tiers, à l'exclusion des cocontractants qui peuvent saisir le juge du contrat. Cette restriction n'a été admise que par un arrêt *(CE 28 novembre 1954, Syndicat de la raffinerie de soufre française, Rec. 620)* et elle a été abandonnée très peu de temps après *(CE 4 février 1955, Ville de Saverne, Rec. 73)* car elle reposait sur la théorie du recours parallèle et du caractère subsidiaire du recours pour excès de pouvoir, qui a perdu son actualité depuis longtemps (en ce sens concl. Kahn sous ***CE 5 décembre 1958, SE à l'Agric. c/ Union des pêcheurs à la ligne, AJDA 1959, II, 57***).

259. Les tiers comme les cocontractants peuvent donc contester devant le juge administratif tous les actes unilatéraux antérieurs à la conclusion définitive d'un contrat de droit public aussi bien que de droit privé. Le recours est recevable même contre la décision détachable prise par le président d'une assemblée parlementaire depuis l'abandon de l'immunité des « actes parlementaires », en ce domaine *(CE ass. 5 mars 1999, Président de l'Assemblée Nationale, RFDA 1999, 333, concl. Bergeal ; AJDA 1999, 409, chron. Fombeur et Raynaud ; GAJA p. 788)*. Le recours contre l'acte détachable est cependant irrecevable si l'acte a un caractère de droit privé *(CE 29 avril 1994, GIE Groupetubois, Rec. tab. 786 :* décision de signer un contrat non détachable de la gestion d'un service industriel et commercial).

Ont intérêt à agir les personnes lésées par l'acte détachable. Il peut s'agir de concurrents qui n'ont pas obtenu le contrat, étant précisé que lorsqu'est attaquée la décision de passer un marché, seules les entreprises qui ont participé à la procédure ont intérêt à agir, sauf si le comportement de l'administration a fait obstacle à leur participation (V. *CE Sect. 6 décembre 1995, Dép. de l'Aveyron, Rec. 428 ; AJDA 1995, 159 ; CJEG 1996, 225, concl. Fratacci)*. Il peut également s'agir des membres d'une assemblée délibérante, dans le cas de recours dirigé contre une délibération, ou d'usagers qui ont intérêt à critiquer des décisions se rapportant à une convention de délégation de service public, ou de l'ancien titulaire d'un contrat qui conteste le refus de renouvellement de ce dernier *(CE 20 septembre 1999, SA Alabel, Dr. Adm. 2000, n° 18, comm. F. Brenet)*.

Comme tout recours pour excès de pouvoir, le recours contre l'acte détachable doit être dirigé contre une décision faisant grief. Est, par exemple, exclu le recours contre un avis d'appel d'offres *(CE 10 mai 1996, Conseil régional de l'Ordre des architectes PACA, Rec. tab., 665)*.

L'acte le plus fréquemment attaqué est la décision de contracter qui, lorsqu'elle émane d'une collectivité locale, se traduit le plus souvent par une délibération de l'organe délibérant ou par une décision de la commission d'appel d'offres. Ce peut aussi être une autorisation préalable ou une approbation de tutelle (ex. : *CE 6 décembre 1872, Galland, Rec. 680*) ou un refus de signer *(CE 25 novembre 1998, Cie luxembourgeoise de télédiffusion,*

Rec. 443). La détachabilité de la décision peut cependant être purement intellectuelle puisqu'est admis le recours contre la « décision de signer » qui se manifeste par le fait même de la signature *(CE 9 novembre 1934, Chambre de commerce de Tamatave, Rec. 1034 ; CE 7 février 1936, Département de la Creuse, Rec. 171)*. Étant donné que la décision de signer n'est habituellement pas publiée, le recours est recevable sans délai, ce qui est un redoutable facteur d'insécurité juridique.

Cette conception extensive de la détachabilité s'inscrit dans la philosophie générale du recours pour excès de pouvoir en vue d'ouvrir assez libéralement aux intéressés, et surtout aux tiers, la seule voie de recours qui permette de sanctionner l'illégalité commise dans la conclusion de tout contrat et ce, même si le contrat a été signé et mis à exécution. Ce recours est loin d'être privé de son intérêt par l'introduction du « référé précontractuel » compte tenu du champ et des conditions d'application restrictifs qui caractérisent ce dernier, puisqu'il ne concerne que certains contrats et ne peut être utilisé que par certains requérants, qui ne peuvent invoquer que certaines illégalité (cf. *supra*), mais son efficacité demeure limitée.

260. Elle l'est d'autant plus que la signature du contrat fait obstacle à ce que soit ordonné le sursis à exécution de l'acte qui l'a autorisée (ex. : *TA Toulouse 7 juillet 1988, SEDA, AJDA 1988, 749*), ce qui a été confirmé dans le cadre du « référé-suspension » de l'article L. 521-1, CJA, qui remplace le sursis à exécution depuis la loi du 30 juin 2000 *(ex : CE 14 novembre 2003, Sté Heli Inter, Ctts et MP, 2004, com. 9)*. Mais, s'il est déposé à temps, le référé-suspension est recevable, alors même qu'un référé précontractuel l'eût été, il n'existe pas d'exception de recours parallèle *(CE 29 juillet 2002, Ville de Nice c/ SARL Loisirs et Innovations, BJDCP, 2002, n° 25, p. 476, concl. Piveteau)*. Et, si la demande de suspension est formée par le préfet, la suspension est automatique pour une durée d'un mois (art. L. 554-1 CJA).

B Les moyens d'annulation

261. Le recours pour excès de pouvoir contre l'acte détachable, comme tout recours pour excès de pouvoir, doit reposer sur des moyens de légalité, mais, alors même que l'objet du recours est d'obtenir l'annulation du seul acte détachable, l'illégalité invoquée peut être aussi bien propre à l'acte attaqué que dérivée de celle du contrat.

a) Vice de l'acte détachable

262. L'acte détachable peut être entaché d'un vice propre relevant soit de la légalité externe, soit de la légalité interne.

Ainsi, la décision de conclure un contrat est illégale si elle émane d'une autorité incompétente ou irrégulièrement composée (ex. : *CE 18 novembre 1991, Le Chaton, Rec. t. 1040* : composition irrégulière de la commission d'appel d'offres). Il en est de même dans le cas de défaut d'information de l'assemblée délibérante (ex. : *CE 1er octobre 1997, Avrillier, AJDA 1997.815 ; JCP 1998.II.22976, concl. Bergeal* : annulation de la délibération approuvant une concession parce que les motifs réels avaient été dissimulés).

Le vice propre peut aussi entacher la légalité interne de l'acte : violation de la réglementation d'urbanisme (ex. : ***CE 1er octobre 1993, Soc. Le Yacht-club international de Bormes-les-Mimosas, AJDA 1993, 810, concl. Pochard ; RFDA 1994, 248, note Pacteau***) ; violation des droits acquis (ex. : *CAA Nantes 7 mai 1991, Commune de Mauves-sur-Loire, Rec. t. 1041*).

Le contrôle sur le choix du cocontractant est d'étendue variable : en matière de marchés, la décision est sujette au contrôle minimum de l'erreur manifeste d'appréciation *(CE 14 septembre 1979, Commune d'Agde, Rec. 356 ; CE 27 juillet 1984, Société Biro, Rec. 303)*, alors qu'en matière de concession aucun contrôle de cette appréciation n'est effectué *(CE 17 décembre 1986, Syndicat de l'Armagnac et des vins du Gers, RFDA 1987, 25, concl. Fornacciari ; CE 18 mars 1988, Loupias, Rec. tab. 668 ; CAA Nantes 26 avril 2000 Société nouvelle du casino de Cabourg, req. 97NT02665)*, ce qui n'empêche cependant pas le contrôle de l'erreur manifeste d'appréciation sur d'autres points, comme par exemple, la durée de la concession *(CE 23 juillet 1993, Compagnie générale des eaux, Rec. 225)*, et n'exclut pas que, dans l'avenir, sous l'influence de l'évolution législative, le contrôle du juge en matière de choix du titulaire d'une délégation de service public soit aligné sur le contrôle en matière de marché public. Mais on en arrive ici à l'examen du contenu du contrat.

b) Vice du contrat

263. L'acte détachable qui a pour objet un contrat illégal est lui-même illégal.

Le contrat peut d'abord être illégal parce que le consentement des parties est entaché d'un vice (ex. : *CE 23 mars 1992, Martin, AJDA 1992, 376*), mais il peut aussi l'être parce qu'il est contraire à une règle du droit objectif. Le juge de l'excès de pouvoir est donc amené à confronter le contrat lui-même à la légalité. Ainsi une décision ministérielle approuvant un contrat conclu dans un domaine réservé au pouvoir réglementaire est annulée à raison de l'illégalité du contrat ***(CE 8 mars 1985, Association Les Amis de la Terre, RFDA 1985, 363, concl. Jeanneney ; AJDA 1985, 382, obs. Moreau)***.

La cause la plus fréquente d'annulation tient cependant à la violation des règles de procédure, et notamment des règles de publicité et de mise en concurrence. À cet égard s'est posé le problème de l'application par le juge administratif des directives communautaires.

Ainsi, la directive 89/1140 qui impose la publicité des concessions de travaux publics n'a été transposée en France qu'à compter du décret du 31 mars 1992, alors que la date limite de transposition était le 20 juillet 1990. De ce fait, conformément aux règles du droit communautaire, les dispositions précises et inconditionnelles de la directive sont invocables devant le juge national. Mais, le Conseil d'État n'admet pas que les particuliers puissent se prévaloir des dispositions d'une directive à l'appui d'un recours contre un acte non réglementaire, et, notamment contre la délibération autorisant la conclusion d'une concession *(CE 23 juillet 1993, CGE, Rec. 226)*. Il n'est donc possible d'invoquer une directive qu'au travers de l'exception d'illégalité d'un acte réglementaire, lui-même contraire à la directive.

L'arrêt d'assemblée du ***6 février 1998 Tête (CE Ass. 6 février 1998, Tête, Rec. 30, concl. Savoie ; RFDA 1998, 407, concl. Savoie ; AJDA 1998, 458, chron. Raynaud et Fombeur, p. 403 ; CJEG 1998, 283, concl. Savoie)*** ne marque pas l'abandon de cette solution, mais il en tire « les conséquences les plus lointaines » (concl. Savoie) en annulant la délibération contestée à raison de sa conformité à des « règles nationales », qui, elles-mêmes, n'étaient pas compatibles avec les objectifs de la directive de 1989. La même solution a été appliquée en matière de marchés publics, le code des marchés publics n'ayant pas repris les modèles d'avis rendus obligatoires par les directives sur les marchés publics *(CE 27 juillet 2001, Compagnie Générale des Eaux, Rec. 406 ; ACCP, n° 5, p. 31 ; BJDCP 2002, n° 20, p. 21, concl. Piveteau).*

Compte tenu de ce que la non conformité des règles nationales résultait de leur silence, imputable à l'abstention des autorités françaises, qui n'avaient pas introduit la règle de publicité imposée par la directive, il faut reconnaître qu'il ne reste plus grand chose de la jurisprudence antérieure.

264. L'annulation peut être partielle : si ne sont illégales que certaines clauses du contrat divisibles par rapport aux autres, l'acte détachable n'est illégal qu'en tant qu'il se rapporte à ces clauses (cf. concl. Le Chatelier sous *CE Ass. 17 décembre 1993, Groupement national des établissements de gérontologie, AJDA 1994, 61*). Ainsi, la délibération d'un conseil municipal approuvant un avenant à une concession a-t-elle pu n'être annulée qu'en tant qu'elle ratifiait une augmentation du prix de l'eau (ex. : *TA Lyon 14 décembre 1993, Chomat, AJDA 1994, 349, obs. Broussolle*). En revanche, l'acte détachable est entièrement annulé si l'ensemble des stipulations constitue un tout indivisible *(CE Sect. 20 janvier 1978, SNETAP, Rec. 22)*.

Selon certains commissaires du gouvernement, il existe une « présomption d'indivisibilité » *(concl. Labetoulle sous CE 2 décembre 1983, Confédération des syndicats médicaux français, Dr. Soc. 1984, 144 ; concl. Le Chatelier précit ; concl. Maugüé sous CE sect. 14 avril 1999, syndicat des médecins libéraux, RFDA, 1999. 1190)* ; mais cette présomption n'est pas irréfragable. Elle est levée si la stipulation en cause n'a pas présenté un caractère déterminant ou si elle peut être supprimée sans que l'économie du contrat en soit bouleversée (cf. *infra*, n° 295).

C Les conséquences de l'annulation de l'acte détachable

265. Une fois annulé, l'acte détachable est censé n'avoir jamais existé, mais, compte tenu de la séparation des contentieux, cette disparition n'a, par elle-même, que des conséquences limitées dans la mesure où le contrat constitue un acte juridique distinct et qui se trouve à l'abri de la censure du juge de l'excès de pouvoir. Le problème de l'efficacité du recours pour excès de pouvoir est ici posé, mais aussi celui de la stabilité des situations contractuelles face à des recours émanant d'intéressés parfois fort éloignés du cercle contractuel.

En droit communautaire des marchés publics, l'article 2, § 6 de la directive 89/665 prévoit que *« les effets de l'exercice des pouvoirs visés au paragraphe 1 sur le contrat qui suit l'attribution d'un marché sont déterminés par le droit national »*. Il est donc admis que le droit national peut ne pas permettre de remettre en cause le contrat définitif. Mais, la violation du droit communautaire n'en est pas moins constituée ; il en résulte que le recours en manquement de la Commission reste recevable et que le manquement peut encore être constaté *(CJCE 10 avril 2003 Comm. c/ Allemagne aff. C-20/01 et C-28/01).*

En droit national, une réponse de la Section du rapport et des études à une demande d'éclaircissement, en date du 25 janvier 1989 *(EDCE 1989, n° 41, p. 127 ; CJEG 1991, 115, art. B. Pacteau)* donne les solutions suivantes :

« Selon une jurisprudence ancienne, l'annulation par le juge de l'excès de pouvoir, à la demande d'un tiers d'un acte détachable du contrat, n'a par elle-même aucun effet direct sur ce contrat : celui-ci demeure la loi des parties et son exécution dans l'intérêt du service peut en principe être poursuivie ». L'administration doit seulement « saisir le juge du contrat pour lui demander d'en prononcer la nullité ou... résilier elle-même » ; mais cela n'est pas obligatoire lorsque les circonstances (urgence, conséquences financières) justifient la poursuite du contrat ou lorsque l'irrégularité a été sans incidence sur le choix du cocontractant.

Au contentieux, le Conseil d'État a jugé qu'« à la suite de l'annulation d'un acte détachable de la passation d'un contrat, il appartient à l'administration, selon les circonstances propres à chaque espèce et sous le contrôle du juge, de déterminer les conséquences à tirer de cette annulation » *(CE 24 mai 2001, Avrillier, ACCP, sept. 2001, n° 3)* et que « l'annulation d'un acte détachable d'un contrat n'implique pas nécessairement la nullité dudit contrat » ; en particulier, la poursuite du contrat peut être motivée par le risque d'une « atteinte excessive à l'intérêt général » *(CE 10 décembre 2003, Institut de recherche pour le développement, BJDCP, 2004, n° 33, p. 136, concl. Piveteau ; AJDA 2004. 394, obs. J.-D. Dreyfus).*

Deux cas doivent être distingués selon que l'annulation de l'acte détachable fait ou non obstacle à la poursuite du contrat, et, une fois résolue cette question de fond, il reste à déterminer par quelles voies procédurales les conséquences de l'annulation, lorsqu'il y en a, doivent être tirées.

a) Retentissement de l'annulation de l'acte détachable sur le contrat

266. Pour déterminer le retentissement de l'annulation de l'acte détachable sur le contrat, il semble logique de tenir compte de l'objet de l'acte et de la nature de l'illégalité qui l'entache (cf. ***concl. Pochard sur CE 1er octobre 1993, Sté Le Yacht-club international de Bormes-les-Mimosas, AJDA 1993, 810 ; concl. Piveteau sur CE 10 décembre 2003, Institut de recherche pour le développement, BJDCP, 2004, nº 33, p. 136***).

Doit d'abord être pris en considération « à titre principal, le motif qui a justifié l'annulation de l'acte détachable » (Pochard, concl. précit.) : si l'acte détachable a été annulé à raison de l'illégalité des stipulations du contrat, cette annulation retentit nécessairement sur le contrat. Ainsi, l'annulation d'une délibération qui approuve les clauses tarifaires d'une concession entraîne la nullité des clauses tarifaires elles-mêmes.

L'acte détachable peut aussi être annulé à raison d'un vice propre, par exemple, un défaut d'information du conseil municipal qui a pris la décision de contracter. En ce cas « la solution devra dépendre du degré de relation existant entre l'acte détachable et le contrat en cause » *(id.)*. Si l'acte détachable est l'acte de passation lui-même, la conséquence normale de l'annulation est la nullité du contrat, car un élément essentiel du contrat a disparu. En revanche, selon le commissaire du gouvernement Pochard, si l'acte annulé n'a « qu'un rapport indirect avec le contrat, comme ce sera le cas par exemple s'agissant d'un acte d'approbation par l'autorité de tutelle, son annulation pourra fort bien demeurer dans de nombreuses hypothèses sans incidence sur la validité du contrat lui-même ».

Pour logiques qu'elles soient, ces propositions ne paraissent pas entièrement ratifiées par le Conseil d'État, qui dans une réponse de la Section du rapport et des études à une demande d'éclaircissement, en date du 3 décembre 1997 *(AJDA 1998, 169, note Richer)* privilégie le motif de l'annulation et admet que l'annulation de la délibération autorisant la conclusion même du contrat n'emporte pas nécessairement disparition de celui-ci lorsqu'elle repose sur un vice propre à la délibération. Cette position a été confirmée en contentieux dans la même affaire, par l'arrêt Avrillier du 14 mai 2001 (précité), qui admet la validité d'une résiliation conventionnelle à la suite de l'annulation de la délibération autorisant la signature d'une concession. Dans le même sens un arrêt juge que l'annulation, pour absence de transmission aux élus de certains documents, de la délibération autorisant la signature d'un contrat délégation de service public n'implique pas, compte tenu du motif d'annulation, que le département résilie le contrat ou en fasse prononcer la nullité *(CAA Marseille 12 septembre 2002, Association Gap Club, AJDA 2003. 1615, note M.-C. Vincent-Legoux).*

Mais, force est de constater que, la plupart du temps, les juridictions considèrent que l'annulation implique la nullité du contrat, sans guère tenir compte des considérations de bonne administration auxquelles fait place le Conseil d'État (voir p. ex. *CAA Lyon 25 octobre 2001, Ville de Dijon, BJDCP 2002, n° 23, p. 296, concl. Bourrachot*).

b) Procédures et décision consécutives à l'annulation

267. Compte tenu de l'accroissement du contentieux, le problème des conséquences à tirer de l'annulation se pose de plus en plus souvent ; mais les règles applicables ne sont pas encore certaines sur tous les points.

1° Cas où l'annulation empêche le maintien du contrat

268. Quand l'annulation retentit sur la validité du contrat, celui-ci est nul et il faut, par conséquent, qu'il disparaisse pour le passé comme pour l'avenir. Il paraît normal d'avoir, alors, recours au juge du contrat, mais ce n'est pas la seule solution. Alors même que la nullité est la conséquence logique de l'annulation de l'acte détachable lorsqu'elle retentit sur le contrat, alors même que le juge devrait être seul apte à déclarer la nullité, des solutions différentes semblent admises ou en voie de l'être.

269. Le Conseil d'État a affirmé dans un arrêt ancien que les stipulations d'un contrat de concession dont l'approbation avait été annulée n'étaient « susceptibles d'aucune exécution » *(CE 1er mars 1946, Soc. L'Énergie industrielle, Rec. 66)*, mais il n'a pu le faire que parce qu'il avait été saisi par une partie d'un recours en interprétation. Or, tout le problème est celui des voies de recours.

En effet, l'acte détachable est généralement annulé à la demande de tiers qui ne sont pas recevables à agir en nullité du contrat (cf. *infra*), puisque, en l'état actuel du droit, seules les parties au contrat sont recevables à saisir le juge du contrat. Cette impossibilité a amené à la solution alambiquée consistant pour le tiers à mettre en demeure l'administration de saisir le juge du contrat d'une action en nullité ; et, s'il n'est pas donné suite, à saisir le Conseil d'État d'une demande de condamnation sous astreinte en application de la loi du 16 juillet 1980. Il a été fait droit à une telle demande à la suite de l'annulation d'un acte détachable d'un contrat de droit privé ***(CE Sect. 7 octobre 1994, Lopez, Rec. 430, concl. Schwartz ; RFDA 1994, 1090, concl. Schwartz, note Pouyaud ; AJDA 1994, 914 et comm., p. 867).*** La longueur de la procédure est néanmoins de nature à en décourager plus d'un.

270. Toutefois, l'article L 911-1 CJA a reconnu au juge administratif un pouvoir d'injonction lorsque l'annulation implique une mesure d'exécution déterminée, ce qui permet d'améliorer la situation des auteurs de recours : en même temps que l'annulation de l'acte détachable, le requérant demande au tribunal d'enjoindre à l'administration de prendre les mesures nécessaires pour anéantir le contrat, soit par voie d'une action en nullité devant le juge du contrat, ou par voie de résolution (ex. : *TA de Nantes 11 avril 1996, Compagnie des transports de l'Atlantique, AJDA 1996, 562, obs. Millet ; RFDA 1996, 722, concl. Millet ; CE Sect. 26 mars 1999, Soc. Hertz France, Rec. 96, concl. Stahl, RFDA 1999, note Pouyaud ; CAA Paris 7 juillet 1999, Sécail, BJDCP n° 8, p. 18, concl. Lambert ; AJDA 1999. 948 ; CAA Lyon 25 octobre 2001 Ville de Dijon, BJDCP 2002, n° 23, p. 296, concl. Bourrachot*).

Cependant, le juge de l'excès de pouvoir statuant sur une demande d'injonction peut rejeter cette demande, alors même qu'il a annulé l'acte détachable : « l'annulation d'un acte détachable d'un contrat n'implique pas nécessairement la nullité dudit contrat ; qu'il appartient au juge de l'exécution, saisi d'une demande d'un tiers d'enjoindre à une partie au contrat de saisir le juge compétent afin d'en constater la nullité, de prendre en compte la nature de l'acte annulé ainsi que le vice dont il est entaché et de vérifier que la nullité du contrat ne portera pas, si elle est constatée, une atteinte excessive à l'intérêt général » ***(CE 10 décembre 2003, Institut de recherche pour le développement, BJDCP, 2004, n° 33, p. 136, concl. Piveteau ; AJDA 2004. 394, obs. J.-D. Dreyfus).*** Faut-il comprendre que l'annulation ne retentit pas sur la validité du contrat ou que, en dépit de ce retentissement, la sécurité des contrats ou d'autres considérations doivent permettre de poursuivre l'exécution du contrat, en dépit de son illégalité ? La rédaction des arrêts ne permet pas de répondre avec certitude.

Une grande importance est apportée par le juge à la notion de régularisation depuis l'avis de la section du rapport et des études du Conseil d'État du 3 décembre 1997 (*AJDA* 1998. 169) qui a admis que dans le cas où la délibération autorisant la signature d'un contrat a été annulée pour un vice propre, la poursuite du contrat est possible moyennant une régularisation pour l'avenir consistant à adopter une nouvelle délibération purgée du vice. L'existence d'une possibilité de régularisation est au cœur de la démarche du juge de l'injonction.

Ainsi, pour la Cour administrative d'appel de Paris « le tribunal administratif, lorsqu'il est saisi de conclusions tendant à ce qu'il soit enjoint à une commune de saisir le juge du contrat afin de faire constater la nullité d'un contrat signé par le maire en application d'une décision de ce dernier annulée par son jugement pour une irrégularité qu'il estime régularisable, est tenu de vérifier si, parmi les moyens invoqués par le demandeur, il en existe au moins un qui fait obstacle à toute régularisation et donc implique nécessairement le prononcé de l'injonction » *(CAA Paris, plén. 7 juillet 1999, Sécail, req. 96PA02322, AJDA 1999. 948).*

Dès lors que c'est la possibilité de régularisation, liée à la nature du vice, qui fonde l'absence d'injonction, il faut bien admettre que le juge de l'injonction ne refuse pas d'ordonner celle-ci au motif que l'annulation n'a pas retenti sur le contrat. Si le contrat peut se poursuivre, c'est à condition d'être régularisé, ce qui implique que le contrat est illégal, mais que pendant une période transitoire, le maintien du contrat illégal est admis. Il en résulte que si le juge du contrat est saisi, il peut constater la nullité en l'absence de régularisation et le juge du contrat, juge du plein contentieux, statue en fonction des circonstances existant au moment où il statue, ce qui peut le conduire à une solution différente de celle qu'a retenue le juge de l'excès de pouvoir.

D'autres possibilités sont ouvertes.

271. Un arrêt a admis, à propos d'un agent contractuel, que l'administration peut constater elle-même la nullité d'un contrat *(CE 23 février 1966, Brillé, Rec. 142)* ; mais il est impossible de généraliser cette solution, qui s'explique par la situation particulière des agents contractuels, à bien des égards proche de celle d'un fonctionnaire en situation unilatérale. Sauf à assimiler le contrat à un acte unilatéral, on ne peut admettre le retrait du contrat par l'administration pour illégalité (v. en ce sens : *TA Paris 21 avril 1971, Ville de Paris, AJDA 1972, 164, note Godfrin ; CAA Paris 7 juillet 1999, Sécail, BJDCP n° 8, p. 18, concl. Lambert ; AJDA 1999. 948*).

En revanche, il est possible que les parties constatent elles-mêmes la nullité par voie conventionnelle, au lieu de recourir au juge. En effet, le Conseil d'État a accepté de faire produire effet à une convention ayant pour objet de déclarer nul et non avenu un contrat antérieur *(CE 16 avril 1986 Roujansky, RDP 1986, 893, concl. Dutheillet de Lamothe)* et, à la suite de l'annulation d'une délibération autorisant la signature d'une convention d'occupation du domaine public d'Aéroports de Paris, il a jugé que « dans les circonstances de l'espèce et eu égard à la nature des contrats en cause et du vice dont sont entachées les décisions de passer des conventions d'occupation du domaine public- l'annulation de ces décisions implique nécessairement la résolution desdites conventions ; qu'il y a lieu de faire droit à ces conclusions et d'enjoindre à Aéroports de Paris, s'il ne peut obtenir de ses cocontractants qu'ils acceptent la résolution de ces conventions d'un commun accord des parties, de solliciter du juge du contrat cette résolution dans le délai de deux mois à compter de la notification de la présente décision » ***(CE Sect. 26 mars 1999, Soc. Hertz France, AJDA 1999.427, concl. Stahl, note Bazex ; RFDA 1999, note Pouyaud)***.

272. Par ailleurs, les deux réponses du 25 janvier 1989 et du 3 décembre 1997 (précit.), ainsi que le commissaire du gouvernement Schwartz (concl. précit.) font référence à la possibilité de prononcer la résiliation du contrat, à titre d'alternative à la saisine du juge. On ne peut s'empêcher de trouver étrange cette assimilation des deux procédés, qui ne sont pas équivalents, puisque la résiliation ne produit effet que pour l'avenir et que la sanction pertinente de l'illégalité est la nullité retroactive. Toutefois, le Conseil d'État a admis au contentieux qu'une résiliation pour motifs d'intérêt général a pu légalement être fondée, entre autres motifs, sur des « irrégularités de rédaction » *(CE 10 juillet 1996, Coisne, RFDA 1997, 504, concl. Chantepy, note Douence)*.

Mais, on ne voit pas comment il serait possible de concilier la résiliation pour illégalité avec la jurisprudence selon laquelle la résiliation d'un contrat nul est elle-même nulle, ce qui est logique puisque le pouvoir de résiliation suppose un contrat ***(CE***

20 octobre 2000, Société Citécâble Est, Rec. 457 ; RFDA 2001, 359, concl. Savoie).

2° *Cas où l'annulation n'empêche pas la poursuite du contrat*

273. La réponse de la Section du rapport et des études en date du 3 décembre 1997 *(AJDA 1998, 169, note Richer)* présente le grand intérêt d'apporter des indications au sujet des conséquences de l'annulation de l'acte détachable, dans le cas où cette annulation n'oblige pas à faire disparaître le contrat.

Il s'agissait des conséquences à tirer d'un arrêt du *1er octobre 1997 Avrillier (AJDA 1997, 815 ; JCP 1997, II, 22976, concl. Bergeal)*, par lequel le Conseil d'État a prononcé l'annulation de la délibération du conseil municipal de Grenoble en date du 30 octobre 1989 autorisant le maire à signer les contrats de délégation du service de l'eau potable et du service de l'assainissement entre la ville et la société COGESE. Cette annulation a été motivée par un vice de la légalité externe consistant en ce que le conseil municipal n'a pas reçu une information complète sur les circonstances de la conclusion du contrat. Cependant, à la suite du changement de majorité au conseil municipal, la gestion du service de l'eau à Grenoble a été profondément modifiée en 1995 et 1996 : la ville a pris le contrôle de la COGESE, devenue Société des eaux de Grenoble, et un certain nombre de modifications ont été apportées au contrat, notamment pour le mettre en conformité avec la loi du 29 janvier 1993. Compte tenu de ces modifications, qui n'avaient évidemment pas été décidées en application de la chose jugée puisque le tribunal administratif de Grenoble, par jugement du 11 décembre 1991, avait rejeté la requête de M. Avrillier, pouvait-on considérer que les conséquences de l'annulation prononcée par l'arrêt de 1997 avaient été tirées à l'avance ou de nouvelles mesures devaient-elles intervenir ?

L'annulation ayant été prononcée pour un vice de la légalité externe, la réponse de la section du rapport et des études ouvre une alternative à la collectivité publique.

Dans le cas où l'acte est un acte essentiel dans le processus de conclusion du contrat, il n'est pas exclu que la nullité soit demandée ou la résiliation prononcée. Mais il ne s'agit pas là d'une obligation, l'annulation n'implique pas « nécessairement », l'action en nullité ou la résiliation. Le Conseil d'État admet aussi la voie de la régularisation, qui, en vertu du principe de non-rétroactivité, ne peut concerner que l'avenir (cf. D. Pouyaud, *La nullité des contrats administratifs*, LGDJ, 1991, n° 478). En ce cas, la solution retenue par l'avis n'est que l'application des règles générales concernant les conséquences des jugements d'annulation : quand il y a lieu à remplacement de la décision annulée, la nouvelle décision doit être prise en considération des circonstances de fait et de droit existant au moment de la nouvelle décision.

Selon l'avis du 3 décembre 1997, l'exécution du contrat ne peut se poursuivre que si une nouvelle délibération est adoptée, qui se substitue à la décision annulée sans être entachée des mêmes illégalités. Et, « cette nouvelle autorisation, qui doit prendre en compte les circonstances de fait et de droit à la date de son édiction, peut imposer pour l'avenir, la renégociation des termes du contrat dont la signature est autorisée afin de tenir compte des changements intervenus depuis la date de la décision annulée ».

L'audace de la solution ainsi retenue tient à ce que, bien que le contrat ne soit régularisé que pour l'avenir, il est admis que c'est le même contrat qui continue, puisqu'il y a « renégociation ». Il en résulte notamment que la mise en conformité ne doit porter que sur les dispositions de fond du contrat, sans qu'il soit nécessaire de procéder à une nouvelle mise en concurrence ou publicité, puisqu'il ne s'agit pas de la conclusion d'un nouveau contrat.

Dans le cas de Grenoble, les contrats avaient déjà été renégociés et plusieurs délibérations avaient approuvé la création d'une société d'économie mixte substituée à la COGESE et autorisé la signature d'avenants apportant des modifications à certaines clauses, notamment tarifaires. De ce fait, le Conseil d'État admet que les conséquences de la décision d'annulation ont été tirées par avance, ce qui n'a pas empêché le tribunal administratif de Grenoble de considérer, quant à lui, que l'avenant bouleversait l'économie du contrat *(TA Grenoble 7 août 1998, Betto, Dr. Adm., n° 303)*. Par la suite, la concession a été résiliée conventionnellement, ce qui a été jugé légal *(CE 14 mai 2001, Avrillier, précit.)*.

Dans la difficile recherche de l'équilibre entre la préservation de la légalité et celle de la sécurité des contrats, l'avis du 3 décembre 1997 penche donc vers la seconde, ce qui paraît s'inscrire dans une tendance générale de la jurisprudence administrative récente à renforcer la protection des droits acquis.

Il reste que de nombreuses annulations d'actes détachables n'ont qu'une portée platonique, ce qui incite une bonne partie de la doctrine à préconiser l'ouverture du recours pour excès de pouvoir contre le contrat.

c) Évolutions possibles

Bibliographie : GOURDOU (J.) et TERNEYRE (P.) : « Pour une clarification du contentieux de la légalité en matière contractuelle », *CJEG* 1999, 208.

274. Dans d'importantes conclusions le commissaire du gouvernement Stahl a proposé au Conseil d'État de remettre en cause l'irrecevabilité du recours pour excès de pouvoir contre les contrats, irrecevabilité qui, selon lui ne procède pas de raisons impérieuses de nature juridique, mais découle de « considérations lourdes de politique jurisprudentielle » ***(concl. Stahl sous CE 30 octobre 1998, Ville de Lisieux Rec. 375, RFDA 1999, 128 ; CJEG 1999, 61 ; JCP 1999, II, 10045, note Haïm ; AJDA 1998, 1041, chron. Fombeur et Raynaud ; AJFP 1999-4, note Boutelet)***. Toutefois, M. Stahl reconnaît que ce changement supposerait que soit ménagée la stabilité des contrats par une restriction de l'intérêt à agir et une adaptation des annulations à la portée des vices allégués, ce qui revient à porter des atteintes non négligeables au mécanisme du recours pour excès de pouvoir.

Plutôt que de parcelliser de la sorte le recours pour excès de pouvoir, on peut se demander si, au lieu d'étendre le recours pour excès de pouvoir, comme le proposait M. Stahl, il ne vaudrait pas mieux étendre la recevabilité du recours en nullité dans le cadre du plein contentieux.

Le recours pour excès de pouvoir présente, en effet, des caractéristiques mal adaptées au contentieux des contrats. Pour tenir compte de la nécessaire stabilité de ceux-ci il faudrait exiger un intérêt à agir renforcé, ce qui rapprocherait l'intérêt à agir d'un droit en dénaturant le recours pour excès de pouvoir. Par ailleurs, en matière de recours pour excès de pouvoir il n'existe pas de hiérarchie des illégalités, la mécanique de l'annulation est, pour reprendre l'expression de M. Stahl « implacable » : tout vice entraîne l'annulation, tout requérant peut invoquer la violation de toute règle, même si elle n'a pas pour objet de le protéger.

En matière de contrat, pour réaliser un équilibre entre les intérêts en présence, il est indispensable de tenir compte de la distinction entre nullité relative et nullité absolue et d'attribuer le droit de critique en fonction de la finalité de la règle. De telles distinctions ne posent pas de problème dès lors qu'il est admis que l'action en nullité poursuit l'intérêt personnel de son auteur et non l'apurement de l'ordre juridique dans l'intérêt général. Moins perturbatrice que l'extension du recours pour excès de pouvoir serait donc la solution consistant à reconnaître aux tiers lésés un droit de critique devant le juge du plein contentieux, lequel peut définir le cercle des titulaires du droit d'action et moduler son contrôle sur le contrat sans perturber la philosophie du recours pour excès de pouvoir.

Mais pour que soit réalisé l'équilibre entre la préservation de la sécurité des contrats et celle de la légalité, il serait souhaitable que, par ailleurs, le juge administratif rénove sa conception de la nullité.

Il apparaît, en effet, que pour le juge administratif la nullité constitue un état qui se constate sur action en « déclaration » de nullité. Si un vice entache le contrat, le juge n'a qu'à en déduire la nullité et de cette constatation il résulte que le contrat est censé n'avoir jamais existé. Cette conception automatique paraît quelque peu surannée.

Il serait peut-être temps de renouveler les positions de la jurisprudence administrative en tenant compte des critiques adressées à la théorie classique : dans sa thèse de 1909, *Des nullités en matière d'actes juridiques, essai d'une théorie nouvelle*, René Japiot établissait déjà la supériorité de la conception de la nullité comme sanction prononcée par le juge : « la nullité se traduit par l'ouverture d'un droit de critique. La nullité n'est point une manière d'être de l'acte » (*op. cit.*, p. 285) ; l'acte ne doit pas être considéré en lui-même, mais au point de vue de ses conséquences et c'est à ces conséquences que touche la nullité, car, « on ne critique pas uniquement pour critiquer, pour obtenir en justice une reconnaissance théorique de la nullité ; ce que l'on veut c'est un résultat pratique » (*id.*, p. 296). Il en résulte que le juge peut faire application de l'idée de proportionnalité, notamment en retenant plus ou moins largement le droit d'action, en fonction de la règle enfreinte et de la personne du demandeur.

§ 3. La responsabilité extra-contractuelle et l'enrichissement sans cause

Bibliographie : BRECHON-MOULÈNES (C.), dir. : — *Droit des marchés publics*, éd. Le Moniteur III, 630.

Les contentieux contractuels, dossier *CP-ACCP*, n° 27, novembre 2003.

MODERNE (F.) : *Les quasi-contrats administratifs*, Sirey, 1995.
POUYAUD (D.) : *La nullité des contrats administratifs*, LGDJ 1991, p. 489 et s.
TERNEYRE (Ph.) : *La responsabilité contractuelle des personnes publiques en droit administratif*, Economica, 1989, p. 27 et s.

275. Si l'administration commet une faute ayant pour conséquence l'absence de conclusion du contrat ou la conclusion d'un contrat nul, sa responsabilité est engagée. La faute ainsi commise constitue normalement une faute de service et c'est donc bien la personne publique et non son agent qui est responsable *(CE 12 juillet 1955, Bizet, Rec. 415)*. La personne responsable est normalement celle qui a lancé la procédure de conclusion ou conclu le contrat illégal, toutefois, dans le cas d'approbation illégale par l'État, la responsabilité de ce dernier est susceptible d'être retenue (ex. : *CE 15 avril 1992, SCI Vallières, Rec. 182*).

Mais, si toute illégalité est fautive, toute faute n'est pas une illégalité : à l'occasion de la passation d'un contrat, l'administration peut avoir un comportement fautif en dehors de l'édiction d'un acte illégal.

A L'indemnisation en cas d'illégalité

276. Deux types de situations peuvent être distingués selon qu'est invoquée l'illégalité d'un acte intervenu dans la procédure de conclusion du contrat ou celle du contrat lui-même.

a) Illégalité d'un acte se rapportant à la conclusion du contrat

277. Dans la plupart des cas, la demande en réparation émane d'un candidat à un marché public évincé ou d'une entreprise qui n'a pas pu faire acte de candidature par suite d'une décision illégale. Le candidat malheureux peut obtenir l'annulation de l'acte illégal, mais, indépendamment du recours pour excès de pouvoir, il a aussi la possibilité de demander réparation du préjudice subi. Encore faut-il, pour que réparation soit due, que l'existence du préjudice soit établie avec une certitude suffisante, ce qui donne lieu à une jurisprudence parfois incertaine, qui présente la particularité peu logique de faire dépendre partiellement la nature du préjudice indemnisable de son degré de certitude.

Trois situations peuvent être distinguées :

— une illégalité a été commise mais il résulte, par ailleurs, de l'instruction que l'entreprise n'aurait, de toute façon, pas été retenue ; elle n'a droit à aucune réparation (*CE 4 juin 1976, Desforets, Rec. 301* : décision d'éviction prise par une autorité incompétente, mais les garanties présentées par l'entreprise étaient insuffisantes ; *CE 9 décembre 1987, Chambre d'agriculture des Deux-Sèvres, Rec. 404* : « si ce marché avait été attribué dans des conditions régulières, il n'est pas établi que la société aurait eu une chance sérieuse ») ;

— une illégalité a été commise et il s'avère que sans cette illégalité l'entreprise n'aurait pas été dépourvue de toute chance d'obtenir le marché ; elle est indemnisée pour les frais qu'elle a inutilement engagés, mais ne l'est pas pour le manque à gagner (ex. : *CE 23 mars 1994, SIVU pour l'étude et pour la réalisation du golf de Cognac, CJEG 1995, p. 27, concl. Le Chatelier*) ;

— une illégalité a été commise et l'entreprise établit qu'elle était bien placée pour obtenir le contrat ; en ce cas, si les chances sont sérieuses, elle a droit à être indemnisée d'une partie du manque à gagner (ex. : *CE 28 mars 1980, CH de Seclin, MP 1981, n° 176, p. 24, concl. Latournerie*), si les chances sont très sérieuses, confinant à la certitude, le manque à gagner est compensé dans son intégralité (ex. : *CE 10 janvier 1986, Soc. des travaux du Midi, JCP 1986, II, 20698, note Terneyre ; CE 21 septembre 1992, Commune de Bagnols-sur-Cèze, Dr. Adm., n° 497*).

b) Illégalité du contrat

278. La violation de la légalité commise lors de la signature du contrat constitue une faute de l'administration qui engendre un préjudice lorsqu'il s'avère par la suite que le contrat, du fait de son illégalité, ne peut être exécuté. Par exemple, la Ville de Paris commet une faute en concluant un bail commercial sur un bien du domaine public et en laissant espérer à l'occupant un droit à renouvellement, alors que la législation sur les baux commerciaux est incompatible avec la domanialité publique *(CE 23 janvier 1976, Kergo, Rec. 56).*

Mais, à partir du moment où l'illégalité a pour conséquence la nullité du contrat, il est admis que la responsabilité pour faute se combine avec l'enrichissement sans cause pour fonder un droit à indemnité, sans que soit opposé le caractère subsidiaire de l'enrichissement sans cause.

279. Ces solutions reposent sur la combinaison entre la théorie de l'enrichissement sans cause et celle de la responsabilité pour faute. Il est en effet admis, aussi bien dans le cas d'absence de conclusion du contrat que dans le cas de conclusion d'un contrat nul, que la fourniture de prestations utiles à la collectivité publique, avec l'assentiment de celle-ci, ouvre droit à une réparation quasi-contractuelle (cf. F. Moderne, *Les quasi-contrats administratifs*, Sirey, 1995, p. 68 et s.). Le juge combine donc la théorie de la responsabilité quasi-délictuelle et la théorie du quasi-contrat, lorsque ces deux causes sont invoquées dans la demande- et lorsqu'il y a bien un enrichissement de la collectivité, ce qui est loin d'être toujours le cas.

280. Ainsi que l'a énoncé le Conseil d'État dans une formulation de principe : « l'entrepreneur dont le contrat est entaché de nullité est fondé à réclamer, en tout état de cause, le remboursement de celles de ses dépenses qui ont été utiles à la collectivité envers laquelle il s'était engagé ; que dans le cas où la nullité du contrat résulte... d'une faute de l'administration, l'entrepreneur peut en outre prétendre à la réparation du dommage imputable à cette faute et, le cas échéant, demander à ce titre le paiement du bénéfice dont il a été privé par la nullité du contrat si toutefois le remboursement à l'entreprise de ses dépenses utiles ne lui assure pas une rémunération supérieure à celle à laquelle il aurait eu droit en application des stipulations du contrat » *(CE 23 mai 1979, Commune de Fontenay-le-Fleury, Rec. 226 ; adde : CE 8 décembre 1995, Commune de Saint-Tropez, AJDA 1996, 448, note V. Haïm).*

281. La formulation précédente, qui correspond au cas où le contrat est un marché public, a été précisée pour le cas, plus complexe, compte tenu de ce que les usagers ont payé le service, où il s'agit d'une concession : l'entrepreneur peut « demander à être indemnisé de la valeur non amortie, à la date à laquelle les biens nécessaires au service font retour à l'administration, des dépenses d'investissement qu'il a consenties, ainsi que du déficit qu'il a, le cas échéant, supporté à raison de cette exploitation, compte tenu notamment des dotations aux amortissements et des frais afférents aux emprunts éventuellement contractés pour financer les investissements, pour autant toutefois qu'il soit établi...que ce déficit était effectivement nécessaire, dans le cadre d'une gestion normale, à la bonne exécution du service ; que, dans le cas où la nullité du contrat résulte d'une faute de l'administration, il peut, en outre, sous réserve du partage de responsabilités découlant de ses propres fautes, prétendre à la réparation du dommage imputable à la faute de l'administration ; qu'à ce titre il peut demander le paiement du bénéfice dont il a été privé par la nullité du contrat, si toutefois l'indemnité à laquelle il a droit sur un terrain quasi-contractuel ne lui assure pas déjà une rémunération supérieure à celle que l'exécution du contrat lui aurait procuré » (*CE 16 novembre 2005 Auguste, Rec. 507, BJDCP 2006, n° 45, p. 128, concl. Casas ; RJEP-CJEG 2006. 122, note Guettier*). L'application qui est ainsi faite de l'enrichissement sans cause, comme en matière de marché public, fait abstraction d'une différence importante entre les deux contrats qui tient à ce que le service est fourni aux usagers et non à la collectivité publique. Il devrait donc revenir aux usagers d'indemniser le déficit qui a été subi à leur profit, mais cette solution se heurterai à l'évidence à de graves difficultés pratiques et il est possible d'admettre que la collectivité aussi a été enrichie quand un déficit lui a été évité.

282. Dans le cas où l'enrichissement sans cause est invoqué dans le cadre d'une action relative à la nullité du contrat, il a été admis qu'il peut l'être pour la première fois en cause d'appel, alors même qu'il ne s'agit pas d'un moyen d'ordre public ***(CE 20 octobre 2000, Soc. Citécable Est, Rec. 457 ; RFDA 2001. 359, concl. Savoie)***, ce qui protège le cocontractant en permettant, dans le cadre de la même instance, de déclarer le contrat nul et de tirer de la nullité les éventuelles conséquences indemnitaires.

283. La responsabilité quasi-délictuelle de l'administration est souvent limitée — voire supprimée — par la faute du cocontractant qui n'est que rarement excusable pour avoir ignoré l'illégalité (ex. : *CE 13 juillet 1968, Stoskopf, Rec. 460 ; CE Sect. 11 février 1972, OPHLM du Calvados, AJDA 1972, 245, concl. Guillaume*).

Fût-il excusable, le cocontractant n'est pas pour autant certain d'obtenir une indemnité à raison de la nullité de son contrat : il reste possible que la relation de cause à effet entre l'illégalité et le préjudice ne soit pas considérée comme établie. Ainsi, un agent contractuel licencié au motif que son contrat était irrégulier ne peut obtenir réparation du préjudice consistant à avoir renoncé à d'autres emplois parce que « la faute administrative tenant à la conclusion d'un contrat entaché de nullité n'est pas source du préjudice » *(CE 9 février 1968, Canaut, Rec. 105)*.

Si toute illégalité est fautive, toute illégalité n'ouvre donc pas droit à réparation.

Mais, en dehors de l'illégalité, la responsabilité quasi-délictuelle de l'administration peut être engagée sur la base d'un comportement fautif.

B La responsabilité pour comportement fautif

284. En toute légalité, mais pas forcément en toute bonne foi, la collectivité publique peut commettre une faute soit en ne faisant pas le nécessaire pour faire aboutir la procédure de conclusion d'un contrat, soit en incitant son interlocuteur à commencer prématurément l'exécution des prestations.

a) Entraves à la conclusion du contrat

285. La faute de la collectivité publique consiste à engager des pourparlers ou même à aller jusqu'à la signature du contrat, créant ainsi chez son partenaire une attente légitime, pour, ensuite, ne pas donner suite au projet contractuel.

286. La faute de l'administration peut d'abord consister en la rupture de pourparlers pré-contractuels ; mais, pour préserver la liberté de contracter, le juge administratif n'admet que très exceptionnellement l'existence d'une faute. Il semble que pour qu'elle soit reconnue, l'intention de nuire ou, du moins, la mauvaise foi doit être établie (ex. : *CE 7 avril 1965, Société Air Couzinet Transocéane, Rec. 229*). Il existe sur ce point une dissymétrie entre l'administration et son cocontractant puisque ce dernier engage sa responsabilité en retirant une offre (dans le cadre d'un appel d'offres) avant la conclusion du contrat (ex. : *CE 9 décembre 1988, Syndicat intercommunal pour le ramassage des ordures ménagères de Château-Salins et sa région, Rec. t. 668*) ; en ce cas, le juge administratif est compétent pour condamner la personne privée à raison du caractère administratif de l'acte d'engagement *(TC 23 mai 2005, Dép. de la Savoie, RJEP-CJEG 2005. 37, concl. Roul)*.

287. Même après la signature, l'administration contractante peut faire obstacle à l'entrée en vigueur du contrat dans les cas où celui-ci est soumis à une approbation. Le défaut d'approbation n'est pas par lui-même une faute ; pour avoir droit à indemnité le cosignataire doit rapporter la preuve d'une faute distincte.

L'arrêt ***Commune d'Huos du 24 juin 1938 (D. 1939, 3, 25, note Pépy)*** subordonne la responsabilité à l'existence de manœuvres par lesquelles la collectivité contractante se serait opposée à l'approbation. Cependant, cette exigence ne figure pas dans la jurisprudence postérieure qui se contente de la négligence ou de l'imprudence *(CE 13 avril 1945, Commune de Thierville, Rec. 74).* Cette responsabilité, exceptionnelle en pratique, a un caractère extra-contractuel : le contrat non approuvé ne peut produire d'effet (cf. *CE 26 mai 1971, Marquet, Rec. 383* : n'est pas applicable à l'action fondée sur l'absence d'approbation une stipulation subordonnant la saisine du tribunal administratif à l'avis d'une commission).

b) Incitations à une exécution prématurée

288. Dans le cas où un contrat n'est pas conclu, le partenaire de l'administration peut avoir droit à une indemnité, alors même qu'aucune faute n'a été commise, si le commencement d'exécution a reçu l'assentiment de la collectivité et lui a profité (ex. : *CE 10 mai 1939, Commune de Chassien, Rec. 310*). C'est là une application de la théorie de l'enrichissement sans cause. Mais la responsabilité peut aussi être engagée sur la base de la faute si la collectivité publique a incité l'autre partie à entreprendre des diligences et dépenses qui ne sont, en fin de compte, pas suivies de la conclusion d'un contrat (ex. : *CE 26 juillet 1947, Exposition internationale de Paris, Rec. 350 ; CE 1er mars 1957, Commune de Perthus, Rec. 133 ; CE 13 novembre 1974, Coulibœuf, Rec. 567 ; CE 10 janvier 1986, Société des travaux du Midi, JCP 1986, II, 20698, note Terneyre*). Cependant, le partenaire n'a droit à indemnité que si les incitations ont été suffisamment sérieuses et, le plus souvent, la responsabilité est partagée, compte tenu de l'imprudence qui peut lui être reprochée (ex. : *CE 21 mai 1930, Santoni, Rec. 533 ; CE 17 mai 1963, Commune de Monnein, Rec. 305 ; CE 29 septembre 1982, Perez, Rec. t. 673*). Le préjudice indemnisé correspond aux dépenses engagées.

§ 4. Les recours contre les contrats

289. La sanction normale de l'illégalité d'un acte juridique est sa nullité. La décision administrative illégale peut être annulée par le juge de l'excès de pouvoir, le contrat illégal peut l'être par le juge du plein contentieux.

Mais, des différences importantes séparent, à cet égard, le régime du contrat et celui de l'acte unilatéral.

290. En premier lieu, les rapports entre les pouvoirs du juge et ceux de l'autorité administrative ne sont pas les mêmes. L'auteur d'un acte unilatéral a compétence pour prononcer le retrait de cet acte et, de cette manière, il peut prévenir l'annulation de l'acte. Il n'en va pas de même en matière de contrat. L'administration ne peut, comme on l'a vu, déclarer le contrat nul (ex. : *CE 2 avril 1971, Tlatli, Rec. t. 923* : irrégularité d'une décision mettant fin rétroactivement à un contrat). Il en résulte que l'action en nullité est directement recevable sans qu'il y ait lieu pour le requérant de provoquer une décision préalable (D. Pouyaud, *op. cit.*, p. 457).

291. En second lieu, la nature des recours n'est pas identique. La jurisprudence contemporaine réserve le recours pour excès de pouvoir à l'acte unilatéral et n'en admet pas la recevabilité à l'encontre d'un contrat, qui n'a pas pour seul signataire l'autorité administrative (cf. D. Pouyaud, *op. cit.*, p. 297 et s.). Cette solution a cependant été remise en cause par le législateur qui a ouvert contre certains contrats une forme particulière de recours pour excès de pouvoir, le déféré préfectoral.

A La déclaration de nullité

292. Alors que le juge de l'excès de pouvoir prononce l'annulation de l'acte administratif, le juge du contrat peut seulement constater la nullité du contrat *(CE 28 décembre 1988, Établissement public d'aménagement de la Ville nouvelle de Saint-Quentin, Dr. Adm. 1989, nº 94 ; M.P., juin 1989, nº 242, p. 28).* Au plan pratique, la différence n'est pas sensible puisque dans les deux cas les effets de l'acte disparaissent rétroactivement. Au plan théorique, le juge est censé constater et non décider, ce qui implique que la nullité est un état de l'acte et non une sanction de la violation de la légalité. On a déjà dit que cette conception est contestable (*supra*, nº 274).

a) Procédure

293. Le souci de préserver la stabilité du contrat explique que la nullité ne puisse être demandée que par les parties au contrat (cf. D. Pouyaud, *op. cit.*, p. 439 et s.) ; une personne qui n'est pas partie à une convention n'a pas qualité pour demander au juge du contrat d'en déclarer la nullité (ex. : *CE 22 avril 1988, Labit, RDP 1988, 1457 ; CE 14 mars 1997, Cie d'aménagement des coteaux de Gascogne, RFDA 1997, 349, note Delvolvé*). Le juge du contrat n'est donc saisi que dans le cas où l'un des signataires cherche à se soustraire au contrat dont il invoque la nullité par voie d'action ou par voie d'exception en défense à une action de l'autre partie. Toutefois, quand le contrat a été conclu par une collectivité locale, celle-ci peut se voir forcer la main, car un contribuable local est en droit d'utiliser la procédure d'« autorisation de plaider » des articles L. 2132-5, L. 3133-1, L. 4143-1 et L. 5211-58 CGCT pour se faire autoriser par le tribunal administratif à agir en nullité du contrat *(CE 29 novembre 1929, Chatelot, Rec. 1049)*.

Que tout intéressé, même tiers au contrat, ne puisse demander la nullité différencie la nullité du contrat administratif de la nullité absolue du droit privé ; mais, par les autres éléments de son régime, la nullité du contrat administratif est bien, le plus souvent, une nullité absolue.

b) Nullité absolue et nullité relative

294. Comme l'illégalité des actes unilatéraux, la nullité des contrats administratifs est, dans presque tous les cas, d'ordre public et présente un caractère absolu, même quand les règles enfreintes ont été édictées pour la protection des intérêts de l'administration, comme, par exemple, les règles de mise en concurrence. La nullité n'a un caractère relatif que dans le cas où elle résulte d'un vice du consentement.

Le délai de prescription de l'action en nullité absolue est, comme en droit privé, de trente ans *(CE 9 juillet 1937, Commune d'Arzon, Rec. 680)*. En cas de nullité relative, le délai, autrefois de dix ans, a été ramené en droit civil à cinq ans ; le juge administratif retient aussi cette durée (en ce sens : *TA Paris 17 décembre 1998, SNCF, D. 1999, 313, note J.-D. Dreyfus*). La confirmation par régularisation n'est admise que de manière exceptionnelle (ex. : *CE 5 mai 1961, Min. Constr. c/ Soc. entrep. Cuillerai, Rec. 303* — cf. *Droit des marchés publics, éd. du Moniteur, III, 520*) et la seule solution, radicale et rarissime, pour couvrir une nullité est la validation législative, qui a été utilisée pour le contrat de concession du Stade de France (loi du 11 décembre 1996) et pour les contrats de mandat passés dans le cadre du nouveau code des marchés publics avant l'annulation par le Conseil d'État de l'exclusion que prévoyait le code (loi du 2 juillet 2003 urbanisme et habitat).

c) Nullité totale et nullité partielle

Bibliographie : Payre (J.-P.) : « Recherches sur la notion d'indivisibilité du contrat administratif », *Mél. Montané de la Roque*, 1986, t. 1, p. 505.

Staub (M.) : *L'indivisibilité en droit administratif*, LGDJ, 1999, n° 812 et s.

295. La nullité peut être totale ou partielle. En effet, bien que le juge ne puisse refaire le contrat pour le rendre conforme à la légalité, il lui est possible de limiter la portée de la nullité en préservant, pour l'essentiel, le lien contractuel.

Selon plusieurs commissaires du gouvernement, le respect des consentements impose une présomption d'indivisibilité *(concl. Labetoulle sous CE 2 décembre 1983, Confédération des syndicats médicaux français, Dr. Soc. 1984. 144 ; concl. Le Chatelier sous CE Ass. 17 décembre 1993, Groupement national des établissements de gérontologie, AJDA 1993, 61 ; concl. Maugüé sous CE sect. 14 avril 1999, Syndicat des médecins libéraux, RFDA, 1999.1190)* ; mais il s'agit là d'un hommage verbal à la volonté des parties car la jurisprudence admet assez facilement la divisibilité et, comme le reconnaît M. Le Chatelier lui-même dans ses conclusions, elle le fait moins en se référant à la volonté des parties qu'à l'économie de la convention dans le cadre d'une analyse objective (en ce sens D. Pouyaud, *op. cit.*, p. 346 et s.).

La question de la divisibilité fait l'objet de solutions pragmatiques, sans que le Conseil d'État pose une règle juridique, ce qui l'amène à décider que les juges du fond peuvent se référer à l'un ou à l'autre critère du caractère déterminant d'une stipulation ou de l'économie du contrat, sans être tenu de statuer au regard des deux *(CE 29 décembre 2004, Société SOCCRAM, BJDCP 2005, n° 40, p. 216, concl. Casas).*

Il en résulte qu'en pratique un contrat peut se trouver modifié par le juge puisque celui-ci n'hésite pas à déclarer nulle une seule clause dès lors que sa disparition n'altère pas sur un point essentiel l'économie de la convention.

C'est le seul point sur lequel le juge fait preuve d'une certaine audace. La doctrine, presqu'unanime, souhaiterait, on l'a vu, une plus grande ouverture du contentieux de la nullité ou une extension du recours pour excès de pouvoir au contrat (cf. D. Pouyaud, *op. cit.*, p. 300). La création par la loi du 2 mars 1982 du déféré préfectoral a montré que le recours pour excès de pouvoir contre un contrat n'est pas inconcevable ; mais la reconnaissance à tout intéressé de la possibilité de réclamer l'annulation du contrat mettrait en péril la stabilité des situations contractuelles. Une solution intermédiaire serait sans doute préférable ; elle pourrait consister à ouvrir le contentieux de la nullité aux personnes qui peuvent justifier d'un droit lésé (cf. *supra*).

B Le déféré préfectoral

Bibliographie : BRECHON (C.), dir. : *Droit des marchés publics*, éd. du Moniteur, III, 610.

POUYAUD (D.) : *La nullité des contrats administratifs*, LGDJ 1991, p. 509 et s.

TERNEYRE (P.) : « Le contrôle de légalité des marchés publics locaux : essai d'évaluation », *LPA*, 15 février 1991, p. 4 et s.

296. La loi du 2 mars 1982 a introduit une innovation de première importance qui ne concerne cependant que les contrats des collectivités locales.

Avant 1982 était en vigueur un régime d'approbation préalable par l'autorité de tutelle des délibérations relatives à certains contrats des communes (emprunts, garanties d'emprunts, concessions- sauf leur conformité à un cahier des charges type) et des départements (emprunts, garanties d'emprunts, concession à titre exclusif ou pour une durée supérieure à trente ans). À l'approbation de la délibération s'ajoutait parfois celle du contrat lui-même (concessions et affermages des communes sauf conformité à un cahier des charges type, marchés des communes, concessions des départements à titre exclusif ou pour une durée supérieure à trente ans).

En 1982, la tutelle a été remplacée par le contrôle de légalité exercé par voie de recours devant le tribunal administratif contre les actes assujettis à l'obligation de transmission.

a) Contrats assujettis à l'obligation de transmission

297. Sont assujettis à transmission au représentant de l'État, en vertu des articles L. 2131-2, L. 3131-2 et L. 4141-2 du Code général des collectivités territoriales (issus des articles 2 et 45 de la loi du 2 mars 1982 et de l'article 7 de la loi du 5 juillet 1972 sur les régions modifiée) « les conventions relatives aux marchés et aux emprunts ainsi que les conventions de concession ou d'affermage de services publics locaux à caractère industriel ou commercial », (cette dernière mention du caractère industriel et commercial a été supprimée pour les communes à l'article L. 2131-1), les conventions de coopération décentralisée (art. L. 1112-1 CGCT, issu de l'art. 83 de la loi du 4 février 1995) et les contrats de partenariat (art. L. 1414-15 issu de l'ordonnance 2004-559 du 17 juin 2004). Les contrats signés par le mandataire d'une collectivité locale sont soumis à l'obligation de transmission comme ceux de la collectivité elle-même ***(CE 28 juillet 1995, Préfet d'Île-de-France c/ Société de gérance Jeanne d'Arc, RDP 1996, 569, concl. Fratacci ; JCP 1996, II, 22577, note Haïm)***.

La disposition relative aux conventions de concession et affermage n'a pas été modifiée par la loi du 29 janvier 1993 qui a créé la catégorie des conventions de délégation de service public, certainement plus large que celle des concessions ou affermages de services à caractère industriel et commercial. La volonté du législateur est cependant d'appliquer à la nouvelle catégorie l'obligation de transmission, comme en témoigne une autre modification apportée par la loi du 29 janvier 1993 et codifiée à l'article L. 1411-9 du CGCT : doivent être transmises au représentant de l'État un certain nombre de pièces en même temps que les « conventions de marché », ainsi que les « conventions de délégation de service public ».

Pour tenir compte de l'absence d'obligation d'établir un écrit, la loi MURCEF du 11 décembre 2001 a prévu que les marchés publics sans formalités préalables, qui peuvent être conclus lorsque le montant du contrat est inférieur à un certain seuil, sont dispensés de la transmission ; mais les délibérations relatives à ces marchés restent, quant à elles, assujetties à transmission.

b) Procédure

298. Au moment de la publication de la loi de 1982 les commentateurs ont parfois minimisé la portée du nouveau texte en considérant que le déféré préfectoral était un recours *sui generis* et en mettant en doute la possibilité pour le tribunal administratif de prononcer l'annulation d'un contrat. Il a rapidement été fait justice de ces restrictions : le déféré préfectoral appartient au contentieux de l'excès de pouvoir *(CE Sect. 28 juillet 1991, Com-*

mune de Sainte-Marie, RFDA 1991, 966, concl. Legal) et pourtant le juge a le pouvoir d'annuler le contrat *(CE 2 novembre 1988, OPHLM de Malakoff, D. 1989, SC 219, obs. Terneyre).*

1° Recevabilité

299. Le préfet peut déférer aussi bien l'acte détachable que le contrat lui-même. Son recours n'est recevable que dans le délai de deux mois à compter de la transmission, laquelle doit avoir lieu dans le délai de quinze jours à compter de la signature en ce qui concerne les marchés et délégations de service public (art. L. 1411-9 ; L. 2131-13 ; L. 3131-6 ; L. 4141-6 CGCT) Le délai de recours est cependant prolongé si la transmission n'est pas accompagnée des documents nécessaires et si le représentant de l'État les a réclamés.

Il a également été admis que le déféré peut être formé sans aucune condition de délai contre un contrat considéré comme inexistant à raison de la gravité de l'illégalité qui l'entachait (*TA Versailles 12 décembre 1991, Préfet du Val-d'Oise, CJEG 1992, 126-* contrat par lequel une commune a mis à disposition d'un distributeur d'eau des installations relevant du domaine public d'une association syndicale autorisée). De la sorte, la procédure de déféré préfectoral redonne quelque intérêt à la notion d'inexistence du contrat, dont la doctrine considérait qu'elle ne différait pas de celle de nullité.

2° Sursis à exécution et suspension

300. À partir du moment où le préfet peut demander l'annulation, il était également recevable à déposer des conclusions à fin de sursis à exécution auxquelles il était donné satisfaction dès lors que l'un des moyens invoqués paraît sérieux. Le sursis pouvait concerner aussi bien l'acte détachable, à condition qu'il n'ait pas été exécuté, que le contrat lui-même (ex. : *CE 31 mars 1989, Commune de Septèmes-les-Vallons, Rec. 102*). L'article 27 de la loi du 4 février 1995 sur l'aménagement du territoire (« loi Pasqua ») a renforcé l'efficacité du déféré en prévoyant que la demande de sursis a, par elle-même, en matière de marchés et de délégations de service public, un effet suspensif pendant un mois, à condition d'avoir été déposée dans un délai de dix jours.

La réforme des procédures d'urgence résultant de la loi du 30 juin 2000 n'a pas entraîné la suppression de cette particularité, mais seulement sa modification : selon les articles L. 2131-6, L. 3132-1 et L. 4142-1 du CGCT, le dépôt par le préfet d'une requête en référé-suspension dans le délai de dix jours contre un marché ou une délégation de service public entraîne à elle seule la suspension.

Nombre de contrats échappent à l'obligation de transmission, tels par exemple, les contrats d'incitation économique ou d'occupation du domaine public ainsi que, de manière générale, les contrats de droit privé *(CE Sect. 27 février 1987, Commune de Grand-Bourg de Marie Galante, RFDA 1987, 212, concl. Stirn)*, mais ils ne sont pas soustraits au contrôle.

c) Contrôle de légalité et contrats non assujettis à transmission

301. Les contrats administratifs non soumis à transmission ne sont pas soustraits au contrôle de légalité.

En premier lieu, certains contrats ont été considérés comme comportant une décision unilatérale ressortissant elle-même du contrôle de légalité (*CE 24 avril 1985, Département de l'Eure, Rec. 117 ; RDP 1985, 1687, note J.-M. Auby* — recrutement d'agent public).

En second lieu, les actes détachables des contrats doivent être transmis lorsqu'ils émanent de l'assemblée délibérante. Cette obligation s'étend aux délibérations relatives à des contrats non transmissibles et, à l'occasion de l'examen de la délibération, le représentant de l'État étend nécessairement son contrôle à la légalité du contrat.

Enfin, il a été admis que même les contrats non sujets à transmission peuvent faire l'objet de conclusions à fin d'annulation.

302. Ce dernier point a été discuté, notamment dans le cas où le représentant de l'État agit contre un acte non transmissible sur la demande d'une personne lésée. La loi du 2 mars 1982 dispose que « sans préjudice du recours direct dont elle dispose, si une personne physique ou morale est lésée par un acte mentionné aux paragraphes II et III de l'article 2, elle peut, dans le délai de deux mois à compter de la date à laquelle l'acte est devenu exécutoire, demander au représentant de l'État dans le département de mettre en œuvre la procédure prévue à l'article 3 » (art. L. 2131-8 ; 3132-3 ; 4142-3 CGCT).

Certains tribunaux administratifs ont admis qu'ils pouvaient en ce dernier cas prononcer l'annulation d'une convention de droit public (cf. la jurisprudence citée par G. Vivens « Le contrôle de légalité des actes non soumis à transmission », *AJDA* 1986, 541). Cette solution a pour elle le texte de la loi du 2 mars 1982 qui aligne le régime du déféré sur demande sur celui du déféré spontané en prévoyant clairement que le représentant de l'État met en œuvre la procédure prévue par la loi et non le recours de droit commun. La majorité de la doctrine paraît toutefois pencher en faveur d'une interprétation restrictive (cf. G. Vivens, *art. cit.* ; H. Legal, concl sous *CE Sect. 28 juillet 1991, Commune de Sainte-Marie, RFDA 1991, p. 971, 2e colonne*). Cette interprétation restrictive ne paraît guère justifiée étant donné que le préfet dispose en fait, sinon en droit, d'un pouvoir discrétionnaire pour apprécier l'opportunité de donner suite aux demandes de recours, ce qui limite l'insécurité pour les cocontractants.

Aussi, un commissaire du gouvernement a proposé au Conseil d'État, dans un souci de simplicité et parce que le préfet n'est pas un « requérant ordinaire », d'admettre la recevabilité du recours pour excès de pouvoir émanant du préfet contre tout contrat administratif, et cela que le recours ait ou non été fait sur demande *(concl. Maugüé sous CE 4 novembre 1994, Département de la Sarthe, AJDA 1994, 898)* ; l'arrêt prononce l'annulation au fond du jugement contesté sans statuer expressément sur la recevabilité du déféré, mais la solution a été admise par la suite *(CE 14 mars 1997, Département des Alpes-Maritimes, Rec. 79).*

303. En matière de contrats, et malgré une certaine croissance au cours des années récentes, les déférés restent relativement peu nombreux, en partie parce que les préfectures manquent de moyens pour procéder à un contrôle suffisant, en partie parce qu'un certain nombre de problèmes se règlent en amont, à la suite de lettres d'observations des services de contrôle de la légalité qui, au surplus, interviennent souvent lors de l'élaboration du contrat dans un rôle de conseil.

La circulaire du 17 janvier 2006 sur la modernisation du contrôle de légalité vise à cadrer une stratégie du contrôle de légalité en définissant des priorités ; au nombre de celles ci figure la « commande publique » et, à ce propos il est indiqué que le contrôle doit être recentré sur les dossiers comportant de « forts enjeux ».

Il est demandé aux préfets de porter leur attention sur les marchés de maîtrise d'œuvre, les conventions de mandat, ainsi que sur les marchés complémentaires « souvent utilisés à mauvais escient ». Il leur est aussi rappelé qu'ils peuvent demander la communication d'un marché non transmissible à raison de son montant (montant inférieur aux seuils communautaires).

Pourcentage sur le nombre de déférés des recours concernant les marchés et contrats

Source : *Rapport du Gouvernement au Parlement sur le contrôle* a posteriori *des actes des collectivités locales et des établissements publics locaux établi en application des dispositions du Code général des collectivités territoriales Dix-neuvième rapport Années 2001, 2002, 2003*

Année	1993	1994	1995	1996	1997	1998	1999	2000	2001	2002
Nombre total de recours	2 123	2 403	2 018	1 961	1 623	1 729	1 868	1 713	1652	1264
Nombre de recours relatifs aux marchés et contrats	214	314	418	376	302	414	594	476	300	164
Pourcentage	10,08 %	13,06 %	20,71 %	19,17 %	18,60 %	23,94 %	31,79 %	27,78 %	18,15 %	12,97 %

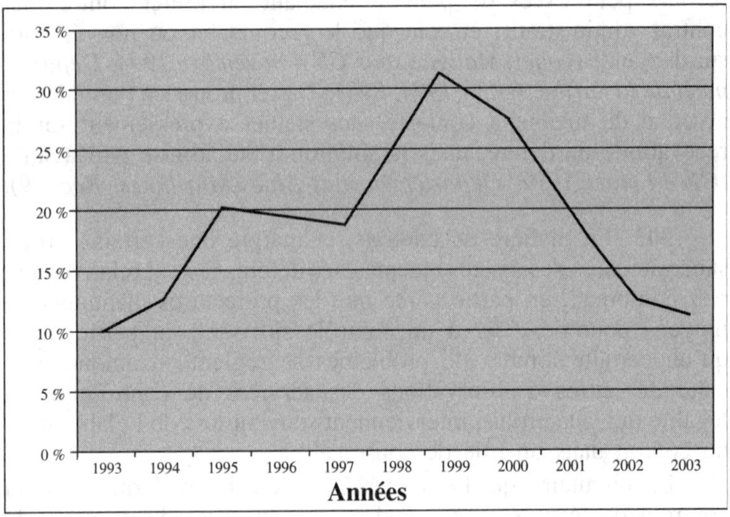

• *Les marchés et contrats sont passés sur la période de 18 % à 11 % du nombre total des recours*

Il est possible d'observer une certaine progression des pourcentages depuis 1995, mais la courbe s'est infléchie depuis 2001. Le tableau 2 en annexe présente l'évolution annuelle de la part du total des recours ayant pour objet un marché ou un contrat.

Le nombre de recours avait décru durant les exercices 1996 et 1999, à savoir respectivement :

– 10,0 % et – 19,7 %. Au titre de l'exercice 1998, il avait progressé fortement de 37 %. Cette progression a continué au titre de l'exercice 1999 pour enregistrer une évolution de + 43 %.

En 2000, il a cependant enregistré une diminution de – 19,9 %, supérieure à celle enregistrée sur l'ensemble des recours (– 8,3 %). Il a très fortement décru en 2001 (– 37 %) et en 2002 (– 45 %) et est légèrement remonté en 2003 (+ 8,54 %). Cette diminution peut s'expliquer, comme en matière d'actes transmis et de lettres d'observations, par le fait que nombre de collectivités semblent avoir retardé le lancement de certains programmes, compte tenu des nécessités d'adaptation au nouveau code des Marchés publics.

C Exception d'illégalité

304. La nullité du contrat administratif n'étant pas couverte par son exécution, une partie peut prétendre en justice que le contrat est nul, alors même qu'elle l'a exécuté ou, plus exactement, qu'elle a exécuté l'apparence de contrat, puisque, le contrat étant nul, aucun rapport contractuel n'est censé être né (en ce sens : *concl. Nicolaÿ sous CE 13 juillet 1961, Soc. d'entreprises générales, AJDA 1961, 548*).

Mais, l'exception d'illégalité peut aussi être invoquée par les tiers, alors même qu'ils ne disposent pas de l'action en nullité.

Dans le cas fréquent où le contrat en cause est une concession ou un affermage de service public, dont les dispositions, notamment tarifaires, s'appliquent aux relations avec le service, les usagers, tiers au contrat, peuvent invoquer par voie d'exception la nullité du contrat. Le juge judiciaire compétent en matière de relations des services industriels et commerciaux avec leurs usagers, doit alors renvoyer au tribunal administratif cette question d'appréciation de validité du contrat administratif, le tribunal administratif ne pourra refuser de statuer et s'il déclare les clauses contractuelles illégales, le tribunal judiciaire ne pourra en faire application. Ce mécanisme paraît devoir être limité aux clauses réglementaires et, notamment, aux clauses tarifaires *(TA Dijon, 9 mai 1995 Bessis, AJDA 1995, 541, obs. Richer ;* confirmé par *CE 29 décembre 1997 Bessis, AJDA 1998, 287* et *Cass. 1re Civ.*

6 février 2001, MTP 16/2/2001, p. 461, obs. Richer). À la différence du contrat déclaré nul, le contrat déclaré invalide par voie d'exception reste en vigueur *(CE 29 juillet 2002, Association des consommateurs de Fontaulières, ACCP 2002, n° 16, p. 53, comm. Richer)*.

Plus rarement, il est parfois possible au tiers de faire tirer les conséquences de la nullité du contrat à l'occasion d'un recours contre un acte d'exécution du contrat (ex. : *CAA Paris 29 mars 1993, Ass. Information et Défense Envir. et Urb., Dr. Adm., n° 251* : à la suite de l'annulation de l'arrêté créant une ZAC, la convention d'aménagement est nulle et, par conséquent la délibération prise en exécution de la convention est elle-même illégale), mais cela suppose que l'acte d'exécution est lui-même un acte détachable (cf. *infra*, n° 521).

§ 5. L'intervention d'organismes administratifs indépendants

305. En matière de contrats administratifs deux autorités administratives sont susceptibles d'intervenir : le Conseil de la concurrence et la Mission interministérielle d'enquête sur les marchés et les conventions de délégation de service public. Leur contrôle s'exerce principalement sur la conclusion du contrat, même si les problèmes d'exécution ne leur sont pas étrangers.

A Le Conseil de la concurrence

Bibliographie : BERLIN (D.) : « Les actes de la puissance publique et le droit de la concurrence », *AJDA* 1995, 259.

BOUTARD-LABARDE (C.) et CANIVET (G.) : *Droit français de la concurrence*, LGDJ, 1994, p. 17 et s.

BRECHON (C.), dir. : *Droit des marchés publics*, III, 130, 1 et s.

CHARBIT (N.) : *Le droit de la concurrence et le secteur public*, L'Harmattan, 2002.

DESTOURS (S.) : *La soumission des personnes publiques au droit interne de la concurrence*, Litec, 2000.

DOSSIER « Concurrence et contrats publics », *ACCP*, n° 20, mars 2003.

GUEZOU (O.) : *Les comportements anticoncurrentiels dans la passation des marchés publics*, th. dactyl., Paris X, 1998 ; « Droit de la concurrence et contrats publics. Contentieux administratif et pratiques anticoncurrentielles », *Contrats publics, Mél. Guibal*, 2006, p. 107

RICHER (L.) : « L'application du droit de la concurrence aux marchés publics », *CJEG* 1989, 295.

RICHER (L.) : « L'interprétation de l'article 53 de l'ordonnance du 1er décembre 1986 », *CJEG* 1991, 175.

306. L'article 53 de l'ordonnance du 1er décembre 1986 relative à la liberté des prix et de la concurrence (devenu art. L. 410-1 du Code de commerce) dispose que « les règles définies à la présente ordonnance s'appliquent à toutes les activités de production, de distribution et de services, y compris celles qui sont le fait de personnes publiques ».

En matière de conclusion des contrats, la violation la plus courante des règles de concurrence est le fait des entreprises qui s'entendent en vue de se répartir les marchés publics, ce qui a pour effet de priver d'utilité toute procédure de mise en concurrence. Mais des pratiques anticoncurrentielles existent aussi en dehors des marchés publics ; elles peuvent concerner la conclusion de contrats de délégation de service public ou d'occupation du domaine public ou de tout autre contrat même non soumis à une mise en concurrence préalable.

Avec ou sans obligation de mise en concurrence préalable, les règles de la concurrence peuvent s'appliquer dès lors qu'existe un marché des offres potentielles dont le fonctionnement est perturbé par les restrictions qui sont apportées à la possibilité d'y accéder.

Dès lors qu'une entreprise participe à une entente ou exploite abusivement sa position dominante pour perturber la relation contractuelle avec une collectivité publique et le bon fonctionnement du marché dans les conditions exigées par les articles L. 420-1 et L. 420-2 du Code de commerce, (issus des articles 7 et 8 de l'ordonnance du 1er décembre 1986), elle peut être sanctionnée par le Conseil de la concurrence, dont un nombre important de décisions porte sur ce type de pratiques. La situation est plus complexe pour les personnes publiques, comme l'a montré l'affaire Ville de Pamiers, qui a marqué le début d'une évolution du droit.

a) L'affaire Ville de Pamiers

307. Le problème de l'application du droit de la concurrence s'est d'abord posé pour un contrat de délégation du service public.

La réponse a été apportée par le célèbre arrêt du ***Tribunal des conflits du 6 juin 1989, Préfet d'Île-de-France c/ SAEDE/Ville de Pamiers (Rec. 293 ; RFDA 1989, 459, concl. Stirn ; AJDA 1989, 467, note Bazex ; RDP 1989, 1780, note Gaudemet ; JCP 1990, II, 21395, note Terneyre)***. Cette réponse n'est dénuée ni d'ambiguïté, ni, au moins en apparence, de contradiction.

1° La procédure devant les autorités de la concurrence

308. Le Conseil de la concurrence avait été saisi par l'entreprise SAEDE titulaire d'une convention de gérance du service de distribution d'eau à Pamiers (Ariège). À la suite de la résiliation du contrat de gérance suivie de l'attribution d'un affermage du service à la société Lyonnaise des Eaux, il était demandé au Conseil de la concurrence d'ordonner le retour à la situation antérieure à la résiliation, au motif que la commune, tout en organisant une mise en concurrence, aurait échangé antérieurement des informations avec la SLE afin de privilégier sa candidature. Le grief invoqué était donc tiré d'une entente entre une commune et une entreprise.

La SAEDE a formé une demande de mesure conservatoire (art. 12, ord. 1986) tendant à ce que soit suspendue l'exécution de la délibération décidant l'affermage.

Par décision du 17 mai 1988 (*BOCCRF*, 28 mai 1988, p. 145), le Conseil de la concurrence a opposé une irrecevabilité fondée sur le motif que « la décision par laquelle la municipalité de Pamiers a confié l'exécution d'un service public à une entreprise par la voie d'un contrat d'affermage ou de concession n'a pas le caractère d'un acte de production, de distribution ou de services », c'est-à-dire ne constitue pas une activité économique. Il a ajouté que seule la juridiction administrative est compétente pour juger la régularité de la procédure.

309. Contre cette décision un premier recours a été formé devant la Cour d'appel de Paris. En ce qui concerne le refus de mesure conservatoire, la Cour a rejeté l'exception d'incompétence en considérant que « en faisant appel à plusieurs entreprises spécialisées afin de choisir celle à qui serait confiée la distribution d'eau, la Ville de Pamiers a exercé une action sur le marché » *(Paris 30 juin 1988, SAEDE, Gaz. Pal. 1988, II, 60, note Richer, obs. Marchi)*. La Cour n'a pas qualifié la passation du contrat d'activité de production, distribution ou services ; elle a adopté un point de vue plus large en considérant que n'importe quelle activité entre dans le champ d'application de l'ordonnance dès lors qu'elle a des conséquences économiques.

Une divergence existait donc en ce qui concerne la notion d'activité économique, sans laquelle le droit de la concurrence ne s'applique pas.

La position de la Cour d'appel a été infirmée par le Tribunal des conflits.

2° La solution du Tribunal des conflits

310. L'arrêt du 6 juin 1989 se fonde sur le texte de l'ordonnance. Il comporte deux références distinctes à celle-ci.

En premier lieu est cité l'article 53 : les règles de l'ordonnance ne s'appliquent aux personnes publiques qu'autant qu'elles se livrent à des activités de production, de distribution et de services or, « l'organisation du service public de distribution de l'eau à laquelle procède un conseil municipal n'est pas constitutive d'une telle activité ». Le Tribunal des conflits se réfère ici à la notion d'activité économique.

En second lieu, sans citer explicitement l'article 7 de l'ordonnance de 1986, l'arrêt y renvoie lorsqu'il affirme que « l'acte juridique de dévolution de l'exécution de ce service n'est pas, par lui-même, susceptible d'empêcher de restreindre ou de fausser le jeu de la concurrence sur le marché ».

Le premier des deux motifs a une portée limitée au contrat de délégation qui est relatif à l'organisation du service public, ce qui n'est pas le cas d'un marché public, par exemple. Le Tribunal des conflits isole au sein des activités des personnes publiques une activité qui consiste à organiser le service public ; il qualifie cette activité *in abstracto*, indépendamment de toute prise en considération de la nature du service ou des conséquences des décisions d'organisation. La qualification ainsi retenue a cependant un caractère relatif en ce qu'elle vaut exclusivement pour la collectivité publique : une entreprise candidate à l'obtention d'une concession ou d'un affermage ne participe aucunement à l'organisation du service public.

Ce premier motif peut être critiqué pour méconnaissance des conséquences économiques de l'activité administrative mais on ne peut lui reprocher d'être entaché de contradiction. Il en est allé différemment du second motif, qui a été sévèrement apprécié par la doctrine (à tort).

Après avoir énoncé que l'acte de dévolution n'a pas par lui-même de conséquences sur la concurrence, le Tribunal des conflits a ajouté qu'il n'appartient « qu'aux juridictions de l'ordre intéressé de vérifier la validité de cet acte au regard des dispositions de l'article 9 de l'ordonnance ».

L'article 9 (devenu art. L 420-3 du Code de commerce) dispose qu'« est nul tout engagement, convention ou clause contractuelle se rapportant à une pratique prohibée par les articles 7 et 8 ». Comment est-il possible que le juge administratif puisse être appelé à faire application des règles de la concurrence alors que justement le Tribunal des conflits les a déclarées inapplicables pour les deux motifs susmentionnés ? La décision Ville de Pamiers a été taxée de contradiction interne et on a pu être conforté dans cette idée par un arrêt du Conseil d'État du 23 juillet 1993, qui reprend la formule du Tribunal des conflits, au soutien du rejet d'un recours pour excès de pouvoir contre une délibération approuvant un contrat d'affermage et juge que les règles de l'ordonnance ne s'appliquent pas à l'acte juridique de dévolution d'un service public *(CE 23 juillet 1993, CGE, Rec. 226 ; RFDA 1994, 252, note Terneyre ; LPA 8/7/94, n° 81, p. 15, note Guezou).*

Mais cette dernière solution, qui procurait aux collectivités publiques le bénéfice d'une immunité par rapport au droit de la concurrence, reposait sur une mauvaise interprétation de l'arrêt Ville de Pamiers.

b) La portée de la jurisprudence Ville de Pamiers

311. Depuis 1993 la portée de la jurisprudence Ville de Pamiers a été précisée sans qu'on puisse voir dans l'évolution jurisprudentielle une remise en cause de la solution de 1989. Conscience a seulement été prise de l'unité du droit : les pratiques illicites au regard des articles 7 et 8 de l'ordonnance de 1986 font, en vertu de cette ordonnance, l'objet de sanctions spéciales ; mais l'ordonnance fait partie de la légalité et sa violation, même indirecte, par un acte, même administratif, peut être sanctionnée par le juge de la légalité : « de même qu'a été annulée la délibération d'un conseil municipal autorisant un contrat qui aurait eu pour effet d'exposer le maire à l'application de l'article 175 du Code pénal, de même pourraient être annulés les actes qui enfreindraient les dispositions substantielles de l'ordonnance du 1er décembre 1986 » (Richer, note précit. *Gaz. Pal.* 1988, II, 660). On peut ici emprunter à Charles Eisenmann (« Droit public, droit privé », *RDP* 1952, 903) une distinction entre le « droit sanctionnateur » et le « droit déterminateur ».

1° Le droit « sanctionnateur »

312. Le droit de la concurrence ne s'applique dans sa plénitude qu'aux activités économiques. Ne sont donc soumises ni les activités d'autorité, ni celles d'organisation du service public, même si elles peuvent avoir des répercussions économiques.

Ces considérations expliquent que l'acte d'organisation du service public échappe au droit de la concurrence et, donc, à la compétence des autorités spécialisées. Qu'il s'agisse d'un acte administratif ne fait qu'ajouter un motif supplémentaire à l'incompétence des autorités de la concurrence.

De manière comparable, l'irrecevabilité tirée de l'incompétence du Conseil de la concurrence a été opposée en matière de marchés publics : la décision prise par l'acheteur public d'attribuer un marché n'est pas un acte de production, distribution ou service (ex : *Paris 7 février 1991, BOCC, p. 48 ; Cons. conc. 15 juin 1993, BOCC, p. 265*). Une nuance est, toutefois apportée en droit communautaire de la concurrence par un arrêt du TPICE, selon lequel « le caractère économique ou non de l'utilisation ultérieur du produit acheté détermine nécessairement le caractère de l'activité d'achat » (*TPICE 4 mars 2003, FENIN, aff. T-319/99*) ; il s'ensuit que si l'entité achète le produit pour en faire usage dans une activité non économique, sociale par exemple, l'acte d'achat n'est pas économique, mais il peut en aller différemment si c'est un achat pour revendre.

L'irrecevabilité a également été opposée à une plainte concernant le non-renouvellement par la SNCF d'un contrat d'occupation du domaine public : « le non-renouvellement du contrat d'occupation du domaine public conclu avec (la plaignante) et le choix d'un nouvel attributaire constituent des actes de gestion du domaine public ferroviaire accomplis par la SNCF, entreprise publique ; que de tels actes ne constituent pas une activité de production, de distribution ou de service au sens de l'article 53 » *(Cons. conc. 24 avril 1991, BOCC, p. 133).*

313. En revanche, il a été admis que constitue une activité économique au sens de l'article 53 la gestion de remontées mécaniques *(Cons. conc. 19 février 1991 ; CA Paris 19 décembre 1991, BOCCRF, 24 janvier 1992, p. 41)* ou l'achat d'électricité aux producteurs autonomes par EDF *(CA Paris, 27 janvier 1998, EDF, AJDA, 1998, 435, note Adam et Blazy)*. L'application complète du droit de la concurrence y compris dans les règles sanctionnatrices n'est pas contrariée par l'existence de décisions administratives (adoption d'une convention-cadre, refus de contracter) dès lors que cette décision a eu un effet anti-concurrentiel et s'insère dans le cadre d'une activité économique.

Mais même dans les cas où la personne publique n'encourt pas les sanctions spéciales, elle ne peut, pour autant, prendre de décision qui viole la règle de concurrence.

2° Le droit « déterminateur »

314. Les pratiques anticoncurrentielles peuvent être sanctionnées en droit administratif à travers le filtre d'autres règles. Ainsi, par un arrêt du *14 février 1890 Roussey (Rec. 178, concl. Jaegerschmidt)*, le Conseil d'État, en utilisant la notion de fraude, a déclaré illicite un contrat entre une entreprise et une commune qui constituait une entente sur les prix et on pourrait aussi concevoir le recours à la notion de dol ou au principe d'égalité. Mais, un tel « filtrage » n'est pas nécessaire si le juge administratif se réfère directement aux règles de la concurrence. Est-ce possible ?

315. En réaction aux conséquences prêtées à l'arrêt Ville de Pamiers, la loi du 8 février 1995 a visé à y mettre partiellement fin en ajoutant à l'article 53 de l'ordonnance de 1986 la précision que les règles de l'ordonnance sont applicables aux personnes publiques « ... notamment dans le cadre des conventions de délégation de service public ». Cette disposition manquait son but, c'est du Conseil d'État qu'est venue la rectification recherchée.

Tirant toutes les conséquences de l'arrêt Ville de Pamiers, le Conseil d'État a, en effet, abandonné la solution de l'arrêt Compagnie générale des eaux de 1993 par trois arrêts du ***3 novembre 1997 Sté Million et Marais et autres (Rec. 393, concl. Stahl ; AJDA 1997, 1012, chron. Girardot et Raynaud, p. 945 ; et AJDA 1998, 247, note Guézou ; CJEG 1997, 441, concl. Stahl ; RFDA 1997, 1228, concl. Stahl ; RDP 1998, 256, note Gaudemet, GAJA p. 764)***. Par ces arrêts, relatifs à des concessions de service public, il est admis que le juge administratif peut se prononcer sur la validité d'un contrat et d'un acte détachable au regard des règles de l'ordonnance de 1986 et cela parce qu'il revient au juge de la légalité des actes administratifs de s'assurer « que les actes de dévolution du service public respectent l'ensemble des normes qui composent le bloc de légalité » (concl. Stahl). Ces solutions ont vocation à s'appliquer, *mutatis mutandis* à des contrats autres que les délégations de service public.

Il résulte de la jurisprudence qu'un contrat est illégal s'il permet à une entreprise d'établir ou de renforcer une position dominante dont elle abuse, par exemple parce que le contrat a une durée trop longue ; l'autorité publique ne peut placer une entreprise en situation d'abuser d'une position dominante sans violer elle-même indirectement les règles de la concurrence (voir : ***CE 3 novembre 1997, Sté Million et Marais, précité)*** ou attribuer un marché alors qu'une entente a été conclue entre candidats (ex. : *TA Bastia 6 février 2003, Dép. de la Haute-Corse, AJDA 2003, 738, note S. Palmier*).

Cette solution respecte la logique du droit de la concurrence : la distinction entre activité juridique et activité de production, distribution, services n'est pas remise en cause, dès lors que la collectivité publique est sanctionnée non pas dans son comportement, mais seulement dans sa production normative. Concrètement, cela signifie, par exemple, qu'une collectivité locale ne peut toujours pas être sanctionnée par le Conseil de la concurrence pour avoir conclu un contrat à la suite d'une entente anticoncurrentielle à laquelle elle aurait participé.

316. Le partage ainsi opéré entre le juge administratif et les autorités de la concurrence est logique dans son principe, mais des difficultés de mise en œuvre subsistent et parfois, des contradictions. En particulier, la question du partage des compétences dans les cas où l'acte ou le contrat administratif s'insère dans une activité économique n'est pas totalement clarifiée. En ce cas, il arrive que les autorités de la concurrence dénient leur compétence et il revient au juge administratif d'appliquer les règles de la concurrence *(Cass. com. 14 décembre 1993, Soc. Couac'h Plascoa ; CJEG 1994, 124, note Leonnet)*, mais les autorités de la concurrence recourent souvent à la notion de comportement détachable pour se reconnaître compétentes, en distinguant, par exemple, le contrat et son élaboration *(Cons. Conc. 7 juillet 1998, Mobilier urbain, BOCC, 7 octobre 1998, p. 582)* ou la décision de refus de contracter et le comportement auquel se rattache cette décision *(CA Paris 27 janvier 1998, EDF, AJDA 1998, 435, note Adam et Blazy)*. La détachabilité est une notion difficile à manier, qui compromet quelque peu la prévisibilité des solutions.

Le Tribunal des conflits ne condamne pas radicalement la référence à la détachabilité, mais il retient une conception restrictive.

À propos de l'attribution des emplacements dans les aéroports parisiens, le Tribunal des conflits a tracé la frontière autour de la notion de prérogative de puissance publique en jugeant que le juge administratif est seul compétent pour apprécier la légalité de décisions administratives « indissociables » de l'exercice de la puissance publique et il considère qu'aucune place n'existe pour un contrôle du Conseil de la concurrence ***(TC 18 octobre 1999, Aéroport de Paris, Rec. 469, concl. JH Stahl ; D. 2000.607, note A. Louvaris)***. Un comportement n'est donc détachable que s'il est véritablement étranger à l'exercice d'une prérogative de puissance publique. La Cour de cassation s'est alignée sur cette position *(Cass. com. 16 mai 2000, D. 2000)*, mais la Cour d'appel de Paris paraît réticente *(CA Paris 17 octobre 2000, LPA 27 décembre 2000, p. 258)*. De son côté, la CJCE, dans le cas de mise à disposition d'emplacements sur le domaine public, considère qu'il s'agit d'une activité à caractère économique entièrement soumise aux règles de la concurrence *(CJCE 24 octobre 2002, Aéroports de Paris, AJDA 2003. 436, note J.-Y. Chérot)*.

B La Mission interministérielle d'enquête sur les marchés et conventions de délégation de service public

Bibliographie : LINDITCH (F.) : « La mission interministérielle d'enquête sur les marchés publics (MIEM) : ni tout à fait administration, ni tout à fait judiciaire ! », note sous Cass. Crim. 1er décembre 2004, *JCP A* 2005, n° 1119.

PREBISSY-SCHNALL (C.) : *La pénalisation du droit des marchés publics*, *LGDJ*, 2002, p. 332 et s.

317. La Mission interministérielle d'enquête sur les marchés et les conventions de délégation de service public a été créée par la loi du 3 janvier 1991 relative à la transparence et à la régularité des procédure de marchés. Elle est surtout intervenue jusqu'ici en matière de marchés publics et, d'ailleurs, les dispositions la concernant sont codifiées au Code des marchés publics (art. 119 et s.).

En dépit de certaines ressemblances, cet organisme n'est pas une autorité administrative indépendante comparable au Conseil de la concurrence ou à la CNIL.

La MIEM est moins structurée qu'une autorité administrative indépendante : elle est composée d'un chef de mission et de membres dont le nombre n'est pas précisé (au nombre de six actuellement), tous nommés par arrêté interministériel et non par décret, et il n'est pas prévu que la mission dispose de services propres. La loi ne garantit pas expressément l'indépendance de ses membres, même si, en pratique, cette indépendance est respectée, notamment en ce que la mission n'est pas dessaisie des dossiers. À la différence des autorités administratives indépendantes, la mission ne peut pas s'auto-saisir ; elle ne peut être saisie que par le Premier ministre, un ministre, la Cour des comptes ou les préfets.

La mission est compétente pour diligenter des enquêtes « portant sur les conditions de régularité et d'impartialité dans lesquelles sont préparés, passés ou exécutés les marchés et les conventions de délégation de service public de l'État, des collectivités territoriales, des établissements publics, des sociétés d'économie mixte d'intérêt national chargées d'une mission de service public et des sociétés d'économie mixte locales ». Au point de vue organique la compétence de la mission est donc définie largement, elle s'étend au-delà du champ d'application du Code des marchés publics et peut porter sur des contrats de droit privé. Au plan du droit applicable la mission peut connaître non seulement des manquements au Code des marchés publics ou aux règles de passation des conventions de délégation de service public, mais encore des irrégularités au regard du droit comptable ou du droit de la fonction publique, par exemple (cf. *Rapport de la MIEM*, 1994, *MP*, n° 4/95-96, p. 8). Pour les besoins des enquêtes les membres de la mission sont dotés de pouvoirs d'investigation équivalents à ceux des autorités de police judiciaire, ce qui correspond à la fonction primordiale de la mission, qui est celle d'auxiliaire de la justice répressive. En effet, outre la transmission de ses rapports d'enquête à l'autorité initiatrice, la mission donne avis au procureur de la République des infractions qu'elle relève et ce en application de l'article 40, alinéa 2 du Code de procédure pénale, qui prescrit à tout fonctionnaire de donner avis au procureur des crimes et délits dont il a connaissance. Or, les irrégularités dans la passation d'un marché public ou d'une convention de délégation de service public constituent fréquemment le délit dit d'« avantage injustifié » ou de « favoritisme », créé, lui aussi, par la loi du 3 janvier 1991, et défini par l'article 432-14 du Code pénal comme « le fait par une personne dépositaire de l'autorité publique ou chargée d'une mission de service public ou investie d'un mandat électif public ou exerçant la fonction de représentant, administrateur ou agent de l'État, des collectivités territoriales, des établissements publics, des sociétés d'économie mixte d'intérêt national chargées d'une mission de service public et des sociétés d'économie mixte locales ou par toute personne agissant pour le compte de l'une de celles susmentionnées, de procurer ou de tenter de procurer à autrui un avantage injustifié par un acte contraire aux dispositions législatives et réglementaires ayant pour objet de garantir la liberté d'accès et l'égalité des candidats dans les marchés publics et les délégations de service public ».

La création de ce délit a donné une portée toute particulière aux règles de passation des contrats qu'il concerne, et cela sans que le juge répressif ait à tenir compte des solutions admises par le juge administratif.

318-322. *Réservés*

Chapitre 3
Effets du contrat

323. En dépit de certaines positions doctrinales, le contrat n'est pas pleinement intégré à la légalité, comme en témoigne l'impossibilité d'en invoquer la violation à l'appui d'un recours pour excès de pouvoir. Il n'en demeure pas moins que, pour les parties, le contrat administratif est la loi pendant toute sa durée d'exécution et, en droit administratif, comme en droit civil « les conventions légalement formées tiennent lieu de loi à ceux qui les ont faites » (*CE 12 décembre 1902, Orcibal, Rec. 750*). Toutefois, la force obligatoire du contrat, sans être supprimée, est atténuée par l'existence du pouvoir de modification unilatérale et du pouvoir de résiliation unilatérale.

§ 1. Le contrat, loi des parties

Bibliographie : *Traité des contrats*, n° 696 s.

BRENET (F.) : *Recherches sur l'évolution du contrat administratif*, Thèse, Poitiers, 2002, dactyl., p. 425 et s.

BRUÉRE (J.) : « Le consensualisme dans les contrats administratifs », *RDP* 1996, 1715.

324. Comme la loi, le contrat lie ; à la différence de la loi, il ne lie que les parties et ce pendant une durée prédéterminée. Encore convient-il de déterminer à quoi le contrat oblige, ce qui comporte une opération d'interprétation qui est confiée aux parties elles-mêmes et, en cas de litige, au juge administratif, seul compétent pour interpréter un contrat administratif.

A L'interprétation du contrat

325. En matière d'interprétation des contrats administratifs, la référence fondamentale a toujours été la commune intention des parties qu'on trouve constamment mentionnée dans la jurisprudence et dont le juge de cassation contrôle l'absence de dénaturation par le juge de fond *(ex. : CE 8 novembre 2000, RIVP, req. 193355)*.

a) Volonté déclarée et volonté réelle

326. « L'exécution littérale des conditions est seule capable de maintenir l'ordre et la régularité dans les services » (G. Dufour, *Traité général de droit administratif appliqué*, 1856, t. V, n° 653). C'est avant tout à la volonté explicitement exprimée par les parties qu'il convient de se référer : « c'est... le sens littéral du contrat qui est la démonstration essentielle de l'intention commune des parties » *(concl. Jaegerschmidt sous CE 12 janvier 1895, Compagnie du chemin de fer de Paris à Orléans, Rec. 32)*. Une bonne illustration en est fournie par la jurisprudence sur les prix dans les marchés : les prix stipulés ont un caractère définitif qui s'oppose à toute remise en cause ultérieure fondée sur l'idée que le prix fixé par le contrat ne serait pas le « juste prix » (ex. : *CE 12 juin 1963, Ger-France, RDP 1964, 218 ; CE 21 mai 1990, Société Frédéric Rondet, req. 79506, MTP 14 septembre 1990, p. 83*).

327. Cependant, la volonté déclarée n'est source d'obligation que parce qu'elle est censée correspondre à la volonté réelle. En cas de divergence entre les deux, il est possible que la seconde prévale sur la première, mais cela ne peut être qu'exceptionnel ; en revanche, il est plus courant que l'interprète doive se livrer à la recherche de la commune intention des parties pour lever une ambiguïté ou pallier une lacune. En s'inspirant de l'article 1156 du Code civil, le juge administratif interprète le contrat selon la commune intention des parties ***(concl. Morisot sous CE Sect. 28 janvier 1977, Min. Fin. c/ Soc. Heurtey, AJDA 1977, 395)***.

Normalement, cette recherche de la commune intention des parties tend à préciser le contrat lorsque ses clauses sont mal rédigées ou lacunaires, car la volonté certaine des parties doit prévaloir sur l'interprétation littérale du contrat *(CE 21 juillet 1944, Soc. des forges et chantiers de la Gironde, Rec. 213)*.

Ne peuvent donc être invoqués dans un sens contraire à l'intention des parties ni le « sens littéral des termes » du contrat *(CE 24 décembre 1886, Chapa, Rec. 916)*, ni une erreur de rédaction *(CE 5 janvier 1951, Commune de Lesparon, Rec. 3)*.

Le problème est évidemment de connaître l'intention des parties. Pour la déterminer il est possible de se référer aux travaux d'élaboration du contrat *(CE 25 juillet 1884, Compagnie des eaux du Havre, Rec. 644 ; CE 16 mai 1924, Bardy, Rec. 477 ; CE 5 janvier 1951 Commune de Lesparron, Rec. 3)* ou, plus fréquemment à l'interprétation que les parties ont retenue en pratique (*CE 18 novembre 1892, Lelubez, Rec. 781 :* « en admettant que les dispositions de ces articles puissent être diversement interprétées, leur véritable sens, dans la commune intention des parties, doit résulter de l'interprétation qu'elles leur ont donnée dès l'origine »). Cependant, il faut prendre garde que la pratique des parties ne saurait l'emporter sur leur intention si celle-ci est avérée par ailleurs *(concl. Fouquet sous CE 1er juillet 1987, SERPP, LPA 9 septembre 1987, p. 11).*

328. Dans des cas exceptionnels, les stipulations du contrat peuvent être écartées, le juge procède à une véritable rectification. Deux exemples en témoignent.

En matière de prix, une dérogation est parfois apportée au principe d'intangibilité : la référence à la commune intention des parties peut conduire à écarter les clauses écrites « dans le cas exceptionnel où il s'agit d'une erreur purement matérielle et d'une nature telle qu'il est impossible à la partie de s'en prévaloir de bonne foi » (ex. : *CE 3 juillet 1963, Soc. d'entreprise générale Edmond Patry, RDP 1964, 217* — substitution à un prix aberrant de 83 000 F du prix normal de 8 300 F ; *CE 26 novembre 1975, Société entreprise Py, Rec. t. 1133* — discordance entre deux stipulations du contrat dont l'une fixait le prix à une valeur cinq fois inférieure à celle de la marchandise).

Toujours en matière de prix, une autre jurisprudence exceptionnelle concerne l'indexation. Il est assez courant qu'une entreprise cocontractante fasse intégrer dans la formule de révision du prix un indice dont elle escompte la hausse ; si cet espoir est déçu parce que l'indice stagne ou baisse, l'entreprise se verra opposer les clauses du contrat (ex. : *CAA Bordeaux 21 mars 1991, Société aurillacoise de couverture*). Néanmoins, à titre exceptionnel, une solution différente a parfois été admise : dans certains cas, où il était avéré que l'intention commune des parties était de garantir l'entreprise contre la hausse, le Conseil d'État a admis que celle-ci pouvait avoir droit à un supplément non procuré par application de l'indexation qui n'avait pas fonctionné conformément à la volonté certaine des parties *(CE 5 novembre 1937,*

Département des Côtes-du-Nord, Rec. 900 ; CE 19 octobre 1960, Soc. entreprise Thireau-Morel, Rec. 546) ; mais cette jurisprudence n'est valable qu'en cas de circonstances particulières permettant de tenir pour certaine la volonté des parties.

b) Éléments extérieurs au contrat

329. En droit public, comme en droit privé, la recherche subjective de la volonté réelle des parties n'est pas la seule méthode d'interprétation utilisée. On se réfère aussi à des éléments objectifs, plus ou moins extérieurs aux parties, comme les usages et règles de l'art, de nature du contrat, le but du contrat.

Ainsi, il est admis que le maître de l'ouvrage doit payer à l'entrepreneur les travaux supplémentaires non prévus au contrat dès lors qu'ils ont un caractère indispensable ***(CE Sect. 17 octobre 1975, Commune de Canari, Rec. 516 ; AJDA 1975, 562)***. Cette théorie des travaux supplémentaires a parfois été rattachée à l'enrichissement sans cause, mais, compte tenu notamment de ce que le prix est payé intégralement sur la base du contrat, il est préférable de considérer que l'obligation de payer repose sur la commune intention des parties qui ont entendu que soient réalisés tous les travaux nécessités par les règles de l'art (en ce sens : F. Moderne, *Les quasi-contrats administratifs*, Sirey, 1995, p. 90).

Peut aussi intervenir dans l'interprétation la nature du contrat *(CE 19 novembre 1927, Baras, Rec. 1084)*. À cet égard prévaut une analyse objective : le juge qualifie le contrat en fonction de son contenu sans tenir compte de la qualification attribuée par les parties (ex. : *CE 1er juin 1900, Roussel, Rec. 408 ; CE 8 janvier 1958, Min. TP c/ Société des Courses de la Côte d'Azur, AJDA 1958, 53, concl. Long ;* ***CE 29 avril 1987, Commune d'Élancourt, Rec. 153 ; CE Sect. 25 février 1994, Soc. SOFAP Marignan Immobilier, RFDA 1984, 510, concl. Arrighi de Casanova***).

Le but du contrat administratif est toujours d'intérêt général, toujours plus ou moins lié au service public. Cette considération a frappé la doctrine au point qu'elle considère parfois que l'interprétation finaliste prévaut en droit administratif.

c) Interprétation finaliste

330. Pour Jèze, « le cocontractant n'est pas tenu seulement d'exécuter son obligation comme le ferait un particulier vis-à-vis d'un autre particulier ; ses obligations devront être interprétées comme s'étendant à tout ce qui est absolument nécessaire pour assurer le fonctionnement régulier et continu du service public » (*Les contrats administratifs*, 1927, TI, p. 14).

Et d'après Georges Péquignot : « en réalité, et souvent malgré les apparences, le Conseil d'État ne fait jamais abstraction de ce que le contrat administratif est unilatéralement rédigé par l'administration et que seule y apparaît la volonté administrative » (*Théorie générale du contrat administratif*, p. 270) ; de la sorte, est assurée la prééminence du but de service public.

Mais cette thèse paraît quelque peu exagérée au regard d'une jurisprudence qui se réfère avec constance à la commune intention des parties. Elle ne correspond pas non plus à la pratique contractuelle : les parties à un contrat administratif se montrent généralement soucieuses de préciser clairement leur volonté même quand une grande partie des clauses est pré-rédigée.

Le but d'intérêt général et le lien avec le service public fondent plus l'existence de pouvoirs spéciaux de l'administration envers le cocontractant qu'une méthode spéciale d'interprétation du contrat.

B La sphère d'application du contrat

Bibliographie : *Traité des contrats*, n° 784 et s.

331. Alors que la loi est impersonnelle et qu'elle est normalement adoptée pour une durée illimitée, la sphère d'application du contrat est circonscrite à la fois au point de vue spatial, au point de vue personnel et au point de vue temporel.

a) La sphère spatiale

Bibliographie : AUDIT (M.) : *Les conventions transnationales entre personnes publiques*, LGDJ, 2000 ; « Les contrats de travail conclus par l'administration à l'étranger », *RCDIP* 2002, p. 39.

DOLEZ (B.) : « Le juge administratif et les conflits de lois », *RDP* 1995, p. 1029.

LEMAIRE (S.) : *Les contrats internationaux de l'administration, LGDJ*, 2005.

332. Le contrat s'exécute en un lieu déterminé, qui conditionne la compétence territoriale du tribunal administratif en cas de contentieux (art. R. 312-11 du CJA), le Conseil d'État étant compétent dans le cas où le contrat a été signé et exécuté hors de France (art. R. 311-1, CJA). Un contrat administratif peut en effet être exécuté à l'étranger. En ce cas, le principe est l'application du droit administratif français *(CE 11 janvier 1952, Habib Bechara, Rec. 30 ; CE 28 novembre 1958 Langlois, Rec. 590).* Une exception a, toutefois, existé jusqu'en 1999 ; le Conseil d'État a admis que le juge administratif français pouvait faire application de la loi étrangère si le contrat y renvoyait *(CE 3 juillet 1968, Lavigne, AJDA, 1969.259 ; CE 7 janvier 1987, Felicien, D. 1987. SC 350 ; CE 10 mars 1997, de Waele, Rev. Crit. 1997, 695, note Coursier).* Cette solution a presque uniquement été retenue à propos du contrat de recrutement d'agents publics à l'étranger ; elle a été abandonnée par un arrêt de *section du 19 novembre 1999, Tegos (RFDA 2000.833, concl. Arrighi de Casanova)* selon lequel « le juge administratif français n'est pas compétent pour connaître d'un litige né de l'exécution d'un contrat qui n'est en aucune façon régi par le droit français ». Le Tribunal des conflits a confirmé cette règle en ajoutant que le choix de la loi applicable doit respecter la volonté expresse des parties, faute de quoi la loi du pays est retenue (*TC 22 octobre 2001, Issa, ACCP 2002, n° 8, p. 30, comm. Richer).* Cette solution est-elle applicable à d'autres contrats que ceux des agents de l'administration ? Le Conseil d'État en a fait application en dehors du recrutement d'agents publics, à propos d'une convention passé entre un CHR et un hôpital allemand en vue de l'acquisition et de l'exploitation en commun d'un appareil médical installé en Allemagne (*CE 30 mars 2005, SCP de Médecins Reichheld et Sturtzer, Rec. 129 ; Ctts et MP, n° 2005, p. 18, obs. W. Zimmer ; AJDA 2005. 1844, note M. Audit*) ; mais, le tribunal des conflits par une décision à la motivation elliptique a jugé que la compétence sur ce contrat relève du juge administratif, ce qui semble traduire une certaine réticence à l'égard de l'option laissée aux parties (*TC 24 avril 2006, SCP de Médecins Reichheld et Sturtzer req. 3480*).

Pour que le juge administratif soit compétent, il faut donc qu'au moins certains éléments du droit français soient applicables et si tel n'est pas le cas, le contrat n'est pas de droit public, alors même que l'agent participe à l'exécution d'un service public administratif français.

b) La sphère personnelle

Bibliographie : UBAUD-BERGERON (M.) : « Le juge, les parties et les tiers : brèves observations sur l'effet relatif du contrat », *Contrats publics, Mél. Guibal*, 2006, p. 575.

333. Comme tout contrat, le contrat administratif n'a qu'un effet relatif.

Un contrat administratif ne peut créer d'obligation à la charge d'un tiers sans son consentement (ex. : *CE 7 octobre 1987, Sociétés des casinos du Touquet, Rec. 306*), les tiers ne peuvent invoquer un contrat administratif (ex. : *CE 23 juin 1976, Latty, Rec. 329 ; CE 1er mars 1991, Pabion, Rec. 69*) et il n'est pas possible pour l'application d'un contrat avec une partie de se référer à un contrat conclu avec une autre *(CE 16 mai 1994, Soc. des transports intercontinentaux, Rec. 241)*, sauf consentement exprès donné sur ce point (*CE 4 avril 1990, soc. Pomona, Rec. t. 767* : est reconnu au titulaire d'un contrat le droit de bénéficier des mêmes conditions qu'un cocontractant postérieur).

Cependant, la sphère d'application personnelle du contrat administratif peut se trouver élargie par l'effet de techniques qui sont tantôt spécifiques au droit public, tantôt communes au droit public et au droit privé.

Spécifique au droit public est la technique des clauses réglementaires.

1° La clause réglementaire

334. Comme on l'a déjà vu (v. *supra*, n° 71 et s.), une clause d'un contrat peut être matériellement réglementaire. Cela ne signifie pas que la clause est identifiée à un acte administratif unilatéral ; la clause réglementaire présente seulement certaines ressemblances avec l'acte réglementaire.

1. Clause réglementaire et règlement

335. La principale ressemblance avec un règlement tient à ce que la clause réglementaire peut être invoquée par les tiers intéressés, y compris à l'appui d'un recours pour excès de pouvoir ***(CE 21 décembre 1906, Syndicat des propriétaires et contribuables du quartier Croix-de-Seguey-Tivoli, GAJA, p. 104)***, et à ce qu'elle s'impose aux usagers du service public (ex. : *Cass. 1re Civ., 31 mai 1988, Soc. des eaux de l'Essonne, CJEG 1988, 418, note Sablière*).

Comme un règlement, la clause réglementaire peut faire l'objet de modifications unilatérales, mais ce n'est pas une particularité de ce type de clause puisque la personne publique détient plus largement un pouvoir de modification unilatérale du contrat administratif (v. *infra*). Il ne s'agit donc pas d'une conséquence de caractère réglementaire de la clause.

Le régime juridique de la clause réglementaire a longtemps différé de celui de l'acte réglementaire au plan de la recevabilité du recours pour excès de pouvoir : invocable à l'appui d'un recours en annulation, la clause réglementaire était elle-même insusceptible de recours pour excès de pouvoir (ex. : *CE ass. 16 avril 1986, CLT, Rec. 98 ; RDP 1986, 857, concl. Dutheillet de Lamothe ; RFDA 1987, 11, note Moderne).* Le recours pour excès de pouvoir n'avait été jugé recevable que contre le décret qui approuve un CCAG-type *(CE 5 mai 1961, Ville de Lyon, CJEG 1961, 175, concl. Braibant)*, c'est-à-dire dans le cadre d'un litige détaché de tout contexte contractuel. Cette solution était difficile à comprendre, notamment par les usagers des services publics auteurs de recours de plus en plus nombreux ; elle a été abandonnée par un arrêt du Conseil d'État du 10 juillet 1996 ***(CE 10 juillet 1996, Cayzeele, Rec. 274 ; AJDA 1996, 807, chron. Chauvaux et Girardot, p. 732 ; CJEG 1996, 382, note Terneyre ; RFDA 1997, 89, note Delvolvé)***. Une différence subsiste néanmoins entre la clause réglementaire et un acte réglementaire unilatéral : la clause réglementaire demeure une stipulation contractuelle en ce qu'elle est modifiable par accord entre les parties.

Si le régime de la clause réglementaire, est ainsi clairement établi, le critère d'identification de la clause réglementaire est moins net.

2. *Identification de la clause réglementaire*

336. L'idée directrice est la suivante : « le cahier des charges n'est contractuel que dans la mesure où il fixe les rapports financiers entre le concédant et le concessionnaire, mais il a un caractère réglementaire pour tout ce qui concerne le fonctionnement du service public, son organisation matérielle et technique, les prestations qu'il doit fournir au public et le tarif des redevances diverses qu'est autorisé à percevoir le concessionnaire, c'est-à-dire, en définitive, dans presque tous les rapports qui existent entre le concessionnaire et les usagers, dont la satisfaction des besoins collectifs est l'objet même du service public » *(concl. Odent sous CE 5 mars 1943, CGE, D. 1944, 121).* De ce que sont réglementaires les clauses qui définissent les conditions d'organisation et de fonctionnement du service public deux conséquences résultent.

En premier lieu, la concession n'étant pas le seul contrat à comporter des clauses relatives à l'organisation et au fonctionnement du service public, il faut admettre que les clauses réglementaires peuvent se rencontrer dans d'autres contrats qui confient l'exécution du service public. C'est bien le cas : la présence de clauses réglementaires a été constatée dans un contrat conclu entre l'État et Air France pour l'intégration du personnel d'Air Algérie *(CE Sect. 23 février 1968, Picard, Rec. 131)* ainsi que dans le contrat entre l'État et Air Inter définissant le réseau des lignes exploitées par la compagnie (*CE Sect. 18 mars 1977, Chambre de commerce de La Rochelle, Rec. 153, concl. Massot :* « ces stipulations qui règlent l'organisation même du service public assuré par la Compagnie Air Inter ont un caractère réglementaire ») et dans la convention constitutive d'un groupement d'intérêt public *(CE 14 janvier 1998, Syndicat national du personnel des affaires sanitaires et sociale FO, Rec. 9 ; LPA 18/12/98, n° 151, p. 20, concl. Bonichot ; CE 14 janvier 1998, Syndicat départemental Interco 35 CFDT, AJDA 1999, 164, note Petit).*

En second lieu, par application du critère de l'organisation du service public, une part considérable des clauses des contrats qui confient l'exécution d'un service public ou définissent ses conditions d'exécution ont un caractère réglementaire. Selon la classification établie par S. Nicinski (*L'usager du service public industriel et commercial*, L'Harmattan, 2001), on peut distinguer trois catégories : les clauses qui consacrent les grands principes du service public, celles qui déterminent le statut de l'usager et certaines de celles qui concernent les relations entre l'administration et son cocontractant. C'est à propos de cette dernière catégorie que des incertitudes existent. Ainsi, les clauses financières, comme celles qui prévoient une redevance (ex. : *CE 29 décembre 1997, Bessis, AJDA 1998, 287 ; CE 30 octobre 1996 Wajs, Rec. 387 ; RFDA 1997, 726, concl. Combrexelle ; AJDA 1996, 973, chron. Chauvaux et Girardot*), ont un caractère purement contractuel, mais le tarif est réglementaire vis-à-vis des usagers.

Les clauses d'exclusivité ne sont pas réglementaires puisque les cocontractants ne peuvent instaurer un monopole, mais il a été parfois admis qu'un concessionnaire peut se prévaloir de la clause d'exclusivité vis-à-vis d'un tiers *(CA Paris 26 avril 1989, Soc. des Pompes Funèbres Générales, BOCC 5 mai 1990).*

Beaucoup plus rarement, le contrat produit des effets directs ou indirects envers les tiers en vertu de la technique du droit commun des obligations qu'est la stipulation pour autrui.

2º La stipulation pour autrui

337. La stipulation pour autrui est « une opération à trois personnes en vertu de laquelle une partie, appelée stipulant, convient avec une deuxième, appelée promettant, que cette dernière effectuera une prestation au profit d'une troisième, que l'on appelle le tiers bénéficiaire » (J. Ghestin, *Les obligations, Les effets du contrat*, LGDJ 1992, nº 825).

Cette institution aurait pu prendre une place importante en droit administratif étant donné que l'administration contracte non dans son intérêt propre mais dans celui des administrés. Ainsi, pendant un moment, certains arrêts et certains auteurs ont admis que les clauses des contrats de concession relatives à l'organisation et au fonctionnement du service public étaient des stipulations au profit des usagers (cf. *Traité des contrats*, nº 792) ; mais cette analyse a été abandonnée au profit de la théorie des clauses réglementaires. La technique de la stipulation pour autrui était, en effet, mal adaptée au contexte du droit public : la stipulation pour autrui suppose un intérêt personnel du stipulant et son régime est organisé sur le fondement de la volonté des parties, alors que l'administration n'a pas d'intérêt personnel et que ses rapports avec les administrés échappent très largement au contrat et donc à la volonté des parties.

La stipulation pour autrui n'est donc pas devenue une institution majeure du droit administratif. Il n'en demeure pas moins possible d'insérer une stipulation pour autrui dans un contrat administratif.

Si la stipulation porte non seulement sur des droits, mais aussi sur des obligations, le consentement du tiers est nécessaire *(CE 7 octobre 1987, Société des casinos du Touquet, Rec. 306).*

Lorsque la stipulation porte sur un droit, le bénéficiaire dispose d'une action contre le stipulant, à la différence de ce qui se passe en droit civil (V. J. Ghestin, *op. cit.*, nº 864). C'est ce qu'on peut déduire d'un des rares arrêts intervenus en la matière : une concession de distribution de gaz comportait des stipulations en faveur du personnel du concessionnaire ; à la suite de difficultés relatives à l'application de ces clauses il a été jugé que « le différend ne pouvait être porté devant le juge du contrat que par ceux qui, étant parties à ce contrat, étaient en mesure d'exciper d'une méconnaissance de leurs droits contractuels, c'est-à-dire, soit par le concédant, soit par le concessionnaire, soit enfin par les usagers et les agents au profit desquels les clauses litigieuses ont été insérées dans les conventions » *(CE 22 juillet 1927, Syndicat des employés et contremaîtres des secteurs électriques de la Seine, D. 1928, 3, 41, note Waline).*

Le bénéficiaire peut exiger du promettant l'exécution de la stipulation. Si le litige oppose deux personnes privées, le juge judiciaire est normalement compétent, sauf à renvoyer au juge administratif les difficultés d'interprétation puisque la créance se rattache directement au contrat administratif où figure la stipulation *(CE 17 juin 1938, Compagnie des chemins de fer de la Camargue, D. 1940, 3, 5, concl. Lagrange).*

3° Cession de contrat

Bibliographie : NOGUELLOU (R.) : *La transmission des obligations en droit administratif*, LGDJ, 2004.

338. On parle de cession de contrat, dans le cas où un contractant est substitué à un autre, sans que soit établi un nouveau lien contractuel. Les règles applicables ont été posées par la jurisprudence à propos des concessions de service public. La cession est possible, mais elle doit être autorisée par la personne publique ***(CE 20 janvier 1905, Cie départementale des eaux, Rec. 61, concl. Romieu)***. Cependant, le pouvoir d'autoriser la cession n'est pas arbitraire : la collectivité publique ne peut opposer un refus que sur la base de griefs relatifs à l'insuffisance des garanties offertes par le cessionnaire *(CE, 19 février 1932, Mélon, Rec. 206 : CE, 8 mars 1944, Commune de Balagueres, Rec. 80).* Si le contrat était cédé sans autorisation, le cédant serait considéré comme ayant conservé la charge du service, le cessionnaire n'étant que gérant de fait *(CE 5 janvier 1951, Commune de Lessonie, Rec. 3)*, le cédant encourrait la déchéance, c'est-à-dire la résiliation sans indemnité, et la cession serait nulle *(Cass. civ., 3 mai 1924, S. 1924.I.65, note Mestre ; Req. 12 novembre 1935, SA Electric entreprises, Rev. Conc. 1936, p. 347).*

La question a été posée de savoir si ces règles restent applicables dans le cas où la passation du contrat est soumise à publicité et mise en concurrence. Ne faut-il pas considérer que le changement du cocontractant choisi à l'issue d'une telle procédure est interdit ? Dans un important avis d'assemblée générale, le Conseil d'État ne l'a pas considéré. Selon cet ***avis du 8 juin 2000***, l'autorisation préalable permet de procéder à « l'appréciation des garanties professionnelles et financières que peut présenter le nouveau titulaire du contrat pour assurer la bonne fin du contrat dans le cas d'un marché ou, dans le cas d'une délégation, de son aptitude à assurer la continuité du service public et l'égalité des usagers devant le service public. Dès lors que l'autorisation de cession est légalement subordonnée à une telle appréciation préalable, l'on ne saurait envisager une procédure de publicité et de mise en concurrence pouvant conduire au choix d'un nouveau titulaire du contrat. » ***(AJDA 2000.758, note L. Richer ; CJEG 2001.103, note C. Maugüé et L. Deruy).*** Si l'existence d'une procédure n'empêche pas la cession, on ne peut, pour autant, ériger en principe général le droit de céder le contrat. L'*intuitus personae* peut y faire obstacle. Il serait par exemple inconcevable qu'un agent public cède son contrat à un remplaçant et la jurisprudence donne aux autorisations, notamment contractuelles, d'occupation du domaine public, un caractère personnel *(CE, 10 mai 1989, Munoz, Dr. Adm. 1989, n° 336).*

c) La sphère temporelle

Bibliographie : GROS (L.) « La rétroactivité du contrat public », *BJDCP*, juillet 2002, n° 23, p. 259.

339. Le point de départ et le point d'arrivée de la période d'application du contrat sont librement fixés par les parties sous réserve des règles d'ordre public spéciales à certaines catégories de contrats.

1° La date d'effet du contrat

340. Lorsque le contrat est soumis à approbation d'une autorité extérieure, il ne peut entrer en vigueur avant la date de cette approbation *(Tr. des contrats, n° 457 et s. ; CE 9 février 1994, Min. de l'Équipement, RDP 1994, 551).*

Est-il possible aux parties par une fiction juridique de faire commencer le contrat à une date antérieure à celle de sa signature ? La rétroactivité n'est interdite par un principe général du droit que pour les actes administratifs unilatéraux ; il n'existe pas de raison pour étendre le principe aux contrats, du moins lorsque cela ne préjudicie pas aux tiers. En effet, le principe de non-rétroactivité vise à préserver la sécurité juridique et celle-ci n'est pas compromise dès lors que les parties au contrat ont accepté la rétroactivité. Mais cette rétroactivité ne peut nuire aux tiers ; ainsi, la rétroactivité des clauses d'une concession relatives aux tarifs ne pourrait être opposée aux usagers.

La jurisprudence s'inspire de ces considérations : en principe, une stipulation du contrat peut avoir un caractère rétroactif (ex. : *CE 11 juillet 1988, SA HLM Travail et propriété, Dr. Adm., n° 501 ; CE Sect. 19 novembre 1999, féd. Syndicaliste FO des travailleurs des PTT, RFDA 2000. 197)*, mais la rétroactivité ne peut être opposée au tiers envers qui le contrat produit des conséquences (ex. : *CE 13 octobre 1989, Commune de Labarthe-sur-Lèze, Rec. t. 472* — à propos d'un contrat d'association entre l'État et une école privée, qui, en vertu de la loi du 31 décembre 1959, produit des conséquences pour la commune).

Même dans les relations entre les parties, la rétroactivité n'est toutefois pas toujours possible. Elle est, principalement, exclue pour les contrats des collectivités locales assujettis à l'obligation de transmission au représentant de l'État. Ces contrats ne sont exécutoires qu'à la date de leur transmission ; il en découle que la clause qui fixe une date de commencement d'exécution antérieure est illégale *(TA Versailles 19 décembre 1986, COREP de l'Essonne, MP 1987, n° 225, p. 13, note Richer ; TA Clermont-Ferrand 30 juin 1987, COREP du Puy-de-Dôme, JCP 1988, II, 20986, note Chouvel ; CE 4 février 1991, Ville de Caen, Rec. t. 755 ; D. 1991, SC 375, obs. Terneyre)*. Toutefois, de façon assez peu logique, le Conseil d'État a introduit une distinction entre l'entrée en vigueur du contrat, qui ne peut être antérieure à la transmission, et ses effets, qui peuvent l'être (*CE 2 octobre 2002, Gross, BJDCP 2003, n° 26, p. 27, concl. Piveteau* : avenant fixant une date d'achèvement des travaux antérieure à la transmission). Pourtant, si le contrat produit des effets avant d'avoir été transmis au préfet, tout se passe comme s'il était entré en vigueur avant la transmission.

2° Durée du contrat

341. La durée du contrat est fixée librement, mais des textes assez nombreux limitent la durée de certaines catégories de contrats, comme les contrats de recrutement d'agents non titulaires (art. 3 de la loi du 26 janvier 1984 ; art. 4 de la loi du 11 janvier 1984), les délégations de service public (art. 40 de la loi du 29 janvier 1993 — art. L. 1411-2 CGCT) et certains marchés publics (art. 35 et 77 du Code des marchés publics). Le contrat peut avoir une durée minimum ; ainsi les baux emphytéotiques que les collectivités locales peuvent consentir sur le domaine public en vertu de l'article 13 de la loi du 5 janvier 1988 (art. L. 1311-2 CGCT) doivent être conclus pour plus de dix-huit ans (art. L. 451-1 du Code rural).

Avant que soit écoulée la durée prévue, le contrat peut prendre fin avant terme. Cette expiration prématurée peut résulter d'une résiliation conventionnelle, mais aussi, sauf exception, quelle que soit la durée du contrat, il peut faire l'objet d'une résiliation unilatérale qui met fin prématurément aux relations contractuelles. L'expiration prématurée peut aussi, beaucoup plus rarement, être la conséquence de la disparition de l'objet du contrat ; en ce cas, elle doit être constatée par le juge (ex. : *CE 14 novembre 1957, Soc. d'urbanisme de la ville de Nantes, Rec. 611)*, mais, dans le souci d'assurer la continuité du service public, le juge administratif n'admet la résiliation pour disparition de l'objet du contrat que si l'exécution est devenue vraiment impossible par suite d'un cas de force majeure (ex. : *CE 18 décembre 1959, Ville de Nantes, Rec. 696, concl. Mayras,-* la destruction de l'abattoir a entraîné interruption et non rupture du contrat relatif à sa gestion).

3º Expiration du contrat

342. Que se passe-t-il à l'expiration du contrat ?

Il est mis fin aux obligations réciproques des parties, il n'existe plus entre elles de relations contractuelles. Cependant, même après son expiration, le contrat peut continuer à produire certains effets. En premier lieu, si l'expiration du contrat résulte d'une résiliation unilatérale, les conséquences de la résiliation seront réglées par application des clauses contractuelles qui peuvent exister à ce sujet. En second lieu, dans les marchés publics de travaux et de maîtrise d'œuvre, l'expiration ouvre la période de garantie décennale, au cours de laquelle le contrat ne s'applique plus, mais dont l'existence suppose qu'il y a eu contrat (cf. *infra*).

Il est également possible qu'à l'expiration du contrat les parties choisissent de poursuivre leurs relations en renouvelant le contrat, ce qui équivaut à la conclusion d'un contrat nouveau dans les mêmes termes que l'ancien. Le renouvellement du contrat peut résulter d'une clause de tacite reconduction (ex. : *CE 20 janvier 1965, Soc. des Pompes Funèbres Générales, Rec. 42*), sauf interdiction de ce type de clause (ex. *CE 27 octobre 1999, Bayeux, RFDA 1999.1289*, à propos des contrats de recrutement). La jurisprudence considère que le contrat tacitement reconduit est un nouveau contrat au contenu identique au précédent *(CE 25 mai 1951, Dobrouchkess, Rec. 291 ; CE 23 mai 1979, Commune de*

Fontenay-le-Fleury, Rec. 226), ce qui peut, au demeurant, être discuté (cf. conclusions Touvet sous *CE Sect. 22 mars 1996, Association de gestion des écoles Ste-Martin, RDP 1996, 1185,* et L. Richer, « Sur la tacite reconduction des marchés publics », *AJDA* 2001.219). Il en résulte que, dans le cas où la conclusion du contrat est assujettie au respect d'une procédure, les clauses de reconduction tacite sont illégales *(CE 29 novembre 2000, commune de Païta, Rec. 574 ; AJDA 2001. 101 ; CJEG 2001.148, note P. Subra).*

343. De la « reconduction » il faudrait distinguer la prolongation ou prorogation qui est une modification du contrat initial (cf. J. Ghestin, *Les obligations. Les effets du contrat*, LGDJ 1992, n° 220), mais en droit public, comme en droit privé, la distinction n'est pas rigoureuse. En témoigne l'article 40 de la loi du 29 janvier 1993 (art. L. 1411-2 CGCT) : ce texte pose le principe de l'interdiction de prolonger une délégation de service public, mais il apporte à ce principe deux exceptions- qui seront étudiées ultérieurement -et il ajoute que pour la mise en œuvre de ces exceptions, si la délégation a été consentie par une personne autre que l'État, la « prolongation... ne peut intervenir qu'après un vote de l'assemblée délibérante ». Cette dernière disposition ne vise à interdire que les clauses de tacite reconduction, mais elle se trouve dans un texte relatif à la « prolongation », ce qui montre que les deux notions ont été identifiées l'une à l'autre. L'article 40 signifie en réalité à la fois que les avenants de prolongation sont interdits, sauf exception, et que les clauses de tacite reconduction le sont aussi dans les cas qu'il vise.

C La modification du contrat par les parties : l'avenant

Bibliographie : DEL PRETE (D.) : *L'avenant dans les contrats administratifs*, Thèse, Aix-Marseille III, dactyl., 2002.

FATÔME (E.) : « Les avenants », *AJDA* 1998, 760.

LIMOUZIN-LAMOTHE (P.) : « Les avenants : observations complémentaires », *AJDA* 1997, 767.

LIBERT (X.) : « Les modifications du marché en cours d'exécution », *AJDA* 1994, n° spéc., p. 65.

PEYRICAL (J.-M.) : *Les avenants aux contrats publics*, éd. du Moniteur, 3e éd., 2005.

VIDAL (L.) : *L'équilibre financier du contrat dans la jurisprudence administrative*, Bruylant, 2005, p. 648 et s.

344. L'avenant est un contrat qui a pour objet de modifier un contrat en cours. La conclusion d'une telle convention modificatrice ne pose aucun problème lorsque la conclusion du contrat initial est libre : nul principe de parallélisme des formes et procédures, nul risque de fraude n'imposent de limiter la liberté de passer des avenants. Ce n'est que si la passation du contrat initial est soumise à des règles que le problème de l'avenant se pose. Admettre une liberté totale de conclusion des avenants rendrait inutiles les procédures de publicité et mise en concurrence, mais interdire tout avenant serait contraire aux exigences de la vie économique et, de plus, incompatible avec l'existence de contrats de longue durée. Il est revenu à la jurisprudence de concilier ces deux ordres de considération.

Le principe de départ est la liberté de conclure des avenants, alors même que le contrat initial a été conclu après adjudication *(CE 22 novembre 1907, Coste, Rec. 849).*

345. Les avenants peuvent avoir des objets divers : réalisation de prestations supplémentaires, modification de la rémunération, des conditions d'exécution de la prestation, de la durée, etc. La liberté de conclure les avenants étant justifiée par le caractère accessoire et complémentaire de l'avenant, il s'ensuit naturellement que si les parties abusent de cette liberté en dénommant avenant un contrat qui n'est pas réellement le prolongement d'un contrat initial, elles commettent une illégalité dans le cas où la conclusion d'un nouveau contrat est subordonnée à une procédure. Sont donc illégaux les « avenants » qui sont en réalité de nouveaux contrats (ex. : ***CE 28 juillet 1995, Préfet de la région Île-de-France c/ Soc. de gérance Jeanne d'Arc, RDP 1996, 569, concl. Fratacci***). Le critère du contrat nouveau peut être trouvé dans son objet juridique ou matériel : un contrat est nouveau si son objet n'est pas fongible par rapport à celui du contrat initial : « le nouvel objet doit être apte à satisfaire à la fois les intérêts des parties et à permettre la réalisation du but de la convention originaire. Sinon, la fongibilité est imparfaite, elle provoque l'échec de la modification et sa dégénérescence, soit en novation, soit en *mutuus dissensus* suivi de la création d'une nouvelle obligation » (A. Ghozi, *La modification de l'obligation par la volonté des parties*, LGDJ, 1980, n° 113).

Ainsi un « avenant » confiant à un concessionnaire la réalisation de travaux moyennant paiement par la collectivité est un contrat nouveau parce que l'objet juridique est différent de celui d'une concession (le paiement d'un prix étant caractéristique du marché public), alors qu'un avenant transformant un affermage en concession n'entraîne pas par lui-même une telle mutation. Ainsi encore, un « avenant » étendant la mission d'un concessionnaire de parc de stationnement en lui attribuant la gestion d'un autre parc est un contrat nouveau parce qu'il porte sur un autre équipement. Ces prétendus avenants sont en réalité de nouveaux contrats qui doivent être conclus dans le respect des règles de publicité et mise en concurrence.

Cependant, l'authenticité de l'avenant ne garantit pas une liberté contractuelle illimitée.

346. Dans tous les cas où la conclusion du contrat initial est soumise à des formalités de publicité et mise en concurrence, des précautions doivent être prises pour éviter que les modifications du contrat initial éloignent trop du dispositif qui a fait l'objet de la procédure de passation. Cette limitation concerne avant tout les marchés publics et les conventions de délégation du service public, mais elle peut s'appliquer à tout contrat dont la conclusion n'est pas entièrement libre, par exemple à un contrat de recrutement d'agent public *(CE 25 novembre 1998, Préfet de Corse c/ Cianfarini, AJDA 1998, 1047 ; CAA Paris 18 janvier 2005, Région Île-de-France, req. 02PA01683, AJDA 2005, 854).*

L'avenant ne pouvait échapper aux dispositions adoptées dans les années 1990 pour renforcer la concurrence et la transparence.

La disposition la plus radicale est l'interdiction des avenants de prolongation qui a été introduite par l'article 40 de la loi du 29 janvier 1993 (art. L. 1411-2 CGCT) en matière de convention de délégation de service public (cf. *infra*). Sans aller aussi loin, d'autres textes ont renforcé l'encadrement de la passation des avenants, pendant que la jurisprudence témoignait d'une vigilance accrue des services préfectoraux en la matière.

L'article 20 du Code des marchés publics prévoit que « sauf cas de sujétions techniques imprévues », les avenants « ne peuvent bouleverser l'économie du marché, ni en changer l'objet ». Il s'agit d'une codification de la jurisprudence antérieure, qui avait déjà recours à la notion de « bouleversement de l'économie du marché », notion qui a été transposée à la convention de délégation de service, autre contrat dont la passation est réglementée (voir par ex. *TA Lille, 2 juillet 1998, Préfet du Nord, BJDCP, 1998, n° 1, p. 72, concl. Célérier ; TA Grenoble 7 août 1998, Betto, Dr. Adm., n° 303 ; BJDCP 1999, n° 2, p. 181, concl. Cau*).

L'« économie » d'un contrat désigne généralement son organisation générale, ses équilibres fondamentaux, comme dans la décision du Conseil constitutionnel du 10 juin 1998, selon laquelle « le législateur ne saurait porter à l'économie des conventions et contrats légalement conclus une atteinte d'une gravité telle qu'elle méconnaisse manifestement la liberté découlant de l'article 4 de la Déclaration des droits de l'homme et du citoyen » (*AJDA* 1998, 540). Mais il semble que, dans la jurisprudence administrative, le terme « économie » soit le plus souvent entendu dans le sens restrictif de données financières du contrat. En effet, sauf exception *(TA Grenoble, 7 août 1998, Betto, précit.)*, le bouleversement de l'économie tient à l'organisation de la rémunération du cocontractant.

347. À partir de quelle proportion une modification de la rémunération constitue-t-elle un bouleversement ? La modification peut, sans problème, aller au-delà de 5 %, puisque l'article 49.1 de la loi du 29 janvier 1993 (issu de la loi du 8 février 1995 modifiant celle de 1993 et codifié à l'article L. 1411-6 CGCT) dispose que « tout projet d'avenant à un marché de travaux, de fournitures ou de services ou à une convention de délégation de service public, entraînant une modification du montant global supérieure à 5 % est soumis pour avis à la commission d'appel d'offres ».

Certains seuils ne doivent pas être franchis : un avenant ne peut entraîner de franchissement d'un des seuils fixés par le Code des marchés publics *(CE 23 mai 1979, Commune de Fontenay-le-Fleury, Rec. 226)* ou par la loi du 3 janvier 1991 pour les concessions de travaux *(CE 20 février 1998, Ville de Vaucresson ; RFDA 1998, 421, concl. Bergeal ; TA de Nice 6 mars 1998, Association Menton héritage, BJDCP, n° 1, p. 57, concl. Fouchet)*.

Hors texte applicable, la qualification comme bouleversement dépend des circonstances. Un accroissement de 10 à 15 % est en principe acceptable, alors qu'une hausse de plus de 40 % ne l'est pas *(CE 8 mars 1996, Commune de Petit-Bourg, MP, n° 1/97, p. 24)*, ni même une augmentation de 23 % de la contribution de la collectivité publique à un service délégué, surtout si elle survient très peu de temps après la signature du contrat initial *(TA de Lille 2 juillet 1998, Préfet de la région Nord Pas-de-Calais, BJDCP, 1999, n° 1, p. 72, concl. Célérier)*.

En matière de marchés, ces règles comportent une exception dans le cas de « sujétions imprévues ne résultant pas du fait des parties » (cf. *CE 30 juillet 2003, Commune de Lens, BJDCP, 2003, n° 31, p. 462, concl. Piveteau ; AJDA 2003. 1727, note J.-D. Dreyfus)*, la survenance d'une telle sujétion autorise à bouleverser l'économie du marché. Mais c'est le seul cas de bouleversement admis et il faut considérer que même la poursuite des prestations entraînant un bouleversement de l'économie du marché ne peut résulter d'un avenant en dehors de sujétions imprévues (en ce sens *concl. Bergeal sous CE, 22 juin 1998, Préfet du Puy de Dôme, BJDCP, 1999, n° 1, p. 36*).

La théorie des sujétions imprévues étant spécifique aux marchés de travaux, on pourrait être tenté de limiter l'exception à ce type de marchés, mais telle ne paraît pas être la portée de l'article 20, qui vise tous les marchés. De plus, la doctrine tend à considérer que l'article 20 exprime une règle générale et que les circonstances imprévues permettent de bouleverser l'économie du contrat de délégation de service public, en dehors de tout texte (E. Fatôme) .

La question se pose de savoir si l'avenant ne doit pas être admis plus facilement dans certains contrats de longue durée et qui sont « incomplets » et évolutifs par nature, ce qui est, notamment le cas des concessions et autres conventions de délégation de service public ou de partenariat.

348. Le Conseil d'État, dans son avis du 16 décembre 1999 relatif à la pratique de l'adossement pour la construction d'autoroutes (*EDCE* 2000 n° 51, p. 230), a indiqué dans quelles conditions la réalisation de nouveaux investissements peut être confiée par avenant, et il a admis, que « cette exception aux règles de droit commun doit s'interpréter très restrictivement, par une démarche s'inspirant de celle qui commande l'interprétation de l'article 45 *bis* du Code des marchés publics relatif aux avenants ». L'interdiction de conclure un avenant apportant un bouleversement à l'économie du contrat en cours ne peut certes être abandonnée, mais un arrêt met sur la voie d'une application raisonnable de la notion de bouleversement en matière de délégation de service public *(CAA de Lyon 8 février 2005, Commune d'Auxerre, BJDCP 2005, n° 40, p. 221, concl. Besle).*

Était en cause un avenant à une convention d'affermage du service public de l'assainissement. L'accroissement des rejets a entraîné d'importantes nuisances olfactives ; pour y remédier, la collectivité délégante a confié au délégataire des travaux évalués à plus de 7 millions de francs et supportés par le fermier pour environ 4 millions de francs. L'avenant relatif à ces travaux a prévu la prolongation de la durée du contrat d'affermage initial. La délibération approuvant cet avenant a été annulée par le TA de Dijon (*TA de Dijon 5 janvier 1999, Roycourt, BJDCP 1999 n° 3, p. 295, conclusions Lointier*). Il était soutenu devant le tribunal que l'avenant était un nouveau contrat pour deux motifs : d'une part, il transformait la concession en affermage, d'autre part, il confiait des travaux très importants et entraînait une augmentation de 18 % par an de la redevance d'assainissement.

La cour administrative d'appel censure le jugement du tribunal administratif en tant qu'il a décidé que l'avenant était illégal (tout en jugeant cependant que la délibération était illégale à raison de l'insuffisante information du conseil municipal) et le commissaire du gouvernement Besle a expressément admis que la prise en charge d'investissements par le fermier puisse ne pas être assimilable à un bouleversement de l'économie du contrat. La conclusion d'un « avenant concessif », qui était possible avant la « loi Sapin » (*CE, 6 mai 1991, Syndicat Intercommunal du Bocage, AJDA 1991, p. 717, note Subra ; CE, 26 septembre 1994, Commune de Labenne, Dr. Adm. 1994, n° 588*), n'entraîne pas, à elle seule, un bouleversement du contrat.

Par ailleurs, ce même arrêt ne considère pas l'importance des travaux comme motif d'illégalité. Ici encore, l'arrêt est éclairé par les conclusions du commissaire du gouvernement, pour qui une augmentation même importante de la redevance ne suffit pas à caractériser un bouleversement, « dès lors que les investissements restent un accessoire de l'ouvrage d'origine, qu'il sont dépourvus d'autonomie fonctionnelle et qu'ils restent d'un coût limité par rapport à l'ouvrage ». C'est un début de prise en considération de la spécificité de la concession.

§ 2. Le pouvoir de résiliation unilatérale

Bibliographie : DOSSIER « Les effets de la rupture du contrat administratif », ACCP 2002, n° 16, p. 17 et n° 17, p. 22.

FOLLIOT (L.) : *Pouvoirs des juges administratifs et distinction des contentieux en matière contractuelle*, th. Paris II, 1994, p. 173 et s., p. 498 et s., p. 561 et s.

LECOMTE (F.) : *Le rachat des concessions*, th. Paris, 1942 ;
Traité des contrats, n° 1410 et s.

349. Alors que, comme on le verra, l'existence d'un pouvoir de modification unilatérale du contrat administratif a été mise en doute, celle du pouvoir de résiliation unilatérale a toujours été admise. Le pouvoir de mettre fin au contrat pour l'avenir moyennant indemnisation du cocontractant est reconnu à l'administration depuis le XIXe siècle au moins (ex. : *CE 17 mars 1864, Paul Dupont, D. 1864, 3, 87 ; CE 9 décembre 1927, Gargiulo, Rec. 1198*) et il procède aujourd'hui d'une « règle générale applicable aux contrats administratifs » *(CE 2 mai 1958, Distillerie de Magnac-Laval, AJDA 1958, II, 282, concl. Kahn ; CE Ass. 2 février 1987, Société TV6, Rec. 29)*, ce qui signifie qu'il existe même dans le silence du contrat. Il convient toutefois de faire une distinction entre la résiliation sans faute et la résiliation pour faute ; les conditions d'existence et de mise en œuvre ainsi que les conséquences de la résiliation sont très différentes dans les deux cas.

A La résiliation pour motif d'intérêt général

350. Un contrat conclu dans l'intérêt général peut être résilié si l'intérêt général l'impose. Cette résiliation est coûteuse pour l'administration, mais elle peut l'être moins que ne le serait la continuation du contrat.

a) Existence et modalités d'exercice du pouvoir de résiliation

351. L'existence d'un pouvoir de résiliation pour motif d'intérêt général est « l'un des droits de l'administration le moins contesté en notre matière » (G. Péquignot, *Théorie générale du contrat administratif*, 1945, p. 391). La jurisprudence contemporaine admet avec constance que tout contrat administratif peut être résilié par l'autorité administrative pour un motif d'intérêt général. Ce pouvoir de résiliation unilatérale étant lié aux nécessités du fonctionnement d'un service public, il ne peut faire l'objet d'une renonciation ***(CE 6 mai 1985, Association Eurolat, RFDA 1986, 21, concl. Genevois ; AJDA 1985, 620, note Fatôme et Moreau ; RDP 1986, 21, note Llorens)***.

Le pouvoir de résiliation unilatérale peut cependant être supprimé par la loi (ex. : loi du 29 juillet 1982, art. 12 pour les contrats de plan) ; il est douteux qu'il puisse l'être par un acte réglementaire.

Le problème se pose, cependant, de savoir si cette règle applicable aux contrats administratifs l'est vraiment à tous les contrats administratifs.

1° Concession

352. Pendant longtemps, la doctrine a hésité au sujet de la concession. Traditionnellement, les contrats de concession organisaient une procédure de « rachat » de la concession avec une définition précise des modalités d'indemnisation du concessionnaire. Dans le souci d'assurer la stabilité de la situation des concessionnaires a parfois été affirmée l'inexistence du pouvoir de résiliation unilatérale en la matière (cf. J. Dufau, *Les concessions de service public*, éd. du Moniteur, 1979, p. 172). En fait, la jurisprudence ne s'était jamais prononcée clairement sur ce point et la confusion était entretenue par la distinction qu'elle semblait faire entre rachat et résiliation (en ce sens *CE 14 décembre 1964, Commune de Mions, Rec. t. 937 ; Journal des maires 1965, 869* : « ladite commune, si elle avait la faculté, en vertu du pouvoir appartenant aux collectivités publiques de rompre, lorsqu'elles le jugent utile dans l'intérêt général, les contrats passés par elles pour les services publics, de mettre fin à la concession dont les consorts Chichignoud, Badin et Cugniet étaient titulaires, ne pouvait, en l'absence de toute clause contractuelle ou de tout événement de force majeure l'autorisant à résilier la convention de plein droit, que procéder au rachat de la concession, après avoir adressé une ultime mise en demeure aux concessionnaires d'avoir à remplir leurs obligations »). Le vocabulaire jurisprudentiel distinguait ainsi le plus souvent rachat et résiliation dans l'intérêt général. Le problème restait cependant discuté de savoir si le « rachat non contractuel » était possible.

Depuis 1987, la question a été simplifiée : par l'arrêt du 2 février 1987, Société TV6 (précit.), le Conseil d'État a consacré le pouvoir général de résiliation à propos d'une concession et, le mois suivant, le Tribunal des conflits a reconnu la synonymie des termes résiliation et rachat *(TC 2 mars 1987, Soc. d'aménagement et de développement de Briançon-Montgenèvre, RFDA 1987, 191, obs. F. M.).* Le pouvoir de résiliation unilatérale existe donc en matière de concession et le « rachat » n'est que la résiliation organisée par le contrat de concession.

2º Bail emphytéotique

353. La question est posée de savoir si le pouvoir de résiliation unilatérale n'est pas incompatible avec les baux emphytéotiques que l'article L. 1311-2 du CGCT autorise les collectivités locales à conclure sur leur domaine public. Ces baux confèrent au preneur un droit réel susceptible d'hypothèque, ce qui suppose la stabilité. À partir du moment où le législateur a autorisé la conclusion de tels contrats, ne faut-il pas considérer qu'il a, implicitement, banni le pouvoir de résiliation unilatérale ? Par l'arrêt du ***25 février 1994, Soc. SOFAP Marignan, (RFDA 1994, 510, concl. Arrighi de Casanova ; D. 1994, 536, note Lombard ; CJEG 1994, 569, article E. Fatôme et Ph. Terneyre)***, le Conseil d'État a admis la compatibilité d'une clause de résiliation unilatérale et du bail emphytéotique, mais il s'agissait de résiliation pour faute, et des commentateurs avisés considèrent que l'existence d'un pouvoir de résiliation unilatérale pour motifs d'intérêt général des baux emphytéotiques administratifs est incompatible avec les trois éléments qui font l'essence du bail emphytéotique : la longue durée, l'existence d'un droit réel, la possibilité d'hypothéquer ce droit (E. Fatôme et Ph. Terneyre, *art. cit.*, p. 582-583). Le problème est posé, mais l'affirmation générale par l'article L. 2122-3 du CGPPP de 2006 du caractère précaire et révocable des occupations du domaine public paraît bien impliquer la possibilité de résiliation.

Lorsqu'elle s'applique, la règle générale a pour effet de prohiber les clauses de renonciation au pouvoir de résiliation, mais il reste possible aux cocontractants d'apporter des aménagements importants aux conditions d'exercice du pouvoir de résiliation notamment aux points de vue de la compétence et de l'indemnisation.

3º Aménagements du pouvoir de résiliation

354. Dans le silence du contrat, il faut faire application du parallélisme des compétences : « à moins de règle contraire inscrite dans le traité, la rupture du contrat de concession de service public, soit par voie de résiliation, soit par voie de rachat, doit être prononcée dans les mêmes conditions et soumise aux mêmes approbations que le contrat lui-même » *(CE 16 mars 1920, Compagnie générale des eaux, Rec. 336 ; CE 20 janvier 1965, Soc. des Pompes Funèbres Générales, Rec. 42 ; note Orsoni sous*

TA Rennes 2 février 1972, Société du port de pêche de Lorient, AJDA 1972, 530).

Sont cependant possibles des aménagements contractuels à la répartition des compétences (ex. : *CE 21 janvier 1944, Société d'entreprise et de construction en béton armé, Rec. 23*).

Le contrat peut aussi définir les conditions d'exercice de la résiliation. Il est admis que le contrat prévoie l'exclusion de la résiliation dans certains cas (ex. : *CE 11 mai 1990, OPHLM de la ville de Toulon, req. 68689* — qui fait application des stipulations excluant la possibilité d'une résiliation d'un marché de chauffage lorsque la quantité de combustible consommé est inférieure à la consommation théorique). Il est également possible que le contrat comporte des clauses relatives à l'indemnisation, qu'il stipule, par exemple, que la décision de résiliation doit fixer le montant de l'indemnité, ou même que le cocontractant ne recevra pas d'indemnité (ex. : *CE 7 mai 1952, Éloy, Rec. 225 ; CE 31 janvier 1968, OPHLM d'Alès, Rec. 79 ; CE 10 décembre 1982, Loiselet, Rec. t. 669 ; CAA Nancy 18 avril 2002 Société Rapid et Parcus, A.CCP.2002, n° 17, p. 12*) ou seulement une indemnité limitée (ex. : art. 31 du CCAG des marchés de fournitures et services : pour les plus petits marchés, l'indemnité est fixée à 4 % du montant du marché). En revanche, une clause relative aux conséquences de la résiliation qui aurait pour effet de paralyser l'exercice du pouvoir de l'administration ne serait pas valable (*CAA Versailles 7 mars 2006, Commune de Draveil, req. 04VE01381, AJDA 2006. 1044, concl. Bresse*).

b) Les motifs d'intérêt général

355. La résiliation ne peut être prononcée que pour un « motif légitime » et le juge contrôle cette légitimité.

1° Formes de l'intérêt général

356. Le motif d'intérêt général peut être l'abandon d'un projet *(CE Sect. 22 janvier 1965, Soc. des Établissements Michel Aubrun, Rec. 50 ; CE 8 décembre 1978, Bergerioux, Rec. 500)* ou une modification de la réglementation (ex. : *CAA Bordeaux 20 décembre 1990, Dép. des Pyrénées-Atlantiques, Rép. de jurispr. communal, mars-avril 1991, p. 1* : résiliation d'un contrat de désinfection d'étables à la suite d'une modification de l'arrêté préfectoral sur cette désinfection), mais pas un projet de réforme ***(CE Ass. 6 février 1987, Soc. TV6, précit.)***.

Le motif d'intérêt général peut aussi procéder directement de considérations liées à l'organisation et au fonctionnement du service public : le service est réorganisé *(CE 11 juillet 1913, Compagnie des chemins de fer du Sud de la France, Rec. 854 ; CE 30 juin 1933, Soc. Le Centre électrique, Rec. 707 ; CE 26 février 1975, Soc. du port de pêche de Lorient, Rec. 155 ; CE Ass. 29 avril 1994, Colombani, RFDA 1994, 479)*, la collectivité souhaite modifier sa politique *(TA Grenoble 9 avril 1980, Soc. d'aménagement touristique de l'Alpe d'Huez, D. 1981, 581, note Servouin)*.

La résiliation pour motif financier a également été admise (*CE 23 juin 1986, Thomas, RFDA 1987, 195, concl. Stirn* — résiliation fondée sur le refus de l'occupant du domaine public d'accepter de verser une redevance plus importante). Il n'est cependant pas certain que le motif financier puisse toujours motiver la résiliation ; il serait, en particulier, choquant qu'une collectivité publique puisse résilier une convention de délégation de service public uniquement pour attribuer la gestion du service à un autre délégataire qui lui promettrait de meilleures conditions financières. C'est cependant une pratique assez répandue, qui n'est pas forcément favorable aux usagers car ce sont eux qui, un jour ou l'autre, payent une indemnité au cocontractant évincé sans que le service se trouve nécessairement amélioré.

2° Motif d'intérêt général et illégalité

357. Le motif d'intérêt général peut-il tenir à l'illégalité du contrat ? On a vu que la réponse de la jurisprudence n'est pas encore fixée. À l'encontre de l'exercice du pouvoir de résiliation fondé sur l'illégalité, on peut faire valoir que l'illégalité du contrat est normalement sanctionnée par la nullité qui vaut pour le passé comme pour l'avenir et ne peut être prononcée que par le juge, alors que la résiliation n'a d'effet que pour l'avenir. Au surplus, même à supposer que l'illégalité puisse constituer un motif d'intérêt général, il ne paraît pas normal que la résiliation s'accompagne d'une indemnisation ayant un fondement autre que la responsabilité pour faute.

Mais il est admis par certains, dans un souci d'efficacité, que, à la suite de l'annulation d'un acte détachable entraînant l'illégalité du contrat, l'administration est obligée de dénoncer ce dernier (en ce sens *concl. Schwartz sous CE Sect. 7 octobre 1994, Lopez, RFDA 1994, 1090 ; TA de Nantes 11 avril 1996, Compagnie des transports de l'Atlantique, AJDA 1996, 562, obs. Millet ; RFDA 1996, 722, concl. Millet*). Bien plus, le Conseil d'État a jugé qu'une résiliation pour motifs d'intérêt général a pu légalement être fondée sur des « irrégularités de rédaction » *(CE 10 juillet 1996, Coisne, RFDA 1997, 504, concl. Chantepy, note Douence)*, qui ne sont, toutefois, mentionnées que parmi d'autres motifs. La controverse sur la validité de la résiliation pour illégalité n'a toutefois qu'une portée limitée. En effet, à supposer admise l'illégalité de la résiliation, cette illégalité ne peut être sanctionnée en tant que telle, étant donné d'une part que la résiliation d'un contrat nul est nulle par elle-même, d'autre part que le recours en annulation (lorsqu'il est possible à raison de la nature du contrat, cf. *infra*, n° 469) est sans objet ***(CE 20 octobre 2000, soc. Citécable Est, Rec. 457, RFDA 2001.359, concl. Savoie)***. La question ne se pose donc vraiment que dans le cas de résiliation partielle.

c) L'indemnisation

358. Le pouvoir de résiliation unilatérale a pour contrepartie l'obligation d'indemniser intégralement le préjudice causé. Il s'agit là d'une application de la théorie générale de la responsabilité contractuelle sans faute pour fait du prince (cf. *infra*), mais, le juge ne fait application des principes généraux relatifs à la réparation du préjudice que sous réserve de clauses contractuelles valables.

Le cocontractant a le droit d'être indemnisé pour la perte qu'il subit du fait des achats qu'il a pu faire, des investissements qu'il a réalisés, etc. — *damnum emergens* — ; et, à condition de démontrer qu'il aurait réalisé un bénéfice, il a aussi droit à la réparation du gain manqué — *lucrum cessans* (V. p. ex. : *CE 24 janvier 1975, Clerc-Renaud, Rec. 55 ; CAA Paris 25 avril 1996, Soc. France 5, Rec. 572*).

Ces principes constants sont assez délicats à appliquer en matière de concessions de service public compte tenu à la fois de l'importance des dépenses qui peuvent être engagées et de la longueur des contrats. En ce qui concerne les investissements, le concessionnaire est indemnisé de la partie non amortie des biens qui reviennent à la collectivité publique (ex. : *CE 27 février 1935, Soc. des eaux et du gaz de Courtenay, Rec. 256 ; CE 6 février*

1981, Commune de Saint-Georges-de-Didonne, Rec. t. 812 ; CE 20 mai 1994, Soc. Le gardiennage industriel, req. 66377, Rec. 1038), les biens dits « de reprise » (cf. *infra*, n° 999) étant, quant à eux, normalement rachetés à leur valeur vénale. Le concessionnaire est également indemnisé pour les gains manqués. Dans la pratique contractuelle, qui remonte aux cahiers des charges de concessions de voies ferrées des années 1850, il est traditionnellement institué pour l'indemnisation du *lucrum cessans* une « annuité de rachat », dont l'objet est de « permettre au concessionnaire de continuer à jouir après rachat, jusqu'à la fin de la concession, de bénéfices analogues à ceux qu'il retirait de celle-ci » *(CE 20 mai 1952, Gleize, Rec. 268)*. Les clauses de rachat se réfèrent couramment pour calculer le gain manqué au « produit net moyen » d'années de référence, le produit net étant formé par l'excédent des recettes sur les seules dépenses d'exploitation (cf. *concl. Saint-Paul sous CE 23 février 1906, Cie gén. des eaux, Rec. 175*).

d) Pouvoirs de l'administration et pouvoirs du juge

359. Par un arrêt du ***20 avril 1956 (Ville de Nice, RDP 1956, 375, concl. Long ; AJDA 1956, 266, note P. Weil)***, le Conseil d'État a accepté de dire que la résiliation (sans faute) d'un contrat d'occupation du domaine public prononcée par une commune « sortira son plein et entier effet ». Cet arrêt a été interprété comme une consécration de la possibilité pour l'administration de renoncer au privilège du préalable en saisissant le juge d'une demande de résiliation. Il est vrai que les conclusions du commissaire du gouvernement incitent à une telle interprétation puisqu'on y trouve souligné le rôle particulier du juge du contrat, qui « joue presque un rôle d'arbitre ou même de collaborateur des parties », ce qui justifierait une dérogation à la jurisprudence Préfet de l'Eure *(CE 30 mai 1913, S. 1915, 3, 39, note Hauriou)*, selon laquelle l'administration ne peut demander au juge d'ordonner une mesure qu'elle a le pouvoir de prescrire. On relève aussi que dans un cas où le contrat prévoyait que la résiliation était prononcée par le juge, il a été jugé que cette stipulation « ne fait pas obstacle à l'exercice par l'administration contractante du pouvoir qu'elle tient des règles générales applicables aux contrats administratifs de résilier unilatéralement le contrat pour des motifs d'intérêt général » *(CE 16 février 1996, Syndicat intercommunal de l'arrondissement de Pithiviers, req. 82880)*. Le Conseil d'État ne dénie pas au juge, dans cet arrêt, le pouvoir de prononcer la résiliation concurremment avec l'administration.

En dépit de ces solutions, au demeurant équivoques, on voit mal comment il pourrait revenir au juge de résilier sur le fondement de motifs, qui pour être légitimes, n'en sont pas moins de pure opportunité.

En matière de résiliation pour motif d'intérêt général le juge administratif peut être saisi des conséquences de la résiliation, notamment des litiges relatifs à l'indemnité ; il peut vérifier la validité de la résiliation (sur les pouvoirs du juge en ce cas : cf. *infra*) et éventuellement requalifier une résiliation pour faute en résiliation sans faute (ex. : *CE 24 février 1950, Soc. française du gyroplane, Rec. 126 ; CE 18 février 1983, Soc. française du tunnel routier du Fréjus, Rec. t. 781*) ; mais il serait anormal que le juge prononce la résiliation.

B La résiliation pour faute

360. La collectivité publique dispose envers son cocontractant du pouvoir de prononcer des sanctions, qui peuvent être de trois types : sanctions pécuniaires, sanctions coercitives (cf. *infra*) et sanction résolutoire, c'est-à-dire résiliation pour faute.

a) Existence et modalités d'exercice du pouvoir de résiliation

Bibliographie : LEFOULON (J.) : « Les formalités en matière de sanction dans le contrat administratif », *AJDA* 1974, 565.

361. Les contrats administratifs comportent très fréquemment une clause attribuant à la collectivité publique le pouvoir de prononcer la résiliation aux torts du cocontractant, mais ce pouvoir existe même dans le silence du contrat (ex. : *CE 30 septembre 1983, SARL Comexp., Rec. 393*) et, quand le contrat énumère les motifs de résiliation, le juge considère que la liste n'est pas limitative. Traditionnel dans le droit des contrats administratifs, ce pouvoir de résiliation en cas de manquement grave de l'autre partie a également été reconnu en droit civil (*Cass. 1re Civ., 20 février 2001, D. 2001. 1568, note Jamin*), mais le contrôle du juge y est plus étroit.

Ces principes trouvent toutefois une limite en matière de concession, où la déchéance du concessionnaire « doit conserver le caractère de sanction exceptionnelle » ***(concl. Romieu sous CE***

20 janvier 1905, Compagnie départementale des eaux, Rec. 55). Aussi, en l'absence de clause donnant à l'administration le droit de prononcer la déchéance, le concédant doit s'adresser au juge administratif *(CE 20 mai 1892, Tessier, Rec. 456, concl. Romieu ; CE 17 novembre 1944, Ville d'Avallon, Rec. 294* — et pour un contrat qui ne donne le pouvoir de déchéance que dans certains cas : *CE 26 juillet 1947, Dép. du Tarn, Rec. 353).* Un tribunal administratif a cru pouvoir considérer que le juge administratif a un monopole dans le cas où la déchéance est prononcée sans indemnité, la clause attribuant le pouvoir de résiliation à l'administration étant alors illégale *(TA de Clermont-Ferrand 29 mai 1986, Jarry, CJEG 1986, 320, note Bonnet)*, mais cette solution paraît reposer sur une mauvaise interprétation d'un arrêt du Conseil d'État *(CE 21 novembre 1980, Syndicat intercommunal de Peyresourde-Balestras, Rec. 438)*, qui n'énonce pas un principe général, comme l'a cru le tribunal administratif, mais se contente d'interpréter les clauses d'un cahier des charges (en ce sens cf. *concl. Abraham sous CE 25 mars 1991, Copel, CJEG 1993, 238*).

362. La résiliation pour faute étant une sanction, des règles de forme et de procédure s'imposent.

En ce qui concerne la forme, la loi du 4 juillet 1979 impose la motivation de toutes les sanctions, dont la résiliation pour faute *(CE 23 juin 1987, Thomas, RFDA 1987, 194 ; CE Sect. 19 juin 1992, Min. Aff. étr. c/ Royère, req. 106186).*

Au plan procédural, le principe des droits de la défense est applicable en matière contractuelle. Il en résulte qu'une procédure contradictoire s'impose avant toute sanction et même avant toute mesure prise en considération de la personne (cf. *concl. Stirn sous CE 23 juin 1987, Thomas, RFDA 1987, 194 ; CE Ass. 21 avril 1989, Féd. nat. des Établissements d'enseignement catholique, Rec. 117*).

En matière contractuelle, le principe des droits de la défense s'applique, le plus souvent, à travers l'exigence de mise en demeure. En effet, il est de règle que, sauf stipulation contractuelle contraire, toute sanction et, en particulier, la résiliation pour faute, doit être précédée d'une mise en demeure (cf. *infra*).

b) Motifs

363. Le contrat peut donner une liste de manquements susceptibles de justifier la résiliation, mais, en dépit de cette circonstance, « alors même que la réalité de tels manquements aurait été établie, il appartient au juge administratif de rechercher si ces manquements ont constitué... une faute grave » *(CE 21 janvier 1944, Société d'entreprises et de construction en béton armé, Rec. 23).* Le juge administratif exige, en effet, la proportionnalité entre la faute et la sanction : la faute qui motive la sanction résolutoire doit présenter un caractère de gravité suffisant (ex. : *CE 21 novembre 1934, Soc. Dupart, Rec. 1085 ; CE 11 juillet 1941, Grenouiller, Rec. 124 ; CE 8 janvier 1958, Crouzat, Rec. 14 ; CE 18 mars 1959, Peter, Rec. 189*).

La gravité s'apprécie par rapport aux conséquences pour le service et par rapport au caractère essentiel de l'obligation enfreinte.

Justifie, bien entendu, la résiliation l'interruption du service (ex. : *CE 7 mai 1937, Soc. Samson et Spitzner, Rec. 480 ;* ***CE 26 novembre 1971, SIMA, RDP 1972, 239, concl. Gentot***) ou son fonctionnement durablement défectueux (ex. : *CE 23 décembre 1925, Houssin, Rec. 1049*) ou l'interruption d'un chantier (ex. : *CE 20 janvier 1988, Société d'étude et de réalisation des applications du froid, Rec. 29*) ou encore la cession de contrat non autorisée.

La résiliation peut aussi être fondée sur des manquements aux obligations financières (ex. : *CE 14 mars 1928 Gagnieux, Rec. 356 ; CE 10 juillet 1935, Blazy, Rec. 790 ; CE 11 décembre 1935, Compagnie fermière de Luchon, Rec. 1169 ; CE 20 janvier 1988, Société d'étude et de réalisation des applications du froid, précit. ; CE 25 mars 1991, Copel, précit.*).

Mais, même quand la faute existe, sa gravité peut être atténuée par le comportement de l'administration ou par des difficultés d'exécution imprévisibles, auxquels cas la résiliation est injustifiée (ex. : *CE 18 novembre 1927, Société l'Énergie industrielle, Rec. 1062 ; CE 18 avril 1959, SITAU, Rec. 219* — difficultés à se procurer des capitaux- ; *CE 21 novembre 1934, Soc. Dupart, Rec. 1085 ; CE 20 janvier 1988, Société d'étude et de réalisation des applications du froid, précit. ; CE 4 mars 1991, Dép. de la Haute-Loire, Rec. t. 1044* — comportement de l'administration).

Il est même possible au juge de substituer à la résiliation pour faute une résiliation, prononcée par lui, aux torts de l'administration *(CE, 12 mars 1999, SA Méribel 92, Rec. 61).*

c) Indemnisation

364. Lorsque la résiliation est prononcée aux torts du cocontractant, celui-ci n'a pas droit à une indemnité ; bien plus, les éventuelles conséquences onéreuses de la résiliation sont à sa charge (ex. : *CE 20 janvier 1988, Société d'étude et de réalisation des applications du froid, Rec. 29*).

Toutefois, dans le cas où le cocontractant a réalisé des investissements qui vont profiter à la collectivité publique, il n'est pas dépouillé ; en dépit de sa faute grave, il est indemnisé à concurrence de la valeur non amortie des installations (cf. *CE 20 mars 1957, Soc. des Établissements thermaux d'Ussat-les-Bains, Rec. 182 ; CAA Lyon, 30 août 1995, commune de Méribel, req. 92LY01256).*

d) Pouvoirs de l'administration et pouvoirs du juge

365. Il est possible à l'administration de renoncer à prononcer elle-même la résiliation en s'en remettant au juge *(CE 17 mars 1934, Gouverneur général de l'Algérie c/ Carta, Rec. 377).* Le juge ne peut toutefois prononcer la sanction que si ont été respectées les exigences procédurales, et notamment, celle d'une mise en demeure *(CE 12 mai 1933, CGE, Rec. 508 ; CE 5 juillet 1967, Commune de Donville-les-Bains, Rec. 297).*

Une solution différente est toutefois retenue en matière de concession : quand une clause explicite du contrat donne au concédant le pouvoir de prendre unilatéralement la sanction de la déchéance, il ne peut demander au tribunal administratif de prononcer la mesure *(CE 22 novembre 1967, Soc. générale technique, Rec. t. 859 ; CE 25 mars 1991 Copel, CJEG 1993, 238, concl. Abraham).*

C La résiliation pour inexécution non fautive

366. Entre la résiliation pour motif d'intérêt général et la résiliation pour faute, la résiliation unilatérale est possible dans des situations intermédiaires où l'exécution du contrat est compromise sans que, pour autant, l'un ou l'autre des contractants soit en faute.

a) Dépôt de bilan

Bibliographie : CHARLES (H.) et DERRIDA (F.) : « Les contrats administratifs dans les procédures collectives » *D.* 1977, chron. 29.

GUIMET (J.) : « Marchés publics et procédures collectives », *Marchés publics*, nº 284, oct. 1994, p. 37.

TERNEYRE (P.) : « Procédures collectives et marchés publics », *JCP, éd. E*, 1992, suppl. n° 4, p. 31 s.

367. Le Code de commerce (art. L. 611-1 et s.) ouvre, à certaines conditions, la possibilité à l'entreprise, qui dépose son bilan, de poursuivre l'exécution des contrats en cours. Ce droit implique l'illicéité des clauses prévoyant la résiliation des contrats en cas de « faillite » de l'entreprise : « nonobstant toute disposition légale ou toute clause contractuelle, aucune indivisibilité, résiliation ou résolution du contrat ne peut résulter du seul fait de l'ouverture d'une procédure de redressement judiciaire » (art. L. 621-28 du Code de commerce). Il n'en demeure pas moins que la résiliation est loin d'être exclue.

En cas de redressement judiciaire, le tribunal organise la continuation ou la cession, laquelle s'impose à l'administration (art. L. 622-12 C. comm., qui renvoie à l'art. L. 621-28).

L'article L. 621-28 donne à l'administrateur de l'entreprise un droit d'option ; c'est lui qui choisit de continuer ou non les contrats en cours. Si l'administrateur renonce à l'exécution, il y a résiliation « de plein droit », résiliation dont l'administration doit cependant demander la constatation au juge commissaire.

368. Cette résiliation n'est donc pas une simple faculté ; il en résulte que la résiliation ne saurait être prononcée en ce cas par le juge administratif *(CE 9 octobre 1989, CIC c/ RIVP, Rec. t. 781)*.

La résiliation prononcée dans ces conditions n'ouvre au cocontractant aucun droit à indemnité. Les conséquences onéreuses résultant pour l'administration de la passation d'un nouveau marché ne peuvent être mises à la charge du cocontractant, toutefois, l'administration peut obtenir réparation du préjudice que la résiliation lui a causé *(CE 15 octobre 1965, Soc. entreprise Pérignon, Rec. 522 ; CE 4 mars 1981, CHR de Limoges, Rec. 119)*.

b) Changement de circonstances

369. Selon une jurisprudence ancienne, qui n'a pas trouvé à s'appliquer depuis longtemps, mais qui continue à présenter un intérêt théorique, il est possible à l'administration de prononcer la résiliation d'un contrat de concession dans le cas où l'évolution des techniques entraîne la nécessité d'adapter le service ; mais, cette résiliation n'est possible que si l'entreprise en place refuse de se charger du nouveau service, pour la gestion duquel elle a un droit de préférence.

La solution a été admise à propos de la substitution de l'éclairage à l'électricité à l'éclairage au gaz ; elle constitue une des principales illustrations du principe d'adaptation du service public, en même temps que du rôle créateur de la jurisprudence ***(CE 10 janvier 1902, Compagnie nouvelle du gaz de Deville-lès-Rouen, GAJA, p. 57 ; S. 1902, 3, 17, note Hauriou)***. Il est douteux que le droit de préférence ainsi reconnu au concessionnaire en place soit encore susceptible de jouer à l'époque contemporaine, compte tenu de la procédure de publicité mise en place en 1993 (pour un cas antérieur à la loi de 1993, voir : *CE 7 février 2001, Syndicat intercommunal pour l'étude et la réalisation d'un golf public, req. 199075*).

370. Des circonstances extérieures aux parties peuvent aussi avoir pour effet de rendre le contrat inexécutable. Cela peut entraîner la résiliation du contrat par le juge (ex. : *CE 30 juin 1937, Commune d'Avrieux, Rec. 648* : contrat devenu inexécutable par suite d'un changement de législation ; *CE 8 octobre 1958, Soc. des chemins de fer du Var et du Gard, Rec. 475*, concession « vidée de sa substance et privée de son objet » ayant nécessairement pris fin ; voir aussi la jurisprudence Tramways de Cherbourg, *infra*, n° 412), mais il est également possible que l'administration prononce elle-même la résiliation. En ce cas, au demeurant exceptionnel, le titulaire du contrat n'a pas droit à l'indemnisation du manque à gagner (ex. : *CE 23 janvier 1952, Sec. d'État au forces armées c/ Chambouvet, Rec. 50*).

Il s'agit là de solutions marginales reposant sur des considérations d'équité.

La Cour administrative d'appel de Lyon avait retenu une solution identique, au point de vue de l'indemnisation, dans le cas suivant : la société concessionnaire des remontées mécaniques d'une station de sports d'hiver est passée sous le contrôle de la commune voisine ; ce n'est pas une faute, mais un « changement substantiel de circonstances » dont résulte un « risque durable de conflits d'intérêts ». Dans ces conditions, il a été admis que le concessionnaire ne présentait « plus de garanties équivalentes à celles au vu desquelles la concession avait été attribuée » et, que, en conséquence, la résiliation pouvait être prononcée sans autre obligation que l'indemnisation de la valeur des actifs *(CAA Lyon 9 avril 1991, Commune de Saint-Gervais, Rec. 513 ; D. 1992,*

60, note Gilli), mais le Conseil d'État a cassé cet arrêt en considérant que doit s'appliquer en pareil cas le principe d'indemnisation intégrale valable pour toute résiliation sans faute *(CE 31 juillet 1996. Soc. des téléphériques du massif du Mont-blanc, Rec. 334 ; JCP 1997, II, 22790, concl. J.-M. Delarue ; AJDA 1996, 788, note Gilli).*

§ 3. Le pouvoir de modification unilatérale

Bibliographie : *Traité des contrats*, n° 1167 s.

BÉNOIT (F.-P.) : « De l'inexistence d'un pouvoir de modification unilatérale dans les contrats administratifs », *JCP* 1963, I, 1775.

BÉNOIT (F.-P.) : *Le droit administratif français*, Dalloz, 1968, p. 655 s.

DUFAU (J.) : « Le pouvoir de modification unilatérale de l'administration et les contrats de concession de service public », *AJDA* 1955, I, 65.

FATÔME (E.) et MOREAU (J.) : « Les relations contractuelles entre collectivités publiques : l'analyse juridique dans le contexte de la décentralisation », *AJDA* 1990, 142.

DE LAUBADÈRE (A.) : « Du pouvoir de l'administration d'imposer unilatéralement des changements aux dispositions des contrats administratifs », *RDP* 1954, 36 ; *Pages de doctrine*, LGDJ, 1980, t. II, p. 253.

L'HUILLIER (J.) : « Les contrats administratifs tiennent-ils lieu de loi à l'administration ? » *D.* 1953, chron. 87.

LLORENS (F.) : *Contrat d'entreprise et marché de travaux publics*, LGDJ 1981, p. 244 et s.

SABLIER (B.) : *Les imprévus et les pouvoirs nouveaux de l'administration dans les marchés publics de travaux*, th. dactyl. Nice, 1979.

UBAUD-BERGERON (M.) : *La mutabilité du contrat administratif*, th. Montpellier, 2004.

371. Alors que la doctrine n'a jamais mis en doute l'existence du pouvoir de résiliation unilatérale, celle du pouvoir de modification unilatérale a été discutée.

A Existence

372. Classiquement, il est admis que le Conseil d'État a consacré l'existence d'un pouvoir de modification unilatérale des clauses non financières du contrat administratif, sous réserve d'une indemnisation du préjudice en résultant pour le cocontractant par l'arrêt du ***11 mars 1910, Compagnie générale française des***

tramways (GAJA, p. 130). Dans cette décision a été reconnue la légalité d'une modification des horaires de tramways imposés à un concessionnaire.

Les professeurs L'Huillier et Bénoît ont vigoureusement contesté cette interprétation de l'arrêt en faisant valoir qu'il se réfère à un texte relatif à la police des chemins de fer pour fonder le pouvoir du préfet et que, par conséquent, il ne peut être interprété comme ayant consacré un pouvoir général de l'administration contractante.

Pour M. Bénoît, le pouvoir de modification unilatérale n'existe que dans le marché de travaux publics ; il s'agit alors de modifications de l'ouvrage dont le marché n'a pas pu déterminer tous les détails (ce pouvoir existait déjà dans l'ancien droit cf. F. Monnier, *Les marchés de travaux publics dans la généralité de Paris au XVIII*[e] *siècle*, LGDJ 1984, p. 252 et s.).

À l'encontre de cette thèse on pouvait faire valoir que ce n'est pas parce que l'arrêt de 1910 se réfère à un texte extérieur au contrat qu'il faut considérer qu'il n'a pas consacré un pouvoir de modification unilatérale à portée générale. Il peut certes être soutenu que ce pouvoir n'était pas fondé sur le contrat, mais c'est bien à lui qu'il s'appliquait. Or, un pouvoir extérieur au contrat, mais qui s'applique à lui, existe toujours ; c'est le pouvoir d'organiser le service (cf. *concl. Genevois, RFDA 1984, 39*), dont le pouvoir de modification unilatérale peut être considéré comme une application.

373. Mais, en tout état de cause, la controverse s'est tarie à partir d'un important arrêt du Conseil d'État.

En effet, par l'arrêt du ***2 février 1983, Union des transports publics (RDP 1984, 212, note Auby)***, il a été affirmé sans ambiguïté que le pouvoir de modification unilatérale fait partie des « règles générales applicables aux contrats administratifs ».

Le pouvoir de modification unilatérale existe donc. Sur ce point le droit français ne se singularise pas, aussi bien les droits nationaux que la jurisprudence internationale admettent l'existence d'un « pouvoir souverain pour modifier, voire résilier, moyennant compensation, un contrat conclu avec des particuliers — ainsi le veulent la prééminence des intérêts supérieurs de l'État sur les obligations contractuelles et la nécessité de sauvegarder l'équilibre du contrat » *(Cour européenne des droits de l'homme 9 décembre 1994, Aff. Raffineries grecques Stran c/ Grèce, Rec., vol. 301, p. 65).*

Mais des textes peuvent supprimer le pouvoir de modification unilatérale, et l'on relève qu'il s'agit de textes réglementaires. Par exemple, le décret du 18 juin 1969 portant statut des agents contractuels en service à l'étranger dispose que « seules peuvent être modifiées et faire l'objet d'un avenant » certaines dispositions du contrat (pour une application *CE 30 juin 1993, Min. délégué c/ Yepez, Rec. t. 856*). Dans les relations entre l'État et les collectivités locales, le décret du 15 mars 1982 approuvant la convention-type de transfert de service entre l'État et le département prévoit que les modifications ne peuvent résulter que d'avenants. Allant au-delà, certains auteurs (not. E. Fatôme et J. Moreau, art. cit.) paraissent pencher pour l'inexistence du pouvoir de modification unilatérale dans ce type de convention.

B Mise en œuvre

374. À quelles conditions le pouvoir peut-il être employé ?

a) Limites

375. Le pouvoir de modification s'inscrivant à l'intérieur du contrat, il ne peut entraîner le bouleversement de celui-ci en touchant à des conditions essentielles, et ce même si le pouvoir de modification est prévu au contrat (*CE 14 mars 1980, CITEM, D. 1980, 495, note Théron* — pour l'application de l'art. 31 du CCAG/Travaux). La modification trop importante est fautive (ex. : *CE 14 avril 1948, Min. Armées c/ Soc. gén. d'entreprises, Rec. 159 ; CE Sect. 27 octobre 1978, Ville de Saint-Malo, Rec. 401*) ; et peut même ouvrir droit à la résiliation aux torts de l'administration (ex. : *CE 23 juin 1920, Briançon, Rec. 624*).

376. Il est habituellement soutenu que la modification ne peut jamais porter sur les clauses financières parce que la collectivité publique doit respecter l'« équation financière » du contrat. Il est vrai que deux arrêts anciens, souvent cités, posent l'exigence d'un accord des parties sur les modifications tarifaires *(CE 16 mai 1941, Commune de Vizille, Rec. 93 ; CE 16 janvier 1946, Ville de Limoges, Rec. 15)*. Et, quand le contrat est de ceux qui comportent une rémunération par la collectivité publique elle-même, on conçoit difficilement une modification du prix accompagnée de l'indemnisation du préjudice ainsi causé. En revanche, quand la rémunération ne provient pas de la collectivité publique (concession par exemple), une modification tarifaire assortie de l'indemnisation du préjudice causé n'est pas inconcevable et, dès lors que le préjudice causé est réparé, il n'y a pas de raison pour exclure la modification unilatérale.

Il est d'ailleurs permis de se demander si le Conseil d'État n'a pas déjà admis la possibilité d'une telle modification.

L'arrêt UTP du 2 février 1983 statue sur un recours contre un décret du 29 octobre 1980 pris pour l'application de la loi sur les transports publics du 19 juin 1979 (abrogée en 1981) ; le décret définissait notamment le contenu et les conditions d'exécution des contrats et son article 14 disposait que « l'autorité organisatrice peut, en cours de contrat, apporter à la consistance des services de transports d'intérêt local et à leurs modalités d'exploitation toute modification qui ne soit pas incompatible avec la modalité de gestion choisie. Dans ce cas, les clauses financières du contrat peuvent être révisées en conséquence », sans qu'il soit précisé que la révision ainsi mentionnée doit être contractuelle. Or, le Conseil d'État a jugé qu'« en disposant que l'autorité organisatrice peut, en cours de contrat, apporter unilatéralement des modifications à la consistance des services et à leurs modalités d'exploitation, que l'usage de cette prérogative peut entraîner une révision des clauses financières et, enfin, que les modifications ainsi apportées ne doivent pas être incompatibles avec le mode de gestion choisi, les auteurs du décret attaqué se sont bornés à faire application des règles générales applicables aux contrats administratifs ». Cette rédaction peut être interprétée comme n'excluant pas nécessairement les clauses financières.

b) Aménagements

377. Ce pouvoir de modification unilatérale, étant lié au pouvoir d'organisation du service public, ne peut être supprimé par le contrat, mais il est susceptible d'aménagements. Ainsi, le CCAG marchés de travaux approuvé par le décret du 21 janvier 1976 prévoit que « l'entrepreneur n'est tenu d'exécuter des travaux qui correspondent à des changements dans les besoins ou les conditions d'utilisation auxquels les ouvrages faisant l'objet du marché doivent satisfaire que si la masse des travaux de cette espèce n'excède pas le dixième de la masse initiale des travaux » (art. 15-22).

Également en matière de marchés publics, l'article 118 du Code des marchés publics subordonne, dans un cas particulier, l'existence du pouvoir de modification unilatérale à l'existence d'une stipulation le consacrant : « lorsque le montant des prestations exécutées atteint le montant prévu par le marché, la poursuite de l'exécution des prestations est subordonnée à la conclusion d'un avenant, ou, si le marché le prévoit, à une décision de poursuivre prise par la personne responsable du marché » (étant précisé que l'article 19-2 du CCAG marchés de travaux prévoit la décision de poursuivre).

c) Indemnisation

378. Le cocontractant a droit, en compensation du préjudice que lui cause la modification unilatérale, à une indemnité, qui, lorsque c'est possible, est calculée par référence aux prix du contrat *(CE Sect. 27 octobre 1978, Ville de Saint-Malo, Rec. 401).* Il s'agit d'un cas d'application de la responsabilité sans faute pour fait du prince qui, comme on va le voir, a un champ d'application plus général.

379-383. *Réservés*

Chapitre 4
Exécution, inexécution, responsabilités

384. Quand une partie à un contrat enfreint les obligations qui la lient, elle peut être tenue de réparer le préjudice causé par cette inexécution ; cette obligation de réparation constitue la responsabilité contractuelle, dont le droit public a, peut-être, admis la notion avant le droit privé. Mais, comme toute responsabilité juridique, la responsabilité contractuelle n'est qu'un pis-aller ; avant d'en arriver là, il est préférable de rechercher l'exécution du contrat. À cette fin l'administration est dotée de pouvoirs, qui, même quand ils s'exercent *a posteriori*, sont de nature à garantir l'exécution du contrat.

§ 1. Les garanties de l'exécution

385. Les contrats administratifs reconnaissent très fréquemment à l'administration, par des clauses expresses, un pouvoir de contrôle et un pouvoir de sanction. Pour certains contrats, la loi consacre d'ailleurs ces pouvoirs. Tel est, par exemple, le cas de la loi du 8 février 1995 sur les marchés publics et délégations de service public qui met à la charge du délégataire l'obligation de produire certains documents (art. 40-1 ajouté à la loi du 29 janvier 1993 et codifié à l'article L. 1411-3 CGCT).

Faut-il aller jusqu'à rattacher ces pouvoirs aux règles générales applicables aux contrats administratifs, même dans le silence du contrat ?

A Le pouvoir de contrôle

Bibliographie : GUETTIER (C.) : *Droit des contrats administratifs*, PUF, 2004, n° 542 et s.

386. Doit-on considérer que le pouvoir de contrôle a une portée tout à fait générale, c'est-à-dire qu'il existe en dehors de toute réglementation ou stipulation contractuelle ou, au contraire, qu'il a pour mesure la règle écrite ?

Jusqu'ici le juge administratif ne paraît pas avoir eu l'occasion de rattacher aux « règles générales applicables aux contrats administratifs » l'existence du pouvoir de contrôle. Ce rattachement est cependant admis habituellement par la doctrine, même si le statut et les contours du pouvoir de contrôle sont moins nets que ceux des deux pouvoirs de modification et de résiliation.

a) Positions doctrinales

387. Traditionnellement, la doctrine raisonne à partir du contrat de concession de service public et elle fait figurer le pouvoir de contrôle parmi les droits ou pouvoirs reconnus à l'administration même dans le silence du contrat, à côté du pouvoir de modification unilatérale, du pouvoir de sanction, du pouvoir de résiliation unilatérale (Voir : G. Jèze, *Les contrats administratifs*, t. II, 1932, p. 365 et s. ; G. Péquignot, *Théorie générale du contrat administratif*, 1945, p. 306 et s. ; *Traité des contrats*, nº 1180 s.).

Les auteurs qui se préoccupent de donner une justification au pouvoir de contrôle (ou au pouvoir de contrôle et de direction) le font par référence à la notion de service public même si les considérations annexes peuvent intervenir.

Par exemple, selon Péquignot : « dans les contrats administratifs, l'administration jouit d'un droit de contrôle, voire d'un droit de direction sur son cocontractant. On voit que ce droit dérive moins d'une idée contractuelle que de l'idée de service public. Il y a plus dans ce droit de l'administration que dans le simple droit qui appartient à un contractant ordinaire d'obtenir la prestation inscrite dans son contrat ; car ici, si deux intérêts s'affrontent, l'un d'eux est l'intérêt public que l'administration est seule à poursuivre, et qui, devant primer les intérêts privés, donne à l'administration des pouvoirs exorbitants sur son cocontractant » (*op. cit.*, p. 306).

388. Au sein de la doctrine contemporaine apparaît cependant une dissonance. Le professeur F. P. Benoit écrit dans son ouvrage *Le Droit administratif français* (Dalloz, 1968, nº 1161 et s.) : « dans le cas des contrats de concession de service public on constate encore que la jurisprudence ne reconnaît aucun pouvoir général de surveillance et de direction à l'administration. S'agissant d'un contrat dont l'objet même est le fonctionnement d'un service public, l'administration ne devrait-elle pas se voir reconnaître le droit général de s'assurer à tout moment que le service fonctionne conformément aux stipulations contractuelles ? L'inutilité de la reconnaissance d'un tel droit apparaît toutefois aussitôt que l'on songe que rien n'est plus facile, en fait, que de contrôler si un service public fonctionne correctement : point n'est besoin d'un droit pour vérifier si la pression d'eau est suffisante ou si les horaires des autobus sont respectés. Si des problèmes de surveillance plus délicats se posent (contrôle de la comptabilité, des stocks, du matériel, par exemple) c'est aux parties d'en prévoir les modalités, si elles le jugent utile, lors de la conclusion du contrat, sans qu'il soit possible au juge de reconnaître à l'administration des pouvoirs de surveillance plus large que ceux qui ont été acceptés par le concessionnaire ».

Un problème fondamental est ainsi posé : la jurisprudence reconnaît-elle au concédant, comme l'admet presque toute la doctrine, un pouvoir général de contrôle qui pourrait s'exercer en dehors et au-delà des stipulations contractuelles et devrait imposer une interprétation extensive de celles-ci ?

b) Jurisprudence

389. Les auteurs majoritaires ne fondent leurs affirmations que sur un nombre très limité d'arrêts dont la portée est pour le moins douteuse, car à les examiner de près, aucun n'admet l'existence du pouvoir de contrôle en dehors d'une stipulation du contrat ; ils portent sur les conséquences de l'existence du pouvoir de contrôle (ex. : *CE 5 novembre 1937, Caire, Rec. 899 ; CE 7 novembre 1958, Société Électricité et eaux de Madagascar, Rec. 530, concl. Heumann* : responsabilité du concédant pour carence dans l'exercice de ses pouvoirs sur le concessionnaire) ou sur l'étendue du pouvoir qui peut être reconnu par un texte (*CE 18 juillet 1930, Chemins de fer PLM, D. 1931, 3, 21, concl. Josse* : recours contre un acte réglementaire d'un ministre instituant une approbation préalable sur les marchés du concessionnaire ; le commissaire du gouvernement fait la distinction entre pouvoir de contrôle et pouvoir de gestion, pour considérer que le concédant ne peut s'attribuer un pouvoir de gestion).

Il est, dans ces conditions, permis de considérer que l'affirmation quasi unanime selon laquelle le pouvoir de contrôle figure au nombre des règles générales du contrat administratif, et, en particulier, de la concession, n'est pas étayée par la jurisprudence, qui, au contraire, a plutôt admis la nécessité d'une consécration des droits du concédant par le contrat (cf. *CE 3 avril 1925, Ville de Mascara, Rec. 382* : la ville ne peut imposer l'agrément préalable des polices d'abonnement dès lors que ce n'est pas prévu au contrat). Cela n'empêche pas que la question du contrôle, notamment sur les délégataires de service public, soit de première importance, ce qui, comme on le verra plus loin, a entraîné un renforcement des pouvoirs des collectivités délégantes par le législateur.

B Le pouvoir de sanction

Bibliographie : LLORENS (F.) : *Contrat d'entreprise et marché de travaux publics*, LGDJ, 1981 p. 434 et s.

BLUMANN (C.) : *La renonciation en droit administratif français*, LGDJ, 1974, p. 219 et s.

Traité des contrats, n° 899 s.

390. On a déjà vu que, même dans le silence du contrat, l'administration peut, sauf exception, décider la résiliation pour faute. La résiliation n'étant adaptée qu'aux manquements les plus graves, des sanctions mieux proportionnées peuvent être infligées dans les autres cas. Seules certaines d'entre elles sont susceptibles d'être prononcées en l'absence de clause contractuelle.

a) Catégories de sanctions

391. À côté de la sanction résolutoire qu'est la résiliation pour faute existent des sanctions pécuniaires et des sanctions coercitives.

392. Les sanctions pécuniaires consistent en pénalités. Compte tenu de la nécessité de déterminer à l'avance le taux des pénalités, on ne conçoit pas comment ce pouvoir de sanction pourrait exister sans stipulation contractuelle expresse.

Il peut s'agir de pénalités de retard, comme celles qui sont, pour prendre un exemple, prévues à l'article 11 du CCAG/FCS :

« lorsque le délai contractuel... est dépassé, le titulaire encourt, sans mise en demeure préalable, une pénalité calculée par application de la formule suivante :

P = valeur des prestations × nombre de jours de retard / 1000 ».

La pénalité peut aussi sanctionner l'inexécution ou la mauvaise exécution. Ainsi, dans les marchés d'exploitation de chauffage figure généralement une clause selon laquelle une pénalité est infligée en cas d'insuffisance de température en fonction de la durée et de l'importance de l'insuffisance.

393. D'application moins fréquente sont les sanctions coercitives qui ont pour objet d'obtenir la prestation en dépit de la carence du cocontractant et à ses frais.

En matière de marchés publics, l'administration peut prononcer la mise en régie de travaux ou l'exécution de fournitures ou services aux risques et périls du titulaire. Dans les deux cas, les éventuels suppléments de prix sont à la charge du cocontractant.

En matière de concessions et contrats voisins peut être décidée la mise sous séquestre : la collectivité publique reprend le service en régie ou en confie l'exécution à un tiers, aux frais du titulaire.

Les documents contractuels consacrent, le plus souvent, le droit de prononcer ces sanctions, mais il est admis par la doctrine que ce pouvoir existe même dans le silence du contrat.

b) Règles d'exercice du pouvoir de sanction

Bibliographie : LEFOULON (J.) : « Les formalités en matière de sanction dans le contrat administratif », *AJDA* 1974, 565.

394. En matière de sanctions contractuelles une formalité préalable est exigée : l'administration doit, avant de prononcer la sanction, mettre en demeure son cocontractant de se conformer à ses obligations.

1° Procédure

395. L'administration doit notifier au titulaire du contrat des reproches précis en indiquant la nature des manquements, et ce même si le cocontractant ne les ignore vraisemblablement pas (ex. : *CE 9 novembre 1988, Commune de Fristroff, RDP 1989, 1806 ; CE 26 novembre 1993, SA Nouveau port Saint-Jean-Cap-Ferrat, Dr. adm. 1993, n° 563*).

Cette formalité est imposée dans l'intérêt des deux parties. Intérêt du service public d'abord : « il faut se proposer d'obtenir l'exécution du contrat, si c'est possible, et non sa rupture à titre de pénalité » ***(concl. Romieu sous CE 20 janvier 1905, Compagnie départementale des eaux, Rec. 55)***. Intérêt du cocontractant ensuite : l'exigence de mise en demeure est une application du principe des droits de la défense *(concl. Stirn sous CE 23 juin 1986, Thomas, RFDA 1987, 194)*.

Mais, le principe des droits de la défense est appliqué ici moins strictement qu'en d'autres domaines. En premier lieu, le contrat peut valablement comporter une dispense de mise en demeure. En second lieu, à titre exceptionnel, la nature de la situation peut justifier une absence de mise en demeure. Ainsi a-t-il été jugé qu'était valide une déchéance non précédée de mise en demeure dès lors que l'entreprise aurait, de toute façon, été hors d'état d'assurer l'exécution du contrat *(CE 11 avril 1986, SIDVIC, Rev. de jur. communale, juillet-août 1986)*. De même, si l'entreprise n'a pas été mise à même de s'expliquer sur l'un des motifs d'une résiliation pour faute, mais que la commune, sans retenir ce grief, aurait tout de même mis fin au marché, la sanction est régulière *(CE 21 mars 1986, Meyrignac, RDP 1986, 1736)*.

2° Recours au juge

396. Certains auteurs, et notamment Jèze, ont soutenu que l'administration a l'obligation d'infliger les pénalités lorsqu'elles sont encourues. La jurisprudence n'est pas en ce sens : non seulement elle consacre un pouvoir discrétionnaire (ex. : *CE 15 mars 1999 Jarnac, req. 190720* — l'autorité administrative dispose d'un pouvoir d'appréciation, sans avoir l'obligation de prononcer la pénalité), mais encore, elle admet la possibilité pour l'administration de renoncer à infliger des pénalités (cf. Blumann, *op. cit., loc. cit.*).

Il a été également admis que l'administration peut renoncer au privilège de l'état exécutoire en demandant au juge de prononcer une condamnation pécuniaire en exécution de la clause pénale *(CE 26 décembre 1924, Ville de Paris, S. 1925, 3, 25, note Hauriou)*. Et, le maître d'ouvrage, tant que le décompte n'a pas été arrêté, peut demander au juge administratif d'appliquer les pénalités de retard *(CE 4 juin 1976, Soc. toulousaine immobilière, Rec. 303)*.

On a vu que le Conseil d'État refuse de faire application de l'article 1152 du Code civil (*supra* § 34) ; mais récemment, une cour administrative d'appel a jugé que, « lorsque l'application des stipulations d'un contrat administratif prévoyant des pénalités de retard fait apparaître un montant de pénalités manifestement excessif ou dérisoire, le juge du contrat, saisi de conclusions en ce sens, peut modérer ou augmenter les pénalités qui avaient été convenues entre les parties » *(CAA Paris, 23 juin 2006, OPHLM de Puteaux, req. 02PA03759).*

Il est à espérer que cette solution sera confirmée par le Conseil d'État.

c) Sanction et réparation

397. Les sanctions pécuniaires ne doivent pas être confondues avec les dommages-intérêts qui peuvent être mis à la charge d'une des parties au contrat.

1° Pénalités

398. Les pénalités ont un caractère forfaitaire. Cela signifie d'abord que le cocontractant ne peut invoquer l'absence de preuve d'un préjudice (ex. : *CE 4 juin 1976, Soc. toulousaine immobilière, Rec. 303*). Le seul moyen de se faire décharger des pénalités est d'établir l'absence de faute ou l'irrégularité procédurale.

Du caractère forfaitaire il résulte ensuite que l'administration ne peut se prévaloir d'un préjudice supérieur au montant de la pénalité pour obtenir une réparation complémentaire du préjudice résultant de la faute sanctionnée par la pénalité (ex. : *CE 28 mars 1945, Clauzier, Rec. 69 ; CE 15 mai 1987, Hôpital rural de Breil-sur-Roya, RDP 1988, 1427*). C'est seulement si un préjudice est imputable à une faute distincte que les dommages-intérêts sont possibles.

Mais, lorsqu'on se trouve en dehors du champ d'application d'une clause pénale, une autre possibilité est ouverte.

2° Dommages-intérêts

399. Cette possibilité a été reconnue par le célèbre arrêt ***Deplanque du 31 mai 1907 (Rec. 513, concl. Romieu ; S. 1907, 3, 113, note Hauriou ; D. 1907, 3, 82 concl. Romieu).***

Avant 1907 le Conseil d'État décidait que l'administration ne pouvait qu'appliquer les sanctions prévues au contrat. En l'espèce, était demandée la mise en régie d'une concession (le cahier des charges prévoyait que cette sanction devait être demandée au conseil de préfecture), mais, au surplus, l'administration réclamait la condamnation du concessionnaire à réparer le préjudice qu'elle avait subi. Il a été fait droit à cette demande au motif que « si aucune sanction de ces faits n'a été prévue au cahier des charges, ils n'en constituent pas moins de la part de l'entrepreneur l'inexécution de ses obligations et sont de nature à motiver l'allocation d'une indemnité » (voir aussi *CE 11 octobre 1929, Compagnie de navigation Sud-Atlantique, Rec. 892*).

Cette action à fin de dommages-intérêts ne doit pas être confondue avec celle qui tend au prononcé de sanctions ; il s'agit d'une action en responsabilité, qui suppose la preuve d'un préjudice.

De la sorte, il est admis que l'administration peut directement saisir le juge, alors même qu'elle a le pouvoir d'émettre un titre exécutoire ; cela n'empêche cependant pas l'autorité administrative de mettre elle-même à la charge de son cocontractant les dommages-intérêts qu'elle estime dus, en laissant ainsi le soin au cocontractant de saisir le juge s'il n'est pas d'accord (cf. *CE 7 avril 1978, Blum, Dr. adm. 1978, n° 168* : « aucune disposition de loi ou règlement, ni aucun principe général du droit n'interdisait à la commune de demander au juge administratif la condamnation de l'entrepreneur à lui payer les sommes qu'elle estimait lui être dues à raison des conditions d'exécution d'un contrat plutôt que d'émettre à l'encontre de ce dernier un état exécutoire »).

C Le rejet de l'exception d'inexécution

400. Dans un contrat avec une personne privée, quand la violation du contrat est le fait de l'administration, le cocontractant ne peut que saisir le juge ; les sanctions unilatérales sont exclues. Mais les limitations apportées aux moyens de rétorsion du cocontractant ne sont pas seulement liées à l'absence de pouvoir de décision unilatérale. Le caractère d'intérêt général des contrats administratifs justifie aussi une restriction par rapport aux prérogatives reconnues aux cocontractants dans les relations privées.

En effet, selon un principe séculaire, le cocontractant de l'administration ne peut opposer à celle-ci l'exception d'inexécution ; il doit poursuivre l'exécution de ses obligations en dépit de l'inexécution des siennes par l'administration (ex. : *CE 7 janvier 1976, Ville d'Amiens, Rec. 11*), alors que les fautes du cocontractant autorisent l'administration à ne pas exécuter ses obligations *(CE 27 mars 1957, Carsalade, Rec. 216)*. Toutefois, comme le relève F. Llorens *(Contrat d'entreprise et marché de travaux publics, p. 433)* « on ne peut... pas dire que l'exception d'inexécution est inopposable à l'administration. Elle est au contraire possible. Mais la jurisprudence ne l'admet que dans des circonstances tout à fait exceptionnelles où l'obligation d'exécuter strictement le contrat aurait pour conséquence, soit de bouleverser la situation du cocontractant, soit de compromettre la bonne exécution de l'ouvrage ». Ainsi, le droit pour l'entrepreneur de suspendre les travaux a été admis dans le cas d'insuffisance du projet établi par l'administration (ex. : *CE 8 novembre 1940, Commune de Maussane, Rec. 205*).

Mais, en dehors de cette exception particulière au marché de travaux, le cocontractant n'a que la possibilité d'être indemnisé ou de faire prononcer la résiliation du contrat par le juge, si la gravité de la situation le justifie.

La présence de l'intérêt général se fait également sentir en présence d'aléas contractuels.

§ 2. L'exécution du contrat en présence d'aléas contractuels

401. Comme tout acte juridique, le contrat administratif est élaboré en considération d'une certaine situation de fait qui est sujette à évolution. Le changement de circonstances peut être normal et ne pas créer de difficultés particulières d'exécution, mais il peut aussi dépasser les prévisions des parties. Selon le type et la gravité des difficultés deux possibilités sont ouvertes : l'adaptation, dans le cadre de la théorie des sujétions imprévues et de la théorie de l'imprévision, ou l'abandon, à raison de la force majeure.

A Les imprévus

Bibliographie : LLORENS (F.) : *Contrat d'entreprise et marché de travaux publics*, LGDJ, 1981, p. 244 et s.

SABLIER (B.) : *Les imprévus et les pouvoirs nouveaux de l'administration dans les marchés publics de travaux*, th. dactyl. Nice, 1979.

Traité des contrats, n° 1275 s.

VIDAL (L.) : *L'équilibre financier du contrat dans la jurisprudence administrative*, Bruylant, 2005, p. 443 et s.

402. La notion d'« imprévus » concerne les marchés de travaux et prend deux formes.

a) Les sujétions imprévues

403. La théorie des sujétions imprévues a pris naissance dans les marchés de travaux publics et continue à s'appliquer presque uniquement en ce domaine. Lors de la conclusion du marché, l'entrepreneur est censé capable d'évaluer les difficultés de la tâche et le maître d'ouvrage doit lui fournir de bonne foi les informations dont il dispose. En dépit de ces précautions, des difficultés peuvent néanmoins se rencontrer qui n'ont pas été prévues et ne pouvaient pas l'être lors de la conclusion du contrat. Il s'agit de « difficultés matérielles rencontrées lors de l'exécution du marché, présentant un caractère exceptionnel, imprévisibles lors de la conclusion du contrat et dont la cause est extérieure aux parties » (*CE 30 juillet 2003, Commune de Lens, BJDCP, 2003, n° 31, p. 462, concl. Piveteau ; AJDA 2003, 1727, note J.-D. Dreyfus*). La sujétion imprévue peut, par exemple, tenir à l'état du sous-sol, mais il peut aussi s'agir d'intempéries (ex. : *CE 13 mai 1987, Soc. Citra-France, Rec. t. 821*) ou d'un fait de l'homme étranger aux parties ; en revanche, des contraintes imposées pour la construction d'un stade par la Fédération du football et acceptées par la commune maître d'ouvrage ne sont pas des sujétions imprévues *(CE 30 juillet 2003, Commune de Lens, précit.)*.

Sauf si l'événement est « tel que la situation juridique née des marchés se soit trouvée complètement modifiée » *(CE 29 avril 1949, Soc. Les entrepôts frigorifiques lyonnais, Rec. 190)*, auquel cas il est déchargé de ses obligations, le cocontractant doit poursuivre l'exécution du contrat malgré la situation imprévue ; mais il a le droit d'être indemnisé du préjudice subi. L'indemnisation prend la forme d'un relèvement de prix.

404. Un problème particulier se pose lorsqu'un marché est conclu à prix forfaitaire : le signataire a accepté de réaliser intégralement l'opération pour une somme globale ; ne faut-il pas en déduire qu'il assume tous les risques ? La jurisprudence ne va pas jusque-là, mais elle relève quand même le degré d'exigence en décidant que les sujétions imprévues ne sont alors indemnisées que si elles causent un bouleversement du marché (ex. : *CE 19 février 1936, Société THEG, Rec. 224 ; CE 19 février 1975, Min. Défense c/ Soc. Campenon-Bernard, Rec. 143*).

En dépit des garde-fous, la théorie des sujétions imprévues est très utilisée et il est trop fréquent que les entreprises y fassent systématiquement appel, de même qu'à la théorie des travaux indispensables.

b) Les travaux indispensables

405. Normalement, l'entrepreneur ne doit exécuter des travaux supplémentaires que s'ils lui sont prescrits par un ordre écrit. Toutefois, à titre exceptionnel, des travaux réalisés à son initiative peuvent être payés, et cela même dans un marché forfaitaire (par ex. : *CE 14 juin 2002, Ville d'Angers, req. 219874*).

Avant 1975, la jurisprudence était quelque peu contradictoire : certains arrêts décidaient que seuls des travaux indispensables pouvaient être payés, alors que, selon d'autres, une indemnité pouvait être due pour des travaux utiles, sur la base de l'enrichissement sans cause. La contradiction a été résolue par l'arrêt de ***Section du 17 octobre 1975, Commune de Canari (Rec. 516 ; AJDA 1975, 562, obs. Franc et Boyon)*** qui abandonne la théorie de l'enrichissement sans cause pour n'admettre l'indemnisation que des travaux « indispensables à la bonne exécution des ouvrages compris dans les prévisions du marché ». Ainsi, le revêtement d'une portion de route non prévue au marché n'est pas un travail indispensable, alors que la réalisation d'un soutènement en serait un. Cependant, aucun paiement n'est dû si le maître d'ouvrage s'est opposé expressément à la réalisation des travaux *(CE 2 juillet 1982, Soc. routière Colas, Rec. 261)*.

B L'imprévision

Bibliographie : ABBATUCCI (S.), SABLIER (B.), SABLIER (V.) : « Crise de l'acier : le retour de l'imprévision dans les marchés de travaux », *AJDA* 2004.2192.

HAURIOU (M.) : « L'imprévision et les contrats dominés par les institutions sociales » in *Aux sources du droit*, 1933, p. 129 (réédité par le Centre de philosophie du droit de Caen en 1986).

Traité des contrats, n° 1331 s.

VIDAL (L.) : *L'équilibre financier du contrat dans la jurisprudence administrative*, Bruylant, 2005, p. 118 et s.

406. Le bouleversement économique provoqué par la première guerre mondiale a été à l'origine de l'apparition de la théorie de l'imprévision en droit administratif. L'existence de cette théorie est une des particularités du droit des contrats administratifs, même si, sous l'influence de l'idée de plus en plus prégnante de la notion d'équilibre du contrat, le droit privé des contrats tend à se rapprocher quelque peu du droit public.

Le problème s'est d'abord posé pour les concessions de chemins de fer d'intérêt local et de tramways. La Commission supérieure de vérification des comptes des chemins de fer, présidée par le conseiller d'État Colson, a proposé de retenir une solution fondée sur la commune intention des parties : le contrat a été conclu pour le temps de paix ; en situation de guerre, il ne peut plus fournir que des « idées directrices », il doit, sur la base de ces idées, être adapté par « une sorte de transaction qui deviendrait la loi temporaire des parties » (avis du 2 août 1915, *Rev. des concessions*, 1915-1916, p. 371). Ainsi, en invoquant la volonté des parties, la commission préconise l'adaptation du contrat, alors que, comme on le sait, la Cour de cassation en 1876, dans la célèbre affaire du canal de Craponne, a rejeté la théorie de l'imprévision pour assurer le respect de cette volonté.

Certains conseils de préfecture ont accordé, en 1915, des indemnités à des concessionnaires en se fondant sur la commune intention des parties (ex. : *Conseil de préfecture de Seine-Inférieure 10 novembre 1915, Rev. des concessions, 1915-1916, p. 59*).

Saisi quelque temps après par les compagnies gazières, victimes de la hausse considérable du prix du charbon — matière première utilisée pour la production du gaz de houille — le Conseil d'État a apporté une solution différente de celle de la Commission supérieure de vérification des comptes des chemins de fer par le très célèbre arrêt du ***30 mars 1916, Compagnie générale d'éclairage de Bordeaux (S. 1916, 3, 17, concl. Chardenet, note Hauriou, GAJA, p. 184)*** qui admet la théorie de l'imprévision sans se référer à la volonté des parties.

Entre 1916 et les années 30 l'imprévision a connu de nombreuses applications, et ce d'autant plus que la théorie a été appliquée à des contrats autres que la concession, et notamment aux marchés publics. Puis, elle a été un peu oubliée par suite de l'introduction dans les contrats de clauses de variation de prix. Un arrêt du *22 février 1963, Ville d'Avignon (RDP 1963, 575, note Waline ; AJDA 1963, 230, chron. Gentot et Fourré)* et la circulaire du 20 novembre 1974 relative à l'indemnisation des titulaires de marchés publics en cas d'accroissement imprévisible de leurs charges économiques (*JO* 30 novembre 1974) ont redonné quelque vigueur à l'imprévision, mais, compte tenu des conditions posées par la jurisprudence, l'obtention d'une indemnité à ce titre est très difficile.

a) La situation d'imprévision

407. Comme dans la théorie des sujétions imprévues, l'imprévision suppose la survenance d'événements imprévisibles au moment de la conclusion du contrat : si un contrat de livraison de fioul a été conclu à un moment où un conflit au Proche-Orient s'annonçait déjà, le fournisseur ne peut invoquer par la suite l'incidence de ce conflit sur le prix du pétrole (ex. : *CE 29 avril 1981, Bernard, CJEG 1982, 9, concl. Franc*).

Initialement, l'imprévision n'était admise qu'à raison des « circonstances économiques d'ordre général » (A. Mestre), mais, par la suite, elle a été appliquée dans le cas où la modification résulte d'une intervention de l'autorité publique (*CE 15 juillet 1949, Ville d'Elbeuf, S. 1950, 3, 61, note Mestre* : augmentation du prix du gaz résultant d'une réglementation). Si l'autorité publique est l'administration signataire du contrat, le cocontractant peut obtenir une indemnité soit pour fait du prince, soit pour imprévision.

Mais, tout événement imprévu n'entre pas dans la notion d'imprévision. Le cocontractant doit normalement envisager un certain aléa et l'imprévision suppose que les circonstances économiques ne soient pas seulement exceptionnelles ; il faut aussi, d'après la jurisprudence, qu'elles entraînent des majorations du prix de revient « déjouant tous les calculs » (arrêt Gaz de Bordeaux), dépassant « certainement les limites extrêmes des majorations ayant pu être envisagées par les parties lors de la passation du contrat » *(id.)*. L'état d'imprévision n'est, de la sorte, admis que si « l'économie du contrat se trouve absolument bouleversée » *(id.)*. Ainsi, il a été jugé qu'une charge supplémentaire ne représentant que 3 % du montant d'un marché public ne saurait être regardée comme un bouleversement de l'équilibre financier du marché *(CE 30 novembre 1990, Soc. Coignet, Rec. t. 875)*.

408. Il est important d'observer que l'état d'imprévision s'apprécie par rapport à un contrat déterminé. Une entreprise ou un groupe d'entreprises peut être titulaire de plusieurs contrats avec l'administration, dont certains sont bénéficiaires, sans que cela l'empêche d'avoir droit à une indemnité d'imprévision pour un contrat. Ainsi s'explique que le fait pour une société d'avoir distribué des dividendes ne fasse pas obstacle à l'indemnisation pour imprévision *(CE 22 février 1963, Ville d'Avignon, RDP 1963, 575, note Waline ; AJDA 1963, 230, chron. Gentot et Fourré).*

Mais, pour être indemnisé, le titulaire du contrat doit aussi ne pas avoir interrompu l'exécution (ex. : *CE Sect. 5 novembre 1982, Société Propétrol, AJDA 1983, 259, concl. Labetoulle*). En effet, la théorie de l'imprévision est avant tout fondée sur le principe de continuité du service public : le cocontractant doit poursuivre l'exécution, mais il a droit à une aide de l'administration, elle-même tenue d'assurer la continuité.

Cela ne signifie pas que la théorie ne concerne que les contrats qui confient l'exécution d'un service public ; elle peut être invoquée à partir du moment où le contrat est conclu pour les besoins d'un service public. Il en résulte notamment que la théorie peut s'appliquer aux marchés publics, mais on n'en conçoit pas l'application à certains contrats. Un tribunal administratif a, par exemple, refusé le bénéfice de l'imprévision au titulaire d'un contrat d'occupation du domaine public au motif que « cette règle ne peut s'appliquer que dans le cadre de la prise en charge de missions de service public, de la gestion d'un service public ou de l'exécution de mesures prises dans un but d'intérêt général » *(TA Rouen 28 août 1998, Soc. Renault, AJDA 1998, 1047).*

On pourrait également penser que l'indemnité d'imprévision doit être demandée au cours de l'exécution du contrat et non après son expiration. Telle n'est cependant pas la solution du droit positif. Il a été reconnu que la perspective d'obtenir une indemnité d'imprévision peut contribuer au maintien de la continuité et que, par conséquent, la demande peut être postérieure à la fin du contrat *(CE Sect. 12 mars 1976, Département des Hautes-Pyrénées, AJDA 528, concl. Labetoulle, p. 552)* à condition toutefois, semble-t-il, que le contrat ait été mené jusqu'à son terme normal sans avoir été préalablement résilié. Mais il faut bien reconnaître que, dans la pratique, il peut être judicieux de verser des acomptes sur l'indemnité d'imprévision, ce que prévoit la circulaire du 20 novembre 1974 (§ 4.21).

Compte tenu de son fondement et de sa fonction, qui est de maintenir la continuité du service public, tout en garantissant l'équité, l'indemnité d'imprévision a une nature particulière qui va retentir sur son montant.

b) L'indemnité d'imprévision

409. L'indemnité d'imprévision n'a pas le caractère de dommages-intérêts, elle ne repose pas sur l'idée de responsabilité. Il est habituel de lui reconnaître un caractère extra-contractuel : pour l'accorder le juge ajoute au contrat « une superstructure et fait face à une situation extra-contractuelle en se plaçant en dehors du contrat » *(concl. Riboulet sous CE 27 juin 1919, Société du gaz de Nice, Rec. 572)*, c'est une indemnité extra-contractuelle pour charges extra-contractuelles.

À cet égard, l'imprévision peut être rapprochée de la garantie décennale (cf. *infra*) qui suppose un contrat, mais n'a pas le caractère contractuel.

410. L'indemnité d'imprévision est calculée à partir des pertes subies par l'entreprise entre le moment où a été atteint le seuil de bouleversement et le moment où la situation d'imprévision cesse, soit par rétablissement de circonstances normales, soit par modification du contrat, soit par résiliation du contrat pour force majeure administrative.

À la différence des dommages-intérêts, l'indemnité d'imprévision ne répare pas l'intégralité du dommage.

En effet, une fois évaluées les pertes occasionnées par les hausses imprévisibles, leur montant est réparti entre l'administration et son contractant (ex. : *CE 25 novembre 1921, Compagnie des automobiles postales, Rec. 980 ; RDP 1921. 499)*. Ce principe de répartition s'explique par l'idée d'équité (Jèze) ou de justice distributive (Hauriou). En principe, l'administration prend à sa charge 90 % du déficit, pourcentage d'ailleurs mentionné dans la circulaire du 20 novembre 1974 ; mais cette part peut être diminuée en considération de la plus ou moins grande diligence du cocontractant.

L'arrêt « Gaz de Bordeaux » décide que lorsque ces éléments de l'imprévision sont réunies il revient aux parties de se mettre d'accord sur les conditions spéciales dans lesquelles le service pourra continuer et la circulaire de 1974 prévoit la conclusion d'un avenant au marché. C'est seulement au cas de défaut d'accord que le juge est appelé à statuer. Mais dans la jurisprudence contemporaine rares sont les décisions qui considèrent comme réalisées toutes les conditions susmentionnées.

Il est vrai que les entreprises sont assez bien protégées par les clauses de variation de prix qui figurent dans les contrats, mais ces clauses ont leurs limites. Lorsque le contrat comporte une clause de révision, la circulaire de 1974 (§ 3.3) rappelle que « l'octroi d'une indemnité peut être admis dans la mesure où, même après application des clauses contractuelles de révision, l'économie du contrat apparaît bouleversée » (ex. : *CE 19 février 1992, Soc. Dragages et travaux publics, Rec. t. 1109*).

c) La sortie de l'imprévision

411. La fin de la période d'imprévision peut résulter du rétablissement de la situation normale, ou bien parce que les circonstances économiques sont modifiées, ou bien parce que le contrat est révisé. Mais il est également possible que la situation soit définitivement compromise ; les parties se trouvent alors en présence d'un cas de « force majeure administrative » (qui n'est pas nécessairement lié à une situation antérieure d'imprévision).

C La « force majeure administrative »

Bibliographie : VIDAL (L.) : *L'équilibre financier du contrat dans la jurisprudence administrative*, Bruylant, 2005, p. 327 et s.

412. La notion de « force majeure administrative » a été introduite par le célèbre arrêt du ***9 décembre 1932, Compagnie des tramways de Cherbourg (GAJA, 12e éd., p. 292)*** : dans le cas où des circonstances imprévisibles ont eu pour effet de bouleverser définitivement le contrat de telle sorte que le cocontractant ne peut plus équilibrer ses dépenses avec les ressources qui lui sont procurées par l'exécution du contrat, il y a « force majeure administrative ». La différence avec la force majeure-cause d'exonération de la responsabilité contractuelle tient à ce qu'il n'est pas exigé que l'exécution soit rendue impossible : à force d'efforts financiers, le cocontractant pourrait encore la poursuivre.

De cette force majeure administrative il résulte qu'à défaut d'un accord amiable sur une réorientation de l'exploitation, le cocontractant peut demander au juge administratif de prononcer la résiliation du contrat, avec indemnité s'il y a lieu.

L'arrêt Tramways de Cherbourg concernait une concession, mais les principes qu'il a dégagés ont une portée générale. En effet, la résiliation pour bouleversement définitif du contrat s'inscrit dans la logique de la théorie de l'imprévision, comme en témoigne le fait que l'indemnité est calculée selon les règles de l'imprévision (cf. *CE 27 juillet 1951, Commune de Montagnac, Rec. 439 ; CE 14 juin 2000, commune de Staffelfelden, Rec. 227 ; BJDCP 2000.434, concl. Bergeal ; LPA 8 décembre 2000 p. 14, note Jegouzo-Viénot*), mais, à la différence de cette dernière, elle couvre l'ensemble des charges extra-contractuelles. Bien entendu, cette indemnité ne peut se cumuler avec une indemnité d'imprévision *(concl. Braibant, AJDA 1959, I, 65)*.

413. La théorie de la force majeure administrative trouve assez rarement à s'appliquer dans la jurisprudence actuelle et il est significatif que l'arrêt Tramways de Cherbourg ne figure plus dans les *Grands arrêts de la jurisprudence administrative*. On peut néanmoins citer un exemple intéressant qui concerne un contrat de « vente d'eau en gros », *(CE 14 juin 2000, commune de Staffelfelden, précit.)*.

La société SOGEST approvisionne la commune de Staffelfelden en eau potable ; le contrat prévoit que l'eau provient en principe d'une source proche, sise à Illzach. À la suite d'une pollution chimique très grave, la nappe phréatique est inutilisable pour une très longue durée et il faut aller chercher l'eau à une grande distance. Compte tenu des investissements nécessaires, le coût d'approvisionnement devient plus élevé que le prix du contrat initial. La commune ayant refusé toute modification du contrat, le tribunal administratif, dont le jugement est confirmé par le Conseil d'État, a prononcé la résiliation avec indemnité. Il a considéré que, même si une pollution n'est pas imprévisible dans un secteur industriel, celle qui s'est produite l'était « en raison de son ampleur » et que la société « ne saurait être tenue d'assurer, contrairement aux prévisions essentielles du contrat, le fonctionnement d'un service qui a cessé d'être viable ».

La théorie de la force majeure administrative permet ainsi au cocontractant de sortir d'un contrat devenu manifestement inéquitable en cours d'exécution.

§ 3. La responsabilité contractuelle pour faute

Bibliographie : BRENET (F.) : *Recherches sur l'évolution du contrat administratif*, Th. Dactyl., Poitiers, 2002, p. 441 et s.

CARON (O.) et LABETOULE (A.) : « Garantie de parfait achèvement en droit public : de l'existence et de l'utilité d'un principe dont s'inspire l'article 1792-6 du code civil », *Ctts et MP*, septembre 2005, p. 5.

DELVOLVÉ (P.) : « La détermination des responsables dans le contentieux de la construction entre le maître de l'ouvrage personne publique et les constructeurs », *Droit et Ville*, 1977, 127.

DELELIS (P.) : « L'indemnisation du préjudice contractuel : une approche comparée des contentieux administratif et judiciaire », *Contrats publics, Mél. Guibal*, 2006, p. 223.

PAILLET (M.) : « Quelques réflexions sur les rapports entre responsabilité administrative contractuelle et extracontractuelle (sur la « tyrannie » du principe de primauté de la responsabilité contractuelle) », *Contrats publics, Mél. Guibal*, 2006, p. 553.

SABLIÈRE (P.) : « La responsabilité contractuelle des constructeurs au titre de l'achèvement des ouvrages », *CJEG* 1977, 71 et 83.

TERNEYRE (P.) : *La responsabilité contractuelle des personnes publiques en droit administratif*, Economica, 1989 ; V° « Responsabilité contractuelle » in *Rép. Dalloz, Resp. puiss. pub.*

Traité des contrats, n° 756 s.

414. En droit privé l'inexécution du contrat est présentée comme une source de responsabilité depuis la fin du XIXe siècle (cf. G. Viney « La responsabilité », *APD* 1990, 275). En droit public, il n'est pas impossible que cette assimilation soit plus ancienne (ex. : discours de Demeunier à l'Assemblée nationale le 8 avril 1791 : « ... dans la question relative à l'action en dommages-intérêts, l'action des citoyens contre le Trésor public est toujours libre. Tout citoyen peut, à chaque moment, revendiquer... les sommes qu'il croit lui être dues... par un contrat »).

Quoi qu'il en soit, c'est bien par une action en responsabilité que peut être sanctionnée la violation par l'une ou l'autre partie de son obligation contractuelle. Cette action s'inscrit dans le cadre d'un système spécifique de responsabilité différent de la responsabilité quasi-délictuelle et son succès suppose la démonstration d'une faute et d'un préjudice qui s'y rattache.

A Le non-cumul de la responsabilité contractuelle et de la responsabilité extra-contractuelle

415. Plusieurs systèmes de responsabilité coexistent en droit public : la responsabilité quasi-délictuelle, qui se divise elle-même en plusieurs sous-systèmes (responsabilité pour faute, divers systèmes de responsabilité sans faute), la responsabilité contractuelle, pour faute et sans faute, la responsabilité décennale. Il arrive que les demandeurs aient le choix entre plusieurs systèmes de responsabilité. Ainsi, il est possible à la victime d'une électrocution d'invoquer à la fois le fait de l'ouvrage et la faute de la police ou à la victime d'un accident causé par un véhicule sur un chantier de travaux publics de choisir entre le fait du véhicule ou la faute dans l'organisation du chantier. Une telle possibilité de choix ou de cumul est exclue en matière de responsabilité contractuelle.

Comme le juge civil, le juge administratif décide que lorsqu'un dommage se rattache à l'exécution ou à la mauvaise exécution d'un contrat, seule l'action en responsabilité contractuelle est ouverte. La solution est ancienne *(CE 20 novembre 1891, Lefebvre, Rec. 685)* ; elle s'applique surtout au cocontractant de l'administration qui ne peut invoquer ni la responsabilité pour faute de service (*CE 1er décembre 1976, Berezowski, D. 1978, 45, note Richer* : B., « qui est lié à la commune par un contrat, ne peut exercer à l'encontre de la commune... d'autre action que celle procédant de ce contrat »), ni la responsabilité pour risque *(CE 5 janvier 1972, Soc. Unitchadienne, Rec. 4)* ou pour dommages de travaux publics *(CE 25 novembre 1994, Soc. Aticam, Rec. 514)*, ni la responsabilité pour rupture de l'égalité devant les charges publiques *(CE 6 janvier 1971, S. A. de gérance des vêtements Abdon, RDP 1973, 276)*. Le contrat constitue un monde clos.

B La faute contractuelle

416. La responsabilité contractuelle est, à titre principal, une responsabilité pour inexécution ou mauvaise exécution du contrat, pour manquement au contrat, donc pour faute. Le débiteur de la dette de responsabilité est normalement l'auteur de la faute, sauf si, entre le moment de la faute et celui de la condamnation, le contrat ou, pour la personne publique, la compétence ont été transférés (ex. : *CAA Nancy 6 mars 1990, Soc. coop. d'HLM La maison familiale lorraine, Rec. t. 863* : faute contractuelle de la commune dans le cadre d'un service ensuite transféré à un district, le district est responsable dès lors que la requête est postérieure au transfert).

a) Faute de la personne publique

417. La faute contractuelle engage la responsabilité de la personne publique comme la faute de service, à cette différence près que le contrat définit par avance les obligations. Pour que le patrimoine administratif supporte le poids de la réparation, il est cependant nécessaire, comme dans la responsabilité quasi-délictuelle, que la faute soit bien une faute de service *(CE 29 décembre 1876, Dalby, Rec. 955 ; CE 12 février 1909, Compagnie de colonisation du Congo, Rec. 153)* ; mais ce n'est que dans des cas tout à fait exceptionnels que la violation d'un contrat peut être imputée à une faute personnelle. La faute de l'administration peut emprunter plusieurs formes.

1° Usage illicite des pouvoirs de l'administration

418. La faute peut d'abord consister en un mauvais usage de ses pouvoirs par l'administration contractante : sanction injustifiée, modification du prix *(CE 10 juillet 1954, Heulin, Rec. 462)*, résiliation sans motif valable.

Quand le dommage résulte d'une sanction infligée en violation du contrat, une distinction est faite selon la nature du manquement. Si la sanction est irrégulière en la forme, mais justifiée au fond par une faute grave, la responsabilité contractuelle n'est pas engagée (ex. : *CE 8 novembre 1985, Ozilou, AJDA 1986, 52, obs. Richer*). En revanche, l'administration est responsable en cas de violation des règles de procédure (absence de mise en demeure notamment), ou de disproportion entre la sanction et la faute. Et, en tout état de cause, lorsque la sanction a pour objet de faire supporter les conséquences onéreuses par le cocontractant (mise en régie, déchéance), toute irrégularité a pour effet d'exonérer le cocontractant desdites conséquences onéreuses (cf. Terneyre, *op. cit.*, p. 104).

2° Bonne foi

Bibliographie : Brechon-Moulenes (C.) : « De la loyauté de l'autorité publique cocontractante », *Mélanges F. Moderne*, Dalloz, 2004, p. 439 et s.

419. Plus largement, la personne publique doit collaborer de bonne foi à l'exécution du contrat ; ainsi, elle est en faute si elle s'oppose sans motif valable à l'augmentation des tarifs d'une concession *(CE 31 octobre 1980, Min. Équip. c/ Soc. du port de* *pêche de Lorient, Rec. 399)* ou prend des mesures susceptibles de nuire à son cocontractant (ex. : *CAA Paris 4 juin 1992, SA Tahiti Moorea Service, CJEG 1993, 331, note Delpirou ; CAA Marseille 7 décembre 1999, Soc. Var expansion, BJDCP 2000, n° 11, p. 245).*

3° Obligations financières

420. Très souvent, le manquement est d'ordre financier : la collectivité publique ne paye pas une somme qu'elle s'est engagée à verser ou la paye en retard ; ce faisant, elle commet une faute dont elle ne peut s'exonérer en invoquant l'insuffisance de crédits (*CE 6 février 1874, Foucaux, Rec. 143 ; CE 16 octobre 1968, OPHLM de la Seine, AJDA 1969, 119).*

La responsabilité pour paiement tardif obéit à des règles particulières, qui valent aussi bien lorsque le débiteur est la partie privée que lorsqu'il est la collectivité publique, mais qui trouvent beaucoup plus souvent à s'appliquer en ce dernier cas.

Depuis le XIXe siècle, le juge administratif se réfère aux articles 1153 et 1154 du Code civil.

421. Selon l'article 1153, le débiteur en retard est redevable d'intérêts au taux légal à compter d'une sommation de payer adressée par le créancier et sans que celui-ci ait à démontrer une perte.

Ce texte ne s'applique qu'aux contrats qui ne sont pas des marchés publics, car, pour ces derniers, existe un régime particulier, qui a un caractère d'ordre public depuis la loi DDOEF du 8 août 1994 (v. *infra*). Lorsque l'article 1153 est applicable, le débiteur est, de plein droit, redevable d'intérêts moratoires au taux légal. En application de la loi du 23 juin 1989, ce taux légal est fixé annuellement par décret (ex. : 2,11 % pour l'année 2006).

S'appliquent aussi bien aux marchés publics qu'aux autres contrats le dernier alinéa de l'article 1153, selon lequel « le créancier auquel son débiteur en retard a causé, par sa mauvaise foi, un préjudice indépendant de ce retard, peut obtenir des dommages intérêts distincts des intérêts moratoires de la créance ». Il est admis que la personne publique peut être de « mauvaise foi », encore que la jurisprudence utilise plutôt les termes « mauvais vouloir ». Le mauvais vouloir est établi lorsque l'administration n'a agi que dans le but de se soustraire à ses obligations (ex. : *CE 11 mars 1904, Sénergous, Rec. 218*) et avec la conscience du dommage (ex. : *CE 9 novembre 1949, Marquis, Rec. 467*) ; il est exclu si le retard est fondé sur un motif valable (ex. : *CE 25 avril 1958, SE à la Marine, Rec. 233* — l'administration s'estime créancière).

422. Est également applicable à tous les contrats l'article 1154 du Code civil qui permet au créancier de demander la capitalisation des intérêts lorsqu'il en est dû plus d'une année. Toutefois, le Conseil d'État considère, à la différence de la Cour de cassation, que l'article 1154 ne s'applique pas lorsque le débiteur a interrompu le cours des intérêts en versant le capital *(CE Sect. 16 janvier 1987, Ribot, Rec. 9, concl. Roux)*. La capitalisation s'applique aussi bien aux intérêts légaux qu'aux intérêts conventionnels. Elle est acquise soit par la conclusion d'une convention d'anatocisme, soit par une décision de justice.

b) Faute du cocontractant

423. La jurisprudence qui est, de loin, la plus abondante est celle qui porte sur la responsabilité des constructeurs : architectes, entrepreneurs, bureaux d'études. Pour définir les obligations de ces professionnels, le juge ne peut se référer aux seules stipulations des contrats. Les contrats répartissent entre chaque intervenant des missions, mais les obligations qui s'imposent dans l'exécution de ces missions résultent moins des contrats eux-mêmes que des règles de l'art et devoirs professionnels.

Ainsi, « la mission de l'architecte ne se limite pas à l'indication, lors de l'établissement des pièces des marchés à passer entre le maître de l'ouvrage et les entrepreneurs, des résultats à atteindre ; ... il lui appartient également soit d'indiquer, avec une précision suffisante, les modalités d'exécution que l'entrepreneur doit observer, soit, le cas échéant, de vérifier et de contrôler les plans et projets établis par l'entrepreneur » *(CE 27 novembre 1974, Talbourdeau, Rec. 595)*.

De son côté, l'entrepreneur doit respecter les prescriptions du marché et les ordres de service, mais il doit aussi réaliser une construction conforme à l'état de la technique (ex. : *CE 18 mai 1962, Soc. X..., AJDA 1963, 28, concl. Nicolaÿ, note Montmerle ; CE 27 octobre 1972, Soc. des Éts Quillery, RDP 1974, 1190*) et il a l'obligation de formuler des réserves s'il constate des vices dans le programme établi par le maître de l'ouvrage (ex. : *CE*

21 octobre 1964, Maumont, AJDA 1964, 648, concl. Galabert ; CE 24 mars 1971, Entreprise Martinot, Rec. 249).

Les aptitudes particulières du cocontractant peuvent entraîner un accroissement de ses obligations. Il est tenu compte, par exemple, du degré de spécialisation (ex. : *CE 7 avril 1967, Entreprise Bouhana, AJDA 1967, 683 ; CE Sect. 11 février 1971, OPHLM du Calvados, AJDA 1972, 245*), de l'importance de l'entreprise (ex. : *CE 9 janvier 1957, Établissement Chaumeil, AJDA 1957, 119, concl. Laurent*), de l'étendue de ses ressources (ex. : *CE 6 février 1924, Soc. d'éclairage par le gaz de Longwy, Rec. 133* : la société concessionnaire est exclusivement locale et de capital modeste). Mais, cette appréciation *in concreto* a nécessairement des limites : le cocontractant ne saurait se prévaloir de ses propres insuffisances ; l'entrepreneur doit, par exemple, prévoir les dépenses nécessaires pour faire face à ses obligations et ne peut s'excuser par son absence de ressources (ex. : *CE 14 mars 1928, Gagnieux, Rec. 356*), pas plus que l'administration elle-même (*CE 3 décembre 1993, CGC, AJDA 1994, 484, note Haïm*).

Normalement, toute faute, même légère, engage la responsabilité contractuelle, mais des exceptions existent à ce principe.

c) Gradation des fautes

424. Bien qu'en régression constante, la notion de faute lourde conserve un rôle, devenu marginal, comme instrument de limitation de la responsabilité extra-contractuelle de l'administration ; en matière de responsabilité contractuelle aussi, il est parfois fait référence à la gravité de la faute.

On a déjà vu que la résiliation ne peut être prononcée à titre de sanction que si le cocontractant a commis une faute grave. Cette condition de gravité de la faute se retrouve ailleurs comme condition de la responsabilité contractuelle soit du cocontractant, soit de l'administration. La gravité de la faute est prise en considération dans trois cas.

1° Mise en échec des clauses exclusives ou limitatives de responsabilité par la faute lourde

Bibliographie : BLUMAN (C.) : *La renonciation en droit administratif français*, LGDJ, 1974, p. 89 et s.

TERNEYRE (P.) : *La responsabilité contractuelle des personnes publiques en droit administratif*, Economica, 1989, p. 234 et s.

MODERNE (F.) : « Le principe de la liberté contractuelle et la portée des clauses de non-responsabilité dans le contentieux de la construction publique (à propos de l'arrêt du Conseil d'État du 28 janvier 1998 Sté Borg-Warner) », *CJEG* 1998, 269.

425. Peuvent figurer dans un contrat administratif, sauf prohibition légale (cf. art. 16 L. fin. 23 décembre 1972 — art. L. 2131-10, L. 3132-4, L. 4142-4 CGCT : interdiction des clauses de renonciation à la garantie décennale dans les contrats des collectivités locales), des clauses limitant ou excluant la responsabilité. Ces clauses ne s'appliquent pas dans le cas où la partie, qu'elles protègent, a commis une faute lourde (ex. : *CE 24 janvier 1958, Soc. Gencel, Rec. 44 ; CE 3 juin 1960, Min. DN c/ SNAN, Rec. 391 ; CE 20 mars 1968, Ville de Paris, Rec. t. 1100*). Une solution identique est retenue pour l'application des clauses par lesquelles l'entreprise titulaire d'un marché de travaux publics s'engage à garantir le maître d'ouvrage des condamnations prononcées contre celui-ci à la suite de dommages imputables aux travaux qui font l'objet du marché : ces clauses sont tenues en échec par la faute lourde du maître de l'ouvrage (ex. : *CE 10 février 1961, Ville de Béziers, Rec. 113 ; CE Sect. 12 octobre 1973, SEITA, Dr. soc. 1974, 163 ; CE 11 juin 1975, CJEG 1975, 178*).

2º Répartition des responsabilités entre participants à une opération de construction et faute lourde

426. L'exigence de faute lourde peut être un moyen pour éviter les substitutions de responsabilité, notamment dans le cas de faute dans la surveillance (cf. la responsabilité des autorités de tutelle et de contrôle). Cette fonction de la faute lourde existe en matière de responsabilité contractuelle dans les relations entre l'architecte et l'entrepreneur, mais, en ce domaine comme en d'autres, la tendance au déclin de la faute lourde se manifeste.

Ainsi, alors qu'il a été jugé que seule la faute lourde du maître de l'ouvrage atténue la responsabilité des architectes et entrepreneurs *(CE 21 avril 1971, Besnard — Bernadac, Rec. 284)*, cette solution est aujourd'hui abandonnée *(CE 27 mai 1998, Soc. Dodin, req. 149830)*.

De même une ancienne jurisprudence selon laquelle si la faute dans la surveillance exercée sur l'entrepreneur ne présente pas un caractère de gravité, l'architecte n'est responsable qu'à titre subsidiaire *(CE 16 octobre 1968, Palazzi et Traversa,*

Rec. 492 ; CE 8 juin 1973, Maréchal, Rec. 414), n'est plus appliquée (*CE 3 novembre 1999, Régie municipale des sports de montagne de Cauterets, BJDCP, 2000, n° 9, p. 144*).

En revanche, quand l'entrepreneur agit contre l'architecte en responsabilité extra-contractuelle, la faute de surveillance ne peut être invoquée utilement par l'entrepreneur que si elle est caractérisée et d'une gravité suffisante *(CE 21 octobre 1966, Benne, AJDA 1967, 110, concl. Baudouin ; CAA Bordeaux 30 décembre 1997, Entreprise Lorenzi, req. 96BX00384*).

Le même motif de non-substitution peut expliquer la subordination à une faute lourde de la réparation des conséquences onéreuses d'une mise en régie (ex. : *CE 18 avril 1902, Pénot, Rec. 288*) ; il s'agit d'éviter que l'entrepreneur puisse systématiquement s'exonérer en renvoyant la responsabilité à l'administration.

3° Effets de la faute intentionnelle

427. Selon une solution jurisprudentielle discutable (v. *supra*, n° 210), le dol, faute intentionnelle, n'entraîne que la possibilité de dommages-intérêts lorsque, sans avoir été la cause déterminante du consentement du cocontractant, il l'a entraîné à « accepter des conditions plus onéreuses que celles auxquelles il aurait dû normalement souscrire » *(CE 14 décembre 1923, Soc. des Grands moulins de Corbeil, Rec. 852 ; TA Paris 17 décembre 1998, SNCF ; Dr. adm. 1999, n° 97, D. 1999, 313 note J.-D. Dreyfus).* Ce dol « incident » peut être imputé aussi bien à l'administration qu'à l'autre partie.

Par ailleurs, une jurisprudence ancienne admet que dans le cas où un constructeur s'est rendu coupable de fraude ou dol, il ne bénéficie pas du délai de garantie décennale, sa responsabilité contractuelle pouvant être engagée pendant trente ans (ex. : *CE Sect. 24 mai 1974, Soc. Paul Millet, Rec. 310, concl. Vught*).

d) Régime particulier de responsabilité de l'État prestataire de service des collectivités locales

Bibliographie : MODERNE (F.) : *Les conventions de prestations de services entre l'État et les collectivités locales*, EFE, Litec, 1996.

ROLIN (F.) : *Accord de volontés et contrat dans les relations entre personnes publiques*, th. Paris 2, 1996, p. 532 et s.

428. Les interventions de l'État au profit des collectivités locales, à titre facultatif, donnent lieu à la conclusion d'un contrat de prestation de services *(CE 2 octobre 1968, Min Éq. c/ Commune de La Chapelle-de-la Vieille-Forêt, rec. 471 ; JCP 1969, II, 15809, note Moderne ; AJDA 1969, 582, note Montmerle)*, dont l'inexécution devrait normalement engager le responsabilité de l'État. Mais une solution différente a longtemps prévalu : a été érigée en principe la responsabilité de la collectivité locale bénéficiaire de la prestation, comme si l'État agissait en tant qu'agent de la collectivité locale *(CE Sect. 29 mai 1971, Ville de Saint-Jean-de-Maurienne, Rec. 403 ; JCP 1971, II, 16874, note Moderne ; AJDA 1971, 553, chron. Labetoulle et Cabanes)*. Cette solution anormale a été remise en cause *(CE 14 mars 1997, Hôpital départemental des Petits Prés, AJDA, 1997, 899, note Rolin ; RFDA 1998, 1, note Moderne ; CE Sect. 12 mai 2004, Commune de la Ferté-Milon, rec. 226 ; RFDA 2004.1183, concl. Glaser)* et ne peut qu'être définitivement abandonnée à la suite de l'alignement des prestations fournies par l'État sur celles qui le sont par les entreprises (art. 1er du décret du 7 mars 2001 portant code des marchés publics ; loi MURCEF du 11 décembre 2001).

C Causes d'exonération

429. Comme dans tout système de responsabilité, la personne poursuivie peut s'exonérer par la preuve de la force majeure ou de la faute de la victime. En revanche, le fait du tiers ne peut être invoqué.

a) Force majeure

Bibliographie : JACOT (N.) : « La notion de force majeure dans les contrats publics », *Contrats publics, Mél. Guibal*, 2006, p. 275.

430. Le caractère exonératoire de la force majeure est admis en matière de responsabilité contractuelle en droit public, comme en droit privé : « les raisons de décider sont les mêmes et la jurisprudence administrative peut s'inspirer des décisions rendues par l'autorité judiciaire » (***concl. Tardieu sous CE 29 janvier 1909, Compagnie des messageries maritimes, D. 1910, 3, 89 ; GAJA, p. 120*** — qui admet le caractère de force majeure d'une grève).

La force majeure s'entend d'un événement extérieur, imprévisible et irrésistible, qui est souvent un événement naturel (ex. : *CE 11 décembre 1991, SONEXA, Rec. 430* : raz-de-marée provoqué par l'effondrement d'un fond marin).

431. L'appréciation de l'imprévisibilité et de l'irrésistibilité n'est pas opérée dans l'abstrait.

Le juge ne s'attache pas à la prévision réelle de l'événement, il recherche si, placé dans les mêmes conditions, un contractant normal eût prévu. Et, la jurisprudence se montre souvent accommodante au sujet de la condition d'imprévisibilité (cf. *note Waline sous CE 13 juillet 1968, Serfati, RDP 1969, 123*). Il est, par exemple, admis qu'un événement en lui-même prévisible peut avoir eu des conséquences imprévisibles par leur ampleur.

L'irrésistibilité s'entend d'un fait qui entraîne une impossibilité absolue d'exécution ; mais, là encore, l'appréciation est faite *in concreto*, et, notamment, en fonction des moyens du débiteur (ex. : *CE 23 juillet 1952, Soc. les Avions Lesseure, Rec. 391 ; CE 2 janvier 1957, Soc. Lancery, AJDA 1957, 59, concl. Lasry*).

Les exigences jurisprudentielles sont donc assez souples, et même avant l'apparition de la notion de « force majeure administrative » avec l'arrêt Tramways de Cherbourg, le juge administratif tendait à qualifier de force majeure des difficultés d'exécution : « le Conseil d'État voit la force majeure dans les événements imprévus qui rendent l'obligation plus lourde » *(Hauriou, note sous CE 30 mars 1916, Compagnie d'éclairage de Bordeaux, S. 1916, 3, 17)*. Dans le même sens, le commissaire du gouvernement Latournerie considérait qu'il existe des « circonstances particulièrement graves qui peuvent être comparées à des cas de force majeure, parce qu'elles équivalent ou qu'elles aboutissent à une impossibilité matérielle d'exécuter le service public » (concl. sous *CE 9 mars 1928, Compagnie des scieries africaines, RDP 1928, 327*).

432. Afin de préserver la continuité du service public, il est également possible aux contractants de modifier les effets de la force majeure en prévoyant que la survenance du cas de force majeure ouvre droit à indemnité ; c'est ce que dispose l'article 18.3 du CCAG marchés de travaux : « en cas de force majeure, l'entrepreneur peut être indemnisé pour le préjudice subi, sous réserve... qu'il ait immédiatement signalé les faits par écrit ».

b) Faute du cocontractant

433. Celle des parties dont la responsabilité est mise en cause peut s'exonérer totalement ou partiellement en établissant l'existence d'une faute du demandeur.

L'effet exonératoire peut être total soit, très banalement, parce que la faute de la victime a joué le rôle déterminant (ex. : choix de l'emplacement par le maître d'ouvrage), soit parce que les deux parties ont commis la même faute, ce qui est notamment le cas s'ils insèrent une clause dont chacune devait connaître l'illégalité (ex. : *CE 20 décembre 1968, Ville de Lyon, Rec. 676*). Il est ici implicitement fait application de l'adage *In pari causa turpitudinis cessat repetitio*.

L'effet exonératoire peut aussi être partiel, eu égard à l'influence respective des différentes fautes, par exemple sur le ralentissement de travaux.

c) Absence de caractère exonératoire du fait du tiers

Bibliographie : TERNEYRE (P.) : *La responsabilité contractuelle des personnes publiques en droit administratif*, Economica, 1989, p. 231 et s.

434. Le signataire d'un contrat ne peut s'exonérer en invoquant le fait du tiers ; ce fait, s'il est fautif, lui ouvre seulement la possibilité de se retourner contre le tiers responsable. Ainsi, un établissement public ne peut se prévaloir de la faute de l'État qui ne lui a pas fourni les moyens de s'acquitter de ses obligations (ex. : *CE 5 novembre 1958, OPHLM de la Seine, Rec. 524*) et un entrepreneur invoque vainement la faute de son sous-traitant (ex. : *CE 27 janvier 1954, Établissements Boudet, Rec. 56*).

La solution semble se rattacher à la notion d'effet relatif du contrat : admettre le caractère exonératoire du fait du tiers serait reconnaître que celui-ci a pu commettre un manquement à un contrat auquel il est étranger.

435. Ce raisonnement (à supposer qu'il soit à la base de la jurisprudence) ne fait cependant pas obstacle à ce que le fait du tiers soit pris en considération de façon négative : « le fait du tiers peut dégager le cocontractant de sa responsabilité non pas en tant qu'il rompt le lien de causalité entre une faute et le dommage mais en tant qu'il fait apparaître que le cocontractant n'a pas lui-même commis le fait » (P. Delvolvé, *Rép. Dalloz Resp. Puiss. publ.*, V° « Responsabilité contractuelle », n° 218). Un arrêt du Conseil d'État du *29 juillet 1983 Bouget (CJEG 1984, 11, concl. Labetoulle)* est, contrairement aux apparences, une application de cette solution : il admet qu'un architecte peut invoquer la faute des autres constructeurs, mais seulement à la condition que sa faute n'ait pas contribué à la réalisation de la totalité du dommage. Il faut cependant reconnaître qu'en pratique la nuance est parfois difficile à saisir.

D Le préjudice réparable

436. Comme dans toute responsabilité, le demandeur doit prouver un préjudice qui est le plus souvent matériel, mais peut aussi être immatériel, comme par exemple une atteinte au droit moral de l'architecte sur son œuvre (P. Terneyre *op. cit.*, p. 186). Ce préjudice n'est réparé que s'il résulte directement de la faute contractuelle (ex. : *CE 17 mars 1976, Vuillemin, Rec. 164* — à propos d'une défaillance d'entreprise).

437. Les règles d'évaluation du préjudice sont similaires à celles qui sont appliquées dans la responsabilité extra-contractuelle. Toutefois, certaines particularités existent.

Le préjudice est, dans tous les cas, réparé intégralement. Il en résulte notamment que, dans le cas de préjudice immobilier, ne s'applique pas la règle de limitation de la réparation à la valeur vénale (ex. : *CE 6 novembre 1970, Morin, Rec. 653*), qui est retenue en matière de responsabilité quasi-délictuelle pour l'évaluation du dommage causé à un immeuble par une personne publique. Il faut dire qu'en matière de responsabilité extra-contractuelle le plafonnement protège les finances des personnes publiques dont la responsabilité est recherchée, alors qu'en matière de responsabilité contractuelle elle leur nuirait fréquemment.

Une autre particularité de la responsabilité contractuelle consiste en ce que le juge déduit éventuellement de l'indemnité un abattement de vétusté (cf. *CE Sect. 5 novembre 1982, Ville de Dôle, Rec. 375, concl. Labetoulle*).

E La répartition de la charge de la réparation

Bibliographie : Moderne (F.) : « Recherches sur l'obligation *in solidum* dans la jurisprudence administrative », *EDCE* 1973, 15.

438. En matière de responsabilité contractuelle, le juge administratif peut prononcer, si cela lui est demandé, des condamnations solidaires contre le cocontractant privé.

La solidarité est d'abord susceptible de résulter d'un contrat. C'est ainsi que les marchés de travaux sont souvent conclus avec des groupements d'entreprises solidaires entre elles ; si le contrat comporte une clause expresse de solidarité *(CE Sect. 25 juin 1971, Soc. Établissements M. Sériès, AJDA 1973, 97, note J. M. G. ; CE Sect. 9 janvier 1976, Soc. Caillol, Rec. 19 ; RDP 1977, 197, note De Soto)*, la condamnation solidaire est possible.

La solidarité résulte également parfois de règles jurisprudentielles ; il s'agit alors d'une solidarité imparfaite, qui ne comporte pas de représentation mutuelle.

La responsabilité des constructeurs (entrepreneurs et architectes) est le terrain d'élection de telles obligations *in solidum.* En présence de cocontractants liés à l'administration par des conventions séparées « le juge administratif institue volontiers une solidarité entre les codéfendeurs » (Moderne, *art. cit.*, p. 66), à condition qu'une telle condamnation lui soit demandée. Cette solidarité est admise aussi bien en matière de responsabilité contractuelle qu'en matière de responsabilité décennale. La solidarité peut s'expliquer par l'unité du dommage, et, donc, elle suppose cette unité.

439. Lorsque, à la suite d'une condamnation solidaire, un des coresponsables a payé le tout, il peut se retourner contre les autres. Si la solidarité a été instaurée en l'absence de contrat et si l'on se trouve en matière de travaux publics, le juge administratif est compétent. En revanche, s'il existe un contrat entre coobligés, ce contrat est de droit privé puisqu'il est conclu entre personnes privées et, en conséquence, les actions récursoires relèvent de la compétence judiciaire, le juge judiciaire se trouvant ainsi compétent en matière de travaux publics.

§ 4. La responsabilité contractuelle sans faute

Bibliographie : BADAOUI (J.) : *Le fait du prince dans les contrats administratifs*, LGDJ, 1954.

BÉNOIT (F.-P.) : *Le droit administratif français*, Dalloz, 1968, n° 1136 s.

LAUBADÈRE (A. de) : « Les éléments d'originalité de la responsabilité contractuelle de l'administration », *Mélanges Mestre*, Sirey, 1956, p. 383.

TERNEYRE (P.) : *La responsabilité contractuelle des personnes publiques en droit administratif*, Economica, 1989.

Traité des contrats, n° 1290 s.

VIDAL (L.) : *L'équilibre financier du contrat dans la jurisprudence administrative*, Bruyant, 2005, p. 130 et s.

440. Une originalité de la responsabilité contractuelle de l'administration est l'existence d'un régime particulier : la responsabilité pour fait du prince ; mais, il y aussi place pour une responsabilité sans faute du cocontractant.

A La responsabilité administrative pour fait du prince

441. L'expression « fait du prince » est employée en droit privé pour désigner la cause étrangère exonératrice de responsabilité que constitue parfois une intervention de la personne publique. En droit public, le fait du prince consiste aussi en une intervention de la puissance publique, mais cette intervention n'est pas une cause d'exonération, c'est une source de responsabilité sans faute.

La collectivité publique contractante ne peut renoncer à ses pouvoirs. Ce n'est donc pas parce qu'elle a conclu des contrats qu'elle est privée de la possibilité soit de prendre des mesures individuelles modifiant le contrat, soit de modifier les réglementations en vigueur au moment de la conclusion du contrat. Mais, si une telle modification cause un préjudice au cocontractant, celui-ci a droit à être indemnisé dans le cadre de la théorie du fait du prince. Cette obligation d'indemnisation est considérée comme la mise en œuvre d'une responsabilité. Il s'agit d'une responsabilité contractuelle, ce qui peut paraître anormal dans le cas où le préjudice réparé est celui qui résulte de la résiliation du contrat ; mais, l'explication peut, sans doute être trouvée dans une dissociation entre « force obligatoire et contenu obligationnel » (P. Ancel « Force obligatoire et contenu obligationnel du contrat », *RTDC*, 1999. 771) : la résiliation met d'abord fin aux obligations, mais elle laisse subsister l'acte, qui fonde un ensemble de règles de comportement. Il faut, toutefois, reconnaître que cette explication ne cadre pas parfaitement avec le droit positif puisque le Conseil d'État a jugé que les clauses de conciliation ne s'appliquent pas aux litiges relatifs à la résiliation (cf. *infra*, n° 477).

a) Définition

442. Le fait du prince consiste en une décision ou même un comportement de l'administration qui ne peut être prévu lors de la conclusion du contrat et qui a des conséquences sur l'exécution de celui-ci.

De quelle « administration » et de quelles mesures s'agit-il ?

1° Controverses

443. Pour certains auteurs, toute mesure légalement prise mais portant préjudice à un cocontractant est un fait du prince. C'est la conception la plus large, soutenue notamment par J. Badaoui. Selon d'autres, et notamment André de Laubadère, le fait du prince doit être défini plus restrictivement comme le fait imprévisible consistant en une mesure émanant de l'autorité même qui a conclu le contrat. Par exemple, une interdiction d'importation édictée par l'État n'est pas un fait du prince pour le cocontractant d'une commune.

Dans ces deux conceptions, le fait du prince peut être aussi bien une mesure générale qu'une mesure spécifique au cocontractant, et il peut être une mesure prise par l'autorité contractante aussi bien en vertu de pouvoirs qu'elle « tient du contrat » que d'autres pouvoirs.

Mais, il existe une troisième conception encore plus restrictive, qui est celle de M. Bénoît, pour qui il n'y a fait du prince que si la mesure est prise par l'autorité contractante et ce en vertu de pouvoirs autres que ceux qu'elle tient du contrat. Par exemple, si une commune a confié par contrat la gestion des transports urbains, la création d'un sens interdit par le maire, en vertu de ses pouvoirs de police, est un fait du prince, alors que la modification du contrat (itinéraire, nombre d'autobus) n'en est pas un. Autrement formulé, l'utilisation du pouvoir de modification unilatérale (qui, selon M. Bénoît, de toute façon, n'existe pas) ne pourrait être considérée comme un fait du prince.

Au regard de ces conceptions, la jurisprudence n'offre pas de totale certitude, mais elle paraît bien adopter la deuxième définition, celle d'André de Laubadère.

2° Jurisprudence

444. Le Conseil d'État a refusé d'appliquer la théorie du fait du prince dans le cas d'une mesure qui n'a pas été prise par le cocontractant : une demande d'indemnité, émanant du concessionnaire d'une voie ferrée départementale, pour la réparation du préjudice résultant de l'obligation d'assurer des transports gratuits pendant la guerre a été rejetée au motif que cette obligation était indépendante du « fait de l'autorité concédante » *(CE 20 octobre 1971, Compagnie du chemin de fer de Bayonne à Biarritz, Rec. 624)*. De même il n'est fait droit à une demande d'indemnité à raison des conséquences d'une réglementation d'urbanisme que parce que l'État était, en l'espèce, l'auteur de cette réglementation *(CE 29 décembre 1997, Soc. civ. des Néo-Polders, DA 1998, n° 109)*.

La conception la plus large doit donc être rejetée.

Il en va de même de la conception la plus étroite, mais ici pour une raison de logique : il est très difficile d'affirmer que l'administration tient ses pouvoirs tantôt du contrat, tantôt d'une autre habilitation pour la raison que, comme on l'a déjà exposé, il peut être soutenu que, sauf stipulation expresse du contrat, l'administration tient toujours ses prérogatives d'un pouvoir d'organisation du service extérieur au contrat lui-même.

Le fait du prince peut donc être défini comme le fait imprévisible consistant en une mesure licite prise par l'autorité contractante, quel que soit le contenu et le fondement de cette mesure.

b) Conséquences

445. La mesure ainsi prise, constituant l'exercice correct d'un pouvoir de l'administration, n'est pas fautive ; cependant, le cocontractant, dont les prévisions ont été bouleversées, a droit à une indemnité qui répare intégralement le dommage. On aurait pu considérer que cette obligation ne constituait rien d'autre que l'exécution du contrat, mais, par assimilation avec l'obligation de réparer les conséquences d'une faute contractuelle, la doctrine considère qu'il s'agit d'une responsabilité sans faute.

Quand il s'agit de mesures particulières, la responsabilité est admise dès lors que le préjudice est certain et direct, comme par exemple, lorsqu'il résulte d'une modification unilatérale du contrat.

Quand il s'agit de mesures générales, la responsabilité est difficilement admise : ces mesures qui affectent toute une catégorie de personnes font partie des aléas normaux du contrat (augmentations d'impôts, de charges sociales p. ex.). C'est seulement si la mesure porte atteinte à un élément essentiel du contrat qu'elle ouvre droit à réparation (ex. : *CE 20 mai 1904, Compagnie marseillaise de navigation, Rec. 425* : création de droits de péage dans un port, le fait du prince est admis « à raison de la nature particulière de ces droits » ; *CE 18 mars 1983, Soc. du parking du square Boucicaut, RDP 1983, 423* : la décision d'instaurer un stationnement payant en surface n'a pas modifié un élément essentiel du contrat d'exploitation du parking souterrain voisin).

446. Ce système de responsabilité sans faute ne concerne que le dommage causé par une mesure administrative émanant de l'autorité contractante. Mais d'autres mesures générales peuvent préjudicier au contractant.

S'il s'agit d'une mesure administrative émanant d'une collectivité autre que celle qui a conclu le contrat, sa responsabilité peut être engagée pour faute — en cas d'illégalité — ou, éventuellement pour rupture de l'égalité devant les charges publiques (ex. : *CE 23 janvier 1952, Compagnie des tramways électriques de Limoges, Rec. 52*), mais qu'en est-il dans le cas de préjudice causé par la loi ?

c) Fait du prince et législateur

447. Le dommage peut être causé par une loi qui vient perturber l'exécution d'un contrat soit qu'elle modifie le contexte de cette exécution, soit même qu'elle porte atteinte au contrat lui-même. La possibilité pour une loi de porter atteinte à un contrat de l'État a donné lieu en 1909 à un débat parlementaire célèbre, à propos de l'indemnité de rachat par l'État du réseau de l'Ouest. Les termes méritent d'en être cités :

> « — Jean Jaurès
>
> ... il n'y a pas de convention qui puisse enlever à l'État son droit et son devoir, qui puisse enlever au Parlement son droit et son devoir de légiférer ».
>
> — Millerand
>
> ... Quand des engagements sont pris au nom du pays, il ne dépend pas, suivant les changements de majorité ou suivant les changements d'opinion d'une même majorité, de revenir sur les contrats qui ont été passés »
>
> (Chambre des députés 8 décembre 1909, *JO déb.*, p. 3143 et p. 3145).

À l'époque, le débat était purement politique, en l'absence de contrôle de constitutionnalité. De nos jours, la constitutionnalité des lois est contrôlée, mais il n'existe pas de principe constitutionnel imposant le respect des droits acquis en vertu d'un contrat. Il a même été admis par le Conseil constitutionnel qu'une loi peut modifier un contrat administratif ***(CC 26 janvier 1995, Loi***

d'orientation pour l'aménagement et le développement du territoire, Rec. 183).

La conciliation entre le respect du contrat et la puissance législative est néanmoins opérée par la mise en œuvre de la responsabilité de l'État législateur : une indemnité est due dans le cas de bouleversement du contrat *(CE 14 février 1936, Ville de Paris, S. 1936, 3, 81, note Alibert ; CE 9 mai 1947, Établissements Lapra, Rec. 183)*, sauf si le texte législatif en exclut lui-même la possibilité *(CE 28 avril 1939, Compagnie des chemins de fer de l'Ouest, RDP 1940, 58, concl. Josse, note Jèze)*. Il ne s'agit cependant pas d'une responsabilité pour fait du prince au sens qui a été défini précédemment : celle-ci ne vise que les actes administratifs émanant de la personne publique contractante.

B La responsabilité contractuelle sans faute prouvée du cocontractant

448. Certaines solutions jurisprudentielles ont pour conséquence de mettre la réparation du préjudice subi par la collectivité publique à la charge de son cocontractant, alors même que la preuve d'une faute n'est pas administrée.

a) Cas fortuit

449. Le cas fortuit est généralement défini comme le fait accidentel dont la cause est inconnue. Logiquement, si l'origine d'un dommage ne peut être expliquée, la preuve d'une faute causale n'est pas administrée et, en conséquence, la responsabilité est exclue dans les cas où elle est subordonnée à une faute (en ce sens : *CE 14 mai 1990, CGEE, D. 1991, S.C. 105, obs. Terneyre*). Toutefois, on relève des arrêts anciens qui se montrent plus sévères et retiennent la responsabilité en présence d'un cas fortuit, ce qui revient à instaurer une présomption de responsabilité : « alors même que toutes les précautions utiles auraient été prises en vue de la réussite de chacune des coulées, les échecs répétés éprouvés par les fondeurs ne sauraient être regardés comme des événements de force majeure » *(CE 6 novembre 1912, Soc. des forges et chantiers de la Méditerranée, Rec. 1011 ; CE 12 janvier 1921, Soc. des chantiers et ateliers Augustin Normand, Rec. 25)*. Il est à penser que ces solutions ne seraient plus celles de la jurisprudence actuelle.

b) Charge des risques

Bibliographie : *Traité des contrats*, nº 752.

450. Dans les marchés de travaux et dans les marchés de fournitures le cocontractant a l'obligation de livrer un bien qui entre dans le patrimoine de l'administration. Le transfert de propriété s'opère avec la réception des travaux ou l'admission des fournitures. Que se passe-t-il dans le cas où le bien est détruit en tout ou partie avant le transfert de propriété sans qu'aucune faute puisse être reprochée au débiteur de l'administration ? C'est le problème de la charge des risques.

Avant le cahier des charges pour les marchés de travaux de 1976, était pratiquée la double réception (réception provisoire suivie d'une réception définitive) ; la jurisprudence considérait qu'avant la réception provisoire « la perte résultant de ce que l'ouvrage vient à être détruit ou endommagé par suite d'un cas de force majeure ou d'un cas fortuit est à la charge de l'entrepreneur » *(CE Sect. 25 juin 1971, Soc. Établissements Marius Sériès, Rec. 483)*.

Actuellement, est pratiquée la réception unique suivie d'une période de garantie de parfait achèvement ; jusqu'à la date de réception l'entrepreneur assume la charge des risques, sauf clause contraire (F. Moderne, *La responsabilité décennale des constructeurs en droit public*, nº 143 et s.) et sans qu'une faute doive être démontrée.

§ 5. La responsabilité décennale

Bibliographie : CANTELAUBE (C.) : *La responsabilité décennale des entrepreneurs en droit public français*, Eyrolles, 1966.

LINDITCH (F.) : Vº Responsabilité décennale in *Rép. Dalloz Resp. puiss. pub.*

LLORENS (F.) : « La responsabilité décennale du fabricant devant le juge administratif », *CJEG* 1990, 327.

MODERNE (F.) : *La responsabilité décennale des constructeurs en droit public*, Dalloz, 1993.

TERNEYRE (P.) : « La responsabilité trentenaire des constructeurs en droit public », *CJEG* 1991, 393.

451. La responsabilité décennale est spécifique aux « constructeurs » liés à un maître d'ouvrage par un contrat d'entreprise.

Elle fonctionne aussi bien dans l'intérêt de la collectivité pour qui les travaux sont réalisés que dans l'intérêt de l'entrepreneur. L'intérêt de l'entrepreneur est protégé dans la mesure où, s'il n'y avait pas de texte spécial, le maître d'ouvrage serait recevable à mettre en jeu la responsabilité contractuelle même après la réception des travaux (ex. : *CAA Paris plén. 6 juillet 1995, SARL Onyx, rec., tab. 905*- un entrepreneur chargé d'un ravalement n'ayant pas la qualité de « constructeur », sa responsabilité contractuelle peut être recherchée même après la réception des travaux). Mais, d'un autre côté, en l'absence de texte spécial, le maître d'ouvrage qui a accepté la construction risque fort de ne rien pouvoir obtenir. C'est ce qui se produit, par exemple, lorsqu'est recherchée la responsabilité d'une personne qui, n'ayant pas la qualité de constructeur, a été chargée de surveiller le bon déroulement des travaux : à partir du moment où quitus lui a été donné, sa responsabilité ne peut plus être mise en cause (ex. : responsabilité du mandataire du maître d'ouvrage : *CE 1er juin 1984, Ville de Royan, RDP 1985, 227 ; CE 12 janvier 1994, SEM. du Poitou, D. 1995, SC 124, obs. Terneyre*). Au contraire, dans le système de la garantie décennale, la responsabilité du constructeur peut être mise en cause même après la réception, mais seulement à certaines conditions.

A Les sources

452. En droit public le régime de la garantie (ou responsabilité) décennale a été élaboré par la jurisprudence, laquelle se caractérise par son abondance.

Le juge administratif a introduit dès le XIXe siècle la responsabilité décennale des constructeurs dans le droit public, mais, pour autant, il ne fait pas application directement du Code civil.

Depuis un arrêt d'assemblée du ***2 février 1973, Trannoy (Rec. 95, concl. Rougevin-Baville ; AJDA 1973, 159, note Moderne)*** a été adoptée la formule classique selon laquelle le juge administratif se réfère aux « principes dont s'inspirent les articles 1792 et 2270 du Code civil ».

En effet, si la jurisprudence administrative s'est montrée attentive aux évolutions législatives, par exemple en introduisant la responsabilité biennale ou en admettant l'effet interruptif du référé, elle n'en a pas moins tenu compte de la spécificité du contexte des travaux publics. C'est ainsi que le droit public s'écarte du droit privé en ce que la responsabilité décennale n'a pas un caractère d'ordre public ; les parties peuvent aménager le délai ou prévoir une exonération de responsabilité (Moderne, *op. cit.*, n° 276 et s.).

B Le champ d'application

453. Le champ d'application de la garantie décennale est délimité *ratione personae* et *ratione temporis*.

a) À raison des personnes

454. La garantie décennale n'a pas un caractère contractuel, mais elle présuppose l'existence d'un contrat ; c'est pourquoi elle est souvent qualifiée de responsabilité post-contractuelle. Il s'agit donc d'une relation entre d'anciennes parties à un contrat (sous cette réserve, cependant, que l'action peut se transmettre avec l'ouvrage).

Il en résulte que la garantie décennale ne peut être invoquée envers une entreprise non liée par contrat au maître d'ouvrage (ex. : *CE 11 juillet 1988, Chambre des métiers d'Ille-et-Vilaine, Rec. t. 900*). En particulier, le sous-traitant, qui n'est lié qu'avec l'entreprise principale et non avec le maître d'ouvrage, ne peut être mis en cause par ce dernier au titre de la responsabilité décennale (ex. : *CE 18 janvier 1946, Soc. française de matériaux et produits hydrofuges, La Calendrite, Rec. 21* ; Moderne, *op. cit.*, n° 348).

Si le contrat de louage d'ouvrage a été déclaré nul, la responsabilité décennale ne peut être mise en jeu *(CE Sect. 29 janvier 1982, Martin, Rec. 44)*.

455. Le bénéficiaire de la garantie est le maître d'ouvrage ; mais le droit d'agir en garantie décennale peut être transféré par suite de la remise de l'ouvrage à une autre collectivité. Ainsi, les conventions d'aménagement urbain prévoient que la commune à qui sont remis les équipements publics réalisés par l'aménageur a qualité pour mettre en jeu la responsabilité décennale. Le droit d'agir en garantie décennale n'est toutefois, pas forcément exclusif : « si l'action en garantie décennale se transmet aux acquéreurs avec la propriété de l'immeuble, le maître de l'ouvrage ne perd cependant pas la faculté d'exercer cette action dans la mesure où elle présente pour lui un intérêt direct et certain » *(CE 7 octobre 1998, Soc. OTH, BJDCP, 1999, n° 3, p. 258, concl. Bergeal).*

456. Le débiteur de la garantie est le « constructeur » lié par contrat au maître d'ouvrage. N'ont pas la qualité de constructeurs les mandataires, et notamment les maîtres d'ouvrage délégués, qui n'encourent que leur responsabilité contractuelle de mandataire (ex. : *CE 26 juin 1985, Commune de Rethel, DA n° 408* ; Moderne, *op. cit.*, n° 353 et s.). La notion de constructeur englobe l'entrepreneur, l'architecte et les autres maîtres d'œuvre, tels les bureaux d'études, et les contrôleurs techniques. Mais, est exclu du champ d'application de la garantie décennale le coordonnateur en matière de sécurité et de protection de la santé, créé en 1993 *(Avis de la section des travaux publics du Conseil d'État du 16 juin 1998 ; BJDCP 1999, n° 2, p. 142).*

457. La situation des fabricants laisse place à une certaine incertitude.

Depuis 1978, l'article 1792-4 du Code civil prévoit que le fabricant est soumis à la responsabilité décennale.

Le Conseil d'État a appliqué ce texte à un fabricant d'éléments industrialisés pour la construction *(CE 20 décembre 1989, Commune de La Bresse, RFDA 1990, 421, concl. Faugère, note Moderne)* ; mais cet arrêt n'est guère probant étant donné que le fabricant participait à la mise en place et est qualifié de « constructeur ». Un tribunal administratif a, toutefois, tranché en faveur de l'application au fabricant des principes dont s'inspirent les articles 1792 et 2270 du Code civil *(TA Besançon 18 juin 1998, Commune de Danjoutin, Dr. adm., n° 328).*

b) Application dans le temps

458. La garantie décennale, comme son nom l'indique, dure dix ans, pendant lesquels le constructeur peut être condamné par le juge administratif. Le point de départ du délai est la réception des travaux.

1° La réception

1. L'acte de réception

459. La réception résulte d'une décision du maître de l'ouvrage, décision qu'il a l'obligation de prendre dès lors que l'ouvrage est en état d'être accepté (ex. : *CE Sect. 19 novembre 1971,*

Soc. nationale de construction, Rec. 696 ; AJDA 1972, 237, concl. Rougevin-Baville), mais qui peut être assortie de réserves. Le CCAG travaux définit les modalités de la réception (art. 41-3).

En l'absence de décision de réception, celle-ci peut résulter de la prise de possession, à condition que cette dernière traduise bien la volonté du maître d'ouvrage d'accepter les travaux ; c'est pourquoi la prise de possession n'est généralement considérée comme valant réception tacite que si elle s'accompagne d'indices supplémentaires, comme, par exemple, le paiement du solde du marché.

2. *La portée de la réception*

460. Par la réception, le maître d'ouvrage constate que l'ouvrage a été exécuté conformément à ce qui était prévu, il l'accepte et, ce faisant, il libère son cocontractant de sa responsabilité, ou bien, il formule des réserves, auquel cas, la responsabilité contractuelle peut jouer. Il s'agit d'un acte de volonté, qui, comme tout acte de volonté ne peut produire d'effet qu'à condition d'être émis en connaissance de cause. C'est pourquoi la réception ne libère pas le constructeur des conséquences des vices qui n'étaient pas apparents lors de la réception : si le maître d'ouvrage ne peut voir le défaut ou si, le voyant, il ne peut prévoir la gravité de ses conséquences, la responsabilité décennale peut être engagée (ex. : *CE 21 avril 1971, Besnard-Bernadac, Rec. 284*).

Cependant, il est possible que le maître de l'ouvrage accepte de réceptionner un ouvrage qui n'est pas conforme aux exigences du contrat. En pareil cas, le CCAG marchés de travaux prévoit une « réfaction » sur le prix (art. 41.7), ce qui aboutit en fait à une modification du contrat.

3. *Les effets de la réception*

461. La réception ne met pas fin au contrat, elle marque le point de départ d'un délai dont l'écoulement aboutit à la fin du contrat. Ce délai est celui de la garantie de parfait achèvement (Moderne, *op. cit.*, n° 167 et s.) : l'expiration de ce délai de garantie met fin aux rapports contractuels au moins au plan technique *(CE Sect. 28 février 1986, Entreprise Blondet, RFDA 1986, 604, concl. Denoix de Saint-Marc ; RDP 1986, 1153, note J.-M. Auby ; MP, 1986, n° 219, p. 17, note Melleray et Terneyre).* Et, à cet égard, la réception n'a pas un effet seulement relatif : dans un souci de simplification, la date de la réception prononcée à l'égard de l'entrepreneur vaut pour tous les autres participants *(CE Sect. 25 avril 1969, Derobert, Rec. 230 ; D. 1969, 498, note Moderne).*

Cette garantie de parfait achèvement diffère de la responsabilité contractuelle pure et simple à deux points de vue principaux : d'une part, elle ne concerne pas les vices apparents dont la présence n'a pas empêché la réception, ce qui signifie qu'elle ne s'étend qu'aux désordres qui ont fait l'objet de réserves (*CE 17 mars 2004, Commune de Beaulieu-sur-Loire, req. 247367)*, d'autre part, le délai de parfait achèvement court en même temps que le délai de garantie décennale *(CE Sect. 9 juin 1989, SIVOM de la région havraise, Rec. 139 ; AJDA 1989, p. 483 ; CJEG 1989, comm. Moderne).*

462. Dans le domaine des travaux de bâtiment — qui ne sont pas les seuls à être couverts par la responsabilité décennale — la réception fait également courir la garantie de bon fonctionnement des éléments d'équipement d'un bâtiment, héritière de la garantie biennale des menus ouvrages qui figurait dans le Code civil avant la loi du 4 janvier 1978 (sur son application en droit public : *CE 17 décembre 1980, Min. des Universités c/ Sloan, Rec. 478*).

Aujourd'hui, l'article 1792-3 prévoit que les éléments d'équipement qui sont dissociables du bâtiment font l'objet d'une garantie de bon fonctionnement d'une durée minimale de deux ans à compter de la réception de l'ouvrage. Le Conseil d'État s'est référé aux « principes » dont s'inspire l'article 1792-3 du Code civil *(CE 14 mai 1990, Soc. CGEE Alsthom, D. 1991, SC 105, obs. Terneyre).*

Quand et si l'élément d'équipement est indissociable, ses défectuosités peuvent engager la responsabilité décennale *(CE, 8 décembre 1999, soc. Borg Warner, BJDCP 2000, p. 116, concl. Bergeal).*

4. L'éventuelle absence d'efficacité de la réception

463. En cas de fraude ou dol (Moderne, op. cit., n° 192 et s.) auxquels est assimilée la faute grave *(CE Sect. 24 mai 1974, Soc. Paul Millet, Rec. 310, concl. Vught ; CE 3 avril 1991, SMAC Aciéroïd, JCP 1992, II, 21827, note Godfrin)* s'applique la responsabilité trentenaire des constructeurs, qui a un caractère contractuel *(CE 17 décembre 1999, EPPV, BJDCP 2000.125, concl Savoie).* L'existence d'une faute équipollente au dol a, par exemple, été admise dans un cas où l'entreprise n'avait pas exécuté des travaux, alors qu'elle ne pouvait ignorer les conséquences de ces manquements graves et répétés aux règles de l'art, et avait néanmoins facturé les travaux non exécutés *(CAA Nancy 12 novembre 1992, Soc. Quillery, AJDA 1993, 734).*

2° Le délai décennal

464. Le délai peut être raccourci ou rallongé par la volonté des parties.

Il peut aussi être interrompu, c'est-à-dire qu'un nouveau délai de dix ans repart. La première cause d'interruption est la reconnaissance de responsabilité, qui peut être expresse ou tacite, résultant, par exemple, de la réalisation de travaux (Moderne, *op. cit.*, n° 504 et s.). Une seconde cause d'interruption est la citation en justice, à condition qu'elle soit elle-même dans le délai et le Conseil d'État a admis, par suite d'un revirement, que la citation en référé a cet effet interruptif *(CE Avis, 22 juillet 1992, RFDA 1994, 268).*

465. Le délai décennal est un délai d'épreuve et un délai d'action, c'est-à-dire que le dommage relevant de la garantie décennale doit apparaître dans les dix ans et que le recours contre le constructeur doit être exercé dans les dix ans.

De manière contestable, l'expiration du délai étend aussi son effet extinctif aux actions en garantie. Le problème est le suivant : un dommage est causé à un tiers par les travaux ou l'ouvrage ; la victime poursuit le maître d'ouvrage qui appelle en garantie l'entrepreneur au motif que le sinistre trouve son origine dans l'exécution des travaux. On pourrait penser qu'une telle action est étrangère au domaine de la garantie décennale, dès lors que le préjudice subi par le maître de l'ouvrage résulte de l'obligation d'indemniser le tiers et non de la dégradation de l'ouvrage. Telle n'est cependant pas la conception de la jurisprudence.

Selon le Conseil d'État, la réception ayant mis fin aux relations contractuelles, il n'est plus possible après son prononcé d'appeler l'entreprise en garantie *(CE Sect. 4 juillet 1980, Soc. Forrer, Rec. 307 ; AJDA 1981, p. 318, note Moderne).* La solution est résumée en une formule de principe : « le recours en garantie formé par une collectivité publique, poursuivie par un tiers à raison de dommages imputables à un ouvrage public, tend nécessairement à mettre en cause la responsabilité encourue par ces constructeurs à raison de l'inexécution du contrat qui les liait au maître de l'ouvrage ; qu'il suit de là que le recours ne peut être formé qu'avant la réception définitive, ou, si les dommages n'étaient pas apparents à cette date, dans le délai de la garantie qui résulte des principes dont s'inspirent les articles 1792 à 2270 du Code civil » *(CE 4 mars 1983, Ville de Wattrelos, DA n° 156).*

Très critiquée par la doctrine, la solution a été confirmée en 2004 (***CE sect. 15 juillet 2004, Syndicat intercommunal d'alimentation en eau des communes de la Seyne et de la Région Est de Toulon, SIAET, rec. 346 ; RFDA 2004.895, concl. De Silva ; BJDCP 2005, n° 38, p. 32, concl. De Silva ; AJDA 2004.1701, chron. C. Landais et F. Lemica***). Cet arrêt indique seulement que le marché peut comporter des clauses contractuelles contraires. Il a été rendu sur conclusions contraires du commissaire du Gouvernement, ce qui montre que le Conseil d'État a la volonté de protéger l'entrepreneur en obligeant la collectivité à emprunter les voies contentieuses liées au contrat.

466. Si l'action en garantie est formée à temps, elle obéit aux règles de la garantie décennale *(CE Sect. 9 janvier 1953, Ville de Saint-Maurice, D. 1954, 277, concl. Guionin)*, ce qui entraîne fréquemment son rejet.

Par exemple, un entrepreneur creuse des tranchées pour le compte d'une collectivité publique. Par suite d'une mauvaise exécution, et donc d'une faute contractuelle, des infiltrations se produisent dans les fondations d'un immeuble riverain ; elle n'apparaissent qu'après achèvement des travaux et réception. Poursuivi, le maître de l'ouvrage appelle l'entreprise en garantie dans le délai de dix ans ; il sera débouté car l'appel en garantie ne peut être fondé que sur la responsabilité décennale et cette dernière ne peut être engagée pour un dommage causé à un immeuble autre que l'objet du contrat *(CE 6 octobre 1971, OPHLM de la RP, Rec. 584)*. La solution est sévère pour les maîtres d'ouvrage et peut les inciter à formuler des réserves par excès de précaution ; il vaudrait sans doute mieux les subroger aux victimes.

C Conditions de la responsabilité

467. À l'origine, l'article 1792 du Code civil ne visait que les édifices. La jurisprudence administrative ne s'est jamais laissée arrêter par cette limitation ; elle a toujours appliqué très largement la responsabilité décennale, aussi bien à des bâtiments qu'à des ouvrages de génie civil (ponts, réseaux, etc.).

Mais, pour que la garantie décennale puisse jouer, il ne suffit pas que l'ouvrage ne soit pas parfaitement conforme aux exigences contractuelles. Seul un désordre d'une certaine gravité est susceptible d'entraîner sa mise en jeu : le désordre doit être de nature à rendre l'ouvrage impropre à sa destination. Il peut s'agir d'un désordre qui empêche toute utilisation de l'ouvrage (risque d'écroulement), mais aussi d'un désordre qui fait obstacle à une utilisation normale, comme, par exemple, les défauts d'étanchéité, qui ont donné lieu à une très abondante jurisprudence. Dès lors qu'un tel désordre existe, joue une présomption de responsabilité, ce pourquoi on utilise le mot « garantie ».

a) Présomption de responsabilité

468. Dans la pratique contentieuse, les discussions portent presque toujours sur l'existence ou l'absence de fautes, mais, en droit, le maître d'ouvrage n'a pas à prouver que le constructeur a commis une faute ; la faute n'intervient, éventuellement, qu'en deuxième ligne, dans le cas d'action entre constructeurs.

En effet, l'important arrêt ***Trannoy (CE Ass. 2 février 1973, Rec. 95, concl. Rougevin-Baville ; AJDA 1973, 159, note Moderne)*** a mis fin aux hésitations antérieures en admettant la responsabilité décennale d'un architecte, alors même qu'aucune faute ne pouvait lui être reprochée puisque les désordres étaient dus à l'emploi d'un procédé technique conforme aux normes de l'époque, dont l'inadaptation s'était révélée par la suite. Ces circonstances excluaient tout idée de faute, prouvée ou non prouvée, et pourtant, sur la proposition du commissaire du gouvernement, le Conseil d'État a retenu la responsabilité.

L'arrêt Trannoy précise que le constructeur ne peut s'exonérer « qu'en cas de force majeure ou de faute du maître de l'ouvrage ».

Il s'ensuit que le constructeur poursuivi ne peut se prévaloir de la faute d'un autre participant à l'opération de construction. Toutefois, et cela explique que les parties continuent à argumenter sur la faute, il est possible au constructeur d'échapper à la responsabilité s'il établit que les désordres ne lui sont, en aucune manière, imputables (ex. : *CE 10 juillet 1974, Descottes-Genon, Rec. 423* ; Moderne, *op. cit.*, n° 263 et s.). L'entrepreneur ne peut donc être condamné si le dommage se rattache uniquement à l'intervention d'un autre corps de métier ou à un vice de conception, l'architecte ne peut l'être si le désordre ne trouve sa cause que dans l'exécution.

b) Réparation du préjudice

469. L'entrepreneur peut être condamné à une obligation de faire consistant à réparer en nature *(CE 30 juillet 1949, Caisse des dépôts et consignations, Rec. 400)*. Mais cette possibilité n'est pas admise pour l'architecte, à raison du caractère plus intellectuel de sa prestation *(CE 16 juin 1965, Cabet, Rec. 362)*.

La plupart du temps, néanmoins, la réparation prend la forme de dommages-intérêts correspondant au coût des travaux de remise en état.

La responsabilité décennale donne lieu à un nombre important de procès devant le juge administratif, mais il ne s'agit que d'un aspect parmi d'autres du contentieux issu des contrats.

470-474. *Réservés*

Chapitre 5
Règlement des litiges contractuels

475. Les litiges qui peuvent survenir entre les parties au cours de l'exécution du contrat ou à l'occasion de son achèvement peuvent, comme tout litige, être soumis au « juge du contrat ». Mais, en matière de contrat, le litige oppose des personnes qui ne sont pas étrangères l'une à l'autre, qui ont eu le loisir de prévoir et de prévenir le risque contentieux en mettant en place des modes alternatifs de règlement des litiges, qui tiennent une place relativement importante en la matière, même s'ils ne sont pas toujours spécifiques au règlement des litiges contractuels.

§ 1. Les modes alternatifs de règlement des litiges

Bibliographie : RICHER (L.) : « Les modes alternatifs de règlement des litiges et le droit administratif », *AJDA* 1997, 3.

476. Le système des recours juridictionnels en matière contractuelle est globalement peu satisfaisant non pas tant à cause des limitations que s'impose le juge (annulation, injonction) qu'à cause de l'encombrement des tribunaux administratifs qui a pour conséquence un retard à juger particulièrement intolérable, en dépit d'améliorations en cours. Certes, le phénomène n'est pas spécifique à la matière contractuelle, mais il paraît être spécialement accentué en ce domaine, compte tenu de la fréquente complexité des dossiers. Il constitue un encouragement à la violation du droit. On voit, par exemple, des collectivités locales prononcer la résiliation de contrats pour un prétendu motif d'intérêt général sans verser ni même envisager de verser d'indemnité au cocontractant dans l'idée que celui-ci se trouvera contraint de saisir le tribunal administratif et que ce dernier statuera dans un si long délai que le problème peut être ignoré à court terme. Mais le retard peut aussi être coûteux pour la personne publique, compte tenu du montant des intérêts de retard.

477. En dépit de cette situation, le recours aux modes alternatifs n'a pas autant de place qu'on pourrait s'y attendre, même si une évolution paraît en cours.

Dans son rapport de 1993 « Régler autrement les conflits » (La Documentation française, 1993) le Conseil d'État recense les procédés suivants : le recours administratif préalable, la médiation-conciliation, la transaction, l'arbitrage. Tous ces procédés trouvent à s'appliquer dans le domaine du contrat administratif.

Quelle que soit la procédure prévue au contrat, son respect s'impose aux cocontractants pour le règlement des litiges procédant du contrat ; le consentement des parties est capable de déroger aux règles habituelles de recevabilité des recours *(CE 3 janvier 1958, Soc. Provence-Construction, AJDA 1958, II, 60 ; CE Sect. 26 juillet 1985, Soc. Degrémont, RFDA 1986, 27, concl. Dandelot).* Toutefois, la fin de non-recevoir tirée du défaut de procédure préalable n'est pas d'ordre public et ne peut donc être soulevée d'office par le juge, ni être invoquée pour la première fois en appel *(CE 1er février 1989, Soc. SPIE, rec. 784 ; CE 29 septembre 2000, Société Dezellus, BJDCP, 2001, n° 15, p. 155, concl. Savoie).*

La saisine directe du tribunal est possible en dépit des clauses de règlement alternatif si le litige ne procède pas directement du contrat. Ainsi, la procédure préalable ne s'impose ni avant une action en garantie décennale, compte tenu de l'origine législative de la garantie décennale *(CE 16 mars 1992, SOMETRA, req. 82304)* ni avant un recours contre un titre de recettes, même si celui-ci porte sur une dette contractuelle *(CE 27 mars 1957, Min. Rec. c/ Girault, Rec. 218 ; CE 5 février 1971 Soc. des téléphériques français, Rec. 111 ; CE 11 juillet 1986, Ville de Beausoleil, Rec. t. 460 ; CE 22 février 1989, Soc. Viandest, LPA 19 juillet 1989, p. 7, concl. Fouquet)*, ni après la résiliation du contrat *(CE 30 juillet 1998, SARL Cobatp, BJDCP 1999, n° 4, p. 348, concl. Bergeal ; CE 27 septembre 1999, Houillon, BJDCP 2000. 147).*

A Les recours préalables dans les CCAG applicables aux marchés publics

Bibliographie : MULLER (F.) « La procédure préalable en matière de travaux », *CP-ACCP* 2006, n° 53, p. 29.

478. Les articles 33 et 34 du CCAG applicable aux marchés publics de fournitures courantes et de services prévoient que les différends doivent être soumis par un mémoire dans un certain délai à la personne responsable du marché à qui un délai est imparti pour répondre. *A priori*, il pourrait sembler que ces stipulations sont une simple application de la règle de la décision préalable, mais tel n'est pas le cas ; il s'agit de recours préalable étant donné qu'au moment où le mémoire est déposé, le différend est né, ce qui implique qu'une décision préalable défavorable est intervenue.

Des dispositions similaires figurent aux autres CCAG types (Marchés de prestations intellectuelles : art. 40 ; Marchés industriels : art. 40), mais c'est la procédure du CCAG Marchés de travaux qui revêt la plus grande complexité et a suscité le plus de difficultés.

Le CCAG distingue deux procédures : une procédure générale et une procédure relative à la contestation du décompte.

La procédure générale est prévue à l'article 50 du CCAG ; elle s'applique aussi bien aux litiges survenus avant qu'après la notification du décompte général *(CE, 25 juin 2004, Maître Hervouet, Rec. 767).*

a) La procédure générale dans le CCAG marché de travaux

479. Deux types de différends sont envisagés : le différend avec le maître d'œuvre, par exemple au sujet de l'exécution d'un ordre de service ; le différend avec le maître d'ouvrage, par exemple à propos de la responsabilité envers un tiers.

> Texte de l'article 50 relatif au règlement des différends et des litiges :
>
> « *50.1 — Intervention de la personne responsable du marché :*
>
> 50.11 — Si un différend survient entre le maître d'œuvre et l'entrepreneur, sous la forme de réserves faites à un ordre de service ou sous toute autre forme, l'entrepreneur remet au maître d'œuvre, aux fins de transmission à la personne responsable du marché, un mémoire exposant les motifs et indiquant les montants de ses réclamations.
>
> 50.12 — Après que ce mémoire aura été transmis par le maître d'œuvre, avec son avis, à la personne responsable du marché, celle-ci notifie ou fait notifier à l'entrepreneur sa proposition pour le règlement du différend dans un délai de deux mois à compter de la date de réception par le maître d'œuvre du mémoire de réclamation.
>
> L'absence de proposition dans ce délai équivaut à un rejet de la demande de l'entrepreneur.

> *50.2 — Intervention du maître de l'ouvrage :*
>
> 50.21 — Lorsque l'entrepreneur n'accepte pas la proposition de la personne responsable du marché ou le rejet implicite de sa demande, il doit, sous peine de forclusion, dans un délai de trois mois à compter de la notification de cette proposition ou de l'expiration du délai de deux mois prévu au 12 du présent article, le faire connaître par écrit à la personne responsable du marché en lui faisant parvenir, le cas échéant, aux fins de transmission au maître de l'ouvrage, un mémoire complémentaire développant les raisons de son refus.
>
> 50.22 — Si un différend survient directement entre la personne responsable du marché et l'entrepreneur, celui-ci doit adresser un mémoire de réclamation à ladite personne aux fins de transmission au maître de l'ouvrage.
>
> 50.23 — La décision à prendre sur les différends prévus aux 21 et 22 du présent article, appartient au maître de l'ouvrage.
>
> Si l'entrepreneur ne donne pas son accord à la décision ainsi prise, les modalités fixées par cette décision sont appliquées à titre de règlement provisoire du différend. »

480. Le règlement définitif relève des procédures décrites ci-après.

> « 50.3 — Procédure contentieuse :
>
> 50.31 — Si dans le délai de trois mois à partir de la date de réception par la personne responsable du marché de la lettre ou du mémoire de l'entrepreneur mentionné aux 21 et 22 du présent article, aucune décision n'a été notifiée à l'entrepreneur, ou si celui-ci n'accepte pas la décision qui lui a été notifiée, l'entrepreneur peut saisir le tribunal administratif compétent. Il ne peut porter devant cette juridiction que les chefs et motifs de réclamation énoncés dans la lettre ou le mémoire remis à la personne responsable du marché.
>
> 50.33 — Si dans le délai de six mois à partir de la notification à l'entrepreneur de la décision prise conformément au 23 du présent article sur les réclamations auxquelles a donné lieu le décompte général du marché, l'entrepreneur n'a pas porté ses réclamations devant le tribunal administratif compétent, il est considéré comme ayant accepté ladite décision et toute réclamation est irrecevable.
>
> Toutefois, le délai de six mois est suspendu en cas de saisine du comité consultatif de règlement amiable dans les conditions du présent article. »

481. Cette procédure, très utilisée, peut être schématisée dans le tableau ci-après :

1° *Différend maître d'œuvre - entrepreneur (art. 50-1 et 50-2)*

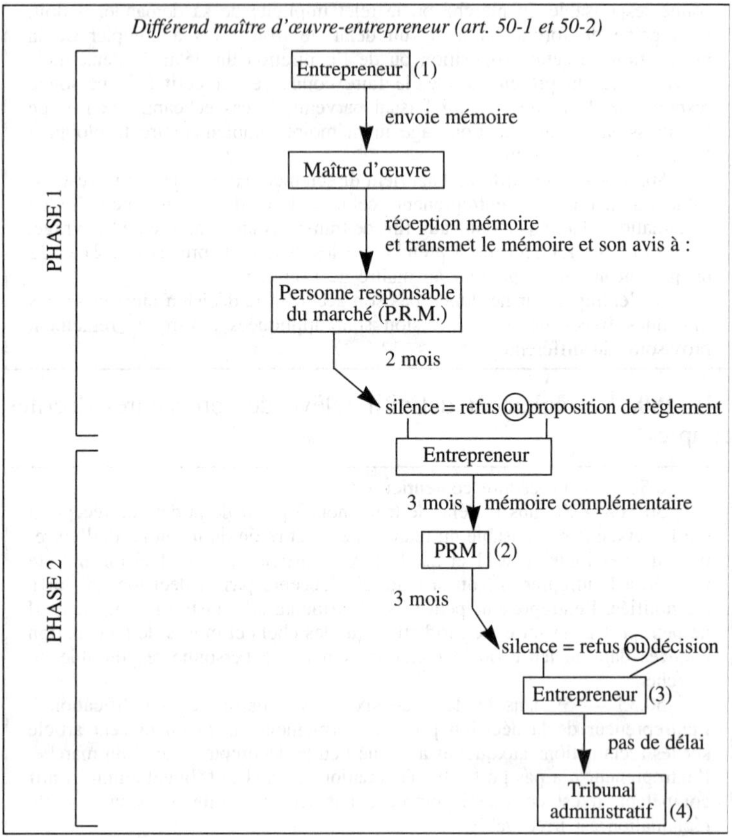

Ces différents moments de la procédure appellent quelques commentaires.

(1) Avant le déclenchement de la procédure il ne court pas de délai : aucun délai ne s'impose pour saisir le maître d'œuvre.

(2) La réclamation doit être adressée à l'autorité compétente qui, lorsque l'État est maître d'ouvrage, est le préfet *(CAA Nancy 15 octobre 1992, Soc. Quille, MP, nº 272, mars 1993, p. 33).*

(3) La saisine du tribunal administratif doit être consécutive à la décision du maître d'ouvrage, une requête antérieure à l'expiration du délai de 3 mois est prématurée *(CAA Lyon 25 mai 1989, SA Lefebvre, Rec. t. 796).*

(4) Ne peuvent être invoqués devant le tribunal administratif d'autres chefs de demande que ceux qui figuraient dans la réclamation *(CE 26 février 1960, Soc. gén. d'installation électrique, Rec. 155).*

2º Différend PRM - entrepreneur (art. 50-22)

On commence directement par la phase nº 2.

Plus complexe est la procédure applicable dans le cas où le désaccord est relatif à l'établissement du décompte.

b) Litiges relatifs au décompte

482. Il faut ici combiner les articles 13 et 50 du CCAG L'article 13-44 détermine le mode d'établissement du décompte, l'article 50 introduit des règles particulières de règlement des litiges lorsque les parties ne parviennent pas à s'accorder sur les sommes dues. Si le maître d'ouvrage n'ouvre pas la procédure en notifiant le décompte, le juge peut être saisi directement *(CE, 22 février 2002, SGTB, req. 212808* — qui abandonne l'exigence que l'entreprise ait mis en demeure la personne publique de faire cette notification *CE, 20 décembre 1989, Gabrion, req. 77564).*

> « 13.44 — L'entrepreneur doit, dans un délai compté à partir de la notification du décompte général, le renvoyer au maître d'œuvre, revêtu de sa signature, sans ou avec réserves, ou faire connaître les raisons pour lesquelles il refuse de le signer. Ce délai est de 30 jours, si le marché a un délai d'exécution inférieur ou égal à six mois. Il est de quarante-cinq jours, dans le cas où le délai contractuel d'exécution du marché est supérieur à six mois.
>
> Si la signature du décompte général est donnée sans réserve, cette acceptation lie définitivement les parties, sauf en ce qui concerne le montant des intérêts moratoires ; ce décompte devient ainsi le décompte général et définitif du marché.
>
> Si la signature du décompte général est refusée ou donnée avec réserves les motifs de ce refus ou de ces réserves de réclamation qui précise le montant des sommes dont il revendique le paiement et qui fournit les justifications nécessaires en reprenant, sous peine de forclusion, les réclamations déjà formulées antérieurement et qui n'ont pas encore fait l'objet d'un règlement définitif ; ce mémoire doit être remis au maître d'œuvre dans le délai indiqué au premier alinéa du présent article.
>
> Le règlement du différend intervient alors suivant les modalités indiquées à l'article 50.
>
> Si les réserves sont partielles, l'entrepreneur est lié par son acceptation implicite des éléments du décompte sur lesquels ces réserves ne portent pas.
>
> 13.45 — Dans le cas où l'entrepreneur n'a pas renvoyé au maître d'œuvre le décompte général signé, dans le délai de trente jours fixé au 44 du présent article, ou encore, dans le cas où, l'ayant renvoyé dans ce délai, il n'a pas motivé son refus ou n'a pas exposé en détail les motifs de ses réserves en précisant le montant de ses réclamations, ce décompte général est réputé être accepté par lui ; il devient le décompte général et définitif du marché. »

483. La procédure peut être décrite selon le tableau suivant :

Litiges relatifs au décompte

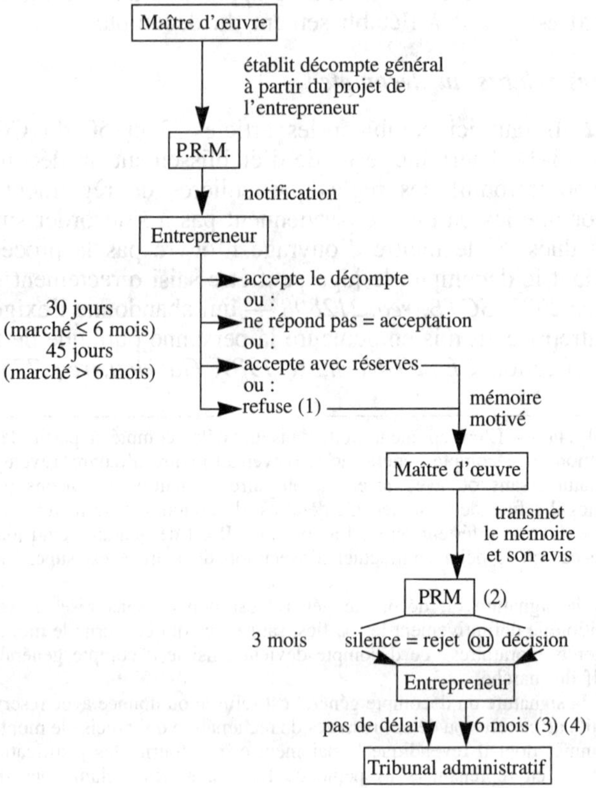

Commentaires :

(1) L'entrepreneur doit manifester clairement sa volonté de refuser le décompte en présentant un véritable mémoire motivé et chiffré. En effet, le CCAG impose une exigence de précision et de détail. Le Conseil d'État juge de cassation, contrôle la qualification comme acte de refus motivé car il s'agit non de l'interprétation d'un contrat mais de celle d'un CCAG type assimilable à un règlement *(CE 29 janvier 1993, SEMAVIM, RFDA 1993, 746, concl. Légal ; CE 28 décembre 2001, Société Rufa, BJDCP 2002, nº 21, p. 148, concl. Piveteau).*

(2) L'article 13.44 prévoit que le règlement du différend intervient « suivant les modalités indiquées à l'article 50 », ce qui pourrait inciter à penser qu'il faut en passer par les deux phases susindiquées. Tel n'est pas le cas : il y a litige avec le maître

d'ouvrage, le renvoi à l'article 50 ne concerne que l'article 50.2 et l'article 50.3 *(CE 20 septembre 1991, AP à Paris, D. 1992, SC 189, obs. Terneyre).*

(3) C'est seulement dans le cas où il y a « notification » et donc décision expresse, que le délai de 6 mois s'impose *(CE Sect. 26 juillet 1985, Soc. Degrémont, RFDA 1986, 27, concl. Dandelot).* Toutefois, une incertitude a été introduite sur ce point par un avis contentieux *(CE 22 février 2002, Société Reither, Rec. 57 ; AJDA 2003. 329, note Guezou).*

(4) Si le maître d'ouvrage, dans le délai de 6 mois, fait une nouvelle proposition sans prendre une décision, un nouveau délai court *(CE 30 novembre 1990, Soc. Coignet Entreprise, Rec. t. 875).*

Ces procédures sont donc assez lourdes ; il n'est pas sûr que dans la pratique les parties les mettent en œuvre avec la conviction nécessaire. Pour faciliter la vie des entreprises, a été admise la recevabilité du recours pour paiement de travaux supplémentaires, avant le décompte (*CE 25 juin 2004, Hervouët, com. 30, G. Eckert*) et cela, éventuellement par la voie du référé-provision (*CE 3 décembre 2003, Soc. Bernard Travaux Polynésie, xx et MP 2004, com. 30, G. Eckert*).

B La conciliation et le règlement amiable

Bibliographie : BRÉCHON (C.) : « Le règlement amiable dans les marchés publics », *M.P.*, n° 225, avril-mai 1987, p. 21.
GUETTIER (C.) : *Droit des contrats administratifs*, PUF, 2004, n° 614 & s.
MASSOT (J.) : « La phase de la conciliation dans le règlement des litiges en matière de marchés publics », *M.P.*, n° 283, août-septembre 1991, p. 41.
MUNOZ (F.) : « Pour une logique de la conciliation », *AJDA* 1997, 41.

a) Règles générales

484. Les parties peuvent prévoir que les différends doivent être soumis pour avis à la personne ou à l'organisme qu'elles désignent : « aucune disposition législative ou réglementaire ne fait obstacle à l'insertion dans les contrats que passe l'administration d'une clause prévoyant que les difficultés auxquelles donnent lieu ces contrats devront être soumises, préalablement à la saisine du juge compétent, à l'avis d'une personne ou d'un organisme qu'il désigne » *(CE 27 juillet 1984, Soc. Otit, RDP 1985, 247).*

Si le tiers est chargé de proposer un règlement du litige il a la qualité de conciliateur (ex. : *CE 9 décembre 1991, Snoy, Rec. p. 423*) ; les conventions de délégation de service public prévoient fréquemment un préalable de conciliation, dont l'efficacité laisse cependant à désirer dans la pratique, notamment parce qu'il est difficile de trouver des conciliateurs impartiaux et compétents.

En matière de marchés publics, a été mise en place une procédure institutionnelle.

b) Règles applicables en matière de marchés publics

485. À l'origine, des comités de règlement amiable des marchés publics ont été créés auprès de ministères, pour pallier les inconvénients de l'encombrement de la juridiction administrative, le premier auprès du ministère des Travaux publics en 1907. Puis, un décret du 11 mai 1953 en a prévu l'instauration dans tous les ministères sans beaucoup de succès ; c'est pourquoi le décret du 18 mars 1981 (art. 239 et s. de l'ancien Code des marchés publics) a créé un Comité consultatif de règlement amiable à caractère interministériel, qui a été saisi de 212 affaires de 1981 à 1991. Le CCRA ne pouvait être saisi par le titulaire qu'à la fin du marché ; au cours de l'exécution seul le ministre ou le représentant légal de l'établissement public était compétent. Seuls les marchés de l'État étaient concernés. Le bilan étant mitigé, une nouvelle réforme est intervenue.

486. Le décret du 25 février 1991 (art. 239 et s. et art. 360-1 et s. de l'ancien Code des marchés) maintient le comité consultatif national, mais, à côté de lui, il crée des comités régionaux ou interrégionaux qui ont une compétence différente, sans être subordonnés au comité national. Le Code des marchés publics, depuis 2001 (art. 127 du Code de 2006), renvoie à un décret l'organisation des CCRA. Le décret n° 2001-797 du 3 septembre 2001 laisse subsister l'ancienne organisation en n'apportant que des modifications de détail.

487. Comité consultatif national de règlement amiable des différends et litiges.

Président	un Conseiller d'État ou un Conseiller maître à la Cour des comptes
Vice-Président	— id. —
2 fonctionnaires d'État en activité ou honoraires concerné	appartenant ou ayant appartenu au département ministériel
2 personnalités compétentes	appartenant au secteur d'activité du titulaire du marché
1 représentant du ministre de l'Économie	voix consultative

Le président et le vice-président sont nommés, par arrêté du ministre de l'Économie.

Pour les autres membres, des listes sont établies par le ministre de l'économie après consultation des ministres et des organisations professionnelles les plus représentatives.

Le président choisit pour chaque affaire les membres sur les listes.

Le comité national est compétent sur les « différends ou litiges » relatifs aux marchés des services centraux de l'État ; il l'est également quand il s'agit d'un établissement public de l'État à caractère administratif et d'un service national lorsque le marché couvre des « besoins excédant le ressort d'un seul comité régional ou interrégional ».

488. Pour les comités régionaux, interrégionaux ou interdépartementaux, les règles de nomination sont les mêmes que pour le Comité national, si ce n'est que la liste des représentants de l'administration locale est établie par le préfet.

Président Vice-Président	Magistrat en activité ou honoraire de l'ordre administratif
2 fonctionnaires de l'État en activité ou honoraire ou 2 représentants des collectivités et établissements publics locaux	l'un au moins appartenant ou ayant appartenu au département ministériel concerné lorsque le comité examine les différends relatifs aux marchés des collectivités locales et de leurs établissements publics
2 personnalités compétentes	du secteur d'activité
le comptable assignataire	avec voix consultative

Comités consultatifs régionaux ou interrégionaux de règlement amiable des différends et litiges

Les comités régionaux et interrégionaux sont compétents lorsque le litige se rattache à un marché d'un service déconcentré de l'État d'une collectivité locale ou d'un établissement public local ou d'un établissement public administratif ou service public national lorsque le marché couvre des besoins locaux.

489. Depuis 1991, les comités peuvent être saisis aussi bien par l'administration que par le titulaire. Celui-ci peut procéder à cette saisine à partir du moment où le différend est né, sans qu'il y ait lieu d'attendre la fin de la procédure contractuelle de recours préalable.

L'affaire est instruite par des rapporteurs et le titulaire est entendu par le comité, qui dans un délai de six mois à compter de sa saisine, donne un avis qui comporte « les éléments de droit ou de fait en vue d'une solution amiable et équitable aux différends ou litiges ». La référence à l'équité n'est pas sans poser problème dans la mesure où l'administration ne peut pas, à la suite de l'avis, accepter par voie transactionnelle de payer une somme qu'elle ne doit pas.

Rien n'empêche le titulaire de saisir parallèlement le juge administratif, mais celui-ci n'a aucune obligation de surseoir à statuer en attendant l'avis *(CAA de Paris 9 juillet 1991, Société Kléber-Industries, Rec. 545)*. Il est également possible d'attendre l'avis puisque « la saisine d'un comité consultatif de règlement amiable interrompt le cours des différentes prescriptions » (art. 127 CMP) et la saisine du comité postérieure au rejet de la réclamation sauvegarde le délai de recours contentieux *(CE Sect. 6 novembre 1998, Soc. Quillery, Rec. 391)*.

Une fois l'avis transmis à l'autorité compétente, celle-ci dispose d'un délai de trois mois pour prendre sa décision. Faute de décision dans ce délai, la demande est réputée rejetée.

Les comités ont une activité limitée, mais efficace dans la mesure où leurs avis sont généralement suivis. Il s'agit plus d'une forme particulière de recours administratif que de conciliation.

C La transaction

Bibliographie : AUBY (J.-M.) : « La transaction en matière administrative », *AJDA* 1956, 1.

BERGEAL (C.) : « Les supports juridiques de l'indemnisation », *ACCP*, n° 16, novembre 2002, p. 40.

CHAVRIER (G.) : « Réflexions sur la transaction administrative », *RFDA* 2000.548.

Conseil d'État, *Régler autrement les conflits*, Documentation française, 1993, p. 49 et s.

GOURDOU (J.) et TERNEYRE (P.) : « Les transactions administratives », *Rev. jur. Entrep. pub.-CJEG*, 2003. 543.

GUETTIER (C.) : *Droit des contrats administratifs*, PUF, 2004, n°624 et s.

JARROSSON (C.) : « Remarques sur la circulaire du 6 février 1995 relative au développement de la transaction en matière administrative », *Revue de l'arbitrage*, 1995. 435.

LYON-CAEN (A.) : « Sur la transaction en droit administratif », *AJDA* 1997 48.

SABIANI (F.) : « Transactions administratives : les trois ambiguïtés de l'homologation », *Dr. Adm.*, 2003, chron., n° 8.

490. La transaction est souvent le résultat d'une conciliation réussie. En droit public comme en droit privé, « la transaction est un contrat par lequel les parties terminent une contestation née, ou préviennent une contestation à naître » (art. 2044 C. civ.). La Cour de cassation ajoute que la transaction comporte nécessairement des concessions réciproques. Jusqu'à une date récente cette condition n'apparaissait pas expressément dans la jurisprudence administrative, mais elle est aujourd'hui consacrée *(TA Melun 26 février 2002 Préfet du Val de Marne, BJDCP 2002, n° 23, p. 307 ;* ***concl. Le Chatelier sous CE Ass., avis 6 décembre 2002 Synd. Interco. des établissements du second cycle du second degré du district de l'Hay-les-Roses, rec. 433, concl. Le Châtelier ; BJDCP 2003, n° 26, p. 54 ; RFDA 2003. 291****)*.

Dans son rapport de 1993 « Régler autrement les conflits » le Conseil d'État déplore que la transaction soit peu utilisée par l'administration. D'après ce rapport, elle est surtout pratiquée dans des domaines où le droit privé s'applique à l'administration (accidents de la circulation), mais guère dans des secteurs, comme celui des marchés publics, où elle serait susceptible de développements. Le Conseil d'État souhaite que la transaction soit encouragée.

Conformément à ce vœu, une circulaire du Premier ministre du 6 février 1995 (*JO* 15 février, p. 2518 ; D. 1995, L. 196) est venue exposer les avantages de la transaction et rappeler les principes applicables, mais il ne semble pas que cette circulaire ait eu de grands effets, les administrateurs et comptables marquent toujours une « préférence » pour la condamnation par un juge.

a) Capacité de transiger

491. Le Code civil reconnaît expressément la possibilité de transiger aux communes et établissements publics (art. 2045), mais il a toujours été admis que toutes les personnes publiques peuvent recourir à la transaction (pour l'État : *cf. concl. Romieu sous CE 17 mars 1893, Compagnie du Nord, S. 1894, 3, 119*).

Longtemps considérées comme des contrats de droit privé, les transactions ont été qualifiées de contrats administratifs lorsqu'elles interviennent en matière de travaux publics *(CE 23 octobre 1970, Clot, Rec. 617 ; CE 5 mai 1971, Ville de Carpentras, AJDA 1971, 403)*. En dehors de la matière des travaux publics la transaction peut être un contrat administratif, soit en application du critère des clauses exorbitantes, soit en à raison de l'objet du litige, c'est-à-dire du régime juridique applicable *(cf. concl. Fombeur sous CE, 29 décembre 2000, Comparat, Rec. 658 ; BJDCP 2001, n° 17, p. 337 ; **CE Ass., avis 6 décembre 2002, Syndicat intercommunal des établissements du second cycle du second degré du district de l'Hay-les-Roses, rec. 433, concl. Le Châtelier ; BJDCP 2003, n° 26, p. 54**)*.

De la loi du 2 mars 1982 il résulte que les collectivités locales peuvent librement transiger, y compris les communes car la disposition de l'article 2045 du Code civil qui subordonne la validité des transactions communales à une approbation du chef de l'Exécutif a été implicitement abrogée. En revanche, l'exigence de cette approbation par décret du Premier ministre subsiste pour les établissements publics (en ce sens *CE avis du 21 janvier 1997, EDCE, n° 49, p. 184 ; CE 23 avril 2001 Ceccaldi-Raynaud, BJDCP 2001, n° 18, p. 439, concl. Bergeal*) ; elle paraît souvent enfreinte dans la pratique.

b) Transaction et recours au juge

492. La transaction est conclue en vue d'éviter le recours au juge. Sa signature fait donc obstacle à ce que le juge statue : si elle a déjà été signée au moment du recours, celui-ci est irrecevable *(CE 8 février 1956, Germain, Rec. 69)* ; si elle est signée en cours d'instance, il y a non-lieu à statuer *(CE 26 juillet 1935, Moussempés, Rec. 902)*. La fin de non-recevoir est appliquée avec rigueur puisqu'elle a été opposée dans le cas suivant : une transaction entre une commune et un entrepreneur prévoyait que celui-ci réaliserait des travaux de mise en conformité et que la commune se désistait de son action en justice dès la signature du protocole d'accord ; bien que les travaux n'aient pas été exécutés, il a été jugé que la transaction était opposable à la commune à qui il ne restait que la possibilité d'intenter une nouvelle action pour violation de ce nouvel engagement contractuel *(CE 28 janvier 1994, Soc. Camus, LPA 30 novembre 1994, n° 143, p. 27, note Haïm).*

493. Lorsque la transaction intervient pour régler un litige contractuel, les concessions réciproques consistent le plus souvent en ce que l'un des contractants renonce à saisir le juge, en contrepartie de quoi l'autre accepte de réparer un préjudice.

Les concessions ne peuvent enfreindre une règle d'ordre public, ce qui a, par exemple, pour effet d'interdire la renonciation aux intérêts moratoires dus en raison de retards dans le règlement de marchés publics (*CE 17 octobre 2003 Min. Int. c/ Syndicat intercommunal d'assainissement Le Beausset, req. 249822*).

Lorsque c'est la personne publique qui accepte par transaction de payer une somme, elle doit évaluer le montant de cette somme en fonction de la condamnation qu'elle risque, il ne saurait être question de paiements forfaitaires valant prix de la renonciation. S'y oppose, en effet, la règle, formulée à l'occasion de l'examen par le Conseil d'État de la validité de transactions, selon laquelle « les personnes morales de droit public ne peuvent jamais être condamnées à payer une somme qu'elles ne doivent pas » *(CE 8 avril 1921, Compagnie de la N'Goko-Sangha, Rec. 35 ;* ***CE sect. 19 mars 1971, Mergui, Rec. 235, concl. Rougevin-Baville ; CE, 29 décembre 2000, Comparat, BJDCP 2001, n° 17, p. 337, concl. Fombeur).*** Il en résulte que dans le cas où la personne publique refuse d'exécuter une transaction par laquelle elle a accepté de verser une somme qu'elle ne doit pas, le juge refuse de la condamner. Il est cependant exclu que cette règle soit appliquée avec trop de rigueur ; si l'on exigeait que les parties prévoient exactement ce que déciderait le juge, toutes les transactions seraient nulles ; il faut seulement que le paiement soit justifié par un chef de préjudice, l'évaluation du préjudice pouvant varier en plus ou en moins : « il s'agira de mettre en balance d'une part, la valeur de la part de sa créance à laquelle renoncera l'administration et, d'autre part, l'avantage au regard de l'intérêt général que représente la conclusion de la transaction, notamment en termes de résolution rapide du litige » ***(concl. Le Chatelier sous CE Ass. Avis 6 décembre 2002, Syndicat intercommunal des établissements du second cycle du second degré du district de l'Hay-les-Roses, rec. 433, concl. Le Châtelier ; BJDCP 2003, n° 26, p. 54 ; RFDA 2003. 291).***

Ainsi, en matière de contentieux contractuel, la transaction est utilisée soit pour régler les litiges relatifs à l'exécution des contrats (responsabilité, travaux supplémentaires), soit pour régler les conséquences d'une nullité du contrat. En ce dernier cas, la transaction ne doit pas apparaître comme un substitut du contrat nul, équivalant à une pure et simple régularisation ; l'indemnisation du cocontractant n'est possible que sur la base de la théorie de l'enrichissement sans cause ou de la responsabilité quasi-délictuelle et doit faire l'objet d'une évaluation spécifique ***(CE 8 décembre 1995 Commune de Saint-Tropez, Rec. 431 ; AJDA 1996, 448, note Haïm ; D. 1996, SC. 319, obs. Terneyre)***.

494. Les comptables publics étant réticents à exécuter les transactions, de crainte qu'elles dissimulent des libéralités, ils ont tendance à demander aux ordonnateurs de les faire homologuer par le juge, ce que certains tribunaux administratifs acceptaient de faire. Un important arrêt du Conseil d'État vient limiter la possibilité d'homologation.

Bien qu'aucun texte ne prévoit la requête à fin d'homologation d'une transaction, le Conseil d'État a admis une telle demande d'homologation dans le cas où la transaction met fin à un litige dont le juge est déjà saisi ***(CE sect. Mergui 19 mars 1971 précité)***, mais la question de la recevabilité d'une demande d'homologation de transaction mettant fin à un litige dont le juge n'était pas saisi est longtemps restée sans réponse.

La généralisation de l'homologation n'est pas souhaitable : « la reconnaissance d'un pouvoir général d'homologation des transactions par le juge administratif pourrait avoir pour effet de réintroduire l'intervention du juge dans des dispositifs conçus pour s'en abstraire » ***(concl. Le Chatelier sous CE Ass. avis 6 décembre 2002 Syndicat intercommunal des établissements du second cycle du second degré du district de l'Hay-les-Roses, Rec. 433, concl. Le Châtelier ; BJDCP 2003, n° 26, p. 54 ; RFDA 2003. 291)***. C'est pourquoi dans son avis du 6 décembre 2002 le Conseil d'État juge que « en dehors des cas où la contestation à laquelle il est mis fin a été précédemment portée devant le juge administratif, des conclusions tendant à ce que celui-ci homologue une transaction sont en principe dépourvues d'objet et par suite irrecevables ».

De telles situations se rencontrent notamment en matière de marchés publics et de délégations de service public, à la suite d'une déclaration de nullité ou de l'annulation d'un acte détachable ; il est, alors, impossible de conclure un contrat de régularisation, qui enfreindrait les règles de passation et, par conséquent, la transaction est la seule possibilité. C'est pourquoi, l'avis du 6 décembre 2002 admet des exceptions : « la recevabilité d'une telle demande d'homologation doit toutefois être admise, dans l'intérêt général, lorsque la conclusion d'une transaction vise à remédier à une situation telle que celle créée par une annulation ou la constatation d'une illégalité qui ne peuvent donner lieu à régularisation, ou lorsque son exécution se heurte à des difficultés particulières. Tel peut notamment être le cas en matière de marchés publics et de délégations de service public ». En d'autres termes l'homologation est possible quand le juge a été ou est appelé à intervenir à la périphérie de la transaction : ou bien la transaction est conclue pour tirer les conséquences de l'annulation d'un acte détachable, ou bien le juge est saisi de difficultés d'exécution de la transaction.

Si la transaction est homologuée, elle est revêtue de la même autorité que le jugement ; si elle ne l'est pas et si le motif de refus d'homologation tient soit à ce que les parties n'ont pas consenti effectivement à la transaction, soit à ce que l'objet de la transaction n'est pas licite, soit à ce que la transaction constitue de la part de la collectivité publique intéressée une libéralité ou méconnaît d'autres règles d'ordre public, elle est nulle, c'est-à-dire qu'elle ne subsiste pas en tant que simple contrat.

Le jugement est susceptible d'appel devant la cour administrative d'appel, sauf dans le cas où un jugement intervenant dans le litige ne serait susceptible que de recours en cassation *(CE 4 avril 2005, Soc. Cabinet JPR Ingénierie, Rec. 139 ; BJDCP, 2005, n° 40, p. 229, concl. Boulouis ; AJDA 2005.1403, note P. Cassia)*

D L'arbitrage

Bibliographie : AUBY (J.-M.) : « L'arbitrage en matière administrative », *AJDA* 1955, I, 81.

AUDIT (M.) : « le contrat de partenariat ou l'essor de l'arbitrage en matière administrative », *Revue de l'arbitrage* 2004.541.

BARTHELEMY (C.) et LARERE (S.) : « Le décret du 8 janvier 2002 autorisant des établissements publics industriels et commerciaux à compromettre : un cautère sur une jambe de bois », *CJEG* 2003. 330.

BRACONNIER (S.) : « Arbitrage et contrats publics d'affaires. Vers la consécration d'un principe d'arbitrabilité », *Contrats publics, Mél. Guibal*, 2006, p. 319.

DELVOLVÉ (P.) : *Rapport sur arbitrage et droit administratif*, Assoc. fr. d'arbitrage, 1990.

FOUSSARD (D.) : « L'arbitrage en droit administratif », *Revue de l'arbitrage* 1990, 14.

GAUDEMET (Y.) « L'arbitrage : aspects de droit public », *Revue de l'arbitrage* 1992, 241 ; « L'avenir de l'arbitrage en droit administratif français », in *Mélanges Moreau*, Economica, 2002, p. 165.

JARROSSON (C.) : « L'arbitrage en droit public », *AJDA* 1997. 16.

PATRIAKOS (A.) : *L'arbitrage en matière administrative*, LGDJ, 1997.

RIBS (J.) : « Ombres et incertitudes de l'arbitrage pour les personnes morales de droit public », *JCP* 1990, I, 3465.

RICHER (L.) : Arbitrage et conciliation, *Dalloz contentieux administratif.*

RIVERO (J.) : « Personne morale de droit public et arbitrage », *Revue de l'arbitrage* 1973, 263.

TEBOUL (G.) : « Arbitrage international et personnes morales de droit public », *AJDA* 1997, 25.

495. Bien que puissent exister des arbitrages obligatoires prévus par la loi, l'arbitrage appartient au monde du contrat : il est prévu dans son principe et organisé dans son fonctionnement par des stipulations contractuelles (compromis, clause compromissoire) et, dans la majorité des cas, il est utilisé pour résoudre des litiges contractuels.

a) Principe

496. En droit public, l'arbitrage est en principe interdit. Ce principe ancien devrait être remis en cause dans un proche avenir car le projet de loi de simplification du droit adopté en conseil des ministres le 12 juillet 2006 (article 19) prévoit d'autoriser le Gouvernement à définir par ordonnance « les conditions dans lesquelles les personnes morales de droit public peuvent faire appel à l'arbitrage dans le cadre de litiges autres que ceux relatifs à la légalité d'actes administratifs unilatéraux ». En attendant, seules des exceptions existent à l'interdiction mais elles restent de portée limitée.

Dès le XIXe siècle, les jurisprudences administrative et judiciaire ont dénié aux personnes publiques le droit de recourir à l'arbitrage. Cette interdiction était rattachée aux articles 1004 et 83 du Code de procédure civile, d'où résultait l'exclusion de tout compromis dans les affaires communicables au ministère public, parmi lesquelles figuraient les causes concernant les personnes publiques. Mais ces textes n'étaient qu'une « façade législative »

(concl. Gazier sous CE 13 décembre 1957, Société nationale de vente des surplus, D. 1958, 517) à un principe non écrit, qualifié par M. Gazier de principe général du droit. L'interdiction de l'arbitrage constitue un des éléments du statut de la personne publique, une des rares règles dont l'application est indifférente au contenu de l'activité. C'est ce qui a été confirmé par la loi du 5 juillet 1972 modifiant l'article 2060 du Code civil : « on ne peut compromettre sur les questions d'état et de capacité des personnes, sur celles relatives au divorce et à la séparation de corps ou sur les contestations intéressant les collectivités publiques et les établissements publics et plus généralement dans toutes les matières qui intéressent l'ordre public.

Toutefois, des catégories d'établissements publics à caractère industriel et commercial peuvent être autorisées par décret à compromettre (ajouté par la loi du 9 juillet 1975) ».

Selon l'avis du Conseil d'État du *6 mars 1986 dit « Eurodisney »*, il n'en demeure pas moins que l'article 2060 ne fait que confirmer les « principes généraux du droit public français » *(EDCE 1987, 178 ; GACE, p. 175).*

497. Pourquoi cette interdiction ? Pour le commissaire du gouvernement Gazier, le principe est « inspiré du double souci d'éviter que les collectivités publiques ne manifestent une fâcheuse désaffection vis-à-vis de la justice d'État et en même temps négligent dans la défense des intérêts publics dont elles ont la charge, les garanties que seule cette justice comporte ».

On peut ajouter un autre motif. La convention d'arbitrage touche à la compétence juridictionnelle, dans la mesure où l'arbitre est une juridiction ; or la répartition des compétences entre ordres de juridiction est du domaine de la loi (cf. *CE 30 juillet 1949, Syndicat intercommunal d'électrification de Plombières-les-Dijon, Rec. 402* : illégalité d'un décret prévoyant un arbitrage obligatoire).

Mais ces fondements restent discutables. Ainsi que le relève D. Foussard, « l'interdiction concerne indifféremment l'État et les collectivités locales. Il n'est donc pas possible de soutenir qu'elle tend à éviter que l'État ne se soustraie à ses propres services ». (D. Foussard, « L'arbitrage en droit administratif », *Revue de l'arbitrage* 1990, p. 14), et, il n'y a pas « interversion de juridiction » puisque la sentence relève en appel de l'ordre de juridiction normalement compétent *(ibid.).*

Il n'en demeure pas moins que le recours à l'arbitrage est porteur d'un risque d'éclatement du droit administratif dès lors que se développerait une jurisprudence arbitrale en dehors du juge administratif.

b) Exceptions

498. Le principe est assorti d'exceptions qui reposent sur deux ordres de considérations : désencombrer la juridiction administrative, rapprocher la gestion administrative et la gestion commerciale.

Cependant, à ce jour, l'arbitrage n'a que fort peu contribué à l'allégement du rôle des juridictions administratives car sa place reste extrêmement limitée, même si la tendance est plutôt à son extension, ainsi que le relève le Professeur Gaudemet (in *Mél. Moreau*), à qui l'ordonnance prévue par la troisième loi de simplification du droit devrait donner raison.

1° Marchés publics

499. Dans l'espoir de désencombrer le Conseil d'État, la loi du 17 avril 1906 (art. 128 du Code des marchés publics) a introduit l'arbitrage en matière de marchés publics, mais de manière très limitée puisque ne sont concernés d'une part que les marchés de travaux et de fournitures, d'autre part que les litiges relatifs à la liquidation des dépenses. Ces dispositions ont surtout été appliquées par les collectivités locales ; elles ne visent pas les établissements publics nationaux. La légalité de l'extension aux établissements publics locaux a été mise en doute parce qu'elle résulte du seul Code des marchés publics, qui a un caractère réglementaire ; mais il a été jugé que le texte est légal au motif qu'il n'a ni créé un nouvel ordre de juridiction, ni porté atteinte à la libre administration des collectivités locales *(TA Strasbourg 24 janvier 1997, Lapp, LPA 19 mars 1997, n° 34, p. 16, note Marchessou).*

Quelques autres textes ont autorisé l'arbitrage dans des cas particuliers (ex. : loi du 10 octobre 1919 sur l'énergie hydraulique ; art. L. 431-2 du Code des assurances ; Ordonnance du 17 juin 2004 sur les contrats de partenariat).

2° Établissements publics industriels et commerciaux

500. La loi du 9 juillet 1975, modifiant l'article 2060 C. civ., est venue exaucer un très ancien vœu de la doctrine (V. les auteurs cités par Gazier) en ouvrant la voie de l'arbitrage à certains établissements publics à caractère industriel et commercial. Mais la voie ainsi ouverte n'a été empruntée par personne avant 2002. Seuls quelques établissements publics industriels et commerciaux avaient été autorisés à utiliser l'arbitrage, mais ce fut par une disposition législative spécifique et non par décret (SNCF, art. 25, L. 30 décembre 1982 ; La Poste, art. 28, L. 2 juillet 1990 : RFF, art 3 L, 13 février 1997). Ces établissements paraissent réticents en pratique à faire usage de la possibilité qui leur a été donnée pour les litiges de droit interne et, en feraient-ils usage, que ce serait surtout pour des litiges relevant du droit privé. C'est, d'ailleurs, à l'occasion d'un litige entre Charbonnages de France et un de ses concurrents, pour permettre à l'établissement public de soustraire le litige à la juridiction commerciale, qu'a été adopté le premier décret d'application de l'article 2060, dernier alinéa : ce décret du 8 janvier 2002 autorise à compromettre les EPIC mentionnés à l'article 146 du code minier, ainsi que les établissements mentionnés à la loi du 8 avril 1946 (EDF et GDF). Ce texte a perdu une grande partie de son intérêt avec la transformation d'EDF et GDF en sociétés.

Le rapprochement entre gestion administrative et gestion commerciale ne concerne cependant pas seulement certains établissements industriels et commerciaux. Il a également été tenu compte de la nécessité de faciliter les relations économiques internationales des personnes publiques en leur permettant de se conformer aux usages qui prévalent en ce domaine.

3° Contrats internationaux

501. La loi du 15 juillet 1982 a permis l'arbitrage dans les contrats de recherche avec des organismes étrangers. Mais c'est surtout la loi du 19 août 1986 qui retient l'attention, en dépit de son champ d'application très limité.

1. Loi du 19 août 1986

502. Il s'agissait de satisfaire à une demande de la société Walt Disney, à l'occasion de la création à Marne-la-Vallée du parc Eurodisneyland. Cette société, ayant conclu des accords avec l'État, le département de Seine-et-Marne et l'Épamarne, ne voulait pas que les litiges éventuels soient jugés lentement et publiquement par le tribunal administratif.

Pour cela, l'article 9 de la loi n° 86-972 du 19 août 1986 prévoit la possibilité d'insérer des clauses compromissoires. Cet article est ainsi rédigé : « par dérogation à l'article 2060 du Code civil, l'État, les collectivités territoriales et les établissements publics sont autorisés dans les contrats qu'ils concluent conjointement avec des sociétés étrangères pour la réalisation d'opérations d'intérêt national, à souscrire des clauses compromissoires en vue du règlement, le cas échéant définitif, de litiges liés à l'application et à l'interprétation de ces contrats ».

La portée de ce texte est limitée puisque ne sont visés que les contrats conclus conjointement par les collectivités mentionnées, à condition qu'ils aient pour objet une opération d'intérêt national.

L'utilité de cette loi a pu être mise en doute au regard du droit international conventionnel applicable en matière d'arbitrage (M. de Boisséson, « Interrogations et doutes sur une évolution législative : l'article 9 de la loi du 19 août 1986 », *Revue de l'arbitrage.* 1987, 3).

503. En effet, la France a ratifié la Convention de Genève du 21 avril 1961 et la Convention de Washington du 18 mars 1965.

La Convention de Genève sur l'arbitrage commercial international admet dans son article 2 la capacité d'arbitrage des « personnes morales de droit public ». Cette convention n'ayant pas été ratifiée par les États-Unis n'était cependant pas applicable dans les relations entre des personnes publiques françaises et une entreprise américaine. Mais, la Convention de Washington pour le règlement des différends relatifs aux investissements entre États et ressortissants d'autres États rend possible, s'il est prévu dans le contrat d'investissement, l'arbitrage par le CIRDI. Cette convention ne prévoit pas expressément la possibilité de compromettre pour les personnes publiques mais cette possibilité est implicite dans le texte de la Convention (texte in *Clunet* 1966, 50).

Une interprétation retenue par l'avis du Conseil d'État du 6 mars 1986 (précité), selon lequel la Convention de Washington « n'emporte aucune conséquence » quant à la possibilité de compromettre d'une personne « publique française », est donc sujette à caution.

Les mêmes réserves peuvent être faites à propos de la conception des « principes applicables en matière de commerce international ». Le Conseil d'État a considéré que le projet de contrat pour Eurodisneyland ne relève pas de ces principes tels qu'ils ont été dégagés par la Cour de cassation.

2. Relations du commerce international

504. La Cour de cassation a reconnu à l'État et aux établissements publics l'aptitude à l'arbitrage pour les litiges relatifs à un contrat signé dans les relations du commerce international.

Un premier arrêt avait fondé la solution sur la référence à la loi étrangère admettant la validité de la clause compromissoire *(Cass. 1re Civ., 14 avril 1964, « Capitaine du San Carlo », D. 1964, 637, note J. Robert ; Clunet 1965, 646, note Goldman).* Un second arrêt a abandonné cette motivation pour retenir un fondement plus général en supprimant l'idée de rattachement à une loi étrangère et en affirmant tout simplement l'autonomie du contrat international : la prohibition de l'arbitrage n'est pas applicable à un tel contrat ***(Cass. 1re Civ., 2 mai 1966, Galakis, D. 1966, 575, note J. Robert ; RCDIP 1967, 553, note J. Goldman).***

Dès lors que cette jurisprudence est celle de la Cour de cassation, elle ne s'applique que dans les cas où la juridiction judiciaire est compétente pour statuer sur la validité de la clause compromissoire ou du compromis, c'est-à-dire lorsque le contrat est de droit privé *(TC 19 mai 1958, Soc. Myrtoon Steamship, Rec. 793 ; D. 1958, 699, note J. Robert).*

Néanmoins, le caractère administratif du contrat n'est pas incompatible avec l'objet de commerce international et il paraîtrait normal que le juge administratif retienne la même solution que la Cour de cassation.

À ce point de vue, la formulation de l'avis du 6 mars 1986 est équivoque : le Conseil d'État peut avoir estimé inapplicables les principes du commerce international, soit parce que le contrat Eurodisneyland est administratif (en ce sens M. de Boisséson, *op. cit.*), soit parce qu'il a considéré que l'opération ne relevait pas du commerce international, ce qui est critiquable (en ce sens. D. Foussard, *op. cit.*).

Les réticences du Conseil d'État à l'égard de l'arbitrage apparaissent aussi à d'autres points de vue.

4° Application de la prohibition au contrat administratif entre personnes privées

505. Le juge administratif peut être compétent pour statuer sur la validité du recours à l'arbitrage dans le cadre d'un contrat entre personnes privées, comme l'a montré l'arrêt AREA *(CE 3 mars 1989, Rec. 1989, 69, concl. Guillaume ; RFDA 1989, 619, note Pacteau).*

Le contrat en cause était un marché de travaux conclu entre AREA, société privée concessionnaire d'autoroutes, et un groupement d'entreprises. Le marché, contrat administratif en vertu de la jurisprudence Peyrot, contenait une clause compromissoire. Cette clause a été déclarée nulle ainsi que la sentence arbitrale intervenue et ce sur le fondement de l'article 2061 du Code civil qui prohibe la clause compromissoire. La solution a été critiquée au regard de l'article 631 de l'ancien Code de commerce (C. Jarrosson « La clause compromissoire », *Revue de l'arbitrage* 1992, 259), mais il faut en souligner la portée limitée : il résulte clairement des conclusions du commissaire du gouvernement Guillaume qu'un compromis aurait été considéré comme valable.

Le commissaire du gouvernement a, en effet, recherché si ne devait pas être appliqué l'article 2060 du Code civil prohibant l'arbitrage dans les « contestations intéressant les collectivités publiques » : ne faut-il pas considérer que l'État est « intéressé » au sens de ce texte puisque le marché porte sur des travaux qui relèvent par nature de sa compétence ? M. Guillaume apportait une réponse négative car une telle interprétation de l'article 2060 aboutissait à prohiber l'arbitrage dans tout litige ayant une répercussion pour l'État, ce qui serait un « critère beaucoup trop vague et extensif ».

L'arrêt AREA étant fondé sur l'interdiction de la seule clause compromissoire résultant de l'article 2061 et non sur l'article 2060, on peut admettre qu'il n'a pas posé en règle l'incompatibilité entre arbitrage et litige de droit public.

Dans les étroites limites ainsi définies, quel est le statut de l'arbitrage ?

5° *Organisation de l'arbitrage*

506. « Que le différend touche au droit privé ou au droit public, l'arbitrage demeure une justice privée rendue sous l'égide du droit privé » (D. Foussard, *op. cit.*, p. 33). C'est pourquoi on considère en général que l'organisation et le fonctionnement du tribunal arbitral relèvent des articles 1444 et suivants NCPC. Mais, sauf renvoi exprès à ces dispositions (ex. : art. 128 du Code des marchés publics), elles ne s'imposent pas impérativement. Il en résulte que les règles applicables sont déterminées par la volonté des parties dans le cadre de quelques principes jurisprudentiels.

Le contentieux des décisions administratives échappe à la compétence de l'arbitre. Seul le juge administratif est compétent en ce domaine pour statuer sur un recours en annulation contre un acte détachable d'un contrat *(CE 1er février 1946, OPHLM de Marseille, Rec. 35)* ou sur un recours contre un état exécutoire relatif à une créance contractuelle *(CE 11 juillet 1986, Ville de Beausoleil, Rec. t. p. 460)*.

La sentence arbitrale a le caractère juridictionnel, mais son exécution forcée implique un *exequatur* délivré par le tribunal administratif. Il est souvent soutenu que le règlement du litige en dehors du droit par amiable composition serait incompatible avec le droit administratif *(concl. Guillaume précit.)*, mais c'est sans doute par une erreur au sujet de la notion d'« amiable composition », qui signifie non pas que l'arbitre statue en dehors du droit, sur le fondement de la seule équité, mais seulement qu'il peut corriger par des considérations d'équité certains effets de la règle de droit. On ne voit pas pourquoi un tel pouvoir ne pourrait lui être reconnu en droit administratif.

507. La sentence arbitrale est susceptible d'appel (cf. *CE 4 janvier 1957, Lamborot AJDA 1957, II, 108, concl. Chardeau* pour un cas d'arbitrage forcé prévu par la loi et *CE Sect. 3 mars 1989, Société AREA, Rec. 69, concl. Guillaume* pour un arbitrage contractuel). La renonciation à cette voie de recours est nulle, sauf si elle est prévue par la loi (ex. : art. 9, L. 19 août 1986).

La question se pose de savoir si en appel, le juge compétent est le Conseil d'État ou la Cour administrative d'appel. En vertu de la loi du 31 décembre 1987 (art. L. 321-1, CJA), les Cours administratives d'appel sont juges de droit commun des recours en appel en matière de plein contentieux, mais il n'en résulte pas nécessairement qu'elles doivent connaître des sentences arbitrales car leur compétence de droit commun ne s'étend qu'aux tribunaux administratifs.

Il peut donc être soutenu que le Conseil d'État est compétent, puisque, selon l'article L. 321-2 du CJA, il est compétent en appel dans tous les cas où la loi n'en dispose pas autrement (en ce sens D. Foussard, *op. cit.*, p. 44 et *CE, 28 décembre 2005, Union syndicale des magistrats administratifs, AJDA 2006. 12*). Mais ce n'est pas en ce sens que se prononce le rapport du Conseil d'État « Régler autrement les conflits » (p. 100).

Si les positions prises par le Conseil d'État dans ses arrêts aussi bien que dans son avis de 1986 sont plutôt restrictives, ce rapport de 1993 « Régler autrement les conflits » (*Doc. fr.* 1993, p. 83 et s.) propose certaines extensions :

— généralisation de l'arbitrage en matière de marchés ;

— recours à l'arbitrage pour les contrats des collectivités locales avec les collectivités étrangères ;

— pouvoir reconnu au gouvernement d'autoriser par décret un établissement public et non une catégorie à recourir à l'arbitrage.

Pour l'heure, le moyen privilégié de règlement des litiges reste le recours au juge étatique.

§ 2. Le juge du contrat

508. À partir du moment où le différend se situe après la signature du contrat, au cours de la vie de celui-ci, le juge saisi est le « juge du contrat ».

Cette expression, couramment utilisée par la jurisprudence et la doctrine, ne désigne pas un type particulier de juridiction : le juge du contrat est le juge administratif de droit commun saisi d'un recours de plein contentieux par lequel l'une des parties fait valoir ses droits contractuels. Le juge du contrat n'est donc ni le juge de l'excès de pouvoir (cf. *supra*), ni le juge de la responsabilité quasi-délictuelle (cf. *supra*). Il peut être saisi de demandes tendant à l'exécution du contrat, au paiement d'indemnités fondées sur la responsabilité contractuelle ou la théorie de l'imprévision, à la résiliation du contrat, à sa nullité ou à celle d'actes d'exécution.

La procédure contentieuse devant le juge du contrat est régie par les règles normales du contentieux administratif mais il y a lieu de s'attarder sur certains aspects particuliers du contentieux de l'exécution du contrat. Ils concernent la détermination du juge compétent, les pouvoirs du juge du contrat et les modalités d'intervention du juge du référé.

A La détermination du juge compétent

509. Une des conséquences de la qualification comme contrat administratif est la compétence du juge administratif. Cette compétence, a-t-il été rappelé à plusieurs reprises, n'est pas tenue en échec par les lois sur les procédures collectives dans le cas où le cocontractant en fait l'objet : le juge administratif demeure compétent pour statuer sur l'existence de la créance, en dépit de la compétence du tribunal de commerce en matière de procédures collectives (cf. en matière de marchés publics : *CE 10 décembre 1980, Cardona, JCP 1981, II, 19692, note Bazex et Flécheux ; CE avis, 20 janvier 1992, Soc. Jules Viaux, AJDA 1992, 374, obs. Chabanol ; CJEG 1992. 327, concl. Laroque*).

Malgré la simplicité du principe, les contours exacts de la compétence administrative doivent être précisés en matière de marchés de travaux publics et, à l'intérieur de l'ordre administratif, doit être déterminée la juridiction territorialement compétente pour tout litige contractuel.

a) Problèmes de répartition des compétences en matière de marchés de travaux publics

Bibliographie : GILLI (J.-P.) : « Marchés de travaux publics et compétence administrative », *AJDA* 1984, 524.

MODERNE (F.) : « Le sous-traitant, le fabricant et l'assureur au Palais-Royal ? », *MP*, n° 210, 1985, p. 33.

GILLI (J.-P.) : « Le sous-traitant, le fabricant et l'assureur au Palais-Royal (suite) », *MP*, n° 212, 1985, p. 16.

MERINO (M.) et GABARDA (O.) : « La compétence juridictionnelle pour les litiges entre personnes privées participant à un travail public », *Ctts et MP*, 2004, chron., n° 2.

TERNEYRE (P.) : « Contentieux de l'exécution des marchés de travaux publics et répartition des compétences juridictionnelles », *Mélanges Chapus*, 1992, p. 599 et s.

510. Les difficultés de compétence en matière de contentieux des marchés de travaux publics s'expliquent par la pluralité des intervenants. Pour préserver l'unité du litige, il pourrait paraître opportun de ne pas appliquer certains critères classiques, qui favorisent la dispersion du contentieux ; mais, globalement ce n'est pas dans cette direction que s'oriente la jurisprudence, qui consacre la compétence judiciaire sur des instances pourtant étroitement liées à celles qui procèdent du marché de travaux.

1° Principales situations

511. Le juge administratif est compétent sur les actions du maître d'ouvrage contre l'entrepreneur et le maître d'œuvre. En revanche, il ne l'est pas sur l'action du maître d'ouvrage contre le fournisseur lorsque celui-ci n'est lié qu'à l'entrepreneur par un contrat qui est de droit privé *(TC 5 avril 1993, CH Mas Creiron d'Uzès, Dr. Adm. 1993, n° 270 ; CAA Lyon 1er décembre 1993, SOMIVAL, CJEG 1994. 223, note J. C.)*, ni sur l'action du maître de l'ouvrage contre le sous-traitant de l'entrepreneur, au moins lorsque le maître d'ouvrage prétend invoquer les obligations qui dérivent du contrat de sous-traitance, qui est de droit privé (cf. *TC 10 juillet 1990, SEMARELP, RDP 1991, 847, concl. Laroque*).

Le juge administratif est compétent sur les actions récursoires des constructeurs les uns contre les autres car « le litige né de l'exécution d'un marché de travaux publics et opposant des participants à l'exécution de ces travaux relève de la compétence de la juridiction administrative, sauf si les parties en cause sont unies par un contrat de droit privé » (*TC 27 novembre 1997, SA de Castro, CJEG 1998. 100, concl. Abraham*).

512. La situation change si le défendeur est un cocontractant du maître d'ouvrage titulaire d'un contrat de droit privé, notamment un contrat de fourniture *(CAA Lyon 27 février 1990, Rec. t. 871)*.

Elle change surtout quand certains des intervenants ont conclu des contrats entre eux. Ces contrats, bien qu'ayant pour objet l'exécution de travaux publics, sont de droit privé puisqu'ils ne lient que des personnes privées ; l'action qui en procède relève donc du juge judiciaire *(TC 15 février 1999, EURL Girod, Rec. 440)*. C'est pourquoi l'action de l'entreprise principale contre son sous-traitant relève du juge judiciaire (cf. F. Moderne, *La sous-traitance des marchés publics*, 1995, p. 188 et s.). Il en va de même de l'action d'un membre d'un groupement d'entreprises contre un autre membre du groupement, car le contrat de groupement est de droit privé, bien que les entreprises se soient groupées pour réaliser un travail public (ex. : *CE 18 avril 1984, SOGEP, Dr. Adm. 1984, n° 218*). Toutefois, le juge administratif est compétent si est invoquée la violation non pas du contrat de groupement, mais du marché conclu avec l'administration *(CE, 21 février 1986, Soc. de génie civil de l'Ouest, RFDA, 1986. 751, concl. Daudelot)*.

2° Simplifications

513. Lorsque les parties au litige sont uniquement des personnes privées, ces solutions sont compréhensibles, mais dans les cas où le maître d'ouvrage est présent, il est permis de penser que certaines simplifications seraient possibles. Certes, le critère organique est un facteur de simplification, mais force est de constater que dans plusieurs des cas qui viennent d'être mentionnés vient se superposer au critère organique un élément tiré du droit applicable, et cela à travers l'idée contestable que l'action procède d'un contrat auquel le demandeur n'est pourtant pas partie.

La doctrine a proposé un certain nombre de regroupements permettant de simplifier la répartition des compétences (cf. Gilli, *art. cit.*). Ce vœu n'a été exaucé que très partiellement par une importante décision du ***Tribunal des conflits, SA Entreprise Niay du 17 octobre 1988 (AJDA 1989, 458, note Gilli)*** qui admet qu'une mesure d'instruction (en général une expertise) peut être ordonnée indifféremment par le juge du référé judiciaire ou par le juge du référé administratif à l'égard de l'ensemble des participants à une opération de travaux publics dès lors que « le fond du litige est de nature à relever, fût-ce pour partie, des juridictions de l'ordre auquel il appartient ». Il est donc possible de faire participer à la même expertise le maître d'ouvrage, le sous-traitant, le fabricant, l'assureur, en dépit de la dispersion des compétences sur les actions au fond. D'autres simplifications seraient souhaitables, mais elles supposent un assouplissement du critère organique.

b) Compétence à l'intérieur de la juridiction administrative

514. L'article R. 312-11 du Code de justice administrative dispose que « les litiges relatifs aux marchés, contrats, quasi-contrats ou concessions relèvent du tribunal administratif dans le ressort duquel ces marchés, contrats, quasi-contrats ou concessions sont exécutés ». Ce texte ne vise que les litiges de plein contentieux entre les parties au contrat ***(CE ass. 16 avril 1986, CLT, Rec. 98 ; RDP 1986, 857, concl. Dutheillet de Lamothe ; RFDA 1987, 11, note Moderne)***, ce dont il résulte que d'autres critères que celui de l'article R. 312-11 peuvent s'appliquer lorsque le recours des tiers est recevable contre le contrat. Ainsi, le tribunal compétent pour statuer sur un recours contre un contrat d'organisation du service public a été déterminé par application de l'article R. 59 CTACAA (devenu art. R 312-15 CJA), relatif aux litiges concernant l'organisation et le fonctionnement d'une collectivité publique *(CE 14 janvier 1998, Syndicat national du personnel des affaires sanitaires et sociale FO, Rec. 9 ; LPA 18/12/98, n° 151,* *p. 20, concl. Bonichot ; CE 14 janvier 1998, Syndicat départemental Interco 35 CFDT, AJDA 1999, 164, note Petit).*

À la détermination de la compétence territoriale par le lieu d'exécution du contrat sont, par ailleurs, apportées deux exceptions :

— l'article R. 312-12 donne compétence au tribunal du lieu d'affectation sur les litiges individuels concernant les fonctionnaires et agents des collectivités publiques ; les agents contractuels comptent au nombre des agents ainsi visés ;

— l'article R. 312-11 donne compétence au tribunal administratif du lieu où le contrat a été signé par l'autorité publique lorsque l'exécution du contrat s'étend au-delà du ressort d'un tribunal administratif (ex. : une concession d'autoroute signée avec l'État a un champ d'application qui s'étend au-delà du ressort d'un seul tribunal administratif : *CE 3 juillet 1987, Min. Déf. c/ Cofiroute, AJDA 1987, 603*).

515. Ces critères ne laissent qu'une place très limitée à la compétence d'attribution du Conseil d'État en premier et dernier ressort ; même l'intervention d'un décret, par exemple pour résilier le contrat, ne contrecarre pas la compétence du tribunal administratif (ex. : ***CE ass. 2 février 1987, Société France 5, Rec. 28 ; RFDA 1987, 29, concl. Fornaciari***). Toutefois, le Conseil d'État est compétent, en application de l'article R. 311-1 du CJA, sur les litiges relatifs à des contrats conclus et exécutés hors des territoires soumis à la juridiction des tribunaux administratifs (*CE 3 juillet 1968, Lavigne et Le Mée, AJDA 1969, 253, concl. Braibant* : marché conclu par une ambassade).

516. Normalement, « la compétence territoriale ne peut faire l'objet de dérogations » (art. 312-2 du CJA) ; mais ce même article R. 312-2 prévoit une exception en « matière de marchés, contrats ou concessions », sauf, a-t-il été précisé par la jurisprudence, dans les contrats des agents publics *(CE 9 février 1968, Canaut, Rec. 105).* Selon l'article R. 312-11, cette attribution de compétence doit figurer soit dans le contrat primitif, soit dans un avenant antérieur à la naissance du litige et sa validité est subordonnée à la condition que « l'intérêt public ne s'y oppose pas ». Selon le président Odent, « par intérêt public, il faut entendre l'intérêt d'une bonne administration de la justice » (concl. sous *CE 25 novembre 1949, Soc. technique des appareils centrifuges industriels, S. 1950, 3, 33*). Il est à penser que l'attribution de compétence au tribunal d'un lieu avec lequel ni le contrat, ni les parties n'ont de relation devrait être considérée comme incompatible avec l'intérêt public.

517. Par ailleurs, depuis que la loi du 8 février 1995 a fait une place importante au juge unique, l'article R. 222-13 du CJA donne compétence au juge unique sur les actions tendant à la mise en jeu de la responsabilité des collectivités publiques en dessous d'un certain seuil — fixé à 8 000 euros — ; cette compétence s'applique à la responsabilité contractuelle.

B Les pouvoirs du juge

Bibliographie : GUETTIER (C.) : *Droit des contrats administratifs*, PUF, 2004, n° 657 et s.

FOLLIOT (L.) : *Pouvoirs des juges administratifs et distinction des contentieux en matière contractuelle*, th. Paris II, 1994.

FORNACCIARI (M.) : « Contribution à la résolution de quelques paradoxes », *EDCE* 1988, n° 39, p. 93.

BERGEAL (C.) et LENICA (F.) : *Le contentieux des marchés publics*, Imprimerie nationale, 2004.

Les contentieux contractuels, dossier *CP-ACCP*, n° 27, novembre 2003.

MACERA (B.-F.) : *Les actes détachables dans le droit public français*, PU Limoges, 2002.

ROUQUETTE (R.) : « Sur quelques vraies et fausses particularités procédurales du contentieux de l'exécution des contrats administratifs », *ACCP*, septembre 2001, n° 3.

TERNEYRE (P.) : « Les paradoxes du contentieux de l'annulation des contrats administratifs », *EDCE* 1988, n° 39, p. 69.

518. Dans la très grande majorité de ses décisions, le juge du contrat prononce des condamnations au paiement d'une somme d'argent. Lorsque le créancier est une personne publique, il lui est certes possible de se délivrer un titre à elle-même, mais, en matière contractuelle il est admis que l'administration peut renoncer au privilège du préalable pour recouvrer les sommes qui lui sont dues (ex. : *CE 9 octobre 1964, Billoud, Rec. 456*) à l'exception des pénalités *(CE, 3 mai 1961, Soc. Entrep. Thomas Kotland, rec. 290)*. Beaucoup plus rarement, le juge du contrat est appelé à décider la résiliation du contrat ou à en déclarer la nullité totale ou partielle (cf. *supra*).

L'existence de ces différents pouvoirs ne suscite ni le doute, ni la controverse.

Il n'en va pas de même pour deux autres pouvoirs : celui de prononcer l'annulation d'un acte d'exécution du contrat, celui de condamner à une obligation de faire.

a) Les pouvoirs du juge envers les actes d'exécution

519. Les droits du cocontractant de l'administration peuvent être lésés par un acte d'exécution du contrat, c'est-à-dire, en première approximation, un acte postérieur à la signature, par exemple une sanction ou une résiliation. Un premier problème se pose qui est celui des rapports entre le juge du contrat et le juge de l'excès de pouvoir : un acte d'exécution peut-il avoir un caractère détachable, ce qui implique la recevabilité du recours pour excès de pouvoir ?

Étant admis qu'en général l'acte d'exécution ne présente pas un caractère détachable envers les parties, se pose le problème des pouvoirs du juge du contrat : le juge du contrat peut condamner l'administration à réparer le préjudice causé par un tel acte s'il est illicite ; peut-il aussi annuler cet acte pour violation du contrat ou de la légalité ?

1° Le juge du contrat et le juge de l'excès de pouvoir

520. Pendant longtemps, le recours pour excès de pouvoir n'a pas du tout été recevable contre les actes intervenus après la conclusion définitive du contrat, au motif que les actes d'exécution du contrat « ont un caractère essentiellement bilatéral, qui tient tant à leur contexte qu'à leur objet, et ne dépend ni des moyens de la requête, ni de la qualité du requérant » *(concl. Kahn, sous CE 5 décembre 1958, SE à l'Agric. c/ Union des pêcheurs à la ligne, AJDA 1959, II, 57)*. Compte tenu de son fondement, cette solution ne valait que pour les actes émanant de l'administration contractante, ce qui explique, par exemple, qu'ait été considéré comme détachable le refus du préfet d'inscrire au budget communal un crédit concernant un contrat *(CE 21 octobre 1942, Commune de Fontenay-sous-Bois, Rec. 274)* ; un tel acte n'est pas sans lien avec le contrat, mais il n'émane pas d'un des contractants. La détachabilité est, néanmoins, concevable pour un acte émanant de l'administration contractante.

1. L'acte d'exécution détachable

521. En ce qui concerne les actes de l'administration contractante, la jurisprudence a connu une évolution dans le sens de la

« détachabilité relative » des actes postérieurs à la conclusion du contrat : le caractère détachable d'un acte d'exécution ou de résiliation est admis lorsque le recours émane de tiers qui peuvent être les usagers d'un service public, les contribuables locaux, les concurrents qui n'ont pas obtenu de contrat et, de manière générale, toute personne dont les intérêts sont lésés directement et personnellement *(CE, 1er juillet 1949, Cie guadeloupéenne de distribution de l'énergie électrique, Rec. t. 764* — refus d'autorisation de cession de contrat — ***CE Sect. 24 avril 1964, Soc. de livraisons industrielles et commerciales, Rec. 239 ; AJDA 1964, 308, concl. Combarnous*** — refus de résiliation ; *CE Sect. 9 décembre 1983, Ville de Paris, Rec. 499, concl. Genevois* — pour une décision fixant des emplacements de mobilier urbain ; cf. ***CE Ass. 2 février 1987, Société TV6, Rec. 29 ; RFDA 1987, 29, concl. Fornacciari*** — résiliation ; *CE 10 février 1992, Courtet, Dr. adm. n° 276, concl. Le Chatelier* — refus de demander remboursement d'un trop perçu à une entreprise).

Plus rarement, la détachabilité d'un acte d'exécution a été admise envers le cocontractant, mais cette solution de portée limitée ne concerne que des contrats qui ont pour effet de placer le cocontractant en situation réglementaire (ex. : *CE Sect. 25 mai 1979, Rabut, Rec. 231, concl. Genevois* — refus de modifier les stipulations du contrat d'un agent public ; *CE 11 avril 1986, Min. du Budget, Rec. 86* — décision du directeur des services fiscaux fixant une redevance domaniale) et, en principe, le recours contre un acte d'exécution du contrat, lorsqu'il émane du cocontractant, est un recours de plein contentieux (ex. : *CE 9 juillet 1997, Soc. des eaux de Luxeuil-les-Bains, RFDA 1998, 535, concl. Bergeal*).

522. Il n'en demeure pas moins que la notion d'acte détachable ne se laisse pas définir par le seul critère chronologique ; il s'agit d'une notion complexe dont les différents critères ont été présentés par le commissaire du gouvernement Genevois dans les termes suivants :

« L'admission du recours pour excès de pouvoir contre un acte administratif qui se rapporte à un contrat, est fonction de quatre éléments :

— tout d'abord, de la place dans le temps de l'acte : la recevabilité est largement admise pour les mesures antérieures à la passation du contrat car elles sont objectivement détachables de ce dernier, alors que pour les mesures postérieures à la passation, la jurisprudence est plus restrictive ;

— est prise en considération également la personne concernée par l'acte : le cocontractant ou un tiers ; les droits ouverts aux tiers sont plus larges car ils ne disposent d'aucun recours devant le juge du contrat ; a ainsi été jugée non détachable du contrat la fixation du montant d'une subvention prévue dans une convention entre une chambre des métiers et l'État, dont la chambre des métiers contestait la légalité (cf. *CE 13 juin 1980, Chambre des métiers de la Charente-Maritime, p. 268*) ;

— intervient aussi le sens de l'acte : positif ou négatif ; une décision de refus est plus aisément détachable du contrat qu'une mesure positive (cf. *CE 4 mars 1981, Commune d'Azereix c/ Pescadère, t. p. 820 ; 19 mars 1982 Jean-Joseph et autres, p. 128 ; (concl. Genevois sous CE 9 décembre 1983, SEPAD, RFDA 1984, 39)* ».

La complexité et, parfois, la subtilité de la notion s'expliquent aisément par sa fonction : à travers elle le juge module son contrôle sur la légalité de l'activité contractuelle avec le souci de concilier principe de légalité et sécurité des conventions.

2. Les moyens invocables

523. Lorsque le recours pour excès de pouvoir est recevable de la part d'un tiers contre un acte détachable relatif à l'exécution du contrat, il n'est possible au requérant d'invoquer que des moyens de légalité, puisqu'il s'agit d'un recours pour excès de pouvoir.

Cependant, dans le cas où le contrat comporte des clauses relatives à l'organisation et au fonctionnement du service public et, de ce fait, réglementaires, il est également possible de se prévaloir de la violation de ces clauses.

La solution remonte au très célèbre arrêt du ***21 décembre 1906, Syndicat des propriétaires du quartier Croix-de-Seguey-Tivoli (GAJA, p. 104)***, qui a admis que les usagers d'un service concédé peuvent se prévaloir de la violation d'une disposition du cahier des charges à l'appui d'un recours contre un acte de l'autorité de tutelle du concessionnaire. La même possibilité est ouverte aux tiers intéressés (***CE 11 décembre 1963, Syndicat de défense en vue du rétablissement de la voie ferrée Bort-Eygurande, JCP 1964, II, 13753, note Dufau*** — usagers d'une voie ferrée recevables à invoquer la violation du cahier des charges d'une concession d'aménagement hydroélectrique).

Lorsque le juge de l'excès de pouvoir est compétent, il peut annuler l'acte attaqué devant lui. Il en va différemment pour le juge du contrat, compétent sur les actes d'exécution non détachables.

2° *L'absence de pouvoir d'annulation des mesures d'exécution non détachables*

524. De manière plus ou moins contestable, la jurisprudence limite les pouvoirs du juge en matière d'annulation des mesures d'exécution et en matière d'injonction lorsque le recours émane du cocontractant.

Il a été démontré par un auteur (L. Folliot, *op. cit.*, p. 372 et s.) que dans l'histoire du contentieux administratif la période pendant laquelle le juge administratif s'est reconnu le pouvoir d'annuler les mesures d'exécution a été plus longue que celle pendant laquelle il s'est dénié ce pouvoir. En effet, sauf en matière de résiliation des marchés de travaux publics, la jurisprudence antérieure à 1957 offre de nombreux exemples d'annulations.

Ce n'est qu'en 1957 que le commissaire du gouvernement Laurent énonce le « principe jurisprudentiel fondamental en matière de marchés, d'après lequel le juge ne peut annuler les mesures prises par le maître de l'œuvre envers l'entrepreneur », principe dont le Conseil d'État a fait application dans l'affaire en cause *(CE 9 janvier 1957, Daval, AJDA 1957, II, 9, concl. Laurent* et pour des applications récentes v. *CE 4 décembre 2002, Société Eurovia Méditerranée, BJDCP, 2003, n° 27, p. 154, concl. Le Chatelier ; CE 14 octobre 2005, Commune de Pagny-sur-Moselle, req. 255179).*

Ultérieurement, l'impossibilité de prononcer l'annulation des actes d'exécution ou de résiliation a été affirmée aussi bien pour les marchés publics que pour d'autres contrats (ex. : lettre d'agrément, *CE Sect. 10 mai 1963, Soc. Coopérative agricole de production « La Prospérité fermière », RDP 1963, 597, concl. Braibant ;* vente : *CE Sect. 6 novembre 1970, Sathoval, AJDA 1971, 105, concl. Baudouin ;* affermage : *CE 3 juin 1987, Soc. Nîmoise de tauromachie et de spectacles, LPA, 15 juin 1988, note B. Poujade et CE 19 avril 1989, Soc. des transports urbains d'Angers, Rec. t. 780*).

525. Le principe est très critiqué (cf. L. Folliot, *op. cit.*, p. 445 et s.) pour son absence de fondement rationnel. On peut seulement faire valoir en sa faveur les difficultés d'exécution qui peuvent résulter de l'annulation d'une résiliation plusieurs années après la décision, mais, d'un autre côté, la perspective de telles difficultés peut constituer une puissante incitation à respecter la loi et le contrat.

La critique est d'autant plus aisée que le principe connaît des exceptions tout aussi difficiles à justifier.

L'exception la plus importante concerne la concession et les contrats qui, comme elle, imposent au cocontractant la réalisation d'investissements. Alors même que l'annulation de la résiliation d'un marché de travaux publics n'est pas admise, celle d'un marché d'entreprise de travaux publics, qui met un investissement à la charge de l'entreprise, l'a été pour renforcer la sécurité juridique du cocontractant (ex. pour un METP : ***CE Sect. 26 novembre 1971, SIMA, RDP 1972, 239, concl. Gentot ; AJDA 1971, 649, concl. Labetoulle et Cabanes***). Mais il a été précisé en 1983 que seule la résiliation peut faire l'objet d'une annulation, à l'exception des autres mesures d'exécution ou de sanction *(CE Sect. 9 décembre 1983, SEPAD, RFDA 1984, 39, concl. Genevois)*.

Un autre cas n'est pas une véritable exception : le juge administratif peut annuler un titre de recette même lorsqu'il est émis pour l'exécution d'un contrat administratif *(CE 8 janvier 1965, Da Fonseca, Rec. 7)* mais, en ce cas, l'administration use d'un pouvoir extra-contractuel et ce n'est pas le « juge du contrat » qui est saisi.

Mais d'autres exceptions ont été ajoutées dont « l'ensemble paraît résulter d'un enchaînement par analogie » (L. Folliot, *op. cit.*, p. 439) et aboutit à une liste hétérogène.

Peuvent ainsi demander l'annulation des mesures d'exécution les agents publics contractuels *(CE Sect. 8 avril 1961, Houille, Rec. 217)*, ce qui s'explique par la ressemblance de leur situation avec celle des fonctionnaires. L'analogie a été étendue aux gérants de bureaux de tabac *(CE 1er mars 1968, Supiot, Rec. 155)*.

Est également possible l'annulation de la résiliation des contrats d'occupation du domaine public *(CE 13 juillet 1968, Soc. des Établissements Serfati, AJDA 1968. 582, concl. Bertrand ; RDP 1968, 123, note Waline ; CE 12 décembre 1986, Association centre d'accueil Turini, RDP 1987.1118 ; CE 9 juillet 2003 Soc. Midi-Fruit, req. 255980)*, sans doute par analogie avec la situation du permissionnaire de voirie, titulaire d'une autorisation unilatérale.

Une autre exception importante a été introduite concernant les contrats d'organisation du service public conclus en application des lois de décentralisation (cf. J.-D. Dreyfus, *Contribution à une théorie générale des contrats entre personnes publiques*, L'Harmattan, 1997, p. 317 et s.).

En 1989, le Conseil d'État a reconnu le pouvoir d'annuler la résiliation du contrat entre deux personnes publiques ayant pour objet un transfert de services, et donc l'organisation du service public *(CE Sect. 31 mars 1989, Dép. de la Moselle, RFDA 1989, 466, concl. Fornacciari ; AJDA 1989, 339 et 315 ; RDP 1989, 1171, note Llorens)*. Ici, l'analogie est faite avec la concession de service public, elle aussi relative à l'organisation du service. Mais la solution a été étendue à d'autres contrats entre personnes publiques, et notamment à un contrat par lequel l'État mettait du matériel informatique à la disposition d'une commune *(CE Sect. 13 mai 1992, Commune d'Ivry-sur-Seine, Rec. 198 ; JCP 1993, II, 22014, note V. Haïm)*. Au surplus, pour ce type de contrat, l'annulation peut avoir pour objet toute mesure d'exécution et pas seulement la résiliation.

D'analogie en analogie, l'illogisme du principe de non-annulation est de plus en plus patent. Il serait dans la logique du plein contentieux que le juge du contrat ait par principe le pouvoir de prononcer l'annulation des mesures prises en violation des obligations contractuelles.

b) La condamnation à une obligation de faire

526. Le principe selon lequel le juge administratif ne peut adresser d'injonction à une personne publique subsiste en dépit des exceptions de plus en plus nombreuses qui lui sont apportées. Les exceptions qui résultent de la loi du 8 février 1995 peuvent trouver à s'appliquer en matière contractuelle.

La loi de 1995 (art. L. 911-1, L. 911-2 et L. 911-3 du CJA) a reconnu au juge un pouvoir d'injonction pour l'exécution de la chose jugée quand le jugement implique nécessairement qu'une mesure d'exécution soit prise dans un sens déterminé et quand un jugement entraîne pour l'administration l'obligation de prendre une décision après une nouvelle instruction. Mais il est à penser que ces dispositions ne s'appliqueront pas souvent en matière contractuelle, compte tenu de la nature généralement pécuniaire des litiges et parce que c'est surtout au cocontractant privé que peut être imposée une obligation de faire.

527. Conformément à la jurisprudence Préfet de l'Eure *(CE 30 mai 1913, Préfet de l'Eure, Rec. 583 ; S. 1915, 3, 39)*, l'administration ne peut demander au juge de prononcer à sa place une mesure qu'elle a le pouvoir de prendre. On a vu qu'à cette règle sont apportées des exceptions en matière de contrat et lorsqu'est en cause une mesure pécuniaire, mais il en va différemment pour les véritables obligations de faire.

En cours d'exécution du contrat l'administration dispose normalement de pouvoirs envers son cocontractant. C'est pourquoi « il n'appartient pas au juge de prescrire au concessionnaire, au cours de son exploitation, des mesures d'exécution » avec ou sans astreinte *(CE 22 mai 1914, Rougier-Labergerie, Rec. 626 ; CE 2 novembre 1927, Ville de Saint-Pol-sur-Terroise, Rec. 1000).* La même solution est retenue en matière de marchés : une injonction d'exécuter le marché ne peut être prononcée dès lors que l'administration peut faire exécuter le contrat aux risques et périls de l'entreprise *(CE 31 janvier 1973, Wuest, Rec. 89).*

528. En revanche, une injonction, éventuellement sous astreinte, est possible si l'administration n'a pas les pouvoirs nécessaires.

Tel était le cas dans l'affaire qui a donné lieu à l'arrêt de ***section du 13 juillet 1956, OPHLM de la Seine (AJDA 1956, 312, concl. Chardeau)*** : l'entrepreneur cocontractant ayant transporté du matériel du chantier au siège de sa société, l'administration ne disposait pas du pouvoir de se faire justice à elle-même en allant récupérer son bien, le juge est donc en droit de prononcer une condamnation sous astreinte.

A fortiori, il en va de même après l'expiration des relations contractuelles, puisque l'administration ne dispose plus du pouvoir de prononcer des sanctions coercitives. C'est pourquoi a été admise la possibilité de prononcer une condamnation de l'entrepreneur (mais non de l'architecte) à exécuter des travaux dans le cadre de la responsabilité décennale *(CE 30 juillet 1949, Caisse des dépôts et consignations, Rec. 400)*, celle d'ordonner l'expulsion d'un occupant du domaine public dont le contrat est expiré (ex. : *CE 23 juin 1986, Museum d'histoire naturelle, RFDA 1987, 199, concl. Stirn*), celle d'ordonner à un ancien concessionnaire de remettre les équipements du service en fin de contrat *(CE 24 février 1982, Soc. Entreprise industrielle et financière, Rec. 87 ; CE 9 décembre 1988, Soc. Les téléphériques du massif du Mont-Blanc, AJDA 1989, 272, obs. Prétot).* Ce type de mesure peut être ordonné par le juge du référé.

C Le juge du référé

Bibliographie : BERBARI (M.) et autres : *Les référés dans les contrats administratifs*, éd. du Moniteur, 2004.

HUGLO (C.) : *La pratique des référés administratifs*, Litec, 1993.
VANDERMEREEN (R.) : « Les procédures d'urgence devant le juge administratif en matière de contrats publics », *BJDCP*, 2000, n° 13, p. 390.

529. En vue de renforcer l'efficacité des recours, le législateur a introduit des procédures spéciales, dont la plus importante est celle du référé précontractuel (cf. *supra*) ; mais il ne faut pas négliger pour autant les possibilités d'utilisation du référé administratif de droit commun en matière de contrat. En effet, un nombre important d'ordonnances de référé portent sur des litiges contractuels.

a) Règles générales

530. Les ordonnances de référé sont rendues par le président du tribunal administratif ou de la cour administrative d'appel ou par leurs délégués, qui peuvent, éventuellement, renvoyer la décision à la formation collégiale ; elles obéissent à une procédure d'urgence correspondant à un contradictoire allégé ; elles n'ont pas l'autorité de la chose jugée et peuvent donc être modifiées. Les réformes intervenues en 1988 et surtout en 2000 ont considérablement accru le rôle du juge du référé. Sans revenir sur le référé-suspension de l'article 521-1 CJA, qui concerne surtout les actes détachables, on donnera quelques indications sur l'utilisation en matière de contrats des trois procédures classiques de référé que sont le référé de l'article R. 532-1 (référé instruction), le référé de l'article R. 541-1 (référé provision), le référé de l'article L. 521-3 (référé mesure d'urgence). Chacun de ces types de référés est utilisé en matière de contrats.

b) Application en matière de contrat

531. L'article R. 532-1 (ancien art. R. 128 CTACAA) permet d'ordonner en référé des mesures d'instruction qui ne sont pas subordonnées à l'urgence. Il est principalement utilisé pour prescrire des expertises.

Un arrêt Lovera *(CE 6 janvier 1989, Lovera, Rec. 3)* décidait que le juge du référé ne peut ordonner une expertise afin que soit déterminé le montant dû par une commune au titulaire d'un marché qui a été résilié car cela « impliquerait qu'une appréciation soit portée... sur le bien-fondé de la résiliation ». Cette solution était extrêmement contestable car on peut fort bien concevoir que l'expert fournisse les éléments d'appréciation sur le *lucrum ces-*

sans et le *damnum emergens* résultant de la résiliation sans que cela implique aucune prise de position sur le bien-fondé de la réclamation. C'est pourquoi la Cour administrative d'appel de Lyon avait accepté que soit ordonnée une expertise afin de déterminer le manque à gagner subi du fait de la résiliation d'un contrat d'affermage *(CAA Lyon 7 décembre 1992, Soc. d'équipement et d'entretien des réseaux communaux, Rec. t. 1214 ; Dr. Adm. 1993, n° 123)* et, par la suite le Conseil d'État a modifié son interprétation de l'article R. 128 CTACAA, en cessant d'y sous-entendre la condition d'absence de préjudice au principal *(CE 16 décembre 1996 Soc. STAN, Rec. 494 ; LPA 17 décembre 1997, p. 19, note Guiavarch)*, mais, en compensation, il semble que l'interdiction de confier à l'expert une mission d'ordre juridique est revalorisée dans la jurisprudence récente.

532. Le référé-provision est la grande innovation de 1988. L'article R. 541-1 du CJA (ancien art. R. 129 CTACAA) prévoit que le justiciable peut obtenir une provision « lorsque l'existence de l'obligation n'est pas sérieusement contestable ».

Il a, par exemple, été jugé qu'une condamnation peut être prononcée en présence d'une reconnaissance de dette *(TA Paris 5 avril 1989, SAC, Rec. t. 850)* ou d'une transaction *(CAA Lyon 2 juin 1992, Passariello, req. 92LY00152)*. Le domaine où la condamnation à provision est le plus facile à obtenir est celui de la garantie décennale, compte tenu de la présomption de responsabilité qui existe en la matière. Le référé-provision peut aussi être utilisé en cours d'exécution d'un marché public. En effet, alors que la Cour administrative d'appel de Lyon avait jugé que le principe d'unicité du décompte rend sérieusement contestable les demandes formées avant l'établissement du décompte général *(ex. : CAA Lyon, 27 décembre 2000, Pouceblanc, BJDCP, 2001, n° 7, p. 311, concl Bourrachot)*, le Conseil d'État a admis que le principe d'unicité du décompte ne fait pas obstacle au paiement d'une provision alors même que le décompte général et définitif n'aurait pas encore été établi si elle constitue « une obligation non sérieusement contestable » (*CE 3 décembre 2003, Société Bernard Travaux Polynésie, BJDCP, 2004, n° 33, p. 118, concl. Piveteau ; AJDA. 2004. 223, obs. J.-D. Dreyfus*).

533. En vertu de l'article L. 521-3 (ancien art. R. 130 CTACAA), le juge du référé peut, en cas d'urgence, ordonner toute mesure utile sans faire obstacle à l'exécution d'aucune décision administrative, l'ancienne condition de ne pas faire préjudice au principal, qui figurait dans l'ancien article R. 130, ayant disparu. Dans le cadre de relations contractuelles, les mesures en question peuvent intervenir en cours d'exécution ou à la fin du contrat.

En cours d'exécution, une ordonnance de référé peut prescrire au cocontractant qui a interrompu son activité de mettre à la disposition de la collectivité publique le matériel nécessaire au service *(CE 30 octobre 1963, SARL Sonetra, Rec. 520)* ; le référé peut aussi être utilisé pour obtenir communication de documents contractuels utiles à un contentieux futur *(CE 5 décembre 1990, Association Te pohue la metai ote henna, Rec. 920, CJEG 1991, 106).*

Mais c'est surtout en fin de contrat que ce type de référé est utile. Les mesures d'expulsion du domaine public, qui sont souvent prononcées en référé, peuvent se rattacher à un litige contractuel lorsque l'occupation était à l'origine fondée sur un contrat (ex. : *CE 20 février 1991, Thomas, Rec. 55*). En matière de concession de service public il a été admis que, sans préjudicier au fond, le juge du référé peut ordonner à l'exploitant dont le contrat est résilié de remettre les installations au concédant, alors même qu'il y a une contestation sur la validité de la résiliation ou sur l'indemnisation *(CE 24 février 1982, Soc. Entreprise industrielle et financière, Rec. 87 ; CE 18 mai 1988, Soc. Les téléphériques du massif du Mont-Blanc c/ Commune de Saint-Gervais, Dr. Adm., n° 58 ; CE 9 décembre 1988, Soc. Les téléphériques du massif du Mont-Blanc c/ Commune de Saint-Gervais, AJDA 1989, 272, obs. Prétot).* Toutefois, le juge des référés ne peut ordonner l'évacuation par le concessionnaire que si le concédant envisage de reprendre lui-même l'exploitation ou de la confier à un autre exploitant, faute de quoi les conditions d'urgence et d'utilité de la mesure ne sont pas satisfaites *(CE 17 janvier 1996, SARL Le Jardin des Pyrénées, Dr. adm. 1996, n° 133).* Elles ont, en revanche, été considérées comme satisfaites dans un cas où le titulaire d'un contrat d'archivage refusait, à l'expiration de son contrat, de restituer des archives nécessaires à la continuité du service public *(CE 29 juillet 2002, CH d'Armentières, BJDCP 2002, n° 25, p. 470, concl. Collin).*

En dépit de ses limites, le référé administratif permet donc de pallier dans une certaine mesure les insuffisances du règlement juridictionnel des litiges contractuels, mais on est loin des possibilités offertes par les procédures civile et commerciale.

534-538. *Réservés*

Troisième partie
Principaux contrats administratifs

Plan de la troisième partie

Chapitre 1
Les marchés publics

Bibliographie : « Actualité des marchés publics », *AJDA* 1994, n° spécial.

ADPE *Réglementation et pratique des marchés publics*, (dir. C. Bréchon), Dalloz, 1985.

BRACONNIER (S.) : *Le droit des marchés publics — Dix ans de jurisprudence*, 1988-1998, édit. du Jurisclasseur ; *Droit des marchés publics*, Imprimerie Nationale, 2002.

BRÉCHON (C.) (dir.) : *Droit des marchés publics*, publications éd. du Moniteur, (ouvrage sur feuillets mobiles).

Code des marchés publics, Brochure JO.

CHABANOL (D.), JOUGUELET (J.-P.), BOURRACHOT (F.) : *Le régime juridique des marchés publics*, éd. du Moniteur, 2005.

DELVOLVÉ (P.) : « Vers l'unification du droit des "marchés publics" » ?, *Mélanges Drago*, 1996, p. 225.

EMERY (C.) : *Passer un marché public*, Delmas, 2e éd., 2004.

GUIBAL (M.) : *Code des marchés publics*, publications éd. du Moniteur, (ouvrage sur feuillets mobiles).

LAGUERRE (A.) : *Concurrence et marchés publics*, Berger-Levrault, 1989.

LINDITCH (F.) : *Le droit des marchés publics*, Dalloz, 2e éd., 2004.

LLORENS (F.) : *Contrat d'entreprise et marché de travaux publics*, LGDJ, 1981.

SCHULTZ (P.) : *Éléments du droit des marchés publics*, LGDJ, 2e éd., 2002.

SYMCHOWICZ (N.) : *Marchés public* in *Droit public des affaires*, Lamy.

539. Par leur objet, les marchés publics sont semblables aux contrats que concluent entre eux des particuliers. Il s'agit en effet de contrats par lesquels l'administration se procure des fournitures ou des services et fait réaliser des travaux moyennant un prix. Ces contrats sont identiques aux contrats de vente, de location, de service du droit privé.

Pourtant, le domaine des marchés publics, et, en particulier, des marchés de travaux publics est un des secteurs où la spécificité du droit public s'est affirmée le plus clairement, à tel point qu'il a pu être soutenu que le marché de travaux publics serait dans la filiation de la réquisition personnelle, procédé unilatéral, et non dans celle du contrat d'entreprise (F.-P. Bénoît, *Le droit administratif français*, 1968, n° 1033). Cette thèse ne paraît pas vérifiée par les recherches historiques (F. Monnier, *Les marchés de travaux publics dans la Généralité de Paris au XVIIIe siècle*, LGDJ, 1984), mais celles-ci montrent, en revanche, l'ancienneté de certaines règles applicables en la matière.

La situation peut paraître d'autant plus paradoxale que des études contemporaines ont montré la très grande similitude qui existe entre le marché de travaux publics et le contrat d'entreprise de droit privé (F. Llorens, *Contrat d'entreprise et marché de travaux publics*, LGDJ, 1981). La comparaison entre le marché de fournitures et le contrat de vente n'aboutirait sans doute pas à d'autres conclusions.

540. La réglementation des marchés publics remonte à l'Ancien Régime.

Le système des marchés sur adjudication « avait été complètement organisé sous l'ancienne Monarchie française » (A. Christophle et P. Auger, *Traité théorique et pratique des travaux publics*, 1889-1890, n° 329). Après la Révolution, un décret du 10 brumaire an XIV a prévu que les travaux des hospices et établissements de charité devaient être « donnés à l'adjudication » et le décret du 17 juillet 1806 a étendu cette règle aux communes. Puis, a été adopté l'article 12 de la loi du 31 janvier 1833, premier texte de portée générale, qui a servi de fondement au droit des marchés publics jusqu'au milieu du XXe siècle. Cette loi renvoyait au pouvoir réglementaire le soin de régler par ordonnance les formalités à suivre dans les marchés. Le premier objectif était de moraliser l'achat public : « la publicité suffira presque toujours pour mettre fin à ces marchés que le public a flétris du nom de marchés passés sous le manteau de la cheminée, manteau qui n'a que trop souvent recouvert de honteuses friponneries » (Dubois-Aymé à la Chambre des Députés le 22 novembre 1831, *Archives parlementaires*, p. 753 et *ACCP*, 2001, n° 5, p. 74). Mais cet objectif coexistait avec un autre but : « apporter le plus d'économie possible dans les dépenses » (Dubois-Aymé à la Chambre des Députés le 21 décembre 1832). La publicité doit retenir les personnes « qui pourraient être disposées à mal faire si elles pouvaient agir en secret » *(id.)*, la concurrence doit assurer que le travail « ne sera pas payé au-dessus de sa vraie valeur » *(id.)*. C'est pourquoi l'article 1er de l'ordonnance du 4 décembre 1836 a prévu que « tous les marchés au nom de l'État seront faits avec concurrence et publication » et a organisé la procédure d'adjudication. Une ordonnance du 14 novembre 1837 a introduit les mêmes dispositions pour les communes. Par la suite, de nombreux textes sont intervenus pour préciser les règles applicables. Ces textes ont toujours eu un caractère réglementaire et, comme on le verra, cette tradition subsiste.

541. En 1959 a été créée la Commission centrale des marchés qui a été chargée auprès du ministre des Finances d'un rôle de conseil et de concertation jusqu'en 1998, année de sa suppression. Dans son cadre fut élaborée une première codification : le Code des marchés publics adopté par le décret du 17 juillet 1964. Les modifications apportées par la suite ont généralement pris la forme de révisions du Code des marchés publics, jusqu'à l'adoption en 2001 d'un nouveau Code des marchés publics, qui a été modifié sur beaucoup de points par le décret du 7 janvier 2004 portant Code des marchés publics, puis par le décret du 1er août 2006 édictant un nouveau Code des marchés publics applicable à partir du 1er septembre 2006. Depuis 2001 les réformes prennent à chaque fois la forme d'un nouveau code, mais entre 2004 et 2006 il n'y a pas eu de modification de la structure du code et la numérotation des articles n'a presque pas changé.

Ces règles portent avant tout sur le mode de passation des marchés publics, mais elles concernent aussi le contenu et la gestion des marchés, principalement au point de vue financier. La détermination de leur champ d'application dépend de la définition du marché public.

§ 1. Le marché public, contrat réglementé

542. Le marché public est le contrat le plus anciennement réglementé ; mais, l'ancienneté ne garantit pas la stabilité et, depuis quelques années la matière donne lieu à d'incessantes réformes, qui sont loin d'être terminées, si elles doivent l'être un jour. L'espoir de stabilisation qu'avait pu faire naître la nouvelle codification par le décret du 7 mars 2001 portant Code des marchés publics a été vite déçu car il a fallu reprendre ce code qui comportait un nombre non négligeable d'illégalités et il a fallu encore le modifier pour transposer les directives communautaires sur les marchés publics, qui ont été adoptées le 31 mars 2004, à l'issue d'une procédure de conciliation (directive 2004/18 relative à la coordination des procédures de passation des marchés publics de travaux, de fournitures et de services et directive 2004/17 portant coordination des procédures de passation des marchés dans les secteurs de l'eau, de l'énergie, des transports et des services postaux).

Mais, paradoxalement, en dépit de la place considérable occupée par la réglementation et ses évolutions, le droit des marchés publics est en train de subir une mutation, une sorte de promotion, qui tient à la progression des principes généraux. Les autorités communautaires ont tiré les dernières conséquences du principe de non-discrimination, le Conseil constitutionnel a consacré le principe d'égal accès aux marchés publics et à la commande publique *(CC 6 décembre 2001, Loi MURCEF, Rec. 156* ; ***CC 26 juin 2003, Simplification du droit, RFD const. 2003, 772, comm. E. Fatôme et L. Richer)***, l'article 1er du Code des marchés publics a défini les principes de base applicables à tous les marchés publics.

Il n'en demeure pas moins que le droit des marchés publics est moins jurisprudentiel que le reste du droit administratif.

À côté du Code des marchés publics (CMP), subsistent des textes importants qui ne sont pas codifiés ou ne le sont que partiellement, règles purement nationales aussi bien que règles issues du droit communautaire.

A Les sources nationales du droit des marchés publics

543. La quasi-totalité des dispositions du Code des marchés publics est issue de textes réglementaires, qui ont fait l'objet d'une codification administrative en 1964 et 1966 (pour les collectivités locales), puis en 2001, 2004 et 2006. Il est envisagé de le rendre plus accessible par l'adoption d'un Code des contrats publics, ce qui rapprocherait la France des États où existe une loi générale sur les contrats de l'administration. Plus modestement la Commission supérieure de codification travaille à un code de la commande publique, ce qui devrait permettre de regrouper tous les textes pertinents (Commission supérieure de codification, *12e rapport*, 2002) par voie d'ordonnance.

a) Compétence du pouvoir réglementaire

Bibliographie : GAUDEMET (Y.) : « Le contrat administratif, un contrat hors la loi », *Cahier du Conseil constitutionnel*, n° 17/2004, p. 91.

544. Les marchés publics sont des contrats et les dispositions du Code des marchés publics ont pour objet, dans leur majorité, d'imposer des règles obligatoires pour la passation de ces contrats. On pourrait être tenté d'en déduire que la matière relève en totalité du domaine de la loi, dès lors qu'est mise en cause la liberté contractuelle, qui peut être rattachée à l'article 4 de la Déclaration de 1789, et que l'article 34 de la Constitution réserve à la loi les « principes fondamentaux... des obligations civiles et commerciales ». Mais, ce n'est pas la solution qui a été retenue ; une distinction est faite entre l'État et les collectivités locales.

1° Distinction entre marchés de l'État et marchés des collectivités locales

545. Le Conseil constitutionnel, dans sa décision du 22 août 2002 relative à la loi de programmation sur la sécurité intérieure, a indiqué qu'il revient au pouvoir réglementaire de définir les conditions de passation des contrats de l'État et, selon le commissaire du gouvernement Piveteau (***concl. sous CE ass. 5 mars 2003, Ordre des avocats à la Cour d'appel de Paris, Rec. 90, concl. Piveteau ; BJDCP 2003, n° 28, p. 209***), « le Code des marchés publics est en définitive, pour l'essentiel, un code de procédure administrative. L'État peut certainement se l'imposer à lui-même par voie réglementaire ». L'arrêt du 5 mars 2003 juge en ce sens que « ni l'article 34 de la Constitution ni aucune autre règle de valeur constitutionnelle n'exige que les conditions de passation des marchés passés par l'État soient définies par la loi » (***AJDA 2003. 718, chron. F. Donnat et D. Casas***).

Cette solution procède d'une vision quelque peu étriquée du droit des marchés publics, de la notion d'obligation civile et de celle de liberté contractuelle.

Une solution différente prévaut pour les marchés des collectivités locales.

546. L'article 34 de la Constitution attribue au Parlement la détermination des « principes fondamentaux de la libre administration des collectivités locales » et l'article 72 de la Constitution prévoit que « les collectivités territoriales s'administrent librement par des conseils élus et dans les conditions prévues par la loi ». La passation des contrats est une modalité d'exercice de la liberté d'administration, ce dont il résulte que les dispositions relatives à la passation ou à l'exécution de contrats ressortissent, en principe, c'est-à-dire en l'absence d'habilitations législatives, de la compétence du législateur dès lors qu'elles imposent des « obligations » aux collectivités locales (*CE, Sect., 14 mai 1971, Fasquelle, Rec. 360 ; Cons. d'État 6 juillet 1977, SNITA, Rec. 307 ; Cons. Const., 2 juin 1976, Rec. p. 72*).

Normalement, les règles applicables aux marchés publics des collectivités locales devraient donc résulter de la loi, ainsi que l'a reconnu l'arrêt d'assemblée du ***Conseil d'État du 29 avril 1981, Ordre des architectes (AJDA 1981. 431, note Genevois)***, qui a eu « l'audace de verser toute la matière, en son principe, dans le champ législatif » *(concl. Piveteau, précit.)*.

Mais, par ce même arrêt de 1981, dont la solution est reprise par celui du 5 mars 2003, il est admis que les règles constitutionnelles normales ne s'appliquent pas aux marchés publics, que le gouvernement peut réglementer les marchés publics des collectivités locales sur la base d'un décret du 12 novembre 1938.

547. L'arrêt de 1981 juge, en effet, que « les dispositions du décret du 12 novembre 1938, pris en vertu de la loi du 5 octobre 1938 et relatif aux marchés des collectivités locales et des établissements publics et, en ce qui concerne les marches de travaux, celles de l'article 21 de la loi du 7 août 1957 tendant à favoriser la construction de logements et les équipements collectifs ont donné compétence au pouvoir réglementaire pour étendre aux marchés des collectivités locales » les règles applicables aux marchés de l'État.

C'est d'abord à la « loi d'habilitation » du 5 octobre 1938 que l'arrêt s'est référé.

Cette loi a habilité le gouvernement à prendre jusqu'au 15 novembre 1938 par décret en Conseil des ministres toutes mesures destinées au redressement économique, en prévoyant que ces décrets, qui pouvaient modifier la loi, devaient être soumis à ratification avant le 1er janvier 1939.

En application de cette loi, est intervenu le décret (« décret-loi ») du 12 novembre 1938 qui prévoit que « les dispositions des textes législatifs et réglementaires, relatives à la passation et l'exécution des marchés de l'État, peuvent être étendues, par règlements d'administration publique, contresignés par les ministres intéressés et le ministre des Finances, et sous réserve des ajustements nécessaires, aux départements, aux communes et aux établissements publics relevant de l'État, des départements et des communes ».

Le projet de loi de ratification de ce décret a été déposé sur le bureau de la Chambre des députés le 31 décembre 1938, mais la loi de ratification n'a jamais été adoptée.

Sous la République suivante, seulement pour les marchés de travaux, l'article 21 de la loi n° 57-908 du 7 août 1957 tendant à favoriser la construction de logements et les équipements collectifs a prévu que : « la réglementation des marchés de travaux de l'État, des collectivités et établissements publics relève en permanence du pouvoir réglementaire et fait l'objet de décrets en Conseil d'État ».

L'arrêt du 29 avril 1981 décide que l'article 34 de la Constitution (l'article 72 n'est pas mentionné) n'a pas eu pour effet de « transférer au législateur la compétence attribuée au gouvernement par les textes susvisés ».

L'arrêt du 5 mars 2003 confirme que « le Premier ministre tenait des dispositions du décret du 12 novembre 1938... compétence pour étendre aux collectivités locales les règles nouvelles qu'il édictait pour les marchés publics de l'État » ; mais, il ajoute à l'arrêt de 1981 une précision, selon laquelle le décret du 12 novembre 1938 n'est pas illégal, contrairement à ce que pensait le commissaire du gouvernement Piveteau. Le décret du 12 novembre 1938 se trouve donc au cœur du débat.

2° Décret-loi du 12 novembre 1938

548. Avant 1958, les domaines respectifs de la loi et du règlement n'étaient pas prédéterminés : étaient du domaine de la loi les matières « que l'organe législatif s'est, à diverses époques, réservés formellement ou implicitement en y touchant par des lois » (L. Rolland *Précis de droit administratif*, 11e éd. Dalloz, 1957, n° 74). Les marchés publics, qu'il s'agisse de ceux de l'État ou de ceux des collectivités locales, ont traditionnellement relevé du pouvoir réglementaire.

L'article 12 de la loi du 31 janvier 1833 (voir *ACCP*, n° 8), qui a servi de fondement au droit des marchés publics jusqu'au milieu du XXe siècle, renvoyait au pouvoir réglementaire le soin de régler les formalités à suivre dans les marchés de l'État. En application de l'article 12 est intervenue l'ordonnance du 4 décembre 1836, qui a prévu que « tous les marchés au nom de l'État seront faits avec concurrence et publication » (cf. *CE 23 mars 1934, Chambre syndicale des fabricants d'équipements militaires, Rec. 435*, qui fonde la compétence réglementaire sur l'article 12 de la loi du 31 janvier 1833). L'ordonnance de 1836 a été, par la suite, modifiée par décret, notamment en 1882, et étendue aux départements, en 1893, ce que le Conseil d'État a admis au motif qu'à l'époque du vote de la loi de 1833 les départements n'étaient pas distincts de l'État *(CE 9 février 1912, Sté coopérative des ouvriers de Limoges, Rec. 193).*

Pour les communes l'ordonnance du 14 novembre 1837 sur les marchés des communes et établissements de bienfaisance, prise sur la base de la loi municipale du 18 juillet 1837, est restée en vigueur jusqu'à son abrogation par l'article 94 du décret du 25 juillet 1960.

Compte tenu de cette tradition réglementaire, pourquoi le gouvernement a-t-il ressenti la nécessité d'une habilitation législative en 1938 ?

L'explication se trouve dans le rapport au président de la République qui précède le décret du 12 novembre 1938 (*JO*, 13 novembre 1938, p. 12880) : « les départements ont, pour la passation et l'exécution de leurs marchés, été soumis, par le décret de 1893 sur la comptabilité départementale aux règles fixées pour les marchés de l'État par le décret du 18 novembre 1882. Les règles concernant les communes sont fixées par une ordonnance du 14 novembre 1837, à laquelle la loi du 5 avril 1884 a donné force de loi, et qui a été pour la dernière fois, modifiée par un décret (*NB* « décret-loi ») du 30 octobre 1935 : un texte législatif est indispensable pour la modifier ».

C'est donc parce que la loi de 1884 sur l'administration municipale a traité des marchés publics que la matière était devenue législative, mais seulement pour les communes.

Paradoxalement, l'habilitation ainsi donnée par le décret du 12 novembre 1938 n'a pas été utilisée avant la Ve République puisque, après la Seconde Guerre mondiale, l'ordonnance du 2 novembre 1945, texte à valeur législative, a posé les principes applicables aux marchés des communes.

3° Survie du décret-loi du 12 novembre 1938 et de l'article 21 de la loi du 7 août 1957

549. La Constitution de 1958 ayant modifié les règles de répartition des compétences entre la loi et le règlement, il aurait pu sembler que les lois antérieures attribuant des habilitations ou donnant le caractère réglementaire à une matière devaient être considérées comme abrogées implicitement. Tel n'est pas le cas.

Selon une jurisprudence étonnante mais constante du Conseil d'État, la Constitution de 1958 n'a pas abrogé les lois d'habilitation qui lui sont antérieures, du moins lorsqu'elles ne sont pas de portée trop générale. Il s'agit là d'une application de l'adage *speciala generalibus derogant* à la relation entre loi et dispositions constitutionnelles dans le temps.

Cette jurisprudence discutable (sur ce point, voir : L. Favoreu « Le Conseil d'État, défenseur de l'Exécutif », *Mélanges Boulouis*, Dalloz, 1991, p. 237), n'a pas été élaborée en 1981 pour les besoins de la cause, puisque la solution avait été admise, en d'autres domaines dès 1960 *(CE ass. 27 mai 1960, Lagaillarde, Rec. 369*). C'est donc sans innover que, en 1981, le Conseil d'État a admis que le décret du 12 novembre 1938, texte de « nature législative » restait en vigueur en dépit de l'article 34 de la Constitution de 1958 et qu'il en allait de même de la loi de 1957. Cette solution a été confirmée par la suite *(CE 30 juin 1999, Dép. de l'Orne, Rec. 227*) et elle est reprise par l'arrêt du 7 mars 2003.

En revanche, une autre solution n'a été retenue en 1981 que parce que le Conseil d'État était vraiment soucieux de sauver le code et c'est sur ce point que « le raisonnement ne manquait pas de hardiesse » (D. Piveteau) et a même pu être qualifié d'« acrobatique » (L. Favoreu).

550. Il se trouvait, en effet, que le décret du 12 novembre 1938 avait été abrogé par le décret du 28 novembre 1966 relatif au Code des marchés publics et que l'article 21 de la loi du 7 août 1957 l'avait été par le décret du 25 juillet 1960 sur les marchés des communes, ce qui faisait obstacle à ce que le juge s'y référât. Mais, l'arrêt de 1981 a « ressuscité » le décret de 1938 et l'article 21 de la loi du 7 août 1957, au motif que les décrets de 1960 et 1966 étaient entachés d'illégalité pour avoir abrogé une disposition de « nature législative », alors que les dispositions d'une loi ou celles d'un décret pris sur habilitation législative et qui relèvent du domaine de la loi ne peuvent être modifiées (donc abrogées) que par une loi et cela même si la ratification n'est pas intervenue pour conférer « valeur législative » au texte (*CE 15 juillet 1959, Soc. Sucrière de Fontaine-le-Dun, recueil Lebon p. 450 ; CE 3 novembre 1967 de Laboulaye, Rec. 399*).

En principe, une telle déclaration d'illégalité par voie d'exception n'entraîne pas la remise en vigueur de la disposition antérieure puisque, tout illégale qu'elle soit déclarée, la disposition reste en vigueur ; mais, par exception, le Conseil d'État a admis dans l'arrêt de 1981 que, dans ce cas particulier, une simple déclaration d'illégalité fait revivre les dispositions antérieures, en l'espèce le décret du 12 novembre 1938 et l'article 21 de la loi du 7 août 1957.

L'arrêt du 5 mars 2003 confirme celui de 1981, ce qui n'est pas surprenant, mais il statue aussi sur un moyen qui n'avait pas été invoqué en 1981 et qui est tiré de la non-conformité du décret de 1938 à la loi d'habilitation.

551. À partir du moment où il n'a pas été ratifié par la loi, un décret pris sur habilitation peut être déclaré illégal. La légalité s'apprécie par rapport au contexte juridique de l'époque, c'est-à-dire par rapport à la loi d'habilitation. Selon le commissaire du gouvernement Piveteau, le décret du 12 novembre 1938 aurait méconnu la loi du 5 octobre 1938 et, par conséquent, il est illégal.

Il était soutenu par le requérant que le décret était illégal parce qu'il supprimait le délai de validité de l'habilitation en subdéléguant au pouvoir réglementaire sans limitation de durée et parce que le gouvernement se serait dessaisi de la compétence à lui conférée par la loi en renvoyant à un règlement d'administration publique (aujourd'hui décret en Conseil d'État).

Et, le commissaire du gouvernement était d'avis « que le pouvoir de modifier les lois n'avait été accordé à l'exécutif que pour une durée déterminée. Passé l'expiration du délai d'habilitation, il n'était plus conforme à la loi d'habilitation que le Président de la République puisse continuer de modifier par décret des lois antérieures. Un décret-loi dont le seul objet était de permettre cette extension temporelle indéfinie de l'habilitation législative était par conséquent, de ce seul fait, un décret loi illégal ».

Il invoquait en ce sens un arrêt du *27 décembre 1938, Amicale des anciens combattants des Chemins de Fer (Dalloz, 1939.3.57, note L. Rolland)* qui a annulé un décret-loi pris sur le fondement de la loi de pleins pouvoirs du 28 février 1934, au motif que ce texte « sans fixer en aucune manière les principes d'une réforme des conditions d'attribution de la carte et de la retraite du combattant », s'était borné à confier à des décrets simples le soin de modifier, à l'avenir, ces conditions d'attribution.

Le décret du 12 novembre 1938 étant, selon D. Piveteau, entaché de la même illégalité ne peut servir de fondement à la compétence réglementaire et il a, de toute façon, été valablement abrogé en 1966 puisqu'il est dépourvu de portée normative. Il s'ensuit que le Code des marchés publics est illégal en tant qu'il s'applique aux marchés de fournitures et services des collectivités locales (pour les travaux, la loi de 1957 fonde la compétence réglementaire).

552. Mais, il résultait, *a contrario*, de la jurisprudence « Amicale des anciens combattants des Chemins de Fer » que le Gouvernement peut, sur la base de l'habilitation qui lui est donnée par la loi renvoyer à des textes ultérieurs, à condition que le décret pris dans le délai d'habilitation détermine les principes des mesures à prendre et ne renvoie aux textes ultérieurs que les modalités d'application.

En ce sens, selon un arrêt du *11 décembre 1942, Bailly (Rec. 350)* : « s'il appartenait au gouvernement, après avoir arrêté, dans les conditions de forme et dans les délais ainsi fixés, les mesures répondant à l'objet défini par la loi précitée, de confier à des décrets simples, susceptibles d'intervenir au-delà du délai imparti, le soin d'en fixer les modalités d'application, il ne pouvait, par contre, sans méconnaître la limite des pouvoirs exceptionnels qui lui étaient attribués renvoyer à de tels textes le soin de déterminer eux-mêmes les mesures à prendre, au cas où leur adoption devrait excéder sa compétence normale ».

Une semblable motivation a été reprise par un arrêt du *16 avril 1943 Fédération nationale des syndicats des officiers mécaniciens brevetés (Rec. 104)*.

En jugeant en 2003 que « le gouvernement a pu légalement renvoyer à des règlements d'administration publique à intervenir, y compris après la date d'expiration de l'habilitation qu'il tenait de cette loi, le soin d'édicter les mesures d'application de la règle, fixée par lui en vertu de cette habilitation, d'extension aux marchés des collectivités locales, sous réserve des ajustements nécessaires, des dispositions applicables aux marchés de l'État », le Conseil d'État ne fait que revenir à la solution des années 40.

On ne peut donc pas parler d'innovation, mais, au regard des conclusions de D. Piveteau, on peut parler d'indulgence.

Le commissaire du gouvernement, et c'est sur ce point que son appréciation et celle du Conseil d'État ont divergé, a considéré, non sans quelque raison, que le Code des marchés publics de 2001 pouvait difficilement passer pour une « mesure d'application » de principes fixés par le décret du 12 novembre 1938, alors que la seule règle imposée par le décret de 1938 à la réglementation « est qu'elle doit transposer la réglementation des marchés de l'État » sous réserve des ajustements nécessaires ». Mais comment y voir un véritable cadre ? Comme l'État est libre de faire évoluer par décret la réglementation qu'il s'impose à lui-même, l'effet du décret-loi est bien d'organiser « un perpétuel transfert de compétence au profit du pouvoir réglementaire » (D. Piveteau).

Le Conseil d'État a préféré maintenir la fiction de la mesure d'application en jugeant que le décret du 12 novembre 1938 ne renvoyait à des mesures ultérieures que « le soin d'édicter les mesures d'application de la règle ».

Il reste difficile de ne pas regretter que la réforme des marchés publics ne se soit pas faite par la voie législative. Les effets négatifs de la compétence réglementaire ne cessent d'apparaître, qu'il s'agisse de la dispersion des textes en fonction de la nature des pouvoirs adjudicateurs, des contradictions entre le Code général des collectivités territoriales et le Code de marchés publics ou de la mise en place par des lois spéciales de nouvelles formes contractuelles.

b) Textes législatifs extérieurs au Code des marchés publics

553. Tous les textes applicables aux marchés publics sont loin d'être codifiés ; certaines règles importantes ont été édictées par des lois, dans des cas où un décret n'eût pas été légal parce que le texte ne porte pas seulement sur les marchés publics.

On se bornera à signaler des lois particulièrement importantes qui ont été complétées par des décrets d'application.

La loi du 31 décembre 1975 sur la sous-traitance comporte, comme on le verra, des dispositions spécifiques aux marchés publics.

La loi du 12 juillet 1985 relative à la maîtrise d'ouvrage publique et à ses rapports avec la maîtrise d'œuvre privée pose des principes de base en matière de marchés de travaux et définit le cadre d'une réforme de la maîtrise d'œuvre qui n'a abouti que dix ans après.

La loi du 3 janvier 1991 relative à la transparence et à la régularité des procédures de marchés comportait deux volets : d'une part un dispositif anti-corruption, notamment avec la création de la mission interministérielle d'enquête sur les marchés

— devenue en 1993 mission interministérielle d'enquête sur les marchés et les conventions de délégation de service public —, d'autre part un dispositif de transposition des directives communautaires sur les marchés des pouvoirs adjudicateurs qui n'entrent pas dans le champ d'application du Code des marchés publics et dont les contrats, souvent de droit privé, relèvent du domaine de la loi. La loi du 2 juillet 2003 habilitant le gouvernement à simplifier le droit a prévu dans son article 5 que le gouvernement pourra compléter la loi de 1991 par voie d'ordonnance afin de transposer les directives communautaires de 2004 et de simplifier le droit applicable aux organismes non soumis au Code des marchés publics. L'ordonnance n° 2005-649 du 6 juin 2005 a, en fait, abrogé presqu'entièrement le titre II de la loi de 1991 fixant les règles applicables aux marchés des pouvoirs adjudicateurs qui n'entrent pas dans le champ d'application du Code des marchés publics.

La loi du 29 janvier 1993 relative à la prévention de la corruption comprenait un chapitre « marchés publics », mais qui traitait plus exactement des marchés « semi-publics » des sociétés d'économie mixte (R. Rouquette, « Les marchés semi-publics », *AJDA* 1994, n° spécial, p. 18) ; elle est remplacée sur ce point par l'ordonnance du 6 juin 2005.

Enfin, depuis 2002, sont intervenus des lois et ordonnances relatives au « partenariat public-privé » qui touchent au droit des marchés publics (v. chapitre 5, ci-après).

c) La réforme asymptotique

Bibliographie : GUIBAL (M.) : « Un nouveau Code des marchés publics ? », *AJDA* 2001.360.

LICHERE (F.), dir. : *Le nouveau droit des marchés publics* — Colloque Montpellier, septembre 2003, éd. L'Hermès, 2004.

MICHON (J.) : *La nouvelle réglementation des marchés publics*, éd. du Moniteur, 2004.

« La réforme des marchés publics » — Document d'orientation — avril 1999, *Mon. TP*, 7 mai 1999, p. 387.

« Réforme des marchés publics », *Marchés publics*, n° 3/95-96.

PIGNON (S.) et BANDET (D.) : « Le nouveau Code des marchés publics : quelques éclairages pratiques », *AJDA* 2001.367.

Dossiers spéciaux de revues sur la réforme du Code des marchés publics en 2001 : *ACCP juillet 2001 ; Mon. des TP*, 22 et 30 juin 2001 ; *Contrats et marchés publics*, avril 2001, n° 4, *BJDCP*, mai 2001, n° 16.

Dossiers spéciaux de revues sur la réforme du Code des marchés publics en 2004 : *AJDA* 2004, p. 362 et s. ; *CP-ACCP*, n° 31, mars 2004.

Dossiers spéciaux de revues sur la réforme du Code des marchés publics en 2006 : *AJDA ; CP-ACCP ; Contrats et marchés publics.*

554. Le droit des marchés publics partage avec le reste du droit économique son caractère évolutif, qui est, cependant, particulièrement marqué du fait de certaines erreurs de parcours et parce que le droit national doit se conformer à des règles communautaires et internationales, qui sont elles-mêmes en réforme permanente, ce qui donne à la réforme un caractère « asymptotique » (elle approche sans cesse et ne touche jamais).

1° La réforme de 2001

555. L'ancien Code des marchés publics était la cible de nombreuses critiques. L'unanimité s'était faite pour déplorer la complexité de la réglementation et réclamer une simplification. Cette revendication se dédoublait : elle portait sur l'accessibilité du droit, mais aussi sur sa rigueur.

La demande d'un droit plus accessible était justifiée et n'a pas perdu toute actualité.

L'accessibilité du droit était compromise par la dispersion des sources et notamment par le dédoublement de la règle parce que l'état du droit national ne coïncidait pas avec celui du droit communautaire. Ainsi on a vu le Conseil d'État juger que le Code des marchés publics n'était pas applicable à un contrat entre deux personnes publiques, alors que la directive 92/50 sur les marchés de services l'était ***(CE 20 mai 1998, Communauté de communes du Piémont de Barr, RFDA 1998.593, concl. Savoie).*** Une harmonisation s'imposait.

La demande d'un droit moins rigoureux, plus souple, moins formaliste a été, quant à elle, largement stimulée par l'irruption du droit pénal dans le domaine des marchés publics, les élus locaux considérant comme disproportionné le risque juridique encouru par eux et admettant souvent assez mal l'impossibilité de privilégier les entreprises locales. Sous cet aspect, la demande de simplification trouve ses limites : une certaine complexité est inévitable pour respecter l'égalité tout en s'adaptant à la diversité des situations ; comme le relevait Thouret en 1790, il ne faut pas confondre simplification et simplicité.

À ce motif majeur et suffisant à lui seul se sont ajoutés des motifs adjacents et dont la légitimité est parfois discutable. Le principal d'entre eux est la défense des PME Pour faciliter l'accès des PME aux marchés publics, de nombreuses mesures sont réclamées, qui, parfois, profitent à toutes les entreprises (ex. : amélioration des délais de règlement), parfois sont dirigées contre les grosses entreprises (ex. : interdiction de certains contrats globaux, lutte contre les offres anormalement basses). Aussi indispensables que soient les PME, il est certain que l'objectif de préservation de la concurrence et de la rationalité économique ne fait pas bon ménage avec l'objectif de protection des PME, ce qui n'a pas empêché en juillet 2006 l'envoi par la France à la Commission européenne d'un memorandum demandant à la Commission de négocier avec l'OMC (voir *infra*) une clause permettant d'introduire des préférences en faveur des PME.

556. Dans un premier temps, l'étude de la réforme du Code des marchés publics a été confiée à un parlementaire en mission, M. Trassy-Paillogues (rapport du 8 mars 1996, *Mon.* 5 avril 1996).

Le rapport Trassy-Paillogues proposait de revaloriser le rôle du législateur en la matière et préconisait certaines modifications des procédures de passation, notamment, dans le but de lutter contre la pratique économiquement malsaine des offres anormalement basses ; il était également envisagé de donner une place plus importante aux procédures négociées en dessous des seuils communautaires.

À la suite de ce rapport, et après avis du Conseil de la concurrence (avis n° 97-A-11 du 5 mars 1997) et consultation des maires et conseillers généraux, un projet de loi a été adopté le 20 mars 1997 par le Conseil des ministres et déposé sur le bureau de l'Assemblée nationale (*doc. AN* n° 3462 du 25 mars 1997). La dissolution de mai 1997 a rendu ce projet caduc ; mais l'idée d'une réforme n'était pas abandonnée et elle a été relancée en avril 1999 par le ministère de l'Économie et des Finances qui a publié un document d'orientation, où l'on retrouvait les grandes idées du rapport Trassy-Paillogues. Finalement, c'est par le décret n° 2000-210 du 7 mars 2001 qu'a été adopté un Code des marchés publics nouveau, qui rapprochait le droit français du droit communautaire et comportait moins d'articles que le précédent dans la mesure où il a été mis fin au dédoublement des dispositions sur les marchés de l'État et les dispositions sur les marchés des collectivités locales. Toutefois, la simplification n'était que relative : le décret a dû être complété par une loi et il renvoyait à un nombre important de textes d'application. Les nouvelles dispositions se sont appliquées aux marchés conclus à compter du 10 septembre 2001, l'ancien code restant donc applicable aux marchés conclus sous son empire, conformément au principe selon lequel les textes nouveaux ne s'appliquent pas aux contrats en cours, sauf considération impérieuse d'intérêt général *(CE 30 décembre 1998, Entrep. Chagnaud, AJDA 1999.96 ; CE 21 avril 2000, Syndicat intercommunal de la région d'Yvelines, BJDCP 2000, n° 11, p. 264, concl. Bergeal).*

Mais ce code ne s'est appliqué que pendant peu de temps.

2° Les réformes de 2001 à 2006

Bibliographie : « Évolution du droit des contrats publics. Le nouveau Code des marchés publics », *BJDCP*, 2004, n° 33.

FATOME (E.) et RICHER (L.) : « Le Conseil constitutionnel et le droit commun de la commande publique et de la domanialité publique », *AJDA* 2003. 2348.

GAUDEMET (Y.) : « Libres propos sur le droit des contrats administratifs (la réforme de la commande publique et le partenariat public privé) », *RJEP (CJEG)*, 2004. 1.

« Le Code 2004 des marchés publics », numéro spécial, *CP-ACCP*, n° 31, mars 2004.

557. La Commission européenne a adressé au code de 2001 des critiques, qui ont fait l'objet d'un avis motivé du 17 octobre 2002 *(Ctts et MP, 2002, comm. 244)*. La Commission a, notamment, estimé que certains contrats avaient été exceptés à tort du champ d'application du code (emprunts, mandats) et que certaines procédures n'étaient pas suffisamment respectueuses des principes de publicité et transparence (marchés inférieurs aux seuils, certains marchés de services).

Le Conseil d'État, saisi de plusieurs recours contre tout ou partie du décret du 7 mars 2001, a annulé la disposition qui excluait les contrats de mandat du champ d'application du code ***(CE Ass. 5 mars 2003 UNSPIC, Rec. 108, concl. Piveteau ; D. 2003. 851, note J.-D. Dreyfus ; AJDA 2003. 718, chron. F. Donnat et D. Casas)*** et par d'autres arrêts, il a également censuré quelques dispositions de moindre importance (voir not. *CE 28 avril 2003, Féd. Frse des courtiers d'assurance, BJDCP, 2003, n° 29, p. 286, concl. Piveteau* — illégalité du code en tant qu'il ne prévoit pas un modèle d'avis de marché). Cependant, l'article 77 de la loi du 2 juillet 2003 Urbanisme et habitat a décidé la validation des contrats de mandat conclus avant le 6 mars 2003, ce qui ne permet toutefois pas d'échapper au respect du droit communautaire (cf. *CJCE 10 avril 2003, Commission c/ Allemagne, aff. C-20/01 et C-28/01*).

Outre ces difficultés juridiques le code de 2001 a suscité des difficultés d'application importantes, notamment parce qu'il prévoyait des règles trop complexes de détermination du montant des marchés au regard de seuils (V. *infra*, n° 672).

558. Pour toutes ces raisons il a fallu apporter d'importantes modifications par le décret n° 2004-15 du 7 janvier 2004, dont l'élaboration a été quelque peu chaotique. Un projet de décret a été soumis à concertation ; il prévoyait que, en dessous des seuils communautaires, la collectivité publique déterminait elle-même des modalités de passation conformes aux principes de transparence et d'égalité. Les auteurs du projet pensaient ainsi satisfaire à la demande de flexibilité ; ils se sont heurtés à une forte résistance ; élus, chefs d'entreprises, hommes politiques ont protesté, notamment par voie de presse, contre l'insécurité juridique liée à l'absence de règle nationale et dénoncé le risque de favoritisme et de corruption. En conséquence de quoi, le Premier Ministre a annoncé dans un entretien publié par *Le Monde* (20 juin 2003) la remise en chantier de la réforme, après une « concertation parlementaire ». Le projet a donc été soumis à une « commission de concertation parlementaire » composée de 8 députés et 7 sénateurs représentatifs de la majorité et de l'opposition, désignés par leur président de groupe, selon une méthode qui procède d'une étrange conception du rôle de la représentation nationale.

La Commission européenne a considéré que ce décret comportait toujours les violations du droit communautaire signalées ci-dessus ; elle a saisi la CJCE d'un recours en manquement en février 2004 et le Conseil d'État, saisi de recours a annulé certains articles du code (v. *infra*).

Mais, en tout état de cause, si le code de 2004 a transposé à l'avance certaines dispositions des directives 2004/18 et 2004/17, il ne l'a fait qu'en partie et la mise en conformité droit français aux nouvelles directives a nécessité de nouvelles modifications, ce qui explique qu'un nouveau Code des marchés publics a été adopté par le décret du 1er août 2006 publié au JORF du 4 août, en même temps qu'une circulaire « portant manuel d'application ». Par bonheur, le manque de cohérence de la méthode d'élaboration des textes est quelque peu compensé par une certaine continuité : chaque réforme n'emporte pas modification de l'ensemble du code et la numérotation des articles est restée à peu près la même depuis 2001.

Parallèlement à cette réforme du Code des marchés publics, d'autres réformes sont intervenues qui concernent le droit des marchés publics *lato sensu.*

559. La loi du 2 juillet 2003 habilitant le Gouvernement à simplifier le droit prévoit que le Gouvernement peut modifier par ordonnances les dispositions législatives applicables en matière de commande publique dans deux domaines.

D'abord, le Gouvernement peut transposer les directives communautaires sur les marchés publics, directives en cours de refonte au moment de l'adoption de la loi, et il peut supprimer certaines incohérences apparues dans les lois de transposition, qui n'ont pas toujours suivi l'évolution du droit communautaire et ont créé des différences de régimes entre les différents pouvoirs adjudicateurs non justifiées. Par exemple, les organismes de Sécurité sociale sont soumis à des règles spécifiques, mais proches du code, et les sociétés d'économie mixte relèvent de plusieurs dispositions législatives parallèles. Un alignement sur le Code des marchés publics était souhaitable.

Ensuite, l'habilitation a permis au Gouvernement de « créer de nouvelles formes de contrats conclus par des personnes publiques ou des personnes privées chargées d'une mission de service public pour la conception, la réalisation, la transformation, l'exploitation et le financement d'équipements publics, ou la gestion et le financement de services, ou une combinaison de ces différentes missions ». L'idée était d'introduire en France des contrats inspirés du système anglais du « PFI » (« Private Finance Initiative »), lequel évoque, à bien des égards, les anciens « METP » ou tout simplement les concessions (v. chapitre suivant). Il s'agit de confier au cocontractant une mission globale et, le plus souvent, de lui faire supporter le financement d'équipements publics immobiliers ou mobiliers. La loi prévoit qu'il s'agit de nouvelles formes de contrats, qui ne sont ni des marchés publics, ni des délégations de service public. Ils ont été dénommés par leurs promoteurs contrats de partenariat, ce qui renvoie à la notion particulièrement imprécise de « partenariat », qui est aussi utilisée par les institutions européennes mais en y englobant la concession (v. *infra, n° 1118 et s.*) mais, comme on le verra, ces contrats sont des marchés publics au regard du droit communautaire.

B Droit communautaire

Bibliographie : ARROWSMITH (J.) : *The Law of Public and Utilities Procurement*, Sweet & Maxwell, 2e éd. 2005.

BRÉCHON (C.) : « Le droit communautaire des marchés de travaux », *RDI* 1990, 27.

BRÉCHON (C.) : « Marchés publics », *J.-Cl. Europe*, Fasc. 2400 et 2410.

BRUNELLI (P.) : *Marchés publics et Union européenne*, Continent Europe, 1995.

CASSIA (P.) : « Contrats publics et principe communautaire d'égalité de traitement », *RTD eur.* 2002. 413.

GUÉZOU (O.) : « Droit communautaire des marchés publics », *J.-Cl. CMP*, fasc. 42.

HOEKMAN (B.) et MAVROIDIS (P.) : « The WTO's Agreement on Government Procurement : Expanding Disciplines, Declining Membership ? », *PPLR* 1995, n° 2, p. 63.

KING (M.) et de GRAAF (G.) : « L'accord sur les marchés publics dans le cadre de l'Uruguay Round », *Rev. Marché unique européen*, 1994, n° 4.

LLORENS (F.) : « La réglementation communautaire des marchés publics et le droit des concessions », *RMC* 1989, 603.

LLORENS (F.) : « Principe de transparence et contrats publics », *Ctts et MP*, 2004, chron. 1.

LLORENS (F.) et SOLER-COUTEAUX (P.) : V° « Marchés publics » in *Rép. Dalloz Droit communautaire*.

MATTERA (A.) : « Vers un Code européen des marchés publics : simplification, modernisation et clarification de la réglementation existante », *Rev. dr. UE*, 2000, p. 523.

TESSIER (A.) : « La refonte des directives communautaires sur la coordination des procédures de passation des marchés publics », *BJDCP*, 2003, n° 27, p. 90.

TREPTE (P.-A.) : *Public Procurement in the EC*, éd. CCH, 1993.

560. À l'origine, le Traité de Rome est silencieux sur les marchés publics ; le Traité de Maastricht a introduit un article 163 dont le paragraphe 2 mentionne « l'ouverture des marchés publics nationaux » mais dans le cadre limité de la recherche et du développement technologique.

Il n'en demeure pas moins que l'ouverture des marchés publics est nécessairement impliquée par les principes de libre prestation de service et d'interdiction de restrictions quantitatives à l'importation (articles 27 et 28). C'est pourquoi les instances communautaires sont intervenues très tôt en matière de marchés publics, par des directives sur les marchés, mais aussi par des mesures en matière de normalisation.

a) Historique

561. En 1961 avaient été adoptés sur la base des articles 54 et 63 du Traité deux programmes généraux relatifs à la suppression des restrictions à la liberté d'établissement et à la liberté de prestation de services ; ils visaient les marchés de bâtiment et de génie civil.

Sont ensuite intervenues deux séries de directives.

Deux directives de « libéralisation » concernaient la suppression des discriminations au profit des nationaux dans l'attribution des marchés de fournitures et de travaux (Directive 70/32 du 17 décembre 1969 relative aux fournitures, prise par la Commission sur la base de l'art. 33-§ 7 ; Directive 71/304 du 26 juillet 1971 relative aux travaux prise par le Conseil sur la base des art. 54-§ 1 et 63-§ 2).

Ces directives ont été complétées par deux directives de « coordination » qui définissaient des règles de passation des marchés par les administrations (Directive 71/305 du 26 juillet 1971 pour les travaux, directive 77/62 du 21 décembre 1976 pour les fournitures). Ces directives n'étaient pas applicables aux secteurs de l'eau, des transports, de l'énergie, des télécommunications, à la fois à cause de la forte présence de personnes privées et de leur caractère stratégique ; elles n'avaient prévu aucun mécanisme de sanction.

Chacun s'accordait sur un constat d'échec (C. Bréchon, « L'échec des directives Travaux et Fournitures de 1971 et 1976 », *RFDA* 1989, n° spéc. *Les marchés publics européens*, p. 8).

À la fin de 1984, Jacques Delors entre en fonction comme Président de la Commission Européenne ; il veut relancer l'Europe en créant un marché unique, en démantelant les frontières intérieures.

En juin 1985 la Commission a rendu public son *Livre blanc sur le marché intérieur*, document fondamental qui établissait la liste des obstacles à une véritable libre circulation, dont l'absence d'ouverture des marchés publics. Puis, le 1er juillet 1987 a été signé l'Acte unique qui a défini un objectif de réalisation d'un marché intérieur pour le 1er janvier 1993. C'est dans ce cadre que s'inscrivirent les nouvelles directives sur les marchés publics adoptées par le Conseil.

b) Le renforcement des directives

562. Des directives ont d'abord modifié celles qui existaient déjà en étendant leur champ d'application et en renforçant les règles de passation :

Dir. 88/295 du 22 mars 1988 Fournitures

Dir. 89/440 du 18 juillet 1989 Travaux.

Puis des directives sont intervenues dans de nouveaux secteurs :

Dir. 92/50 du 18 juin 1992 Services

Dir. 90/531 du 17 septembre 1990 : eau, énergie, transports, télécommunications (« secteurs exclus »).

563. Des directives ont, enfin, prévu l'instauration par les États de procédures de sanction :

Dir. 89/665 du 21 décembre 1989 recours secteurs classiques

Dir. 91/13 du 25 février 1992 recours secteurs exclus.

564. Comme les directives initiales ont subi des modifications, notamment pour tenir compte de l'accord GATT (*cf. infra*, n° 566) trois « codifications » sont intervenues pour consolider les textes :

Dir. 93/37 du 14 juin 1993 Travaux (*JOCE* 9/08/93, n° L. 199)

Dir. 93/36 du 14 juin 1993 Fournitures (*JOCE* 9/08/93, n° L. 199)

Dir. 93/38 du 14 juin 1993 : eau, énergie, transports, télécommunications (*JOCE* 9/08/93, n° L. 199).

565. Selon un rapport de la Commission sur les effets économiques de la stimulation des marchés publics du 3 février 2004 (www.europa.eu.int/comm/internal_market/fr/publproc/general/), les directives communautaires sur les marchés publics ont accru la concurrence transfrontalière dans le secteur des marchés publics et ont fait baisser d'environ 30 % les prix payés par les pouvoirs publics pour les biens et services. Toutefois, des améliorations sont encore possibles, étant donné d'une part que seul un faible pourcentage de marchés donne lieu à publicité européenne (16 %), d'autre part que les contrats transfrontaliers directs restent faibles (3 %), les entreprises n'emportant le plus souvent des marchés qu'à travers des filiales locales (30 % de marchés dans l'échantillon étudié dans le rapport).

À raison de cette situation, de nouvelles modifications sont intervenues au début de 2004 dans le cadre de la procédure de « codécision » (article 251 du traité CE). En effet, la Commission européenne a établi deux propositions de directive portant la coordination des procédures de passation (dit « paquet législatif »), qui ne se contentent pas de fusionner les textes existants des trois directives sur les marchés de travaux et de réformer la directive sur les marchés des opérateurs de réseaux, mais y apportent des changements importants dans le sens de la simplification, de la modernisation et du renforcement des règles existantes. Les nouveautés portent, notamment, sur la création de nouvelles procédures (« dialogue compétitif », centrales d'achat, accord-cadre, enchères électroniques), la modification des règles concernant les critères d'attribution (critère environnemental, pondération des critères), le renforcement des exclusions d'auteurs de certaines infractions.

Dans le cadre de la procédure de co-décision, la réforme des directives a donné lieu à des discussions difficiles entre le Parlement et la Commission. Les points de friction ont concerné les critères environnementaux et sociaux, le montant des seuils et diverses mesures en faveur des PME souhaitées par beaucoup de parlementaires. La Commission a, notamment, refusé les amendements élargissant la place des critères environnementaux et sociaux, aux motifs que le texte serait déjà conforme à la jurisprudence de la Cour (*infra*, n° 733) et qu'il ne faut pas se détourner de l'objectif principal qui est l'achat économiquement le plus avantageux ; elle a refusé la hausse des seuils au-delà de ce qui est permis par l'accord OMC ; elle a refusé les amendements relatifs aux contrats-cadres, aux enchères électroniques et à d'autres questions, parce qu'ils introduisaient trop de complexité. Au total, la commission défend une vision plutôt conservatrice du droit des marchés publics, qui a suscité les critiques des députés Verts ; mais, cela n'a pas empêché que le 2 juillet 2003 le Parlement européen a adopté le « paquet législatif » en rejetant presque tous les amendements, ce qui a permis, après une procédure de conciliation l'adoption des directives le 31 mars 2003 (directive 2004/18 relative à la coordination des procédures de passation des marchés publics de travaux, de fournitures et de services et directive 2004/17 portant coordination des procédures de passation des marchés dans les secteurs de l'eau, de l'énergie, des transports et des services postaux). Ces directives ont été publiées au *JOUE* le 30 avril 2004 (*JOUE* L 134, p. 1 et p. 114) et le délai de transposition était de 21 mois à compter de cette publication.

c) Impact de l'Accord sur les marchés publics

Bibliographie : ARROWSMITH (S.), LINARELLI (J.), WALLACE (D.) : *Regulating Public Procurement*, Kluwer Law, 2000.

ARROWSMITH (S.) : The Role and Development of the Plurilateral Agreement after Doha, *Journal of International Economic Law*, décembre 2002, p. 761.

ULB, *Les marchés publics à l'aube du XXIe siècle*, Bruylant, 2000.

566. Les directives communautaires doivent respecter les stipulations de l'accord plurilatéral sur les marchés publics (AMP), qui a été signé par la Communauté Européenne, et non par les États membres. C'est donc par le biais des directives que l'AMP, qui n'est pas invocable directement, s'impose aux États.

567. Le GATT de 1947 était un traité international visant à libéraliser le commerce des marchandises, notamment en éliminant les quotas et les discriminations techniques. Mais, en dépit des restrictions résultant des pratiques des États dans leur politique d'achat, le GATT ne se préoccupait pas de cette question, trop sensible politiquement. Aussi, l'article III qui impose l'obligation de traitement égal des nationaux et des non nationaux, comportait un paragraphe III-8 selon lequel, « Les dispositions du présent article ne s'appliqueront pas aux lois, règlements et prescriptions régissant l'acquisition, par des organes gouvernementaux, de produits achetés pour les besoins des pouvoirs publics et non pas pour être revendus dans le commerce ou pour servir à la production de marchandises destinées à la vente dans le commerce ».

Mais, des discussions sur le sujet se sont poursuivies au sein de l'OCDE et ont permis l'adoption, en 1978, d'un Accord sur les marchés publics, qui est entré en vigueur en 1981 et a été amendé en 1986. Cet accord est connu sous le nom d'Accord GATT sur les marchés publics, parce qu'il a été conclu parallèlement au cycle de Tokyo du GATT, mais juridiquement l'Accord ne faisait pas partie du GATT ; il ne liait que les États qui l'avaient signé.

Le champ d'application de cet Accord était très limité ; il ne concernait que les marchés de fournitures des autorités centrales. Pour étendre ce champ d'application les négociations se sont poursuivies et ont débouché sur un nouvel Accord sur les marchés publics (AMP) à Marrakech, dans le cadre du cycle d'Uruguay, en même temps que la signature de l'Accord créant l'Organisation mondiale du commerce et celle du nouveau GATT en 1994.

568. Comme le précédent AMP, celui de 1994 ne lie pas tous les signataires du GATT et membres de l'OMC, mais seulement ceux qui l'ont signé séparément, soit 36 États.

Pour la plupart des signataires le nouvel accord améliore l'ancien au point de vue du champ d'application matériel (travaux, services) et organique (collectivités décentralisées) et au point de vue des sanctions (recours).

L'AMP définit des principes généraux, ainsi qu'un minimum de règles de procédure.

Le premier principe est celui de traitement national et non-discrimination (article III), ce qui a pour effet d'interdire aux États d'utiliser les marchés publics comme instruments de préférence nationale.

L'article III comporte aussi la clause de la nation la plus favorisée, selon laquelle « chaque Partie accordera immédiatement et sans condition, aux produits et services des autres Parties et à leurs fournisseurs qui offrent ces produits ou services, un traitement qui ne sera pas moins favorable... que celui accordé aux produits et services de toute autre Partie et à leurs fournisseurs ».

En ce qui concerne les procédures de passation les exigences de l'AMP sont identiques à celles des directives communautaires : publicité (art. IX), mise en compétition (art. XV), organisation détaillée de la procédure d'appel d'offres.

Si, à ces points de vue, l'AMP est proche du droit communautaire, ce qui est normal, puisque la Communauté européenne en est signataire, il n'en demeure pas moins que deux différences importantes séparent les deux systèmes.

En premier lieu, l'AMP ne s'applique qu'aux marchés qui atteignent les seuils fixés en DTS (droits de tirage spéciaux du FMI) et qui sont fixés à 130 000 DTS pour les autorités centrales et à des valeurs variables selon les Parties, et généralement plus élevées pour les entités locales (200 000 DTS dans le cas de la Communauté européenne). En droit communautaire, le système des seuils est également utilisé, mais le principe général de non-discrimination s'applique à tous les marchés.

En second lieu, l'AMP est un accord plurilatéral du commerce international et, à ce titre, il fait application du principe de réciprocité. Les États parties ne consentent généralement l'accès des entreprises aux marchés conclus dans un secteur donné ou à un niveau administratif donné que si l'État dont l'entreprise est ressortissante ouvre ses propres marchés au niveau ou dans le secteur concerné. Pour savoir si l'Accord est ou non applicable, il est donc nécessaire de se référer aux annexes et appendices déposées par chaque État (consultables sur le site : http://www.wto.org/). Mais, au niveau de l'Union européenne, la décision du Conseil du 22 décembre 1994 (94/800) relative à l'Accord a étendu le bénéfice de la non-discrimination aux États signataires de l'AMP dans les mêmes conditions qu'aux États membres, ce qui limite l'effet de la réciprocité. Il en résulte, par exemple, qu'alors qu'aux États-Unis seulement 37 États fédérés ont accepté l'Accord, les États fédérés allemands y sont soumis.

d) Transposition des directives en France

569. Les premières directives de coordination, ayant eu un contenu très proche de celui du droit français, n'avaient imposé que peu de modifications de la réglementation nationale (décret du 15 janvier 1977). Il en est allé différemment des directives postérieures qui ont nécessité plusieurs textes de transposition répartis entre la loi et le règlement. La France a été particulièrement longue à transposer les règles concernant les marchés de services, parce que l'État ne souhaitait pas voir ses services déconcentrés mis en concurrence avec le secteur privé lorsqu'il fournissent des prestations aux collectivités locales ; il a fallu une condamnation par la Cour de justice, (*CJCE 2 mai 1996, aff. C-234/95, Rec. 2415*), pour que soient adoptés les textes de transposition de la directive sur les marchés de services (loi du 22 janvier 1997 et décrets du 27 février 1998). Compte tenu du champ d'application des directives, les mesures de transposition ne sont que partiellement intégrées dans le CMP Le travail de transposition a, de plus, été long et loin d'être toujours satisfaisant ; il a été amélioré par le décret du 7 mars 2001 portant nouveau Code des marchés publics, mais cela n'a pas empêché la Commission européenne d'adresser à la France le 17 octobre 2002 un avis motivé demandant la modification sur plusieurs points du nouveau Code des marchés publics et de considérer que le code de 2004 n'était pas encore tout à fait conforme ; en 2006 la conformité n'est pas encore atteinte à 100 % par suite de désaccords entre le France et la Commission.

570. Transposition

Situation initiale	**Situation actuelle**
Directive Fournitures	*Directive 2004/18 (secteurs classiques)*
CMP : Décret du 17 avril 1989 (Livre V, CMP)	CMP : décret du 1er août 2006 Hors CMP : ordonnance du 6 juin 2005 décret du 30 décembre 2005
Hors CMP : art. 9-1 L. 3 janvier 1991 (L. 22 janvier 1997)	
Directive Travaux	
CMP : Décret du 18 septembre 1990 (LV, CMP)	
modifié par D. 31 mars 1992	
Hors CMP : Loi du 3 janvier 1991	
Déc. du 31 mars 1992	
Directive Services	
CMP : Décret nº 98-111 du 27 février 1998 (LV, CMP)	
Hors CMP : L. 22 janvier 1997 et décret d'application nº 98-112 du 27 février 1998	
Directive « Secteurs spéciaux »	*Directive 2004/17 (secteurs spéciaux)* CMP : décret du 1er août 2006
CMP : Déc. 3 août 1993 (L. V, titre II, CMP)	Hors CMP : Ordonnance du 6 juin 2005 Décret du 20 octobre 2005
Hors CMP : Loi du 11 décembre 1992 (complétée par L. 22 janvier 1997)	
Déc. 3 août 1993 modifié par décret 98-113 du 27 février 1998	
Directive Recours « secteurs classiques »	Sans changement (révision des directives en projet)
Loi du 4 janvier 1992	
Déc. 7 février 1992 (NCPC, CTACAA)	
Directive Recours « Secteurs spéciaux »	
Loi du 29 décembre 1993	

571. Les décrets du 7 mars 2001, du 7 janvier 2004, puis du 1er août 2006 ont intégré les mesures de transposition en ce qui concerne les personnes morales de droit public soumises au code, mais, en ce qui concerne certaines personnes publiques et privées c'est la loi du 3 janvier 1991, puis l'ordonnance du 6 juin 2005 qui transposent les directives à l'égard des pouvoirs adjudicateurs non soumis au code. Cette dispersion des textes limite de façon regrettable l'accessibilité du droit des marchés publics.

C Contrainte réglementaire et meilleur achat public

Bibliographie : DESMAZES (J.) : « Achats publics : la problématique conciliation des dimensions management et juridique de la responsabilité publique », *Polit. et management publ. 2001*, n° 1, p. 81 et s.

KELMAN (S.) : *Procurement and public Management : the Fear of Discretion and the Quality of Government Performance*, American Enterprise Institute for Public Policy Research, 1990.

RICHER (L.) : « Le code du silence. À propos du Code des marchés publics de 2004 », *RDP* 2004. 1569.

SCHOONER (Steven L.) : « Fear of Oversight : the fundamental failure of Businesslike Government », *American University Law Review*, 2001, vol. 50, p. 627.

TREPTE (P.) : *Regulating Procurement*, Oxford University Press, 2004.

572. Dans les entreprises privées existe « la fonction *Achats* qui recouvre l'ensemble des rôles allant de l'identification du besoin jusqu'à la signature du contrat en passant par la prospection des fournisseurs et la négociation, et la fonction *approvisionnements* où l'on trouve toutes les opérations allant de l'émission des commandes au règlement de la facture en passant par le contrôle de réception et la gestion des flux et des stocks amonts » (PY Barreyre *« Achat industriel »* in *Encyclopédie de Gestion*, Economica, 1997). Tout cela ne diffère pas grandement de ce qui se passe ou devrait se passer dans l'administration, à cette différence près que les achats des administrations sont très encadrés par la réglementation. Or, la crainte de commettre une illégalité, laquelle est pénalement sanctionnée (art. 432-14 du Code pénal), est de ce fait devenue tellement forte que les responsables de la passation des marchés ont tendance à se focaliser sur le respect de la règle, parfois aux dépens de la rationalité économique. Par sa lourdeur la réglementation des marchés publics peut constituer un obstacle à l'efficacité de la commande publique :

« quand un système d'achat public est principalement *rule-based* l'accent est mis sur le respect de la réglementation par les fonctionnaires plus que sur la qualité des résultats (car la qualité est présumée résulter du respect des règles plus que de l'exercice du pouvoir d'appréciation). Cela peut conduire les fonctionnaires à s'entourer d'un excès de précautions dans les domaines où ils disposent d'un pouvoir discrétionnaire » (S. Arrowsmith, J. Linarelli, D. Wallace *Regulating Public Procurement*, Cluwer Law, 2000, p. 76).

573. On pourrait imaginer que l'État et les autres collectivités se procurent les biens et les services dont ils ont besoin dans les mêmes conditions que n'importe quelle entreprise privée. Comme les personnes publiques, les entreprises privées achètent du matériel de bureau, commandent des logiciels informatiques, ou font construire des bâtiments. Pourquoi un régime juridique différent, alors que, dans un cas comme dans l'autre, la préoccupation dominante est forcément d'obtenir la meilleure prestation au meilleur prix ? Le droit des marchés publics ne pourrait-il pas être simplifié radicalement par la suppression de la réglementation des marchés publics ? Selon certains, des changements radicaux sont nécessaires.

Ainsi, aux États-Unis, sous l'influence du vice-président Al Gore, a été lancée à l'époque de la présidence Clinton une politique de réforme administrative dite *National Performance Review* (NPR), visant à rapprocher administration et entreprise (*Businesslike Government*). Un des domaines principaux a été la réforme des marchés de l'État fédéral, dont l'inspirateur fut le professeur Kelman. Ce professeur de management à Harvard est l'auteur de *Procurement and public Management : the Fear of Discretion and the Quality of Government Performance* (1990) et il a conseillé la Maison Blanche de 1993 à 1997. Au cours de cette période, les lois sur l'achat fédéral ont été modifiées en 1994 et 1996 dans le sens de l'assouplissement : carte d'achat en dessous de $ 2 500, procédure négociée en dessous de $ 100 000, marchés de clientèle. L'objectif était d'améliorer l'efficacité de l'administration, c'est-à-dire de diminuer les coûts de transaction et, notamment, l'importance du personnel affecté à l'achat public ; il ne s'agissait donc pas de l'efficacité par le choix de l'offre économiquement la plus avantageuse, qui suppose la compétition.

574. Ces réformes procèdent d'une grande méfiance envers la réglementation et les juristes, suspects d'entraver le bon fonctionnement de la machine administrative en créant des délais et des coûts ; pour S. Kelman il faut libérer la créativité des acheteurs publics et supprimer les contentieux.

Le professeur Steven Schooner observe que ces réformes ont négligé une contrepartie nécessaire de la plus grande flexibilité, qui est la nécessité de renforcer les contrôles internes et externes. Kelman fait comme si l'accroissement de la flexibilité pouvait ne pas s'accompagner d'un important investissement dans la lutte contre la corruption ; il renvoie à l'aggravation de la répression pénale, ce qui est insuffisant sans une surveillance en amont. De plus, la méfiance envers le contentieux fait l'impasse sur le rôle de « private attorney general » qu'ont les candidats ou cocontractants (« *qui tam action* »). Quel que soit le souci d'efficacité, le professeur Schooner rappelle une formule de l'économiste Arthur Okun, selon qui l'État a le devoir de dépenser 20 dollars pour empêcher le détournement d'un dollar d'argent public.

575. À cette exigence de protection du contribuable s'ajoute que les collectivités publiques sont différentes des entreprises privées par leurs dimensions et par le contexte de leur activité.

D'abord, la taille de nombreuses collectivités, dont l'État, fait que leurs marchés influencent fortement l'économie, que les grosses entreprises risquent d'être favorisées, que les besoins risquent d'être mal évalués. Ensuite, dans la plupart des cas, l'activité n'est pas insérée dans l'économie et il n'existe donc pas d'incitation à prendre la décision économiquement la meilleure ; elle est insérée dans un environnement qui risque, au contraire, de faciliter l'influence du pouvoir politique sur la décision en introduisant des facteurs extérieurs à la rationalité économique.

Pour ces raisons et quelques autres, la banalisation du régime des marchés publics est une impossibilité. En revanche, il devrait être possible d'atteindre un meilleur équilibre entre la liberté d'appréciation de l'acheteur et la concurrence d'une part en mettant l'accent sur les principes plus que sur les règles formalistes, d'autre part en rendant plus sûr et plus accessible le droit écrit.

§ 2. La notion de marché public

Bibliographie : ECKERT (G.) : « Champ d'application du Code des marchés publics », *J.-Cl. CMP*, fasc. 40.

KAHN (J.) : « La notion juridique de marché public », *Marchés publics*, octobre 1968, p. 37.

LLORENS (F.) et SOLER-COUTEAUX (P.) : « Le nouveau champ d'application du Code des marchés publics », *Contrats et marchés publics*, avril 2001, n° 4, p. 7.

MENEMENIS (A.) : « Le champ d'application du Code des marchés publics », *BJDCP*, mai 2001, n° 16, p. 182.

PEYRICAL (J.-M.) : « Le contrat de prestations entre collectivités publiques », *AJDA* 2000. 581.

RICHER (L.) : « Le marché public : problèmes actuels de définition », *CJEG* 1986, 37.

RICHER (L.) : « L'article 1er du Code des marchés publics doit-il être révisé ? », *AJDA* 1994, n° spécial, p. 13.

RICHER (L.) : « Le champ d'application du nouveau code : des critères en quête d'une notion », *Mon. des TP*, 22 juin 2001, p. 4 et s.

SOUSSE (M.) : *Droit public des contrats de construction*, LGDJ, 1998.

Traité des contrats, n° 187 s.

576. Les marchés publics obéissent en principe aux règles générales applicables aux contrats administratifs puisque la loi du 11 décembre 2001 portant mesures d'urgence à caractère économique et financier qualifie les marchés publics de contrats administratifs quelles que soient leurs clauses et leur objet (*supra*, n° 140). À ces règles se juxtaposent toutes les règles spécifiques du Code des marchés publics. Le code donne une définition du marché public qui a été complétée par la jurisprudence. Cette définition permet de déterminer le champ d'application du Code des marchés publics, mais elle laisse de côté certains cas d'application de règles similaires à celles du code.

L'ancien Code des marchés publics donnait une définition vague et partielle : « les marchés publics sont des contrats passés, dans les conditions prévues au présent code, par les collectivités publiques en vue de la réalisation de travaux, fournitures et services » (art. 1er du CMP de 1964). Outre son caractère incomplet, puisqu'elle ne mentionnait pas le versement d'un prix, cette définition présentait l'inconvénient majeur de ne pas toujours coïncider avec celle des directives sur les marchés publics.

Or, ces directives ne s'appliquent que si le montant du marché est inférieur aux seuils communautaires, ce dont résultait la coexistence dans certains cas de deux notions du marché public, l'une applicable en dessous des seuils communautaires, l'autre au-dessus de ces seuils (sur le montant de ces seuils cf. *infra*, n° 667).

577. La nouvelle définition apportée par le code de 2001 non modifiée en 2004 et amendée dans le vocabulaire, mais non dans sa substance en 2006 est plus complexe que celle de l'ancien Code, mais elle présente l'immense avantage d'être ajustée à celle des directives. Même si certains décalages subsistent au plan organique, la définition générale est, en effet, alignée sur celle du droit communautaire pour ce qui est des deux autres critères, relatifs à l'objet et à la contrepartie de la prestation.

L'article 1er du code de 2001 et de 2004 disposait que « les marchés publics sont les contrats conclus à titre onéreux avec des personnes publiques ou privées par les personnes morales de droit public mentionnées à l'article 2, pour répondre à leurs besoins en matière de travaux, de fournitures ou de services ». Dans le code de 2006 le vocabulaire est « communautarisé » : « Les marchés publics sont les contrats conclus à titre onéreux entre les pouvoirs adjudicateurs définis à l'article 2 et des opérateurs économiques publics ou privés, pour répondre à leurs besoins en matière de travaux, de fournitures ou de services ».

Cette définition doit être rapprochée de celle qui figure dans la directive de 2004, laquelle reprend à cet égard les directives 93/36, 93/37 et 92/50.

Est d'abord donnée une définition générale des marchés publics : ce sont des « contrats à titre onéreux conclus par écrit entre un ou plusieurs opérateurs économiques et un ou plusieurs pouvoirs adjudicateurs et ayant pour objet l'exécution de travaux, la fourniture de produits ou la prestation de services au sens de la présente directive ».

Sont, ensuite, ajoutés des éléments spécifiques à chaque type de marché.

Les marchés de travaux sont ceux qui ont pour objet « soit l'exécution, soit conjointement la conception et l'exécution de travaux relatifs à une des activités mentionnées à l'annexe I ou d'un ouvrage, soit la réalisation, par quelque moyen que ce soit, d'un ouvrage répondant aux besoins précisés par le pouvoir adjudicateur. La nouvelle directive ajoute, ce que ne faisait pas la directive 93/37, une définition de l'ouvrage : « résultat d'un ensemble de travaux de bâtiment ou de génie civil destiné à remplir par lui-même une fonction économique ou technique ».

Les marchés de fournitures sont les marchés « ayant pour objet l'achat, le crédit-bail, la location ou la location-vente, avec ou sans option d'achat, de produits ».

Quant aux marchés publics de services, ils apparaissent comme une catégorie résiduelle, puisque ce sont les « marchés publics autres que les marchés publics de travaux ou de fournitures portant sur la prestation de services ».

Si l'on fait, pour le moment, abstraction des éléments spécifiques, liés à l'objet de la prestation, on retiendra que dans les définitions figure la mention du caractère onéreux du contrat, que dans la définition du code l'acheteur est un « pouvoir adjudicateur » et non plus une personne morale de droit public, que dans la définition du code il est tenu compte de l'identité du prestataire, qui n'apparaissait jadis que dans la directive 92/50 sur les marchés de services, mais qui figure dorénavant à l'article 1er-8 de la directive de 2004 : « les termes "entrepreneur", "fournisseur" et "prestataire de services" désignent toute personne physique ou morale ou entité publique ou groupement de ces personnes et/ou organismes qui offre, respectivement, la réalisation de travaux et/ou d'ouvrages, des produits ou des services sur le marché ».

A Le critère organique

578. Le critère organique intervient aussi bien du côté de l'« acheteur » qui est, normalement, une personne morale de droit public que du côté du prestataire, qui peut être une personne privée ou publique. Mais, le code ne s'applique pas réellement à toutes les personnes morales de droit public (ou personnes publiques) ; une identification des personnes entrant dans le champ d'application du code s'impose.

a) Les personnes morales de droit public

579. Selon le droit français, sont des personnes morales de droit public l'État, les collectivités locales, les établissements publics (y compris s'ils ont un caractère industriel ou commercial) et un certain nombre de personnes publiques *sui generis* (Banque de France, Institut de France et Académies, groupements d'intérêt public).

Le code ne s'applique pas à toutes les personnes publiques, puisque l'article 2 restreint la portée de l'article 1er en indiquant que le code ne s'applique qu'à L'État et à ses établissements publics autres que ceux ayant un caractère industriel et commercial, ainsi qu'aux collectivités territoriales et aux établissements publics locaux même industriels et commerciaux.

580. Le Code des marchés publics *ante* 2006 s'appliquant à l'État et à « ses » établissements publics et aux collectivités locales et « leurs » établissements publics, il a, de ce fait, existé une catégorie d'établissements publics non soumis au code : les établissements publics sans rattachement, qui étaient nombreux et économiquement importants puisqu'il s'agissait d'une part, des établissements professionnels (chambres de commerce, des métiers, d'agriculture), d'autre part, des associations syndicales autorisées. Mais, le Conseil d'État a fini par juger que tout établissement public a un rattachement, ce qui a eu pour conséquence une extension du Code des marchés publics à tous ces établissements publics *(CE 13 janvier 1995, CCI de la Vienne, Rec. 26 ; 13 septembre 1995 Favier, CJEG 1996, 17, note Richer).*

581. Deux catégories de personnes publiques restent alors exclues : celles qui n'ont pas la qualité d'établissement public, ce qui est de moins en moins rare, et les établissements de l'État ayant un caractère industriel et commercial. Le code est également applicable au mandataire d'une personne publique.

1° Les personnes publiques sui generis

582. La jurisprudence administrative a paru, un temps, considérer que toute personne publique qui n'est pas une collectivité territoriale est un établissement public, mais, depuis quelques années a été admise l'existence de personnes publiques *sui generis*.

Ainsi, la jurisprudence est sortie de la classification binaire pour dire que les groupements d'intérêt public (GIP) sont des « personnes publiques soumises à un régime spécifique », qui ne relèvent donc pas de plein droit des lois et règlements régissant les établissements publics *(TC 14 février 2000, GIP Habitat et intervention sociales pour les mal-logés et les sans-abris, AJDA 2000.466).*

Il en résulte d'une part que tous les GIP sont des personnes publiques, d'autre part que le Code des marchés publics ne leur est pas applicable. De même, il a été jugé que la Banque de France est une personne publique et non un établissement public *(TC 16 juin 1997, Muet, CJEG 1997.363, concl. Arrighi de Casanova)*, ce dont il résulte que le Code des marchés publics est inapplicable à la Banque de France *(Avis CE, sect. des finances, avis du 9 décembre 2000, EDCE 2000, n° 51, p. 211).*

2° Les établissements publics à caractère industriel et commercial

583. Les établissements publics à caractère industriel et commercial (EPIC) ne sont soustraits au champ d'application du code qu'au niveau national, le régime applicable restant plus rigoureux au plan local. Cela ne signifie pas pour autant que les marchés des EPIC nationaux sont totalement libres, étant donné que beaucoup d'entre eux sont des entreprises publiques qui interviennent dans un des secteurs « réseaux » (énergie, transports, postes notamment) et relèvent donc du champ d'application de la directive 2004/17 transposée par l'ordonnance n° 2005-649 du 6 juin 2005.

À l'origine, la qualification comme EPIC était liée à la nature de l'activité : l'établissement était industriel et commercial lorsque son activité l'était, ce qui justifiait un assouplissement et une privatisation des règles applicables, notamment en matière de passation des marchés. Mais la souplesse a constitué un attrait par elle-même et des établissements publics ont été dotés du statut d'établissement à caractère industriel et commercial alors que leur activité était administrative. Cette dérive a été officialisée par l'article 151 du décret n° 62-1587 du 29 décembre 1962 sur la comptabilité publique d'après lequel « selon l'objet de leur activité ou les nécessités de leur gestion », les établissements publics nationaux sont dits « à caractère administratif » ou « à caractère industriel et commercial ».

Le juge a apporté des limites à cette politique administrative : dans un premier temps il a procédé à la requalification de l'activité *(TC 24 juin 1968, Sté Distilleries Bretonnes c/ FORMA, AJDA 1969, p. 311, note de Laubadère)*, puis, dans un second temps il est allé jusqu'à rectifier la qualification de l'établissement lui-même *(CE 4 juillet 1986, Berger, D. 1988, p. 90, note Fatôme et Moreau)*. La requalification n'a jamais abouti à déclarer applicable le Code des marchés publics, mais le problème se pose avec acuité au regard du droit communautaire, comme on le verra.

3° Le mandataire d'une personne publique

584. L'article 2-I-2° du code de 2004 prévoyait que les règles du code s'appliquent « aux marchés conclus en vertu d'un mandat donné par une des personnes publiques mentionnées au 1° du présent article, sous réserve des adaptations éventuellement nécessaires auxquelles il est procédé par décret ». Cette solution est celle du droit positif actuel (v. not. *Avis du Conseil d'État du 22 janvier 1998, EDCE 1999, n° 50, p. 226*) ; elle est valable même sans texte, par simple application du principe de représentation ; c'est pourquoi le code de 2006 ne reprend pas la règle.

b) Personne morale de droit public, personne privée et pouvoir adjudicateur

Bibliographie : BRÉCHON (C.) et RICHER (L.) : « Marchés de services », chron. de législation, *AJDA* 1998, 602.

CABANES (A.) : *La notion communautaire de marchés publics*, th. dactyl., Paris V, 1996.

CHÉROT (J.-Y) : « Les organismes de droit public dans les directives marchés publics », *BJDCP*, 1999, n° 4, p. 322.

LAJOYE (C.) : *Les effets des directives communautaires sur les notions juridiques de marché et de contrat publics*, th. dactyl., Caen, 1996.

KARPENSCHIF (M.) : « Définition du pouvoir adjudicateur par la CJCE », *AJDA* 2004. 526.

MAUGUË (C.) et TERNEYRE (P.) : « Achèvement (ou presque) de la transposition des directives Marchés publics », *RFDA* 1998, 593.

« *Pouvoirs adjudicateurs en Allemagne, Espagne, France, Grèce et Italie* », dossier, *CP-ACCP*, n° 25, septembre 2003, p. 26 et s.

1° Définition du pouvoir adjudicateur

585. Les anciennes, comme la nouvelle directive communautaires se réfèrent à la notion générique et fonctionnelle de « pouvoir adjudicateur » pour définir leur champ d'application organique. La catégorie des pouvoirs adjudicateurs englobe l'État, les collectivités locales et les organismes qui leur sont rattachés (pouvoirs adjudicateurs par définition), mais aussi les « organismes de droit public », lesquels ne sont pas assimilables aux personnes morales de droit public du droit français. Ainsi, les sociétés anonymes d'HLM sont des organismes de droit public, selon la CJCE *(CJCE 1er février 2001, Commission des Communautés européennes c/ République française, aff. C-237/99 ; Rec., p. 939 ; Ctts et MP, 2001, n° 64).*

En effet, pour la définition de l'« organisme de droit public », l'expression « droit public » ne renvoie pas à un régime juridique, mais à une organisation institutionnelle : il s'agit de définir une sphère d'influence allant au-delà de l'État et de ses démembrements. Dès lors que les pouvoirs publics ont les moyens de pousser à « acheter national », la méfiance s'impose. Mais cette méfiance a une limite : il se peut que, même soumis à influence politique, l'organisme intervienne dans un contexte concurrentiel, auquel cas, il est à présumer qu'il se pliera moins volontiers aux *desiderata* politiques.

En fonction de ces présupposés, sont qualifiés comme « de droit public » les organismes qui présentent les caractères suivants (art. 1er-9 de la directive 2004/18) :

— personnalité juridique ;

— avoir été « créé pour satisfaire spécifiquement des besoins d'intérêt général ayant un caractère autre qu'industriel ou commercial » ;

— lien avec l'État, les collectivités territoriales ou un autre organisme de droit public résultant du financement majoritaire ou du contrôle ou de la présence dans les organes dirigeants.

La condition qui pose le plus de problèmes est celle qui est relative à l'objet, qui se décompose en trois éléments que la CJCE a été appelée à interpréter.

586. Par un arrêt du ***15 janvier 1998, Mannesmann Anlagenbau Austria AG (aff. C-44/96 ; Rec. I, 73, concl. Léger, CJEG 1998, 239, note Bréchon-Moulènes et Richer)***, la Cour de justice a apporté pour la première fois un éclairage sur la notion d'organisme de droit public.

Était en cause dans cette affaire une activité de production de documents officiels (passeports, permis de conduire, journaux officiels). La Cour juge que l'entité a été créée pour satisfaire des besoins d'intérêt général à caractère non industriel ou commercial au motif que les documents dont la production doit être assurée... sont « étroitement liés à l'ordre public et au fonctionnement institutionnel de l'État ».

Par la suite, la jurisprudence s'est étoffée.

587. En ce qui concerne le but d'intérêt général, les qualifications du droit national sont sans incidence sur la nature de l'organisme *(CJCE 15 mai 2003, Comm. c/ Espagne, C-214/00, Ctts et MP, 2003, com. 124* : une personne privée de droit espagnol n'en est pas moins un organisme de droit public) et « il convient de donner aux termes susmentionnés une interprétation autonome et uniforme dans toute la Communauté » *(27 février 2003, Adolf*

Truley GmbH, C-373/00, CP-ACCP juin 2003, n° 23, p. 50, comm. L. Richer ; AJDA 2003. 1228, note J.-D. Dreyfus), ce qui fait que la notion d'intérêt général est une notion autonome du droit communautaire. Cette autonomie n'empêche toutefois pas que la Cour tient compte, à titre complémentaire et indiciaire des solutions du droit interne.

La jurisprudence de la Cour n'apporte que des indications limitées au sujet des critères de l'intérêt général. La plupart du temps, cette qualification est présentée comme une évidence, ce qui se comprend lorsque sont en cause des organismes qui assument des missions relevant de ce que l'avocat général Philippe Léger a qualifié de « missions essentielles dévolues aux pouvoirs publics » (*concl. P. Léger sur CJCE 15 janvier 1998, Mannesmann, aff. C-44/96, Rec. I-173*), comme la fabrication de passeports et autres imprimés officiels (*CJCE 15 janvier 1998, Mannesmann, précité*), ou la gestion d'une université (*3 octobre 2000, C-380/98 The University of Cambridge, Rec. I-8035*) ou le logement social (*1er février 2001, C-237/99 Commission/France, Rec. I-939*). Mais, dans d'autres cas, l'évidence cesse d'exister, ce qui a incité la Cour à esquisser une définition de l'intérêt général.

Ainsi, à propos d'une personne morale de droit privé chargée d'organiser des foires et expositions, la CJCE admet le caractère d'intérêt général au motif que « l'organisateur de telles manifestations, en réunissant en un même lieu géographique des fabricants et des commerçants, n'agit pas seulement dans l'intérêt particulier de ces derniers, qui bénéficient ainsi d'un espace de promotion pour leurs produits et marchandises, mais il procure également aux consommateurs qui fréquentent ces manifestations une information permettant à ceux-ci d'effectuer leurs choix dans des conditions optimales. L'impulsion pour les échanges qui en résulte peut être considérée comme relevant de l'intérêt général » *(CJCE 10 mai 2001, Agorà Srl, aff. C-223/99 et C-260/99, Rec. I. 3607 ; Ctts et MP, 2001, n° 132*). La même solution est admise à propos d'une société qui a pour objet d'acquérir des services visant à promouvoir le développement industriel ; la société n'œuvre pas pour satisfaire les besoins des entreprises, mais pour ce que l'avocat général S. Alber dénomme « une affaire commune dans l'intérêt des personnes résidant dans la commune » (*22 mai 2003, Arkkitehtuuritoimisto Riitta Korhonen Oy, aff. C-18/01, Rec.*, I-5321).

588. Mais, le problème le plus délicat est celui de la qualification des besoins satisfaits par l'organisme.

La Cour a éliminé les critères trop simples ; elle a, ainsi, admis qu'un « organisme de droit public » peut, avoir des activités identiques à celles d'entreprises privées (***CJCE 10 novembre 1998, BFI, aff. C-360/96, Rec. I-6821 ; BJCP 1999, n° 2, p. 155, concl. La Pergola***) et que l'existence d'une concurrence développée ne permet pas, à elle seule, de conclure à l'absence d'un besoin d'intérêt général ayant un caractère autre qu'industriel ou commercial *(27 février 2003, Adolf Truley GmbH, précité, point 61 ; 22 mai 2003, Arkkitehtuuritoimisto Riitta Korhonen Oy, précité — point 50*). Il en résulte qu'un besoin d'intérêt général ayant un caractère autre qu'industriel ou commercial peut, éventuellement, être satisfait par un organisme qui entre en concurrence avec d'autres entités, lesquelles ne seront pas nécessairement des organismes de droit public au sens des directives. Mais, ceci acquis, il reste à définir de façon positive les critères du « caractère industriel ou commercial ».

Dans l'arrêt de la CJCE du 10 mai 2001 Agorà trois indices sont mentionnés :

— les besoins sont satisfaits d'une manière autre que par l'offre de biens ou de services sur le marché ;

— l'État, pour des raisons liées à l'intérêt général, choisit de satisfaire lui-même ces besoins ou entend conserver une influence déterminante ;

— une concurrence développée est absente.

On voit donc réapparaître une donnée qui sert aussi à retenir le caractère d'intérêt général (l'intervention de l'État), deux données dont la Cour a dit, par ailleurs, qu'elle ne sont pas indispensables (satisfaction par le marché, qui renvoie à la différence public-privé ; concurrence). Aucun de ces indices n'est déterminant à lui seul ; c'est leur accumulation qui entraîne la qualification (dans le cas d'espèce comme organisme satisfaisant un besoin industriel ou commercial et ne relevant donc pas de la directive 92/50).

La méthode suivie laisse place à d'autres indices que ceux qui viennent d'être mentionnés.

À cet égard l'arrêt du *22 mai 2003 C-18/01 Arkkitehtuuritoimisto Riitta Korhonen Oy* apporte des indications plus intéressantes que l'arrêt Agorà dans la mesure où les formules employées mettent bien en évidence le lien entre les indices utilisés et la logique des directives. L'arrêt dit pour droit qu'une société détenue par une collectivité territoriale qui acquiert des services visant à promouvoir le développement industriel et commercial répond à un besoin d'intérêt général, qui peut être autre qu'industriel et commercial en fonction des circonstances, à apprécier par le juge national, et notamment des trois éléments suivants :

— la charge des risques financiers ;
— l'existence d'un but lucratif ;
— le financement public.

Dans le raisonnement, la notion fondamentale est celle de risques financiers. En effet, l'avocat général Siegbert Alber a très clairement exposé que « ce qui est décisif, aux fins de savoir si une entité remplit les conditions pour être un organisme de droit public, c'est... de déterminer s'il y a un risque que cette entité se laisse guider dans ses décisions d'attribution de marchés par des considérations autres qu'économiques. Si tel est le cas, la réalisation de la libre prestation de services est mise en danger, ce qui justifie l'application des directives sur les marchés publics. Dès lors qu'un organisme supporte lui-même le risque économique de son activité, il est en principe tenu de se laisser guider par des considérations économiques et de choisir ses cocontractants en conséquence » (conclusions, point 79).

Cette référence à la notion de risque renvoie au fond à celle d'entreprise, ce qui confirme bien que plus que le besoin lui-même, c'est la façon de le satisfaire qui importe.

589. Enfin, l'organisme doit avoir été « créé spécifiquement... ». La CJCE n'a guère tenu compte de cette exigence, elle a fait prévaloir une interprétation « fonctionnelle » visant à donner son plein effet à la directive appliquée, sans trop se préoccuper du sens littéral.

Ainsi, dans l'arrêt Universale-Bau *(CJCE 12 décembre 2002, Universale Bau AG, aff. C-470/99, Rec. I-11617 ; ACCP 2003, n° 20, p. 63, comm. E. Fatôme et L. Richer)* la Cour décide que les statuts de l'organisme, c'est-à-dire l'acte de création ne sont pas déterminants à eux seuls. En l'espèce, l'extension du champ d'activité de la société résultait de contrats conclus avec la ville de Vienne, bien après la création de la société ; c'est sans importance, estime la Cour, puisque sur la base du contrat l'activité est effective. L'effet utile de la directive impose d'admettre qu'un organisme est de droit public si le pouvoir adjudicateur qui l'a créé lui donne pour mission de satisfaire un besoin autre qu'industriel et commercial après sa création et par contrat. Et, il importe peu que la nouvelle activité vienne s'ajouter à une activité qui avait pour objet la satisfaction de besoins industriels ou commerciaux. Cette dernière précision résultait déjà de l'arrêt Mannesmann.

En effet, dans l'arrêt du *15 janvier 1998, Mannesmann Anlagenbau Austria ea (précité)* la Cour juge qu'un organisme créé pour satisfaire un besoin autre qu'industriel ou commercial (fabrication d'imprimés administratifs) reste un organisme de droit public, s'il développe par la suite des activités poursuivant la satisfaction de besoins industriels et commerciaux et cela même si lesdites activités sont largement majoritaires. Dès lors que l'organisme a été créé dans le but de satisfaire des besoins d'intérêt général n'ayant pas un caractère industriel ou commercial, la totalité des marchés passés par cet organisme relève des directives, quelle que soit la part respective des différentes activités. La solution est rattachée par l'arrêt au « principe de la sécurité juridique qui exige qu'une règle communautaire soit claire et son application prévisible pour tous ceux qui sont concernés ».

Compte tenu de l'objectif visé par les directives et des critères de définition de l'organisme de droit public ainsi retenus, les directives s'appliquent en France à des personnes autres que celles qui relèvent du Code des marchés publics.

2° « Organismes de droit public » non soumis au Code des marchés publics

590. Répondent à la définition de l'organisme de droit public sans être soumises au Code des marchés publics un certain nombre de personnes privées et publiques à qui les directives sont applicables. Pour ces personnes la transposition en droit français a été effectuée par des textes extérieurs au code, ce qui était inévitable dès lors que le code n'a pas valeur législative, alors qu'une loi est nécessaire pour imposer des conditions de passation de leurs contrats à des personnes privées, qui concluent de la sorte des marchés publics de droit privé.

1. Personnes privées dépendantes

591. La définition de l'organisme de droit public a été reprise à l'article 3 de l'ordonnance du 6 juin 2005 (ex- art. 9 de la loi du 3 janvier 1991), à cette différence près que certains des organismes assujettis aux règles prévues par l'article 3 sont qualifiés d'« organismes de droit privé », puisque la présence des critères énumérés ne suffit pas à les faire considérer en droit français comme des personnes publiques, ne serait-ce que parce qu'ils sont constitués en forme de sociétés ou d'associations.

Des « marchés publics » sont donc conclus par des personnes privées relevant du secteur public (sociétés d'HLM, sociétés d'économie mixte, etc.), selon des règles qui sont définies non par le Code des marchés publics, mais par un décret du 30 décembre 2005 (remplaçant celui du n° 92-311 du 31 mars 1992), qui constitue un Code des marchés publics un peu simplifié.

Sont également apparus des marchés publics de personnes publiques non soumises au Code des marchés publics, marchés qui sont aussi visés par l'article 3 de l'ordonnance de 2005.

2. *Personnes publiques non soumises au code*

592. Les personnes publiques *sui generis*, dont on a vu précédemment qu'elles ne sont pas soumises au Code des marchés publics sont, la plupart du temps, des organismes de droit public au sens des directives. Il en va de même de certains EPIC. En effet, s'il peut être admis que la majorité des établissements industriels et commerciaux vise à la satisfaction de besoins à caractère industriel ou commercial et si, dans ces conditions, il est globalement correct d'assimiler organisme de droit public et établissement public administratif, il existe un certain nombre d'exceptions d'importance non négligeable. Pour mettre le droit français en conformité, il fallait donc prévoir l'application des obligations de publicité et concurrence aux personnes répondant à la définition de l'organisme « de droit public » non seulement lorsqu'elles sont en droit français des personnes morales de droit privé, seul cas initialement visé par l'article 9 de la loi du 3 janvier 1991, mais encore lorsqu'elles ont la qualité de personnes morales de droit public.

La solution la plus simple eut consisté à prévoir dans le Code des marchés publics que les établissements publics nationaux à caractère industriel ou commercial sont soumis au code lorsqu'ils n'ont pas été créés pour satisfaire des besoins industriels ou commerciaux. Mais, à partir du moment où la réforme du code se faisait par voie réglementaire, cette modification était impossible ou, en tout cas, considérée comme impossible en vertu de la présomption selon laquelle les contrats des établissements industriels et commerciaux sont de droit privé et donc du domaine de la loi (v. *supra*, n° 31).

593. C'est pourquoi la loi du 11 décembre 2001 portant mesures d'urgence à caractère économique et financier procède par voie de modification de l'article 9 de la loi du 3 janvier 1991, en la rendant applicable quand le marché est passé par la Banque de France ou par « un établissement public à caractère industriel et commercial de l'État ou un groupement d'intérêt public, satisfaisant un besoin d'intérêt général autre qu'industriel et commercial ». L'article 3 de l'ordonnance du 6 juin 2005 a modifié ce texte en mentionnant de façon générale les organismes de droit privé ou de droit public qui répondent à la définition communautaire de l'« organisme de droit public » et en y ajoutant nommément la Banque de France et la Caisse des dépôts et consignations. Cette disposition n'aligne pas le régime de ces établissements sur celui des établissements administratifs : elle ne vise que les marchés supérieurs aux seuils communautaires, elle rend applicables non les procédures du code, mais celles que définit le décret n° 2005-1742 du 30 décembre 2005 (anciennement décret n° 92-311 du 31 mars 1992).

Cette façon de procéder est profondément insatisfaisante à la fois parce que des règles différentes s'appliquent sans justification et parce que la loi ne vise pas certaines personnes publiques virtuellement *sui generis*. Il eût été préférable de conserver le projet de loi initial qui prévoyait la soumission aux règles de passation de tout « organisme de droit public (au sens de personne publique) ne relevant pas du Code des marchés » et répondant aux critères de l'« organisme de droit public » (au sens des directives).

Mais, en certains cas, le champ d'application des règles communautaires va au-delà du secteur public.

3. Personnes privées

594. En premier lieu, sont assujettis les marchés de fournitures et de services des organismes subventionnés à plus de 50 % par des personnes publiques (art. 37, Ord. 6 juin 2005).

En second lieu, et surtout, font l'objet de mesures de publicité la passation des marchés de travaux des concessionnaires de travaux publics (art. 35, ordonnance du 6 juin 2005), sauf lorsque ces contrats sont passés entre entreprises qui se sont groupées pour obtenir la concession ou entre le concessionnaire et des entreprises qui lui sont organiquement liées. Prévoir des procédures de publicité même en pareil cas eût, à l'évidence, été d'une utilité improbable.

c) Le prestataire

595. L'article 1er du nouveau code précise que le marché public est un contrat passé avec des « opérateurs économiques publics ou privés ». La mention des personnes publiques (opérateurs publics) est une innovation qui remonte à 2001, elle a pour but d'harmoniser le droit français et les directives communautaires et cela en allant au-delà d'une simple transposition puisque la disposition est d'application générale, dès le premier euro.

1° Application du Code des marchés publics aux contrats entre personnes publiques

596. Sous l'empire des anciens textes, deux thèses s'opposaient. Selon les uns, le Code des marchés publics était conçu pour s'appliquer aux relations entre les acheteurs publics et les entreprises et il était inconcevable de l'étendre aux contrats par lesquels une personne publique fournit une prestation à une autre personne publique, par exemple aux contrats entre les DDE et les départements ou communes. En ce cas, le professeur Franck Moderne écrit qu'« il va sans dire que le Code des marchés publics ne s'applique pas [...]. Il a été conçu en fonction des relations contractuelles entre les collectivités publiques et les cocontractants du secteur privé » (V. F. Moderne, « Les conventions de prestations de services entre l'État et les collectivités locales », EFE 1996, n° 29). À l'opposé, on a pu soutenir que la personne publique, qui fournit une prestation à titre onéreux, intervient en qualité d'entreprise, ce qui explique que la thèse de l'application générale du code a aussi eu des partisans (cf. entre autres : L. Richer « Le marché public : problèmes actuels de définition », *CJEG*, 1986. 37).

597. La question a été renouvelée, mais non résolue, par le célèbre arrêt du Conseil d'État du 20 mai 1998 Communauté de communes du Piémont de Barr, (***CE 20 mai 1998, Communauté de communes du Piémont de Barr, RFDA 1998. 609, concl. Savoie*** — confirmant *TA Strasbourg 23 mai 1997, RFDA 1998. 434, note J.-D. Dreyfus*).

La Communauté de communes du Piémont de Barr est compétente en matière d'assainissement, elle adhère à un syndicat mixte, avec lequel, au surplus, elle conclut une convention pour la gestion des installations, convention qui prévoit un paiement par la communauté de communes. Saisi d'un pourvoi en cassation dans le cadre de l'article L. 22 du CTACAA (L. 551-1 CJA), le Conseil d'État juge que cette convention aurait dû être précédée d'une publicité communautaire, parce que la directive 92/50 énonce expressément qu'elle est applicable même si le prestataire est de statut public. En revanche, le Conseil d'État ne tranche pas clairement de l'application du Code des marchés publics. Alors que le commissaire du gouvernement Savoie avait soutenu que le code n'est pas applicable aux relations entre personnes publiques, le Conseil d'État rend un arrêt de portée aussi limitée que possible. Il juge que « le Code des marchés publics ne s'applique pas à un contrat, tel que celui envisagé en l'espèce, entre deux établissements publics de coopération intercommunale dont l'un est adhérent de l'autre ». Cette rédaction reste cantonnée dans les bornes d'un litige à caractère exceptionnel, puisque, normalement, les relations entre un organisme de coopération entre collectivités locales et ses membres ne sont pas contractuelles (une exception a été introduite avec le « GIP pays » par la loi n° 99-533 du 29 juin 1999, art. 25).

En tout état de cause, la distinction qui est ici faite n'avait de sens que pour les marchés d'un montant inférieur aux seuils communautaires, car, à partir du moment où les règles communautaires doivent être respectées, elles imposent l'ouverture à tout candidat, même privé, et, par conséquent, le respect du Code des marchés publics dans son intégralité.

L'arrêt Communauté de communes du Piémont de Barr ne pouvait donc que marquer une étape.

Il a été mis fin à cette divergence entre droit national et droit communautaire par l'article 1er du code de 2001, repris par la suite mais, comme on le verra, cette extension est compensée par certaines exceptions.

598. La soumission des contrats entre personnes publiques au Code des marchés publics introduit une égalité formelle entre le secteur privé et le secteur public, mais le problème de l'égalité réelle subsiste. Dans son ***avis du 8 novembre 2000, Société Jean-Louis Bernard Consultants (Rec. 492, concl. Bergeal ; RFDA 2001. 112, concl. Bergeal ; CJEG 2001. 58, note M. Degoffe et J.-D. Dreyfus ;*** et article G. Eckert *in Contrats et marchés publics*, février 2001), le Conseil d'État a admis que la candidature des personnes publiques n'est pas anti-concurrentielle par elle-même. Certes, les personnes publiques sont, à certains égards, dans une situation différente de celle des entreprises privées, mais, au point de vue fiscal, s'applique, depuis la loi du 28 juin 1941, le principe de similitude et, en d'autres domaines, les différences sont au détriment des personnes publiques (statut des agents par exemple).

Pour ces raisons, le Conseil d'État considère que la légalité de la candidature de personnes publiques doit s'apprécier au cas par cas ; c'est seulement si elles profitent des avantages que leur procure leur situation particulière pour faire des offres à des prix anormalement bas que les personnes publiques commettent une illégalité.

Il est permis de trouver cet avis un peu formel. En effet, le principe de similitude n'est que partiel et, de toute façon, l'imposition des personnes publiques reste souvent théorique ; la personne publique bénéficie de nombreux avantages qui ne sont pas mentionnés par le Conseil d'État, ne serait-ce qu'en termes d'influence et d'image. Mais, il revient, tout de même à la collectivité délégante de prendre un minimum de précautions pour empêcher les pratiques déloyales (ex. : *CAA Douai, 9 juin 2005, Compagnie Générale des Eaux, req. n° 030A00269* — à propos d'une délégation de service public).

599. Ces points mis à part, faut-il interpréter l'avis comme un abandon du traditionnel principe de liberté du commerce et de l'industrie, qui ne permet aux collectivités publiques d'intervenir sur le marché qu'en cas d'insuffisance de l'initiative privée ? Tel n'est pas le cas. Il semble plutôt que l'avis fait application de la théorie de l'« indépendance des législations » en considérant que la violation du principe n'est pas sanctionnée dans le cadre du contrôle de la validité des marchés publics.

Il est, en tout cas, certain que de la combinaison entre le nouveau code et l'avis du Conseil d'État est né un contentieux des offres des personnes publiques, qui se trouvent, paradoxalement, encouragées (pour l'application dans l'affaire qui a suscité la demande d'avis voir : *TA Dijon 20 février 2003, Société Jean-Louis Bernard Consultant, BJDCP 2003, n° 29, p. 276, concl. Heckel).*

2° Soustraction de certains contrats entre personnes publiques au code

600. L'assimilation entre personnes publiques prestataires et entreprises a des limites, qui sont apportées par le droit français en conformité variable avec le droit communautaire. Deux exceptions sont apportées par le Code des marchés publics ; bien qu'elles ne concernent pas seulement les contrats entre personnes publiques, elles devraient s'appliquer particulièrement à eux. Il s'agit de l'exception du droit exclusif et de celle de la relation « inter organique » (« in-house »). À cela s'ajoute en droit français une tendance à introduire des exceptions pour motif d'intérêt général.

1. Le droit exclusif

601. L'article 3-2° ne concerne que les marchés de services, il prévoit que le code ne s'applique pas aux « marchés de services conclus avec un pouvoir adjudicateur soumis au présent code ou à l'ordonnance du 6 juin 2005 susvisée, lorsque ce pouvoir adjudicateur bénéficie, sur le fondement d'une disposition légalement prise, d'un droit exclusif, à condition que cette disposition soit compatible avec le Traité instituant la Communauté européenne ». Est ainsi repris l'article 6 de la directive 92/50, devenu article 18 de la directive 2004/18, aux termes duquel la directive ne s'applique pas aux marchés publics de services attribués par un pouvoir adjudicateur à un autre pouvoir adjudicateur sur la base d'un droit exclusif attribué « en vertu de dispositions législatives, réglementaires ou administratives publiées, à condition que ces dispositions soient compatibles avec le traité ».

L'article 3-2° ne reprend pas la condition de publication préalable de l'acte attribuant le droit exclusif, mais le Conseil d'État a jugé que cela ne suffit pas à entraîner l'illégalité de ce texte et il a ajouté que rien ne s'oppose à ce que le droit exclusif soit accordé par la personne publique appelée à passer le marché subséquent ***(CE Ass. 5 mars 2003, UNSPIC, Rec. 108, concl. Piveteau ; D. 2003. 851, note J.-D. Dreyfus).***

Sont ici visés non seulement des contrats entre personnes publiques, mais encore des contrats entre une personne publique et une personne privée, puisque parmi les « personnes mentionnées à l'article 3 de l'ordonnance du 6 juin 2005 » figurent surtout des personnes morales de droit privé, comme, par exemple des sociétés d'économie mixte ou des sociétés d'HLM. Mais, cette dérogation doit conserver un caractère de véritable exception, car l'attribution d'un droit exclusif ne saurait être admise que si elle est nécessaire à l'accomplissement d'une mission d'intérêt général par son bénéficiaire.

2. Les relations « inter-organiques »

Bibliographie : ARNOULD (J.) : « Les contrats de concession, de privatisation et de services "in-house" au regard des règles communautaires », *RFDA* 2000. 2.

DELVOLVÉ (P.) : « Marchés publics : des "contrats-maison" », *Rev. dr. UE*, 2002, p. 53.

FATOME (E.) et RICHER (L.) : « Procédures de passation des contrats et pouvoir d'organisation du service public », *ACCP*, 2002, n° 12, p. 5.

LEMIERE (A.) : « Les contrats de prestations intégrées », *ACCP*, n° 6, 2001, p. 27.

PILONE (C.) : « Réflexions autour de la notion de contrat "*in house*" », *Contrats publics, Mél. Guibal, 2006, p. 701.*

602. L'article 3-1° porte sur les relations « inter organiques » au sein du secteur public. On admet mal en France que les règles européennes sur les contrats puissent limiter le pouvoir d'organisation des services publics, par exemple en imposant le *contracting out* ; l'idée prévaut que les relations entre entités de la sphère publique, même personnalisées, relèvent d'une sorte d'ordre intérieur fondant un pouvoir discrétionnaire. Cette idée est remise en cause par le droit communautaire, mais, celui-ci apporte des tempéraments, comme en témoignent la notion d'« entreprise liée » (v. art. 13 de la directive 93/38 ; art. 63 de la directive 2004/17) et, surtout, l'apparition récente dans la jurisprudence de la Cour de justice des linéaments d'un régime des prestations *in house*.

Il est admis que peuvent échapper au droit des marchés publics les prestations fournies dans le cadre de relations « inter organiques » par un « opérateur interne ». Il s'agit des cas où le pouvoir adjudicateur est en relations avec une entité qui est entièrement sous sa dépendance, ce qui rend sans objet la mise en concurrence ***(CJCE 18 novembre 1999, Teckal, aff. C-107/98, concl. Cosmas, Rec I-8121 ; CJCE 7 décembre 2000, ARGE Gewässerschutz aff. C-94/99, concl. Léger, Rec. I-11037)***.

Mais, pour cela il est nécessaire que le prestataire ne puisse être qualifié de « tiers », ce qui résulte d'un double test de dépendance à la fois administrative et économique. En premier lieu il faut que la collectivité publique exerce sur l'entité « un contrôle analogue à celui qu'elle exerce sur ses propres services », ce contrôle devant permettre un influence déterminante sur les objectifs stratégiques et sur les décisions importantes. En second lieu, il est nécessaire que « cette personne réalise l'essentiel de son activité avec la ou les collectivités qui la détiennent » (sur ce point voir *CJCE 11 mai 2006, Carbotermo SpA, aff. C-340/04)*.

Quand ces conditions sont satisfaites, tout se passe comme si la prestation était fournie en régie (on pourrait parler de « quasi-régie ») et, comme l'écrit le professeur Delvolvé, « le contratmaison s'apparente à un contrat avec soi-même, c'est-à-dire que ce n'est pas vraiment un contrat » (*art. cit.* p. 55).

Il en résulte nécessairement que cette exception ne peut être admise que très restrictivement, comme l'a confirmé un arrêt selon lequel « la participation, fût-elle minoritaire, d'une entreprise privée dans le capital d'une société à laquelle participe également le pouvoir adjudicateur en cause exclut en tout état de cause que ce pouvoir adjudicateur puisse exercer sur cette société un contrôle analogue à celui qu'il exerce sur ses propres services » (*CJCE 11 janvier 2005, Stadt Halle, aff. C-26/03, Rec. I-1 ; CP-ACCP, mars 2005, n° 42, p. 2 , article D. Capitant ; AJDA 2005.898, note F. Rolin*). Il en va de même dans le cas où une société initialement publique est, ensuite, transformée par ouverture de son capital, la division en plusieurs phases distinctes ne permet pas d'échapper aux règles de passation (*CJCE 10 novembre 2005, Commission c/ Autriche, aff. C-29/04 ; Rec. I-9705*).

603. De cette théorie jurisprudentielle encore en gestation, le Code des marchés publics tire une règle de portée générale, en disposant qu'il n'est pas applicable aux contrats « conclus entre un pouvoir adjudicateur et un cocontractant sur lequel il exerce un contrôle comparable à celui qu'il exerce sur ses propres services et qui réalise l'essentiel de ses activités pour lui ». Mais, pour limiter le champ d'application de l'exception, le code ajoute une condition purement nationale : il faut, en outre, « que, même si ce cocontractant n'est pas un pouvoir adjudicateur, il applique, pour répondre à ses besoins propres, les règles de passation des marchés prévues par le présent code ou par l'ordonnance n° 2005-649 du 6 juin 2005 relative aux marchés passés par certaines personnes publiques ou privées non soumises au code des marchés publics ».

Il n'est pas utile d'insister sur le caractère limité de cette exception, qui est loin d'être valable pour l'ensemble des relations avec les satellites. Il n'est, par exemple, pas possible de considérer que les contrats des collectivités locales avec les sociétés d'économie mixte relèvent systématiquement de cette disposition.

3. *Les exceptions pour motif d'intérêt général*

Bibliographie : DREYFUS (J.-D.) : « L'ingénierie publique à la croisée des chemins », *Mélanges F. Moderne*, Dalloz, 2004, p. 521.

MODERNE (F.) : « Les contrats de prestations de services techniques entre l'État et les collectivités locales après la loi MURCEF : vers de nouvelles relations ? », *Mélanges Moreau*, Economica, 2002, p. 291 et s.

RICHER (L.) : « L'assistance technique de l'État aux communes peut-elle réellement s'affranchir de la concurrence ? », *AJDA* 2002. 1056.

604. On peut déplorer de la part du législateur français, comme de celle du Conseil d'État une tendance à considérer que l'invocation d'un motif d'intérêt général permet d'échapper au droit des marchés publics. En témoignent deux exemples : le régime de l'assistance technique aux petites communes et l'avis Fondation Jean Moulin.

605. La loi MURCEF du 11 décembre 2001 (*JO* 12 déc. 2001, p. 19703), portant mesures d'urgence à caractère économique et financier fait application de la règle générale au cas particulier, mais quantitativement important, des concours apportés par les services de l'État (DDE ; DDAF, etc.) aux collectivités locales et des concours inter collectivités locales ; elle modifie l'article 12 de la loi n° 83-8 du 7 janvier 1983 en prévoyant que les services de l'État, des régions et des départements apportent leur concours, qualifié de « technique », « dans les conditions prévues par le Code des marchés publics ».

Mais, à ce principe une dérogation est apportée et cela même pour les marchés de seuil communautaire, qui seront, il est vrai, très rares en ce domaine.

L'article 7 de la loi de 1992 est complété par un article 7-2, selon lequel « les communes et leurs groupements qui ne disposent pas, du fait de leur taille et de leurs ressources, des moyens humains et financiers nécessaires à l'exercice de leurs compétences dans les domaines de la voirie, de l'aménagement et de l'habitat bénéficient, à leur demande, pour des raisons de solidarité et d'aménagement du territoire, d'une assistance technique fournie par les services de l'État, dans des conditions définies par une convention passée entre le représentant de l'État et, selon le cas, le maire ou le président du groupement ». Le régime de ces « conventions d'ATESAT » (circulaire n° 2003-6 du 27 janvier 2003, *Mon. TP*, 14 mars 2003) a été précisé par un décret du 27 septembre 2002, il ne concerne que les plus petites communes et EPCI.

Cette dérogation a été justifiée par le caractère de « service d'intérêt général » de l'activité, ce qui n'est guère convaincant en l'absence de possibilité de dérogation envisagée par les directives elles-mêmes ; la faible importance de ces contrats ne leur permet pas non plus d'échapper au principe de non-discrimination en fonction de la nationalité, qui s'applique dès le premier euro.

606. Un autre exemple de l'invocation de l'intérêt général se trouve, selon une démarche différente dans un avis du Conseil d'État.

Par un *avis du 23 octobre 2003 (EDCE, n° 55, p. 207 ; CP-ACCP, 2004, n° 34, note E. Fatôme et L. Richer),* le Conseil d'État a retenu une interprétation audacieuse qui est de nature à soustraire au champ d'application des directives maints contrats entre personnes publiques ou para-publiques.

En effet, selon cet avis, le droit communautaire des marchés publics ne s'applique que si le prestataire exerce une activité économique, s'il a, selon l'expression de la directive 2004/18, la qualité d'« opérateur économique ». De la sorte, le champ d'application du droit des marchés publics est défini par l'avis du Conseil d'État de la même manière que celui du droit de la concurrence, par référence à la notion d'entreprise, alors que la personnalité de l'opérateur économique n'est pas un critère de définition du marché public selon les directives, ainsi que le rappelle bien l'article 1er de la directive 2004 /18, qui précise que le terme "opérateur économique" « est utilisé uniquement dans un souci de simplification du texte ». Dès lors que le contrat est conclu à titre onéreux, il est un marché et il importe peu que le prestataire soit ou non une entreprise ; de plus, la notion communautaire d'entreprise ne tient pas compte du caractère lucratif ou non de l'activité (v. p. ex.*: CJCE 16 novembre 1995, FFSA, aff. C-244/94, rec. 4013).* La considération de la soumission aux « Forces du marché » vaut dans le droit communautaire des marchés uniquement pour la définition du pouvoir adjudicateur ; le Conseil d'État la transpose, pour des raisons de politique administrative, à l'autre partie au contrat.

B L'objet de la prestation

607. Avant 2001 le Code des marchés publics se contentait d'indiquer que les marchés avaient pour objet l'exécution de travaux, fournitures ou services, sans en tirer beaucoup de conséquences. Depuis 2001, le code affine et diversifie la définition du marché public en introduisant des éléments variables en fonction de l'objet, cette dernière notion renvoyant non pas à l'objet juridique du contrat (défini par les obligations essentielles et caractéristiques), mais à son objet matériel, c'est-à-dire à la nature de la prestation et donc du besoin correspondant.

La référence à l'objet sert à définir le champ d'application du code à la fois positivement et négativement, par des exclusions.

a) Diversification des critères

608. L'article 1er-I du code indique que les marchés sont conclus pour répondre aux besoins en matière de travaux, fournitures et services ; l'article 1er-III ajoute des précisions, qui visent à tenir compte pour partie de la jurisprudence du Conseil d'État et pour partie du droit communautaire.

1° Marchés de travaux et contrats immobiliers

Bibliographie : CERCOL : « La commande publique et le partenariat public-privé », *RDI*, 2003. 481 et s.

CUCHE (P.) : « Domanialité publique, service public et partenariats public-privé », *Dr. Adm.* 2003, chron. 16.

DELVOLVÉ (P.) : « Sécurité intérieure, justice et contrats publics : confirmations et infléchissements », *BJDCP* 2002, n° 25, p. 418.

ECKERT (G.) : « Bail emphytéotique administratif » — *J.-Cl. CMP*, fasc. 610.

LAVIALLE (C.) : « Les conventions de financement des équipements publics de sécurité intérieure et la loi n° 2002-1094 du 29 août 2002 », *Ctts et MP* 2002, chron. 11.

LINDITCH (F.) : « Les partenariats public-privé devant le Conseil constitutionnel », *Ctts et MP*, 2003, chron. 18.

MOURIESSE (X.) : « Vente en l'état futur d'achèvement » — *J.-Cl. CMP*, fasc. 614.

RICHER (L.) : « Marchés publics et Constitution », *Mon. TP*, 24 octobre 2003, p. 104.

SYMCHOWICZ (N.) : *Droit public des montages contractuels complexes*, Imprimerie Nationale, 2003.

TESSIER (A.) : « Le droit de la commande publique et les articles 5 et 6 de la loi du 2 juillet 2003 autorisant le gouvernement à simplifier le droit », *BJDCP* 2003, n° 30, p. 354.

609. Le marché de travaux est l'équivalent d'un contrat d'entreprise du droit privé ; il porte sur une opération immobilière dont l'exécution est confiée à un entrepreneur qui travaille pour le compte du maître d'ouvrage public sans être pour autant subordonné à celui-ci. La plupart des travaux réalisés par des collectivités publiques sont des travaux publics ; il y a en ce cas coïncidence entre marché public et marché de travaux publics. Mais il arrive, par exception, que les travaux d'une collectivité publique soient des travaux privés (ex. : travaux forestiers) ; cela n'empêche pas le marché de travaux d'être un marché public.

À l'inverse, un marché de travaux publics n'est pas toujours un marché public au sens de l'article 1er du code : les marchés de travaux de la SNCF ou de RFF sont des marchés de travaux publics au sens de la loi du 28 pluviôse an VIII et, par conséquent, des contrats administratifs, mais, pour autant, ils n'entrent pas dans le champ d'application du Code des marchés publics, qui n'englobe pas les EPIC nationaux.

610. Selon la directive 2004/18 (qui ne diffère pas de la directive 93/37 sur ce point), l'objet de ce type de marché est soit l'exécution, soit conjointement l'exécution et la conception des travaux, soit la réalisation, par quelque moyen que ce soit, d'un ouvrage répondant aux besoins précisés par le pouvoir adjudicateur. En vertu de cette définition communautaire, sont susceptibles d'être qualifiés de marchés de travaux les contrats de crédit-bail immobilier, ou les baux emphytéotiques lorsque la collectivité donne à bail un terrain sur lequel est édifié un ouvrage dont la propriété lui revient en fin de bail, ouvrage dont elle peut être locataire (cf. *infra*).

611. Depuis 2001, le Code des marchés publics ajoute un élément de définition qui est absent du droit communautaire mais qui prend en compte la jurisprudence nationale, il s'agit de la mention de l'exercice de la maîtrise d'ouvrage : l'article 1er précise que le contrat ne relève du code que si les travaux sont faits à la demande d'un pouvoir adjudicateur exerçant la maîtrise d'ouvrage. Est de la sorte intégrée au droit écrit la jurisprudence par laquelle le Conseil d'État a admis que les collectivités publiques peuvent faire réaliser des travaux correspondant à leurs besoins sans passer par la conclusion d'un marché. Le contrat peut être une vente en l'état futur d'achèvement ou un bail emphytéotique administratif, qui confient la maîtrise d'ouvrage au cocontractant. Le projet de code de 2006 prévoyait initialement de supprimer cette condition, qui a, en fin de compte été maintenue par le décret du 1er août 2006 (voir E. Fatôme et L. Richer, « Faut-il supprimer la référence à la maîtrise d'ouvrage dans la définition du marché public de travaux ? », *CP-ACCP*, nº 46, juillet-août 2005, p. 63).

612. La vente en l'état futur d'achèvement (VEFA) est le contrat de droit privé « par lequel le vendeur transfère immédiatement à l'acquéreur ses droits sur le sol ainsi que la propriété des constructions existantes. Les ouvrages à venir deviennent la propriété de l'acquéreur au fur et à mesure de leur exécution. Le vendeur conserve les pouvoirs de maître de l'ouvrage jusqu'à la réception des travaux » (art. 1601-3 C. civ.).

Ce contrat a été utilisé dans le cas suivant : la région Midi-Pyrénées, au lieu de mettre en concurrence les travaux de construction de l'hôtel de la région, a conclu un contrat avec un promoteur qui a réalisé le bâtiment en fonction des spécifications et des besoins de la région dans le cadre d'une VEFA. Le Conseil d'État a annulé la délibération décidant la conclusion du contrat au motif que seul un marché de travaux publics pouvait être conclu car « l'objet de l'opération est la construction même pour le compte de la collectivité d'un immeuble entièrement destiné à devenir sa propriété et conçu en fonction de ses besoins propres » ***(CE Sect. 8 février 1991, Région Midi-Pyrénées, RFDA 1992, 48, concl. Pochard ; JCP 1991, 21738, note Fatôme ; RDP 1991, 1137, note Auby ; CJEG 1991, 251, art. Llorens)***. En pareil cas, en effet, la collectivité publique pour qui l'ouvrage est réalisé doit exercer la maîtrise d'ouvrage, en application de la loi du 12 juillet 1985 sur la maîtrise d'ouvrage publique, ce qu'elle ne fait pas dans le cadre de la VEFA.

Il faut en déduire que les collectivités publiques ne peuvent utiliser la VEFA que si elles ne se trouvent pas en situation d'avoir l'obligation d'exercer les fonctions de maître d'ouvrage au sens de l'article 2 de la loi « MOP » du 12 juillet 1985 ; mais, l'interdiction joue et joue seulement « lorsque tout à la fois, l'objet de l'opération est la construction même d'un immeuble pour le compte de la personne publique en cause, l'immeuble est destiné à devenir sa propriété et qu'il a enfin été conçu en fonction des besoins propres de la personne publique » ***(avis Conseil d'État 31 janvier 1995, EDCE, n° 47, p. 407 ; comm. E. Fatôme et P. Terneyre AJDA 1997, 115, GACE, p. 343)***. Ainsi, il est possible de recourir à la VEFA pour la réalisation d'un commissariat de police au rez-de-chaussée d'un immeuble destiné pour sa plus grande part à un autre propriétaire ou pour celle d'un parc de stationnement installé dans un ensemble immobilier *(CAA Bordeaux 19 mars 2002, Communauté urbaine de Bordeaux, Ctts et MP, 2002, n° 165 comm. Llorens)*.

613. Une autre ouverture résulte de la possibilité pour les collectivités locales de conclure un bail emphytéotique en application de l'article 13 de la loi du 5 janvier 1988 (art. L. 1311-3 et s. CGCT), l'intérêt de cette formule étant de substituer le paiement étalé de loyers au paiement immédiat de travaux.

Pour étendre l'hôtel de ville, la commune de Lille a recouru à un tel montage : un terrain municipal est donné à bail emphytéotique à une SCI pour 65 ans, à charge pour le preneur de réaliser un bâtiment destiné pour partie à la ville, pour partie à des bureaux privés ; la société s'engage à donner en location à la ville les surfaces dont elle a besoin et, en fin de contrat, l'immeuble devient propriété de la commune.

Le tribunal administratif a annulé la délibération au motif que « l'opération dont l'objet même est la réalisation pour le compte de la collectivité d'un ensemble destiné à devenir sa propriété et conçu en fonction de ses besoins propres revêt le caractère d'un marché de travaux publics » *(TA Lille 17 décembre 1992, req. 92882 et s.)*. En appel, le Conseil d'État annule le jugement par un arrêt de ***section du 25 février 1994*** **(*RFDA 1994, 510, concl. Arrighi de Casanova ; D. 1994, 536, note Lombard ;*** E. Fatôme et P. Terneyre « Bail emphytéotique, domanialité publique et financement privé d'un ouvrage public », *CJEG* 1994, 569). Il décide d'abord que l'article 13 de la loi du 5 janvier 1988 sur le bail emphytéotique « n'exclut pas qu'un tel bail soit utilisé en vue de la réalisation d'un ouvrage mis à la disposition de la collectivité elle-même ». Il considère ensuite que l'opération n'est pas une « opération de travaux publics » et que la ville n'a pas la qualité de maître d'ouvrage parce qu'elle n'assure pas la direction technique de la construction et ne deviendra propriétaire qu'en fin de bail.

614. Il apparaît à travers les affaires Région Midi-Pyrénées et SOFAP Marignan que la notion clef qui permet de différencier le marché de travaux d'autres contrats immobiliers est celle de maîtrise d'ouvrage. Si la collectivité publique est maître d'ouvrage, les contrats qu'elle conclut sont nécessairement des marchés ; si elle n'est pas maître d'ouvrage, elle peut conclure d'autres contrats immobiliers, éventuellement de droit privé. Il s'agit donc de savoir dans quels cas il est permis aux personnes publiques de ne pas exercer elles-mêmes la maîtrise d'ouvrage, alors que la loi du 12 juillet 1985 sur la maîtrise d'ouvrage (loi « MOP ») interdit aux personnes publiques de se démettre de cette fonction.

Comme l'a montré le professeur Fatôme dès 1990 (« Réflexions sur les notions de travail effectué pour le compte d'une personne publique et de maître d'ouvrage », *CJEG* 1990, 119), un travail est fait pour le compte de la collectivité publique, avec pour conséquence l'obligation d'exercer la maîtrise d'ouvrage, quand l'ouvrage, réalisé à l'initiative de la personne publique, est conçu en fonction de ses besoins propres, destiné à devenir certainement, immédiatement et entièrement sa propriété et à être immédiatement utilisé par elle. Si ces conditions ne sont pas réunies, la collectivité publique peut faire réaliser un ouvrage en concluant un contrat autre qu'un marché. C'est ce que confirment les codes de 2001, 2004 et 2006 en faisant de la maîtrise d'ouvrage un élément constitutif de la notion de marché public.

615. L'avantage des « montages complexes » comme ceux qui ont été admis par la jurisprudence tient à ce qu'ils permettent de répartir dans le temps le paiement des travaux sous forme de loyer. C'est pourquoi, dans des domaines particuliers le législateur est venu consolider l'apport de la jurisprudence, dans le cadre du développement du « partenariat public-privé » (v. *infra*, n° 1118 et s.).

616. Cependant, en 2006 le projet de Code des marchés publics prévoyait de supprimer la prise en considération de la notion de maîtrise d'ouvrage pour la définition du marché public de travaux. En effet, cette notion de maîtrise d'ouvrage est absente de la directive 2004/18, comme elle l'était de la directive 93/37 ; la directive 2004/18, comme la directive 93/37 avant elle, indique que le marché de travaux est celui qui porte sur des travaux « répondant aux besoins précisés par le pouvoir adjudicateur », ce qui reste en-deçà de la notion de maîtrise d'ouvrage. Il s'ensuit que les opérations de travaux sans maîtrise d'ouvrage de la personne publique peuvent relever d'un marché public au sens de la directive.

617. Les baux emphytéotiques portant sur la réalisation d'ouvrages destinés à l'usage du pouvoir adjudicateur, et donc conçus pour répondre à ses besoins, sont des marchés publics de travaux au sens de la directive. C'est pourquoi les textes qui ont consacré dans différents secteurs le système de la convention domaniale avec option d'achat (« partenariats sectoriels » — cf. *infra n°* 1139) prévoient des procédures de passation transposant la directive 2004/18.

Le projet de code de 2006, en supprimant la référence à la maîtrise d'ouvrage aurait fait que ces contrats eussent été des marchés publics de travaux relevant du code, sauf dans les cas où se serait appliqué un des textes spéciaux adoptés depuis 2002 ; mais, par le fait même de la soumission au Code des marchés publics, ce type de « montage » eût, en réalité, été interdit, car la soumission au code eût entraîné l'interdiction des clauses de paiement différé (voir *infra*, n° 837) et donc, très probablement l'illégalité du montage qui aboutit à un étalement du paiement sous forme de loyers. C'est pourquoi, en fin de compte, le code de 2006 conserve la notion de maîtrise d'ouvrage dans la définition du marché public de travaux. Mais, pour respecter l'obligation de transposer la directive, il convient qu'un texte national impose des règles de passation pour ce type de contrat dans tous les cas.

618. S'agissant de la VEFA, dans le cas où elle porte sur une opération dont le constructeur a eu l'initiative , le contrat peut difficilement être considéré comme un marché public (F. Llorens, « Typologie des contrats de la commande publique », *Ctts et MP, mai 2005, doct. 7*) ; mais, il en va différemment si c'est la collectivité publique qui a été à l'initiative. Il paraît alors possible qu'une VEFA puisse être légale au regard de la loi MOP tout en constituant un marché public au sens du droit communautaire. Par exemple, si une VEFA est conclue pour une partie d'immeuble qui a été conçue en fonction des besoins de la personne publique, elle pourra être légale au regard de la loi MOP, mais devra être considérée comme un marché public au sens de la directive.

2° Marchés de fournitures

619. Le marché de fournitures a pour objet un bien mobilier. L'acquisition d'un droit sur un immeuble n'est pas concernée par le Code des marchés publics (cf. art. 3-3°) compte tenu de la difficulté de mise en concurrence. Le plus souvent, le marché de fournitures est l'équivalent de la vente mobilière du droit privé ; il n'est cependant pas exclu que soit considéré comme marché de fournitures la location d'un bien mobilier. La directive 93/36 et la directive 2004/18 sont claires à ce sujet, puisqu'elles disposent que les contrats de location ou de crédit-bail constituent des marchés de fournitures. L'article 1er-III reprend ces éléments en définissant le marché de fournitures comme un achat, une prise en crédit-bail, une location ou une location-vente.

Il faut aussi rattacher à la catégorie des marchés de fournitures les marchés industriels qui sont définis par l'article 112 du code comme les marchés « ayant pour objet la fourniture d'équipements ou de prototypes conçus et réalisés spécialement pour répondre aux besoins du pouvoir adjudicateur », par opposition aux fournitures courantes qui sont préexistantes sur le marché.

3º Marchés de services

Bibliographie : AMBACHER (M.) « La passation d'un contrat complexe : le marché public d'assurance de dommages », *CP-ACCP*, 2005, nº 42, p. 28

BERBARI (M.) et autres : *Les marchés publics d'assurance*, L'Argus-Le Moniteur, 2000.

LLORENS (F.) : « Les tribulations des marchés publics d'assurance », *RFDA*, janv.-févr. 2000.

MODERNE (F.) : « Une figure juridique baroque : le marché public d'assurances », *CJEG* 1999. 165.

PINTAT (P.) : « Les marchés publics d'assurance à l'épreuve des circulaires ministérielles », *ACCP*, 2002, nº 10, p. 19.

SONTAG (S.) *Le contrat d'assurance des communes*, éd. du Moniteur, 2005

620. Le marché de services est en voie de diversification constante compte tenu du développement de nouveaux services, allant du nettoyage de locaux aux services informatiques. La notion de service n'est pas des plus précises ; on peut considérer qu'est un marché de services le contrat d'entreprise qui a un objet autre que des travaux à caractère immobilier. Les frontières ne sont cependant pas immuables : ainsi les contrats pour le ramassage des ordures ménagères ont été jadis qualifiés de marchés de travaux publics, alors qu'ils sont aujourd'hui considérés comme des marchés de services.

À l'intérieur même de la catégorie des services, la distinction doit être faite entre les prestations intellectuelles et les prestations matérielles, compte tenu de l'existence d'un CCAG-PI et, à l'intérieur des prestations intellectuelles, les marchés de maîtrise d'œuvre sont régis par certaines dispositions spécifiques (cf. *infra*, nº 788, 813).

La directive sur les marchés publics ne donne pas de définition générale de ce type de marché ; elle procède par voie énumérative en distinguant deux listes de services.

621. Dans un premier temps, auquel il n'est pas mis fin par la directive de 2004, la directive ne s'applique pas intégralement à l'ensemble des services, deux listes de services sont établies, dont le détail est renvoyé à la nomenclature de classification centrale des produits (« CPC » élaborée par l'ONU et utilisée par la Communauté européenne — voir *ACCP* janvier 2002, n° 7 et site http://simap.eu.int).

La première liste est celle des services « prioritaires » (annexe I-A de la directive 92/50 ; annexe II-A de la directive de 2004) ; pour ces services, les marchés sont soumis à l'intégralité des obligations de publicité et mise en concurrence.

Annexe I-A (devenue II-A)

Services d'entretien et de réparation
Services de transports terrestres
Services de transports aériens (sauf courrier)
Transports de courriers par terre et air
Services de télécommunications
Services financiers : services d'assurances, services bancaires et d'investissement
Services informatiques et services connexes
Services de recherche et de développement
Services comptables, d'audit et de tenue de livres
Services d'études de marché et de sondages
Services de conseil en gestion et services connexes
Services d'architecture, d'ingénierie, d'aménagement urbain, services connexes
Services de publicité
Services de nettoyage de bâtiments et services de gestion de propriétés
Services d'impression ou de publication
Services de voirie, d'enlèvement des ordures, d'assainissement

622. Symétriquement à cette liste, l'annexe I-B (devenue II-B) de la directive donne une liste des services « non prioritaires », pour lesquels la seule obligation procédurale est d'envoyer un avis d'attribution, sans que soit mentionnées publicité et concurrence préalables.

Annexe I-B (devenue II-B)

Services d'hôtellerie et de restauration
Services de transports ferroviaires
Services de transport par eau
Services annexes et auxiliaires des transports
Services juridiques
Services de placement et de fourniture de personnel
Services d'enquête et de sécurité, à l'exclusion des services des véhicules blindés
Services d'éducation et de formation professionnelle
Services sociaux et sanitaires
Services récréatifs, culturels et sportifs
Autres services

623. L'ancien article 30 du code transposait la directive 92/50 sur les marchés de services (tout en étendant son champ d'application aux marchés de montant inférieur au seuil communautaire) en reprenant la liste des services non prioritaires de l'annexe I-B pour prévoir que les contrats qui ont pour objet ces services ne sont soumis qu'à l'obligation de respect des normes et d'envoi d'un avis d'attribution ; il en résultait, *a contrario*, que les marchés ne figurant pas dans cette liste étaient soumis à l'ensemble des règles nationales. Or, la liste de l'article 30 ne mentionnait pas la catégorie des « autres services » qui figure à l'annexe I-B de la directive 92/50, ce qui faisait que certains marchés dispensés de publicité européenne et d'appel d'offres parce qu'ils relevaient de la catégorie « autres services » se trouvaient soumis néanmoins à l'intégralité des règles nationales (par exemple : les marchés d'exploitation de chauffage). Le code de 2004 et celui de 2006 inversent la démarche en donnant la liste des services qui sont soumis aux obligations de publicité et d'appel d'offres au-dessus du seuil, c'est-à-dire en reprenant l'annexe I-A (article 29 du code). Les autres marchés de services ne sont donc soumis en vertu du code qu'à des obligations limitées (art. 30, v. *Infra*, n° 751).

De ces listes, il résulte que le marché de service est conçu très largement, ce qui a eu pour conséquence de perturber sérieusement les traditions françaises.

624. Ainsi, les « services juridiques » peuvent faire l'objet de marché public, alors que les procédures du code ont été jugées incompatibles avec les règles d'indépendance et de confidentialité applicables à la représentation en justice par les avocats *(CE Ass. 9 avril 1999, Toubol-Fisher, BJDCP, 1999, n° 5, p. 414, concl. Savoie ; AJDA 1999. 776, chron. Fombeur et Guyomar)*. Mais, moyennant des aménagements, la soumission de principe des contrats des avocats au Code des marchés publics a été admise par le Conseil d'État ***(CE ass. 5 mars 2003, Ordre des avocats à la Cour d'appel de Paris, Rec. 90, concl. Piveteau ; BJDCP, n° 28, p. 209, concl. Piveteau ; AJDA 2003. 718, chron. F. Donnat et D. Casas)***. Il était soutenu par l'Ordre des avocats que l'article 30 du code, qui traite des services juridiques était illégal, alors même qu'il n'impose que des formalités allégées pour les services juridiques en général et spécialement allégés pour les contrats de représentation en justice. Le recours a été rejeté au motif que l'obligation de publier un avis d'attribution, celle de transmettre au contrôle de légalité ou celle de prévoir une durée ou un prix ne sont pas incompatibles avec le secret professionnel et les règles de la profession d'avocat.

625. Mais, l'exemple le plus significatif de perturbation est celui des contrats d'assurance des personnes publiques. En effet, le Conseil d'État a jugé, sous l'empire de l'ancien code, que le Code des marchés publics est incompatible avec le code des assurances ***(CE Sect. 12 octobre 1984, Chambre syndicale des agents d'assurances des Hautes-Pyrénées, Rec. 326 ; RFDA 1985, 13, concl. Dandelot)*** ; aujourd'hui, alors que le contenu du code n'a pas sensiblement évolué sur les points d'incompatibilité, la directive oblige à soumettre les marchés publics d'assurance au code, ce qui suscite maintes protestations, parfois exagérées, et difficultés, réelles, qui devraient, cependant, pouvoir être résolues en donnant le pas aux dispositions législatives sur le contrat d'assurances dans le cas où elles s'avèrent vraiment incompatible avec le Code des marchés publics.

b) Exceptions

626. Conformément à la méthode pragmatique des directives, l'article 3 du code donne une liste d'exclusions : à raison de leur objet, certains contrats, dès le premier euro, ne sont pas dans le champ d'application du code. Mais, si la méthode du Code est celle des directives, le contenu ne l'est pas toujours.

À côté des exclusions, est défini un régime d'exception pour les « opérateurs de réseaux ».

1° Transposition

627. On retrouve à l'article 3 du code les contrats à objet immobilier, les contrats relatifs à des programmes de radiodiffusion et aux temps de diffusion ; les contrats relatifs à des programmes de recherche-développement.

Jusqu'en 2006, ne figuraient pas dans la liste les contrats d'arbitrage et de conciliation, ni les contrats de travail, dont l'exclusion avait paru ressortir de l'évidence. Désormais, l'article 3 reprend intégralement la liste des exclusions, mais, certaines adaptations ont été apportées.

2° Exclusions purement nationales

628. Pour préserver certaines situations acquises le Code des marchés publics de 2001 et de 2004 a comporté des exclusions contestables au regard de la directive. Il n'est pas sûr que le texte de 2006 soit entièrement euro-compatible.

1. Services financiers

Bibliographie : ARMAND (F.) : « Les contrats de services bancaires et d'investissement des collectivités locales », Economica, 2003 ; « Contrats d'emprunt » — *J.-Cl. CMP*, fasc. 642.

LANDOT (E.) : « Marchés financiers : nouvelle chronique d'une mort juridique annoncée », *CP-ACCP*, juillet 2005, n° 46.

TAILLEFAIT (A.) : *Les emprunts communaux*, éd. du Moniteur, 2003.

629. On trouvait déjà dans l'ancien Code des marchés publics, depuis le décret n° 99-634 du 19 juillet 1999, une exception relative « aux contrats qui ont pour objet des emprunts ou des engagements financiers, qu'ils soient destinés à la couverture d'un besoin de financement ou de trésorerie, des services relatifs à l'émission, à l'achat, à la vente ou au transfert de titres et instruments financiers, ou encore des services rendus par la Banque de France ou le Système européen de Banques centrales ».

Le décret de 1999 allait au-delà des exceptions admises par la directive 92/50 qui ne portaient que sur les « marchés des services financiers relatifs à l'émission, à l'achat, à la vente et au transfert de titres ou d'autres instruments financiers, ainsi que des services prestés par des banques centrales » sans intégrer les « contrats qui ont pour objet des emprunts ou des engagements financiers ». Cependant, l'exposé des motifs de la directive 92/50 indiquait que « les services financiers visés par la présente directive n'incluent pas les instruments... de dette publique », ce qui, a été invoqué par le gouvernement français en réponse à la Commission, qui ne l'a pas admis (v. avis motivé du 17 octobre 2002). Mais, au motif que la directive de 2004 prévoit que ne sont pas couverts à l'avenir les marchés des services financiers relatifs aux « opérations d'approvisionnement en argent ou en capital des pouvoirs adjudicateurs » (art. 16), le gouvernement français a cru pouvoir persister dans sa position en excluant dans le code de 2004 (article 3-5°) les contrats d'emprunts. Le Conseil d'État a annulé cette disposition en se fondant sur la directive 92/50, seule applicable au décret attaqué, qui n'exclut du champ d'application de la directive que les opérations de négociation d'instruments financiers, comme, par exemple, des obligation ***(CE 23 février 2005, Association pour la transparence et la moralité des marchés publics (ATMMP) et autres, BJDCP 2005, n° 40, p. 187,***

concl. Casas ; RFDA 2005. 483, , concl. Casas). En se fondant toujours sur la directive 2004/18, le gouvernement a réintroduit l'exception par un décret du 27 mai 2005 et elle figure toujours à l'article 3-5° du code de 2006, qui excepte les « opérations d'approvisionnement en argent », alors même que l'article 16 de la directive exclut les « services financiers relatifs à l'émission, à l'achat, à la vente et au transfert de titres ou d'autres instruments financiers, en particulier les opérations d'approvisionnement en argent ou en capital des pouvoirs adjudicateurs », ce qui ne vise pas n'importe quelle opération d'« approvisionnement en argent ».

2. *Mandat*

Bibliographie : CANEDO (M.) : « Mandats » *J.-Cl. CMP, fasc. 620*.
CP-ACCP, n° 29, janvier 2004 « Les conventions de mandat ».
SESTIER (J.-F.) : « Mandats et marchés publics », *BJDCP*, 2003, n° 30, p. 342.

630. L'article 3-7° du code de 2001 venait régler un problème purement national, qui est celui du mandat. Le contrat de mandat tient une place importante dans le secteur de l'économie mixte ; de nombreuses SEM exercent une activité de mandataire de maîtrise d'ouvrage dans le cadre de la loi MOP du 12 juillet 1985. L'article 4 de la loi MOP a longtemps réservé aux entités du secteur public le droit d'exercer cette activité, ce qui posait problème au regard tant du principe de non-discrimination que de la liberté d'accès aux marchés publics et a motivé, sur plainte de l'Union européenne des promoteurs-constructeurs, un recours en manquement de la Commission européenne devant la CJCE le 20 février 2003. Le décret du 7 mars 2001 prétendait régler le problème en opérant une qualification du contrat de mandat comme n'étant pas un marché public. Mais, selon l'avis motivé de la Commission en date du 17 octobre 2002, l'activité de mandataire exercée à titre onéreux constitue économiquement une prestation de service et relève donc de la directive 92/50 (l'obligation de publicité et concurrence ne s'imposant que si le service figure dans la liste des « services prioritaires ») ou, lorsqu'il s'agit de mandat de maîtrise d'ouvrage, de la directive 93/37.

631. Telle est la solution qui a été retenue par le Conseil d'État. En effet, l'arrêt UNSPIC ***(CE Ass. 5 mars 2003, UNSPIC, Rec. 108, concl. Piveteau ; D. 2003. 851, note J.-D. Dreyfus ; AJDA 2003. 718, chron. F. Donnat et D. Casas ; BJDCP, n° 28,***

concl. Piveteau) a annulé l'article 3-7° au motif qu'il méconnaît les objectifs de la directive en soustrayant « de façon générale et absolue tous les contrats de mandat à l'application des dispositions du Code des marchés publics prises pour assurer la transposition des dispositions de cette directive, y compris ceux qui, conclus à titre onéreux, sont passés en vue de la réalisation de prestations d'autres services ». Cette rédaction implique que tous les mandats ne sont pas nécessairement soumis au Code des marchés publics. Le commissaire du gouvernement a considéré que sont soumis au code en tant que « services juridiques » les mandats au sens strict, qui consistent à effectuer des actes juridiques, mais a aussi envisagé la soumission des « mandats administratifs issus de la jurisprudence » « Société d'équipement la région montpelliéraine » (cf. *supra*, n° 173). Cette extension paraît assez contestable et il ne semble pas que le Conseil d'État la fasse sienne. En effet, quand les « mandats administratifs » sont incorporés à des conventions d'aménagement ou à d'autres conventions, il paraît normal que leur conclusion suive le régime de cette convention, dont ils ne se distinguent pas matériellement. De même quand les mandats sont l'accessoire d'une autre opération, comme le mandat qui peut être donné au coordonnateur d'un groupement de commandes par les adhérents (art. 8 du Code des marchés publics), il paraît difficile d'imposer une procédure préalable.

632. En conséquence de l'annulation de l'article 3-7° du code, les mandats conclus dans le cadre de l'exception se trouvaient entachés de nullité, ce qui avait de graves conséquences, notamment pour les SEML, qui bénéficient de nombreux mandats des collectivités locales ; c'est pourquoi la loi de 2003 sur l'urbanisme et l'habitat a validé les contrats de mandat passés avant le 6 mars 2003 en tant que leur légalité serait contestée au motif d'absence de mise en concurrence. Mais la portée de cette validation reste plus que douteuse pour les contrats d'un montant supérieur aux seuils communautaires.

3. Œuvres d'art

633. De moindre portée économique est l'article 3-11° qui prévoit une exception pour les contrats « qui ont pour objet l'achat d'œuvres et d'objets d'art existants, d'objets d'antiquité et de collection ». Il est vrai que la mise en concurrence est difficilement concevable en la matière, notamment si l'achat se fait aux enchères, mais il n'en demeure pas moins que l'exclusion du champ d'application du code est contestable, dès lors que l'article 6 de la directive 93/36 prévoit expressément que les marchés peuvent être conclu par voie de négociation sans publicité préalable pour des raisons artistiques (art. 31 de la directive de 2004).

3º Exception des opérateurs de réseaux

Bibliographie : CANTIER (B.) et LIMOUSIN (P.) : « Opérateurs de réseaux » *J.-Cl. CMP*, fasc. 90.

« Industries de réseaux et contrats », *CP-ACCP,* juillet-août 2003, nº 24.

RICHER (L.) « Entités adjudicatrices : innovation à deux temps », *CP-ACCP*, septembre 2006.

RICHER (L.) « Les personnes publiques soumises au code des marchés publics, entités adjudicatrices », *AJDA,* octobre 2006.

634. Les secteurs, jadis dénommé « secteurs exclus », maintenant appelés « Réseaux » ou « services d'utilité publique » ou « secteurs spéciaux » (énergie, eau, transports, poste, jadis télécommunications), présentent deux particularités : ils sont considérés comme stratégiques par les États, ils sont gérés très diversement, tantôt par des entités publiques ou semi-publiques, tantôt par des entreprises privées. Pour cela la Communauté européenne a admis un moindre encadrement des marchés dans ces domaines en prévoyant des procédures plus souples dans une directive spécifique, la directive 93/38, qui a été refondue en 2004, comme les autres directives (directive 2004/17 du 31 mars 2004).

Les secteurs concernés ont pour caractères communs de constituer des marchés fermés, très contrôlés par la puissance publique et sur lesquels existent ou ont existé des pratiques de « partenariat » et de « colbertisme ». Au fur et à mesure que ces secteurs sont exposés à la concurrence, ils ont vocation à sortir de la directive, comme c'est le cas pour les télécommunications depuis 1999, ce secteur étant, cependant remplacé dans la nouvelle directive par celui des services postaux.

635. La directive 2004/17 regroupe ces secteurs en deux catégories : mise à disposition ou exploitation de réseaux fixes et exploitation d'une aire géographique.

Les services à réseaux sont d'abord l'électricité, le gaz, la chaleur, l'eau potable. Ces premiers types de réseaux sont à la fois alimentés et gérés ; les deux activités sont concernées. D'autres réseaux sont seulement gérés : eaux usées, transports terrestres, poste. La gestion peut prendre soit la forme de l'exploitation du réseau (l'opérateur gère l'infrastructure et le service), soit celle de la mise à disposition du réseau (l'opérateur gère l'infrastructure et la met à disposition du gestionnaire du service).

L'exploitation d'une aire géographique prend deux formes : la prospection ou l'extraction de pétrole, gaz, charbon et autres combustibles solides ; l'exploitation de ports, aéroports et autres terminaux de transports. On constate ici qu'en matière de transports maritimes et aériens une solution d'attente a été adoptée qui consiste à ne pas imposer les règles normales aux entités qui exploitent des réseaux mais seulement à celles qui exploitent des aires géographiques.

636. Sont visés les organismes mentionnés par les autres directives (« secteurs classiques ») lorsqu'ils exercent une des activités qui viennent d'être mentionnées, ces activités étant exclues du champ d'application des autres directives. Mais, compte tenu de la spécificité des secteurs, la directive n'aurait eu que bien peu de portée si elle s'était limitée aux pouvoirs adjudicateurs des autres directives. C'est pourquoi deux importantes catégories ont été ajoutées : les « entreprises publiques » et les titulaires de « droits exclusifs ou spéciaux », ce qui explique que la directive utilise l'expression « entité adjudicatrice » pour définir son champ d'application organique, car toutes les personnes concernées n'ont pas la qualité de « pouvoir adjudicateur ».

637. Pour ce qui concerne les entreprises publiques et entités privées titulaires de droits spéciaux la transposition a été assurée en France par la loi du 11 décembre 1992 qui a été abrogée et remplacée par l'ordonnance du 6 juin 2005 (chapitres I et III). En ce qui concerne les personnes publiques relevant du Code des marchés publics, la transposition a d'abord figuré dans le Code des marchés publics à l'article 82, qui s'applique, quel que soit le montant du marché, aux contrats conclus par les personnes publiques « en tant qu'opérateurs de réseaux ». Il a été admis, par exemple, que constitue un tel marché celui qui est conclu par un syndicat de transport pour la fourniture et l'entretien de rames de tramway *(CE 19 octobre 2001, Société Alstom transport, BJDCP, 2002, n° 20, p. 39, concl. Piveteau)*, dès lors que le syndicat était compétent à la fois pour la gestion de l'infrastructure et pour celle du service.

638. La transposition de la directive n'était que partielle dans le code de 2001, puisque seuls les marchés de services étaient visés ; dans le code de 2004 (art. 84) étaient également concernés les marchés de travaux et de fournitures, mais la transposition restait segmentaire, car certaines procédures spécifiques n'étaient pas reprises pour les personnes publiques ; désormais, le code de 2006 opère une transposition complète des dispositions applicables aux collectivités publiques intervenant en tant qu'« entités adjudicatrices » (art. 134 et s.).

639. Il est clair que même une entité qui n'a pas pour seule activité une des activités spéciales peut relever des règles spéciales dans la mesure où le contrat est lié à l'activité de réseau. Il en résulte, par exemple, qu'un marché conclu par une commune pour les besoins de la gestion de son réseau d'eau potable peut être conclu selon la procédure négociée après concurrence préalable, conformément à l'article 144.

Bien que cela ne soit pas toujours clair, il résulte des objectifs poursuivis par la directive 2004/17 que les règles spéciales ne s'appliquent à une personne qui a, par ailleurs, la qualité de pouvoir adjudicateur que dans la mesure où cette personne prend en charge l'activité de réseau, c'est-à-dire une activité d'entreprise ; il s'ensuit que si la personne se contente de confier par contrat la gestion de l'activité, le marché qui a cet objet ne relève pas de la directive 2004/17, mais de la directive 2004/18. C'est pour cette raison que l'article 26 de l'ordonnance du 6 juin 2005, applicable aux entités adjudicatrices non soumises au Code des marchés publics, indique dans son article 26, par une formule un peu obscure, que sont visées d'une part, l'activité d'exploitation de réseau, d'autre part, l'activité d'« achats destinés à l'organisation ou à la mise à la disposition d'un exploitant de ces réseaux » ; l'emploi du mot « achats » signifie que les marchés de service ayant pour objet de confier la gestion du service ne sont pas concernés. Le Code des marchés publics (art. 135) ne reprend pas cette formulation, mais la même interprétation s'impose. La directive repose, en effet, sur une approche réaliste selon laquelle c'est l'exercice effectif de l'activité qui détermine l'application des règles dérogatoires ; il devrait s'ensuivre que la seule détention d'une compétence pour exercer l'activité ne devrait pas suffire à fonder cette application. C'est pourtant ce qu'a admis le Conseil d'État dans l'arrêt Alstom (précité, n° 637). Sans le dire, la circulaire du 3 août 2006 portant manuel d'application du code des marchés publics reprend, malheureusement, la solution de cet arrêt en donnant l'interprétation suivante « le contrat par lequel l'entité adjudicatrice confie à un tiers la gestion et l'exploitation du réseau n'est ... pas automatiquement soumis au code des marchés publics. L'important n'est pas de savoir si l'entité exerce ou non effectivement une activité d'exploitation à la date du marché mais de savoir si oui ou non pèse sur elle à la date du marché la charge de l'exploitation. Si tel est le cas, le marché est alors passé conformément aux règles applicables aux entités adjudicatrices » (§16.1.1). Il nous semble, au contraire, que l'important est de savoir si l'entité exerce ou non effectivement l'activité.

La directive repose, en effet, sur une approche réaliste selon laquelle c'est l'exercice effectif de l'activité qui détermine l'application des règles dérogatoires ; il devrait s'ensuivre que la seule détention d'une compétence pour exercer l'activité ne devrait pas suffire à fonder cette application.

C La contrepartie de la prestation

Bibliographie : Brenet (F.) : « Les contrats de mobilier urbain sont des marchés publics », *Dr. Adm.*, 2006, chron. 6.

Menemenis (A.) : « Contrats de mobilier urbain : quelques éléments de réflexion sur les arrêts Decaux », *AJDA* 2006. 120.

640. Le marché public est conclu « à titre onéreux », ce qui se traduit le plus souvent par le paiement d'un prix par l'administration. Mais, il est possible qu'un contrat soit qualifié de marché soit en cas de paiement d'un prix par une personne autre que la personne publique, soit en cas de rémunération mixte.

641. Le premier symptôme d'un assouplissement de l'exigence de paiement d'un prix par la collectivité publique fut un célèbre avis du Conseil d'État sur les « abribus ».

Le contrat prévoyait que l'entreprise s'engageait à installer du « mobilier urbain » sur la voie publique et à l'entretenir en se rémunérant par les recettes publicitaires procurées par la location des espaces vacants sur les équipements installés. Le Conseil d'État a considéré que ce contrat, qui ne comportait pas de rémunération par l'usager, était un marché ***(Avis 14 octobre 1980, EDCE 1981, 196 ; AJDA 1983, 193, note Auby, Grands avis du Conseil d'État, p. 149)***. Il peut donc y avoir marché dans le cas de rémunération par un tiers (V. aussi *CAA Paris 11 octobre 1994, SARL Édition Technog, AJDA 1994, 901, concl. Paitre :* rémunération de l'éditeur d'un bulletin municipal par la publicité). La solution est confirmée par un arrêt du *18 mars 1988, Soc. civile des néo-polders (RDP 1988, 506, note Llorens)* qui a qualifié de marché de travaux publics une concession d'endigage par laquelle l'entreprise s'engageait à construire un parking pour le compte de l'État en tirant sa rémunération de l'exploitation des terrains exondés. De même, la rémunération en nature est parfois admise (ex. : *CE 28 février 1980, SA Les Sablières Modernes d'Aresy, Rec. t. 110 :* travaux confiés à une entreprise moyennant le droit de disposer des matériaux extraits).

Dans un contexte différent, la CJCE a également admis que le caractère onéreux peut tenir à ce que le pouvoir adjudicateur s'abstient de percevoir une recette, comme dans le cas qui vient d'être évoqué, mais avec cette différence que dans l'affaire renvoyée à la CJCE la recette aurait pu être perçue sur le cocontractant, lequel, au lieu de payer, réalise un ouvrage, dont le prix est égal à la participation dont il a été dispensé *(CJCE 12 juillet 2001, Ordine degli architetti delle province di Milano, aff. C-399/98, Rec. p. 5409)*.

642. On a pu critiquer les contrats sans rémunération par la collectivité publique au motif qu'y ferait défaut le prix, élément essentiel du contrat (*Traité des contrats*, n° 236). C'est oublier que l'absence de rémunération par la collectivité n'est pas identique à l'absence de prix déterminable. C'est ce qui a été admis par la jurisprudence, dans des affaires relatives à des contrats de mobilier urbain, analogues à celui qui était en cause dans l'avis de 1980 : il a été jugé que le prix pouvait et devait être calculé par référence à la valeur du droit d'occupation du domaine *(TA Nice 2 juin 1992, Préfet des Alpes-Maritimes, req. 913580 — V. aussi TA Paris 8 juillet 1997, Préfet de Seine-Saint-Denis, Dr. Adm. n° 340 ; CAA Paris 26 mars 2002, Société J.-C. Decaux, Rec. 520, AJDA 2002 ; BJDCP 2002, n° 24, p. 354, concl. Haïm ; RFDA 2003. 252, art. F. Brenet)* et cette solution a fini par être consacrée par le Conseil d'État ***(CE Ass. 4 novembre 2005, Soc. J.-C. Decaux, Rec. 477, RFDA 2005. 1083, concl. Casas ; BJDCP, 2006, n° 44, p. 27, concl. Casas)***.

Cependant, il faut bien reconnaître que cette démarche paraît un peu artificielle étant donné l'absence totale de relation entre les éléments qui déterminent le prix et la contre-prestation pour la collectivité publique ; cette absence de relation incite à s'interroger sérieusement sur l'existence d'une opération d'achat et il a été avancé par Alain Menememis que la relation est plutôt de type concessif, même si l'objet n'est pas la gestion d'un service public. La pérennité de cette jurisprudence n'est donc pas garantie (v. A. Menemenis « Contrats de mobilier urbain : quelques éléments de réflexion sur les arrêts Decaux », *AJDA* 2006. 120).

Il n'en demeure pas moins que, en l'état actuel du droit, le marché public suppose un prix, mais que celui-ci peut ne pas être payé par la collectivité publique — ce qui reste exceptionnel.

643. Un second aménagement, de portée beaucoup plus grande ne concerne que les contrats qui ont pour objet de confier la gestion d'un service public, ce qui peut constituer une prestation de service.

Si la rémunération provient des usagers le contrat ne peut être un marché, il est une concession (ex. : *CE 10 avril 1970, Beau et Lagarde, Rec. 243 ; CE 6 mai 1991, Syndicat intercommunal du Bocage, AJDA 1991, 717, note Subra*). Mais, dans la jurisprudence récente sur les conventions de délégation de service public, que l'on étudiera au chapitre suivant, il a été admis que peut constituer une délégation de service public le contrat dans lequel la rémunération de l'entreprise provient pour une part « substantielle » de la collectivité publique et pour partie des résultats de l'exploitation — le plus souvent d'usagers. Il s'en déduit que le titulaire d'un marché public confiant la gestion d'un service public peut être rémunéré pour une partie non substantielle par les résultats de l'exploitation.

§ 3. Le choix du titulaire du marché

Bibliographie : *Traité des contrats*, n° 552 s.
Droit des marchés publics, III, 100 et s.

644. La caractéristique fondamentale du marché public, la conséquence principale de la qualification d'un contrat comme tel est l'assujettissement à l'obligation de mise en concurrence. Alors qu'il n'existe pas de principe général imposant l'appel à la concurrence lors de la passation d'un contrat ***(CE 12 octobre 1984, Chambre syndicale des agents d'assurances des Hautes-Pyrénées, RFDA 1985, 20, concl. Dandelot)***, les textes sur les marchés publics imposent la publicité et la concurrence. Il s'agit d'une règle relative au mode de passation du contrat, mais elle produit nécessairement des conséquences au stade de l'exécution ; le respect des conditions initiales fait ainsi obstacle à la passation d'un avenant bouleversant l'économie générale du marché, comme le rappelle l'article 20 du Code des marchés publics et il devrait faire obstacle à la réception de travaux non conformes.

Fondamentale, la concurrence n'est cependant pas une fin en soi ; elle constitue plutôt l'idée directrice autour de laquelle s'organise une discipline de rationalisation de l'action administrative. En effet, à partir du moment où la mise en concurrence est obligatoire, l'acheteur public est contraint de définir ses besoins et de comparer diverses solutions ; le prestataire est incité à faire des efforts pour procurer la meilleure qualité au meilleur prix et pour améliorer la productivité. Et, comme la concurrence suppose la publicité, elle constitue aussi un moyen de moralisation de l'action administrative en prévenant les « friponneries sous le manteau » évoquées par Dubois-Aymé en 1833.

Mais, d'une part, il n'est pas inconcevable d'atteindre ces différents objectifs par d'autres moyens, et, d'autre part, la concurrence n'est pas toujours praticable. C'est ce qui explique que le principe de concurrence soit assorti de limites définies par la réglementation elle-même et qu'il fasse parfois l'objet de critiques.

Il ne convient pas, font observer certains auteurs, d'ériger la concurrence en une valeur en soi. Nombre de réussites techniques de la France contemporaine ont été obtenues grâce au « colbertisme high tech », c'est-à-dire à l'intervention positive de l'État et de ses satellites en faveur de l'industrie dans le cadre de relations de longue durée peu compatibles avec la concurrence, mais pas forcément incompatibles avec l'intérêt général (cf. E. Cohen, *Le colbertisme « high tech ». Économie des Télécom et du grand projet*, Hachette 1992).

Par ailleurs, il n'est pas exclu que, dans certains cas, la négociation avec un candidat à l'obtention d'un contrat permette d'obtenir de meilleurs résultats que l'appel à la concurrence. Ainsi, « la négociation permet d'adapter les offres à la demande » *(Manuel d'application du Code de 2006,* § 11.2), elle permet de mieux adapter une prestation difficile à cerner d'avance ou de mieux connaître les conditions d'élaboration de cette prestation, alors que les procédures trop formalistes entraînent une fâcheuse polarisation sur la sécurité juridique, aux dépens, parfois, de la performance économique.

645. Ces considérations, jointes à des motifs parfois contestables, expliquent que les collectivités publiques aient toujours été attirées par le marché négocié, comme en témoignaient les statistiques antérieures à la réforme de 2001.

ANNÉE 1997	ÉTAT		COLLECTIVITÉS LOCALES	
	Nombre	Montant	Nombre	Montant
Adjudications	104	293,6	1 270	643,3
AO ouvert	9 036	12 723,4	90 464	61 180,8
AO restreint	8 330	16 862,7	10 512	15 399,2
Négocié avec concurrence	6 464	6 533,9	3 406	18 602,8
Négocié sans concurrence	6 129	44 850,9	7 741	4 912,0

Montants en millions de francs
Source : Ministère de l'Économie et des Finances

Les modifications apportées au code en 2004 ont exaucé largement les vœux d'assouplissement de la réglementation et ont permis en toute légalité de négocier, mais marché négocié ne signifie pas forcément marché « de gré à gré », il existe une procédure négociée et des obligations s'imposent même dans le silence des textes.

646. Le principe demeure la mise en concurrence des marchés publics, tantôt selon des procédures formalistes, tantôt selon des procédures adéquates, mais flexibles.

Pour qu'un marché (au sens économique du terme) soit concurrentiel, quatre conditions doivent être réunies : l'atomicité (absence d'effet de domination), l'homogénéité des produits (pour permettre les comparaisons), la liberté d'accès, la circulation de l'information. Le Code des marchés publics met surtout l'accent sur la troisième de ces quatre conditions, mais il n'ignore pas les autres.

Que les marchés doivent être « mis en concurrence » signifie que la collectivité publique ne se contente pas de surveiller le comportement des entreprises en vue d'empêcher les pratiques anticoncurrentielles, elle doit intervenir de manière positive en organisant la concurrence au moment de la passation du contrat dans un cadre procédural pré défini par les textes ou par le pouvoir adjudicateur.

Avant d'examiner les procédures, on en présentera les acteurs.

A Les acteurs de la procédure

647. La procédure de conclusion des marchés publics n'est pas encadrée seulement par le Code des marchés publics ; il faut aussi tenir compte des règles générales relatives à la compétence des autorités administratives, ainsi que des textes de transposition du droit communautaire. Ces règles déterminent la répartition des pouvoirs de décision et les conditions dans lesquelles un entrepreneur ou un fournisseur peut faire acte de candidature.

a) La collectivité publique

Bibliographie : LAJOYE (C.) : « Organes de l'achat public », *J.-Cl. CMP*, fasc. 60-10.

MENEMENIS (A.) : « Centrales d'achat : une nouvelle chance ? », *CP-ACCP* 2004, n° 31, p. 25.

TAILLEFAIT (A.) : « Les nouveaux groupements de commandes publiques », *Contrat et MP*, 2001, chron., n° 12.

TAILLEFAIT (A.) : « Coordination, groupement de commandes et centrales d'achats », *J.-Cl. CMP, fasc. 50.*

648. La compétence pour conduire la procédure de conclusion du marché appartient à la collectivité compétente pour conclure le marché. Il existe cependant des assouplissements à cette règle.

L'article 8 du Code des marchés publics permet une mutualisation des commandes publiques par la création de groupements de commandes auxquels adhèrent des services, des collectivités ou des établissements et même des personnes privées. Le groupement est doté d'un coordonnateur qui est chargé de conduire une consultation collective à l'issue de laquelle il retient un candidat. Ensuite le marché est signé avec chaque membre du groupement, sauf mandat donné au coordonnateur.

Ce système, qui permet d'obtenir des économies d'échelle, était surtout pratiqué dans le secteur de l'éducation ; mais les modifications apportées en 2001 ont été conçues pour en favoriser le développement. En effet, les nouvelles dispositions libéralisent le système en donnant au groupement un caractère contractuel, en permettant la participation de personnes privées et, surtout, en ne faisant plus intervenir le préfet lorsque sont concernées des collectivités locales. La nouvelle formule n'a rencontré qu'un succès mitigé à cause de la lourdeur due au caractère pléthorique des commissions d'appel d'offres. Le code de 2004 a apporté un allègement, maintenu par le code de 2006, consistant en ce que le nouvel article 8 prévoit d'une part que le coordonnateur peut être chargé « soit de signer et de notifier le marché ou l'accord-cadre, chaque membre du groupement, pour ce qui le concerne, s'assurant de sa bonne exécution, soit de signer le marché ou l'accord-cadre, de le notifier et de l'exécuter au nom de l'ensemble des membres du groupement » et que dans ces deux cas, « la convention constitutive du groupement peut prévoir que la commission d'appel d'offres est celle du coordonnateur ».

649. Il est également possible aux pouvoirs adjudicateurs de confier leurs achats à une centrale d'achat, qui doit respecter pour ses propres achats les procédures du code, ce qui permet ensuite aux pouvoirs adjudicateurs d'acheter directement auprès de la centrale (art. 9 et art. 31 CMP). Ce système existait depuis longtemps en France, sur la base du décret du 28 juillet 1985 (modifié en 2001 et en 2004) relatif à l'Union des groupements d'achat public (UGAP), centrale d'achat qui est un établissement public industriel et commercial national. Ce système a été mis en danger par un arrêt du Conseil d'État qui a annulé le décret de 1985 en tant qu'il permettait de passer des marchés entre les collectivités publiques et l'UGAP sans mise en concurrence au-dessus des seuils communautaires *(CE 27 juillet 2001, CAMIF, BJDCP 2001, n° 19, p. 49, concl. Bergeal).* Mais, l'utilité des centrales d'achat est apparue au niveau communautaire et la directive 2004/18 (art. 11) a mis en place un régime spécial des centrales d'achat. Selon la directive « les pouvoirs adjudicateurs qui acquièrent des travaux, des fournitures et/ou des services en recourant à une centrale d'achat dans les hypothèses visées à l'article 1er, paragraphe 10, sont considérés comme ayant respecté la présente directive, pour autant que cette centrale d'achat l'ait respectée ». L'UGAP est une centrale d'achat au sens de la directive, mais elle peut être concurrencée par d'autres centrales.

Hors ces cas particuliers, quelle est l'autorité compétente ?

1° Les autorités compétentes

650. Au sein de la collectivité publique, les autorités compétentes pour mener la procédure de conclusion du marché diffèrent selon qu'il s'agit de l'État, d'une collectivité locale ou d'un établissement public.

1. État

651. L'autorité compétente pour signer les marchés de l'État et donc pour gérer les procédures de passation est le ministre pris en sa qualité de chef de services pour les administrations centrales, le préfet pour les services déconcentrés. Ces autorités peuvent donner délégation dans les conditions du droit commun depuis 2006. Jusqu'en 2006, l'application pure et simple des règles générales du droit administratif n'avait pas paru suffisante et le Code des marchés publics donnait à l'autorité compétente pour signer un marché public le « statut » de personne responsable des marchés (PRM).

Le particularisme de la PRM portait sur la désignation des autorités compétentes pour signer les marchés de l'État : l'article 20 du code disposait qu'une liste des personnes responsables dans chaque ministère était établie par le ministre, sans qu'aucune règle soit imposée ; ce qui était critiquable puisque le montant des marchés pour l'application des seuils était évalué au niveau de la PRM. Il pouvait en résulter que la multiplication arbitraire des PRM permette le « saucissonnage » dans le but de maintenir les achats en dessous des seuils, éventuellement en violation de la règle posée par les directives, selon laquelle « le choix de la méthode d'évaluation d'un marché ne peut être fait dans l'intention de soustraire ce marché à l'application » des directives. Au niveau local, les PRM étaient les exécutifs locaux, qui pouvaient, toutefois, déléguer leur compétence ou leur signature, sans, pour autant créer de PRM.

Cette notion de PRM a suscité des difficultés ; il a parfois été soutenu que la PRM avait une responsabilité spéciale qui tenait en échec les règles normales de délégation, des conflits ont eu lieu dans les services déconcentrés. Puis, l'inutilité de cette particularité du droit des marchés publics est apparue avec la dissociation qui a été introduite en 2004 entre la détermination de la PRM et celle du niveau d'évaluation des besoins (*infra*, n° 675). C'est pourquoi le code de 2006 supprime la notion de personne responsable des marchés, pour la remplacer par celle de pouvoir adjudicateur, la détermination de l'autorité compétente pour représenter le pouvoir adjudicateur ne présente plus de particularité.

652. La passation des marchés de l'État est assujettie à divers contrôles préalables.

Comme tout engagement de dépenses, le marché est soumis au visa du contrôleur financier.

Jusqu'en 2004, le code prévoyait qu'au-dessus de certains seuils, le projet de marché pouvait être soumis pour avis à une des sept commissions spécialisées des marchés organisées par l'article 119 du code de 2004 et le décret du 23 août 2001. Ces commissions consultatives, dont les avis n'étaient publiés qu'à titre exceptionnel, ont joué un rôle important dans l'élaboration du droit et de la politique des marchés publics, mais leurs observations étaient assez mal perçues par les acheteurs publics, ce qui peut expliquer que le code de 2004 ait donné un caractère facultatif à leur intervention, qui, jusque là, était obligatoire. Puis, ces CSM ont été supprimées par décret 26 novembre 2004 qui a créé la Commission des marchés publics de l'État (CMPE), chargée non plus d'un contrôle *a priori*, mais d'une assistance pour l'élaboration et la passation des marchés. L'article 129 du code de 2006 prévoit le maintien de cette commission.

2. Collectivités locales

653. Il est nécessaire que l'assemblée délibérante intervienne au cours de la procédure de passation du marché. La loi du 6 février 1992 a renforcé les droits des élus en prévoyant que les conseils municipaux dans les communes de plus de 3 500 habitants peuvent prendre connaissance du projet de marché et de l'ensemble des pièces (art. L. 2121-12 CGCT), alors qu'antérieurement il était admis que l'assemblée délibérante pouvait n'être saisie que du principe de la passation. Une certaine souplesse est néanmoins admise : le maire peut engager sans accord du conseil municipal la procédure de passation d'un marché, dès lors que le conseil municipal intervient postérieurement *(CE 4 avril 1997, Préfet du Puy-de-Dôme c/ Cne d'Orcet, Rec. 132)*. Mais, un arrêt de la Cour administrative d'appel de Lyon est venu quelque peu perturber le schéma procédural habituel en jugeant que le conseil municipal doit autoriser le maire à signer en toute connaissance de cause, c'est-à-dire notamment en connaissant l'identité de l'attributaire *(CAA Lyon 5 décembre 2002, Commune de Montélimar, AJDA 2003.83)*, ce qui revient à transformer la décision d'attribution en co-décision. Le Conseil d'État a confirmé cette solution (*CE 13 octobre 2004, Commune de Montélimar, rec. 369, Ctts et MP 2004, doct. 10, concl. Casas*). Cette solution a paru imposée par la hiérarchie des normes : les pouvoirs de la commission d'appel d'offres ne reposent que sur un décret, alors que la loi donne le pouvoir de décision à l'assemblée délibérante.

Pour pallier la lourdeur qui résulte de l'intervention de deux délibérations, l'article 5 de la loi du 2 juillet 2003 habilitant le gouvernement à simplifier le droit, prévoit une ordonnance « permettant d'alléger les procédures de passation des marchés publics pour les collectivités territoriales ». Cette habilitation ayant expiré, elle a été reprise par la loi d'habilitation du 9 décembre 2004 et une ordonnance n° 2005-645 du 6 juin 2005 a posé de nouvelles règles (art. L. 2122-21-1 ; L. 3221-11-1 ; L. 4231-8-1 du CGCT). Désormais, si une délibération de lancement de la procédure est adoptée, et si elle définit le besoin et le montant prévisionnel du marché, l'exécutif local peut signer le marché, sans nouvelle délibération, ce qui confirme la solution de l'arrêt Commune d'Orcet. En l'absence d'une telle délibération, le système des deux délibérations s'applique. De plus, l'ordonnance a précisé, qu'à tout moment, l'assemblée délibérante peut décider qu'une nouvelle délibération est nécessaire.

Un problème reste non résolu : celui des marchés, très nombreux, qui ont été conclus illégalement dans le passé.

654. Cependant, l'assemblée délibérante a le droit de donner délégation et cela pour la conclusion de plusieurs marchés.

L'article L. 2122-22-4° du Code général des collectivités territoriales, modifié par la loi MURCEF du 11 décembre 2001, permet au conseil municipal de déléguer au maire la compétence pour conclure les marchés qui peuvent être passés sans formalités préalables en raison de leur montant, lorsque les crédits sont prévus au budget. La même possibilité a été reconnue pour les présidents de conseils généraux et régionaux par la loi MURCEF (art. L. 3221-11 et L. 4231-8 du CGCT). Au moment de l'adoption de la loi, les marchés sans formalités préalables étaient ceux dont le montant était inférieur à 90 000 euros ; avec la réforme de 2004, ce seuil de 90 000 euros est rehaussé puisque les marchés peuvent être conclus selon une « procédure adaptée » (v. *infra*, n° 745) dès lors que leur montant est inférieur aux seuils de 135 000 euros pour l'État et 210 000 euros pour les collectivités locales ; il en résulte un important accroissement des possibilités de délégation, qui paraît critiquable au regard de l'intention du législateur de 2001.

Dans les EPCI le président peut recevoir délégation dans toutes les matières non exclues par l'article L. 5211-2 du CGCT ;

il en résulte qu'il peut recevoir délégation pour la conclusion des marchés publics et cela sans condition de montant (*CE — avis 17 décembre 2003 Préfet du Nord ; Rec. 512 ; AJDA 2004 149, concl. Séners*)

655. Lorsqu'intervient une délibération, son caractère exécutoire est subordonné à la transmission au représentant de l'État ***(CE, Avis du 10 juin 1996, Préfet de la Côte-d'Or, Rec. 198, D. 1997, 45, note F.-P. Bénoît)***. Un acte d'exécution qui précéderait cette transmission serait donc illégal *(CE 20 janvier 1989, Ville de Millau, MP 1989, n° 241, p. 12)*. Une fois autorisé à faire les actes nécessaires à la passation, l'exécutif local peut donner délégation dans les conditions prévues par les textes aux adjoints, vice-présidents ou responsables de services.

3. Établissements publics

656. L'autorité compétente en matière de marchés est déterminée par le statut de chaque établissement public. Il s'agit tantôt de l'organe délibérant qui autorise le directeur, tantôt du directeur ou du président.

Les textes peuvent aussi prévoir une procédure d'approbation par l'autorité de tutelle, semblable à celle qui existait avant 1982 pour les marchés des collectivités locales. En ce cas l'entrée en vigueur du marché est subordonnée à l'approbation *(CE 26 mai 1971, Marquet, Rec. 383)*.

657. À ces règles générales, qui sont valables pour la conclusion de tout marché, quelle que soit la procédure de passation, s'ajoutent les règles de compétence spécifiques aux procédures formalistes de mise en concurrence que sont l'appel d'offres et la mise en concurrence simplifiée. La particularité de ces procédures est l'intervention d'un organisme collégial, la commission d'appel d'offres (qui est mal nommée car la réglementation prévoit aussi son intervention en dehors de l'appel d'offres).

2° La commission d'appel d'offres

Bibliographie : LINDITCH (F.) : « Vers la fin des commissions d'appel d'offres ? », *Contrats publics, Mél. Guibal*, 2006, p. 159.

PEYRICAL (J.-M.) : « La commission d'appel d'offres : un pouvoir décisionnel prépondérant », *MTPB*, 2 décembre 1994, p. 50 ; « Le nouveau Code des marchés publics : vers un renforcement de la collégialité ? », *CP-ACCP*, mars 2004, n° 31.

BERBARI (M.) : *Les commissions d'appel d'offres*, éd. du Moniteur, 2e éd. 2002.

658. L'intervention d'une instance collégiale apporte une protection contre la corruption et renforce la capacité d'examen de l'administration ; elle entraîne cependant certains inconvénients tels la lourdeur de la procédure et le risque d'atteinte à un principe de base de l'appel d'offres, qui est la confidentialité des offres. L'atteinte à cette confidentialité peut motiver une sanction contre un fonctionnaire (ex. : *CE 4 juillet 2005, Yannick X., req. 269177*), mais, dans la pratique les violations semblent fréquentes.

La composition des commissions d'appel d'offres est fixée par décision ministérielle pour les administrations centrales et les services déconcentrés non placés sous l'autorité du préfet, par décision préfectorale pour les services déconcentrés. Pour les établissements publics de l'État, la composition résulte des « règles propres à chaque établissement » (art. 21). Selon les dispositions statutaires de l'établissement, il pourra s'agir soit d'un arrêté ministériel, soit d'une délibération du conseil d'administration.

Pour les collectivités locales, le Code des marchés publics détermine lui-même la composition de la commission d'appel d'offres (art. 22). Depuis le décret de 2004 les collectivités locales ont l'obligation de créer une commission d'appel d'offres permanente, sans que cela exclue la mise en place d'une commission spécifique à un marché.

S'agissant des régions, départements et communes, la composition est la suivante :

Président : l'exécutif local (ou son représentant)

Membres à voix délibérative : 5 membres de l'assemblée délibérante élus à la RP. *

Membres à voix consultative :

— le comptable, à titre facultatif depuis le décret de 2004 ;

— représentant DDCC, à titre facultatif depuis le décret de 2004 ;

— représentant du service technique compétent ;

— personnalités désignées par le président de la commission à raison de leur compétence.

* Dans les communes de 3 500 habitants et moins il n'y a que trois membres élus.

Une des principales innovations de 2004 a été la suppression de la convocation obligatoire du représentant de la direction de la concurrence aux réunions des commissions des collectivités locales. Cette suppression tire les conséquences de ce que les fonctionnaires des DDCRF ne participaient qu'à environ un tiers des commissions, mais surtout elle met fin à une ambiguïté tenant à ce que ces fonctionnaires participaient à la procédure, tout en étant chargés de la contrôler.

Une autre innovation importante de 2004 a été est la possibilité de faire participer avec voix consultative des représentants des services techniques, dont le rôle est souvent capital.

659. Les commissions d'appel d'offres de l'État et des établissements publics nationaux ont un rôle purement consultatif qui laisse tout le pouvoir de décision à l'autorité compétente. Au niveau local il en va différemment, la commission a un rôle fondamental et son importance a été accrue par des réformes successives.

Pour les marchés de l'État c'est l'autorité compétente pour signer qui procède au jugement des offres et mène la procédure, alors que pour les collectivités locales le Code des marchés publics introduit une modification à l'ordre normal des compétences : la commission a le pouvoir de décision pour attribuer le marché ou déclarer l'appel d'offres infructueux (art. 59 ; art. 60) et, contrairement à ce qu'indique son nom, la commission d'appel d'offres, depuis 2004, est aussi compétente pour les marchés conclus par voie négociée, sans appel d'offres (art. 66). Les pouvoirs ainsi reconnus à la commission doivent être combinés avec ceux de l'organe délibérant (cf. *supra*, n° 582).

660. Le candidat choisi par la commission ou sur son avis n'est qu'« attributaire », il n'est pas encore titulaire : l'autorité compétente ne peut signer qu'avec l'attributaire, mais, selon l'article 59 et l'article 64, l'autorité compétente peut mettre fin à tout moment à la procédure pour des motifs d'intérêt général. Elle avait aussi, autrefois, la possibilité de déclarer l'appel d'offres infructueux, ce qui avait fait juger que « ... lorsque l'Administration en vertu de ces dispositions, informe un soumissionnaire que son offre est acceptée, cette décision ne crée pour l'attributaire aucun droit à la signature du marché ; ... par suite, le soumissionnaire dont l'offre a été acceptée ne peut, pour critiquer la décision par laquelle l'Administration, renonçant à conclure le marché, déclare l'appel d'offre infructueux, faire valoir utilement que se trouve ainsi méconnue la règle selon laquelle une décision individuelle créatrice de droits ne peut être rapportée, si ce n'est lorsqu'elle est illégale et dans le délai du recours contentieux, ni soutenir que ladite décision aurait été prise en méconnaissance des dispositions précitées de l'article 300 du Code des marchés publics ou du principe de l'égalité entre les soumissionnaires » *(CE 10 octobre 1984, CGCT, AJDA 1985, 749, obs. Richer).* Depuis 2001, la déclaration d'infructuosité nécessite l'intervention de la commission d'appel d'offres, qui décide quand il s'agit d'une collectivité locale et propose pour les marchés de l'État.

661. La solution est différente en cas de marché négocié : la délibération de l'assemblée délibérante qui décide d'attribuer le marché à une entreprise déterminée a le caractère d'un acte créateur de droits *(CAA Nantes 7 mai 1991, Commune de Mauves-sur-Loire, RFDA 1992, 824).* Ce n'est donc qu'à défaut d'une telle délibération que l'autorité compétente peut user du pouvoir qui lui est reconnu de mettre fin à la procédure pour motif d'intérêt général.

b) Les candidats

1° Les exclusions

662. Certaines personnes ne peuvent pas obtenir de marchés publics. Les personnes physiques ou morales qui ont encouru certaines condamnations peuvent être exclus des commandes publiques par décision de la juridiction répressive (art. 223-17 ; 225-19 ; 313-8 ; 314-10 ; 321-9 ; 323-5 ; 441-10 ; 444-7 du Code pénal). Jusqu'en 2004, les personnes, qui avaient fourni des renseignements inexacts sur leur situation fiscale et sociale, pouvaient également être exclues, sur décision de l'autorité administrative (ancien art. 47 du Code des marchés publics). Cette sanction a été supprimée en 2004, mais l'article 43 détermine une liste d'interdictions de soumissionner qui tient compte des exclusions introduites par la directive 2004/18 sur les marchés publics (art. 45) en vue de lutter contre la corruption, le blanchiment de capitaux et quelques autres manifestations de criminalité économique.

2° La pluralité de candidats

Bibliographie : Babando (J.-P.) : « Groupement d'entreprises », *J.-Cl. CMP*, fasc. 60-50.

Jouguelet (J.-P.) et Granjon (R.) : « Les groupements d'entreprises : le nouveau code lève-t-il toutes les incertitudes ? », *BJDCP* 2003, n° 26, p. 2.

663. Dans une même procédure, plusieurs entrepreneurs ou fournisseurs peuvent être retenus pour une opération unique lorsque les travaux, fournitures ou services sont divisés en lots. Deux avantages complémentaires sont attachés à la division en lots : l'accès des PME aux marchés est rendu plus facile, la concurrence est accrue.

664. Toujours dans l'idée de protéger les PME, le décret de 2001 (art. 10, al. 3) avait prévu que « pour un marché ayant à la fois pour objet la construction et l'exploitation ou la maintenance d'un ouvrage, la construction fait obligatoirement l'objet d'un lot séparé ». L'idée était de rendre impossible la conclusion de marchés d'entreprise de travaux publics (METP) qui confient à la fois la réalisation d'un ouvrage et son exploitation dans le cadre d'un service public. Deux ans plus tard, la tendance est plutôt au « partenariat public-privé », ce qui explique que le décret de 2004 laisse ouverte la possibilité de recourir au marché global en modifiant l'article 10, dont sur ce point le contenu ne change pas avec le code de 2006. Il est admis qu'un marché peut porter à la fois sur la construction et l'exploitation ou la maintenance ; mais, dans l'intérêt des PME, il est prévu que, si le marché est divisé en lots, la construction et l'exploitation ou maintenance ne peuvent faire l'objet d'un seul et même lot, et si le marché est global, il doit faire apparaître le prix respectif des deux prestations, sans que la rémunération de l'exploitation ou la maintenance puisse contribuer à celle de la construction, ce qui contreviendrait à l'interdiction du paiement différé (sur ce point, v. *infra* n. 837).

Lors de l'élaboration du code de 2006, la question de l'allotissement a fait l'objet, comme on le verra, d'un débat qui a opposé les défenseurs des PME et ceux des entreprises générales (*infra*, n° 697).

665. Lorsque la prestation est divisée en lots, chacun d'entre eux peut être attribué, par marchés séparés, ce qui suppose qu'un des lots ait pour objet la coordination lorsqu'il s'agit de travaux. Une autre méthode consiste à grouper les candidatures ou offres, comme le prévoit l'article 51 du code.

Les entreprises peuvent créer entre elles un groupement momentané sans personnalité morale dont chacun des membres se charge d'exécuter une fraction du marché. Chacun des membres est cependant titulaire d'un marché : « lorsqu'un marché est dévolu à un groupement d'entreprises, les lots sont attribués à des entreprises nommément désignées qui ont, chacune pour ce qui la concerne, la qualité de cocontractant du maître d'ouvrage » *(CE 9 décembre 1987, Chambre d'agriculture des Deux-Sèvres, Rec. 403)*. Cette segmentation en plusieurs liens contractuels (même si n'existe qu'un seul *instrumentum*) se vérifie même si le groupement est solidaire, chacun des membres étant alors engagé pour la totalité, que le marché soit ou non divisé en lots.

L'existence du groupement se traduit par la désignation d'un mandataire commun et par la signature d'un même acte d'engagement, ce qui marque l'unité de l'opération. Le contrat de groupement qui ne lie que des personnes privées est lui-même un contrat de droit privé (contrat de co-traitance, de consortium).

666. Le fractionnement peut, enfin, résulter de la sous-traitance d'une partie du marché. Le recours à la sous-traitance est prévu dès la conclusion du marché ou intervient au cours de son exécution. Dans tous les cas l'autorisation de l'administration est nécessaire. La sous-traitance est régie par la loi du 31 décembre 1975 lorsqu'elle porte sur un contrat assimilable à un contrat d'entreprise (cf. *infra*, n° 839), mais elle est également possible pour les marchés de fournitures *(CE 3 novembre 1989, SA Jean-Michel, D. 1990, SC 245, obs. Terneyre)*, ou de service (*CAA Paris 28 février 1995, SARL Exposure, Quotidien juridique 10 octobre 1995, n° 81* — marché de production d'une œuvre audiovisuelle).

B Le montant de la dépense

667. La réglementation des marchés publics a toujours admis qu'un équilibre doit être ménagé entre les coûts de transaction liés au formalisme procédural et les avantages liés à la concurrence. Ainsi, les ordonnances de 1836 et 1837 prévoyaient que l'adjudication n'était pas obligatoire pour les petits marchés ou dans les cas d'urgence. Cette règle a toujours été maintenue. En droit communautaire, il est courant de faire application de la règle « *de minimis non curat praetor* », qui, en matière de marchés publics, s'est traduite par la définition de seuils au-dessus desquels les directives sont applicables. Mais, si les règles formalistes ne s'appliquent pas en dessous des seuils, il n'est pas admis que pour les marchés d'un montant inférieur aux seuils, les pouvoirs adjudicateurs sont libres ; dès le premier euro les principes généraux s'appliquent.

a) L'évolution des seuils

Bibliographie : PROOT (P.) : « Les seuils d'application des directives sur les marchés publics », *CP-ACCP*, février 2005, n° 41, p. 28.

668. Dans l'ancien Code des marchés publics ont existé deux seuils. En dessous d'un premier seuil, fixé, en dernier lieu, à 300 000 francs, les achats étaient dispensés de toute formalité et étaient même considérés jusqu'en 1992 comme effectués « hors marchés » ; en dessous d'un second seuil, fixé, en dernier lieu, à 700 000 francs, les marchés pouvaient être conclus selon la procédure négociée.

La simplification apportée par le décret de 2001 a consisté à avoir aligné les seuils du code sur ceux des directives et, de ce fait, supprimé un certain nombre de seuils spécifiquement nationaux, dont le seuil de 700 000 francs. Cependant, en dessous des seuils communautaires, le décret de 2001 a laissé subsister quelques seuils purement nationaux, dont le plus important est un seuil de 90 000 euros HT, substitué à celui de 300 000 francs.

669. Le projet de réforme élaboré en 2003 prévoyait d'aller plus loin dans le sens de la simplification en prévoyant que les procédures formalistes ne seraient obligatoires que dans la mesure où les directives y contraignent. Ce projet ayant suscité des protestations, c'est une solution intermédiaire qui a été retenue en 2004 et en 2006. En deçà des seuils communautaires une « procédure adaptée » (c'est-à-dire adéquate) est mise en place, dans laquelle les modalités de publicité et de mise en concurrence sont déterminées en fonction de l'objet et des caractéristiques du marché, mais le seuil de 90 000 euros est maintenu et la liberté totale (à ne pas confondre avec l'arbitraire) n'existe qu'en dessous de ce montant. Il n'en demeure pas moins que l'acheteur public se trouve beaucoup plus libre au point de vue procédural ; il l'est aussi en ce qui concerne l'évaluation qui permet de savoir si le seuil est atteint ou non.

670. Les directives communautaires n'imposent le respect de règles de passation formalistes que pour les marchés les plus importants, qui sont définis par référence à des seuils. Mais, le législateur communautaire n'a pas la libre détermination des seuils, puisque l'accord OMC sur les marchés publics (cf. *supra*, n° 566) définit lui-même des seuils, qui s'imposent à l'Union européenne signataire. Ces seuils sont fixés en DTS (droits de tirage spéciaux) à 130 000 DTS valable pour les marchés de fournitures et services de l'État, 200 000 DTS pour les marchés de fournitures et services des collectivités locales et à 5 000 000 DTS pour les travaux.

Seuils AMP

SERVICES — Marchés passés par les autorités gouvernementales — Pouvoirs adjudicateurs qui ne sont pas des autorités centrales	 Équivalent en euros de 130 000 DTS Équivalent en euros de 200 000 DTS
FOURNITURES — Autorités gouvernementales centrales — Pouvoirs adjudicateurs qui ne sont pas des autorités gouvernementales centrales	 Équivalent en euros de DTS 130 000 Équivalent en euros de DTS 200 000
TRAVAUX	Équivalent en euros de 5 000 000 DTS

Le DTS est une unité de compte de référence définie par le Fonds monétaire international en référence à un panier de monnaies, dont l'euro et le dollar, sa parité varie donc dans le temps. C'est pourquoi, périodiquement, le montant des seuils doit être modifié pour tenir compte de la contre-valeur en euros. Les directives de 2004 mentionnent des seuils de 162 000 euros, pour les marchés publics de fournitures et de services passés par les pouvoirs adjudicateurs qui sont des autorités gouvernementales, 249 000 euros : pour les marchés publics de fournitures et de services passés par les pouvoirs adjudicateurs autres que les autorités gouvernementales et 6 242 000 euros, pour les marchés publics de travaux ; mais, ces seuils ne sont plus valables. Dorénavant, en effet, les seuils sont révisés tous les deux ans par la Commission (art. 78 dir. 2004/18 ; art. 69 dir. 2004/17). Les nouveaux seuils ont été fixés par le règlement n° 2083/2005 du 19 décembre 2005 pour la période allant du 1er janvier 2006 au 31 décembre 2007 :

	Fournitures et services		Travaux	
ÉTAT	Secteurs clasiques	Secteurs réseaux	Secteurs clasiques	Secteurs réseaux
	137 000 € HT	**422 000 € HT**	**5 278 000 € HT**	**5 278 000 € HT**
COLLECTIVITÉS LOCALES	Secteurs clasiques	Secteurs réseaux	Secteurs clasiques	Secteurs réseaux
	211 000 € HT	**422 000 € HT**	**5 278 000 € HT**	**5 278 000 € HT**

671. Ces seuils ont été transposés en droit français à des montants arrondis, ce qui n'est pas contraire aux directives, dès lors que ces montants sont inférieurs et donnent donc au droit national un caractère plus rigoureux. Le décret du 30 décembre 2005 a modifié le code de 2004 en fixant le seuils de la manière suivante :

— marchés de l'État : 135 000 € HT
— marchés des collectivités locales : 210 000 € HT
— marchés de travaux : 5 270 000 € HT

Le code de 2006 reprend les mêmes montants.

b) La détermination de la valeur estimée du marché

Bibliographie : CLAUDÉ-MOUGEL (A.) : « L'énigmatique article 27 du Code des marchés publics », *AJDA* 2003. 315.

CRAHES (M.) : « Article 27 du Code des marchés publics et nomenclature ou le salut par la programmation de la commande publique », *Contrats et MP*, 2002, comm. 12.

DELELIS (P.) : « Calcul des seuils », *J.-Cl. CMP*, fasc. 60-20.

EMERY (C.) : « Les seuils et la publicité dans le code rénové », *AJDA*, n° 7/2004, 23 février 2004, p. 368.

JEANJEAN (N.) : « Les nouvelles modalités d'appréciation des seuils de mise en concurrence », *CP-ACCP*, mars 2004, n° 31.

LINDITCH (F.) : « Qui a peur de l'article 27 ? », *Contrats et MP*, 2002, comm. 2.

672. Dès lors que les marchés inférieurs à un certain montant sont exemptés de certaines règles de passation, il importe d'abord de fixer des règles claires au sujet du mode de détermination du montant du marché, d'autre part d'empêcher que la règle soit éludée « en divisant la dépense générale en plusieurs marchés », selon l'expression de Dubois-Aymé (Chambre des députés, 22 novembre 1831), qui visait ainsi la pratique plus familièrement dénommée « saucissonnage ». Il apparaît ainsi que le problème de la « détermination de la valeur estimée du marché », pour reprendre les termes de la directive, est, en réalité, celui de l'évaluation du montant d'une opération à laquelle correspond ou dont fait partie le marché. On relève, d'ailleurs, que le Code des marchés publics ne mentionne pas le montant des marchés, mais prévoit que telle ou telle procédure doit être utilisée lorsque tel ou tel seuil est ou n'est pas dépassé.

Ces difficultés n'avaient pas été clairement résolues par le code avant 2001.

C'est l'instruction pour l'application du Code des marchés publics, et non le code lui-même, qui avait indiqué, pour le calcul des achats sur factures (en dessous de 300 000 francs) qu'il fallait tenir compte des sommes à payer à une même personne et correspondant à des prestations de nature identique ou similaire. La même instruction considérait que lorsqu'il s'agissait de l'État, le calcul devait être fait au niveau de chaque personne responsable des marchés, alors que pour les collectivités territoriales et les établissements publics la personne publique était considérée dans son ensemble.

Toutefois, selon le juge administratif, même si un contrat ne dépassait pas isolément le seuil, il pouvait être soumis à procédure parce qu'il se rattachait à une opération dont le montant total excédait les seuils. Ainsi, l'achat de véhicules a été considéré comme une opération présentant une unité fonctionnelle et devant faire l'objet d'un appel d'offres, sans qu'il soit possible d'y échapper en acquérant les véhicules auprès de plusieurs entreprises différentes *(TA Rennes 20 mars 1991, MP 1992, n° 263, p. 16* ; v. aussi : *CE 14 janvier 1998, Conseil régional de la région Centre, Rec. 7)* ; en revanche, ont été considérées comme deux opérations distinctes la démolition à des dates différentes et selon des techniques différentes de plusieurs bâtiments de lycée *(CE 13 février 1987, Bonhenry, req. 47971).*

Il ne s'agissait que de solutions ponctuelles et des contradictions existaient entre la doctrine administrative et la jurisprudence, notamment sur le cas de la pluralité de cocontractants.

673. Le code de 2001 a entendu clarifier la situation en définissant de façon précise les règles d'agrégation des dépenses.

Il a mis fin à la prise en considération du nombre de prestataires ; la division, qui était parfois artificielle, entre plusieurs cocontractants ne permet pas d'échapper aux règles.

Malheureusement, le code de 2001 a été à la fois insuffisamment précis et trop précis : insuffisamment précis en ce qui concerne la détermination du niveau administratif d'agrégation, trop précis en ce qui concerne les règles de calcul des montants. Il a donc fallu en 2004 et 2006 introduire des règles différentes. La situation n'est pas la même selon qu'il s'agit de fournitures et services ou de travaux.

1° Fournitures et services

674. Le code de 2001 n'indiquait pas à quel niveau administratif doit être évalué le montant des achats. C'est l'instruction pour l'application du Code dans son commentaire de l'article 27 qui tranchait la question en considérant que « la comparaison du montant des achats aux seuils prévus par le Code des marchés publics est réalisée par personne responsable des marchés. En conséquence, lorsque la personne responsable du marché autorise, sous son autorité, certaines personnes à procéder à des achats sur factures ou travaux sur mémoire, c'est le montant total des achats effectués de la sorte qui est comparé aux seuils en vigueur ».

Il en résultait que dans les collectivités locales ou les établissements publics, où n'existait qu'une seule personne responsable du marché, la règle selon laquelle les achats doivent être agrégés au niveau de la personne responsable du marché aboutissait à une application beaucoup plus rigoureuse du Code des marchés publics que pour les services de l'État, qui pouvaient multiplier les PRM.

Pourtant, en l'absence de règle impérative sur ce point figurant dans le Code des marchés, il n'eût pas été inconcevable de définir les règles d'imputation en fonction de la nature des besoins et des achats et non en fonction de la compétence de la PRM. Il est, en effet, logique que la computation du montant des marchés se fasse en fonction de niveaux de programmation, qui devraient normalement être en harmonie avec l'architecture des services, c'est-à-dire que les différents centres de décision, identifiés, notamment, à partir des délégations de compétences ou de signature, devraient pouvoir regrouper à leur niveau les achats qui leurs sont spécifiques. Par exemple, dans une université, établissement public unique divisé en UFR non dotées de la personnalité morale, il paraît logique de centraliser les achats de services et produits identiques pour toutes les UFR (papier, location de photocopieuse, nettoyage de locaux, etc.), mais de décentraliser les achats spécifiques à telle ou telle UFR ou catégorie d'UFR, qui a des besoins propres (en matière de matériels spécifiques, d'informatique spécialisée, etc.). Le décret de 2004 a fait place à cette logique, que reprend celui de 2006.

1. Niveau administratif de rattachement

675. L'article 5 du code de 2004, repris par le décret du 1er août 2006 part du principe que les besoins sont évalués au niveau de la personne publique, du pouvoir adjudicateur ; mais, en ce qui concerne les fournitures et services il prévoit que l'autorité compétente « détermine le niveau auquel les besoins... sont évalués », en 2004 il n'était pas indiqué que ce niveau correspond nécessairement à l'existence d'une PRM ; toutefois, l'article 20, qui était relatif à la désignation des PRM disposait que pour celle-ci il est tenu compte du choix opéré en application de l'article 5. Une certaine souplesse était introduite dans la relation de la définition de la PRM avec le niveau de prise en compte des besoins.

676. Le code de 2006 ayant abandonné la notion de PRM, les dispositions relatives au niveau d'évaluation des besoins ont pris leur autonomie. Selon l'article 5-II, « le pouvoir adjudicateur détermine le niveau auquel les besoins sont évalués ». L'article 5 ajoute que « ce choix ne doit pas avoir pour effet de soustraire des marchés aux règles qui leur sont normalement applicables en vertu du présent code », ce qui fait écho à l'article 9 de la directive 2004/18, selon lequel « le choix de la méthode pour le calcul de la valeur estimée d'un marché public ne peut être effectué avec l'intention de le soustraire à l'application de la présente directive ».

Le risque n'en existe pas moins que ce système amène à tourner les exigences européennes ; pour y parer il faut considérer que le principe est pour l'État le regroupement au niveau des entités énumérées à l'annexe IV de la directive 2004/18 et pour les autres personnes morales le regroupement au niveau de la personne prise dans son ensemble ; pour déroger au principe il convient de se fonder sur des motifs sérieux tenant à la situation géographique, à celle du marché, etc.

2. Calcul des montants

677. Une fois déterminé le niveau de rattachement, il reste à établir le montant à comparer aux seuils.

Pour un marché donné ce montant englobe celui de tous les lots, s'il y a division en lots ; celui de période de reconduction, s'il y a possibilité de reconduction ; celui de la tranche conditionnelle, si une tranche conditionnelle est prévue (aux conditions posées par l'article 72). Il suffit qu'une prestation soit possible en exécution du marché pour que l'estimation prévisionnelle doive en tenir compte.

Mais, allant plus loin, le Code des marchés publics considère que le montant à retenir n'est pas celui de chacun des contrats car le fractionnement deviendrait la règle ; il convient donc de fixer des règles rationnelles de regroupement des contrats, qui permettent de respecter l'exigence posée par les directives que « le choix de la méthode pour le calcul de la valeur estimée d'un marché public ne peut être effectué avec l'intention de le soustraire à l'application de la présente directive ».

Les critères de regroupement visent à définir des ensembles en fonction de l'objet des contrats et de la période de leur conclusion. Nul ne peut soupçonner un fractionnement artificiel quand un marché porte sur la construction d'un bâtiment scolaire et un autre sur l'achat d'ordinateurs pour l'école, ni quand un marché pour l'achat d'ordinateurs est conclu en 2003 et un autre en 2006. En fonction des situations, l'idée est donc d'identifier une opération, même quand le mot n'est pas employé — à laquelle se rattache le contrat.

L'opération peut tirer son unité de l'homogénéité des prestations, de l'identité de but, de la proximité dans le temps.

678. La directive 2004/18, comme les directive antérieures, ne traite que de façon très partielle la question. Elle pose quelques règles, dont la plus importante est que « le choix de la méthode pour le calcul de la valeur estimée d'un marché public ne peut être effectué avec l'intention de le soustraire à l'application de la présente directive » (art. 9). Ces règles sont relatives à la « valeur estimée d'un marché public » et non à celle d'un ensemble de marchés correspondant à un besoin appréhendé dans son ensemble. L'addition de plusieurs marchés n'est prévue par la directive que dans deux cas particuliers : celui des marchés de fournitures ou de services présentant un caractère de régularité, auquel cas il faut ternir compte du montant des autres marchés sur une période de douze mois, et celui des marchés passés en exécution d'un accord-cadre.

Le Code des marchés publics, quant à lui, fixe des règles qui obligent à agréger le montant de plusieurs marchés.

679. Les critères de regroupement figurent depuis 2001 à l'article 27 du code, qui a été l'objet de modifications successives importantes.

Les rédacteurs du décret de 2001 avaient été emportés par une passion classificatrice qui les avait amenés à définir des catégories temporelles (besoin récurrent, ensemble unique, prestations continues) et des catégories de services et fournitures homogènes qui ont fait l'objet d'une nomenclature, passablement hétéroclite, approuvée par un arrêté du 13 décembre 2001.

L'objectif de simplification avait été totalement manqué, comme en témoignent les gloses qui se sont développées autour de l'article 27 et les protestations des utilisateurs. Le décret de 2004 revient à plus de mesure, en abandonnant le rêve taxonomique, qui avait tourné au cauchemar, pour se contenter de définir des principes et critères, ce qui n'empêche pas que puisse subsister une nomenclature facultative, à titre de guide, et que les collectivités publiques sont libres d'élaborer leur propre nomenclature adaptée à leurs besoins.

680. Pour les fournitures et services les décrets de 2004 et de 2006 abandonnent les subtilités antérieures et se rapprochent des dispositions beaucoup plus simples des directives. Deux cas sont distingués, selon que les besoins présentent ou non un caractère de régularité. Si c'est le cas, si, donc, les marchés sont destinés à se renouveler et sont conclus pour un an au moins, le montant de référence est celui de l'année. Si le besoin n'est pas régulier, est prise en compte la valeur des « fournitures ou des services qui peuvent être considérés comme homogènes soit en raison de leurs caractéristiques propres, soit parce qu'ils constituent une unité fonctionnelle ».

681. Cependant, un assouplissement est introduit.

Il vient du droit communautaire : à concurrence de 20 % de la valeur de l'ensemble du marché, il est possible de passer des marchés sans formalités pour les lots inférieurs à 80 000 euros en matière de fournitures et services et à 1 000 000 d'euros pour les travaux.

682. Il reste à définir la notion d'homogénéité.

L'article 27 du Code des marchés publics prévoit que « en ce qui concerne les fournitures et les services, pour évaluer le montant des besoins à comparer au seuil, il est procédé à une estimation de la valeur totale des fournitures ou des services qui peuvent être considérés comme homogènes soit en raison de leurs caractéristiques propres, soit parce qu'ils constituent une unité fonctionnelle ».

La notion d'homogénéité figurait déjà à l'article 27 du Code de 2001, mais elle était combinée à d'autres critères de regroupement. En effet, dans sa version de 2001, le Code des marchés publics prévoyait que le regroupement des achats était fondé sur d'une part le mode de satisfaction des besoins de la personne publique (ensemble unique, livraison récurrente, opération de service), d'autre part, sur l'homogénéité des fournitures ou services. Ladite homogénéité faisait l'objet d'une définition par la nomenclature approuvée par arrêté ministériel.

Dans ce système, il revenait à la personne publique de programmer ses achats en fonction des notions d'ensemble unique, besoin récurrent ou opération de service et c'est seulement dans un deuxième stade qu'intervenait la notion d'homogénéité. Comme l'a relevé un auteur « ce n'est donc pas la nature homogène de l'achat public qui impose le regroupement de plusieurs commandes, mais bien celle des besoins de la personne publique » (F. Linditch « Qui a peur de l'article 27 ? — Réflexion sur les seuils dans le nouveau Code des marchés publics », *Contrats et MP*, février 2002, chronique 2).

Néanmoins, dans le système de 2001 si la notion d'homogénéité n'était pas première, elle tenait une place importante. Comment l'homogénéité était-elle définie ?

Pour définir les catégories homogènes, la nomenclature adoptée par arrêté du 13 décembre 2001 se référait très largement à une logique de métier (produits ou services homogènes = ceux qui peuvent être fournis par les mêmes professionnels).

Le Code de 2004, comme celui de 2006, abandonnent le système de la nomenclature, qui avait suscité de graves difficultés pratiques d'application et apporte une simplification radicale en supprimant les notions d'ensemble unique, livraison récurrente, opération de service. La notion d'homogénéité passe au premier plan, mais il est indiqué qu'elle peut être définie de deux manières, soit par les caractéristiques propres, soit par l'unité fonctionnelle. Sont de la sorte placées sur le même plan, des appréciations qui dans le système de 2001 étaient consécutives l'une à l'autre, puisque la définition de l'homogénéité par les caractéristiques propres passait après la nature des besoins, à laquelle renvoie aujourd'hui la notion d'unité fonctionnelle, qui est placée sur le même plan que les caractéristiques propres.

La notion de caractéristique propre s'applique à l'objet du marché de fournitures ou de services. Sont homogènes les fournitures ou services identiques ou similaires. C'est sur cette base que la nomenclature de 2001 avait défini des familles de fournitures ou services identifiés par des numéros. Dans les codes de 2004 et 2006 les acheteurs publics sont conviés à une démarche de ce type, sans que cela implique nécessairement le passage par la technique de la nomenclature. Il est possible, comme le font un certain nombre de collectivités, de se référer à titre indicatif à la nomenclature de 2001 ; mais cette nomenclature, assez détaillée en ce qui concerne les fournitures, est peu satisfaisante pour ce qui est des services.

683. La meilleure manière de définir les caractéristiques des fournitures et services paraît être de tenir compte des objectifs économiques du droit des marchés publics.

Ainsi que le relève le professeur Sue Arrowsmith, on peut penser que doivent être regroupés les biens et services du même type et que sont de même type les biens et services qui peuvent être fournis par une même entreprise, « un tel test reflète les objectifs des directives, qui est de garantir que les achats font l'objet d'une publicité quand il est commercialement rationnel de les regrouper en un seul contrat » (S. Arrowsmith, *The Law of Public and Utilities Procurement*, 2005, p. 383). De la sorte, les règles d'agrégation des achats sont en harmonie avec l'état de la concurrence sur le marché ; on retrouve à l'œuvre la logique de métier, qui a inspiré la nomenclature de 2001. Toutefois, ladite nomenclature ne l'avait pas mise en œuvre de manière cohérente, parce que les familles créées ont été parfois très (trop) étroites (ex. : les produits textiles divisés en vêtements de dessus, vêtements de travail, uniformes, etc.) et, parfois, trop larges (ex. : maîtrise d'œuvre et ordonnancement, pilotage, coordination).

684. Mais, l'homogénéité ne résulte pas nécessairement de l'objet matériel du marché, elle peut aussi être attachée à l'« unité fonctionnelle » des fournitures ou services.

La notion d'unité fonctionnelle est inspirée des règles applicables en matière de travaux pour la définition de l'« ouvrage ». En effet, l'ancienne directive 93/37/CEE du 14 juin 1993, portant coordination des procédures de passation des marchés publics de travaux prévoyait qu'« on entend par "ouvrage" le résultat d'un ensemble de travaux de bâtiment ou de génie civil destiné à remplir par lui-même une fonction économique ou technique » et cette définition est reprise par l'actuelle directive 2004/18. Ce critère de l'unité fonctionnelle est appliqué par l'article 27 du Code des marchés publics aux fournitures et services. Il est donc possible de faire le choix de procéder à l'agrégation des achats en fonction de ce critère.

La notion d'unité fonctionnelle peut être interprétée de deux manières, selon que la fonction prise en considération est celle du marché public conclu ou celle de l'objet de ce marché. Dans le premier cas la notion d'unité fonctionnelle renvoie à celle d'opération et on considérera, par exemple, qu'il faut additionner d'une part tous les marchés de service conclus pour réaliser une construction (marchés avec un architecte, un organisme de contrôle technique, une société de vigiles, etc.). Dans la seconde interprétation, on ne recherche pas la fonction lointaine de la prestation, mais sa fonction immédiate : à quel type de besoin correspond-elle ? À ce point de vue, les trois marchés donnés en exemples diffèrent l'un de l'autre, ce dont il résulte qu'ils ne doivent pas être additionnés entre eux, mais que la collectivité publique doit additionner tous les marchés de chacun de ces types qu'elle passe, même s'ils se rapportent à des opérations différentes.

En faveur de la première interprétation (unité fonctionnelle = opération) il peut être avancé que si l'on retient la conception restrictive, la distinction entre les deux critères (caractères propres et unité fonctionnelle) devient inutile parce que les caractères du produit ou du service sont en étroite corrélation avec la satisfaction attendue ; pour meubler les bureaux, l'acheteur public achète des meubles de bureau, pour faire face aux besoins alimentaires il acquiert des denrées alimentaires. En revanche, l'interprétation selon laquelle la notion d'unité fonctionnelle renvoie à celle d'opération permet d'ouvrir une véritable alternative : au lieu de regrouper tous les achats de meubles de bureaux, on regroupe les achats de meubles pour la maison de retraite ou pour la mairie ; au lieu de regrouper tous les achats de denrées alimentaires, on distingue les achats pour l'école des achats pour les réceptions du maire.

Dans le sens de la seconde interprétation, celle selon laquelle la notion d'unité fonctionnelle, renvoie à la nature du besoin satisfait, peut être invoqué le *Guide sur les règles applicables aux procédures de passation des marchés publics de fournitures*, édité par la Commission européenne, où on lit qu'« il faut considérer comme fournitures homogènes la livraison de produits ayant une finalité identique ou similaire : par exemple la fourniture de différentes denrées alimentaires ou de différents meubles de bureaux » ; l'identité de finalité est donc déterminée d'après la nature du besoin (nourrir, meubler).

S'il est permis d'hésiter, il semble, néanmoins, que c'est la seconde interprétation qui devrait être retenue. En effet, admettre que des fournitures ou services peuvent être regroupés parce qu'ils se rapportent à une même opération aboutit à regrouper des fournitures ou services de nature différente, qui ont pour seul caractère commun de contribuer à une même mission d'intérêt général, par exemple tous les contrats de service conclus pour les besoins d'une construction déterminée. Cela revient à perdre de vue que dans l'article 27 l'unité fonctionnelle intervient en second rang, elle n'est pas un critère de regroupement par elle-même, elle n'est qu'un critère de l'homogénéité ; l'article 27 ne prévoit pas qu'« il est procédé à une estimation de la valeur totale des fournitures ou des services qui peuvent être considérés comme homogènes en raison de leurs caractéristiques propres, ou qui constituent une unité fonctionnelle ».

À l'objection selon laquelle cette interprétation rend la distinction entre les deux critères (caractères propres et unité fonctionnelle) inutile il peut être répondu que s'il est vrai que les deux critères se recoupent souvent, cela ne l'est pas toujours. Par exemple, l'impression et la photocopie diffèrent par leurs caractéristiques propres, mais peuvent avoir la même fonction. De plus, il n'est pas exclu que dans certains cas l'unité fonctionnelle ainsi définie puisse se rapprocher de la notion d'opération.

2º Travaux

685. Pour les marchés de travaux le montant à prendre en considération est la valeur de l'ensemble de l'ouvrage ou de l'opération, quel que soit le nombre de contrats et d'entrepreneurs. La CJCE a jugé que plusieurs réseaux électriques interconnectés constituent un seul ouvrage compte tenu de leur interdépendance *(CJCE 5 octobre 2000, Syndicat d'électrification de la Vendée, aff. C-16/98, Dr. Adm. 2000, nº 251).*

Le décret de 2006 tente une synthèse des éléments constitutifs de l'opération : « il y a opération de travaux lorsque le maître de l'ouvrage prend la décision de mettre en œuvre, dans une période de temps et un périmètre limités, un ensemble de travaux caractérisés par son unité fonctionnelle, technique ou économique ».

Dès lors que les travaux répondent aux deux conditions géographique et temporelle, ils doivent être regroupés s'ils présentent une unité.

La jurisprudence antérieure était déjà en ce sens. Tel est ainsi le cas pour des travaux d'étanchéité et de peinture de châteaux d'eau, dans le cadre de leur réfection, approuvés par délibérations de même jour (*CE 8 février 1999, Syndicat intercommunal des eaux de la Gâtine, BJDCP 1999. 474*). À l'inverse, la Cour administrative d'appel de Bordeaux, dans l'arrêt du *2 octobre 2002, Département des Hautes-Pyrénées (CP-ACCP, n° 21, avril 2003, note C. Emery ; Ctts et MP, 2003, com. 26)* concernant divers travaux exécutés simultanément dans 14 collèges du même Département, a considéré que ces travaux ne constituent pas une seule opération dès lors que, se rapportant à plusieurs ouvrages, ils n'ont pas la même nature. Parallèlement, ou indépendamment de ce concept de « fonctionnalité », l'article 27 du nouveau Code prévoit qu'une opération peut se caractériser également par une unité technique ou économique. Ainsi, il a été jugé dans un arrêt *du 26 septembre 1994, Préfet de l'Eure (requête 122759)*, que constitue une seule opération, la réalisation de trottoirs en quatre endroits d'un même quartier d'une commune de Châteaudun avec l'utilisation de procédés techniques identiques. Il en est de même pour les travaux de construction d'un bâtiment provisoire à usage de commerce, d'ouvrages de voirie, parcs de stationnement permettant sa desserte (*CE 8 février 1999, Préfet de la Seine et Marne c/ Epamarne, req. 150919*). À l'inverse, ne se rattachent pas à une opération les marchés de démolition de deux bâtiments d'un même lycée faisant appel à des techniques de démolition différentes *(CE 13 février 1987, Bonhenry RDP 1988. 1422 ; CE 16 mai 2003, Département des Hautes-Pyrénées, BJDCP 403* : grosses réparations à réaliser dans des collèges du Département faisant appel à des techniques différentes).

Enfin, et de surcroît, peut être prise en compte, pour qualifier un ensemble de travaux d'opération, l'existence d'une unité économique. Ce dernier critère est plus difficile à cerner. On peut envisager des travaux de nature différente faisant appel à des montages économiques et financiers identiques permettant de réaliser des économies d'échelle et de dégager des profits, conférant aux travaux, de ce point de vue, une unité, de façon à ce qu'ils puissent être regardés comme une opération d'ensemble ne pouvant être dissociée. Il n'est pas exclu, qu'à travers ce critère, on tienne compte de l'unité de fournisseur.

C Les obligations générales en matière de passation

Bibliographie : BODIN (L.) : « La dématérialisation des procédures », *AJDA* 2003. 2355.

CAMBOT (P.) : « Le Code des marchés publics nouveau : vers moins de formalisme et plus de garanties », *Rev. Lamy Droit des affaires*, juillet 2001, n° 40, p. 13.

MAUGÜÉ (C.) : « La réforme des procédures », *BJDCP*, 2001, n° 16, p. 195.

686. Dans l'actuel Code des marchés publics, le lien entre concurrence et marché est établi par les formules générales de l'article 1er :

« Les marchés publics et les accords-cadres soumis au présent code respectent les principes de liberté d'accès à la commande publique, d'égalité de traitement des candidats et de transparence des procédures ».

Jusqu'en 2004 la mise en concurrence a reposé sur quelques principes d'ordre procédural, qui inspirent, notamment, la procédure d'appel d'offres, procédure qui était considérée, et est encore considérée par la directive 2004/18, comme la procédure de droit commun. Mais, en droit national, un changement est intervenu avec le code de 2004, qui a supprimé pour les marchés inférieurs aux seuils européens l'exigence de procédure formaliste, sans que, pour autant, les principes fondamentaux de l'article 1er cessent d'être applicables. La réduction du formalisme s'est donc accompagnée d'une revalorisation des grands principes. Le code de 2006 en a tiré les conséquences en supprimant toute mention du caractère de droit commun de l'appel d'offres. Quand le marché est de seuil communautaire l'article 26 place sur le même plan toutes les procédures « formalisées » et quand il est inférieur au seuil la « procédure adaptée » est tout aussi bien utilisable.

Mais, l'unité du droit des marchés publics est assurée par l'existence de principes généraux et par celles de règles générales, formulées au titre II du code (intitulé dispositions générales), qui s'ajoutent aux principes généraux de l'article 1er.

a) Les principes généraux

687. Les années récentes ont été celles de la redécouverte des principes en matière de marchés publics, principes qui s'appliquent à tout marché, dès le premier euro. Le droit communautaire et le droit national s'accordent à ce sujet. C'est ce qui explique que même en l'absence de texte imposant des formalités, l'acheteur public ne puisse pas traiter de gré à gré.

688. En droit communautaire, la Cour de justice a jugé, à propos d'un contrat qui n'est pas un marché, parce qu'il confie la fabrication et la publication en vue de la diffusion au public de répertoires des abonnés au téléphone moyennant le droit d'exploiter, en vue de sa rétribution, sa propre prestation, que « ... nonobstant le fait que de tels contrats sont, au stade actuel du droit communautaire, exclus du champ d'application de la directive 93/38, les entités adjudicatrices les concluant sont, néanmoins, tenues de respecter les règles fondamentales du traité en général et le principe de non-discrimination en raison de la nationalité en particulier, ce principe impliquant, notamment, une obligation de transparence qui permet au pouvoir adjudicateur de s'assurer que ledit principe est respecté » ***(Voir CJCE, 7 décembre 2000, Telaustria, aff. C-324/98, Rec. I-10770, concl. Fennely, AJDA 2001.106, note Richer)***.

L'obligation de transparence résulte, en effet, du traité lui-même et non des directives. La jurisprudence sur les marchés va dans le même sens : les marchés dont le montant est inférieur aux seuils doivent respecter les règles du traité *(CJCE, ord. 3 décembre 2001, Ben Mousten, C-59/00, BJDCP, 2002, n° 24, p. 345)* et cela sans qu'il soit possible, semble-t-il, d'opposer l'absence de conséquence sur le commerce intra-communautaire d'un marché de faible montant, car, pour savoir si ce commerce est affecté il faut d'abord avoir permis aux ressortissants de l'ensemble des États de manifester leur intérêt. Il peut, toutefois, arriver que, compte tenu des circonstances, notamment d'un montant très réduit, un marché ne présente aucun intérêt pour un opérateur situé dans un autre État membre (V. Commission européenne — 23 juin 2006, *Communication interprétative relative au droit communautaire applicable aux passations de marchés non soumises ou partiellement soumises aux directives marchés publics)*.

689. En droit national, l'article 1er du code, qui s'applique à tous les marchés, quel qu'en soit le montant, énonce que « les marchés publics respectent les principes de liberté d'accès à la commande publique, d'égalité de traitement des candidats et de transparence des procédures ».

Le Conseil d'État a indiqué la portée de ces principes sur les « marchés sans formalités préalables », prévus par le décret du 7 mars 2001 et ancêtres des marchés sur procédure adaptée.

Le Conseil d'État a jugé que la qualification comme contrat administratif vaut pour ces marchés comme pour les autres et surtout qu'à partir du moment où il s'agit de marchés, les principes généraux s'appliquent ***(CE avis 29 juillet 2002, Soc. MAJ Blanchisseries de Pantin, Rec. 297 ; BJDCP 2002, n° 25, p. 427, concl. Piveteau).***

Cette solution doit être étendue à tous les marchés non soumis à l'exigence d'appel d'offres ; elle est donc valable aussi bien pour les marchés qui y sont soustraits à raison de leur montant.

Toutefois, de manière contestable, pour les achats de très faible montant, inférieur à 4 000 €, l'absence totale de procédure a été admise depuis le décret du 26 novembre 2004 modifiant l'article 28 du code et repris par le code de 2006.

690. Quelles sont les implications pratiques des principes généraux ?

L'arrêt Telaustria donne un début de réponse : « cette obligation de transparence qui incombe au pouvoir adjudicateur consiste à garantir, en faveur de tout soumissionnaire potentiel, un degré de publicité adéquat permettant une ouverture du marché des services à la concurrence ainsi que le contrôle de l'impartialité des procédures d'adjudication ». L'obligation élémentaire qui s'impose au pouvoir adjudicateur est donc de donner une publicité adaptée à son projet de marché, étant toutefois observé que l'avocat général Fennelly, dans ses conclusions dans l'affaire Telaustria, indiquait que « la publicité ne doit pas nécessairement être assimilée à la publication » mais cette position est loin de faire l'unanimité et n'est pas confirmée par la Communication précitée de la Commission (*supra,* n° 688).

b) Les règles de passation applicables à tout marché

691. De même que les principes généraux s'appliquent à tout marché dès le premier euro, de même, certaines règles de passation, plus techniques que les principes généraux, valent pour tous les marchés, sans considération de montant. Bien que le code ne distingue pas, il convient de différencier deux sortes de règles générales : celles qui s'appliquent vraiment à tout marché et celles qui ne s'appliquent que quand le marché est passé après publicité, que ce soit dans le cadre ou hors du cadre d'une procédure formalisée.

1° Détermination des besoins

692. L'obligation pour la collectivité publique de définir ses besoins peut paraître relever de la bonne gestion et non du droit, mais le Code des marchés publics transforme en règle de droit un principe de bonne gestion en prévoyant dans son article 5 que la « nature et l'étendue des besoins à satisfaire sont déterminées avec précision par la personne publique avant tout appel à la concurrence ou toute négociation non précédée d'un appel à la concurrence ». Cela signifie, par exemple, qu'il ne serait pas possible de lancer deux procédures de passation différentes pour le même objet ou de demander aux candidats à un appel d'offres de proposer plusieurs solutions de base entre lesquelles la collectivité publique se réserve de choisir.

2° Écrit et dématérialisation

Bibliographie : BODIN (L.) : « La dématérialisation des procédures », *AJDA* 2003. 2355.

COTTET (L.) : « La dématérialisation des procédures de marchés publics : une révolution organisationnelle et un décloisonnement des administrations », *BJDCP*, 2005, n° 40, p. 170.

HISLAIRE (L.) et LAJOIE (T.) : *Les marchés publics dématérialisés*, éd. du Moniteur, 2004.

RAYNOUARD (A.) : « La dématérialisation des procédures de la commande publique », in LICHERE (F.) dir. : *Le nouveau droit des marchés publics*, L'Hermès, 2004, p. 61 et s.

Ministère de l'Économie et des Finances *Vademecum juridique sur la dématérialisation des marchés publics*, 2004 (www.minefi.gouv.fr/)

693. Selon l'article 1er-2 de la directive 2004/18, « les "marchés publics" sont des contrats à titre onéreux conclus par écrit ».

Le code de 2004 n'exigeait la rédaction d'un écrit que pour les marchés de seuil communautaire, ce qui était, à l'évidence peu conforme aux mœurs administratives. Le code de 2006 exige la forme écrite dès lors que le marché est supérieur à 4 000 € (art. 11). L'écrit peut être librement rédigé ; c'est seulement à partir des seuils de procédures formalisées que sont imposés l'établissement d'un acte d'engagement et d'un cahier des charges. L'acte d'engagement est la « pièce signée par un candidat à un marché public dans laquelle il présente son offre ou sa proposition et adhère aux clauses que la personne publique a rédigées », il devient l'acte-pivot du marché, une fois revêtu de la signature de la personne publique et, en cas de contradiction entre les mentions de l'acte d'engagement et celles des autres documents contractuels, l'acte d'engagement l'emporte.

694. L'article 1er-12 de la directive ajoute que « les termes "écrit(e)" ou "par écrit" désignent tout ensemble de mots ou de chiffres qui peut être lu, reproduit, puis communiqué. Cet ensemble peut inclure des informations transmises et stockées par des moyens électroniques ».

En effet, la dématérialisation des procédures est de nature à renforcer la concurrence et à accélérer le déroulement des procédures.

La dématérialisation peut porter sur plusieurs aspects : publication des avis de marchés, communication des documents aux candidats, remise des offres, échange des consentements et établissement du contrat.

La réglementation et la pratique sont plus ou moins avancées selon le cas envisagé.

La publication des avis sur internet est très répandue. Les avis européens ne font l'objet que d'une telle publication (ted.publications.eu.int/official) et les avis publiés au BOAMP le sont aussi sur internet (www.journal-officiel.gouv.fr/jahia/Jahia/marches-publics). De plus, de nombreuses collectivités publiques ont leur propre site internet sur lequel elles diffusent les avis.

La télétransmission des dossiers de consultation est possible, mais pas obligatoire (art. 42 de la directive 2004/18, art. 56 du code, décret n° 2002-692 du 30 avril 2002 relatif à la dématérialisation des procédures de passation des marchés publics).

La transmission des candidatures et offres par voie électronique est possible et, depuis le 1er janvier 2005, dans les procédures formalisées, elle ne peut pas être interdite, mais elle ne pourra être rendue obligatoire qu'à compter de 2010 (art. 56). En ce cas, l'arrêté du 28 août 2006 sur la dématérialisation dispose que « les candidatures et les actes d'engagement... sont signés par l'opérateur économique au moyen d'un certificat de signature électronique, qui garantit notamment l'identification du candidat ». Les candidatures transmises par voie électronique sont encore peu nombreuses, parce que les entreprises ne sont pas toutes équipées et parce que les problèmes de sécurité ne sont pas tous réglés.

L'utilisation des communications électroniques ne permet pas seulement de faciliter les communications dans le cadre des procédures traditionnelles ; l'électronique a aussi entraîné un effet structurel en permettant la création de nouvelles procédures : les enchères électroniques et les systèmes d'acquisition dynamique, qui sont adaptées aux achats récurrents et répétitifs (voir *infra*, n° 797).

Enfin, selon le *Vademecum juridique* publié en 2004 par le ministère de l'économie et des finances sur la dématérialisation des marchés publics, rien ne s'oppose à la signature et à la notification du marché sous la forme dématérialisée. Compte tenu de la nécessité que la signature des garanties d'authenticité, cette affirmation était sans doute prématurée en 2004, mais l'article 8 de l'ordonnance du 8 décembre 2005 relative aux échanges électroniques entre les usagers et les autorités administratives et entre les autorités administratives prévoit que « les actes des autorités administratives peuvent faire l'objet d'une signature électronique. Celle-ci n'est valablement apposée que par l'usage d'un procédé, conforme aux règles du référentiel général de sécurité mentionné au I de l'article 9, qui permette l'identification du signataire, garantisse le lien de la signature avec l'acte auquel elle s'attache et assure l'intégrité de cet acte » ; il est à penser que ce texte ne s'applique pas seulement aux actes unilatéraux.

3° Spécifications techniques

Bibliographie : BALOCHE (C.) : « L'utilisation des normes et autres documents techniques dans les marchés publics », *CP-ACCP* avril 2005, n° 43, p. 29.

GUILLOU (Y.-R.) : « Valeur et conditions d'intégration des normes dans les marchés publics », *CP-ACCP* avril 2005, n° 43, p. 25.

ROUSSEL (C.) : « L'incidence du non-respect des normes techniques dans les marchés publics », *AJDA* 2003. 1696.

695. La normalisation consiste à définir de manière objective les caractéristiques d'un produit ou d'une prestation faisant l'objet de transactions ; elle a pour objectif de garantir une certaine qualité, de réduire les coûts et de faciliter la concurrence en rendant plus aisées les comparaisons. Elle n'est pas sans dangers : les « superspécifications » peuvent être des moyens de discrimination, des systèmes fermés de réservation de marchés à des entreprises connaissant les normes risquent de se constituer. C'est pourquoi, pour ouvrir les marchés il convient d'annoncer à quelle norme on se réfère de manière claire et d'assurer une large publicité à la norme et cela sous le contrôle du juge, qui vérifie que la référence à la norme est justifiée (ex. : *CE sect. 3 novembre 1995, District de l'agglomération nancéienne : Rec. 391 ; RFDA. 1995. 1077, concl. C. Chantepy)* et qui sanctionne la spécification technique définie par référence à un produit d'une marque déterminé *(CJCE 24 janvier 1995, Commission c/ Pays-Bas, aff. C-359/93, Rec. 157* — affaire « Unix »).

La normalisation existe au niveau national (décret du 26 janvier 1984 modifié) et au niveau communautaire dans certains domaines.

696. Jusqu'en 2004 le droit européen des marchés publics a été utilisé comme un instrument de promotion des normes communautaires, par le biais de la référence obligatoire à la norme communautaire, lorsqu'elle existait.

De la même manière, l'ancien article 6 du Code des marchés publics rendait obligatoire dans les marchés publics la référence aux normes homologuées (cf. circulaire du 5 juillet 1995, *JO* 26 août).

Mais, la nouvelle directive, sous l'influence de l'arrêt « Unix », abandonne la promotion de la normalisation et ne définit plus que des règles relatives aux spécifications techniques. Elle prohibe la création par ces spécifications d'obstacles à la concurrence et, si elle impose la référence aux normes européennes ou nationales, quand il en existe, c'est sous une réserve importante, formulée par l'article 23 de la directive 2004/18 : « chaque référence est accompagnée de la mention “ou équivalent” ».

L'article 6 du code de 2006 reprend ces dispositions et un arrêté du 28 août 2006 a défini la notion de spécification technique.

4° Allotissement

697. L'allotissement est prévu par l'article 10 du Code des marchés publics. L'article 10 de l'ancien code prévoyait que la personne publique choisit entre l'allotissement ou le marché unique « en fonction des avantages économiques, financiers ou techniques qu'elles procurent ». L'avantage de l'allotissement a été régulièrement rappelé par des circulaires (V. circulaire Économie-Équipement du 20 janvier 1994, *Mon.* 4 février 1994, p. 283) : il permet de faciliter l'accès des PME. Cependant, jusqu'en 2006 il était de règle que le pouvoir discrétionnaire de l'acheteur public reste entier ; il n'était pas possible à une petite entreprise qui ne pouvait fournir qu'une partie des prestations de forcer l'administration à diviser le marché au motif que seules les plus grosses entreprises sont en état de répondre. Sous la pression de groupes d'intérêts et, à l'exemple de nombreux autres pays, dont les États-Unis (« Small Business Act »), le gouvernement a, cependant, entrepris en 2006 de mettre en place des mesures de préférence en faveur des PME. Il a été empêché d'aller aussi loin qu'il l'aurait souhaité par le droit communautaire, lui-même encadré par l'Accord OMC, mais quelques mesures ponctuelles ont été prises en faveur des PME. La plus importante concerne l'allotissement. Cela s'est traduit à l'article 10 du code de 2006 par une disposition selon laquelle le pouvoir adjudicateur doit, en principe, diviser en lots, sauf inconvénient technique, économique ou financier, tenant à ce que la séparation en lots peut restreindre la concurrence, augmenter les coûts ou se heurter à l'impossibilité pour le pouvoir adjudicateur d'assumer la coordination. Cette rédaction sera source de contentieux et sa légalité est douteuse dans la mesure où il s'agit d'une discrimination aux dépens des entreprises générales.

c) Règles applicables aux marchés passés après publicité

698. Le code ne fait pas clairement la distinction entre les règles générales qui s'imposent dans tous les cas et celles qui ne s'imposent que dans les cas où la conclusion du marché est précédée d'une publicité, obligatoire en application soit des principes généraux, soit des textes. Cependant, par leur objet même certaines règles ne peuvent concerner que des marchés assujettis à une obligation de publicité préalable. Il en va, par exemple, ainsi des règles relatives aux critères d'évaluation des offres ; on voit mal quelle utilité pourraient avoir des règles relatives à la détermination et à l'application des critères si ceux-ci ne sont pas rendus publics dans un avis ou un règlement de consultation.

1° Critères de sélection des candidatures

699. L'article 52 du code prévoit que les candidats doivent être sélectionnés sur la base de certains critères, qui sont les capacités professionnelles, techniques et financières, sans rien indiquer au sujet de la mise en œuvre de ces critères.

L'article 45 de la directive, conformément à la jurisprudence *(CJCE 4 avril 1994, Ballast Nedam Groep NV, aff. C-389/92, Rec. 1289)* autorise un candidat à « faire valoir les capacités d'autres entités, quelle que soit la nature juridique des liens existant entre lui-même et ces entités », à condition de « prouver au pouvoir adjudicateur qu'il disposera des moyens nécessaires ».

Pour empêcher que des exigences abusives soient imposées aux candidats deux précautions sont prises.

700. En premier lieu, le pouvoir adjudicateur ne peut exiger à l'appui des candidatures que certains documents, dont la liste est fixée, en application de l'article 45 du code, par arrêté ministériel (voir pour l'application de l'art. 45 du code de 2004 : arrêté du 28 août 2006).

701. En second lieu, le code de 2006 apporte une innovation consistant en ce que « l'absence de références à de précédents marchés de même nature ne peut constituer un critère éliminatoire ». Cela ouvre aux entreprises la possibilité de se diversifier ; par exemple, une société candidate à un marché de nettoyage d'un commune et qui a obtenu des marchés de nettoyage d'aéroports ne pourra se voir opposer son manque d'expérience. Il ne paraît, cependant, pas exclu que l'objet du marché puisse permettre de ne pas admettre les entreprises de création récente (*CE 10 mai 2006, Soc. Bronzo, req. 281976)*.

702. Une question délicate n'est pas traitée par le code, qui est celle de l'élimination d'un candidat au motif qu'il n'a pas donné satisfaction dans l'exécution d'un précédent marché avec la même personne publique. Infliger un handicap à un candidat parce qu'il est déjà connu peut paraître discriminatoire ; mais, d'un autre côté, ne pas tenir compte d'une fâcheuse expérience semble peu rationnel. Le Conseil d'État a admis que les difficultés affectant la réalisation de travaux antérieurs peuvent motiver un rejet de candidature (*CE 27 février 1988, Hôpital départemental d'Esquirol, req. 59645)*, mais l'existence de telles difficultés ne peut dispenser d'examiner dans son ensemble le dossier de candidature (*CAA Nancy 12 mai 2005, Département de la Moselle, req. 01NC00913)*.

703. Il revient au juge de contrôler la légalité des critères. La norme de référence est dans la plupart des cas le principe d'égalité devant le service public (ex. : *CE 9 mars 1960, Massida, Rec. 187*).

Sur cette base est, par exemple, censurée la subordination de l'attribution du marché au caractère local de l'entreprise (ex. : *CE 29 juillet 1994, Commune de Vintenac-en-Minervois, Rec. tab. 767 :* constitue une erreur de droit l'attribution à une entreprise locale afin de favoriser l'emploi local et la taxe professionnelle), sauf considération particulière tenant à l'objet du marché (ex. : *CE 26 janvier 1966, OPHLM de la ville du Mans, AJDA 1966, 434*).

704. De manière plus solennelle a été déclaré illégal le refus d'attribution fondé sur la trop grande importance du chiffre d'affaires de l'entreprise. L'administration avait fondé sa décision sur une directive ministérielle du 15 décembre 1977 appelant les services à veiller à une répartition équilibrée entre les petites, moyennes et grandes entreprises ; le Conseil d'État décide « que, quel que soit l'intérêt général qui s'y attache, la répartition équilibrée des marchés entre les petites, moyennes et grandes entreprises n'est pas au nombre des objectifs que les dispositions du Code des marchés publics visent à atteindre ; qu'en recommandant aux responsables des marchés d'écarter les candidatures de certaines entreprises au seul motif que leur chiffre d'affaires serait trop important au regard du montant des marchés, la directive ministérielle du 15 décembre 1977 a pour effet d'introduire une discrimination qui n'est pas en rapport avec l'objet de la réglementation des marchés publics, et de porter ainsi une atteinte injustifiée à l'égalité de traitement qui doit être assurée entre les entreprises candidates à la présentation d'une offre » ***(CE 13 mai 1987, Soc. Wanner Isofi Isolation, Rec. 171)***.

Cela ne signifie pas que toute action visant à développer l'accès des PME aux marchés publics est illicite, mais qu'elle doit prendre des formes moins rudimentaires que la référence directe à l'importance de l'entreprise à titre de critère d'attribution du marché.

2º Critères de sélection des offres

705. L'article 53 du code de 2006 pose en règle générale que le marché est attribué au candidat qui a déposé « l'offre économiquement la plus avantageuse ». Pour apprécier les offres le pouvoir adjudicateur définit librement les critères, mais une condition doit être respectée : ils doivent être « justifiés par l'objet du marché ».

Selon l'article 53 deux méthodes peuvent être utilisées.

Ou bien les offres sont évaluées au regard d'une « pluralité de critères », dont le texte donne une liste d'exemples, ou bien un seul critère est retenu, qui ne peut, alors, être que le prix.

La liste d'exemples de critères qui figure à l'article 53 n'est pas sans soulever quelques problèmes. En effet, à côté de la qualité, du prix, de la valeur technique, du caractère esthétique et fonctionnel, du coût global d'utilisation, de la rentabilité, le caractère innovant, le service après-vente et l'assistance technique, de la date de livraison, du délai de livraison ou d'exécution on trouve les performances en matière de protection de l'environnement et les performances en matière d'insertion professionnelle des publics en difficulté. Ces critères environnementaux et sociaux ne peuvent être admis qu'avec certaines réserves, comme on le verra en revenant sur la question des critères dans l'étude de l'appel d'offres (*infra*, n° 723).

D La procédure d'appel d'offres

Bibliographie : OLIVIER (F.) : « L'appel d'offres rénové », *Contrats et MP*, 2001, n° 5.

ZAVOLI (P.) : « Appel d'offres », *J.-Cl. CMP*, fasc. 61-10.

706. Les procédures dites « formalisées », par opposition aux « procédures adaptées », mettent en œuvre quelques grands principes, qui sont autant de corollaires de la transparence. Il s'agit des principes suivants :

— le formalisme : la passation d'un marché public est une opération à procédure ; plusieurs phases doivent se succéder dans les conditions posées par les textes et une trace écrite doit en subsister, sous réserve de la possibilité ouverte par l'article 56 du nouveau code, de « dématérialisation » des procédures, c'est-à-dire de passation par voie de communication électronique ;

— la publicité : la publicité est d'abord le moyen d'assurer la concurrence en appelant les entreprises à soumissionner ; elle peut aussi être le moyen d'assurer la « transparence » et, donc, d'inciter au respect du droit ;

— l'égalité entretient avec la concurrence des relations complexes : l'égalité devant le service public exclut toute préférence dans l'attribution des marchés et peut, par conséquent, être considérée comme la source de la concurrence, mais l'égalité joue aussi dans la concurrence, dans la mesure où le respect de la concurrence oblige à un traitement semblable de tous les intéressés. De la sorte, l'égalité est à la fois à la base et au service de la concurrence ;

— la collégialité : les procédures de mise en concurrence les plus organisées, comme l'appel d'offres et autrefois l'adjudication, font appel à des organismes que leur caractère collégial protège dans une certaine mesure contre la subjectivité et la corruption.

De manière plus ou moins poussée, ces principes d'organisation, qui, sauf pour le dernier, se retrouvent dans les directives communautaires, sont mis en œuvre par les textes qui définissent les modalités de consultation des entreprises.

707. Mais, le décret de 2004 a apporté une innovation importante, que le décret de 2006 ne remet pas en cause, qui porte sur le premier des quatre principes ci-dessus énoncés : il réduit la part du formalisme procédural.

Le décret de 2001 mettait en place une échelle de flexibilité en fonction de l'importance des marchés : en dessous de 90 000 euros les marchés pouvaient être conclus « sans formalités préalables », entre 90 000 euros et les seuils communautaires il était possible d'utiliser une procédure de mise en concurrence simplifiée, qui combinait formalisme et négociation.

En pratique, d'une part, la procédure de mise en concurrence simplifiée n'a pas été utilisée, elle a été perçue comme une complication supplémentaire, d'autre part, il est apparu que les marchés sans formalités préalables doivent quand même être précédés de quelques formalités pour respecter les principes généraux qui sont énoncés à l'article 1er du code et procèdent du traité CE.

708. Il a donc été décidé en 2004 de déplacer le curseur de la flexibilité ; la procédure de mise en concurrence simplifiée fut supprimée et il a été prévu que en-dessous des seuils communautaires les pouvoirs adjudicateurs doivent respecter les principes de liberté d'accès à la commande publique, d'égalité de traitement des candidats et de transparence des procédures, mais en définissant eux-mêmes les modalités de mise en œuvre de ces principes, leur liberté étant, toutefois, plus ou moins grande selon les montants en cause. L'idée est qu'il revient à l'autorité compétente de prendre ses responsabilités en adaptant la procédure choisie aux circonstances.

L'usage de cette liberté n'est pas impératif : rien n'interdit d'avoir recours aux procédures formalistes dans les cas où ce n'est pas obligatoire, auquel cas, les règles doivent être respectées intégralement (v. art. 28 du code de 2006).

709. Jusqu'en 2004 le principe était que « les marchés sont passés sur appel d'offres ». Depuis 2006, les conséquences ont été tirées de la consécration des procédures adaptées en ce que l'appel d'offres n'est plus présenté comme la procédure de droit commun. Il n'en demeure pas moins que l'appel d'offres est la procédure formaliste de droit commun ; c'est pourquoi il faut présenter les caractéristiques principales de cette procédure, telle qu'elle est organisée par la directive 2004/18 et le code de des marchés publics, étant observé que l'expression « appel d'offres » est très peu employée par la directive, qui traite, plus largement, des « procédures ouvertes » et des « procédures restreintes ».

a) Caractères généraux de la procédure d'appel d'offres

Bibliographie : GUETTIER (C.) : *Droit des contrats administratifs*, PUF, 2004, n° 598 et s.

710. Il résulte du Code des marchés publics qu'au-dessus des seuils communautaires les marchés publics doivent, en principe, être conclus selon une procédure d'appel public à la concurrence.

Le code de 2001 ayant supprimé l'adjudication, la procédure normale est l'appel d'offres, qui est défini à l'article 33 du code comme « la procédure par laquelle le pouvoir adjudicateur choisit l'attributaire sans négociation, sur la base de critères objectifs préalablement portés à la connaissance des candidats ».

1° L'appel d'offres et l'adjudication

711. Jusqu'au milieu du XXe siècle, la procédure formaliste a été l'adjudication ; puis, jusqu'en 2001 le recours à l'appel d'offres a été considéré comme aussi normal que l'utilisation de l'adjudication (décret du 13 mars 1956 pour l'État, décret du 18 janvier 1971 pour les collectivités locales) mais, en pratique, l'appel d'offres avait presqu'entièrement supplanté l'adjudication. Le code de 2001 a tiré les conséquences de cette situation en éliminant l'adjudication, dont il n'est, cependant, pas inutile de rappeler les principales caractéristiques.

712. Les deux procédures sont comparables dans la phase de publicité et de dépôt des soumissions (adjudication) ou des offres (appel d'offres) ; en revanche, elles diffèrent au stade de la sélection. La différence la plus importante porte sur les critères d'attribution : en cas d'adjudication, le candidat le moins-disant était obligatoirement déclaré adjudicataire (art. 88 et art. 280 du CMP de 1964). L'adjudication se caractérisait donc par l'automatisme, seulement corrigé par l'obligation pour la collectivité de fixer un prix maximum, qui devait demeurer secret et par la possibilité, une fois l'adjudicataire sélectionné, de renoncer à conclure le marché, alors qu'en matière d'appel d'offres c'est le « mieux-disant » qui est choisi.

Cet automatisme explique le déclin de l'adjudication à la fois parce qu'elle ne garantit pas nécessairement que la prestation est la meilleure et la plus adaptée aux besoins et parce qu'elle facilite les ententes par lesquelles les entreprises se répartiront les marchés selon le principe : « une fois l'un, l'autre fois l'autre ».

En pratique, l'appel d'offres peut tendre, cependant, à se rapprocher de l'adjudication, parce que, à tort, les acheteurs publics sont enclins à attribuer les marchés aux moins-disants. Les nouveaux codes comportent quelques mesures visant à contrecarrer cette tendance (définition des critères, notamment), mais il est douteux qu'elles suffisent à elles seules et le décret de 2004, confirmé en 2006, en a tiré les conséquences en admettant que le prix peut être un critère unique, comme le prévoit l'article 53 de la directive 2004/18.

2º Procédure ouverte et procédure restreinte

713. L'appel d'offres peut être ouvert ou restreint.

La directive sur les marchés fait la distinction entre procédures ouvertes et procédures restreintes. Selon la directive, « les procédures ouvertes sont les procédures dans lesquelles tout opérateur économique intéressé peut présenter une offre » et « les procédures restreintes sont les procédures auxquelles tout opérateur économique peut demander à participer et, dans lesquelles seuls, les opérateurs économiques invités par les pouvoirs adjudicateurs peuvent présenter une offre ». Le choix est libre entre procédure restreinte et procédure ouverte ; toutefois, si le pouvoir adjudicateur fixe le nombre d'entreprises qu'il envisage d'inviter, il ne peut être inférieur à cinq (art. 60 CMP).

En cas d'appel d'offres ouvert, tout candidat peut remettre une offre. En cas d'appel d'offres restreint, la procédure s'ouvre par une première phase d'appel public à la concurrence qui aboutit à l'établissement d'une liste de candidats. Les critères de sélection sont les garanties professionnelles et financières et, éventuellement, d'autres considérations spécifiques figurant dans l'avis d'appel à la concurrence (art. 52 CMP). Pour favoriser les PME, le Code de 2006 prévoit que, dans les procédures d'appel d'offres restreint, puisse être fixé un nombre minimum de PME admises à présenter une offre (art. 60). La PME est définie comme l'entreprise dont le nombre de salariés est inférieur à 250 et le chiffre d'affaires supérieur à 40 000 000 euros sur les trois dernières années.

La sélection des candidats est faite par l'autorité compétente pour signer, pour l'État, par la commission d'appel d'offres pour les collectivités locales. La décision écartant une candidature n'a pas à être motivée *(CE 28 avril 1993, Syndicat départemental d'électricité de la Drôme, RDP 1994, 851).*

Les entrepreneurs ou fournisseurs sélectionnés reçoivent une lettre de consultation qui fixe notamment le délai de remise des offres, lesquelles sont ensuite déposées et jugées comme dans un appel d'offres ouvert (cf. *infra*).

Dans la directive, le fournisseur ou entrepreneur qui demande à participer à une procédure restreinte ou négociée est dénommé « candidat », celui qui dépose une offre « soumissionnaire ».

La mise en concurrence suppose toujours une publicité préalable.

b) La publicité préalable

Bibliographie : Le Bouëdec (P.) : « Publicité et information des candidats », *J.-Cl. CMP*, fasc. 60-30.

714. Dans les débats de 1831, qui ont conduit à la loi du 31 janvier 1833, sur la généralisation de la publicité et de la concurrence à tous les marchés de l'État, une ambiguïté de l'expression « marché public » apparaît : pour certains il signifiait que les marchés administratifs au lieu d'être secrets seraient désormais publics. Ce n'est plus le sens de l'épithète « publics », qui ne renvoie plus aujourd'hui qu'à la présence d'une personne publique, mais qu'on ait pu s'y tromper met en valeur l'importance de la publicité. Cette publicité ne concerne pas la phase d'attribution, qui reste couverte, à tort ou à raison par le secret des offres qui, en pratique est plus ou moins bien gardé ; la publicité est préalable, elle est un des aspects de l'égalité puisque le meilleur moyen de respecter l'égalité est de donner à chacun ses chances en lui permettant d'entrer dans la compétition. Cela suppose à la fois que l'information est bien diffusée et que les personnes intéressées disposent effectivement de la possibilité de se préparer et de faire acte de candidature.

1° Pré-information

715. Les directives ont prévu la publication d'avis de « pré-information » permettant aux fournisseurs et entrepreneurs de faire des prévisions et de se rendre disponibles afin de pouvoir répondre à des appels à la concurrence. La rédaction des directives laissait subsister un doute sur la question de savoir si l'avis de pré-information est toujours obligatoire ou si c'est seulement une possibilité offerte aux pouvoirs adjudicateurs, qui leur permet, ensuite, de laisser des délais plus courts dans les procédures qu'ils lancent. La CJCE a retenu cette dernière interprétation : « la publication d'un avis de pré-information n'est obligatoire que lorsque les pouvoirs adjudicateurs font usage de la faculté qui leur est offerte de réduire les délais de réception des offres » *(CJCE 26 septembre 2000, Commission c/ France, aff. C-225/98, Rec.-I-74-71, concl. S. Alber ; AJDA 2000.1055, note C. Lambert).* Assez curieusement, le décret du 7 mars 2001 retenait, quant à lui, l'interprétation la plus rigoureuse. L'avis motivé du 17 octobre 2002 a demandé à la France d'abandonner cette solution, ce qui a été fait depuis 2004 ; le code ne rend cet avis obligatoire à partir du seuil de 750 000 € — 5 270 000 pour les travaux — que lorsqu'il est fait usage de la faculté de réduire le délai de réception des offres (art. 39).

2° Information

716. La procédure d'appel d'offres s'ouvre nécessairement par un avis d'appel public à la concurrence (avis de marché), que l'on retrouve dans toutes les procédures comportant une publicité.

Les avis doivent indiquer notamment : l'objet du marché, le lieu où peut être retiré le dossier de consultation, les délais de dépôt des offres et de validité des offres.

L'avis est publié au *Bulletin officiel d'annonces des marchés publics* ou dans un journal d'annonces légales. De plus, au-dessous des seuils communautaires, la publicité peut être complétée par une publication dans un organe spécialisé, ce qui peut être une obligation si la publicité dans un J.A.L. paraît insuffisante par elle-même.

L'avis figure obligatoirement au *BOAMP* et au *JOUE* au-dessus des seuils communautaires, les deux avis devant comporter des mentions identiques (*CE 10 mai 2006, Syndicat interco des services de l'agglomération valentinoise, req. 286644)*. En pratique, la publication au *JOUE* est faite sous forme de CD-ROM et par voie électronique (voir le site : ted.publications.eu.int).

717. Les mentions que doit comporter cet avis n'étaient pas énumérées par le code de 2001, comme elles l'étaient par l'ancien article 38 CMP. Les seuls modèles qui subsistaient étaient les formulaires annexes aux directives (modifiées sur ce point par la directive 2001/78 du 13 septembre 2001, *JOCE* 29 octobre 2001, puis par le règlement n° 1564/2005 du 7 septembre 2005, *JOUE* 1er octobre 2005), dont le Conseil d'État a décidé (pour les marchés de seuil communautaire) que la plupart des mentions doivent être obligatoirement reprises, y compris l'indication de la langue ou du mode de financement, à peine de méconnaître les objectifs des directives *(CE 27 juillet 2001, Compagnie générale des eaux, Rec. 406 ; BJDCP, n° 20, p. 21, concl. Piveteau ; ACCP, n° 5, p. 31 ; CE 19 octobre 2001, Société Alstom, BJDCP, 2002, n° 20, p. 39, concl. Piveteau)*. Cette solution a encouragé maints contentieux de pur formalisme.

Mais, par ailleurs, le Conseil d'État a jugé que le pouvoir réglementaire aurait dû définir un modèle d'avis *(CE 28 avril 2003, Féd. Frse des courtiers d'assurance, BJDCP, 2003, n° 29, p. 286, concl. Piveteau)*, c'est pourquoi depuis 2004 l'article 40-V du code renvoie à un arrêté ministériel l'approbation d'un modèle d'avis (voir arrêté du 30 janvier 2004, puis arrêté du 28 août 2006).

718. La jurisprudence relative aux conséquences des lacunes des avis peut paraître excessivement rigoureuse, à la fois parce que le moindre détail des formulaires d'avis est considéré comme inclus dans le respect des objectifs des directives et parce que l'éventuelle absence d'incidence de la lacune sur la concurrence n'est pas prise en compte. Il paraît, néanmoins, difficile au juge national de dire qu'une information que le législateur communautaire considère comme essentielle ne l'est pas dans un cas concret.

De toute façon, la jurisprudence Compagnie générale des eaux relative à l'application directe des directives sur les marchés publics en tant qu'elles définissent des modèles d'avis, n'aura plus lieu de s'appliquer puisque, depuis le 1er février 2006, s'applique le règlement 1564/2005 du 7 septembre 2005 qui définit les formulaires-standards et n'appelle pas de mesure de transposition. Il reste, cependant, que les modèles d'avis de publicité au BOAMP, qui doivent aussi être utilisés pour toute publication nationale (art. 40), doivent prévoir les mêmes mentions que celles qui figurent dans les avis européens.

719. Alors que des divergences existaient en matière de délais entre l'ancienne réglementation et les directives, le code de 2004 et celui de 2006 ont harmonisé les délais (qui sont des *minima*). Dans le cas de publication par voie électronique les délais peuvent être réduit de quelques jours (cf. art. 57, 60).

Dans le cas d'appel d'offres ouvert, le délai pour répondre est de 52 jours au moins à compter de la date d'envoi, mais il peut être réduit à 22 jours quand un avis de pré information a été publié.

Dans le cas d'appel d'offres restreint, deux délais consécutifs sont prévus : pour la remise des candidatures (37 jours, 22 en cas de pré-information), puis pour celle de l'offre à compter de l'envoi de la lettre de consultation (40 jours).

720. Le respect de ces délais est impératif, car c'est sur leur existence que repose en grande partie l'égalité entre candidats.

Cependant, le juge peut faire place à la considération de l'impact effectif sur la concurrence. Ainsi, un arrêt du 16 novembre 2005 censure une ordonnance de référé précontractuel au motif que le juge du référé n'a pas recherché en quoi une modification du délai de remise des offres « constituait une modification substantielle des conditions de la consultation impliquant de recommencer la procédure d'appel d'offres » (*CE 16 novembre 2005 Ville de Paris, req. 278646*).

721. À l'entreprise qui déclare sa candidature ou qui est admise comme candidate est remis un dossier de consultation des entreprises (DCE). Le DCE comprend le règlement de consultation, dont le contenu était fixé par arrêté, mais ne l'est plus depuis 2006 (art. 42 CMP). En dépit de son nom, le « règlement » de consultation n'a pas de caractère réglementaire *(CE 28 juillet 1999, Institut français de recherche scientifique OCEA, BJCP 1999, n° 8, p. 29, concl. Savoie)*, ce qui n'empêche pas qu'il doit être respecté par tous les acteurs de la procédure, sous réserve de la non-application d'une disposition illégale du règlement, lorsqu'elle n'est pas de nature à affecter d'irrégularité le marché (*CE 13 novembre 2002, OPHLM du Mans, BJDCP 2003, n° 27, p. 117, concl. Piveteau)*. Le DCE comporte aussi un « acte d'engagement » à remplir (v. art. 11 CMP), ainsi que les documents contractuels.

Une fois que l'entreprise candidate a déposé son offre, sous forme d'un acte d'engagement signé, elle est tenue de la maintenir jusqu'à la date prévue au règlement de consultation. Si elle ne le faisait pas, elle engagerait sa responsabilité. Néanmoins, les candidats peuvent accepter de maintenir leur offre au-delà du délai initial *(CE 13 décembre 1996, Syndicat intercommunal pour la revalorisation des déchets du secteur Cannes-Grasse et autres, Rec. 488 ; TA Nice, 1er juin 2001, Préfet des Alpes-Maritimes, req. 01-450 et 01-451, ACCP, septembre 2001, n° 3)*.

c) Les critères de sélection de l'attributaire du marché

Bibliographie : ARROWSMITH (S.), LINARELLI (J.) et WALLACE (D.) : *Regulating Public Procurement*, Kluwer, 2000, p. 237 et s.

BRÉCHON-MOULÈNES (C.) : « Le marché public au service de l'emploi local ? », *MTP* 17 juin 1994, p. 58.

CHABANOL (D.) : « Le choix du contractant : pouvoir discrétionnaire ou lié ? », *Contrats publics, Mél. Guibal*, 2006, p. 83.

GLIOZZO (T.) : « L'utilisation de critères additionnels dans la passation des marchés publics par appels d'offres », *AJDA* 2002. 1471.

MARTINEZ (V.) : « Les péripéties du critère social dans l'attribution des marchés publics », *Contrats publics, Mél. Guibal*, 2006, p. 251.

MOUGEOT (M.) et NAEGELEN (F.) : « Marchés publics et théorie économique », *Rev. d'éco. pol.*, 1997.3.

RIBOT (C.) : « La commande publique éco-responsable », *Contrats publics, Mél. Guibal*, 2006, p. 283.

VANDERMEREEN (R.) : « Les nouveaux critères d'attribution des marchés publics », *Actes du forum marchés 2000, Mon. TP*, 15/12/2000, p. 11 ; « Les critères de sélection des entreprises », *MTP*, 29 juin 2001, n° sp. « Maîtriser le nouveau droit de la commande publique » p. 3.

722. Un premier principe régit l'attribution du marché : cette attribution doit être opérée dans les conditions prévues par l'appel d'offres. Doivent, par conséquent, être éliminées les offres tardives, les offres non recevables et les offres non conformes aux conditions de la consultation.

Un second principe est l'attribution au « mieux-disant » et non au « moins-disant » comme en matière d'adjudication.

1° Définition préalable et publicité des critères de sélection des offres

723. L'article 53 qui s'applique à toutes les procédures, et pas seulement à l'appel d'offres, dispose qu'il faut choisir l'offre économiquement la plus avantageuse (ce qui ne signifie pas la plus économique, au sens de la moins chère). Mais, pour encadrer le choix l'administration doit se fonder sur des critères préétablis, ce qui va de soi dans le cas d'appel d'offres, mais est également valable pour les autres procédures, au moins quand il y a publication d'un avis ou remise d'un règlement de consultation. Ces critères sont rendus publics, ce qui a été critiqué par le Conseil de la concurrence, qui y voit une aide aux ententes (*Conseil de la concurrence, avis du 20 novembre 2000 sur la réforme du Code des marchés public, Rapport du Conseil de la concurrence, 2000, p. 1307*).

724. La définition et l'application de critères objectifs, non discriminatoires et compréhensibles est une des plus grosses difficultés de la procédure. L'article 53 du code énonce des règles générales, qui s'appliquent aussi bien à l'appel d'offres qu'aux autres procédures avec publicité et concurrence ; il donne une liste de critères, mais celle-ci n'est ni impérative, ni exhaustive. En dehors de la publicité donnée aux critères, la seule obligation résultant de l'ancien article 53 était de prévoir plusieurs critères, ce qui ne permettait pas de ne se référer qu'au prix, bien qu'en pratique ce soit le critère déterminant. En imposant cette pluralité des critères les auteurs du décret du 7 mars 2001 espéraient faire reculer la tendance, qui peut être coûteuse à terme, à attribuer les contrats aux moins-disants ; il ont surtout suscité du contentieux au sujet du respect des critères annoncés. Tirant les conséquences de cet échec, les décrets de 2004 et 2006 permettent à la personne publique de se fonder sur un ou plusieurs critères, mais si un seul critère est indiqué, ce ne peut être que le prix.

2° Pondération des critères

725. Il résulte aussi de l'article 53 que les critères doivent être classés par ordre d'importance, ce qui n'est pas nouveau, puisqu'une obligation de hiérarchiser les critères avait été introduite par un décret du 6 mai 1988 modifiant l'ancien code, mais les textes n'indiquaient rien au sujet de la méthode pour classer, alors que dans la pratique des difficultés existent : comment prouver que l'échelle des critères a été respectée sans utiliser une pondération ?

Les codes de 2004 et 2006, comme la nouvelle directive, prévoient que, sauf impossibilité démontrée, il est obligatoire d'indiquer la pondération des critères (art. 53 et *CE 29 juin 2005, Commune de La Seyne-sur-Mer, BJDCP 2005, n° 42, p. 375, concl. Casas*), et il a été jugé que si une pondération est utilisée, elle doit avoir été publiée *(CJCE 12 décembre 2002, Universale Bau AG, aff. C-470/99, ACCP 2003, n° 20, p. 63, comm. E. Fatôme et L. Richer)*.

726. La pondération commence par une hiérarchisation qui consiste à déterminer l'importance de chaque critère par rapport aux autres. Une fois établi l'ordre d'importance des critères, l'acheteur public attribue à chacun un poids, ce qui peut se faire sous la forme d'un coefficient ou sous celle d'un nombre de points.

Cette opération une fois effectuée pour les critères relatifs aux qualités de l'offre, doit, ensuite, être déterminée la valeur relative des critères qualité et du critère prix, étant observé que plus l'achat est simple, plus le prix est important.

Une fois établie la liste des critères et leur pondération, il convient de prévoir comment les offres seront confrontées aux critères, c'est-à-dire de définir une grille de notation des offres. Plus cette grille est simple, plus de place est laissée aux appréciations subjectives. Cette grille permet d'évaluer la qualité au regard des différents critères. Mais doit aussi être déterminée une méthode de conversion du prix en note, ce qui peut, par exemple, être fait en référence à une évaluation préalable arrêtée par la collectivité publique.

Sur toute cette opération le Code des marchés publics est silencieux, elle relève de la gestion et non du droit. Il est, néanmoins, possible de se demander jusqu'à quel point les méthodes adoptées doivent faire l'objet d'une publicité.

3° Caractère non discriminatoire des critères

727. La prohibition des critères discriminatoires et l'exigence de critères en rapport avec l'objet du marché se rejoignent. En effet, un critère qui n'est pas en rapport avec l'objet du marché sera très probablement discriminatoire et vice-versa. Ainsi, il n'est légal d'exiger l'utilisation d'un procédé technique déterminé que si c'est le seul moyen de satisfaire aux besoins, si tel n'est pas le cas, la restriction édictée est entachée d'une double illégalité, elle est à la fois non justifiée par l'objet du marché et discriminatoire.

4° Critères sociaux

728. Sous l'empire de l'ancien Code des marchés publics, le Conseil d'État a considéré comme illégal parce que sans rapport avec l'objet du marché un critère tiré des propositions des candidats en matière de création d'emplois, d'insertion et de formation *(CE 25 juillet 2001, Commune de Gravelines, Rec. 391 ; AJDA 2002.46, concl. Piveteau)*.

De son côté, le Conseil constitutionnel a censuré la loi MURCEF en ce qu'elle confirmait des quotas préférentiels, déjà reconnus à certaines entreprises par l'ancien code, le Conseil constitutionnel a admis que des critères sociaux soient pris en compte, mais seulement dans des limites bien définies : « le législateur peut, dans le but de concilier l'efficacité de la commande publique et l'égalité de traitement entre les candidats avec d'autres objectifs d'intérêt général inspirés notamment par des préoccupations sociales, prévoir un droit de préférence, à égalité de prix ou à équivalence d'offres, en faveur de certaines catégories de candidats : que, s'il lui est également loisible, dans le même but, de réserver l'attribution d'une partie de certains marchés à des catégories d'organismes précisément déterminées, il ne saurait le faire que pour une part réduite, pour des prestations définies et dans la mesure strictement nécessaire à la satisfaction des objectifs d'intérêt général ainsi poursuivis » *(CC décision 2001-452 DC du 6 décembre 2001, Rec. 156)*. Faisant application de ce principe, une cour administrative d'appel a déclaré illégales les dispositions du code de 1964 donnant un droit de préférence, sous forme de réservation de lots, aux sociétés coopératives ouvrières *(CAA Bordeaux 4 mars 2003, Dép. des Deux-Sèvres, AJDA 2003. 895, obs. J.-D. Dreyfus)*.

729. L'article 14 du code n'introduit pas le critère social, mais prévoit seulement que « les conditions d'exécution d'un marché ou d'un accord-cadre peuvent comporter des éléments à caractère social ou environnemental visant notamment à promouvoir l'emploi de personnes rencontrant des difficultés particulières d'insertion, à lutter contre le chômage ». Cette rédaction peu claire renvoie à la différence entre conditions d'exécution et critères, conformément à l'article 26 de la directive 2004/18 qui prévoit que « les conditions dans lesquelles un marché est exécuté peuvent notamment viser des considérations sociales et environnementales ».

Dans le même sens, une Communication interprétative de la Commission européenne, du 15 octobre 2001, sur le rôle des aspects sociaux dans la passation des marchés publics (COM/2001/0566/Final) a admis que « au stade de l'exécution, c'est-à-dire une fois le marché attribué,... un marché public peut constituer un moyen pour les pouvoirs adjudicateurs d'encourager la poursuite d'objectifs sociaux. Ils ont, en effet, la possibilité d'imposer au titulaire du contrat le respect de clauses contractuelles portant sur le mode d'exécution du contrat et qui soient compatibles avec le droit communautaire. Ces clauses peuvent comprendre des mesures en faveur de certaines catégories de personnes et des actions positives dans le domaine de l'emploi ».

730. Cette distinction entre conditions et critères a été assez clairement faite par la CJCE. Dans le célèbre arrêt du *20 septembre 1988, Beentjes bv contre État des Pays-Bas (aff. C-31/87, Rec. 4635)* la CJCE a jugé que l'exclusion d'un soumissionnaire du fait qu'il ne serait pas en mesure d'employer des chômeurs de longue durée, est compatible avec la directive sur les marchés de travaux à condition de respecter toutes les dispositions pertinentes du droit communautaire, et notamment les interdictions qui découlent des principes consacrés par le traité en matière de droit d'établissement et de libre prestation des services.

La Commission européenne a difficilement accepté cette position et elle a poursuivi la France au motif que la directive sur les marchés de travaux aurait été enfreinte par la région Nord Pas de Calais à raison de l'insertion d'un critère d'emploi de chômeurs de longue durée. Pour la Commission l'arrêt Beentjes n'aurait admis que les conditions sociales, non les critères sociaux.

Par l'arrêt du *26 septembre 2000 (affaire C-225/98), Commission des Communautés européennes c/ France* la Cour rejette cette interprétation ; selon elle dans l'arrêt Beentjes, « la condition de l'emploi de chômeurs de longue durée, qui était en cause dans cette affaire, avait servi de base pour exclure un soumissionnaire et ne pouvait, dès lors, que constituer un critère d'attribution du marché » (point 52). Selon la Cour, dès lors que la condition d'emploi sert à éliminer un soumissionnaire, elle constitue un critère, non une condition d'exécution et, il est possible de prévoir aussi bien un critère qu'une condition.

731. Mais, après des discussions extrêmement nourries, c'est la thèse de la Commission qui l'a emporté. La directive 2004/18 sur les marchés publics mentionne les critères environnementaux, mais non les critères sociaux. Il n'est fait référence à l'aspect social qu'à propos des conditions d'exécution, à l'article 26, déjà cité.

Il en résulte qu'il n'est possible d'imposer que des conditions d'ordre social, c'est-à-dire que tous les candidats doivent accepter certaines obligations, qui sont les mêmes pour tous, sans que la compétition porte sur cet aspect de la prestation, dont la mauvaise exécution ne peut être sanctionnée qu'en cours d'exécution et non au stade de l'attribution du marché. De plus, il ne faut pas que les conditions imposées soient telles que seules certaines entreprises, notamment les entreprises nationales, puissent y satisfaire.

732. L'article 14 du Code des marchés publics est conforme à ces règles, mais il n'en demeure pas moins que fait problème une disposition qui a été introduite par la loi n° 2005-32 du 18 janvier 2005 de programmation pour la cohésion sociale, qui a inséré dans la liste des critères de sélection des offres (actuel art. 53 du code) le critère des « performances en matière d'insertion professionnelle des publics en difficulté ». La mise en œuvre de ce texte conduirait à enfreindre le droit communautaire, car il ne paraît pas possible que le critère social soit en relation avec l'objet du marché.

5° Critères environnementaux

733. Est-il possible de tenir compte de considérations environnementales dans le choix de l'entreprise ? La Cour de Justice l'a admis, à la condition que les considérations environnementales soient en relation avec l'objet du marché, ce qui était le cas pour un achat d'autobus *(CJCE 17 septembre 2002, aff. C-513/99 Concordia Bus Finland, BJDCP, 2003, n° 26, p. 14, concl. Mischo ; ACCP 2002, n° 16, p. 50, comm. S. Chavarochette ; AJDA 2003. 433)*. La condition de relation avec l'objet du marché s'apprécie à deux niveaux. *In abstracto*, la solution est de l'ordre du politique ; le juge tient compte de ce que la préservation de l'environnement fait partie des objectifs poursuivis dans le secteur concerné ; tel est le cas pour les transports en commun ou la fourniture d'énergie. *In concreto*, l'analyse porte sur la relation établie par le pouvoir adjudicateur entre les considérations environnementales et la satisfaction de ses besoins ; il s'agit de vérifier que les conditions écologiques sont en relation avec l'exécution de la prestation (ex. : *CJCE 4 décembre 2003, EVN AG, aff. C-448/01, AJDA 2004. 334, obs. T. Gliozzo* : est sans rapport avec l'objet du marché la prise en compte de la quantité globale d'énergie fournie par les soumissionnaires à partir de sources d'énergie renouvelables).

734. La directive 2004/18 est dans le même sens. Malgré les critiques sévères des députés Verts au Parlement européen, elle ne va pas au-delà de la jurisprudence de la Cour et, si elle fait figurer les caractéristiques environnementales au nombre des critères d'attribution, c'est à la condition que le critère soit lié à l'objet du marché (art. 53 de la directive 2004/18)

L'article 53 du Code des marchés publics retient la même solution, et la mention de l'article 5 du code de 2006 selon laquelle la définition des besoins prend en compte les objectifs de développement durable n'apporte pas d'éléments nouveaux.

6º Mise en œuvre des critères

735. Quelles que soient les possibilités ouvertes pour la définition de critères d'attribution, on s'accorde à constater que dans la pratique le critère déterminant reste le prix. L'administration, et plus particulièrement les collectivités locales, attribuent presque toujours les marchés aux moins-disants et toute autre solution doit être assortie de très solides justifications, sous peine de soulever critique et même suspicion.

Cette pratique est régulièrement dénoncée, des circulaires rappellent périodiquement que la meilleure offre est celle du mieux-disant (cf. Circ. 25 septembre 1991, *Mon. TP* 4 octobre 1991, p. 330 ; 8 juillet 1992, *Mon. TP* 17 juillet 1992, p. 231 ; 20 janvier 1994, *Mon. TP* 4 février 1994, p. 283). L'oubli de cette règle présente de multiples inconvénients : les ententes sont facilitées, la dérive des coûts lors de l'exécution est plus fréquente, la concurrence déloyale par offres anormalement basses est encouragée.

L'itérativité des rappels montre cependant que la séduction du moins-disant est puissante. De la sorte, l'appel d'offres se rapproche de l'adjudication, les collectivités publiques substituent en pratique l'automatisme à l'exercice raisonné de leur pouvoir d'appréciation.

736. Les économistes montrent que le choix du mieux-disant suppose une ouverture maximale au stade de l'offre et une fermeture maximale au stade de la sélection, c'est-à-dire des critères précis ; mais, encore faut-il avoir la volonté et la capacité de définir et d'appliquer ces critères. La réglementation elle-même n'est pas dénuée de contradictions puisque tout en affirmant la nécessité de choisir l'offre économiquement la plus intéressante, elle cherche à favoriser le petit commerce et consacre même des droits de préférence en faveur de diverses entreprises, comme les coopératives ou les artisans (art. 53), l'inspiration populiste venant de la sorte concurrencer la rationalité économique.

d) La procédure de choix de l'attributaire du marché

737. Après examen des différentes offres déposées, il est possible que l'autorité compétente ou la commission puisse proposer ou opérer son choix aussitôt après l'ouverture et l'examen des plis, ouverture et examen qui ont lieu en séance non publique (alors que dans l'adjudication la séance était publique). Mais, il est également concevable que l'autorité compétente ou la commission ne s'estiment pas satisfaites tout en ne souhaitant pas déclarer l'appel d'offres infructueux. La possibilité leur est alors ouverte de demander aux candidats de « préciser ou compléter la teneur de leurs offres » (art. 59, art. 64). Le rapprochement avec les candidats est également prévu lorsqu'une offre paraît anormalement basse : elle ne peut être rejetée qu'après demande de précisions sur la composition de l'offre. Hors ces cas, la discussion est exclue : « il ne peut y avoir de négociation avec les candidats » (art. 59 et art. 64).

Si une offre paraît anormalement basse, ce qui est de nature à fausser la concurrence et à compromettre la bonne exécution du marché, il est fait application de l'article 55, qui ne concerne pas seulement l'appel d'offres : l'offre peut être rejetée par décision motivée, après demande de justifications.

La question de savoir à quels indices se reconnaît une OAB a été longuement débattue lors du projet de réforme de 1997 ; elle a paru tellement complexe et controversée que les décrets postérieurs s'abstiennent de toute indication sur ce point. Selon la Cour de Justice les États peuvent définir des méthodes de définition des OAB, mais ils doivent laisser la possibilité aux entreprises de se justifier *(CJCE 27 novembre 2001, Impresa Lombardini, aff. C-285/99, Contrats et MP, 2002, com. 5).*

738. Si, en fin de compte, aucune offre n'est considérée comme satisfaisante, l'appel d'offres est déclaré infructueux par l'autorité compétente ou par la commission.

739. Si une offre est retenue, son auteur devient attributaire du marché. Les candidats malheureux sont avisés du rejet de leur offre par une décision qui est susceptible de recours. Dans le code de 2001 l'article 76 n'imposait de communiquer par écrit les motifs du rejet de l'offre qu'aux candidats qui en faisaient la demande. L'obligation de communiquer les motifs subsiste (art. 83), mais le code de 2004 a renforcé les droits des candidats évincés en prenant en considération le droit au recours. En effet, l'article 76 (devenue article 80 du décret du 1er août 2006), qui s'applique à toute procédure formalisée, oblige l'autorité compétente à informer les candidats du rejet de leurs candidatures (en cas d'appel d'offres restreint ou de procédure négociée avec appel public à la concurrence) ou de leurs offres et de respecter un délai de dix jours entre cette information et la signature du marché, ce qui permet l'exercice d'un recours assorti d'une demande de suspension.

e) La signature du marché

740. L'attributaire ayant été choisi, il reste à signer le marché. Le respect des conditions de la concurrence implique que le marché signé est celui qui a fait l'objet de la consultation. Toutefois, les articles 60 et 65 du Code des marchés publics autorisent à procéder à une « mise au point » des conditions du marché. La mise au point ne doit pas aboutir à une modification substantielle ; elle peut porter, par exemple, sur le délai d'exécution *(CE 10 janvier 1986, Soc. des travaux du Midi, Rec. 608)* ou sur l'adjonction d'une variante *(CE 27 juillet 1984, Soc. Biro, RFDA 1985, 23, note Moderne).*

Une fois signé, tout marché doit être notifié au titulaire (art. 82) ; il prend effet à ce moment, sans qu'aucun commencement d'exécution soit possible avant.

f) Formalités postérieures

741. La notification n'est pas la seule formalité postérieure à la signature que prévoie le code. Certaines formalités s'imposent dès le marché attribué ou signé, et, par ailleurs, il faut mentionner l'exigence d'une décision expresse dans le cas particulier de la reconduction d'un marché.

1° L'avis d'attribution

742. En vue d'assurer l'information de tous les intéressés, trente jours après la notification est publié un avis d'attribution (art. 85 CMP). L'obligation de publier cet avis ne s'applique ni aux marchés passés selon la « procédure adaptée » (v. *infra*, n° 745), ni aux marchés négociés passés sans publicité préalable (*infra*, n° 760).

2° La transmission

743. Lorsqu'il s'agit d'une collectivité locale, la notification au titulaire doit être précédée, dans le délai de 15 jours après la signature, de la transmission au représentant de l'État du marché (art. L. 1411-9 CGCT et pour les avenants : art. R. 2131-2) et des pièces annexes dont la liste est établie par l'article R. 2131-1 du code général des collectivités territoriales. En outre, doit être transmis au représentant de l'État le rapport de présentation dont le contenu est fixé par l'article 79 du Code des marchés publics, qui est applicable à tout marché ou accord-cadre passé selon une procédure formalisée.

La date de transmission est importante : une clause du marché qui prévoirait qu'il prend effet avant cette date serait illégale *(CE 4 février 1991, Ville de Caen, D. 1991, SC, p. 375, obs. Terneyre)*, comme le serait un acte d'exécution, par exemple un ordre de service intervenant avant cette transmission *(CE 27 avril 1987, COREP des Côtes-du-Nord, AJDA 1987, 680, obs. Auby)*. Le cocontractant qui commence à exécuter prématurément, le fait donc à ses risques et périls, le comptable public risque d'opposer l'absence de créance valide.

3º *La décision de reconduction*

744. Le nouveau code, comme l'ancien, ne fixe pas de durée maximum aux marchés, sauf quelques exceptions relatives à des formes particulières de marchés, dont la durée est généralement limitée à trois ans (art. 35-II : marchés complémentaires ; art. 35-II : marchés identiques) et dans deux cas à quatre ans (art. 76 : accord-cadre ; art. 77 : marchés à bons de commandes). L'article 16 énonce seulement que « la durée d'un marché est fixée en tenant compte de la nature des prestations et de la nécessité d'une remise en concurrence périodique ».

Mais, si cela a été prévu au départ, le marché peut prévoir une ou plusieurs reconductions, lesquelles sont comprises dans la durée totale du marché et ne conduisent pas à la conclusion d'un nouveau contrat. La reconduction ne peut être tacite et c'est en cela qu'est exigé un formalisme ; l'article 16 impose une décision écrite. La reconduction n'aboutit pas, selon le Conseil d'État, à la passation d'un nouveau contrat, : « en décidant de ne pas reconduire un marché après l'une des dates fixées par les stipulations du contrat, la personne responsable du marché met fin à son exécution avant le terme de la période totale d'exécution ; qu'en revanche, lorsqu'elle reconduit ce marché, elle prend simplement la décision de poursuivre son exécution qui ne fait pas naître... un nouveau marché par application d'une clause de reconduction » (***CE 23 février 2005, Association pour la transparence et la moralité des marchés publics (ATMMP) et autres, BJDCP 2005, nº 40, p. 187, concl. Casas ; RFDA 2005. 483, concl. Casas***).

E Les procédures adaptées

Bibliographie : BERNARD (F.-C.) et PALMIER (S.) : « La mise en concurrence simplifiée », *ACCP* 2001, nº 5, p. 22.

DELELIS (P.) : « Les nouvelles procédures simplifiées », *Contrats et MP*, 2001, nº 5.

ÉCHÉGUT (M.) : « Marchés passés en procédure adaptée », *J.-Cl. CMP*, fasc. 60-70

QUENNEHEN (J.-M.) : « Marchés sans formalités préalables : quelles sont les obligations des acheteurs pour leur passation ? » ; *CP-ACCP*, 2003, nº 21 ; « Les procédures adaptées : une liberté conditionnelle », *CP-ACCP*, mars 2004, nº 31.

745. Pour la passation de certains marchés il n'est pas obligatoire d'utiliser la procédure d'appel d'offres ou une des autres « procédures formalisées », qui sont applicables en certains cas.

Le code de 2001 avait créé la notion de « marchés sans formalités préalables », qui visait les marchés inférieurs à 90 000 € ; depuis le code de 2004 certains marchés peuvent être passés « selon une procédure adaptée ». L'appellation « procédure adaptée » est inspirée de l'expression « degré de publicité adéquat » qui figure dans l'arrêt Telaustria.

Cette expression, introduite par le code de 2004, signifie que la personne publique a la liberté et l'obligation de définir elle-même les modalités de passation en s'adaptant aux circonstances. À l'origine, la procédure adaptée ne concernait que les marchés d'un montant inférieur au seuil communautaire, mais, depuis le décret 2005-1008 du 24 août 2005 modifiant le Code des marchés publics de 2004, la procédure adaptée est également applicable aux marchés qui portent sur des « services non prioritaires » (sur cette notion cf. *supra*, n° 621).

746. L'exigence d'une procédure adaptée constitue la mise en œuvre du principe général de transparence et non-discrimination.

Ce principe est applicable « dès le premier euro », ce qui signifie que, compte tenu des circonstances et du contexte, il n'est pas inconcevable que même un petit marché soit soumis à l'obligation de publicité préalable adéquate.

Pour cette raison paraît contestable la possibilité introduite par un décret 2004-1298 du 26 novembre 2004, et maintenue par le code de 2006, de conclure les marchés de travaux, de fournitures et de services d'un montant inférieur à 4 000 € HT sans publicité ni mise en concurrence préalables, et cela à raison du seul montant.

a) Les cas de procédure adaptée

747. Selon les articles 26, 28 et 40 du Code des marchés publics la notion de « procédure adaptée » correspond à deux situations :

— cas dans lesquels les marchés sont passés selon une procédure adaptée « en fonction de la nature et des caractéristiques du besoin à satisfaire, du nombre ou de la localisation des opérateurs économiques susceptibles d'y répondre ainsi que des circonstances de l'achat » (art. 28) et où « la personne publique choisit librement les modalités de publicité » (art. 40) ;

— cas dans lesquels les marchés sont également passés selon une procédure adaptée « en fonction de la nature et des caractéristiques du besoin à satisfaire, du nombre ou de la localisation des opérateurs économiques susceptibles d'y répondre ainsi que des circonstances de l'achat » (art. 28), mais où doit être effectuée une publication d'un avis dans les conditions précisées à l'article 40-III et IV.

À ces deux cas s'est ajouté depuis 2005 celui des marchés de services non prioritaires, visés à l'article 30 du code.

1° Possibilité de procédure adaptée à raison du montant

748. L'utilisation de la procédure adaptée avec publicité librement déterminée ou avec publication d'un avis dépend du montant du marché, les seuils étant différents selon qu'il s'agit de marchés de travaux ou d'autre marchés.

La première forme de la procédure adaptée concerne les marchés inférieurs à 90 000 euros HT, la seconde les marchés de fournitures ou services compris entre 90 000 euros HT et 135 000 euros HT pour l'État, 210 000 euros pour les collectivités locales et les marchés de travaux compris entre 90 000 euros et 210 000 euros (art. 28 et 40).

749. Selon le montant varient l'obligation de publicité et l'obligation de mise en concurrence, étant, cependant, observé que l'article 28 permet de passer le marché sans publicité, ni mise en concurrence « si les circonstances le justifient » (cf. *infra*, n° 752).

En ce qui concerne les modalités de publicité le projet de décret de 2004 a connu plusieurs versions. À un certain moment il a été envisagé de permettre la publicité dans un journal spécialisé correspondant au secteur économique, aussi bien que dans un journal d'annonces légales, c'est-à-dire un organe de la presse écrite agréé dans chaque département par le préfet. Ce n'est pas la solution adoptée *in fine*, la publicité dans un organe spécialisé n'est mentionnée à l'article 40 qu'à titre d'éventualité (même si elle peut devenir obligatoire dans tel ou tel cas où elle apparaîtrait comme un complément nécessaire *in concreto*).

Les obligations sont les suivantes :

— jusqu'à 90 000 euros la personne publique choisit librement son vecteur de publicité, ce qui permet de recourir à la presse, à l'affichage, à internet et, éventuellement au *BOAMP* (qui propose un avis simplifié pour les marchés de moins de 90 000 euros) ;

— en dessous des seuils de publicité européenne, la personne publique a le choix entre le *BOAMP* ou un *JAL* ;

— quand le seuil de publicité européenne est franchi l'avis doit être publié au *BOAMP* et au *JOUE* et aucune mention d'une publicité complémentaire ne figure à l'article 40.

La publication d'un avis est parfois la seule formalité préalable à satisfaire. Tel est le cas pour les marchés de fournitures ou services compris entre 90 000 euros HT et 135 000 euros HT pour l'État, 210 000 euros pour les collectivités locales et pour les marchés de travaux compris entre 90 000 euros et 210 000 euros.

Tous ces marchés sont passés librement, mais ils doivent respecter les titres I et II du code, c'est-à-dire les principes généraux, certaines règles de passation (attribution à l'offre économiquement la plus avantageuse, offre anormalement basse, etc.), les règles en matière de prix, ainsi que les titres IV à VI où figurent notamment les règles de paiement.

750. Un traitement particulier est réservé aux marchés de travaux de l'État aussi bien que des collectivités locales du fait du seuil particulier qui s'applique : entre 210 000 et 5 270 000 euros la personne publique dispose de la liberté de choix entre trois procédures formalisées, mais elle doit choisir l'une d'elles : appel d'offres, procédure négociée avec publicité et concurrence ou dialogue compétitif. Toutefois, pour protéger les maîtres d'œuvre, une restriction a été introduite en 2006 : le dialogue compétitif ne peut être utilisé qu'à condition de ne pas confier à l'entrepreneur l'intégralité de la conception.

TABLEAUX

1 — PUBLICITÉ

FOURNITURES ET SERVICES

1 € à 90 000 €
libre détermination, mais adéquation

90 000 € à 135 000 € avis *BOAMP* ou *JAL* et le cas échéant organe spécialisé	ÉTAT
90 000 € à 210 000 € avis *BOAMP* ou *JAL* et le cas échéant organe spécialisé	COLLECTIVITÉS LOCALES
135 000 € et au-delà *BOAMP* et *JOUE*	ÉTAT
210 000 € et au-delà *BOAMP* et *JOUE*	COLLECTIVITÉS LOCALES

TRAVAUX

1 € à 90 000 €
libre détermination, mais adéquation

90 000 € à 5 270 000 € avis *BOAMP* ou *JAL* et, le cas échéant, organe spécialisé au-dessus 5 270 000 € avis *BOAMP* et *JOUE*	ÉTAT COLLECTIVITÉS LOCALES

2 — PROCÉDURE

FOURNITURES ET SERVICES

« PROCÉDURE ADAPTÉE »

1 € à 135 000 €	ÉTAT
1 € à 210 000 €	COLLECTIVITÉS LOCALES

APPEL D'OFFRES, ou (soumis à conditions) PROCÉDURE NÉGOCIÉE ou DIALOGUE COMPÉTITIF

135 000€ et au-delà	ÉTAT
210 000 € et au-delà	COLLECTIVITÉS LOCALES

TRAVAUX

« PROCÉDURE ADAPTÉE »

1 € à 210 000 €

APPEL D'OFFRES ou PROCÉDURE NÉGOCIÉE ou DIALOGUE COMPÉTITIF

210 000 € à 5 270 000 €

APPEL D'OFFRES ou (soumis à conditions) PROCÉDURE NÉGOCIÉE ou DIALOGUE COMPÉTITIF

À partir de 5 270 000 €

2° Procédure adaptée pour les marchés relatifs à des services non prioritaires

751. Pour les services « non prioritaires » l'article 30 du Code des marchés publics de 2004 prévoyait que « quel que soit leur montant, les marchés publics de services qui ont pour objet des prestations de services ne figurant pas à l'article 29 sont soumis, en ce qui concerne leur passation, aux seules obligations relatives à la définition des prestations par référence à des normes, lorsqu'elles existent, ainsi qu'à l'envoi d'un avis d'attribution lorsque leur montant atteint 230 000 EUR HT ». Cette disposition était le décalque de la directive 92/50 sur les marchés de service, reprise par la directive 2004/18, dont l'article 21 prévoit que la passation des marchés qui ont pour objet des services figurant à l'annexe II B est soumise seulement à l'obligation de publicité *a posteriori* et à celle de respecter les règles concernant les spécifications techniques. Il pouvait donc sembler que la possibilité de passer ce type de marché sans publicité adéquate préalable ne posait pas de problème. Ce n'est pas la solution retenue par le Conseil d'État.

752. Le Conseil d'État a annulé l'article 30 du Code des marchés publics de 2004 au motif qu'il ne prévoyait pour les marchés de services non prioritaires que l'obligation de respecter les normes s'il y en a et de publier un avis d'attribution ***(CE 23 février 2005, ATMMP et autres RFDA 2005. 483, concl. Casas ; BJDCP 2005, n° 40, p. 187, concl. Casas, Ctts et MP, n° 4/2005. 11. note Eckert, JCP A, n° 17/2005, 25 avril 2005, p. 704, note Linditch)***. Sans se prononcer sur le point de savoir si en droit communautaire les contrats qui entrent dans le champ de la directive n'en sont pas moins soumis aux principes généraux du traité, le Conseil d'État a statué sur la seule base des règles nationales. Le commissaire du gouvernement Casas s'est référé expressément à la décision du Conseil constitutionnel du 23 juin 2003 selon laquelle est illicite la généralisation des dérogations aux principes de la commande publique et il a considéré que c'est par sa généralité que l'article 30 était contraire au principe de transparence ; seule la passation de certains marchés bien identifiés peut se faire sans publicité et mise en concurrence.

En ce sens le Conseil d'État se fonde sur les « principes qui découlent de l'exigence d'égal accès à la commande publique et qui sont rappelés par le deuxième alinéa du I de l'article 1er de ce code, selon lequel : « quel que soit leur montant, les marchés publics respectent les principes de liberté d'accès à la commande publique, d'égalité de traitement des candidats et de transparence des procédures » et il décide « que, si certains marchés publics de service ayant pour objet des prestations ne figurant pas à l'article 29 du même code, peuvent être passés sans publicité préalable et même, éventuellement, sans mise en concurrence, en raison de leur objet ou de situations répondant à des motifs d'intérêt général, il ne saurait en résulter que tous ces marchés puissent être conclus sans respecter les principes rappelés par l'article 1er du code ».

753. À la suite de cette annulation, un décret du 24 août 2005 a modifié l'article 30 ; il a prévu que les marchés de services non prioritaires, de montant supérieur à 4 000 €, sont soumis à une procédure adaptée définie par la personne publique, sans que la publication au BOAMP ou à un journal d'annonces légales soit obligatoire. Le dépassement du seuil communautaire est sans conséquence sur les modalités de publicité préalable.

Et le décret du 24 août 2005 admettait aussi que la publicité et la concurrence ne sont pas obligatoires dans des cas particuliers, dont l'identification est laissée à l'appréciation de la personne publique : « la personne responsable du marché peut décider qu'un marché sera passé sans publicité, voire sans mise en concurrence, s'il apparaît que de telles formalités sont, du fait des caractéristiques du marché, manifestement inutiles ou impossibles à mettre en œuvre ». L'article 28 du code de 2006 maintient cette possibilité en présence de circonstances particulières.

754. Entre 2005 et 2006 (*CJCE 27 octobre 2005, Contse SA, aff. C-234/03, Dr. Adm. 2006, com. 26, A. Menemenis*), la CJCE a semblé s'orienter vers l'application des principes du traité aux marchés de services non prioritaires, ce qui signifierait non pas qu'une publicité européenne est obligatoire, mais qu'une publicité nationale est obligatoire (cf. *supra*, n° 27). Toutefois, dans l'arrêt Contse la solution reste ambiguë, car le pouvoir adjudicateur avait organisé un appel d'offres ; la question devrait être tranchée par la CJCE dans deux affaires mettant en cause l'Irlande (aff. C-507/03 et C-532/03).

755. Le code de 2006 simplifie la question en renvoyant pour la passation des marchés de l'article 30 à la procédure adaptée librement définie.

Il ajoute que les marchés d'un montant supérieur à 210 000 euros doivent être définis par référence aux normes et spécifications en vigueur et que leur attribution doit faire l'objet d'un avis, conformément à la directive (qui est cependant applicable dès un montant de 135 000 euros pour l'État).

Les services juridiques, dont l'exclusion avait, un moment, été envisagée, sont soumis aux mêmes règles que les autres services, à deux différences près : les dispositions du titre IV sur l'exécution des marchés, notamment au point de vue financier, ne leur sont pas applicables, et les marchés conclus avec des avocats pour la représentation en vue du règlement d'un litige (ce qui est plus large que la représentation en justice) ne sont pas transmis au représentant de l'État, quel que soit leur montant.

b) Les modalités de la procédure adaptée

756. Il revient à l'acheteur public de choisir les modalités de passation les mieux adaptées aux circonstances. Dans un souci de sécurité, dès la publication du code de 2004, les administrations de l'État et les collectivités locales ont commencé à se doter de dispositifs d'encadrement de la passation des marchés selon la procédure adaptée (dits « MAPA »).

S'il paraît contestable que les pouvoirs adjudicateurs édictent des « mini-codes » à caractère réglementaire, en revanche, l'adoption de directives définissant les conditions générales du choix des cocontractants ne pose pas de problème.

757. Qu'une règle générale ait ou non été définie, le choix opéré est contrôlé par le juge : « si la personne responsable du marché est libre, lorsqu'elle décide de recourir à la procédure dite adaptée, de déterminer, sous le contrôle du juge administratif, les modalités de publicité et de mise en concurrence appropriées aux caractéristiques de ce marché, et notamment à son objet, à son montant, au degré de concurrence entre les entreprises concernées et aux conditions dans lesquelles il est passé, ce choix, toutefois, doit lui permettre de respecter les principes généraux » *(CE 7 octobre 2005, Région Nord-Pas-de-Calais, Rec. 423 ; BJDCP, 2006, n° 44, p. 10, concl. Casas ; CP-ACCP 2005, n° 49, p. 77, note Hourcabie et Tabouis ; AJDA 2005. 2128, obs. Dreyfus ; Ctts et MP n° 11/2005, p. 5, note Lichère, JCP A, n° 48/2005, p. 1748, note Linditch).* Dans le cas de la région Nord-Pas-de-Calais la publicité sur un site internet et dans un journal local d'un marché évalué à 35 000 € a été considérée comme insuffisante compte tenu de l'objet du marché et des candidatures possibles.

C'est pour synthétiser l'apport de cet arrêt que l'article 28 du code de 2006 prévoit que les modalités de publicité « sont librement fixées par le pouvoir adjudicateur en fonction de la nature et des caractéristiques du besoin à satisfaire, du nombre ou de la localisation des opérateurs économiques susceptibles d'y répondre ainsi que des circonstances de l'achat ».

758. L'état du droit laisse aux collectivités publiques une grande liberté et cela pour la passation d'un nombre important de marchés. Les pratiques sont très variables et l'équilibre paraît difficile à trouver entre le simulacre de publicité et concurrence et l'excès d'exigences. Certains critiques avaient dénoncé en juin 2003 le projet de réforme du Code des marchés publics comme ouvrant la porte à la corruption ; sans aller jusque là, il est certain que la pratique déloyale de la procédure adaptée permet de maintenir les situations acquises et de développer le protectionnisme local.

Mais, l'adaptation des procédures aux circonstances peut aussi exister dans le cas de procédure formalisée, quand les textes organisent des procédures spéciales.

F Les procédures spéciales de passation des marchés

759. Les directives et Code des marchés publics prévoient des procédures spéciales, qui permettent de déroger à l'obligation d'organiser un appel d'offres, même au-delà du seuil communautaire. Les procédures spéciales sont — (trop) nombreuses. On peut les regrouper en fonction des motifs qui fondent leur existence et qui sont de trois ordres.

Il s'agit, en premier lieu, de l'impossibilité, de l'inutilité ou de la lourdeur disproportionnée de la procédure d'appel d'offres. Ces motifs ont conduit à mettre en place une procédure formalisée allégée, qui est la procédure négociée.

En second lieu, il arrive que le pouvoir adjudicateur ne puisse pas ou ne puisse que difficilement définir seul à l'avance un cahier des charges, ce qui entraîne la nécessité d'études ou celle d'une association des candidats à l'élaboration des spécifications. Des procédures spéciales ont donc pour objet soit de commander des études pour servir de base aux projets, soit, plus rarement, de faire participer les candidats à l'élaboration même du projet de contrat. Ces diverses procédures ont donc en commun de porter sur un projet.

En troisième lieu, une situation particulière peut être identifiée, qui est celle des achats récurrents ou répétitif.

Enfin, des procédures particulières s'appliquent dans les secteurs réseaux.

a) Procédures négociées

Bibliographie : ARROWSMITH (S.) : "The Problem of Discussions with Tenderers under the EC Procurement Directives : The Current Law and the Case for Reform " *PPLR*, 1998, p. 65.

CABANES (A.) : « Marchés négociés », *J.-Cl. CMP*, fasc. 63-10.

BERBARI (M.) : « La fascination du marché négocié », *MTPB* 26 août 1994, p. 22.

GUILLOU (Y.-R.) : « La négociation dans les marchés publics », *CP-ACCP*, mars 2004, n° 31 ; « Pourquoi et quand recourir à la négociation », *CP-ACCP*, juin 2005, n° 45, p. 22.

NICINSKI (S.) : « Urgence », *J.-Cl. CMP*, fasc. 190.

SESTIER (J-F) : « Urgence et mise en concurrence dans les contrats publics », *Contrats publics, Mél. Guibal*, 2006, p. 379.

760. Selon l'article 34 du code, la « procédure négociée est une procédure dans laquelle le pouvoir adjudicateur négocie les conditions du marché avec un ou plusieurs opérateurs économiques ». Cette procédure présente un aspect dérogatoire puisque dans l'appel d'offres le principe est l'interdiction de négocier (art. 59 du code). Jusqu'en 2004 les collectivités publiques pouvaient avoir tendance à abuser de la négociation en cherchant à donner une extension abusive aux exceptions ; cela a moins lieu d'être maintenant qu'existe la procédure adaptée.

761. Jusqu'en 2006 existaient trois procédures de négociation : la procédure avec publicité et concurrence, avec concurrence, sans concurrence. Pour s'aligner sur la directive 2004/18 le code de 2006 ne distingue plus que deux situations : la procédure avec publicité et concurrence, la procédure sans concurrence. L'article 35 distingue quinze cas ; on ne mentionnera que les plus importants en distinguant selon qu'une publicité et une concurrence sont ou non obligatoires.

1° Les marchés négociés avec mise en concurrence

762. L'article 35-I prévoit une procédure négociée précédée d'une publicité et d'une mise en concurrence dans les conditions définies aux articles 65 et 66 quand une nouvelle procédure d'appel d'offres est impossible ou quand elle est inutile.

763. Les cas d'impossibilité sont ceux dans lesquels la collectivité publique n'est pas à même de définir certains éléments qui devraient servir de base à l'établissement d'un cahier des charges ou à l'évaluation des offres.

764. La première situation correspond aux exceptions mentionnées aux article 35-I-2° et 35-I-4° :

— « prestation de services à réaliser est d'une nature telle que les spécifications du marché ne peuvent être établies préalablement avec une précision suffisante pour permettre le recours à l'appel d'offres » ;

— « dans des cas exceptionnels, lorsqu'il s'agit de travaux, de fournitures ou de services dont la nature ou les aléas qui peuvent affecter leur réalisation ne permettent pas une fixation préalable et globale des prix ». C'est sur cette base, par exemple, que les contrats de partenariat-public-privé (PFI) sont conclu selon la procédure négociée en Grande-Bretagne. Mais, la référence au caractère exceptionnel ne doit pas être perdue de vue.

765. Dans la même ligne, l'appel d'offres est impossible, et donc non imposé, faute de pouvoir définir clairement les conditions au préalable, lorsque le marché porte sur des recherches ou essais en matière de travaux et fournitures ou lorsque les spécifications d'une prestation de services « ne peuvent être établies préalablement avec une précision suffisante pour permettre le recours à l'appel d'offres ». Mais, quand il s'agit de recherches ou d'essais en matière de fournitures, la publicité et la concurrence ne sont pas obligatoires. La différence ne paraît guère logique.

766. Par l'inutilité de l'appel d'offres peut s'expliquer l'exception traditionnelle de la négociation consécutive à un appel d'offres infructueux. Jusqu'en 2006 la procédure négociée pouvait être utilisée quel que soit le motif de la déclaration d'infructuosité, que ce soit parce qu'aucune offre n'est acceptable ou parce qu'aucune offre n'est recevable.

La directive 2004/18 introduit une distinction entre plusieurs motifs, qui sont repris par l'article 35. Si l'appel d'offres n'a pas abouti parce que l'offre est irrégulière ou inacceptable, ce qui correspond à des cas de non-conformité aux règles de la consultation ou aux textes, la procédure négociée est précédée d'un avis et d'une mise en concurrence, sauf si participent tous les candidats qui ont remis une offre, auquel cas il est possible de ne pas publier un avis. Si l'appel d'offres a été déclaré infructueux parce qu'aucune offre n'était appropriée, c'est-à-dire ne répondait aux besoins, est légale une procédure négociée sans publicité, ni concurrence.

767. Encore faut-il, pour que le recours à la procédure négociée soit légal, que la procédure d'appel d'offres ait été organisée dans des conditions permettant d'en espérer la réussite, sans quoi le lancement d'un nouvel appel d'offres s'impose *(CE 29 décembre 1997, Préfet de Seine-et-Marne c/ OPAC de Meaux, Rec. 510 ; Mon. 20 mars 1998, p. 396, concl. Bergeal)*. Il en va de même dans le cas où le projet subit de substantielles modifications par rapport à celui qui avait été soumis à la concurrence *(CE 14 mars 1997, Préfet du Maine-et-Loire, MP n° 4/97, p. 29, concl. Bergeal)*.

2° *Les marchés négociés sans publicité ni mise en concurrence*

768. Jusqu'en 2001 existait une exception tirée du secret, non prévue par la directive, elle a disparu des codes de 2004 et 2006. Mais, cela ne signifie pas que le besoin de secret ne soit plus pris en compte, au contraire. En effet, l'article 3-7° limite le champ d'application du code en disposant que ne sont pas soumis au code les contrats qui « exigent le secret ou dont l'exécution doit s'accompagner de mesures particulières de sécurité conformément aux dispositions législatives ou réglementaires en vigueur ou pour lesquels la protection des intérêts essentiels de l'État l'exige ». Toutefois, des marchés pour lesquels l'exigence de secret est marquée, c'est-à-dire les marchés pour les besoins de la défense sont régis par des règles spéciales, qui font une place importante à la négociation (décret n° 2004-16 du 7 janvier 2004) en dérogeant au Code des marchés publics, qui reste, néanmoins, en principe, applicable aux marchés passés pour les besoins de la défense.

769. Certaines exceptions sont traditionnelles et s'imposent d'elles-mêmes. Il s'agit d'abord des cas d'urgence. La possibilité de ne pas organiser de procédure formalisée en ce cas existe depuis 1836 ; mais pour éviter que l'invocation de l'urgence soit systématique, le Code des marchés publics prévoit depuis 1964 que l'urgence doit présenter certaines caractéristiques : l'urgence doit être impérieuse, ne pas être imputable au pouvoir adjudicateur, être incompatible avec les délais de l'appel d'offres. Il est, par exemple, impossible à une commune d'invoquer l'urgence tirée de l'imminence de la rentrée scolaire pour faire sans appel d'offres des travaux sur l'école communale.

Il s'agit, ensuite du cas où l'appel d'offres n'est pas possible parce qu'un seul prestataire peut répondre aux besoins (art. 35-II-8°), ce qui ne peut être qu'exceptionnel, car il faut démontrer non seulement que l'entreprise détient un brevet ou un savoir-faire, mais encore que ce brevet ou ce savoir-faire sont indispensables à la satisfaction des besoins.

770. Le Code des marchés publics de 2001, reprenant et généralisant les directives communautaires, a introduit des cas de négociation sans mise en concurrence, ni publicité dont certains pourraient connaître de nombreuses applications, car ils permettent de faire évoluer un contrat sans avoir à conclure d'avenant. Ces dispositions n'ont pas changé en 2004, ni en 2006.

771. Lorsqu'un premier marché a été conclu selon la procédure de mise en concurrence pertinente, il est possible de conclure librement un marché complémentaire, sans que le montant cumulé des marchés complémentaires puisse dépasser 50 % du montant du marché principal. En matière de fournitures ce marché porte sur le renouvellement partiel de fournitures ou sur un complément ; en matière de services et travaux, le marché complémentaire a pour objet des prestations « qui sont devenues nécessaires, à la suite d'une circonstance imprévue, à l'exécution du service ou à la réalisation de l'ouvrage ».

Par ailleurs, lorsqu'un marché a été conclu sur appel d'offres, il est possible de conclure un nouveau marché portant sur des prestations identiques.

3º Les règles de la négociation

772. Depuis 2001, il est clair que la négociation est une procédure, le marché n'est pas conclu de « gré à gré » comme le prévoyaient les textes antérieurs. Cela signifie que s'appliquent non seulement les principes généraux, mais encore les règles générales, qui ont été précédemment identifiées. En particulier, doit être respecté le principe d'égalité et l'obligation de choisir l'offre la plus avantageuse économiquement. Malgré un formalisme moindre que dans un appel d'offres, le juge est à même d'exercer son contrôle : l'article 42 du code impose la rédaction d'un règlement de consultation pour tout marché précédé d'une mise en concurrence, l'article 66 organise une procédure écrite sur la base d'une lettre de consultation, ce qui fait qu'une consultation verbale serait illégale.

773. Pour empêcher que négociation soit synonyme de clandestinité, lorsque le marché doit être conclu par une collectivité locale, en 1992, il a été prévu que les discussions ne pouvaient être engagées qu'après avis favorable et motivé de la commission d'appel d'offres ; depuis 2004 le rôle de la commission d'appel d'offres est accru, puisqu'elle propose (pour l'État) ou arrête (pour les collectivités locales) le choix de l'attributaire (art. 66). On verra aussi en examinant la procédure du concours et les règles de passation des marchés de maîtrise d'œuvre, que la négociation peut être jumelée avec l'intervention d'un jury.

b) Procédures avec participation de l'opérateur économique à la définition du projet ou des conditions d'exécution

774. Il revient à la collectivité publique de définir les besoins auxquels le marché doit satisfaire et de fixer à partir de ces besoins la nature et l'étendue de la prestation sur laquelle portera la concurrence (art. 5 du CMP). Dans certains cas, comme on l'a vu, la difficulté ou l'impossibilité d'opérer cette définition justifie le recours à la procédure négociée, mais il existe d'autres méthodes plus élaborées qui consistent soit à confier à une prestataire la définition préalable du projet qui fera, ensuite, l'objet d'un marché, soit à mettre en place des procédures dans lesquelles la collectivité publique et les candidats mettent ensemble au point le projet, avant de conclure le marché pour son exécution. Dans le premier cas le marché a pour objet de se procurer un projet, dans le second cas, il a à la fois pour objet la définition du projet et son exécution, entre ces deux situations peut se trouver le marché de maîtrise d'œuvre, dans lequel le prestataire, quand il est chargé de l'exécution ne l'est qu'au point de vue de la surveillance.

1° Procédures applicables à la définition d'un projet

775. Deux procédures permettent de conclure des marchés pour établir un projet, sans que cela débouche nécessairement sur sa réalisation.

La procédure de concours ne sert pas seulement à établir un projet, mais c'est sa principale utilité.

Le marché de définition est un type de marché, mais sa particularité, contestable, a été, jusqu'en 2006, d'ouvrir une possibilité procédurale de dérogation à l'obligation de publicité et concurrence.

1. Le concours

Bibliographie : SEVINO (A.) : « Concours », *J.-Cl. CMP*, fasc. 66-10

776. Par dérogation à la règle selon laquelle l'administration doit déterminer les spécifications et la consistance des prestations, elle peut, dans le cas de concours, ne faire appel à la concurrence que sur la base d'un programme. L'ancien Code des marchés publics permettait d'utiliser le concours soit pour l'établissement d'un projet, soit également pour l'exécution d'un projet préétabli, soit à la fois pour l'établissement d'un projet et son exécution. En 1993 il a été prévu que le concours ne portait que sur les prestations intellectuelles (ancien art. 98). En 2001 a été réalisé l'alignement sur les règles communautaires.

777. En droit communautaire le concours est la procédure permettant « au pouvoir adjudicateur d'acquérir principalement dans le domaine de l'aménagement du territoire, de l'urbanisme, de l'architecture et de l'ingénierie ou des traitements de données, un plan ou un projet qui est choisi par un jury après mise en concurrence avec ou sans attribution de primes » (art. 1er-11-e de la directive 2004/18). La directive pose les règles d'indépendance du jury par rapport aux participants, de compétence technique du jury et d'autonomie de décision ou d'avis du jury qui doit statuer sur des projets anonymes. Cette dernière exigence, transposée à l'article 279-1 de l'ancien Code des marchés publics, a suscité une forte opposition de la part des élus et des architectes, qui l'estiment impossible à respecter. Mais la règle de l'anonymat a été assouplie par l'article 74 de la directive 2004/18, qui ne l'impose plus que lors de l'examen des propositions et permet, ensuite, d'auditionner les candidats. Ces règles sont transposées à l'article 70 du code, qui prévoit que l'anonymat ne s'impose que quand le montant estimé est supérieur au seuil communautaire.

Le concours se déroule dans le cadre d'un règlement de consultation. Il doit fixer le montant des primes allouées aux participants.

Les propositions sont examinées par un jury composé selon les mêmes principes que la commission d'appel d'offres avec l'addition de personnalités compétentes (art. 24 du code). Le jury désigne un ou des lauréats avec qui la PRM négocie, conformément à l'article 35-II-7° qui prévoit la possibilité d'attribuer un marché de service sans publicité, ni mise en concurrence dès lors qu'un concours a été organisé. Le marché est attribué par l'assemblée délibérante pour les collectivités locales.

2. Le marché de définition

778. Responsable de la définition des besoins, la collectivité publique doit normalement procéder elle-même aux études préalables. Cependant, lorsqu'elle n'a pas les moyens de le faire, elle peut recourir à des prestations extérieures — en dehors de la procédure du concours, ci-dessus examinée. Le code de 1964 comportait des dispositions, au demeurant peu dérogatoires, relatives aux marchés d'études, par la suite n'a plus été visé que le marché de définition.

Le marché de définition a pour objet, selon l'article 73 du code, « d'explorer les possibilités et les conditions d'établissement d'un marché ultérieur » tant au point de vue technique qu'au point de vue économique. Il est possible d'attribuer les « prestations faisant suite à plusieurs marchés de définition ayant le même objet et effectuées simultanément » après remise en concurrence des seuls titulaires des marchés de définition (art. 73 CMP). Même ainsi amendé par rapport aux code antérieurs, qui permettaient d'attribuer sans mise en concurrence à l'auteur de la solution retenue, cette dérogation purement nationale à l'obligation de publicité préalable fait problème car le droit communautaire ne connaît que le concours.

2° *Procédure applicable à la définition et à la réalisation d'un projet*

779. Dans certains cas particuliers, mais économiquement importants, le pouvoir adjudicateur conclut des marchés qui ont un caractère global et complexe en ce qu'ils font participer, à un degré variable, l'entreprise la définition du projet et des conditions d'exécution du projet. Compte tenu de ce que l'appel d'offres suppose la rédaction préalable d'un cahier des charges, qui n'existe pas en l'espèce, la passation de ce type de marché implique une procédure spéciale.

Cette procédure a été préfigurée en France par les procédures d'appel d'offres sur performances et de conception-réalisation. La procédure de conception-réalisation a été maintenue dans les codes de 2004 et 2006, mais l'appel d'offres sur performances est remplacé depuis 2004 par le dialogue compétitif.

780. L'appel d'offres sur performances avait été introduit dans le Code des marchés publics sur la suggestion du rapport de la Commission de prévention de la corruption (juin et décembre 1992, Documentation française, 1993, dit *Rapport Bouchery*). Ce rapport relevait que « l'un des moments privilégiés de la corruption dans les marchés publics est la période antérieure au lancement de l'appel d'offres ». En effet, le meilleur moyen de favoriser une entreprise, tout en profitant de ses compétences, est de la faire participer à la définition du projet, et même parfois à la rédaction des documents d'appel d'offres. De tels contacts sont difficiles à détecter. Pour « redonner ses chances à la concurrence » le rapport proposait une nouvelle forme de mise en concurrence, offrant une souplesse analogue à celle du concours. Cette idée, qui avait déjà été mise en pratique par certains services sous le nom d'appel d'offres « performantiel », avait été reprise par le décret du 27 mars 1993 (art. 99 et 303 de l'ancien code).

Cette procédure a été notamment utilisée en matière d'informatique et de travaux pour le traitement des déchets ou des eaux usées. Sa principale particularité tenait à la possibilité de discussions avec le candidats, ce qui a, parfois, amené les maîtres d'ouvrage à abuser de cette procédure en l'utilisant dans des cas où ils auraient pu définir les spécifications techniques, mais préfèrent se ménager la possibilité de discussions avec les candidats, prohibées dans un appel d'offres classique. L'appel d'offres sur performances a été remplacé par le dialogue compétitif.

1. La procédure de « dialogue compétitif »

Bibliographie : ABIN (L.) et AMBLARD (E.) : « Dialogue compétitif », *J.-Cl. CMP*, fasc. 64-10

CHARREL (N.) : « Dialogue compétitif et conception-réalisation », *CP-ACCP*, mars 2004, n° 31, p. 83.

DELELIS (P.) : « Le dialogue compétitif », *Contrats et Marchés publics*, n° 2/2004, février 2004, p. 48.

MENEMENIS (A.) et RICHER (L.) : « Dialogue et négociation dans la procédure de dialogue compétitif », *CP-ACP*, juin 2005, n° 45, p. 33.

781. Le code de 2004 a introduit par avance dans le code une des innovations de la directive de 2004 : la procédure de dialogue compétitif, qui est une procédure comportant des possibilités de discussion avec les candidats et d'adaptation des offres en cours de procédure ; elle est définie par la directive comme « une procédure, à laquelle tout opérateur économique peut demander à participer et dans laquelle le pouvoir adjudicateur conduit un dialogue avec les candidats admis à cette procédure, en vue de développer une ou plusieurs solutions aptes à répondre à ses besoins et sur la base de laquelle ou desquelles les candidats sélectionnés seront invités à remettre une offre ». Une procédure voisine de celle du code, dite de « dialogue » est définie par l'ordonnance n° 2004-559 du 17 juin 2004 pour les contrats de partenariat (v. *infra*, n° 1198).

782. L'article 36 précise que la procédure de dialogue compétitif ne peut être utilisée que si le pouvoir adjudicateur n'est pas en mesure de définir les moyens techniques permettant de satisfaire ses besoins ou d'établir le montage juridique et financier du projet. Ce peut être, par exemple, parce que plusieurs solutions techniques sont concevables ou parce que les écarts financiers prévisibles entre plusieurs solutions sont très faibles. Une des particularités majeures de la procédure est liée à cet état d'incertitude, elle consiste en ce qu'est prévue l'audition des candidats et la possibilité pour eux de modifier leurs projets afin de se rapprocher des besoins de la collectivité.

783. La procédure est définie à l'article 67 du code. Elle est toujours restreinte, elle peut porter à la fois sur l'établissement du projet et son exécution ou seulement sur son exécution (le projet ayant été établi par la collectivité ou dans le cadre d'un marché d'études).

Les candidats sont choisis par l'autorité compétente, puis, s'ouvre un dialogue avec eux en vue d'identifier la ou les solutions adéquates à partir d'un programme fonctionnel. Ces discussions et auditions doivent se dérouler dans le respect des exigences d'égalité et de confidentialité et, à leur occasion, le pouvoir adjudicateur ne peut révéler aux candidats les solutions proposées par les autres compétiteurs (ce qui est plus facile à prévoir qu'à faire respecter). Cette discussion, est-il couramment affirmé, n'est pas une négociation ; en réalité, il s'agit d'une négociation mais qui ne peut porter que sur la définition du projet (projet technique et projet de contrat) et non sur les offres des candidats, ce qui fait la différence avec une procédure négociée.

Les offres sont formulées lors d'une étape postérieure. Une fois qu'il estime la discussion « arrivée à son terme », le pouvoir adjudicateur invite les candidats à remettre une offre finale. Dans le code de 2004 il était prévu que le pouvoir adjudicateur élaborait un cahier des charges, ce qui n'était conforme ni à la directive, ni à l'obligation de ne pas faire profiter les candidats des idées de l'un d'eux ; le code de 2006 met fin à cette anomalie : chacun élabore son offre sur la base de sa propre solution. Puis, dans une dernière étape les offres sont évaluées et le marché est attribué, au vu de l'avis de la commission d'appel d'offres, pour l'État, ou par la commission de la collectivité locale.

2. La procédure de conception-réalisation

784. Une application particulière de l'appel d'offres sur performances avait été prévue par le décret n° 93-1270 du 23 novembre 1993 (art. 100 et art. 304 de l'ancien CMP ; art. 37 et 69 du code de 2006) pris pour l'application de la loi sur la maîtrise d'ouvrage public (MOP) du 12 juillet 1985. Elle est devenue depuis le décret de 2004 une procédure distincte, qui ne concerne que des travaux soumis à la loi MOP.

785. La loi MOP pose en principe que « pour la réalisation d'un ouvrage, la mission de maîtrise d'œuvre est distincte de celle de l'entrepreneur » (art. 7, al. 2). Une des idées directrices est en effet la claire répartition des responsabilités. Cependant, dans certains cas, la conception et l'exécution sont étroitement imbriquées et la répartition traditionnelle des responsabilités présente plus d'inconvénients que d'avantages ; c'est pourquoi l'article 18 prévoit que, par dérogation, « le maître de l'ouvrage peut confier par contrat à un groupement de personnes de droit privé ou pour les seuls ouvrages d'infrastructure, à une personne de droit privé, une mission portant à la fois sur l'établissement des études et l'exécution des travaux, lorsque des motifs d'ordre technique rendent nécessaire l'association de l'entrepreneur aux études de l'ouvrage ».

786. Le code qualifie le contrat en cause de « contrat de conception-réalisation ». Il précise, à son article 69, la notion de motifs d'ordre technique en prévoyant que « sont concernées des opérations dont la finalité majeure est une production dont le processus conditionne la conception, la réalisation et la mise en œuvre ainsi que des opérations dont les caractéristiques intrinsèques, telles que des dimensions exceptionnelles ou des difficultés techniques particulières exigent de faire appel aux moyens et à la technicité propres des opérateurs économiques ». Cette définition paraît assez restrictive, d'autant plus que la première des deux situations mentionnées au texte correspond, le plus souvent, à un cas où la loi MOP ne s'applique pas puisque l'article 1er de cette loi exclut de son champ d'application les « ouvrages de bâtiment ou d'infrastructure destinés à une activité industrielle dont la conception est déterminée par un processus d'exploitation » et qui sont identifiés par le décret d'application du 14 mars 1986 (ex. : usines d'incinération de déchets, centrales de production d'énergie).

787. Les modalités de passation des marchés de conception-réalisation empruntent à celles de la maîtrise d'œuvre, en ce que les propositions des candidats sont soumises à un jury composé comme la commission d'appel d'offres, complétée par un tiers de maîtres d'œuvre. Ce jury donne son avis sur les candidatures et sur les prestations. Hors cela, le marché est un marché de travaux — avec conception —. En pratique, ces marchés sont presque toujours attribués à des groupements d'entreprises et de maîtres d'œuvre ; dès lors que la maîtrise d'œuvre est liée à l'entreprise, il incombe au maître d'ouvrage, s'il n'a pas un solide service technique, de se faire assister dans la surveillance de l'exécution du marché.

3° Procédures applicables aux marchés de maîtrise d'œuvre

Bibliographie : BOUCHON (D.) et COSSALTER (P.) : *Marchés de maîtrise d'œuvre dans la construction publique*, éd. du Moniteur, 3e éd. 2003.

ERSTEIN (L.) : « Marchés de maîtrise d'œuvre », *J.-Cl. CMP*, fasc. 69-10.

Mission interministérielle pour la qualité des constructions publiques (MIQCP) : *Organiser une consultation de maîtrise d'œuvre*, éd. du Moniteur, 1997.

MIQCP : « Nouveau Code des marchés publics ; maîtrise d'œuvre », *MTP*, 20 juillet 2001, p. 418.

MODERNE (F.) : *La fonction de maîtrise d'œuvre dans la construction publique*, Dalloz, 1997.

788. Le marché de maîtrise d'œuvre est défini à l'article 74 du Code des marchés publics par renvoi à l'article 7 de la loi du 12 juillet 1985 sur la maîtrise d'ouvrage.

Compte tenu de la complexité de l'objet et de l'enjeu économique de ces marchés, la maîtrise d'œuvre a donné lieu à une réglementation très importante qui est en grande partie extérieure au Code des marchés publics. Cette réglementation porte sur la passation et sur le mode de rémunération (sur ce point cf. *infra*, nº 813).

Les enjeux de la réglementation sont multiples ; on retiendra les principaux :

— la qualité architecturale des constructions dépend de celle des études préalables ;

— la survie de la profession d'architecte suppose que l'architecte n'ait pas à autofinancer les études et à participer à trop de concours ;

— les entreprises, en tout cas les plus importantes d'entre elles, ont des moyens d'étude et souhaitent participer à la conception ;

— les collectivités publiques sont garantes de la qualité architecturale mais doivent veiller à ce que les honoraires ne soient pas entièrement proportionnels au coût des travaux, ainsi qu'au respect des prévisions.

789. Sous l'influence de ces diverses considérations a été élaborée une première réforme par un décret du 28 février 1973 et un arrêté du 29 juin 1973 complétés par une directive du 8 octobre 1973 et une circulaire du 22 avril 1976.

Ces textes distinguaient six catégories de mission normalisées, dont le contenu était défini, et ils posaient le principe que le maître d'œuvre doit s'engager sur le coût des travaux (coût d'objectif). De cette manière la mise en concurrence était rendue possible. Cependant, la procédure d'appel d'offres est mal adaptée aux missions d'ingénierie et d'architecture. Des procédures plus personnalisées ont donc été mises en place par la réglementation (modifiée par décret du 14 mars 1986). Selon le montant prévisionnel des honoraires, le choix du maître d'œuvre était plus ou moins encadré.

790. Mais, de longue date, une réforme de la maîtrise d'œuvre a été prévue par la loi MOP du 12 juillet 1985.

Ce texte, adopté dans un contexte assez passionnel, à la suite d'un rapport remis en 1983 au Premier ministre par Jean Millier (Doc. fr., 1983), concerne à la fois la maîtrise d'ouvrage et la maîtrise d'œuvre.

La maîtrise d'œuvre est définie dans ses différents éléments possibles et il est décidé que des mesures d'application fixeront le contenu d'une « mission de base » en matière de bâtiment (de manière à préserver une mission minimale pour les architectes dans l'intérêt de la qualité des constructions), le contenu de missions normalisées ainsi que les conditions de rémunération.

Initialement, la loi disposait, de manière originale, que le contenu des missions et les conditions de rémunération résulteraient d'accords nationaux avec les organisations professionnelles ; mais les négociations n'ont pas abouti, faute de consensus entre les professions intéressées ; aussi une loi du 1er décembre 1988 a prévu, plus banalement, l'intervention de décrets — ce qui n'empêchait pas la concertation.

C'est par trois décrets du 29 novembre 1993 qu'ont été prises les mesures d'application, mais, entre-temps, la passation des marchés de maîtrise d'œuvre avait été réformée par les décrets du 15 décembre 1992 et du 27 mars 1993 modifiant le Code des marchés publics.

791. Les décrets du 29 novembre 1993 ont pour objet de définir les éléments de mission de maîtrise d'œuvre et les conditions de rémunération (déc. 93-1268), les conditions d'indemnisation dans les concours (93-1269), les conditions de passation des marchés de conception-réalisation (93-1270). Ces décrets s'appliquent aussi bien aux maîtres d'ouvrage soumis au Code des marchés publics — en ce qui les concerne ils modifient donc le code — qu'aux maîtres d'ouvrage non soumis au code mais visés par la loi MOP (organismes de Sécurité sociale, organismes privés d'HLM, EPIC de l'État qui peuvent librement choisir la procédure de concours organisée par le texte). Seuls les décrets

93-1269 et 93-1270 concernent les conditions de passation et seul le décret 93-1269 régit les marchés de maîtrise d'œuvre *stricto sensu*.

Ces règles ont été reprises aux articles 108 *ter* et 314 de l'ancien code relatifs aux marchés de maîtrise d'œuvre. Les codes de 2001, 2004 et 2006 reprennent pour l'essentiel les anciennes dispositions, en leur donnant toutefois un champ d'application élargi puisque, selon l'article 74, tout marché confiant un élément de mission défini au décret 93-1268 est concerné.

792. La passation des marchés de maîtrise d'œuvre se caractérise par l'existence d'une procédure spécifique de négociation et par l'obligation d'organiser un concours au-dessus d'un certain seuil. Les spécificités du droit français en la matière ont incité certains auteurs à remettre en cause sa validité au regard du droit communautaire, car celui-ci ne prévoit pas de règles particulières (P. Cossalter « Les règles de passation des marchés de maîtrise d'œuvre à la française sont-elles légales ? », *Moniteur des T.P.*, 7 mai 2004) ; mais, il est à penser qu'une grande partie des règles françaises s'insère dans certains des assouplissements admis par la directive 2004/18.

793. Le décret de 2001, dans la continuité des textes antérieurs prévoyait trois procédures :

— en deçà de 90 000 euros : sans formalité sauf écrit ;

— en deçà de 200 000 euros : mise en compétition ;

— au-delà de 200 000 : concours restreint (sur avis motivé d'un jury la PRM ou l'assemblée délibérante désigne le lauréat, avec qui le marché est négocié).

Ce système a été critiqué par l'avis motivé de la Commission européenne du 17 octobre 2001 parce qu'il fixait le même seuil pour l'État et les collectivités locales, alors que pour l'État il aurait dû être de 130 000 euros. Le décret de 2004 en a tiré les conséquences et il a simplifié en supprimant la procédure intermédiaire ; il en va de même en 2006. Dorénavant, il est seulement obligatoire d'organiser un concours de maîtrise d'œuvre lorsque le montant excède 135 000 euros pour l'État et 210 000 pour les collectivités locales (art. 74).

En-dessous des seuils, avant 2006, il avait été soutenu par de nombreux professionnels que la procédure adaptée était inapplicable, qu'il fallait s'inspirer du concours, notamment en prévoyant des primes aux participants. L'article 74 du code de 2006 règle le problème en prévoyant que ces marchés peuvent être passés selon la procédure adaptée lorsque leur montant est inférieur aux seuils, mais que, dans ce cas, toute remise de prestations donne lieu au versement d'une prime.

794. Sont aussi prévus des cas d'exemption de l'obligation de concours. Avant 1993, l'exemption était prévue pour la réutilisation ou la réhabilitation d'ouvrages existants et la réalisation d'ouvrages à titre de recherche, essai ou expérimentation ; y a été ajoutée en 1993 l'attribution d'une mission de maîtrise d'œuvre qui ne comporte aucune mission de conception. L'article 74 reprend ces exceptions et y ajoute la maîtrise d'œuvre relative à des ouvrages d'infrastructures.

795. Dans le cas où un concours n'est pas obligatoire il était affirmé par l'Instruction de 2001 pour l'application du Code des marchés publics que le recours à l'appel d'offres est obligatoire ; mais ce n'était pas la thèse de la Mission interministérielle pour la qualité des construction publiques, dont un commentaire diffusé en mai 2001 *(Mon. TP, 20 juillet 2001, p. 420)* considère, non sans quelque logique, que les marchés de maîtrise d'œuvre peuvent être passés selon la procédure négociée après publicité et concurrence en application de l'article 35-I-2°, qui mentionne « les marchés de services, lorsque la prestation de services à réaliser est d'une nature telle que les spécifications du marché ne peuvent être établies préalablement avec une précision suffisante pour permettre le recours à l'appel d'offres ». Le nouvel article 35-I-2° va dans ce sens en ajoutant qu'il vise « les marchés de prestations intellectuelles telles que la conception d'ouvrages ».

796. *Les différentes procédures de passation*

	Toute prestation	Services	Fournitures	Travaux
APPEL D'OFFRES (art. 33)		Montant > 135 000 (E) 210 000 (CL)	Montant > 135 000 (E) 210 000 (CL)	Montant > 5 270 000 €
Dialogue compétitif (art. 36)	Dialogue compétitif dans certains cas (art. 36)			(certains cas) Dialogue compétitif (art. 36) conception réalisation (art. 37)
AO ou Dialogue copétitif ou Négocié				210 000 € Montant < 5 270 000 €
PROCÉDURE ADAPTÉE (art. 28) libre	< 90 000 €			
PROCÉDURE ADAPTÉE (avis 40-III)		< 135 000 (E) < 210 000 (CL)	< 135 000 (E) < 210 000 (CL)	< 210 000
PROCÉDURE NÉGOCIÉE (art. 35) publicité et concurrence	Art. 35-I-1° AO Infructueux Art. 35-I-4° Nature ou aléas exceptionnels Impossibilité fixation prix	ne pouvant être établies		Essais
PROCEDURE NÉGOCIÉE Sans publicité Sans concurrence	Art. 35-II-1° urgence impérieuse Art. 35-II-3° Certains cas d'AO infructueux Art. 35-II-8° Prestataire déterminé	Art. 35-II-5° - Marchés complémentaires Art. 35-II-6° - Marchés identiques Art. 35-II-7° Concours	Art. 35-II-2° Recherches, Essais Art. 35-II-4° a) marchés complémentaires Art. 35-II-9° achat de matières premières en bourse Art. 35-II-10° achats « faillitaires »	Art. 35-II-5° - marchés complémentaires Art. 35-II-6° - marchés identiques

c) Procédures applicables en matière d'achats récurrents

797. Certains achats, comme ceux de produits alimentaires, de fournitures de bureaux, de véhicules, portent sur des produits standards et présentent un caractère récurrent. L'achat ne présente pas de difficulté particulière et, en même temps, il est important que le pouvoir adjudicateur reste en contact étroit avec le marché économique, souvent évolutif. C'est pourquoi des procédures particulières ont été mises en place, qui bénéficient pleinement des bénéfices que peut procurer l'informatique et les communications électroniques. Un des apports majeurs de la directive de 2004 est de favoriser le développement de ce type de procédure sous diverses formes.

1° Les accords-cadres et marchés à bons de commande

Bibliographie : DELELIS (P.) : « Les marchés à bons de commande », *Dr. Adm.*, juillet 1999, p. 4.

GERY (P. de) : *Marchés à bons de commande*, éd. du Moniteur, coll. Guides, 3e éd., 2001.

HAÏM (V.) : « Marchés fractionnés : marchés à bons de commande », *J.-Cl. CMP*, fasc. 67-10

HISLAIRE (L.) : « Un nouveau cadre pour les achats récurrents ou répétitifs », *CP-ACCP*, 2005, n° 49, p. 57.

798. Avant 2006 et depuis un décret du 17 septembre 1992, le Code des marchés publics prévoyait la possibilité de conclure des marché à bons de commande quand les besoins ne sont pas connus avec précision, et « ne peuvent être entièrement arrêtés dans le marché ». En ce cas le marché détermine les spécifications, la consistance et le prix des prestations ; il en fixe le minimum et le maximum en valeur ou en quantité. Dans le cadre ainsi défini, pour une durée maximale de quatre ans, des bons de commande sont émis pour une durée déterminée, ils fixent la quantité et la date de livraison. À titre encore plus dérogatoire, il était admis que le marché pouvait ne pas prévoir de maximum, ni minimum. Et, dans des cas particuliers (volatilité des prix, forte obsolescence, urgence, achat d'énergie non stockable) il était possible de procéder à une « multi-attribution », c'est-à-dire que le marché était attribué à plusieurs entreprises, qui étaient remises en concurrence, par les prix, avant l'émission du bon de commande par la PRM ou la commission d'appel d'offres.

799. Le marché à bons de commande n'a pas disparu, mais il a été simplifié. Dorénavant, le marché à bons de commande peut être conclu avec plusieurs titulaires sans justification, mais sans remise en concurrence des titulaires au moment de la commande (art. 77) ; cette possibilité est réservée à d'autres procédures.

En effet, le marché à bons de commande ne représente plus qu'un outil parmi d'autres.

800. L'article 76 prévoit met en place le système de l'accord-cadre. Les accords-cadres sont, aux termes de l'article 1er du code, des « contrats conclus entre un des pouvoirs adjudicateurs définis à l'article 2 et des opérateurs économiques publics ou privés, ayant pour objet d'établir les termes régissant les marchés à passer au cours d'une période donnée, notamment en ce qui concerne les prix et, le cas échéant, les quantités envisagées ». À la différence du marché à bons de commande, l'accord-cadre n'est donc pas un marché public même s'il doit être conclu selon une des procédures formalisées, il sert de base à des marchés ultérieurs conclu avec le ou les signataires de l'accord-cadre. Quand il y a plusieurs signataires, lesdits marchés sont précédés d'une « remise en concurrence » mais celle-ci est simplifiée et elle se fait dans le cadre de l'accord initial, dont les caractéristiques peuvent, cependant , faire l'objet d'adaptations. Ce système est adapté aux cas où une prestation ou fourniture n'est pas définie avec une totale précision, ce qui permet de s'adapter aux besoins du moment, cela pendant une durée maximum de quatre ans (art. 76).

La passation et l'exécution de l'accord-cadre peuvent être, mais ne sont pas nécessairement dématérialisé ; il en va autrement de deux autres procédures.

2º Procédures dématérialisées

Bibliographie : ARROWSMITH (S.) : « Electronic Reverse Auctions under the New EC Procurement Directive », *PPLR* 2005. 103.

LAJOIE (T.) : « Enchères électroniques inversées : quel choix pour l'acheteur public ? », *CP-ACCP*, 2005, nº 49, p. 62.

801. L'article 78 du code transpose l'article 33 de la directive en mettant en place, uniquement pour les marchés de fournitures courantes le système d'acquisition dynamique. Ce système, bien adapté aux secteurs où existe une forte concurrence, s'apparente à celui de l'accord-cadre en ce qu'il repose sur un contrat préalable, qui n'est pas un marché public, mais il en diffère sur deux points principaux : la procédure est entièrement électronique et les candidatures sont possibles à tout moment pendant la durée de mise en place du système, soit quatre ans au plus.

Le système est mis en place selon la procédure de l'appel d'offres ouvert, mais pendant toute sa durée un opérateur peut rallier le système en faisant acte de candidature par voie électronique. Dans le cadre du système le pouvoir adjudicateur conclut des « marchés spécifiques » après une mise en concurrence simplifiée.

802. La directive prévoit également l'utilisation des enchères électroniques inverses, c'est-à-dire l'organisation de séances de mise aux enchères sur des plates-formes électroniques. Ce système, qui convient surtout aux achats de fournitures courantes, n'est pas réservé à ce type d'achat par la directive (art. 54), mais le code français, où il a été introduit dès 2001 (art. 56 du code de 2001 et décret n° 2001-846 du 18 septembre 2001) ne le prévoit que pour les marchés de fournitures supérieurs aux seuils communautaires (art. 54). L'enchère électronique permet avant tout d'organiser une compétition par le prix, mais elle ne pousse pas pour autant au choix du seul moins-disant. En effet, le système des enchères vient se greffer sur une procédure préalable d'appel d'offres (en principe), qui permet d'apprécier les offres au regard de l'ensemble des critères. C'est seulement une fois opérée la sélection entre candidats et offres que, en dérogation au principe d'intangibilité des offres, les candidats sont remis en concurrence par voie d'internet.

d) Procédures applicables aux marchés des entités adjudicatrices (opérateurs de réseaux)

803. Dans les « secteurs spéciaux », où les marchés visés par la directive sont conclus aussi bien par des entreprises privées que par des personnes publiques, les règles de passation sont nettement plus simples que dans les secteurs classiques. Ces secteurs ont en commun d'être en partie soustraits à la concurrence et de donner lieu fréquemment à l'intervention d'entreprises publiques. Ils devraient disparaître au fur et à mesure de la libéralisation des marchés concernés et, d'ores et déjà les télécommunications n'en font plus partie.

804. La directive 2004/17 fixe pour les marchés publics de fournitures et de services un seuil plus élevé que la directive 2004/18 (420 000 €) et elle laisse le choix entre procédure ouverte, procédure restreinte ou procédure négociée avec mise en concurrence et elle permet de recourir à des procédures originales comportant soit un avis périodique indicatif, soit un avis sur l'existence d'un système de qualification. Ces dernières procédures spéciales n'avaient pas été transposées pour les collectivités soumises au Code des marchés publics ; c'est chose faite avec le code de 2006, dont toute la deuxième partie (art. 138 et s.) est consacrée aux dispositions applicables aux « entités adjudicatrices ».

805. En dépit de la place considérable que prennent les règles de passation dans le droit des marchés publics, la qualification d'un contrat comme marché public n'a pas pour seule conséquence l'assujettissement à des règles de passation, elle produit aussi des conséquences pour l'exécution.

§ 4. La rémunération du titulaire

Bibliographie : TAILLEFAIT (A.) : *Les aspects financiers et comptables des marchés publics*, Imprimerie Nationale, 2002 ; « Prix du marché », *J.-Cl. CMP*, fasc. 55.

Traité des contrats, n° 1019 s.

Droit des marchés publics, éd. du Moniteur, V. 100.1 et s.

806. L'hypertrophie de la réglementation s'explique par l'importance des dépenses résultant des marchés publics (environ 37 milliards d'euros par an, dont 42 % pour l'État, 58 % pour les collectivités locales). Il est donc normal qu'après les règles de passation, le Code des marchés publics comporte des règles financières relatives au prix, au paiement, au financement du marché, aux garanties exigées du titulaire (garantie à première demande, retenue de garantie). Seules les règles concernant le prix et son paiement retiendront l'attention, compte tenu du caractère tout à fait essentiel que présente la rémunération du titulaire dans l'équilibre du contrat.

807. L'article 12 du Code des marchés publics dispose que les pièces constitutives du marché mentionnent « le prix ou les modalités de sa détermination », ce qui laisse ouvertes plusieurs possibilités. Une fois établi le mode de fixation du prix et effectuée la prestation, il revient à l'administration de payer et de le faire dans un délai raisonnable, ce qui constitue un enjeu important pour la trésorerie des entreprises.

A La détermination du prix

808. Sauf les quelques domaines où subsistent des prix réglementés (cantines scolaires, transports publics de voyageurs p. ex.), le principe applicable depuis l'ordonnance du 1er décembre 1986 est la liberté des prix. Cette liberté est néanmoins organisée et encadrée.

a) Les modalités de détermination du prix

809. Le prix peut, on l'a vu, être fixé de manière indirecte ; quand il l'est de façon directe, des distinctions sont faites par le Code des marchés publics en fonction de la plus ou moins grande globalité du prix. Par ailleurs, des règles particulières s'appliquent aux marchés de maîtrise d'œuvre.

1° Le Code des marchés publics

810. L'article 16 fait la distinction entre le prix forfaitaire et le prix unitaire : le prix unitaire est appliqué aux quantités livrées ou exécutées (ex. : prix à la tonne, au mètre linéaire de tranchée, etc.), le prix forfaitaire est appliqué à tout ou partie du marché, quelles que soient les quantités.

La nature des prestations peut cependant faire obstacle à ce que le prix soit fixé dès le départ dans sa globalité parce que les quantités ne sont pas connues ou parce que la personne publique ne peut s'engager immédiatement en totalité.

811. C'est pourquoi le Code des marchés publics prévoit des assouplissements sous forme d'accord-cadre, de marché à tranche conditionnelle ou de marché à prix provisoire.

812. Le marché à prix provisoire n'existait dans l'ancien code que pour l'État ; il est dorénavant admis pour toutes les personnes publiques (art. 19), dans des cas où le marché doit être exécuté avant que le prix puisse être fixé. La dérogation n'existe que dans quatre cas énumérés à l'article 19 (aléas techniques et urgence, par exemple, et, depuis le décret de 2004, maîtrise d'œuvre).

2º La rémunération de la maîtrise d'œuvre

Bibliographie : BOUCHON (D.) et COSSALTER (P.) : *Marchés de maîtrise d'œuvre dans la construction publique*, éd. du Moniteur, 3e éd. 2003.
Ministère de l'Équipement et Mission interministérielle pour la qualité des constructions publiques, *Guide à l'intention des maîtres d'ouvrage publics pour la négociation des rémunérations de maîtrise d'œuvre*, JO, 1994.

813. La rémunération des maîtres d'œuvre privés fait l'objet d'une réglementation qui a pour objet de ménager les intérêts des maîtres d'œuvre tout en limitant la proportionnalité entre leur rémunération et le coût des travaux.

1. Genèse

814. La réglementation de 1973 (décret du 28 février 1973 ; arrêté du 29 juin 1973 ; directive du 8 octobre 1973 — *brochure JO* 2001 ; V. A. Thomas, *Guide pratique de l'ingénierie, Marchés publics*, nº spécial, juin 1980) avait défini des règles détaillées qui déterminaient le montant de la rémunération en fonction de la complexité et de l'étendue de la mission et comportaient une incitation au respect des prévisions de coûts.

Le système était assez rigide puisque des barèmes avaient été établis par arrêtés ministériels sous forme de tableaux qui donnaient le taux de rémunération en fonction de la mission confiée au maître d'œuvre, de la note de complexité et du montant du « coût d'objectif » (honoraires du maître d'œuvre + coût de l'opération) sur lequel le maître d'œuvre s'engageait. La rémunération finale était fonction du taux de respect du coût d'objectif.

Cette réglementation a cessé d'être applicable aux collectivités locales à partir du décret du 3 mars 1984 ; mais, faute de mieux, on a continué à s'y référer aussi bien dans les marchés de l'État que dans ceux des collectivités locales.

815. Cependant, le système a été critiqué à cause de sa rigidité et parce qu'il s'est trouvé dépassé par l'accroissement de la complexité des missions. La loi MOP du 12 juillet 1985 a prévu une réforme qui a abouti en 1993.

Cette réforme ne constitue pas un abandon total des principes de 1973 : les concepts définis par cette réglementation subsistent en grande partie, mais ils sont utilisés dans un cadre de liberté de négociation, ils deviennent de simples outils.

2. Réforme de 1993

816. L'article 9 de la loi MOP prévoit que « la mission de maîtrise d'œuvre donne lieu à une rémunération forfaitaire fixée contractuellement. Le montant de cette rémunération tient compte de l'étendue de la mission, de son degré de complexité et du coût prévisionnel des travaux ».

817. Le décret 93-1268 du 29 novembre 1993 et l'arrêté du 21 décembre 1993 ont mis en œuvre ces concepts.

Le décret et l'arrêté ont pour principal objet de définir les éléments de la mission de maîtrise d'œuvre. Par rapport à la réglementation antérieure les missions sont différentes et plus complexes et comportent trois éléments nouveaux, parmi lesquels l'« esquisse » qui permet des échanges entre le maître d'ouvrage et le maître d'œuvre en amont.

L'article 15 du décret, en application de l'article 8 de la loi, définit une « mission de base » obligatoire et indivisible pour la construction d'ouvrages de bâtiment, ce qui est de nature à garantir la qualité de la maîtrise d'œuvre en interdisant l'éclatement des missions.

818. Une fois le contenu de la mission précisé par le contrat, celui-ci fixe la rémunération : elle est librement négociée, mais elle doit obligatoirement être déterminée en référence à l'étendue de la mission, à son degré de complexité et au coût prévisionnel des travaux.

Alors que dans le système de 1973 le maître d'œuvre devait s'engager dès le départ sur un « coût d'objectif », dorénavant, il ne prend d'engagement sur le coût des travaux qu'à partir du moment où les études de conception sont suffisamment avancées : d'abord provisoire, la rémunération est ensuite fixée de manière définitive en fonction du coût prévisionnel, puis du coût définitif des travaux. Si le coût prévisionnel, fixé avant la consultation des entreprises, est dépassé par les résultats de l'appel d'offres, le maître d'œuvre doit refaire son projet. Et, lorsque le maître d'œuvre a la direction des travaux, si le coût final est supérieur au coût prévisionnel, la rémunération est diminuée.

Globalement, la réforme entraîne en pratique une amélioration de la rémunération des maîtres d'œuvre par rapport aux montants qui résultaient de l'ancienne réglementation.

b) L'évolution du prix

819. Dès lors que le marché a une certaine durée, il est habituel qu'il comporte une clause permettant de faire varier le prix — à la hausse le plus souvent.

Les règles d'ordre public édictées par les ordonnances du 30 décembre 1958 et du 4 février 1959 (article L. 112-2 du Code monétaire et financier) concernant les indexations s'appliquent aux marchés publics comme à tout contrat de droit public ou de droit privé : « sont interdites toutes clauses prévoyant des indexations fondées sur le salaire minimum interprofessionnel garanti, sur le niveau général des prix ou des salaires, ou sur les prix de biens, produits, ou services n'ayant pas de relation directe avec l'objet du statut, ou de la convention ou avec l'activité des parties ». L'objectif de ces dispositions est clair : il s'agit d'éviter les clauses inflationnistes et les choix arbitraires permettant à une partie d'imposer ou d'obtenir une référence à un prix sans relation avec le contrat mais à évolution rapide vers le haut. La limitation ainsi imposée reste de portée limitée car la notion de « relation directe » avec l'objet de la convention laisse une grande liberté et les entreprises ne manquent pas, quand elles le peuvent, de faire introduire dans les marchés la référence à des indices dont l'évolution leur paraît prometteuse (ex. : *CE 29 juillet 1994, Soc. La Main noire, Rec. 382*).

À ce texte général s'ajoutent ceux qui sont spécifiques aux marchés publics.

1° Réglementation et pratique contractuelle

820. L'article 18 du Code des marchés publics prévoit que le prix est ferme quand il ne peut être modifié à raison des variations des conditions économiques, mais que le marché peut fixer des conditions de détermination du prix de règlement qui tiennent compte des conditions économiques. Les conditions dans lesquelles il peut être tenu compte de ces circonstances pour adapter le prix ont longtemps été fixées par un décret d'application du code. Avant 2001, le décret du 23 novembre 1979 ne s'appliquait qu'à l'État ; la situation a changé avec le code de 2001 : le décret n° 2001-738 du 23 août 2001 concernait aussi les collectivités locales. Le Code de 2006 a abrogé le décret du 23 août 2001 pour intégrer au Code des marchés publics lui-même les règles concernant le prix.

L'article 18 du code prévoit que le prix ferme est à retenir si ce n'est « pas de nature à exposer à des aléas majeurs le titulaire ou la personne publique contractante du fait de l'évolution raisonnablement prévisible des conditions économiques pendant la période d'exécution des prestations ». Même en ce cas, une certaine variation du prix est prévue. Il faut, en effet, tenir compte de l'évolution du prix entre sa date d'établissement et le commencement d'exécution du marché ; pour cela est obligatoire l'« actualisation » du prix lorsqu'un délai supérieur à trois mois s'écoule entre l'établissement du prix et l'exécution. L'actualisation se fait selon les mêmes techniques que l'ajustement ou la révision.

Dès lors que le marché a une certaine durée, les aléas économiques doivent être envisagés et l'évolution du prix est prévue.

821. Le système actuel trouve son origine dans les circulaires Daladier : celle du 18 mai 1938 relative à la révision des marchés publics, qui visait à éviter le contentieux de l'imprévision, et celle du 10 août 1938 sur les clauses de révision, qui a fixé la terminologie actuelle, consacrée dans les CCAG et dans les décrets de 1979, puis de 2001 (V. « La révision des prix », *Marchés publics*, n° 177, p. 16).

Il s'agit de prévoir dès la signature du contrat une évolution du prix en fonction des circonstances économiques. Cela suppose la connaissance de l'évolution des prix dans le secteur, connaissance qui doit venir de tiers, aussi impartiaux que possible, extérieurs aux parties. L'INSEE, la DGCCRF, les organismes professionnels publient des indices de prix et de salaires par secteurs en partant d'une base 100 qui correspond au mois et à l'année de premier établissement de l'indice (ex. : le Syndicat des producteurs de sables et graviers publie un indice prix sables et granulats ; base 100 en 1995, sa valeur au 1er janvier 2000 était de 122 et au 1er novembre 2002 de 124,1).

À partir de là, deux solutions sont possibles : l'ajustement ou la révision (étant observé que dans la pratique le terme « révision » est souvent employé indifféremment pour les deux).

822. La première solution et la plus simple est celle du marché à prix ajustable. L'article 18 du code de 2006 en donne la définition suivante : « un marché est conclu à prix ajustable lorsqu'il prévoit que le prix de règlement est calculé à partir d'une référence figurant dans le marché et qui doit être représentative de l'évolution du prix de la prestation elle-même ». Par exemple, dans le secteur du nettoyage de locaux on se réfère couramment à l'indice INSEE « services de nettoyage de bureaux », dans le secteur du transport de personnes à l'indice prix de détail services, etc (voir <http://indicespro.insee.fr>).

Mais, il se peut qu'aucune référence d'ajustement satisfaisante n'existe ou que les prestations soient trop complexes ; en ce cas il faut se tourner vers la seconde solution : celle du prix révisable.

823. L'article 18 dispose qu'un marché est à prix révisable lorsqu'« il prévoit que le prix de règlement est calculé par application au prix initial figurant dans le marché d'une formule représentative de l'évolution du coût de la prestation ».

Les indices sont utilisés, mais ils sont appliqués à différents paramètres représentatifs de la structure de la prestation (salaires, matières premières, énergie, etc.). La valeur de chaque indice est celle constatée au mois d'établissement du prix initial ; ce dernier sert seulement de point de départ au calcul du prix de règlement.

2° *Prix révisable : exemple simplifié*

824. Pour connaître le prix de règlement on applique un coefficient de révision K.

$$K = a\frac{S}{S^o} + b\frac{C\,1}{C\,1^o} + c\frac{C\,2}{C\,2^o}$$

où, par exemple :
a est le pourcentage de frais de personnel dans les coûts,
S l'indice des salaires dans le secteur à la date de règlement,
S° l'indice des salaires dans le secteur à la date d'établissement du prix initial,
b le pourcentage de matière première,
C 1 la valeur de l'indice de la matière première à la date de règlement,
C 1° la valeur de l'indice matière première à la date d'établissement du prix initial,
c le pourcentage d'énergie,
C 2 la valeur de l'indice énergie à la date de règlement,
C 2° la valeur de l'indice énergie à la date d'établissement du prix initial.
L'addition a + b + c doit donner 1.

Exemple chiffré (simplifié)
marché pour la collecte d'ordures ménagères conclu en janvier 2003
prix initial : 80 € la tonne
prix de règlement en janvier 2004 :

$$K = 0{,}55\,\frac{\text{salaire ind. mécan. valeur janvier 04} = 275}{\text{salaire ind. mécan. valeur janvier 03} = 268} + 0{,}45\,\frac{PSD = 98}{PSD^o = 97}$$

(NB : PSD = produits et services divers)
K = 0,564 + 0,454 = 1,018
prix de règlement : 80 × 1,018 = 81,44 €

825. Cependant, dès 1938, s'est instaurée la pratique de ne pas répercuter intégralement l'évolution (c'est-à-dire le plus souvent la hausse), grâce à l'incorporation d'un « terme fixe » qui limite la répercussion en excluant une partie des coûts de l'application de la formule de révision ; ce terme fixe devait être au minimum de 12,5 %, selon le décret de 2001. L'article 18 du code de 2006 n'impose plus l'existence d'un terme fixe, la formule de révision « peut » inclure un terme fixe, ce qui permet de l'adapter en fonction de l'activité économique concernée.

> *Reprise de l'exemple précédent avec terme fixe*
> marché pour la collecte des ordures ménagères
> $K = 0{,}125 + 0{,}50 \dfrac{S}{S^o} + 0{,}375 \dfrac{PSD}{PSD^o}$
> $K = 0{,}125 + 0{,}513 + 0{,}378 + 1{,}016$
> Prix de règlement = 80 × 1,016 = 81,28 €

Une fois connu le montant de la dette de l'administration, il reste à celle-ci à s'en acquitter.

B Le règlement des comptes

826. Par application des règles prévues au marché, le montant de la dette de l'administration est établi, puis le prix est payé au titulaire du marché ou, éventuellement, au sous-traitant bénéficiaire du paiement direct ou au bénéficiaire d'une cession de créance, par exemple le banquier de l'entreprise à qui celle-ci a cédé ses créances en garantie d'un prêt.

a) L'établissement de la dette

Bibliographie : LLORENS (F.) : *Contrat d'entreprise et marché de travaux publics*, 1981, p. 400 et s.

MODERNE (F.) : « Le décompte général et définitif des marchés publics (observations sur l'achèvement des relations contractuelles en droit administratif) », *CJEG* 1975, 49.

827. Les CCAG applicables aux différents types de marchés publics prévoient la remise de décomptes correspondant aux prestations fournies (CCAG/T : art. 13 ; CCAG/FCS : art. 8 ; CCAG/PI : art. 12). Dès lors que le marché a une certaine durée, des décomptes périodiques partiels sont remis au maximum tous les trois mois, ou, tous les mois lorsque le titulaire est une PME (art. 91

du code) et donnent lieu au paiement d'acomptes, dont le montant est imputé sur le décompte général.

Les CCAG prévoient une procédure d'acceptation et de contestation du décompte, qui est particulièrement élaborée en matière de travaux (cf. *supra*, n° 478).

828. Une fois accepté par l'autorité compétente et le cocontractant de l'administration, le décompte définitif est intangible. Il s'agit d'un cas où le juge administratif fait application du Code de procédure civile.

En effet, il résulte de la jurisprudence qu'une fois le décompte accepté, il ne peut plus être remis en cause par l'une ou l'autre partie que dans le cas de fraude ou dans les conditions fixées par l'article 541 du Code de procédure civile (devenu 1269 NCPC), selon lequel « aucune demande en révision de compte n'est recevable, sauf si elle est présentée en vue d'un redressement en cas d'erreur, d'omission ou de présentation inexacte » (ex. : *CE 22 octobre 1965, Commune de Saint-Lary, Rec. 546 ; CE 4 décembre 1987, Commune de Ricamarie, Rec. 399*). L'intangibilité est conçue avec beaucoup de rigueur. L'erreur n'est admise que si elle est matérielle (ex. : *CE 5 juin 1981, Société Comsip, Rec. t. 814*) et l'intangibilité est opposée même si le paiement a eu lieu en violation de règles d'ordre public *(CE Ass. 16 octobre 1970, TPG des Hauts-de-Seine, Rec. 584)*.

829. À côté de l'intangibilité, l'autre principe qui régit le décompte est celui de l'indivisibilité : « l'ensemble des opérations auxquelles donne lieu l'exécution d'un marché public est compris dans un compte dont aucun élément ne peut être isolé et dont seul le solde arrêté lors de l'établissement du décompte définitif détermine les droits et obligations définitifs des parties » *(CE 8 décembre 1961, Soc. Nouvelle Compagnie générale des travaux, Rec. 701)*.

De l'indivisibilité résulte d'abord la conséquence qu'avant l'établissement du décompte, la compensation n'est pas possible entre futurs éléments du décompte. L'indivisibilité produit son effet même si l'entreprise a déposé son bilan : les créanciers ne peuvent faire valoir leurs droits que sur le solde *(CE 15 janvier 1965, Commune de la Richardais, Rec. t. 984 ; CAA Lyon 13 juillet 1993, Banque populaire, MP 1994, n° 279, p. 19, concl. Chanel)*, sauf dans le cas où la créance a été cédée avec acceptation de la cession par la personne publique, auquel cas un contrat distinct naît avec le cessionnaire *(CE 25 juin 2003, Caisse centrale de crédit mutuel, BJDCP 2004, n° 31, p. 444 concl. Le Chatelier).*

Au moment de l'établissement du décompte, les avances et dettes réciproques sont fondues et contractées dans un compte unique qui intègre non seulement les sommes dues en vertu du contrat, mais aussi les pénalités, réparations, etc. Les intérêts, autres que ceux expressément prévus au contrat, sont calculés sur le solde créditeur (sur tous ces points : ***CE 5 février 1988, Ville de Paris c/ Sté Linville, AJDA 1988. 282, concl. Robineau ; D. 1989. IR. 21, obs. Terneyre***).

Le décompte est établi par les parties, mais il peut aussi l'être par le juge *(CE 30 mai 1980 Soc. de la piscine de la dame Blanche, Rec. 247).*

Ces règles sont valables pour tout décompte établi en application de contrats donnant lieu à des relations financières, mais leur champ d'application le plus important est constitué par les marchés publics.

b) Le paiement

Bibliographie : TAILLEFAIT (A.) : « Paiement du marché », *J.-Cl. CMP*, fasc. 150.

830. Comme à tout paiement de l'administration, s'appliquent les règles de la comptabilité publique ; cependant, en matière de marchés publics existent quelques règles particulières, dont les plus importantes visent à ménager les intérêts du cocontractant, ce dans l'intérêt bien compris de l'administration, qui risquerait de supporter des coûts supplémentaires de financement. Dans ce but, le Code des marchés publics apporte une dérogation à la règle du paiement après service fait, en permettant le versement d'avances et il fait bénéficier le cocontractant de délais de règlement. Une autre règle, celle de l'interdiction du paiement différé ou par annuité, a, en revanche, pour but de protéger les deniers publics.

1° Les avances

831. Pour pallier les difficultés de trésorerie des entreprises, un assouplissement a été apporté à la règle du service fait avec la mise en place du système des avances. À la différence des acomptes, qui sont un paiement partiel en cours d'exécution, les avances sont à valoir sur la rémunération d'une prestation à fournir et le bénéficiaire en reste débiteur jusqu'au règlement total du marché.

Selon l'article 87 du Code des marchés, l'État, et, depuis 2001, les collectivités locales, doivent, sauf renonciation du titulaire, accorder à celui-ci une avance. Dans le code de 2001 cette avance était de 5 % des prestations à exécuter pendant les douze premiers mois, dès lors que le marché est supérieur à 90 000 euros. Le code de 2004 réforme ce système dans l'intérêt des PME : le seuil à partir duquel les entreprises titulaires ont droit à une avance passe de 90 000 euros à 50 000 euros. Ces montants sont maintenus par le code de 2006.

En revanche, celui-ci unifie le régime des avances en supprimant l'avance facultative qui existait auparavant, mais en prévoyant que le marché peut prévoir que l'avance dépasse les 5 % habituels.

2° *Les délais de règlement*

Bibliographie : CHEVALIER (J.-P.) : « Les collectivités publiques vont-elles cesser d'être de mauvais payeurs ? », *AJDA*, février 1979, p. 3.

COSSALTER (P.) : « La réglementation sur le paiement est-elle compatible avec le droit européen ? », *ACCP* 2002, n° 17, p. 55.

ECKERT (G.) : « Les aspects financiers du nouveau Code des marchés publics », *Contrats et marchés publics*, 2001, n° 9.

GUILLOT (J.-L.) : « La banque et les marchés publics », *AJDA* n° spécial, juillet 1994, p. 77.

NADAL (J.-P.) : « Règlement des marchés publics : amélioration du régime de mandatement », *Marchés publics*, n° 215, p. 24.

TAILLEFAIT (A.) : « Le nouveau droit des marchés publics ; les aspects financiers et comptable », *Dr. Adm.*, 2001, chron. n° 15.

832. L'administration a la réputation d'obliger ses créanciers à supporter de longs délais de paiement, ce qui incite les cocontractants à se couvrir du risque de trésorerie en augmentant leurs prix. Dans l'intérêt commun de l'ensemble des parties, un effort d'amélioration a été entrepris depuis longtemps ; il a incontestablement eu quelques résultats, mais ceux-ci sont très irrégulièrement répartis et sont loin d'être suffisants, ce qui explique que la réglementation a été périodiquement renforcée, notamment en 2001, pour se mettre en conformité avec la directive 2000/35 du 29 juin 2000 sur les délais de paiement *(JOCE, n° L 200, 8 août 2000)*, dont l'article 3.2 fixe un délai de principe de 30 jours, qui peut être porté pour certaines catégories de contrats à soixante jours.

833. Les principes du droit national ont été posés en 1977-1978 (décrets du 29 août 1977 et du 27 novembre 1979) pour pallier les difficultés résultant d'un contexte économique difficile :

— les retards dans le règlement des marchés donnent lieu au versement d'intérêts moratoires, auxquels il n'est pas possible de renoncer (art. 67 de la loi DDOE du 8 août 1994, qui infirme la jurisprudence : *CE 11 février 1976, L'Industrielle européenne de construction, Rec. t. 1000*) ;

— le versement des intérêts est automatique, de manière à ce que les entreprises ne risquent pas d'être pénalisées au motif qu'elles en auraient fait la demande.

834. Ces principes demeurent valables, mais leurs modalités de mise en œuvre ont été considérablement modifiées par la substitution au délai de mandatement d'un délai de paiement.

L'ancien code ne se préoccupait qu'exceptionnellement de la date du paiement et réglementait surtout le délai de mandatement, alors qu'un délai important peut s'écouler entre l'ordre de payer donné par l'ordonnateur et son exécution par le comptable assignataire, qui doit procéder à la vérification de la créance et peut, parfois, être négligent.

Plus de réalisme financier a été imposé par la directive sur les délais de paiement, transposée par la loi du 15 mai 2001 sur les nouvelles régulations économiques, par l'article 96 du code de 2001 et par le décret n° 2002-232 du 21 février 2002 pris pour son application.

L'article 98 du code fixe le délai maximum de droit commun à 45 jours, mais des dispositions transitoires permettaient dans certains cas des délais supérieurs jusqu'en 2004. Il a été mis fin à cette phase transitoire par le décret du 7 janvier 2004 ; seul reste applicable le délai maximum de paiement à 45 jours (art. 98).

835. La sanction du dépassement de délai est le versement d'intérêts moratoires, auquel le cocontractant ne peut renoncer, les clauses de renonciation étant réputées non écrites par l'article 67 de la loi du 8 août 1994, ce qui entraîne la nullité d'une transaction sur ce point *(CE 17 octobre 2003, Min. Int. c/ SIA Le Beausset, BJDCP 2004, n° 32, p. 20, concl. Le Chatelier).*

Les droits des créanciers ont été renforcés par la loi du 15 mai 2001 sur les nouvelles régulations économiques, dont l'article 54 dispose que l'expiration du délai fait courir les intérêts « de plein droit et sans autre formalité ». Encore faudra-t-il que la demande de paiement ait été faite dans les règles.

Le taux des intérêts est fixé par le décret n° 2002-232 du 21 février 2002 au taux d'intérêt légal majoré de deux points (pour 2006 le taux d'intérêt légal est de 2,11 %).

836. Comme le retard de paiement peut être dû à l'inertie du comptable, qui est toujours un agent de l'État, l'article 55 de la loi du 15 mai 2001 permet aux collectivités locales de se retourner contre l'État pour se faire rembourser « la part des intérêts versés imputables à ce comptable ».

3° L'interdiction du paiement différé

837. Les collectivités publiques, et, en particulier les communes, sont, depuis longtemps, exposées à la tentation de « traiter avec un entrepreneur pour la construction d'un édifice, l'ouverture d'une rue ou toute autre opération d'utilité communale, avec stipulation que cet entrepreneur ne sera payé qu'en plusieurs annuités et à charge de lui tenir compte de l'intérêt de ces avances » (circulaire du ministre de l'Intérieur du 11 mai 1864, *D.* 1864. 3. 111). Cette pratique est coûteuse et équivaut à un emprunt déguisé.

Pour l'empêcher, l'article 96 du Code des marchés publics, comme les anciens articles 175 et 350 du code de 1964 prohibent le paiement différé, en ne laissant toutefois pas subsister la possibilité de dérogation par arrêté interministériel spécifique à une opération qui existait dans l'ancien article 350 pour les collectivités locales. Une telle possibilité a, cependant, été introduite l'article 15 du décret n° 2004-16 du 7 janvier 2004, concernant certains marchés publics passés pour les besoins de la défense, qui permet sur autorisation donnée par arrêté du ministre de la défense et du ministre chargé du budget, l'insertion d'une clause de paiement différé « pour tenir compte de circonstances particulières ».

838. Au regard de cette interdiction du paiement différé s'est posé le problème de la validité des marchés d'entreprise de travaux publics puisque la « redevance » versée par la collectivité sur toute la durée du contrat correspond en partie au prix des ouvrages réalisés (cf. *infra,* n° 898). Cet étalement du paiement ne constitue-t-il pas un paiement différé ? Une réponse positive a été apportée par la jurisprudence ***(CE 8 février 1999, Préfet des Bouches-du-***

Rhône c. Commune de La Ciotat. AJDA 1999, 364, concl. Bergeal, note Chabanol).

Par cet arrêt le Conseil d'État a annulé un jugement du tribunal administratif de Marseille du 27 mai 1993 qualifiant de marché d'entreprise de travaux publics un marché pour l'entretien et la gestion du réseau d'éclairage public de La Ciotat et en admettant la légalité. Selon le Conseil d'État, ce contrat constitue par son objet un marché soumis au Code des marchés publics et notamment à son article 350 (sans que la qualification éventuelle comme METP ait une incidence). Les travaux réalisés sur une durée de 3 mois à 4 ans étant payés sur une durée de 5 à 16 ans (le contrat avait une durée de 16 ans), ces paiements constituaient des paiements différés interdits par l'article 350 du Code des marchés publics, qui est une disposition d'ordre public. Pour échapper à cette interdiction les collectivités publiques ont eu recours à des montages complexes dans lesquels elles prennent des immeubles à bail et les textes récents ont créé des conventions de partenariat (*infra*, n° 1118 et s.).

§ 5. La sous-traitance des marchés publics

Bibliographie : MODERNE (F.) : *La sous-traitance des marchés publics*, Dalloz, 1995.

PIELBERG (H.) : « Sous-traitance », *J.-Cl. CMP*, fasc. 180

SABLIER (B.), CARO (J.-E.) et ABBATUCCI (S.) : *La sous-traitance dans la construction*, éd. du Moniteur, 5e éd., 2002.

Traité des contrats, n° 807 et s.

« L'univers du sous-contrat », *CP-ACCP*, juillet-août 2005, n° 46.

839. Le contrat de sous-traitance est conclu entre une personne titulaire d'un contrat administratif et une autre personne et il a pour objet de confier à cette autre personne l'exécution de la tâche confiée par l'administration, tout en laissant au titulaire l'entière responsabilité de l'exécution du contrat.

Pour qu'il y ait « sous-traité », il faut que le contrat conclu en second soit de même nature que le contrat conclu en premier. Ainsi, ne sera pas une sous-traitante l'entreprise qui fournit les éléments de construction au titulaire d'un marché de travaux ; ce sera un fournisseur, le contrat sera une vente. La distinction n'est pas toujours aisée (ex. : éléments d'une construction préfabriquée).

A Domaine

840. La sous-traitance est une modalité normale d'exécution des marchés publics de travaux et elle est encouragée par les pouvoirs publics, surtout depuis 1973, afin de favoriser l'accès des PME à la commande publique. Toutefois, la sous-traitance est possible dans d'autres domaines.

a) Types de contrats

841. Relève ainsi de la catégorie générale de la sous-traitance la « sous-concession », qui est assez couramment pratiquée, ou, plus exceptionnel, l'« affermage » de concession (cf. l'ancien cahier des charges pour la concession de transport de gaz approuvé par décret du 15 janvier 1952, art. 21 : « l'affermage de la concession qui pourrait être autorisé dans le cadre des lois et règlements en vigueur ne déchargera pas le concessionnaire des obligations découlant du présent cahier des charges »).

Mais, la loi du 31 décembre 1975, texte fondamental sur la sous-traitance, ne s'applique qu'aux marchés. Dans son article 1er, elle donne la définition suivante de la sous-traitance : « opération par laquelle un entrepreneur confie par un sous-traité, et sous sa responsabilité, à une autre personne appelée sous-traitant tout ou partie de l'exécution du contrat d'entreprise ou du marché public conclu avec le maître d'ouvrage ».

842. Le vocabulaire ainsi employé évoque le marché de travaux (« entrepreneur », « maître d'ouvrage »). Cependant, il est admis que la loi s'applique à tout contrat administratif qui présente les caractéristiques d'un « contrat d'entreprise », sous réserve d'interdiction spécifique comme celle qui est faite aux architectes par leur code de déontologie. Le contrat d'entreprise est, rappelons-le, celui par lequel une personne, qui n'a ni la qualité de salarié subordonné, ni celle de mandataire, s'oblige à accomplir une tâche au profit d'une autre personne.

La notion de contrat d'entreprise figurait à l'article 2 de l'ancien Code des marchés publics, qui disposait que « le titulaire d'un marché public ayant le caractère de contrat d'entreprise peut sous-traiter l'exécution de certaines parties de son marché à condition d'avoir obtenu de la collectivité ou de l'établissement public contractant l'acceptation de chaque sous-traitant et l'agrément des conditions de paiement de chaque contrat de sous-traitance ». Depuis 2001 dans l'article 112 du code a été substitué au contrat d'entreprise le marché de travaux et le marché de services ; le code de 2006 y ajoute le marché industriel, dont il donne une définition (« un marché industriel est un marché ayant pour objet la fourniture d'équipements ou de prototypes conçus et réalisés spécialement pour répondre aux besoins du pouvoir adjudicateur »).

843. Ainsi s'explique que la sous-traitance est prévue par les CCAG relatifs aux marchés de travaux et aux marchés industriels, ainsi que dans le CCAG/fournitures courantes et services, mais, dans ce dernier cas uniquement pour les marchés de prestation de service. La jurisprudence a admis l'application de la loi de 1975 à un marché de prestation de services (*CAA Paris 21 janvier 1992, Teissier du Cros, Rec. tab. 1112* — marché d'architecture ; *CAA Paris 28 février 1995, SARL Exposure, Quot. jur., 10 octobre 1995, n° 81* — marché de réalisation d'une œuvre audio-visuelle).

Mais, la question se pose de l'étendue de la sous-traitance.

b) Sous-traitance partielle et sous-traitance totale

844. À l'origine, la loi de 1975 mentionnait la sous-traitance de « tout ou partie » de l'exécution, alors que l'article 2 de l'ancien code de 1964, comme l'article 112 de l'actuel, ne permettent de sous-traiter que l'« exécution de certaines parties » du marché. Deux interprétations s'opposaient. Selon la première, l'article 2 était légal parce que la loi de 1975 donne une définition générale de la sous-traitance, valable aussi bien pour les contrats privés que pour les contrats publics, mais elle n'affirme pas que la sous-traitance totale est toujours licite. Selon une autre interprétation, les dispositions réglementaires du code restreignaient abusivement la liberté consacrée par la loi et étaient donc illégales. Cette dernière interprétation paraissait devoir l'emporter si l'on prend en considération un des objectifs de la loi, qui est d'instaurer la liberté de sous-traiter, par opposition au principe d'autorisation préalable qui lui préexistait (cf. Moderne *op. cit.*, p. 49 et s.), mais la jurisprudence n'était pas en ce sens (*CAA Bordeaux 15 décembre 1997, Soc. Thermotique, Dr. Adm. 1998, n° 196*). La loi du 11 décembre 2001 portant mesures d'urgence à caractère économique et financier tranche le débat puisqu'elle modifie la loi de 1975 en interdisant la sous-traitance totale.

De la loi il résulte, néanmoins, que l'entrepreneur a le droit de recourir à la sous-traitance, même si la personne du sous-traitant doit être acceptée et les conditions de paiement agréées, ce qui ouvre au sous-traitant un droit au paiement direct, sans que, pour autant, il cesse d'être un tiers par rapport à la collectivité publique.

B L'acceptation par la collectivité publique

845. Le recours à la sous-traitance sans autorisation de la collectivité publique, au temps où la sous-traitance était considérée comme une exception, a toujours été considéré comme une faute contractuelle des plus graves. C'est toujours le cas, même si le consentement du maître d'ouvrage n'a plus exactement le même objet.

Selon l'article 3 de la loi de 1975, l'entrepreneur doit faire accepter par le maître de l'ouvrage chaque sous-traitant et faire agréer par lui les conditions de paiement. La première exigence vise à protéger le maître d'ouvrage, la seconde le sous-traitant.

846. L'acceptation du sous-traitant peut être demandée soit avant la conclusion du marché, soit en cours d'exécution. Dans le premier cas, la notification du marché vaut agrément du sous-traitant et agrément des conditions de paiement (art. 114 du Code des marchés) ; dans le second cas doit intervenir un avenant ou un acte spécial (art. 114 du Code des marchés), mais une simple lettre semble pouvoir suffire *(CE 25 novembre 1983, Soc. Entreprise générale de peinture Réguesse, MP 1984, n° 200, p. 49).* Dans ce second cas, des difficultés sont à craindre si le maître d'ouvrage fait preuve d'inertie. C'est pourquoi un décret du 15 février 1985, repris à l'article 114, a introduit une procédure d'acceptation tacite : le silence gardé pendant vingt et un jours vaut acceptation et agrément.

C Les obligations et droits du sous-traitant

847. Le sous-traitant n'est lié qu'à l'entreprise principale par un contrat qui, étant conclu entre deux personnes privées, est de droit privé, mais il entretient ou peut entretenir des relations avec le maître d'ouvrage.

a) Responsabilité du sous-traitant

848. Par rapport à l'administration contractante, le sous-traitant est un tiers : l'administration ne peut agir en responsabilité contractuelle contre le sous-traitant, l'entrepreneur principal ne peut s'exonérer envers l'administration en invoquant le fait du sous-traitant.

Cependant, dans le cas où le sous-traitant a participé à la réalisation de travaux publics, il serait concevable que le maître d'ouvrage mette en cause la responsabilité quasi-délictuelle du sous-traitant. En effet, le sous-traitant a la qualité d'« entrepreneur » au sens de la loi du 28 pluviôse an VIII et il est donc responsable envers les victimes d'un dommage de travaux publics (*CE 18 octobre 1935, Compagnie des chemins de fer du Nord, D. 1936, 3, 9, note PLJ* — affaire du « tunnel de l'Ave Maria »). On pourrait concevoir que le maître d'ouvrage se présente comme victime d'un dommage de travaux publics et demande une indemnité sur ce fondement. Selon le professeur Gilli, il faudrait même admettre une responsabilité sans faute du sous-traitant envers le maître d'ouvrage (« Marchés de travaux publics et compétence administrative », *AJDA* 1984, 524), mais le Conseil d'État a jugé que « seules les personnes ayant passé avec le maître de l'ouvrage un contrat de louage d'ouvrage peuvent être condamnées envers le maître de l'ouvrage à réparer les conséquences dommageables d'un vice de cet ouvrage imputable à sa conception ou à son exécution » *(CE 30 juin 1999 Commune de Voreppe, BJDCP 1999 n° 7, p. 595, concl. Bergeal).* Cette solution donne une portée élargie au principe de non-cumul des responsabilités, elle ne s'imposait pas de façon évidente.

Mais le lien sous-traitant-maître d'ouvrage est surtout financier.

b) Paiement direct

849. S'il n'existe pas de lien contractuel entre le sous-traitant et le maître d'ouvrage, la loi n'en crée pas moins entre eux un lien financier par le mécanisme du paiement direct, qui a pour objectif de protéger le sous-traitant contre les défaillances ou manœuvres de l'entreprise principale en lui reconnaissant le droit d'être payé directement par le maître d'ouvrage, et ce, même si l'entrepreneur a déposé son bilan.

Le paiement direct est organisé par le titre II de la loi de 1975 et par l'article 115 du Code des marchés ; il s'applique aux marchés « passés par l'État, les collectivités locales, les établissements et entreprises publiques » et donc en partie à des marchés qui n'ont pas le caractère de marchés publics *stricto sensu*. Le sous-traitant du sous-traitant, dès lors que le maître d'ouvrage avait accepté sa présence et ses conditions de paiement, avait également droit au paiement direct *(CE 10 février 1997, SEM Équipement et aménagement de l'Aude, Dr. Adm. 1998, n° 197)*, mais, en pratique, l'administration fait preuve d'une grande réticence envers l'application du paiement direct à la sous-traitance « en chaîne ».

La loi du 11 décembre 2001 portant mesures d'urgence à caractère économique et financier tranche les incertitudes en modifiant la loi de 1975 : le sous-traitant de premier rang a seul droit au paiement direct ; cependant, une protection du sous-traitant de second rang est mise en place par un système de caution et cela sous le contrôle du maître d'ouvrage (art. 6 L. 31 décembre 1975).

Le mécanisme du paiement direct est plus protecteur que celui de l'action directe, organisé par le titre III de la loi pour les autres contrats de sous-traitance conclus par des maîtres d'ouvrage privés : l'action directe ne donne le maître d'ouvrage comme débiteur au sous-traitant que dans le cas de défaillance de l'entrepreneur principal.

850. Dans les marchés publics le paiement direct est obligatoire dès lors que le montant du contrat de sous-traitance est supérieur à 600 euros TTC (art. 115 CMP) La demande de paiement du sous-traitant est soumise à l'acceptation de l'entreprise principale, qui est normalement chargée de la transmettre ; mais, dans le cas de carence, le sous-traitant peut envoyer lui-même sa demande au maître d'ouvrage (art. 116 CMP). Le sous-traitant est payé dans les conditions prévues par le marché, c'est-à-dire qu'il a droit à une avance forfaitaire et à l'application des formules de révision, ainsi qu'aux travaux supplémentaires et imprévus *(CE 24 juin 2001, Département de la Seine-Maritime, req. 240271)*.

Ces dispositions sont d'ordre public ; l'article 7 de la loi de 1975 prévoit que les clauses de renonciation sont réputées non écrites. Toutefois, il n'est pas interdit à l'entrepreneur principal de payer son sous-traitant ; ce paiement a pour effet d'éteindre la créance sur le maître de l'ouvrage *(CE 3 novembre 1989, SA Jean-Michel, D. 1990, SC 245, obs. Terneyre)*. Cette solution est cohérente avec celle qui a été admise par la troisième chambre de la Cour de cassation, dans les relations entre l'entrepreneur et le sous-traitant, par les arrêts des 10 mai 1991 *(Bull. III, n° 131, p. 77)* et 15 janvier 1992 *(Bull. III, n° 20, p. 12)* qui jugent que le paiement direct n'a pas pour effet de décharger l'entreprise principale de son obligation contractuelle. Il reste à savoir si le titulaire peut se faire payer par le maître d'ouvrage. Reste-t-il créancier de celui-ci ? Cela peut être soutenu si l'on admet que les versements de la collectivité publique sont faits « pour le compte du titulaire » (en ce sens réponse CCM, *MP, n° 216, mars 1986, p. 7*).

851. En cas de litige entre le sous-traitant et le maître de l'ouvrage au sujet du paiement direct, le juge administratif est compétent ***(CE 17 mars 1982, Soc. périgourdine, AJDA 1982, 727, concl. Boyon)***. Selon un auteur, cette compétence s'expliquerait par un changement de débiteur : la créance n'est plus de droit privé, elle devient une créance de droit public (Mathias, « Le paiement direct dans la sous-traitance des marchés publics de travaux », *Mon.*, 24 juin 1983, p. 72). Plus simplement, M. Boyon a exposé que par ce droit au paiement direct sont créés des « rapports directs » entre le sous-traitant et l'administration (Boyon, *concl. précit.*).

Ni le Conseil d'État dans l'arrêt de 1982, ni le Tribunal des conflits dans l'arrêt du ***14 mai 1984, Soc. SMAC Aciéroïd (Rec. 448 ; RFDA 1985, 21, note Moderne)***, qui confirme la compétence administrative, n'ont fourni d'explication. On ne saurait exclure que la compétence administrative repose sur la nature du contrat principal, auquel cas les litiges relatifs au paiement direct d'un contrat d'entreprise de droit privé conclu par une personne publique relèveraient de la compétence judiciaire.

D Le sous-traitant irrégulier

Bibliographie : BABANDO (J.-P.) : « Les nouvelles responsabilités du maître de l'ouvrage », Monit. TP, 13 décembre 2002, p. 78.

852. Le sous-traitant « occulte », c'est-à-dire totalement inconnu de l'administration, et le sous-traitant « reconnu », c'est-à-dire non accepté, mais dont l'administration n'ignore pas l'existence, a-t-il des droits ?

a) Inapplicabilité de la loi de 1975

853. Sans hésitation, la jurisprudence a décidé que la loi de 1975 ne lui est pas applicable.

Un sous-traitant non agréé avait prétendu que, s'il ne pouvait bénéficier du paiement direct prévu au titre II de la loi de 1975, il lui était au moins possible de se prévaloir de l'action directe du titre III. Le Conseil d'État a rejeté cette interprétation : à partir du moment où un sous-traitant relève du champ d'application du titre II sans en remplir les conditions, il ne peut invoquer le titre III ***(CE 17 mars 1982, Soc. périgourdine, AJDA 1982, 727, concl. Boyon)***.

Le sous-traitant irrégulier peut se retourner contre le titulaire sans que celui-ci puisse, de son côté, se prévaloir du contrat (art. 3 de la loi de 1975) ; il peut aussi obtenir, à des conditions restrictives, réparation du maître d'ouvrage. Et, à cet égard, la loi MURCEF du 11 décembre 2001 a renforcé les obligations du maître d'ouvrage en matière de régularisation de la situation des sous-traitants (art. 14-1 L. 31 décembre 1975).

b) Responsabilité envers le sous-traitant

854. Selon une jurisprudence dont le point de départ se trouve dans l'arrêt du Conseil d'État du *7 novembre 1980, SA Schmid-Valenciennes (MP, n° 178, p. 41, concl. Labetoulle)*, le sous-traitant peut mettre en cause la responsabilité quasi-délictuelle du maître d'ouvrage.

Dans l'affaire Schmid-Valenciennes, un département avait versé des acomptes au titulaire du marché qui s'était avéré par la suite incapable de payer son sous-traitant, qui n'avait pas été agréé, mais dont l'existence était connue des services du département puisqu'ils avaient entretenu des relations avec lui. La responsabilité du département a été admise, mais sa faute a été atténuée par celles du titulaire et du sous-traitant, qui avait négligé de s'assurer de l'acceptation.

855. Il a été fait application de cette solution à plusieurs reprises (ex. : *CE 9 mars 1984, Havé, CJEG 1984, 305, concl. Labetoulle, MP, n° 204, p. 11, note Subra — cf. Moderne op. cit.*, p. 150 et s.). Mais la faute du maître de l'ouvrage n'est pas admise si les services n'ont pas collaboré de façon effective avec le sous-traitant, ni entretenu des relations directes et caractérisées ; la présence du sous-traitant à quelques réunions de chantier ne suffit pas à établir que le maître de l'ouvrage a été informé de la nature de l'intervention du sous-traitant (ex. : *CE 6 novembre 1985, Commune de Chécy, AJDA 1986, 42, note Sablier et Caro*). Lorsqu'elle est admise, la responsabilité est toujours partagée et le paiement de l'indemnité est subordonné à la condition que le sous-traitant subroge le maître d'ouvrage dans les droits qu'il pourrait avoir envers l'entreprise principale.

856. En l'absence de faute du maître d'ouvrage, il reste au sous-traitant la possibilité d'invoquer l'enrichissement sans cause *(CE 2 juillet 1982, Soc. Basset et Pujol, MP 1983, n° 192, p. 34, note Bréchon).* Mais les caractéristiques de l'action *de in rem verso* ont pour effet de limiter considérablement cette possibilité : il faut que le maître de l'ouvrage se soit enrichi, ce qui suppose qu'il n'ait pas payé l'entreprise principale ; l'action a un caractère subsidiaire, ce dont il résulte qu'elle n'est ouverte que si le sous-traitant a d'abord tenté sans succès de recouvrer sa créance sur l'entreprise principale.

857-861. *Réservés*

Chapitre 2
Les conventions de gestion déléguée du service public

862. Bien avant que fût consacrée par la jurisprudence la possibilité pour une personne privée de gérer un service public et d'édicter des actes administratifs unilatéraux dans le cadre de cette activité, certains services publics ont été gérés par des personnes privées dans le cadre de contrats de concession. Tel a été le cas des chemins de fer, de l'eau potable, du gaz, de l'électricité. Aujourd'hui, la concession, l'affermage et les contrats voisins tiennent une place fondamentale dans les secteurs de l'eau, de l'énergie, des transports et une place non négligeable dans de nombreux autres secteurs. En certains domaines, comme le chauffage urbain, 90 % des service sont exploités dans le cadre d'une convention de gestion déléguée.

De ces exemples il ressort clairement que la concession a joué un rôle essentiel dans la modernisation des infrastructures économiques, comme elle continue de le faire aussi bien en France qu'ailleurs, notamment sous l'influence des organisations internationales intervenant en matière de développement (V. Banque mondiale, *Rapport sur le développement dans le monde en 1994 : une infrastructure pour le développement*, Washington, 1994 ; *Guide législatif de la CNUDCI sur les projets d'infrastructures à financement privé*, ONU, AG, 55e session, A/CN.9/SER.B/4, <www.uncitral.org>).

La concession, et l'affermage qui en est proche, ont aussi tenu un rôle fondamental dans la genèse du régime juridique des contrats administratifs puisque presque toutes les grandes théories jurisprudentielles, comme celles de l'imprévision ou du fait du prince, ont été élaborées à propos de ce type de contrats pour être ensuite étendues aux autres contrats administratifs.

Mais les règles applicables en matière de concession et d'affermage ne sont pas sorties tout armées de la pratique contractuelle et de la jurisprudence administrative du XIXe siècle et du début du XXe siècle. L'ancien droit a pratiqué des systèmes comparables. Ainsi l'État confiait à une compagnie financière, appelée la Ferme générale le recouvrement des impôts indirects moyennant un prix annuel stipulé à l'avance par des « baux » de plusieurs années. Cette mission ne consistait pas à gérer un service public moyennant versement d'une redevance par les usagers, comme dans les concessions et affermages actuels, mais il n'en existait pas moins de nombreuses analogies avec la concession et l'affermage d'aujourd'hui. Les problèmes à résoudre étaient en effet comparables : comment contrôler ? comment rémunérer ? jusqu'où est-il possible de déléguer une tâche de puissance publique ? Et des échos du procès qui aboutit, en 1794, à la condamnation à mort des fermiers généraux, étaient encore perceptibles sous la IIIe République dans les dénonciations de la gestion des « grandes compagnies » ; ils ne se sont jamais totalement éteints (cf. p. ex. le titre d'un article sur la gestion des marchés forains par des sociétés privées : « Les nouveaux fermiers généraux », *Le Monde*, 8 novembre 1994).

Il était également courant sous l'Ancien Régime de concéder à un particulier la réalisation à ses frais d'un ouvrage d'intérêt public à charge pour le constructeur de se rémunérer sur les usagers. Telle fut, par exemple, la situation des canaux de navigation, à cette différence près, par rapport aux actuelles concessions de travaux publics, que le concessionnaire était parfois propriétaire de l'ouvrage concédé (A. Blondeau, *La concession de service public*, 2e éd. Dalloz, 1933, p. IX), jusqu'à ce que la loi du 21 vendémiaire an V porte que « les grands canaux de navigation à l'usage du public font essentiellement partie du domaine public » (A. Christophle et P. Auger, *Traité théorique et pratique des travaux publics*, 2e éd., 1889-1890, n° 1705 et n° 1801).

863. Le droit public moderne est beaucoup plus restrictif que ne l'était celui de l'Ancien Régime pour admettre que la puissance publique puisse se dessaisir, même partiellement et temporairement de ses missions, mais, d'un autre côté, les collectivités publiques, ayant pris en charge des activités de plus en plus nombreuses, se sont tournées vers le secteur privé pour financer les investissements correspondants. La concession de travail public et de service public leur a fourni un instrument juridique.

Dans la pratique contractuelle, la concession s'est diversifiée et elle existe rarement à l'état pur. Ainsi, alors que dans son type idéal la concession comporte une gestion aux « risques et périls » du concessionnaire, les concessions de chemins de fer, si importantes dans l'histoire de ce contrat, ont comporté, dès le Second Empire, une clause de garantie de l'État (V. C. Colson, *Abrégé de la législation des chemins de fer et tramways*, Dupont, 1901). Par ailleurs, la concession a toujours coexisté avec l'affermage et avec la « régie intéressée » (appliquée, p. ex. au XVIIe siècle au canal d'Orléans), sans compter les contrats innommés que l'administration peut conclure pour confier l'exécution d'un service public. Tous ces contrats sont aujourd'hui regroupés dans une catégorie générale : celle des contrats de gestion déléguée également dénommés par la loi contrats de délégation de service public.

Le contenu exact de cette catégorie n'est pas facile à déterminer compte tenu de l'imprécision de la notion de « délégation ». Les modalités de la délégation peuvent varier aussi bien au point de vue de l'organisation du service public qu'au point de vue de l'agencement financier.

§ 1. La notion de convention de gestion déléguée

864. La doctrine a pris conscience depuis longtemps de l'existence d'une catégorie de contrats dont l'objet est de confier l'exécution du service public ; elle a proposé de les dénommer « contrats de service public » (Hubrecht) ou « contrats de dévolution du service public » (Douence). C'est, en fin de compte, le terme « délégation » qui l'a emporté : la loi du 6 février 1992 relative à l'administration territoriale et la loi du 29 janvier 1993 de prévention de la corruption emploient l'expression « convention de délégation de service public » (V. aussi art. 121-2 du Code pénal) ; la pratique administrative antérieure et la loi du 8 janvier 1993 réformant les pompes funèbres ont préféré : « gestion déléguée ». Les deux désignations peuvent être tenues pour synonymes, même si l'expression convention de gestion déléguée est plus correcte juridiquement. Ce type de contrat a pour modèle le contrat de concession, dont est proche l'affermage, mais il ne se confond pas avec ces deux contrats, qui sont englobés dans la catégorie plus générale de la délégation, laquelle peut, elle-même, être rattachée à une nébuleuse de contrats qui existent partout dans le monde et que la Commission européenne désigne par l'expression « Partenariat Public-Privé » (PPP).

A La concession et l'affermage, principaux contrats de gestion déléguée

Bibliographie : AUBY (J.-M.) : « La notion de concession et les rapports des collectivités locales et des établissements publics de l'électricité et du gaz dans la loi du 8 avril 1946 », *CJEG* 1949, 2.

BETTINGER (C.) : *La concession de service public et de travaux publics*, Berger-Levrault, 1978.

BEZANÇON (X.) : *Les services publics en France, Presses des Ponts et Chaussées* ; t. 1, 1995 ; t. 2, 1997.

BEZANÇON (X.) : « Essai sur les contrats de travaux et de services publics », *LGDJ*, 1999.

COUDEVYLLE (A.) : *Les concessions de service public des collectivités locales*, Sirey, 1983.

DESGRANGES (E.) : « Définition du marché de fournitures », *RDP* 1942, 216.

DOUENCE (J.-C.) : « Le critère financier de la délégation de service public à l'épreuve de la pratique contractuelle », *Mélanges F. Moderne*, Dalloz, 2004, p. 501.

DUFAU (J.) : *Les concessions de service public*, éd. du Moniteur, 1979.

DUPUIS (G.) : « Sur la concession de service public », *D.* 1978, chron. 222.

MONSARRAT (G.) : *Concessions des communes*, Pub. adm., 1948.

Traité des contrats, n° 223 et s.

865. Toute concession n'est pas une concession de service public. En effet, « Le mot concession qui, dans son sens grammatical, implique l'idée d'une faveur accordée à titre gratuit a, dans le langage juridique, des significations très diverses » (A. Christophle et P. Auger, *Traité théorique et pratique des travaux publics*, 1889-1890, n° 1458) : la concession de mines et la concession de médaille militaire ne sont pas des contrats, les concessions funéraires ou les concessions de voirie sont des contrats, mais n'ayant pas pour objet de confier la gestion d'un service public ni la réalisation d'un travail public, la concession d'aménagement n'est pas un contrat de délégation de service public, la « concession de main-d'œuvre pénale » est un contrat de droit privé par lequel l'État fournit une prestation de service *(TC 10 mai 1993, SA Loctiel)*, la concession de lais et relais de la mer est assimilable à une vente *(CE 8 janvier 1958, Soc. des courses de la Côte d'Azur, AJDA 1958, 53, concl. Long)*. Il importe donc de définir la concession de service public par rapport aux autres contrats.

a) Identification de la concession et de l'affermage

866. De nombreux textes consacrent l'existence comme « contrats nommés » de la concession et de l'affermage sans pour autant les définir, ce qui explique l'importance de la jurisprudence en la matière.

1º Consécration par les textes

Deux catégories de textes peuvent être distinguées.

867. En premier lieu, il arrive que la loi qualifie expressément de concession un contrat déterminé, ce qui fait obstacle à toute requalification par application des critères jurisprudentiels. Ainsi, la loi du 8 avril 1946 prévoit qu'EDF et GDF sont concessionnaires des communes, alors que celles-ci ne disposent plus réellement du pouvoir d'organisation qui caractérise le concédant (cf. Auby, *art. cit., CJEG 1949*). Plus récemment, la loi du 31 décembre 1993 relative à la réalisation d'un Grand Stade a prévu expressément la conclusion d'une concession avec l'État, ce dont a été déduite l'impossibilité de requalification en une autre sorte de contrat *(Ord. Pdt TA Paris, 2 novembre 1994, Groupement des sociétés Eiffage et autres, AJDA 1995, 147, note Bréchon ; LPA 26 juillet 1995, nº 89, p. 4, étude Morand-Deviller).*

868. En second lieu, des textes épars définissent certains éléments du régime de la concession et de l'affermage, sans constituer pour autant un « code » de ces contrats.

Ainsi, l'article 56 du décret-loi du 8 août 1935 prévoit que le concessionnaire de travaux publics peut bénéficier de l'expropriation, le titre II du livre III du Code des communes organisait l'élaboration des cahiers des charges des concessions et affermages, l'article L. 2224-1 du CGCT prévoit que le budget des services affermés ou concédés doit être équilibré, etc. La législation fiscale se réfère également aux notions de concession et d'affermage : l'article 112-2º du Code général des impôts autorise les concessionnaires, et seulement eux, à procéder à l'amortissement sur la durée du contrat des capitaux investis dans les biens qui doivent revenir au concédant (amortissement de caducité), l'article 216 *ter* de l'annexe II permet aux concessionnaires et fermiers de déduire la TVA sur les immobilisations, dont ils ne sont pas propriétaires (transfert du droit à déduction).

Pour l'application des textes il est revenu au juge de cerner les contours de la concession et de l'affermage, avec le concours de la doctrine.

2° Définition générale

869. La concession et l'affermage ont été définis par la pratique administrative, la jurisprudence et la doctrine.

1. Éléments essentiels

870. Ces deux contrats sont conclus par la collectivité publique compétente soit avec une personne privée, soit avec une personne publique. Ils ont pour objet de confier une activité d'intérêt général assurée ou assumée par une personne publique, qui constitue un service public à raison des sujétions imposées.

La collectivité publique cesse de gérer le service et ne rémunère pas le concessionnaire ou le fermier, mais elle conserve le contrôle de la gestion :

— elle cesse de gérer le service : le concessionnaire ou le « fermier » exploite à ses risques et périls, les bénéfices comme les pertes sont pour lui, il est maître d'ouvrage des travaux à réaliser, il est employeur des salariés, il est responsable des dommages ;

— elle conserve le contrôle de la gestion : le contrat définit des obligations qui garantissent que l'activité continuera à répondre aux exigences du service public (continuité, égalité), la collectivité doit veiller au respect de ces obligations et en sanctionner la violation, elle est responsable envers les tiers à titre subsidiaire en cas d'insolvabilité du concessionnaire ou fermier ;

— l'entreprise de service public n'est pas rémunérée par la collectivité publique, elle l'est par les usagers. Cette rémunération obéit à des règles impératives : elle doit respecter le principe de proportionnalité et le principe d'égalité (égalité différentielle). Le montant de la rémunération est fonction de la durée du contrat et de l'importance des investissements.

2. Typologie

871. À partir de ces éléments de base, quatre grands types de contrats se différencient :

— la concession de travaux publics sans service public. Ce type de contrat est exceptionnel. L'exemple classique est la concession de force hydraulique par laquelle le concessionnaire est autorisé à réaliser des travaux pour utiliser à son profit la force hydraulique ; ces travaux sont néanmoins d'intérêt général parce que des réserves en eau et en force doivent être tenues à la disposition de l'État et des diverses collectivités *(CE 22 juin*

1928, de Sigalas, S. 1928, 3, 113, concl. Josse), mais l'exploitation des ouvrages réalisés (pour la production d'électricité, l'irrigation, etc.) n'est pas un service public, du moins lorsque l'énergie produite n'est pas destinée au public ou aux services publics *(Avis CE 28 septembre 1995, EDCE, n° 47, p. 402)* ;

— la concession de travaux publics et de service public (ex. : distribution d'eau, parkings souterrains, ponts à péage) ;

— la concession de service public (ex. : services funéraires, transports de voyageurs) ;

— l'affermage : les investissements ont déjà été réalisés par la collectivité, le fermier n'a en principe pas à faire de travaux ou d'achats d'équipements (ex. : distribution d'eau).

Ces caractéristiques de base sont apparues d'abord dans la pratique contractuelle et elles ont ensuite été systématisées par la jurisprudence du Conseil d'État.

C'est la jurisprudence qui a défini les notions, c'est elle qui a posé les grandes règles applicables.

3° Conceptions jurisprudentielles

872. La définition la plus classique de la concession est celle qui a été donnée par le commissaire du gouvernement Chardenet dans l'affaire du ***Gaz de Bordeaux (CE 30 mars 1916, RDP 1916, 213 ; GAJA, p. 184)*** : « c'est le contrat qui charge un particulier ou une société d'exécuter un ouvrage public ou d'assurer un service public, à ses frais, avec ou sans subvention, avec ou sans garantie d'intérêt, et que l'on rémunère en lui confiant l'exploitation de l'ouvrage public ou l'exécution du service public avec le droit de percevoir des redevances sur les usagers de l'ouvrage ou sur ceux qui bénéficient du service public ». Cette définition recouvre à la fois la concession de travaux publics, la concession de travaux et service public et la concession de service public.

La jurisprudence postérieure a très largement privilégié, parmi ces divers éléments, celui que Chardenet mentionne en dernier : le mode de rémunération. Toutefois, dans le domaine particulier du droit fiscal le juge se livre à une analyse globale du contrat qui paraît plus convaincante.

1. Le critère de la rémunération

873. Dans le contentieux général — non fiscal — la question posée au juge est le plus souvent celle de savoir si un contrat est un marché ou une concession. La raison en est simple : la passation des marchés est assujettie au respect des règles du Code des marchés publics, alors que la conclusion des concessions et contrats voisins, totalement libre jusqu'en 1993, est assujettie à des obligations différentes depuis cette date.

La réponse du Conseil d'État aussi bien au contentieux que dans ses avis est simple : il ne peut y avoir concession que si le contrat prévoit une rémunération par les usagers. S'il y a paiement d'un prix par l'administration ou une autre forme de rémunération, il s'agit le plus souvent d'un marché, en tout cas pas d'une concession.

Ainsi le Conseil d'État a décidé qu'un contrat comportant rémunération par des redevances versées par les usagers du service ou de l'ouvrage ne peut être qualifié de marché public *(CE 10 avril 1970, Beau et Lagarde, Rec. 243 ; CE 6 mai 1991, Syndicat intercommunal du Bocage, AJDA 1991, 717, note Subra ; CE 26 septembre 1994, Commune de Labenne, DA 1994, n° 588)*. Inversement, si la rémunération consiste en un prix payé par la collectivité, le contrat n'est pas une concession ou un affermage, alors même que l'entreprise a pour mission de gérer un service *(CE 11 décembre 1963, Ville de Colombes, Rec. 812 ; CE 26 juillet 1985, Société Lyonnaise des Eaux, Rec. 246 ; CE 14 octobre 1988, S.O.CEA, MP, n° 240, p. 8, note Moderne)*.

Cette méthode peut être critiquée, même si elle présente l'avantage de la simplicité par rapport à une analyse globale.

2. *L'analyse globale*

874. Dès 1942 un auteur a fait valoir que « contrairement à ce qui est admis quelquefois, la perception de taxes sur les usagers n'est pas l'élément essentiel dans la concession. C'est plutôt l'existence de prérogatives de la puissance publique, et aussi le retour à l'administration en fin de concession » (E. Desgranges, « Définition du marché de fournitures », *RDP* 1942, p. 216). Desgranges considère que la concession se caractérise par l'exploitation d'un service public et que, pour cela, le concessionnaire peut faire appel à des procédés de puissance publique, à la différence du fournisseur qui n'a pas de « délégation de la puissance publique ». Le mode de rémunération n'est qu'un indice, parmi d'autres, de la substitution du concessionnaire à l'administration. C'est ce qu'exprime un ancien arrêt cité par Desgranges : « la concession de service public suppose... qu'un particulier est substitué à une administration dans la gestion de tout ou partie d'un service public par le contrat direct de ce particulier avec le public ou les usagers dont il perçoit directement des redevances ou des taxes » (*Cour d'appel de Paris 7 juin 1938, Régie municipale d'électrification de Houilles* — cité par Desgranges, p. 215).

875. Cette critique a été reprise en 1978 par le professeur Georges Dupuis pour qui l'essence de la concession de service public est que « le transfert soit, en quelque sorte, global — qu'il porte sur les missions et aussi sur l'ensemble de leurs "coûts et avantages" » (« Sur la concession de service public », *D.* 1978, chron. 222) ; l'auteur n'estime justifiée l'importance accordée au critère de la rémunération que dans le seul cas de la concession de travaux publics.

Cette recherche de l'essence du contrat s'inscrit dans une tradition classique (V. *CE 8 février 1878, Pasquet, DP 1878, 3, 59* — à propos d'un contrat de distribution d'eau qui ne confère pas à l'entreprise le droit de percevoir un tarif sur les usagers, l'arrêt retient la qualification comme concession parce que l'entrepreneur était exploitant après avoir été constructeur et parce qu'elle était payée au moyen d'une rétrocession par la commune d'une partie des produits) ; mais avec l'apparition de la catégorie du contrat de délégation de service public, cette recherche devait, comme on le verra, revenir au premier plan.

En attendant, la jurisprudence est demeurée fidèle au critère financier. Une analyse globale de la notion de concession n'est pratiquée que dans le contentieux fiscal ancien et contemporain.

3. Le contentieux fiscal

876. Particulièrement intéressant par l'usage qu'il fait de la notion de délégation est un arrêt du *28 mars 1930, Compagnie générale des automobiles postales (Rec. 368)* qui dénie au contrat conclu pour le transport de dépêches postales le caractère de concession aux motifs que : « d'après les clauses du cahier des charges y applicable », l'exécution du service sera placée sous l'autorité du directeur des postes et télégraphe de la Seine ; « que les voitures automobiles sont la propriété de l'entrepreneur qui est rémunéré par l'État d'après le nombre des kilomètres parcourus ; que la société, qui ne jouit d'aucune délégation de l'autorité publique pour la gestion d'un service doit être regardée comme titulaire d'un simple marché administratif de transports ».

Mais ce critère de la « délégation » n'a guère été réutilisé.

En général, le juge fiscal considère qu'un contrat de concession se caractérise par son objet, sa durée, son équilibre financier et la rémunération du concessionnaire (cf. p. ex. *concl. de Guillenchmidt sous CE 27 juillet 1984, Association de la maison de la culture de Nanterre, Dr. fisc. 1985, p. 151 ; Documentation pratique F. Lefebvre, TVA, IX, n° 545 et s.*).

4. Affermage

877. L'affermage, notamment pratiqué dans le secteur de la distribution d'eau, se distingue de la concession sur un point : le titulaire n'a pas la charge des dépenses de premier établissement, c'est-à-dire que la collectivité affermante confie au fermier uniquement l'exploitation du service et l'entretien des ouvrages à l'exclusion des travaux ou des investissements à caractère mobilier. En contrepartie de cette mise à disposition, le fermier verse à la collectivité une redevance ou perçoit pour le compte de la collectivité une somme traditionnellement et maladroitement dénommée « surtaxe ». Lorsque l'affermage porte sur un service public industriel et commercial communal ou intercommunal et si les biens ne sont pas amortis, cette rémunération de la mise à disposition peut apparaître comme une conséquence obligatoire de la règle d'équilibre des budgets des services industriels et commerciaux (art. L. 2224-1 CGCT).

L'affermage n'est pas une sorte de concession, c'est un contrat distinct *(CE 6 janvier 1971, Soc. Eau et gaz, Rec. 1)*, mais la pratique les rapproche et, parfois, les mêle. Des contrats qui sont en réalité des affermages sont souvent dénommés concessions. En ce cas, le juge procède à la requalification (ex. : *CE 29 avril 1987, Commune d'Élancourt, RFDA 1987, 525, concl. Robineau ; AJDA 1987, 543, obs. Prétot*). Les deux qualifications peuvent coexister dans un même *instrumentum :* un fermier peut, en cours de contrat se voir confier des travaux d'équipement qui font de lui un concessionnaire *(CE 6 mai 1991, Syndicat intercommunal du Bocage, AJDA 1991, 717, note Subra ; JCP 1991, II, 21749, note Guibal).*

À ces données du droit français se sont ajoutées depuis quelques années celles du droit communautaire.

b) Concession en droit communautaire

Bibliographie : BRÉCHON (C.) (dir.) : *La concession de service public face au droit communautaire*, Sirey, 1992.

BRÉCHON (C.) : « Le droit communautaire des marchés de travaux », *RDI* 1990, 27.

Comité Économique et Social, Avis du 19 octobre 2000, « Renforcement du droit des concessions et des contrats de Partenariats-Publics-Privés (PPP) », *JOCE*, C 014 du 16 janvier 2001, p. 91.

Commission des CE, *Livre vert sur les PPP et le droit communautaire des marchés publics et des concessions*, 30 avril 2004, *COM 2004 (327) final.*

GYSELEN (L.) : « Service public », *Rép. Dalloz Droit communautaire.*

COSSALTER (P.) *Les délégations d'activités publiques dans l'Union européenne*, Th. Paris II, 2005

LIGNIÈRES (P.) : *Partenariats publics privés*, Litec, 2000.

LLORENS (F.) : « La réglementation communautaire des marchés publics et le droit des concessions », *RMC* 1989, 603.

MATTERA (A.) : « La communication interprétative de la Commission sur les concessions de services d'utilité publique : un instrument de transparence et de libération », *Rev. dr. UE* 2000, n° 2, p. 413.

RICHER (L.) : *Concession en droit communautaire, in Délégation de service public*, éd. du Moniteur (feuillets mobiles).

878. En France, comme dans les autres États qui connaissent la concession, le principe a longtemps été la conclusion de gré à gré de ce type de contrat (« concession directe »), à raison de l'importance traditionnellement attachée à la personne du cocontractant, à l'*intuitu personae*. En cela, la concession s'oppose au marché public, notamment de travaux. Pour les autorités de Bruxelles, cette situation ne pouvait durer, car, selon elles, il y avait là une sorte de fraude : les grandes sociétés concessionnaires seraient des paravents des entreprises de travaux publics qui, à travers la concession, chercheraient à obtenir des travaux sans mise en concurrence. Il a donc été envisagé de traiter la concession comme un marché public. Mais, face aux résistances, la position communautaire a été modérée : la passation des concessions de travaux, et de travaux seulement, a été soumise à une obligation de publicité, mais pas à une obligation de mise en concurrence.

En ce qui concerne la concession de service public, une définition — assez maladroite — avait été insérée dans la proposition de directive adoptée par le Conseil en août 1991, mais, en fin de compte, la directive sur les marchés de services n'a pas traité de la concession, l'examen de la question a été reporté et en 1999, la Commission a publié une communication interprétative sur « les concessions en droit communautaire des marchés publics » (*JOCE*, C 121 du 7 avril 1999, p. 2). La directive de 2004 refondant les directives sur les marchés publics donne une définition de la concession de service public, uniquement pour l'exclure du champ d'application de la directive sur les marchés, c'est « un contrat présentant les mêmes caractéristiques qu'un marché public de services, à l'exception du fait que la contrepartie de la prestation des services consiste soit uniquement dans le droit d'exploiter le service, soit dans ce droit assorti d'un prix » (art. 1er de la directive 2004/18).

1° Les directives

879. La directive sur les marchés de travaux de 1971 modifiée en 1989 et « consolidée » en 1993 (directive 93/37 du 14 juin 1993) comportait une innovation de taille : alors qu'auparavant les dispositions du droit communautaire relatives à la concession étaient purement indicatives (déclaration des représentants des gouvernements, *JOCE* n° C82 du 16 août 1971, p. 13 ; *Vademecum sur les marchés publics*, § IV, *JOCE*, du 31 décembre 1987), les concessions de travaux font désormais l'objet de dispositions imposant une obligation de publicité et ce « compte tenu de l'importance croissante des concessions dans les travaux publics et de leur nature spécifique » (exposé des motifs de la directive).

La directive ne visait, conformément à son objet, que les concessions de travaux publics qu'elle définissait à l'article premier point d) comme :

« un contrat présentant les mêmes caractères que ceux visés au point a), à l'exception du fait que la contrepartie des travaux consiste soit uniquement dans le droit d'exploiter l'ouvrage, soit dans ce droit assorti d'un prix. »

Du renvoi au point a) il résultait que la concession a des caractères communs avec le marché public de travaux puisque l'article 1er a) dispose que :

« les marchés publics de travaux sont des contrats à titre onéreux, conclus par écrit entre, d'une part un entrepreneur et, d'autre part, un pouvoir adjudicateur défini au point b) et ayant pour objet soit l'exécution, soit conjointement l'exécution et la conception des travaux relatifs à une des activités visées à l'annexe II ou d'un ouvrage défini au point c), soit de faire réaliser, par quelque moyen que ce soit un ouvrage répondant aux besoins précisés par le pouvoir adjudicateur ».

La même définition est reprise dans la directive de 2004.

Cette définition appelle des explications.

2º La définition communautaire

1. Les parties au contrat

880. Le concédant est un pouvoir adjudicateur. Cette notion englobe les personnes publiques, mais aussi certaines personnes privées entrant dans la catégorie des « organismes de droit public » que la directive qualifie de « pouvoirs adjudicateurs ». À ce titre peuvent, par exemple, être concernées certaines sociétés d'économie mixte.

Le concessionnaire est un « entrepreneur ». Le problème se pose de savoir si les concessions, nombreuses, qui sont conclues avec des personnes publiques (concession d'une collectivité locale à une autre, concessions aux Chambres de commerce et d'industrie, aux EPIC nationaux ou locaux) sont visées. Une réponse positive s'impose étant donné la conception extensive de la notion d'« entreprise » qui prévaut en droit communautaire.

2. Les travaux et ouvrages visés

881. L'article 1er de la directive vise les contrats ayant pour objet l'exécution ou la conception et l'exécution de travaux du bâtiment et de génie civil, lorsque leur montant est supérieur au seuil communautaire (5 270 000 euros hors TVA).

3. L'élément caractéristique de la concession de travaux

882. La concession de travaux se différencie du marché public de travaux par le mode de rémunération : « la contrepartie des travaux consiste soit uniquement dans le droit d'exploiter l'ouvrage, soit dans ce droit assorti d'un prix ». Le droit d'exploiter l'ouvrage est ainsi opposé au prix, lequel est conçu comme la rémunération émanant du pouvoir adjudicateur. Le plus souvent l'exploitation de l'ouvrage procure une rémunération provenant de l'usager, mais elle peut aussi être payée par un tiers qui n'a pas la qualité d'usager. Mais, plus largement, il est admis que la concession peut être distinguée du marché par le critère du risque (cf. Mattera, *article précité*).

4. La transposition

883. La directive marché de travaux, dans ses dispositions relatives à la concession a été transposée par la loi du 3 janvier 1991 et par le décret 92-311 du 31 mars 1992. Ces textes étant intervenus au-delà du délai de transposition, qui expirait le 20 juillet 1990, le Conseil d'État a admis que pouvait être invoquée par voie d'exception la non conformité à la directive des « règles nationales » applicables à une concession attribuée en juillet 1991 ***(CE Ass. 6 février 1998 Tête, Rec. 30, concl. Savoie ; RFDA 1998, 407, concl. Savoie ; AJDA 1998, 458, chron. Raynaud et Fombeur, p. 403)***.

Selon l'article 11 de la loi (non abrogé par l'ordonnance du 6 juin 2005) :

« Fait l'objet de mesures de publicité définies par décret en Conseil d'État la passation des contrats dont le montant est égal ou supérieur à un seuil fixé par arrêté du ministre chargé de l'économie et des finances, dont l'objet est défini à l'article 9, et que se proposent de conclure les collectivités territoriales, leurs établissements publics autres que ceux à caractère industriel ou commercial ou les groupements ou organismes définis à l'article 9 lorsque la rémunération de l'entrepreneur consiste en tout ou partie dans le droit d'exploiter l'ouvrage ».

La même obligation de publicité est rendue applicable à l'État et à ses établissements publics administratifs par le décret du 31 mars 1992.

884. Les contrats ainsi visés ne sont pas tous des concessions au sens du droit français. Il peut s'agir de conventions d'affermage étant donné que le fermier est toujours chargé de certains travaux.

Selon la proposition de directive sur les marchés de service de 1991 (Proposition du 28 août 1991, *JOCE*, C. 250, p. 7) dans laquelle figurait une définition de la concession de service public, à partir du moment où le contrat avait pour objet, même partiellement, la réalisation de travaux, il devait être qualifié de concession de travaux. Cette proposition n'a pas été admise, et la doctrine considère en général que si les travaux ne constituent pas l'objet principal il ne s'agit pas d'une concession de travaux.

À l'appui, d'une telle référence à l'importance des travaux, on peut invoquer un arrêt de la *CJCE du 19 avril 1994 « Gestion Hotelera Internacional SA » (aff. C. 331-92, concl. Lenz, Rec. I-1329)* qui décide qu'un contrat mixte de travaux et de cession de biens n'est pas un marché de travaux si les travaux ont un caractère accessoire (ce qu'il revient au juge national d'apprécier).

La qualification de concession de travaux a, en revanche, été appliquée par le juge français à un ensemble contractuel dans le cas suivant : la commune de Cabourg a conclu avec une société un contrat de bail emphytéotique et une convention de financement de travaux. La société loue un terrain à la ville à charge pour elle de construire un ouvrage qu'elle exploite pendant soixante ans et qu'elle transfère en propriété à la ville à l'expiration du contrat. Le Conseil d'État a jugé qu'il y avait là une concession de travaux relevant de la procédure spéciale de référé précontractuel ***(CE Ass. 10 juin 1994, Commune de Cabourg, RFDA 1994, 728, concl. Lasvignes ; AJDA 1994, 502 ; JCP 1994)***.

3º Solutions concernant la concession de service public

885. Au cours de l'élaboration de la directive sur les marchés publics de service, il a été envisagé d'imposer des règles de publicité pour l'attribution des concessions de service sans travaux ou avec une faible part de travaux. À cette fin avait été élaborée une définition : « la concession de service public est un contrat autre qu'une concession de travaux publics au sens de l'article 1er point d) de la directive 71/305 conclu entre un pouvoir adjudicateur et une autre entité de son choix, en vertu duquel le premier confie l'exécution d'une activité dont il est chargé à la seconde et par lequel la seconde accepte d'exercer l'activité moyennant soit le droit d'exploiter le service, soit ce droit assorti d'un prix » (proposition de directive modifiée 28 août 1991, art. 1, point h) *JOCE* C 250, p. 7).

Cette définition a suscité l'opposition à la fois de ceux qui la trouvaient trop large (tous les contrats de concession) et de ceux qui la critiquaient comme trop étroite (seulement les délégations contractuelles) ; la définition de règles applicables aux concessions de service public a donc été reportée et l'idée d'une directive fait son chemin. Mais, d'ores et déjà, un régime juridique minimum a été défini à la fois par la Communication interprétative sur les concessions et par la jurisprudence. Il se résume à ceci que le principe de non-discrimination posé par le Traité de la Communauté européenne impose une obligation de transparence, qui, elle-même, suppose une publicité préalable ***(Voir CJCE, 7 décembre 2000, Telaustria, aff. C-324/98, Rec. I-10770, concl. Fennely, AJDA 2001.106, note Richer)***, ce qui exclut la conclusion du contrat de gré à gré.

886. La CJCE a jugé que n'était pas une concession, mais un marché, le contrat par lequel a été confié à une entreprise l'informatisation du jeu de loto en Italie, alors que l'État italien soutenait qu'il avait délégué la gestion du service. La Cour a refusé d'admettre la qualification comme concession car le contrat

« n'entraîne aucun transfert de responsabilité », l'entreprise a seulement pour mission de fournir des prestations de nature technique. La Cour a retenu la qualification comme marché alors même que la rémunération de l'entreprise était constituée par un pourcentage des recettes *(CJCE 26 avril 1994, Commission c/ Italie, aff. C-272/91, concl. Gulman, Rec. I-1409* voir aussi : *CJCE 20 octobre 2005 Commission des Communautés européennes c/ République française, affaire C-264/03, Rec. I-8831).*

L'avocat général La Pergola a apporté des éléments intéressants pour la définition de la concession de service public *(CJCE 10 novembre 1998 Gemeente Arnhem/BFI Holding, aff. C 360/96, Rec., I-6846 ; BJDCP 1999, n° 2, p. 155, concl. La Pergola).* En s'inspirant de la notion de concession de travaux publics il retient quatre critères :

— le destinataire du service est un tiers et non l'organisme adjudicateur ;

— le service revêt un caractère d'intérêt général et incomberait institutionnellement à l'autorité publique ;

— la rémunération est tirée de la prestation ;

— le concessionnaire assume le risque économique.

Dans le cas d'espèce, était en cause une convention, qualifiée par les parties de « concession », par laquelle deux communes confiaient à une société la collecte des déchets moyennant une rémunération par les communes, calculée en fonction des coûts annuels. Selon l'avocat général, cette convention n'est ni une concession, ni un marché. Ce n'est pas une concession parce que la société n'a pas la charge du risque lié à la gestion du service. Ce n'est pas un marché parce que la prestation n'est pas fournie à titre onéreux.

Par la suite la CJCE a considéré clairement que la rémunération ne provenant pas de l'autorité publique « implique que le prestataire prend en charge le risque d'exploitation des services en question et caractérise ainsi une concession de services publics » (*CJCE 13 octobre 2005, Parking Brixen GmbH, aff. C-458/03*, point 40).

887. La directive 2004/18 du 31 mars 2004 (*JOUE*, L. 134, p. 1) sur les marchés publics donne une définition de la « concession de service public », pour l'exclure du champ d'application de la directive. Cette définition paraphrase celle de la concession de travaux, sans intégrer l'apport de la jurisprudence, ce qui ne veut pas dire qu'elle la désavoue : « la concession de services » est un contrat présentant les mêmes caractéristiques qu'un marché public de services, à l'exception du fait que la contrepartie de la prestation des services consiste soit uniquement dans le droit d'exploiter le service, soit dans ce droit assorti d'un prix » (art. 1er-4).

Mais en droit national, l'effort de définition doit s'appliquer à une autre notion : celle de contrat « de délégation de service public ».

B La catégorie générale des contrats de gestion déléguée du service public

Bibliographie : AUBY (J.-B.) et MAUGÜE (C.) : « Les contrats de délégation de service public », *JCP* 1994, I, 3743.

AUBY (J.-B.) : « Bilan et limites de l'analyse juridique de la gestion déléguée du service public », *RFDA* 1997, suppl. au n° 3, p. 3.

AUBY (J.-F.) : « La délégation de service public : premier bilan et perspectives », *RDP* 1996. 1095.

AUBY (J.-F.) et EKAM (A.) : « Remarques sur le régime actuel de la délégation de service public local », *LPA* 26 octobre 1994, n° 128, p. 5.

AUBY (J.-F.) : *La délégation de service public, guide pratique*, Dalloz, 1997.

BOITEAU (C.) : *Les conventions de délégation de service public*, ELF-Impr. Nationale, 1999.

BRUÈRE (J.-C.) : « Délégation de service public et marché d'entreprise de travaux publics », *Gaz. Pal.* 5-6 août 1994, p. 2.

CHENUAUD-FRAZIER (C.) : « La notion de délégation de service public », *RDP* 1995, p. 175.

DOUENCE (J.-C.) : « Les contrats de délégation de service public », *RFDA* 1993, 936.

DELACOUR (E.) : *La notion de convention de délégation de service public*, th. dactyl., Paris 2, 1997.

DELACOUR (E.), DAVIGNON (J.-F.), RIBOT (C.), ANTOINE (J.) : *La loi Sapin et les délégations de service public- 10 ans d'application jurisprudentielle*, Litec, 2003.

DELAIRE (Y.) : *La délégation des services publics locaux*, Berger-Levrault, 2002.

Dix ans de droit des délégations de service public- Bilan et perspectives, *Contrats et marchés publics*, mai 2003.

FATÔME (E.) et RICHER (L.) : « Régie intéressée et maîtrise d'ouvrage publique (à propos de l'arrêt de la Cour administrative d'appel de Paris du 18 avril 1997 Compagnie générale des eaux) », *AJDA* 1997, 492.

GUETTIER (C.) : *Droit des contrats administratifs, PUF*, 2004, n° 399 et s.

LAURENT (D.) et ROUSSET (O.) : « Convention de délégation de service public et loi Sapin — La transparence dans le brouillard », *LPA* 11 mars 1994, n° 30, p. 4.

LLORENS (F.) : *Remarques sur la rémunération du cocontractant comme critère de la délégation de service public, Liber amicorum Jean Waline* Dalloz, 2002, p. 301 et s.

MARCOU (G.), dir. : *Le tunnel sous la Manche entre États et marchés*, PU Lille, 1992.

MARCOU (G.) : « La notion de délégation de service public après la loi du 29 janvier 1993 », *RFDA* 1994, p. 692 et s. et p. 875 et s.

MELLERAY (F.) : « Le marché d'entreprise de travaux publics, un nouveau Lazare juridique ? », *AJDA* 2003. 1260.

MOREAU (D.) : « Pour une relativisation du critère financier dans l'identification de ses délégations de service public », *AJDA* 2003. 1418.

PEREON (P.) : « La délégation des services publics administratifs », *AJDA*. 2004. 1449

PERTCHIK (J.) : « The Build, Operate and Transfer Approach to Infrastructure Development in Mexico », *Public Procurement Law Review*, 1995, n° 4, p. 168 et s.

RAYMUNDIE (O.) : *Gestion déléguée des services publics en France et en Europe*, éd. du Moniteur, 1995.

RICHER (L.) : « Délégation de service public : une notion difficile à cerner », *Mon.* 6 juin 1997, p. 56-58.

RICHER (L.), dir. : *Délégation de service public*, éd. du Moniteur, feuillets mobiles.

SYMCHOWICZ (N.) : « La notion de délégation de service public », *AJDA* 1998, 195.

WALINE (M.) : « La notion de régie intéressée », *RDP* 1948, 337.

888. Il apparaît aujourd'hui en droit français que la concession et l'affermage ne sont que des espèces particulières au sein d'un genre constitué par le contrat ayant pour objet de confier l'exploitation d'un service public. Le législateur a consacré l'existence de la convention dite de délégation de service public en 1992 et 1993, mais les contours exacts de cette catégorie restent encore difficiles à cerner.

a) Genèse de la catégorie

889. La reconnaissance d'une catégorie de contrat allant au-delà de la concession et de l'affermage a d'abord été l'œuvre de la doctrine et de l'administration, avant l'intervention du législateur.

1° Doctrine

890. De longue date certains auteurs avaient relevé l'existence de contrats de service public ou contrats de dévolution du service public dont le régime présente quelques traits communs (H. Hubrecht, *Les contrats de service public*, th. dactyl., Bordeaux, 1980).

La doctrine administrative a tenu une place importante. Une circulaire du ministre de l'Intérieur du 13 décembre 1975 (*Mon.* 18 février 1976, p. 204), aujourd'hui périmée puisqu'elle était relative à la tutelle sur les communes, avait regroupé sous l'intitulé « modes de gestion indirecte des services publics locaux » la concession, l'affermage, la régie intéressée, la gérance et l'exploitation à l'entreprise (marché de services). Puis, le même ministère, par une circulaire du 7 août 1987 a utilisé l'expression « contrats de gestion déléguée » en l'appliquant aussi bien à la concession et à l'affermage, à la régie intéressée et à la gérance qu'au « contrat, nommé ou innommé, par lequel un entrepreneur est chargé de l'exécution même du service public ».

La catégorie du contrat de gestion déléguée fut donc dès l'origine une catégorie ouverte, ce qui traduit une prise de conscience de la diversification des contrats conclus dans la pratique.

2° Législation

891. La loi de décentralisation du 2 mars 1982 a joué un rôle fondamental dans cette diversification : en libérant les collectivités locales de l'obligation de respecter les documents-types, elle les a incitées à remettre en cause les solutions acquises. Le danger était bien sûr qu'elles se livrent à la puissance de quelques grandes sociétés leur proposant des contrats prêts à signer. Mais il n'y a là rien d'inévitable : les élus de l'opposition veillent, les collectivités locales peuvent se faire conseiller, la concurrence, même quand elle est limitée à deux opérateurs, conduit les « commerciaux » à faire des... concessions. Une certaine place a donc été laissée à l'imagination et à la réflexion sur les pratiques antérieures.

Il faut également mentionner la loi du 5 janvier 1988 qui, en permettant la conclusion de baux emphytéotiques susceptibles d'intervenir en complément d'un contrat de gestion déléguée, doit faciliter le recours au crédit.

892. D'autres textes ont été importants par leur apport conceptuel.

À ce point de vue il ne faut pas négliger l'éphémère loi TPIL (transports publics d'intérêt local) du 19 juin 1979 et son décret d'application du 29 octobre 1980. Bien que limité au secteur des transports, ce dernier texte présente le grand intérêt d'avoir « nommé » des contrats qui existaient déjà dans la pratique mais étaient considérés comme des dégénérescences des types purs de la concession ou de l'affermage (le décret prévoyait les contrats suivants : gestion aux risques et périls, gestion avec garantie de recettes, gestion à prix forfaitaires, gérance).

L'importance et l'utilité des catégories intermédiaires n'ont pas été oubliées ne serait-ce que dans le secteur des transports publics de voyageurs sous l'empire de la nouvelle loi du 31 décembre 1982. En effet, dans ce secteur où l'équilibre financier est rarement réalisé, le « conventionnement » rendu obligatoire comporte le plus souvent un partage des charges.

893. C'est la loi du 29 janvier 1993 relative à la prévention de la corruption (« loi Sapin ») qui a mis en place un véritable régime juridique de la convention de délégation de service public. Ce régime a été renforcé en 1995 à la suite du rapport d'un groupe de travail de l'Assemblée Nationale sur la politique et l'argent (cf. L. Richer, chron. *AJDA* 1995, 295) : la loi du 8 février 1995 relative aux marchés publics et délégations de service public a modifié et complété la loi Sapin par des dispositions générales, la loi du 2 février 1995 sur l'environnement a introduit des règles spécifiques aux délégations de service public en matière d'environnement (eau, déchets, assainissement), cette restriction à certains services s'expliquant uniquement par le souci d'éviter les « cavaliers législatifs ». En 1996 ces dispositions ont été codifiées en ce qui concerne les collectivités locales aux articles L. 1411-1 du CGCT, la loi du 29 janvier 1993 restant en vigueur en tant qu'elle concerne l'État, puis la loi du 11 décembre 2001 portant mesures d'urgence à caractère économique et financier est venue compléter les textes pour apporter quelques précisions.

Quel est le champ d'application de ces textes ?

b) Conventions autres que la concession et l'affermage et délégation de service public

894. Quand la loi du 6 février 1992 et celle du 29 janvier 1993 sont venues définir les règles applicables à la « délégation de service public » il était clair que n'étaient pas seulement concernés les concessions et affermages dont il a été traité précédemment. Ainsi, lors des travaux préparatoires de la loi du 29 janvier 1993, les rapporteurs de l'Assemblée Nationale et du Sénat ont mentionné, à côté de la concession et de l'affermage, la régie intéressée et la gérance, qui en diffèrent sur beaucoup de points ; mais, au vu des précisions apportées par la jurisprudence, il apparaît que la notion de délégation de service public n'est pas aussi étendue que l'ont cru les parlementaires et certains commentateurs. En effet, si la concession et l'affermage sont incontestablement des conventions de délégation de service public, si le METP n'est incontestablement pas une telle convention, des appréciations plus délicates peuvent être nécessaires pour la régie intéressée et la gérance et certains baux emphytéotiques avec convention non détachable qu'on va présenter sans aborder immédiatement le problème de leur qualification.

1° Régie intéressée

Bibliographie : COSTE (P.) : *La régie intéressée*, th. Orléans, 2005. LICHÈRE (F.) : *Régie intéressée* in J.-Cl. Adm.

895. La régie intéressée est un contrat dans lequel la collectivité finance elle-même l'établissement du service, mais en confie la gestion à une personne privée qui est en général rémunérée par la collectivité. Philippe Coste en donne la définition suivante, qui correspond à la pratique contractuelle : « la régie intéressée est un contrat de courte durée ayant pour objet de confier la gestion et l'entretien d'un service public préexistant, aux risques et périls de la collectivité délégante, à une personne physique ou morale moyennant une rémunération limitée dans son ensemble et composée d'une prime de base et de primes et pénalités de gestion fondées sur les résultats de l'exploitation qu'ils soient financiers (participation aux bénéfices ou au déficit notamment) qualitatifs ou quantitatifs » (*La régie intéressée*, p. 228). L'intéressement résulte de ce que le régisseur perçoit une part du résultat (ex. : *CE 6 avril 1895, Deshayes, Rec. 344* — rémunération de l'entreprise consistant dans le « partage des excédents de recettes après prélèvement d'une somme fixe à son profit »). Le caractère de « régie » tient à ce que la personne privée agit « pour le compte » de la collectivité publique, à la différence du concessionnaire (cf. *concl. Fouquet sous CE 21 octobre 1985, Soc. des* *transports automobiles Michel Delattre, AJDA 1986, 105*). Il en résulte que le régisseur intéressé est soumis à un contrôle très strict, au moins selon le CGCT, puisque celui-ci le soumet aux règles de la comptabilité publique en l'assimilant à un régisseur d'avances (art. R. 2222-5 et 3241-5 du CGCT).

Cette notion d'action « pour le compte de » n'est pas des plus précises, mais, pour qu'il y ait « délégation », ce qui implique une certaine autonomie, il faut supposer que la régie intéressée ne va pas jusqu'au mandat (en ce sens concl. Fouquet, précit.), ce qui paraît conforme à la notion classique de mandat, qui est adaptée à l'accomplissement d'actes juridiques et non à la gestion d'un service. Dans la pratique, force est de constater que les contrats avec intéressement aux résultats, particulièrement fréquents dans le secteur des transports, laissent à l'entreprise une autonomie variable et des risques plus ou moins importants.

2° Gérance

896. Le contrat de gérance met encore plus les risques à la charge de la collectivité puisque le gérant a droit à une rémunération forfaitaire, la collectivité conservant les bénéfices et assumant les déficits (ex. : *CE 8 novembre 1963, Compagnie des entrepôts et magasins généraux de Paris, Rec. 534 ; CE 9 octobre 1968, Pigalle, Rec. 481*). Il s'apparente à un marché de service, mais cela n'avait jamais été clairement jugé avant la loi de 1993.

897. C'est avant tout l'examen des clauses financières qui permet de distinguer ces différents contrats, mais on concevrait qu'il soit admis que certains contrats, parce qu'ils ont pour objet de confier l'exploitation d'un service public, sont des contrats de délégation de service public, alors même que la rémunération n'est pas assurée par une redevance versée à l'exploitant par les usagers.

C'est pourquoi, pendant un certain temps, on a crû pouvoir privilégier l'objet au point de qualifier de convention de délégation les marchés d'entreprise de travaux publics.

3° Marché d'entreprise de travaux publics

Bibliographie : BEZANÇON (X.) et VAN RUYMBEKE (O.) : « Le marché d'entreprise de travaux publics, une forme particulière de concession ? », *AJDA* 1990, 813.

MELLERAY (F.) : « Le marché d'entreprise de travaux publics, un nouveau Lazare juridique ? », *AJDA* 2003. 1260.

MOREAU (D.) : *Les marchés de service public*, éd. du Moniteur, 2005.

TERNEYRE (P.) : « Une nouvelle technique de financement privé des ouvrages collectifs : le marché d'entreprise de travaux publics », *Mélanges Auby*, 1992, p. 315.

898. Le marché d'entreprise de travaux publics ressemble à une concession par son objet : l'entreprise est chargée de construire un ouvrage et d'exploiter le service auquel il est affecté. Ces deux éléments suffisent à définir le METP *(CE 30 juin 1999, Département de l'Orne, CJEG 1999. 434, note Richer)*, mais, en pratique, ce contrat tirait son intérêt d'un autre élément : l'entreprise était rémunérée par la collectivité publique pendant la durée d'exécution du contrat par un prix couvrant aussi bien les frais de premier établissement que les frais de fonctionnement. L'avantage pour la collectivité était évident : son cocontractant assurait un préfinancement. L'inconvénient était corrélatif : ce crédit avait un coût.

Ce type de contrat était déjà pratiqué au XIXe siècle, mais c'est à l'époque contemporaine qu'il a reçu l'appellation de marché d'entreprise de travaux publics *(CE 11 décembre 1963, Ville de Colombes, Rec. 612)*. D'abord cantonné au secteur des ordures ménagères (collecte, incinération), le METP a connu pendant quelques années un développement sans précédent.

Le Conseil d'État, par un *avis du 7 avril 1987* (reproduit dans la circulaire du 7 août 1987 sur la gestion déléguée, *JO* 20 décembre 1987, p. 14863 et dans *GACE,* 1re éd., p. 261), a considéré que « le contrat nommé ou innommé par lequel un entrepreneur est chargé de l'exécution même du service public n'est pas un marché », ce qui avait incité à ne pas qualifier le METP de marché.

Une caractéristique du METP, qui le distingue d'un simple marché de travaux ou de prestation de services est de confier au cocontractant l'exploitation de l'ouvrage réalisé, exploitation sur laquelle l'investissement peut être amorti. En l'absence de cet élément le marché est un marché de travaux et non un METP (cf. *CE, avis de la Section des Finances du 18 juin 1991, EDCE 1991, n° 43, p. 385 ; CJEG 1992, 517, commentaire L. Richer ; GACE, p. 241* ; à propos des marchés pour la réhabilitation de lycées ; *TA Clermont-Ferrand 30 mars 1993, Préfet de l'Allier, AJDA 1994, 231, note Dufau :* à propos d'un marché relatif à la voirie ; *CE 8 février 1999 Préfet des B. du R. / Commune de La Ciotat, AJDA 1999, 364, concl. Bergeal, note Chabanol :* à propos de l'éclairage public).

De ce fait, le METP se rapprochait par son objet d'une convention de concession ; mais la jurisprudence a toujours considéré que, compte tenu du mode de rémunération, le Code des marchés publics est applicable.

899. Dès lors que l'exploitant est payé par la collectivité publique, la qualification comme concession est exclue (*CE 11 décembre 1963, Ville de Colombes, Rec. 611 ; CE Sect. 26 novembre 1971, SIMA, Rec. 923 ; RDP 1972, 239, concl. Gentot*) : « en raison du mode de rémunération ainsi retenu (redevance mensuelle), la convention dont s'agit présentait un caractère non pas d'une concession de service public, mais d'un marché d'entreprise de travaux publics »), de même que la qualification comme affermage (ex. : *CE 14 octobre 1988, S.O.CEA-Balency, MP, 1989, n° 240, p. 8, note Moderne*). La jurisprudence décide donc que les METP sont assujettis au respect du Code des marchés publics *(CE 14 octobre 1988, S.O.CEA, précit.)* et que ces marchés sont contraires à l'interdiction du paiement différé, qui est d'ordre public *(CE 30 juin 1999, Département de l'Orne, précit.)*. Le décret du 7 mars 2001 portant Code des marchés publics visait à interdire le METP en obligeant à dissocier construction et exploitation de l'ouvrage (art. 10) et en réitérant l'interdiction du paiement différé (art. 94). Il restait seulement possible de conclure un marché avec deux lots et sans paiement différé. Depuis le Code de 2004 une nuance a été apportée : est permise la conclusion d'un marché global, à condition que soient distingués le prix de la construction et celui de la maintenance ou exploitation (art. 10 CMP). Mais, l'intérêt économique du METP est limité puisqu'il tient au « lissage » financier qui résulte du paiement différé. Désormais, un tel « lissage » n'est possible que dans le cadre d'une convention de partenariat, qui ne peut être conclue qu'à certaines conditions (cf. *infra*, n° 1118 et s.).

4° Bail emphytéotique et convention accessoire

900. Des baux emphytéotiques peuvent être consentis sur le domaine public des collectivités locales depuis l'article 13 de la loi du 5 janvier 1988 (cf. *infra*) : le cocontractant est autorisé à réaliser un équipement qui, en fin de contrat, devient la propriété de la collectivité bailleresse ; une convention complémentaire lui confie, en général, la gestion de cet équipement.

En lui-même, le bail emphytéotique ne fait que donner un titre à une personne privée pour construire sur le terrain d'autrui, il n'est ni un marché public, ni une délégation de service public. C'est la convention conclue à côté du bail emphytéotique qui est susceptible de recevoir la qualification soit de contrat de délégation de service public, soit de marché de prestation de service selon les cas *(Avis du Conseil d'État du 16 juin 1994, EDCE 1994, n° 46, p. 367).*

Il s'avère, dans ces conditions, difficile de définir *a priori* le contenu de la catégorie. La recherche des critères de la convention de gestion déléguée s'impose.

c) Critères de la convention de délégation de service public

901. La loi du 29 janvier 1993 ne fournissait pas de définition générale de la convention de délégation de service public, ce qui a posé des problèmes délicats aux élus locaux et aux praticiens du droit. Elle a été complétée par la loi du 11 décembre 2001 sur ce point, mais la définition nouvelle ne fait qu'entériner, à quelques nuances près, une jurisprudence dont la portée n'est pas toujours claire.

Au cours des travaux préparatoires de la loi de 1993, il a été considéré comme acquis que sont des conventions de délégation de service public la concession, l'affermage, la régie intéressée et la gérance, mais le problème de définition a été traité par prétérition. Il est cependant possible d'extraire de la loi quelques indications sur les critères de la convention de délégation, sans compter que la notion de « délégation » n'est pas dénuée d'un certain contenu par elle-même, mais ces indications ne semblent pas devoir tenir une grande place dans la jurisprudence.

902. Les travaux préparatoires n'étant guère éclairants, c'est vers le texte de la loi que doit se tourner l'interprète. La loi donne un certain nombre d'indications dont certaines montrent que la notion de délégation de service public est plus large que la notion traditionnelle de concession. Mais, deux éléments préalables sont toujours requis, sans lequel est exclue l'application de la loi : un contrat est conclu et il doit confier un service public.

1° Contrat

Bibliographie : Hourcabie (A.) et Tabouis (A.) : « Notion et régime juridiques de la délégation unilatérale de service public », *Ctts et MP*, 2005, chron. 13

903. La « loi Sapin » ne s'applique qu'aux contrats ; il en résulte que l'acte unilatéral qui habilite un tiers à gérer un service public n'est pas visé (*CE avis 9 mars 1995, Habilitation unilatérale en matière de transport public de voyageurs, EDCE n° 47, p. 399 ; GACE, 2e éd. 2002, p. 328, comm. T. Dal Farra ; CE avis 28 septembre 1995, Habilitation unilatérale en matière de distribution et de transport de gaz et d'énergie hydraulique, EDCE n° 47, p. 402*) et, selon le Conseil d'État, n'est pas soumis au principe de transparence. Les décisions unilatérales à caractère réglementaire qui investissent les intéressés peuvent être prises sans procédure préalable de publicité et mise en concurrence, car il résulte des dispositions de la loi du 29 janvier 1993, « corroborées au demeurant par les débats parlementaires ayant précédé le vote de la loi du 29 janvier 1993, que la procédure qu'elles définissent s'applique aux seules délégations consenties par voie contractuelle » (*CE 3 mai 2004, Fondation assistance aux animaux, BJDCP, 2004, n° 37, p. 464, concl. Glaser*).

Sur ce dernier point, la jurisprudence communautaire est différente ; la CJCE juge que le principe de transparence vaut aussi bien pour les concessions contractuelles que pour les concessions unilatérales, car « l'application des articles 12 CE, 43 CE et 49 CE, ainsi que des principes d'égalité, de non-discrimination et de transparence qui y sont associés, ne dépend pas de l'existence d'un contrat » (*CJCE 13 octobre 2005, Parking Brixen GmbH, aff. C-458/03, point 60*). Cela avait déjà affirmé par la Commission européenne dans sa communication interprétative sur les concessions en droit communautaire (JOCE 2000/C 121/02 du 29 avril 2000), qui qualifie de concessions « les actes imputables à l'État, par lesquels une autorité publique confie à un tiers, que ce soit par un acte contractuel ou par un acte unilatéral ayant reçu le consentement de ce tiers, la gestion totale ou partielle de services qui relèvent normalement de sa responsabilité et pour lesquels ce tiers assume les risques d'exploitation ».

904. Sur la base de ce qui précède on doit d'abord considérer que la « loi Sapin » s'applique nécessairement quand il est illégal d'habiliter à gérer un service public par voie unilatérale, ce qui a parfois été jugé (*CE 8 juin 1994 Delrez, req. 143272* : obligation de conclure un contrat avec une association qui gère une mission de service public).

Mais, au-delà, il résulte du droit communautaire que l'habilitation unilatérale sans procédure préalable de publicité ne peut être valablement prévue par la loi que si l'organisme bénéficiaire est un « opérateur interne » (« in house ») ou si la mission d'intérêt général dont il est chargé présuppose un droit exclusif.

Dans ce cadre la place de l'habilitation unilatérale ne peut qu'être restreinte. En effet, on peut considérer que le principe est que la dévolution du service public à un tiers passe par la conclusion d'une convention de délégation de service public ; l'attribution d'une délégation sans contrat recouvre soit une convention implicite illégale, soit une fraude à la loi. Ce n'est que sur la base d'un texte législatif que l'habilitation unilatérale est possible.

2º Gestion d'un service public

905. La convention de délégation de service public porte par définition, sur un service public que la jurisprudence caractérise de façon classique comme une activité d'intérêt général accomplie avec sujétions ou prérogatives exorbitantes (*CE 12 mars 1999, Ville de Paris, AJDA 1999, 439, note Raunet et Rousset* : la seule circonstance qu'un restaurant du Bois de Boulogne concourt à l'accueil des touristes ne donne pas à la convention avec la ville de Paris le caractère d'une délégation de service public en l'absence de but d'intérêt général de l'activité). Mais, pour classiques que soient les critères du service public, la jurisprudence rendue en matière de délégation de service public n'en est pas moins marquée d'une certaine originalité, qui tient à ce que dans le but d'étendre le champ de la procédure de publicité, le juge administratif a retenu une conception extensive du service public.

906. La qualification de service public a ainsi été admise pour l'activité de dépannage sur les autoroutes, au motif que l'exclusivité reconnue aux dépanneurs est une prérogative de puissance publique (*CE, 22 mars 2000, Lasaulce, rec. 127 ; BJDCP 2000, nº 11, p. 252, concl. Savoie*), alors qu'on pourrait voir dans cette activité une activité privée soumise à des obligations de police. Allant encore plus loin, le Conseil d'État a jugé que les concessions de plage sont des délégations de service public au motif que les concessionnaires sont soumis à des obligations spécifiques concourant à la sécurité publique, alors qu'il ne s'agit que d'obligations accessoires *(CE 21 juin 2000, SARL Joseph, RFDA 2000.797, concl. Bergeal)*. De la sorte, de nombreuses conventions d'occupation du domaine public deviennent des délégations de service public parce qu'elles imposent quelques sujétions au titulaire *(CE, 11 décembre 2000, Agofroy, Rec. 607 ; RFDA 2001. 1277, concl. Austruy ; AJDA 2001.193, note Raunet et Rousset).*

3º Autres caractéristiques selon la loi

907. Des dispositions législatives peuvent être déduites quelques autres caractéristiques de la convention de délégation de service public.

En premier lieu, la convention de délégation de service public peut être de courte durée. Cela résulte d'une modification introduite par la loi du 8 février 1995, qui instaure une procédure simplifiée « lorsque le montant des sommes dues au délégataire pour toute la durée de la convention n'excède pas 700 000 F ou que la convention couvre une durée non supérieure à trois ans et porte sur un montant n'excédant pas 450 000 F par an » (montants convertis par l'ordonnance du 19 septembre 2000 à 106 000 euros et 68 000 euros). En cela la convention de délégation s'éloigne de la concession, à laquelle la doctrine attribue normalement une longue durée permettant d'amortir les investissements.

908. En deuxième lieu, la loi semble impliquer que le service délégué entretient des rapports avec des usagers. En effet, la loi du 29 janvier 1993 se réfère à la notion d'usager, notamment en intégrant aux critères de sélection des candidats le respect de l'égalité des usagers (art. 38 ; art. L. 1411-1 CGCT), mais ce n'est là que le cas le plus fréquent. La délégation d'un service public sans usagers a été admise *(CE, 28 juin 2006, Syndicat intercommunal d'alimentation en eau de la moyenne vallée du Gier, AJDA, oct. 2006, note L. Richer).*

909. En troisième lieu, le législateur considère que le délégataire est une entreprise (cf. art. L. 1411-15 CGCT : « entreprises ayant présenté une offre »). Il pourrait en résulter que la « loi Sapin » ne s'applique pas aux délégations de service public entre collectivités publiques (Rép. min. 21 février 1994, *MP*, octobre 1994, nº 284), mais peut s'appliquer à une association si celle-ci gère une entreprise (Rép. min. *JOAN* déb. Q, 14 décembre

1994, p. 801). En ce qui concerne les collectivités publiques, cette interprétation ne peut, toutefois, pas être retenue, puisque le Conseil d'État a considéré qu'une collectivité publique peut être candidate à une délégation de service public sans violer l'égalité ***(CE 16 octobre 2000, CMESE, RFDA 2001.106, concl. Bergeal ; CE avis, 8 novembre 2000, Soc. Jean-Louis Bernard Consultant, Rec. 492, concl. Bergeal ; RFDA 2001.112, concl. Bergeal)***, ce qui implique une identité de situation avec les entreprises (sur ces points voir *supra*, n° 598).

910. Enfin, le délégataire n'est pas forcément rémunéré par les usagers puisque selon l'article 38, al. 3 et l'article L. 1411-1 CGCT, la collectivité publique indique « s'il y a lieu » les conditions de tarification.

911. En résumé et en première approche, la convention de délégation est un contrat de durée variable qui confie un service public à une entreprise moyennant une rémunération qui peut provenir ou ne pas provenir de l'usager. Cette description pouvant aussi bien s'adapter à un marché de service, pour l'affiner il convient de tenter de cerner la notion de « délégation » sur laquelle la loi n'apporte pas d'indication.

4° Délégation

912. Une première condition pour que le contrat soit une délégation de service public est qu'il opère la dévolution du service, c'est-à-dire qu'il doit bien avoir pour objet d'organiser le service. Tel n'est pas le cas d'un contrat qui ne fait que subventionner l'activité déjà en place mais un contrat qualifié de subvention par les parties peut être requalifié en délégation s'il impose des obligations suffisantes dans l'intérêt général *(v. concl. Louis sur CAA Marseille, 4 juillet 2005,* BJDCP *2006, n° 45, p. 113).* Tel n'est pas non plus le cas, a estimé le Conseil d'État d'un contrat conclu par l'État avec la Cinémathèque française qui ne fait qu'opérer la « reconnaissance » du caractère d'intérêt général de l'activité de l'association (*Avis CE 18 mai 2004, EDCE, 2005, n° 56, p. 185 ; CP-ACCP déc. 2005, n° 50, p. 67, note D. Moreau et S. Coton*). En revanche, sans doute parce que c'est la loi qui qualifie l'activité de service public, la Cour administrative d'appel de Paris a qualifié de délégation de service public les concessions hospitalières prévues par le Code de la santé publique (*CAA Paris 27 juin 2005, Centre cardiologique du nord c/ Ministre de l'Emploi et de la Solidarité, AJDA* 2005, p. 1903, concl.

Adda), alors que pour le tribunal administratif il s'agissait de simples habilitations.

913. Mais pour que le contrat opère une « délégation », on peut avancer qu'un élément supplémentaire est nécessaire : pour avoir la qualité de délégataire, le cocontractant doit disposer d'une suffisante autonomie dans sa gestion, ce qui le différencie du titulaire d'un simple marché. La délégation suppose l'exploitation d'une « entreprise » de service public. La combinaison de ces deux notions d'exploitation et d'entreprise permet de considérer que :

— la délégation porte sur une activité qui peut directement ou indirectement engendrer des recettes identifiables (même si elles ne sont pas affectées à l'exploitant) ;

— la délégation suppose une mission globale susceptible de constituer une unité économique ;

— elle suppose des rapports avec des usagers ou bénéficiaires du service.

Ce critère de l'entreprise autonome ou du transfert de responsabilité, qui suppose une appréciation globale du contrat correspondrait à la logique économique du contrat ; mais, ce n'est, malheureusement, pas celui qui a prévalu, puisque la jurisprudence, puis la loi ont préféré ajouter un critère tiré de la rémunération. Le critère de l'entreprise autonome qui devrait avoir une place centrale n'a qu'un rôle secondaire, il intervient néanmoins dans certains cas.

914. En ce sens il est jugé qu'une convention ne peut pas être une délégation de service public si elle a pour objet la fourniture d'une prestation et non la gestion globale d'une activité. Ainsi, n'est pas une délégation de service public la convention qui « confie à la partenaire de la collectivité des missions limitativement énumérées... ; que par son objet très limité, ce contrat ne peut être regardé comme ayant délégué à la société..., la mission du service extérieur des pompes funèbres » (*CAA Nancy 23 mars 2000 S.A. CEOTTO, 96NC00556*). Ne sont pas non plus des délégations de service public les conventions de « mobilier urbain », qui ne confient pas la gestion d'un service public, mais seulement la création et l'entretien d'ouvrages affectés au service des transports et de la voire ***(CE Ass. 4 novembre 2005, société Jean-Claude Decaux, Rec. 477, RFDA 2005. 1083, concl. Casas)***.

Au contraire, le Conseil d'État a considéré comme délégable le service de la production d'eau potable sans distribution aux consommateurs finals, car il s'agit bien d'un « ensemble de prestations » *(CE, 28 juin 2006, SIAE de la moyenne vallée du Gier, AJDA, oct. 2006, note L. Richer).*

Cependant, la jurisprudence n'a pas eu l'occasion de se prononcer sur cet aspect de la qualification ; en revanche, elle a privilégié un critère qui ne résultait pas nécessairement de la loi et qui est tiré du mode de rémunération.

5º Rémunération

915. Le premier arrêt du Conseil d'État statuant sur la qualification d'un contrat au regard de la loi du 29 janvier 1993 ***(Cons. d'État, 15 avril 1996, Préfet des Bouches du Rhône, RFDA 1996, 715, concl. Chantepy, note Terneyre ; CJEG, 1996, 267, concl. Chantepy, note Savignat ; AJDA 1996, 806, chron. Chauvaux et Girardot, p. 727)*** n'a tiré de la loi de 1993 que des conséquences limitées. Il juge que constituent des marchés et non des conventions de délégation de service public les « contrats dans lesquels la rémunération du cocontractant de l'administration n'est pas substantiellement assurée par les résultats de l'exploitation ».

Est-ce à dire que, indifférent à l'intervention de la loi du 29 janvier 1993, le Conseil d'État s'en tient à un critère financier alternatif limité au choix entre rémunération par l'usager ou rémunération par la collectivité ?

On pourrait le croire à la lecture de l'arrêt : le contrat relatif à la collecte et au transport des ordures ménagères et à la gestion d'une décharge est un marché public parce que la rémunération du cocontractant est assurée au moyen d'un prix payé par la commune.

Cependant, dans ses conclusions, M. Chantepy laisse ouverte la possibilité de qualifier un contrat de délégation de service public même dans le cas où la rémunération est payée par la collectivité publique : « nous pensons que la gestion du service aux frais et risques du délégataire n'est pas un élément nécessaire à l'existence d'une délégation de service public. En revanche, l'existence d'une rémunération peu ou prou liée aux résultats de l'exploitation du service est une condition de l'existence d'une délégation de service public. À l'inverse, si la rémunération du cocontractant est effectuée par la collectivité publique, et surtout, sur la base d'un prix sans lien avec les résultats de l'exploitation, le contrat doit être regardé comme un marché et non comme une délégation de service public ».

La liaison de la rémunération, pour une part substantielle, qui peut ne pas être majoritaire ***(CE 30 juin 1999, SMITOM Centre Ouest Seine-et-Marnais, rec. 230, AJDA 1999.714, concl. Bergeal)*** aux résultats de l'exploitation (entendus comme le chiffre d'affaires), entraîne donc, selon l'interprétation retenue, l'assujettissement du contrat aux règles édictées par la loi du 29 janvier 1993. Il en résulte que l'affermage et la concession sont des délégations de service public, que la gérance est un marché public, puisque le gérant est payé par la collectivité publique pour faire fonctionner le service *(CE 7 avril 1999, Commune de Guilherand-Granges, AJDA 1999. 517, concl. Bergeal).* Quant à la régie intéressée, sa qualification varie en fonction de l'importance de la part de rémunération qui résulte des résultats de l'exploitation ; c'est une catégorie transversale.

916. La définition jurisprudentielle a été entérinée par la loi du 11 décembre 2001 portant mesures d'urgence à caractère économique et financier. En effet, dans le but louable de réduire l'insécurité juridique, cette loi modifie la loi du 29 janvier 1993 et l'article L. 1411-1 CGCT en prévoyant qu'« une délégation de service public est un contrat par lequel une personne morale de droit public confie la gestion d'un service public dont elle a la responsabilité à un délégataire public ou privé, dont la rémunération est substantiellement liée aux résultats de l'exploitation du service ». Cette définition est un peu plus large que celle du Conseil d'État (rémunération liée aux résultats et non assurée par eux) ; elle a néanmoins l'avantage de stabiliser la jurisprudence ; mais elle présente les mêmes inconvénients que ladite jurisprudence, notamment celui de privilégier l'accessoire par rapport au principal et de n'entretenir qu'un rapport artificiel avec l'objet essentiel du contrat.

De plus, une incertitude a été introduite au sujet de la notion de « résultats de l'exploitation du service ». Jusqu'ici, on considérait qu'il s'agissait des résultats financiers, des recettes et non des « résultats physiques », comme la quantité fournie. En ce sens, l'arrêt *Commune de Guilherand-Granges* a jugé qu'un contrat prévoyant la rémunération de l'exploitant d'un service d'eau potable par la commune en fonction du volume d'eau distribué était un marché public parce que la rémunération proportionnelle au service rendu constitue un prix versé par la commune. Toutefois, le Conseil d'État a introduit le doute au sujet du maintien de la jurisprudence Commune de Guilherand-Granges par un arrêt de 2006 (*CE 28 juin 2006, Syndicat intercommunal d'alimentation en eau de la moyenne vallée du Gier, req. 288459 ; AJDA, oct. 2006, note L. Richer*). Cet arrêt admet que le contrat qui confie le service de « production d'eau potable » est une délégation de service public parce que les communes qui ont en charge la distribution aux usagers versent au titulaire une rémunération variable en fonction des consommations, c'est-à-dire en fonction des résultats physiques et non des résultats financiers.

917. La délégation se trouve, en fin de compte, très largement assimilée à la concession. En effet, même si la jurisprudence des deux dernières décennies a mis l'accent sur la rémunération par l'usager, il a toujours existé un courant jurisprudentiel et doctrinal pour admettre que « la concession de service public est une convention par laquelle une personne publique charge une autre personne de l'exploitation d'un service public moyennant une rémunération déterminée par les résultats financiers de l'exploitation » (*Traité des contrats*, n° 237). La loi du 29 janvier 1993 marque ainsi un retour à la « vraie notion » de concession.

Le Conseil d'État fait donc preuve de fidélité à la tradition et d'une certaine indifférence vis-à-vis tant du texte que des travaux préparatoires de la loi de 1993. Cette position peut être justifiée par l'idée que le législateur de 1993 n'a pas eu l'intention de réduire le champ d'application du Code des marchés publics, qu'il a seulement voulu assujettir aux règles qu'il édicte des contrats jusque là librement négociés.

d) Incertitudes de la matière : la question des risques

918. Le critère de la rémunération aboutit à regrouper des contrats assez différents les uns des autres.

Ainsi, l'affermage est proche d'un contrat de prestation de service, alors que la concession dans sa forme pure confie la mise en valeur d'une activité. Cependant, des tentatives ont été faites pour donner une logique au critère de rémunération en le rattachant à la notion de risque économique.

On a vu qu'en droit communautaire le risque tient une place importante dans la définition de la concession.

La Communication interprétative de la Commission sur les concessions en droit communautaire (*JOCE* 2000/C 121/02 du 29.4.2000) indique que « le concessionnaire assume non seulement les risques liés à toute construction mais il devra supporter également les risques inhérents à la gestion et à la fréquentation de l'équipement. Il découle des considérations qui précèdent que, dans une concession de travaux, les aléas inhérents à l'exploitation sont transférés au concessionnaire ».

La référence au risque a été reprise à son compte par Christine Bergeal à deux reprises (cf. *Concl. Bergeal* sous *CE 7 avril 1999, Commune de Guilherand-Granges, AJDA 1999 p. 517* et sous ***CE 30 juin 1999, SMITOM Centre-Ouest-Seine-et-Marnais, AJDA 1999, 714***). Mme Bergeal, dans un souci de conceptualisation, a exposé que le critère de l'arrêt Préfet des Bouches-du-Rhône « renvoie à la notion de prise de risque par le cocontractant, consubstantiel à la notion de concession ». Selon elle, le critère de la rémunération par les résultats n'est qu'un instrument de mesure du risque assumé par l'entreprise : « pour vérifier si le contractant assume ou non un risque lié à l'exploitation, le recours à la notion de résultats nous paraît particulièrement approprié » (conclusions sous l'arrêt du 7 avril 1999 Commune de Guilherand-Granges).

À la lecture de certaines décisions de justice (ex : *CAA Douai 5 juin 2001, Soc. Ateliers de mécanique du pays d'Ouche, req. 97 DA 10602* : « il ne ressort pas des pièces du dossier que ces seuls éléments puissent être regardés comme faisant effectivement peser sur le gérant une part significative des risques »), il apparaît que les juges tiennent parfois compte de l'existence d'un risque financier à la charge de l'exploitant, ce qui incite à se demander si, à côté de la condition de rémunération substantielle par les résultats de l'exploitation, il convient de tenir compte d'une condition de transfert de risque d'exploitation : « ou bien on le considère comme une condition autonome et supplémentaire de la qualification de DSP dont la réalisation découle normalement du critère de la rémunération, mais qui demande à être vérifié dans chaque cas. Ou bien, on estime qu'il se confond avec le mode de rémunération propre à la DSP ; qu'il n'est qu'une manière différente de le formuler et qu'il épuise ses effets, sans imposer d'exigence supplémentaire à laquelle la qualification de DSP serait subordonnée » (F. Llorens, *op. cit., Liber amicorum J. Waline*, p. 314).

919. La jurisprudence du Conseil d'État va nettement dans le sens de la seconde des deux interprétations indiquées par François Llorens.

Si, dans un arrêt concernant des faits antérieurs à la loi du 29 janvier 1993 le Conseil d'État a retenu le transfert du risque financier de l'exploitation comme critère du contrat de délégation *(CE 15 juin 1994, Syndicat intercommunal des transports publics de la région de Douai, Rec., tab. 807)*, il a cessé par la suite de s'y référer, y compris dans l'arrêt du 28 juin 2006, Syndicat de la vallée du Gier (précité).

Après 1994, les arrêts ne font aucune allusion à la notion de risque et la loi MURCEF non plus, ce qui incite à penser que cette notion n'intervient pas directement dans la définition de la délégation de service public. C'est ce que confirment les arrêts précités du Conseil d'État qui consacrent le critère de la rémunération par les résultats de l'exploitation ; ils ne font pas de différence selon que ladite rémunération est nécessaire à assurer l'équilibre du contrat ou à assurer un profit.

Cela peut se comprendre : le critère du risque paraît difficile à utiliser, alors surtout que la définition même du risque n'est pas simple. Le risque pouvant être défini comme « a chance of loss » (M. Lenz Risk *Management Manual*, Insurors Press, 1971 cité par C. Marmuse et X. Montaigne *Management du risque*, Vuibert, 1989), rares sont les contrats qui n'exposent pas à un risque. On peut, certes, restreindre l'analyse au « risque — recette » en se demandant si l'entreprise risque ou non de ne pas être payée de ses efforts, mais cela ne recoupe pas nécessairement la distinction entre paiement par un prix/paiement par des recettes autres. Le prix peut être insuffisant ou même non payé, les recettes en provenance des usagers peuvent constituer une véritable rente.

§ 2. Procédure de conclusion des conventions de délégation de service public

920. Le législateur a tenu pour acquis, sur la base du « rapport Bouchery » (*Rapport de la commission de prévention de la corruption*, 1992, Doc. fr., 1994), que la liberté reconnue dans la passation des conventions de délégation entraînait à la fois l'écrasement des communes par les grandes entreprises et des détournements de l'argent public. Des dispositions ont donc été introduites par la loi du 29 janvier 1993 dans le but d'assurer ou de renforcer l'information et la « transparence ».

Jusque-là, en matière de concessions et conventions voisines, la liberté de choix et de négociation était totale. À l'appui de ce principe, trois principaux arguments étaient avancés : ces contrats sont conclus *intuitu personae*, ce qui exclut les procédures formalistes ; ils sont complexes, ce qui rend la concurrence impraticable ; l'argent public n'est pas en jeu, ce qui permet plus de souplesse (V. p. ex. — à propos d'une concession de travaux — *CE 30 octobre 1936, Sibille, Rec. 936* : un tel contrat « implique, en raison de sa durée et de la complexité de son mécanisme la nécessité de tenir compte de la personnalité du concessionnaire »).

Il faut reconnaître qu'aucun de ces arguments n'était bien convaincant : si l'*intuitu personae* ne s'accommoderait pas de l'automatisme de l'adjudication, en revanche les procédures comme l'appel d'offres permettent de lui faire place ; la complexité n'exclut pas la comparaison de plusieurs offres entre elles si les spécifications sont bien rédigées ; la protection des usagers peut justifier la rigueur financière aussi bien que celle des deniers publics. La mise en place de règles de passation ne s'est donc pas heurtée à des obstacles insurmontables. Mais on a peut-être méconnu certains effets pervers de la réglementation : l'encadrement de la concurrence peut contrarier l'innovation technique, les exigences formalistes peuvent décourager les PME et favoriser la concentration, les risques attachés aux incertitudes juridiques entraînent un renchérissement des coûts. Nonobstant, l'introduction de règles de passation a incontestablement développé la « contestabilité » des marchés pertinents dans l'intérêt des usagers-consommateurs (cf. L. Richer « Trois vœux pour améliorer le système des délégations », *Mon. des T.P.*, 24 janvier 2003 ; Conseil de la concurrence *Avis n° 03-A-02 du 18 mars 2003 relatif aux conditions propres à assurer le libre jeu de la concurrence entre les candidats lors d'une procédure de délégation de service public*).

921. Une différence importante a cependant été maintenue entre la convention de délégation de service public et le marché public : les premières ne sont assujetties qu'à une procédure de publicité qui laisse place à la négociation.

La « loi Sapin » cherche en effet à combiner publicité et négociation dans une procédure simple pour l'État et ses établissements publics mais assez complexe pour les collectivités locales et leurs établissements publics, ce qui explique que des textes ultérieurs ont apporté quelques allégements.

A Procédure normale

922. La loi du 29 janvier 1993 comporte des règles générales et des règles spécifiques aux collectivités locales, codifiées depuis 1996 aux articles L. 1411-1 et s. du CGCT.

a) Règles générales

923. Quelle que soit la collectivité délégante, il résulte de l'article 38 de la loi, codifié pour les collectivités locales à l'article L. 1411-1 du CGCT, et de l'article 1er du décret 93-471 du 24 mars 1993 (art. R. 1411-1 du CGCT) que la procédure doit comporter une offre de candidatures et une offre de prestations.

924. La collectivité délégante a l'obligation de publier un avis afin de permettre le dépôt des candidatures (publicité dans un journal d'annonces légales et un publication spécialisée du secteur ; délai minimum de candidature : 1 mois). Les candidats sont sélectionnés, en fonction « de leurs garanties professionnelles et financières et de leur aptitude à assurer la continuité du service public et l'égalité des usagers devant le service public » (art. 38 ; L. 1411-1 CGCT). Tout candidat présentant les garanties suffisantes doit figurer sur la liste des candidats sélectionnés ***(CE 30 juin 1999, SMITOM Centre-Ouest-Seine-et-Marnais, Rec. 230 ; AJDA 1999. 714, concl. Bergeal)***. Les entreprises ainsi choisies reçoivent un document décrivant les caractéristiques des prestations. Sur cette base, elles déposent leurs offres de prestations, lesquelles « sont librement négociées » (art. 38 ; L. 1411-1 CGCT), sans que la loi impose, comme en matière de marchés publics, l'obligation de publier les critères d'attribution.

La liberté de négociation trouve toutefois de nombreuses limites dans le contenu du document descriptif des prestations et dans l'obligation de respecter le principe d'égalité entre les candidats. Seules des modifications non substantielles peuvent être apportées aux conditions fixées initialement et en ce cas tous les candidats doivent être mis à même de modifier leurs offres *(CE 29 juillet 1998, Éditions Dalloz-Sirey, BJDCP, 1998, n° 1, p. 76 ; CE 15 juin 2001, SIAEP de St-Martin de Ré, Rec. 265 ; AJDA 2001, p. 1090, note Markus ; BJDCP 2001, n° 18, p. 415, concl. Piveteau).*

Cette procédure est tantôt alourdie, tantôt allégée.

L'alourdissement concerne les collectivités locales.

b) Procédure applicable aux collectivités locales

925. Pour les collectivités locales, leurs groupements et leurs établissements publics, la procédure est singulièrement alourdie (art. L. 1411-5 CGCT) et, compte tenu des contraintes et contrôles imposés, elle se rapproche de la conclusion d'un marché public, alors surtout que se sont développées en matière de marchés des procédures qui introduisent des possibilités de négociation à l'intérieur de la mise en concurrence. Comme pour les marchés publics, d'ailleurs, la possibilité est reconnue au préfet, de transmettre à la chambre régionale des comptes les conventions relatives aux délégations de service public, auquel cas la chambre régionale formule dans le délai d'un mois un avis qui doit être communiqué aux élus (art. L. 1411-18 CGCT ; art. L. 234-2 Code des juridictions financières). Mais la sanction de ces règles est surtout entre les mains du juge administratif, notamment par la voie du référé pré-contractuel. Les recours sont nombreux et il n'est pas rare qu'une procédure de passation doive être recommencée pour des motifs qui correspondent souvent à de véritables atteintes à la concurrence, mais relèvent parfois d'un formalisme exagéré (pour un exemple d'excès de formalisme de la part du juge du référé, voir : *CE 25 juillet 2001, Syndicat des eaux de l'Iffernet, BJDCP 2001, n° 19, p. 530, concl. Piveteau*).

Interviennent dans la procédure de conclusion d'une part l'assemblée délibérante, d'autre part une commission composée comme la commission d'appel d'offres.

1° L'assemblée délibérante

926. L'assemblée délibérante doit être saisie dès le départ, avant toute publicité, pour prendre la « décision sur le principe de la délégation ». De la sorte, l'attention des élus est attirée sur l'importance du choix, lequel doit, au surplus être précédé dans les communes de plus de 10 000 habitants de la consultation de la commission consultative des services publics représentant les usagers.

La procédure est ensuite conduite par « l'autorité habilitée à signer », c'est-à-dire l'exécutif local, et par la commission ; mais l'assemblée délibérante est à nouveau saisie pour la décision finale : une fois l'entreprise choisie et le contrat négocié, l'assemblée délibérante doit donner son approbation, dans le délai minimum de deux mois après la saisine de la commission. Cette approbation porte aussi bien sur le nom du délégataire que sur le texte du contrat.

La liberté de l'Exécutif se trouve, de la sorte, singulièrement restreinte compte tenu des explications qu'il doit fournir. Un des résultats constatés dans la pratique est la préférence donnée au candidat qui propose le tarif le plus bas, de la même manière qu'en matière de marchés les moins-disants tendent à l'emporter.

2º La commission

927. Dans les communes de 3 500 habitants et plus, la commission des délégations de service public est composée de la manière suivante :

— cinq membres de l'assemblée délibérante élus en son sein à la représentation proportionnelle au plus fort reste,

— le comptable de la collectivité (voix consultative),

— un représentant du ministre chargé de la concurrence (voix consultative).

Dans les communes de moins de 3 500 habitants le nombre de membres du conseil municipal n'est que de trois.

928. L'article L. 1411-5 prévoit que « les plis contenant les offres sont ouverts par une commission ». La loi du 11 décembre 2001 portant mesures d'urgence à caractère économique et financier est venue préciser que la commission intervient deux fois et que, la première fois, elle a un pouvoir de décision pour établir la liste des candidats. Il est fréquent que la commission procède à des auditions, mais, une fois établie la liste des candidats, elle ne doit pas sortir de son rôle consultatif, la négociation étant menée, aux termes de la loi, par l'autorité habilitée à signer.

929. La commission est également appelée à intervenir dans un autre cas.

L'article 8 de la loi du 8 février 1995 renforce l'encadrement de l'exécution par une disposition qui vise aussi bien les marchés publics que les conventions de délégation de service public. Il introduit dans la « Loi Sapin » un article 49-1 (L. 1411-6 CGCT) aux termes duquel « tout projet d'avenant à un marché de travaux, de fournitures ou de services ou à une convention de délégation de service public entraînant une augmentation du montant global supérieure à 5 % est soumis pour avis à la commission d'appel d'offres ou à la commission visée à l'article 43. L'assemblée délibérante qui statue sur le projet d'avenant est préalablement informée de cet avis ».

B Procédure applicable aux « petites délégations »

930. À la demande de l'Association des présidents de conseils généraux, qui invoquait l'impossibilité de respecter la procédure de la loi pour l'attribution des conventions de transports scolaires (considérées comme des délégations de service public) étant donné que le nombre d'élèves de l'année à venir n'est connu que tardivement, une modification (non limitée à ce type de contrats) a été introduite par l'article 70 de la loi du 8 août 1994 portant diverses dispositions d'ordre économique et financier : les conventions de délégation n'étaient soumises qu'à une procédure de publicité simplifiée lorsque « le montant total estimé des sommes perçues par le délégataire, en application de la convention et pour la durée de celle-ci, est inférieur à un seuil de 1 350 000 francs hors taxes ».

931. Ce seuil a été modifié par la loi n° 95-127 du 8 février 1995, dont l'article 5 modifie l'article 41 de la loi du 29 janvier 1993, en prévoyant une procédure simplifiée « lorsque le montant des sommes dues au délégataire pour toute la durée de la convention n'excède pas 106 000 € ou que la convention couvre une durée non supérieure à trois ans et porte sur un montant n'excédant pas 68 000 € par an » (art. L. 1411-12 CGCT).

Le décret n° 95-225 du 1er mars 1995 (article R. 1411-2 du CGCT) prévoit que le projet de délégation fait alors seulement l'objet d'une insertion dans une publication, avec un délai de quinze jours minimum pour présenter des offres.

C Cas de dispense de procédure

932. La négociation directe est possible à raison soit de la qualité du délégataire, soit du défaut d'aboutissement de la procédure de publicité.

933. Les contrats sont exclus de la procédure lorsque le délégataire est titulaire d'un monopole reconnu par la loi, ce qui est exceptionnel et vise surtout les concessions de distribution conclues entre les communes et EDF. Sont également exclus les contrats passés avec un établissement public, à condition que l'activité déléguée figure dans ses statuts (art. 45 loi du 29 janvier 1993 et L. 1411-12 CGCT), mais cette exception doit, semble-t-il, être interprétée comme ne visant que les établissements rattachés à la collectivité compétente, car c'est l'existence d'un lien de dépendance qui justifie l'exonération. En tout état de cause, ces exceptions font problème au regard de l'obligation de transparence résultant du droit communautaire, comme on le verra.

En revanche, le Conseil constitutionnel a décidé ***(CC 20 janvier 1993, Loi relative à la prévention de la corruption et à la***

transparence de la vie économique et des procédures publiques, Rec. 14) que l'exclusion des sociétés d'économie mixte du champ d'application de la loi méconnaissait le principe d'égalité. Il en résulte que la procédure de passation doit être respectée même quand la collectivité locale a créé une SEM. justement pour gérer le service qui fait l'objet de la procédure de délégation, ce qui n'est pas sans susciter bien des critiques de la part des SEM aussi bien que des élus (v. C. Boiteau « La SEML, délégataire de service public », *AJDA* 2002. 1318).

934. La négociation directe est également admise lorsque la « mise en concurrence » n'a pas abouti parce « qu'aucune offre n'a été proposée ou n'est acceptée par la collectivité publique » (art. 41 loi du 29 janvier 1993 ; art. L. 1411-8 CGCT).

D Autolimitation

935. Avant 1993 il était possible à l'administration de mettre en place une procédure de mise en concurrence pour l'attribution de concessions et contrats voisins. Elle pouvait même se référer au Code des marchés publics, sous réserve toutefois de ne pas donner le pouvoir de décision à la commission d'appel d'offres, dont la compétence ne peut être étendue au-delà des marchés publics *(CE 19 novembre 1993, Commune de Saint-Paul de la Réunion, MP 1994, n° 281, p. 24).*

En pareil cas l'autorité compétente se trouvait liée par la procédure ainsi adoptée (ex. : *CE 21 septembre 1992, Commune de Bagnols-sur-Cèze, Rec. t. 1105* — appel d'offres pour la concession du service des pompes funèbres, la commune n'a pas respecté son engagement de choisir le moins-disant).

936. Après la loi de 1993, il reste possible aux collectivités délégantes d'ajouter des formalités à celles qui sont prévues par la loi dès lors que les compétences consultatives et décisionnelles qu'elle a définies sont respectées, ce qui n'est pas le cas s'il est fait application du Code des marchés publics et non de la « Loi Sapin », contrairement à ce qu'a jugé un arrêt contestable *(CAA Paris 28 mai 2002, Association des usagers du CAES du CNRS de Gif-sur-Yvette, BJDCP 2002, n° 25, p. 448, concl. Haïm).*

Elles doivent aussi, le cas échéant, tenir compte des règles communautaires.

E Règles d'origine communautaire

937. Pour les concessions de travaux de seuil communautaire est également organisée une procédure de publicité (art. 58 dir. 2004/18 ; art. 2 et s. du décret 92-311 du 31 mars 1992) par publication d'un avis au *JOUE*. Toutefois, des cas de dispense de publicité sont prévus à l'article 3 ; ils sont analogues aux hypothèses de passation de marchés négociés sans mise en concurrence (urgence impérieuse, droits d'exclusivité, travaux complémentaires devenus, à la suite d'une circonstance imprévue, nécessaires, etc.).

938. Il a été admis par un tribunal administratif *(TA Nice, 6 mars 1998, Assoc. Menton héritage, BJDCP n° 1, p. 57)* que cette obligation vaut aussi bien pour le contrat initial que pour les avenants de seuil communautaire, ce qui est de nature à remettre en cause le principe même de l'avenant et prête donc à discussion (dans le sens contraire à celui du TA de Nice, voir *Avis du CE, 16 septembre 1999, BJDCP 2000, n° 10, p. 199*).

Cependant, la directive 2004/18 a introduit une règle nouvelle, selon laquelle des travaux complémentaires peuvent être attribués par voie d'avenant sans publicité nouvelle, dans la limite de 50 % du montant initial, lorsque ces travaux complémentaires sont techniquement ou économiquement indissociables des travaux initiaux ou strictement nécessaires au perfectionnement de l'ouvrage initial. Cette exception n'est pas transposée par le décret, qui ne tient compte que de l'ancienne directive.

939. Une des innovations du droit communautaire de la concession a également consisté à rendre obligatoire une publicité pour la passation des marchés de travaux des concessionnaires de travaux (art. 5 du décret de 1992), sauf si ces marchés sont conclus avec « des entreprises liées ».

940. L'obligation de publicité préalable est, toutefois, inapplicable dans le cas où la concession est conclue avec un opérateur interne, c'est-à-dire à un concessionnaire placé dans la dépendance du concédant (voir *supra*, n° 602). En effet, la théorie du « in house », d'abord dégagée en matière de marché public, est applicable à la concession (*CJCE 13 octobre 2005, Parking Brixen GmbH, aff. C-458/03, Rec. I-8612*, point 62).

Il serait également concevable qu'un droit exclusif soit reconnu et attribué sans publicité préalable par voie de concession si cela est indispensable à une mission d'intérêt général. La question se pose en France pour les concessions de gaz et d'électricité, à ce jour elle n'est pas résolue, et, dans le cas de l'Italie la Cour a jugé que le droit primaire oblige à mettre en concurrence les concessions de distribution de gaz *(CJCE 21 juillet 2005, Consorzio Aziende Metano (Coname), affaire C-231/03, Rec. I-7287).*

§ 3. Règles de fond applicables à la convention de délégation de service public

Bibliographie : Ministère de l'Intérieur, *Recueil des modèles de cahiers des charges et règlements de service*, Documentation française, 1987.

DELVOLVÉ (P.) : « Les concessions de transport et de distribution de gaz », *CJEG* 1969, 169 et 183.

RICHER (L.), dir. : *Délégation de service public*, éd. du Moniteur (feuillets mobiles, avec un CD Rom de contrats modèles)

SABLIÈRE (P.) : « Le nouveau modèle de cahier des charges pour la concession à EDF de la distribution d'énergie électrique », *CJEG* 1993, 1.

SABLIÈRE (P.) : « Le nouveau cahier des charges type de la concession du réseau d'alimentation générale en énergie électrique », *CJEG* 1995, 87.

Traité des contrats, n° 1125 et s. ; n° 1179 et s.

941. Le contenu du contrat dépend avant tout de la volonté des parties ; celle-ci est toutefois encadrée par des règles qui se rapportent à l'objet du contrat et à la détermination des droits et obligations du délégant et du délégataire. Mais, avant d'examiner ces différents aspects, on s'arrêtera sur les relations qui existent ou existeront entre le traditionnel droit de la concession et celui de la délégation de service public.

A Droit de la délégation et droit de la concession

942. Compte tenu de la relative nouveauté de la convention dite de délégation de service public, et de l'incontestable ancienneté de la concession de service public, le problème se pose de savoir dans quelle mesure le corps de règles applicable à la concession l'est aussi à la délégation.

a) Les textes

943. Depuis 1993 il existe des textes applicables à l'ensemble des conventions de délégation de service public ; mais, antérieurement, la plupart des lois et règlements ne visaient qu'un ou deux types de contrats.

Les textes les plus importants ne concernaient que la concession ou la concession et l'affermage ; d'autres portaient exceptionnellement sur des contrats différents (ex. : art. R. 324-6 du Code des communes relatif à la régie intéressée ; décret du 13 janvier 1986 sur le détachement des fonctionnaires territoriaux qui vise à la fois la concession, l'affermage, la régie intéressée et la gérance).

Ces textes, qui ont rarement été mis à jour, ne sont applicables qu'aux contrats qu'ils désignent, ce qui est de nature à réduire la portée de la qualification comme convention de délégation de service public. Par exemple, l'article 216 *bis* de l'annexe II du CGI, qui permet le transfert du droit à déduction de la TVA sur les investissements au titulaire d'une concession ou d'un affermage n'est pas extensible à d'autres délégations de service public.

Si l'on veut donner de la consistance à la nouvelle catégorie de contrats une certaine harmonisation des textes s'impose donc.

b) Les principes

944. Statuant sur la légalité d'une clause garantissant l'extension à un concessionnaire de tout avantage nouveau dont viendrait à bénéficier une entreprise concurrente, le Conseil d'État a décidé que cette clause n'était pas contraire aux « principes du droit des concessions » ***(CE Ass. 16 avril 1986, CLT, RFDA 1987, 21, art. Delvolvé et art. Moderne)***. Quels sont ces principes ? Sont-ils automatiquement applicables à la convention de délégation de service public ? Faute de jurisprudence significative, on ne peut prétendre donner une liste exhaustive des « principes du droit des concessions ». On considérera qu'ont cette valeur les règles jurisprudentielles qui se rattachent à l'essence du contrat de concession. Il s'agit surtout de règles relatives aux relations entre le concédant et le concessionnaire et de règles visant à garantir à ce dernier une certaine sécurité juridique.

945. De la première catégorie relèvent :

— le principe de non-ingérence (*CE 18 juillet 1930, Chemins de fer PLM, D. 1931, 3, 21, concl. Josse* : le concédant ne peut s'attribuer un pouvoir de gestion) ;

— le principe de collaboration : les deux cocontractants doivent contribuer à la réalisation du but d'intérêt commun, ce dont résulte pour le concédant une obligation d'assister son concessionnaire *(CE 7 janvier 1976, Ville d'Amiens, Rec. 11 ; CAA Paris 4 juin 1992, SA Tahiti Moorea Service, CJEG 1993, 331, note Delpirou ; CAA Marseille 7 décembre 1999 Soc. Var Expansion, BJDCP 200, n° 11, p. 245, concl. Duchon-Doris)* ; toutefois, le Conseil d'État semble avoir remis en cause l'existence de ce principe (*CE 25 juillet 2001 Ville de Toulon, Ctts et MP, 2001, n° 12*) ;

— le principe de subsidiarité selon lequel la responsabilité de la collectivité publique n'est engagée qu'en cas d'insolvabilité de son cocontractant (cf. *CE 16 mai 1872, Ville de Meaux, Rec. 325 ; CE 28 janvier 1920, Cie des chemins de fer du sud de la France, Rec. 99 ; CE 10 février 1961, Ville de Béziers, Rec. 113 ; CE Sect. 18 mai 1979, Association Urbanisme judaïque Saint-Seurin, RDP 1979, 1481, concl. Latournerie ; CE 11 décembre 2000 Agofroy, Rec. 607 ; RFDA 2001. 1277, concl. Austruy*) ;

— le principe de retour gratuit des biens nécessaires au service (cf. *infra*) ;

— le principe selon lequel le contrat ne peut être cédé qu'avec l'autorisation du concédant ***(CE 20 janvier 1905, Comp. dép. des eaux, S.1907, 3, 9, concl. Romieu)***, qui ne peut, toutefois, la refuser que pour un motif d'intérêt du service *(CE 5 juillet 1935, Commune de Reuilly, S.1935, 3, 121, note Alibert ; Rev. des concessions, 1935, p. 262, concl. Parodi ; CAA Lyon 9 avril 1991, D. 1992, 60, note Gilli)*.

946. Dans la seconde catégorie on trouve notamment :

— le principe du caractère réglementaire des clauses relatives à l'organisation et au fonctionnement du service public *(CE 5 mars 1943, Compagnie générale des eaux, D. 1944, 121, concl. Odent, note Blaevoet)* ;

— le principe selon lequel, sauf clause contraire, la déchéance est prononcée par le juge (cf. *supra*) ;

— le principe d'indemnisation des biens non amortis financièrement en cas de résiliation même pour faute *(CE 27 février 1935, Soc. des eaux et du gaz de Courtenay, Rec. 256)*.

947. Parmi tous ces « principes », certains sont communs à tous les contrats confiant l'exécution d'un service public et, par conséquent, ils doivent s'appliquer aux conventions de délégation de service public. Tel est le cas pour le principe de responsabilité subsidiaire (ex. d'application en dehors de la concession : *CE*

Sect. 13 novembre 1970, Ville de Royan, RDP 1971, 740, concl. Braibant), pour le principe du caractère réglementaire de certaines clauses (ex. d'application en dehors de la concession : *CE Sect. 18 mars 1977, Chambre de commerce de La Rochelle, Rec. 153*). Le principe d'autorisation des cessions procède du caractère *intuitu personae* de la concession ; il paraît normal qu'il s'applique à la délégation de service public, car le maintien par la loi de la négociation marque un souci d'*intuitu personae.*

Comme dans la concession, dans la convention de gestion déléguée le cocontractant est autonome, il est donc logique d'appliquer le principe de non-ingérence.

Comme le concessionnaire, le délégataire gère un service public ; il est donc vraisemblable que s'appliquent les principes de collaboration et de retour gratuit des biens nécessaires au service.

Ne restent donc que deux principes non généralisables (déchéance par le juge ; indemnisation des biens non amortis).

Dépassent également la seule concession les règles concernant la possibilité de déléguer un service.

B Objet de la gestion

948. N'importe quel service n'est pas « délégable » et quand un service est délégué, le titulaire du contrat doit s'en tenir à l'objet de celui-ci.

a) Les services délégables

949. Bien que le délégataire ne soit pas nécessairement rémunéré par l'usager, la définition de la convention de délégation de service public qui a été retenue implique que l'exploitation du service procure des recettes non négligeables. Un service n'est donc délégable qu'à cette condition.

950. Cela n'exclut pas pour autant les services à caractère administratif.

À l'origine, la concession et les contrats voisins portaient sur des services à caractère industriel et commercial, dont la gestion était seule susceptible d'être financièrement équilibrée. La concession de services administratifs existe cependant depuis longtemps, comme en témoigne l'exemple des pompes funèbres (sur le caractère administratif du service avant sa réforme en

1993 : cf. *TC 20 janvier 1986, Ville de Paris c/ Roblot, Rec. 298 ; AJDA 1986, 267, obs. Richer*).

Le Conseil d'État a consacré expressément cette possibilité dans son ***avis du 7 octobre 1986*** : « le caractère administratif d'un service public n'interdit pas à la collectivité territoriale d'en confier l'exécution à des personnes privées, sous réserve toutefois que le service ne soit pas au nombre de ceux qui, par leur nature ou par la volonté du législateur, ne peuvent être assurés que par la collectivité territoriale elle-même » ***(Grands avis du Conseil d'État, 1re édition 1997, p. 245)***.

Le législateur, de son côté, a prévu à plusieurs reprises la concession d'un service administratif (art. L. 122-4 Code de la voirie routière pour les autoroutes ; art. L. 153-1 et L. 153-2 du Code de la voirie routière pour les ouvrages d'art).

Les services les plus fréquemment délégués n'en demeurent pas moins des services industriels et commerciaux (eau, assainissement, énergie, etc.).

951. La référence qui figure dans l'avis précité du Conseil d'État à la « nature » du service évoque surtout les solutions jurisprudentielles relatives à la police municipale (cf. ***CE 17 juin 1932, Ville de Castelnaudary, Rec. 595 ; D. 1932, 3, 26, concl. Josse*** : « le service de la police rurale, par sa nature, ne saurait être confié qu'à des agents placés sous l'autorité directe de l'administration »).

Il a été fait application de cette solution en matière de stationnement payant sur la voie publique. Si, contrairement à ce qui a été affirmé dans des circulaires du ministre de l'Intérieur (not. circulaire du 15 juillet 1982 relative à des modèles de contrats), la gestion de ce service peut être déléguée, elle ne peut l'être que dans certaines limites. A été déclarée illégale une convention qui confiait la gestion du stationnement payant en surface dans les conditions suivantes : elle fixait le nombre de places en prévoyant qu'il ne pouvait être modifié unilatéralement de plus de 5 % et que les agents municipaux étaient mis à la disposition de la société ; de la sorte, la commune avait confié à la société des « prérogatives de police du stationnement sur la voie publique qui ne pouvaient légalement lui être déléguées » *(CE 1er avril 1994, Commune de Menton, Dr. adm. nov. 1994, concl. Lasvignes ; RDP 1994, 1825, note J.-B. Auby)*. Il a également été jugé qu'une commune ne peut confier à une société privée la surveillance des voies publiques ; mais, assez curieusement, cette solution a été fondée sur la loi du 12 juillet 1983 relative aux sociétés de gardiennage *(CE 29 décembre 1997, Commune d'Ostricourt, Dr. adm. 1998, n° 44).*

952. L'interdiction de déléguer peut aussi résulter d'un texte. Ainsi, le Conseil d'État a jugé illégale la convention conclue entre un département et une association qui avait pour objet de confier à une association l'ensemble de la mission de prévention des maladies infantiles « qui incombe au département lui-même » en vertu du Code de la Santé publique *(CE 17 mars 1989, Syndicat des psychiatres français, Rec. 95 ; AJDA 1989, 407, obs. Prétot).* Il en est allé de même d'une convention pour la gestion de la chambre mortuaire d'un établissement hospitalier, activité que la loi du 8 janvier 1993 ne permet pas de confier à un opérateur externe *(CE 5 octobre 1998, Féd. fr. des pompes funèbres, Rec. 349).*

953. Lorsque l'interdiction résulte de la « nature » du service, un texte peut rendre celui-ci délégable sous la seule réserve de respecter les normes constitutionnelles.

Il a, par exemple, été envisagé en 1986 par le ministère de la Justice de confier à des entreprises la construction de prisons ainsi que leur gestion, y compris la surveillance. Ce projet a suscité un débat animé (V. L. Favoreu, « Approche constitutionnelle du principe de la participation du secteur privé au fonctionnement du service public pénitentiaire » in *Les prisons dites privées*, Economica, 1987, p. 46 et s.). Les opposants ont fait valoir que l'État ne peut déléguer l'exécution de la sanction pénale, que la surveillance par des personnels privés expose à des abus. Les défenseurs du projet ont répondu que l'État exercerait un contrôle étroit sur les personnels, que les magistrats conserveraient toutes les prérogatives prévues par les textes et que l'intervention des personnes privées est déjà une réalité pour les mineurs placés en éducation surveillée depuis l'ordonnance du 2 février 1945 (R. Drago, « Prisons privées : l'État dans son droit », *Le Figaro*, 14 novembre 1986).

954. Au terme de cette discussion, les détracteurs du projet l'ont plutôt emporté, après un avis du Conseil d'État sur le projet de loi, selon lequel la garde et la détention des personnes incarcérées relève des fonctions de souveraineté *(avis du 13 novembre 1986, EDCE 1987, p. 138*- dans le même sens voir *CC 29 août 2002, Loi de programmation pour la justice*, Rec. 204, qui mentionne au nombre des « tâches inhérentes à l'exercice par l'État de ses missions de souveraineté » la direction, le greffe et la surveillance dans les prisons).

L'article 2 de la loi du 22 juin 1987 a prévu que « l'État peut confier à une personne de droit public ou privé... une mission portant à la fois sur la conception, la construction et l'aménagement d'établissements pénitentiaires » et ce dans le cadre de conventions conformes à un cahier des charges approuvé par décret. La loi précise que ne peuvent être confiées aux cocontractants les fonctions « de direction, du greffe et de surveillance ».

Plusieurs conventions ont été conclues. Mais, compte tenu à la fois des conditions financières et du caractère partiel de la mission, il ne s'agit pas de conventions de délégation de service public et c'est d'ailleurs dans le cadre du Code des marchés publics que le Ministère de la Justice a renouvelé les contrats en 2000, avant que ne soit introduit en la matière un système de partenariat (*infra*, n° 1118 et s.).

b) Objet du contrat

955. Afin d'empêcher le concessionnaire d'utiliser sa situation privilégiée pour fausser la concurrence, et, surtout, pour ne pas risquer d'imposer à l'usager des charges dénuées de contrepartie, est interdite l'insertion de « clauses par lesquelles le concessionnaire prend à sa charge l'exécution de travaux étrangers à l'objet de la concession » (art. L. 2222-1 du CGCT issu d'un décret-loi du 30 octobre 1935 également applicable aux départements). La loi du 29 janvier 1993 a repris cette règle de manière plus large : « les conventions de délégation de service public ne peuvent contenir de clauses par lesquelles le délégataire prend à sa charge l'exécution de services ou de paiements étrangers à l'objet de la délégation » (art. 40, al. 4 ; art. L. 1411-2 CGCT).

C Détermination des droits et obligations

956. Le contenu du contrat est, le plus souvent, susceptible d'être discuté par les parties. Toutefois, lorsque le délégant est l'État, continuent à s'appliquer des cahiers des charges types à caractère obligatoire. Les collectivités locales peuvent se référer à des modèles de cahiers des charges de concession, d'affermage ou de contrats non qualifiés (ex. : modèle de « contrat pour l'exploitation » d'installations de traitement par incinération des résidus urbains approuvé par circulaire du 19 mars 1986). Mais, même pour les collectivités locales, la liberté contractuelle est limitée par des règles impératives qui imposent ou interdisent des clauses déterminées. Cela s'explique en grande partie par la présence d'un tiers qu'il faut protéger, l'usager, dont la situation par rapport à la convention de délégation est conditionnée par les clauses dites « réglementaires » d'un contrat auquel il est étranger.

a) Documents types et modèles

957. À un caractère obligatoire, sur la base de la loi de nationalisation du 8 avril 1946, le cahier des charges type approuvé par décret du 23 décembre 1994 (antérieurement décret du 28 novembre 1956) pour la concession par l'État à EDF du réseau de transport (distinct de la distribution qui est concédée au niveau local). Existent aussi des cahiers des charges types approuvés par décrets pour les concessions d'énergie hydraulique, les concessions d'aéroports et de ports aux chambres de commerce, etc.

958. Lorsque le délégant est une collectivité locale, les documents types, même approuvés par décret n'ont valeur que de modèles, conformément à la loi de décentralisation du 2 mars 1982. Quand ils existent, ces modèles sont assez utilisés dans la pratique, mais ils souffrent de n'être pas suffisamment remis à jour en fonction des difficultés rencontrées. Certains modèles n'ont pas de caractère officiel et ont été élaborés par des organisations d'élus locaux et d'entreprises (concession de distribution d'énergie électrique en 1993 ; affermage de l'eau potable en 2001).

b) Clauses obligatoires et clauses illicites

959. On a déjà vu que la loi impose dans certains contrats l'insertion de clauses déterminées. Parfois, les contrats visés sont des délégations de service public mais, depuis 1993 surtout, est interdite ou imposée l'insertion de certaines clauses dans toute convention de délégation de service public.

Ces règles portent principalement sur la durée du contrat, sur certaines clauses financières et sur le contrôle.

1° Durée

960. Au XIXe siècle ont existé des concessions très longues et même perpétuelles et, à l'époque contemporaine, les délégataires cherchent à obtenir des contrats aussi longs que possible. Afin de favoriser la concurrence, la loi Sapin est venue limiter la durée des conventions et les possibilités de prolongation (art. 40, al. 1 et 2 ; art. L. 1411-2 CGCT).

961. La durée doit être « déterminée par la collectivité en fonction des prestations demandées au délégataire ». Ce principe laisse une grande liberté d'appréciation à la collectivité publique tout en attirant l'attention de celle-ci sur la nécessité de fixer elle-même la durée sans se la laisser imposer.

Lorsque les installations sont à la charge du délégataire, la règle est précisée : « la convention de délégation tient compte pour la détermination de sa durée, de la nature et du montant de l'investissement à réaliser » et elle ne peut dépasser « la durée normale d'amortissement », ce qui laisse une assez grande marge de liberté, car la durée d'amortissement est fixée d'après les usages et correspond à une moyenne.

962. L'article 75 de la loi du 2 février 1995 ajoute un alinéa à l'article 40 de la loi Sapin (art. L. 1411-2 CGCT) d'où il résulte que dans les secteurs de l'eau, de l'assainissement et des déchets, la durée des conventions de délégation de service public ne peut dépasser vingt ans (ce qui est une durée très courante) qu'après examen préalable par le trésorier-payeur général à qui doivent être fournis des justificatifs et dont les conclusions sont communiquées à l'assemblée délibérante. Cette exigence est très dissuasive en pratique.

963. Il ne servirait à rien de limiter la durée si les conventions pouvaient être renouvelées sans restriction. La loi de 1993 met en place deux types de restrictions.

964. La première restriction ne concerne que les personnes publiques autres que l'État : l'article L. 1411-2 du CGCT ne permet la prolongation que par un vote de l'assemblée délibérante. La tacite reconduction, qui équivaut à une prolongation, est donc exclue ; ce qui eût, de toute façon été le cas en application de la jurisprudence (*CE 29 novembre 2000, Commune de Païta, Rec. 574*). Il en résulte que les clauses de tacite reconduction qui figuraient dans les conventions antérieures à la loi de 1993 sont insusceptibles d'application *(CAA Marseille 23 janvier 2003, Commune de Six-Fours-les-Plages, AJDA 2003. 1161, note J.-D. Dreyfus)*.

965. La seconde restriction porte sur les conditions de fond de la prolongation.

Une prolongation n'est autorisée que dans deux cas : pour des motifs d'intérêt général ou à raison de l'exécution d'investissements supplémentaires.

Dans le premier cas, la durée de la prolongation ne peut excéder un an. La notion de « motif d'intérêt général » est évidemment très ouverte ; il peut, par exemple, s'agir de difficultés qu'aurait la collectivité délégante pour reprendre le service en régie ou pour trouver un nouveau délégataire.

Dans le second cas, le texte d'origine ne prévoyait la prolongation que pour exécution de « travaux non prévus au contrat initial ». Pour adapter le texte aux délégations sans travaux (ex. : transports) l'article 70 de la loi du 8 août 1994 portant DDOEF a remplacé la condition d'exécution de travaux par celle, beaucoup plus large, d'« investissements matériels ou immatériels ». Mais, des « affaires » portées devant les juridictions répressives ayant montré que les commandes de prétendues études ont parfois servi à dissimuler diverses pratiques de corruption, l'article 1er de la loi du 8 février 1995 a modifié derechef le point b) de l'article 40 de la loi Sapin en substituant les mots « investissements matériels » aux mots « investissements matériels ou immatériels ».

966. Pour que la prolongation à ce titre soit possible, de nombreuses conditions doivent être réunies. Il faut que les investissements :

— soient demandés par le délégant ;

— soient nécessaires à la bonne exécution du service public ou à l'extension de son champ géographique

— ne soient pas prévus au contrat initial et soient de nature à modifier l'économie générale de la délégation ;

— ne puissent être amortis pendant la durée de la convention restant à courir que par une « augmentation de prix manifestement excessive ».

La deuxième et la troisième de ces conditions soulèvent des difficultés particulières.

967. L'arrêt du Conseil d'État du 29 décembre 2004 *(CE 29 décembre 2004, SOCCRAM, BJDCP 2005, n° 40, p. 216, concl. Casas ; CP-ACCP, 2005, n° 45, p. 54, comm. Vidal)* éclaire la seconde condition. Il s'agit d'une concession de chauffage urbain ; un avenant a été conclu deux ans avant l'expiration du contrat pour confier au délégataire l'exécution de travaux de cogénération. Ces travaux, consistant en l'installation d'une turbine à gaz, permettaient de produire de la chaleur injectée dans le réseau de chauffage, ainsi que de l'électricité, qui pouvait être vendue à EDF à des conditions avantageuses, à condition que l'installation de cogénération puisse être mise en service avant une certaine date. Le résultat était une baisse de tarifs pour les usagers du service public.

Cette affaire posait deux questions d'interprétation de l'article L. 1411-2 du C.G.C.T. : la baisse de tarif est-elle un motif relevant de « la bonne exécution du service public » ? La nécessité pour pouvoir bénéficier du tarif d'achat par EDF d'avoir mis l'installation en service dans un certain délai, peut-elle être considérée comme une contrainte, au sens de l'article L. 1411-2-b ?

La cour administrative d'appel de Paris avait apporté une réponse positive à la première question : « sur le fondement de la dérogation énoncé au b. de l'article L. 1411-2 du C.G.C.T... une délégation de service peut être prolongée au-delà d'un an, afin de réaliser des équipements ayant des objectifs purement financiers tenant à la réduction des tarifs facturés aux usagers » (*CAA de Paris, 3 juillet 2001, SOCCRAM, req. n° 99PA03841*) ; mais elle n'en avait pas moins confirmé l'annulation prononcée par le tribunal administratif. En cassation, le Conseil d'État confirme l'arrêt de la cour administrative d'appel en considérant que celle-ci « n'a pas commis d'erreur de droit en se fondant sur l'absence de contraintes justifiant la création de l'unité de cogénération, au regard des diligences propres au service public de chauffage urbain pour juger la prolongation de la D.S.P.... contraire aux dispositions... de l'article L. 1411-2 ».

Malheureusement, le Conseil d'État ne se prononce pas sur l'intéressante question de savoir si relève de la bonne exécution du service public un avenant de prolongation qui vise à une baisse des tarifs ; l'arrêt ne prend aucunement position sur ce point, mais il convient d'indiquer que, selon le Commissaire du Gouvernement Didier Casas, « l'objectif de baisse tarifaire ne peut pas motiver une prolongation de la délégation ».

En tout état de cause, même s'il était admis, au moins dans certains cas, qu'un tel objectif peut être retenu, l'interprétation restrictive qui est retenue par le juge de la notion de contrainte pesant sur le délégataire rendrait assez improbable que celui-ci puisse être contraint de baisser les tarifs pour la bonne exécution du service public.

968. L'autre condition est relative à l'importance de la modification du contrat. La loi exige que soit nécessaire un investissement de nature à modifier l'économie générale de la délégation ; il peut s'agir, par exemple, de l'extension du réseau d'eau d'une commune en développement. Mais, même à l'occasion de la conclusion d'un avenant de prolongation dans les conditions qui viennent d'être indiquées, il faut tenir compte de la tendance des juridictions à contrôler strictement la passation des avenants au regard de l'interdiction de bouleverser l'économie des contrats. Compte tenu de la ténuité de la frontière entre modification et bouleversement de l'économie du contrat, les évolutions nécessaires risquent parfois d'être paralysées. La jurisprudence actuelle tend à rendre à peu près inapplicables les dispositions sur la prolongation : ou bien les travaux ne sont pas assez importants pour justifier la prolongation, ou bien ils le sont, mais alors, l'avenant est jugé illégal parce qu'il bouleverse l'économie du contrat *(ex. : TA Dijon 5 janvier 1999, Roycourt, BJDCP, n° 3, p. 295 ; TA Grenoble 7 août 1998, Betto, BJDCP 1999, n° 2, p. 181 ; TA Grenoble 25 février 2000, Préfet Haute-Savoie, BJDCP, 2000, n° 12, p. 33).* Cependant, on a vu précédemment (*supra*, n° 344 et s.) qu'il n'est pas exclu que la jurisprudence tienne compte de la spécificité de la délégation de service public pour faire preuve de moins de rigueur dans l'appréciation du bouleversement *(C.A.A. de Lyon, 8 février 2005, Commune d'Auxerre, BJDCP 2005, n° 40, p. 221, concl. Besle).*

2° Clauses financières

969. La « loi Sapin » est venue encadrer la pratique des « droits d'entrée » qui consiste à prévoir que le délégataire verse à la collectivité, outre d'éventuelles redevances d'occupation domaniale, une somme, parfois très importante, censée correspondre au « droit d'exploiter » le service. Comme le délégataire ne garde évidemment pas cette somme à sa charge, mais en tient compte dans la fixation du tarif, cela revient à faire financer une dépense étrangère au service par les usagers, alors que ceux-ci ne doivent supporter qu'une redevance pour service rendu, dont le montant doit être en corrélation avec les coûts légitimes.

970. Dans un premier temps, l'article 40, alinéa 5 de la loi de 1993 (L. 1411-2 CGCT) a prévu une obligation de transparence : « les montants et les modes de calcul des droits d'entrée et des redevances versées par le délégataire à la collectivité délégante doivent être justifiés dans ces conventions », faute de quoi ces prélèvements sont illégaux (*CE 14 janvier 1998, Porelli, BJDCP 1998, n° 1, p. 51,* concl. Savoie : les justifications doivent figurer dans la convention ; devant le juge, il est trop tard).

971. Les « redevances » peuvent correspondre à l'utilisation du domaine public de la collectivité délégante (mais il est fréquent que cette utilisation soit gratuite). Il est également admis traditionnellement qu'une redevance soit versée à titre de participation aux résultats (cf. *CE 14 février 1908, Commune de Nanterre, Rec. 150 ; CE 22 mai 1914, Commune de Lunel, Rec. 624 ; TC 4 février 1974, Di Vita, Rec. 789*), mais on peut sérieusement s'interroger sur la survie de cette pratique, compte tenu du développement du contrôle du juge administratif et des chambres régionales des comptes sur la proportionnalité entre le prix et le coût du service.

972. Les « droits d'entrée » sont difficiles à définir autrement que négativement : on peut qualifier de droit d'entrée tout versement prévu par le contrat qui soit n'est pas la contrepartie d'une prestation (au sens large, c'est-à-dire y compris la mise à disposition des installations), soit n'est pas la prise en charge d'une dépense précise du délégant liée au service (remboursement d'emprunts, remboursement de la taxe foncière, etc.). Ils ont été déclarés illégaux, faute de réelle contrepartie pour l'usager, dans le cas du service de l'eau de Saint-Étienne *(TA Lyon 14 décembre 1993, Chomat, AJDA 1994, 349, obs. Broussolle ; CE 30 septembre 1996, Société stéphanoise des eaux, Rec. 355)*. Il est à penser que l'exigence de justification conduit à bannir les droits d'entrée dans presque tous les cas ; faute de contrepartie ce sont de véritables taxes, non autorisées par la loi. Cependant, l'avis du Conseil d'État du 19 avril 2005 sur les remontées mécaniques (*EDCE 2006, n° 57, p. 197*) admet que des droits d'entrée pourraient valablement correspondre à une indemnité versée par le délégataire entrant pour indemniser le sortant de la valeur des biens qu'il a financés ; par hypothèse les droits d'entrée ont alors une contrepartie pour les usagers.

973. Dans un deuxième temps, mais seulement pour les services d'environnement, la loi du 2 février 1995 introduit un nouvel alinéa dans l'article 40 de la loi Sapin (art. L. 1411-2 CGCT), selon lequel « le versement par le délégataire de droits d'entrée à la collectivité délégante est interdit quand la délégation concerne l'eau potable, l'assainissement ou les ordures ménagères et autres déchets ».

974. Une autre règle financière ne s'applique que dans le cas où le service délégué a un caractère industriel ou commercial. L'article L. 2224-1 du CGCT pour les communes et l'article L. 3241-4 pour les départements (issus d'un décret du 30 juillet 1937) disposent que « les budgets des services publics à caractère industriel ou commercial exploités en régie, affermés ou concédés, doivent être équilibrés en recettes et en dépenses », ce qui a pour conséquence que le tarif doit être à un niveau permettant d'assurer cet équilibre, faute de quoi il est illégal.

Ces textes font aussi interdiction au délégant de prendre en charge les dépenses du service dans son budget, mais cette règle ne s'applique qu'aux services publics à caractère industriel et commercial et n'entraîne, par conséquent, pas l'interdiction de subventionner un service public à caractère administratif. De plus, il existe des limites à l'interdiction ; il est notamment possible de subventionner le service pour compenser des contraintes particulières de fonctionnement ou pour contribuer à des investissements dont la réalisation entraînerait une hausse excessive des tarifs.

Au regard du droit communautaire des aides, une subvention n'est pas une aide et n'est donc pas soumise à l'obligation de notification à la Commission européenne lorsqu'elle a strictement pour objet de compenser les charges correspondant à des obligations précises de service public (***CJCE 24 juillet 2003, Altmark, aff. C-280/00, Rec. 7747 ;*** voir : Décision de la Commission du 28 novembre 2005 concernant l'application des dispositions de l'article 86, paragraphe 2, du traité CE aux aides d'État sous forme de compensations de service public octroyées à certaines entreprises chargées de la gestion de services d'intérêt économique général [notifiée sous le numéro C (2005) 2673] et Encadrement communautaire des aides d'État sous forme de compensations de service public, 2005/C 297/04, *JOUE,* 29 novembre 2005).

3° Contrôle

975. Une des grandes préoccupations des collectivités locales est de parvenir à exercer effectivement un contrôle sur leurs délégataires. Dans le passé cette fonction de contrôle a souvent été quelque peu méconnue.

Les contrôles sur les délégataires sont de deux types.

976. Il existe un contrôle institutionnel, extérieur au contrat et en constant renforcement. Ce contrôle est surtout financier. Les articles R. 2222-5 et R. 3241-5 du CGCT organisent le contrôle sur les entreprises liées à une commune ou à un département par « une convention financière comportant des règlements de compte périodiques » ; la loi du 8 février 1995 a donné aux chambres régionales des comptes le pouvoir de vérifier les comptes du délégataire (art. L. 211-8 Code des jurid. fin.) et cela à tout moment (sur ce point v. ***Conseil d'État, avis 20 mai 1998 CGE, concl. Bergeal ; JCP 1998, II, 10176, note Derosiaux***).

977. Mais, un contrôle contractuel est également prévu par les clauses des conventions de délégation de service public. Habituellement, les cahiers des charges organisent un contrôle financier et un contrôle technique, qui s'exercent à travers la transmission périodique de documents. La loi du 8 février 1995 renforce ce contrôle par des dispositions dont l'application figure normalement dans les contrats. Selon l'article 40-1, ajouté par la loi du 8 février 1995 (art. L. 1411-3 CGCT), « le délégataire produit chaque année avant le 1er juin à l'autorité délégante un rapport comportant notamment les comptes retraçant la totalité des opérations afférentes à l'exécution de la délégation de service public et une analyse de la qualité de service. Ce rapport est assorti d'une annexe permettant à l'autorité délégante d'apprécier les conditions d'exécution du service public ».

Le contenu de ce rapport a été précisé par un décret du 14 mars 2005 (art. R. 1411-7 CGCT), qui prévoit, notamment, que la qualité du service est appréciée à partir d'indicateurs qu'il revient aux parties de déterminer. Cela devrait inciter les rédacteurs de contrats à définir des objectifs de qualité assortis de pénalités.

c) Clauses réglementaires

978. La théorie des clauses réglementaires (cf. *supra*) trouve surtout à s'appliquer dans les conventions de délégation de service public et elle concerne avant tout les usagers du service, qui rémunèrent, le plus souvent, le délégataire.

1° Identification des clauses réglementaires

979. « Les clauses d'un contrat de concession, et notamment du cahier des charges, relatives à l'organisation et au fonctionnement du service présentent un caractère réglementaire » ***(concl. Dutheillet de Lamothe ss CE Ass. 16 avril 1986, CLT, RDP 1986, p. 857)***. C'est donc de l'objet de la clause que découle sa nature ; il importe peu que la clause figure dans un acte intitulé « convention » ou dans un acte dénommé « cahier des charges ». Et si cahier des charges il y a, il importe peu qu'il ait été ou non approuvé par décret. Il convient cependant de signaler sur ce point un décalage regrettable entre la jurisprudence administrative et la jurisprudence judiciaire. En effet, le juge judiciaire, compétent sur les litiges entre l'usager et le délégataire, semble attacher de l'importance au fait qu'un cahier des charges ait été approuvé par décret (ex. : *Cass. 1re Civ., 17 novembre 1987, Compagnie générale des eaux, Bull. I, n° 299 ; Cass. 1re Civ., 31 mai 1988, CJEG 1988, 418, note P.S.*).

980. Les clauses dénuées du caractère réglementaire sont celles dont on peut considérer qu'elles sont établies dans l'intérêt principal du délégataire ou du délégant, elles constituent plutôt l'exception.

Tel est, par exemple, le cas de la clause d'exclusivité qui figure traditionnellement dans les contrats de concession. Il a été constamment jugé que le concédant peut s'interdire d'autoriser ou de favoriser la concurrence, mais qu'en aucun cas il n'a le droit de donner un monopole (ex. : *Req. 25 juillet 1882, Comp. des eaux de Maisons-sur-Seine, D. 1883, 1, 106 ; CE 17 novembre 1882, Comp. gén. des eaux, Rec. 889*- les deux arrêts à propos de la distribution d'eau ; *CE 26 décembre 1891, Comp. du gaz de Saint-Étienne, Rec. 789, concl. Valabrègue ; CE 9 juillet 1926, Duris, Rec. 715* — à propos de l'éclairage). La clause d'exclusivité n'est donc opposable qu'*inter partes* ; sa violation ne peut fonder qu'une action en responsabilité contractuelle (ex. : *CE 13 janvier 1933, Mironneau, S. 1933, 3, 41 note P. Laroque*). De même, n'a pas le caractère réglementaire la clause qui prévoit le versement d'une redevance par le délégataire au délégant *(TA Dijon 9 mai 1995, Bessis, AJDA 1995. 941, obs. Richer ; CE 30 octobre 1996, Wajs, Rec. 387 ; RFDA 1997, 726, concl. Combrexelle ; AJDA 1996, 973, chron. Chauvaux et Girardot ; CJEG 1997, 52).*

981. Compte tenu de la finalité des contrats de délégation de service public, il est à penser que la majorité de leurs clauses ont un caractère réglementaire. Il a, par exemple, été jugé qu'ont le caractère réglementaire les clauses relatives aux horaires *(CE*

21 décembre 1906, Syndicat des propriétaires du quartier Croix-de-Seguey-Tivoli, GAJA, p. 103), une clause prévoyant le rétablissement d'ouvrages *(CE 11 décembre 1963, Syndicat de défense en vue du rétablissement de la voie ferrée Bort-Eygurande, JCP 1964, II, 13753, note Dufau)*, un article de cahier des charges relatif à la sous-traitance *(CE 24 janvier 1990, Martinetti, RDP 1990, 288)* et surtout les clauses tarifaires.

Par rapport à ces solutions, un arrêt plus récent semble, toutefois traduire une conception restrictive de la clause réglementaire puisqu'il juge que n'ont pas le caractère réglementaire les clauses d'une concession qui définissent le contrôle sur le concessionnaire, ni la clause qui fixe l'emprise de la concession (*CE 28 avril 2004, Association pour le respect du Site du Mont-Blanc, req. 236076*).

2° Tarif

982. La jurisprudence a toujours admis que le concessionnaire de service public a droit à l'« équilibre financier » du contrat, ce qui implique qu'il soit défrayé des charges du service et perçoive une « rémunération normale » *(CE 23 mai 1936, Commune du Vésinet, Rec. 591)*.

Lorsque la rémunération provient des usagers, comme dans la concession et l'affermage, les relations financières entre le délégataire et ses clients relèvent du droit privé et du juge judiciaire (ex. : *TC 12 janvier 1987, Soc. Vétillard, RJF 1988, 426*- pour un litige relatif à la redevance d'assainissement, qui « concerne le prix d'un service et ne met en cause que les droits nés des rapports entre deux personnes privées »). Il reste que ces relations financières sont, malgré tout, liées à un contrat de droit public qui constitue la loi du contrat de droit privé existant entre l'usager et le délégataire.

983. La liaison est opérée par la médiation des clauses réglementaires.

Le tarif est opposable aux usagers et ses modifications s'imposent immédiatement, alors même que l'usager est en situation contractuelle. Ces données permettent de considérer que les clauses tarifaires ont un caractère réglementaire.

Le caractère réglementaire, ici comme dans les autres cas, tient à l'objet de la clause, qui est relative au fonctionnement du service public, et non à des données organiques et formelles. Il en résulte que les tarifs ont valeur réglementaire même quand ils sont fixés par le délégataire dans le cadre du contrat.

984. Cependant, dans les concessions, la collectivité publique participe habituellement à la fixation des tarifs de manière plus ou moins étroite : le tarif peut être fixé directement par la collectivité (V. p. ex. art. R. 2333-122 CGCT pour la redevance d'assainissement), le contrat peut ne fixer qu'un tarif maximum ou prévoir une fixation en commun. Mais, il a aussi été admis autrefois qu'un contrat de concession prévoie la liberté tarifaire *(CE 18 mai 1979, Association Urbanisme judaïque Saint-Seurin, RDP 1979, 1486, concl. Latournerie)*, et c'est ce que stipule, par exemple, l'article 35 du contrat de concession du « Grand Stade », signé le 29 avril 1995, selon lequel « le concessionnaire peut fixer librement, dans le cadre de la réglementation en vigueur, les tarifs qu'il juge nécessaires pour assurer la meilleure rentabilité de l'ouvrage » (texte du contrat in Min. de la Jeunesse et des sports, *BO*, juin 1995, n° spécial).

Une telle liberté n'est toutefois plus admise depuis la loi du 8 février 1995 qui a complété l'article 40 de la « loi Sapin » par un nouvel alinéa, selon lequel, « la convention stipule les tarifs à la charge des usagers et précise l'incidence sur ces tarifs des paramètres ou indices qui déterminent leur évolution » (art. L. 1411-2 CGCT). La mention de l'« incidence » des paramètres et indices n'est pas des plus claires ; il faut comprendre que la convention doit indiquer les paramètres et indices dont l'évolution détermine celle des tarifs selon la même technique qu'en matière de marchés publics (cf. *supra*, n° 819).

985. De ce que les tarifs sont fixés par un contrat de droit public il résulte que le juge judiciaire ne peut en apprécier lui-même la légalité ; si un usager conteste les factures en prétendant que les tarifs sont illégaux, cette question constitue pour le juge judiciaire une question préjudicielle (ex. : *TC 2 mai 1977, Paraiso, Rec. t. 739*).

Ces règles ont été dégagées à propos de concessions et d'affermages, mais elles ont vocation à s'appliquer à tout contrat de délégation de service public dès lors que la rémunération du délégataire provient pour partie d'usagers.

986-990. *Réservés*

Chapitre 3
Les conventions d'occupation du domaine public

991. Quand une collectivité publique utilise elle-même un bien du domaine public ou met ce bien à la disposition du public conformément à son affectation, l'utilisation du domaine public ne comporte la conclusion d'aucun contrat. Mais, très fréquemment, et sans que cela puisse être considéré comme un usage anormal du domaine, celui-ci est utilisé par des tiers titulaires d'une autorisation unilatérale ou contractuelle.

L'autorisation unilatérale est la règle pour les occupations sans emprise ; pour les occupations qui comportent une emprise, donc des investissements plus ou moins importants, l'occupant est titulaire soit d'une autorisation unilatérale, soit d'un contrat (improprement dénommé « concession de voirie », alors même qu'il porte rarement sur une dépendance de la voirie). La loi du 25 juillet 1994 rapproche les deux sortes de titres en qualifiant les contrats d'« autorisations contractuelles », mais les droits du cocontractant n'en sont pas moins renforcés par rapport à ceux du titulaire d'une autorisation unilatérale.

992. Les contrats d'occupation du domaine public ont une place importante dans la vie économique à la fois parce qu'ils constituent un des instruments juridiques de l'exploitation économique du domaine public par les collectivités publiques et parce que dans certains secteurs, comme les transports, l'énergie et les télécommunications, les entreprises privées et publiques ont besoin d'utiliser le domaine public.

Pour le « maître du domaine », cet intérêt économique se concrétise par la perception d'une redevance ; pour l'entreprise par la possibilité de réaliser des investissements, parfois très coûteux.

Un certain déséquilibre existe entre les deux parties ; mais, pour rassurer les investisseurs, des lois contemporaines ont renforcé les droits des occupants.

Avant d'examiner à ces différents points de vue le régime applicable aux contrats d'occupation du domaine public, il convient de montrer que, si le contrat d'occupation est, de loin, le plus important des contrats relatifs au domaine public, il n'est pas le seul qui soit relatif au domaine public.

Bibliographie : AUBY (J.-M.) : « Les contrats comportant occupation du domaine public », *D.* 1953, chron. 99.

BRARD (Y.) : « Utilisation du domaine public », *J.-Cl. CMP*, fasc. 510.

CALDERARO (N.) et LACROUTS (J.) : *Le littoral*, éd. du Moniteur, 2e éd., 2005.

DUFAU (J.) : *Le domaine public*, éd. du Moniteur, 2001.

Domaine public et activités économiques, colloque des 20-21 septembre 1990, *CJEG*, n°, hors série, octobre 1990.

GODFRIN (P.) : *Droit administratif des biens*, A. Colin, 6e éd., 2001, p. 133 et s.

JACQUIGNON (L.) : *Le régime des biens des établissements nationaux*, Alger, 1954.

SOUSSE (M.) : *Droit public des contrats de construction*, LGDJ, 1998.

SYMCHOWICZ (N.) : *Droit public des montages contractuels complexes*, Imprimerie Nationale, 2003.

§ 1. Les différentes conventions relatives au domaine public

993. Parmi les conventions relatives au domaine public certaines n'ont pas pour objet d'en autoriser l'occupation, d'autres ont cet objet, mais ce n'est qu'un objet secondaire, l'objet principal étant de confier l'exécution d'un service public. Et, au sein de la catégorie des conventions ayant pour objet d'autoriser l'occupation, des distinctions doivent être faites selon le type d'occupation.

A Conventions relatives au domaine public n'ayant pas pour objet d'autoriser l'occupation du domaine public

994. Peuvent d'abord concerner le domaine public des contrats de droit privé. En effet, il ne suffit pas qu'un contrat soit relatif au domaine public pour qu'il soit de droit public.

Ainsi, ce n'est pas parce qu'un contrat a pour objet l'acquisition d'un bien destiné à entrer dans le domaine public qu'il est de droit public et un contrat de vente d'un bien du domaine public est normalement de droit privé, ce qui confère au juge judiciaire compétence pour en prononcer la nullité *(Cass. 1re Civ., 2 avril 1963, Montagne, AJDA 1963, 486, note J. Dufau ; Cass. 1re Civ., 3 mai 1988, Renault, AJDA 1988, 679, note Dufau ; CJEG 1989, 37, note Delvolvé et rapport Sargos).* Et, un contrat peut permettre l'utilisation du domaine public sans pour autant que l'utilisation constitue une occupation (ex. : *CAA Bordeaux 16 février 1998, Soc. Nouvelle Air Martinique, req. 96 BX 32512).*

995. D'autres contrats sont conclus entre personnes publiques pour organiser la gestion de leur domaine. Ainsi, l'article L. 2123-2 du Code général de la propriété des personnes publiques (CGPPP) — adopté par l'ordonnance n° 2006-460 du 21 avril 2006 — prévoit que l'État peut confier à des collectivités ou établissements publics, à des SAFER, à des organismes déclarés d'utilité publique la gestion d'immeubles domaniaux par une convention passée avec le service du domaine. En vertu de cette convention, le cocontractant exerce les compétences du maître du domaine, tout en ayant un droit d'occupation. Autoriser l'occupation n'est pas ici le seul objet du contrat, mais c'en est un effet nécessaire.

Il en va de même dans un autre cas très important.

B Conventions de gestion déléguée du service public et domaine public

996. Sous l'Ancien Régime, les actes équivalant à des concessions reconnaissaient au titulaire un droit de propriété sur les équipements qu'il réalisait, par exemple les canaux (cf. CNMH, *Un canal, des canaux*, Picard, 1986, p. 379 et s.).

Cette tradition a persisté au début du XIXe siècle. Ainsi, jusqu'à la loi du 15 juillet 1845, il était couramment admis que les compagnies de chemin de fer étaient propriétaires des voies. Citons aussi un contrat qui était encore récemment le cadre de la distribution d'eau dans la région de Cannes : par décret du 25 août 1866 avait été approuvé le contrat concédant les canaux de la Siagne et du Loup ; le concédant était l'État, les concessionnaires une société et la ville de Cannes ; selon l'article 2 du contrat, le canal devait appartenir pendant les cinquante premières années à la société (de 1866 à 1916), ensuite et à perpétuité à la ville de Cannes.

997. Aujourd'hui, les conventions de délégation de service public entretiennent d'étroits rapports avec le domaine public, d'une part parce qu'elles permettent très souvent au délégataire d'utiliser pour les besoins du service des biens qui ont généralement une autre affectation principale, notamment la voie publique, d'autre part parce que les biens du service lui-même ont vocation à entrer dans le domaine public.

a) L'utilisation du domaine public pour les besoins d'un service délégué

998. La plupart du temps, les conventions de délégation de service public comportent des clauses autorisant le délégataire à utiliser le domaine public pour les besoins du service, souvent à titre gratuit. Tel est notamment le cas lorsque l'objet du service délégué est la gestion d'un réseau, qui emprunte nécessairement le domaine public. Il n'est alors pas délivré au délégataire d'autorisation distincte. Tantôt c'est le contrat lui-même qui comporte l'autorisation, tantôt, la loi reconnaît au titulaire du contrat le droit d'utiliser le domaine public (cf. loi du 15 juin 1906 sur les distributions d'énergie). Une autorisation distincte est toutefois nécessaire lorsque les installations du service sont implantées partiellement sur le domaine d'une collectivité autre que celle qui délègue (ex. : un réseau de chauffage urbain emprunte sur certaines portions le domaine d'un hôpital ou le domaine militaire ; un réseau d'eau potable mis en affermage par une communauté d'agglomération emprunte les voies communales).

b) Les biens du service concédé

999. Apparue dans la pratique des concessions de service public, la distinction entre trois catégories de biens a été reprise par la jurisprudence à la fin du XIXe siècle. Parmi les biens utilisés par le délégataire sont distingués les biens de retour, les biens de reprise et les biens propres.

1000. Les biens de retour sont les biens indispensables au service, les biens de reprise sont des biens utiles, parfois même indispensables, mais qui ne sont pas irremplaçables, les biens propres sont des biens utilisés accessoirement pour les besoins du service (ex. : bureaux du délégataire) et qui restent toujours entre ses mains.

1001. La particularité des biens de retour consiste en ce que, alors même qu'ils ont été acquis par le délégataire en cours d'exploitation, ils appartiennent *ab initio* à la collectivité publique et relèvent donc de son domaine public, alors que les autres biens sont la propriété du délégataire *(CE 28 mars 1928, Soc. L'Énergie électrique de la Basse-Isère, S. 1928, 3, 110 ; CE 1er février 1929, Compagnie centrale d'énergie électrique, Rec. 133)*, même s'ils ont été édifiés sur un terrain appartenant à la collectivité publique *(CE 28 novembre 1923, Giron, Rev. des concessions, 1924, p. 107)*. Il en résulte que ces biens ne peuvent, en cas de désaffectation, être aliénés sans le consentement de la personne publique *(CE 1er mars 1929, Soc. des transports en commun de la région toulousaine, S. 1929, 3, 73, note Mestre)*.

1002. Dès lors qu'il est prévu qu'à l'issue du contrat un bien affecté au service public revient obligatoirement (en général gratuitement) à la collectivité publique, le délégataire ne peut être regardé comme propriétaire et le bien est immédiatement incorporé au domaine public (ex. : *CE Sect. 22 mars 1985, Min. Urb. c/ Société des Autoroutes du Sud de la France, Rec. 88*). De la sorte, les intérêts du service public sont préservés, le concessionnaire « jouit de ces ouvrages, non point en vertu d'un droit propre, ce qui serait l'apanage réel d'un propriétaire, mais en vertu des pouvoirs dérivés, d'un lien personnel que lui reconnaît par traité le concédant, maître des ouvrages » (note Bonnard, *S.* 1934, 3, 25) ; il dispose d'un « droit exclusif de jouissance » *(CE 25 mai 1906, Min. du commerce c/ Cie de chemin de fer d'Orléans, S. 1908, 3, 65, note Hauriou)*.

Le droit de propriété de la collectivité publique est limité par le contrat lui-même, sans compter qu'une jurisprudence ancienne avait admis qu'un bien de retour pouvait être hypothéqué et que, au point de vue comptable, les concessionnaires inscrivent généralement les biens de retour à leur actif (*Memento pratique Francis Lefebvre-Comptable*, n° 4120). De plus, en cas de résiliation du contrat avant son terme, le concédant est redevable d'une indemnité *(CE 20 mars 1957, Soc. des Établissements thermaux d'Ussat-les-Bains, Rec. 182)*, qui est fixée « d'après l'importance des capitaux investis dans l'entreprise et non encore amortis » *(CE 5 juillet 1967, Commune de Donville-les-Bains, Rec. 297 ; CE 20 mai 1994, Sté Le Gardiennage industriel, rec. t. 1038)*.

1003. À la différence des biens de retour, les biens de reprise ne reviennent à la collectivité publique en fin de contrat que sur décision de celle-ci et moyennant indemnité, alors que les biens propres — qui constituent la troisième catégorie — ne lui reviennent pas.

La question doit être posée de savoir si la notion de bien de reprise est compatible avec les exigences du service public depuis un arrêt du *Conseil d'État du 21 avril 1997, Min. du Budget c/ SAGIFA (RFDA 1997, 935, note Fatôme et Terneyre)*, rendu en matière de taxe foncière et qui juge que « l'appropriation privative d'installations superficielles édifiées par le titulaire d'une autorisation temporaire d'occupation du domaine public n'est pas incompatible avec l'inaliénabilité de celui-ci, lorsque l'autorisation de l'occuper et d'y édifier des constructions n'a pas été accordée en vue de répondre aux besoins du service public auquel le domaine est affecté ». L'arrêt retient donc une solution, qui se veut protectrice du service public, selon laquelle, si les installations répondent aux besoins du service public auquel le domaine est affecté, l'occupant ne peut jamais en être propriétaire.

Cet arrêt, très critiqué, a été rendu en matière fiscale par des sous-sections et il paraît d'autant moins devoir faire jurisprudence, qu'il est en contradiction avec la jurisprudence du Conseil constitutionnel, qui admet que le bon fonctionnement du service public peut être préservé par des garanties autres que la domanialité publique (*CC 23 juillet 1996, France Telecom, AJDA 1996. 696, obs. Schrameck*- V. E. Fatôme « À propos de l'apport en garantie des équipements publics », *AJDA* 2002. 21 et « Le régime des biens affectés au service public », *AJDA* 2006. 178). L'appropriation privée n'est exclue par la loi ou par les exigences particulières d'un service public que dans certains cas particuliers, comme c'est le cas pour le domaine public ferroviaire *(Avis CE 30 mars 1989, TGV Sud-Est, GACE, p. 213)* ; en dehors de ces cas des garanties du bon fonctionnement du service public autres que la domanialité publique peuvent être instaurées. Il est donc regrettable que le Conseil d'État, dans un avis, ait cru devoir énoncer que la convention de délégation de service public ne peut « légalement » prévoir la propriété des biens nécessaires au fonctionnement du service, sauf bail emphytéotique ou crédit-bail (*avis du 19 avril 2005 sur les remontées mécaniques, EDCE 2006, n° 57, p. 197)* ; la protection du service public ne passe pas nécessairement par l'appropriation des biens.

1004. Une quatrième catégorie de biens est apparue à l'époque contemporaine : ceux qui sont indispensables au service public et propriété du délégataire. Tel est le cas lorsque s'applique la loi du 25 juillet 1994 ou lorsque la convention de délégation du service public s'accompagne d'un bail emphytéotique (cf. *infra*), sans compter le cas particulier des biens affectés à la concession par l'État à EDF du réseau d'alimentation générale, biens considérés initialement comme biens de retour, dont l'article 4 de la loi n° 97-1026 du 10 novembre 1997 a décidé qu'ils sont réputés être la propriété d'EDF depuis que la concession lui a été accordée.

1005. Pour éviter les problèmes de qualification, il est habituel de joindre aux contrats un inventaire de chacune des catégories de biens, inventaire qui peut d'ailleurs comprendre des biens immobiliers comme des biens mobiliers, ce qui, pour ces derniers, n'a pas les mêmes conséquences juridiques (*TA Paris 3 mars 1981, SNCF, Rec. 519* : le matériel roulant des chemins de fer ne peut, bien qu'affecté au service public et malgré une clause de retour, relever du domaine public). Mais, l'inventaire peut ne pas exister ou ne pas être tenu à jour, ce qui amène des difficultés de qualification.

Pour résoudre celles-ci le juge se réfère à la volonté des parties.

1006. Ainsi, dans un cas où le contrat était muet sur le sort des biens affectés au service des transports (le silence s'expliquait par le changement du mode de transport : le contrat portait à l'origine sur un service de tramways, mais il lui a été substitué un service d'autobus), il a été jugé qu'il convient de se référer à la commune intention des parties. Cette commune intention est déduite du cahier des charges. Le cahier des charges comporte, en l'espèce, une clause selon laquelle, à la fin du contrat, le concédant est subrogé au concessionnaire ; il prévoit la remise du matériel roulant ferroviaire et la destruction des voies ferrées si elles sont devenues inutiles. Le Conseil d'État en déduit que « les parties ont eu essentiellement comme but de laisser à la disposition de l'autorité concédante en fin de concession les moyens matériels de continuer l'exploitation des services de transports en commun concédés, si elle le jugeait utile » ; il ajoute que le département concédant ne pourra continuer à assurer l'exploitation du réseau que s'il dispose des installations fixes nécessaires, lesquelles doivent donc être réputées dans la commune intention des parties revenir gratuitement au département en fin de contrat ***(CE Sect. 11 mai 1956, Compagnie des transports en***

commun de la région de Douai, AJDA 1956, 275, concl. Laurent, voir aussi pour les collections d'un musée : *CAA Bordeaux, 4 décembre 2000, Commune de Lourdes, BJDCP 2001, n° 17, p. 331, concl. Rey).* La commune intention des parties se trouve donc coïncider avec les exigences d'un bon fonctionnement du service. Si tel n'était pas le cas, cependant, il est à penser que la volonté des parties serait impuissante à tenir en échec le bon fonctionnement du service, mais l'illégalité implique vraisemblablement une atteinte très grave à ce bon fonctionnement.

Étant donné que ces exigences se retrouvent dans toutes les conventions de gestion déléguée, on peut présumer que, lorsque le problème peut se poser, les principes de la concession sont applicables en dehors de celle-ci.

C Types de conventions d'occupation du domaine public

1007. Sans que cette différenciation ait des conséquences sur le régime juridique applicable, il est possible de distinguer deux catégories de conventions d'occupation du domaine public en fonction du but de l'activité de l'occupant.

a) Utilisation du domaine public dans un but d'intérêt privé

Bibliographie : KOVAR (R.) : « La légalité des concessions exclusives d'affichage sur le domaine public », *JCP* 1964, I, 1841.

LAVIGNE (P.) : « La légalité des concessions exclusives d'affichage sur les palissades privées implantées sur le domaine public », *D.* 1962, chron. 199.

MAMONTOFF (A.) : *Domaine public et entreprises privées*, L'Harmattan, 2003 ; « Le rapprochement des régimes de l'autorisation et du contrat d'occupation du domaine public », *Contrats publics, Mél. Guibal*, 2006, p. 517.

1008. L'occupation du domaine peut servir à l'exercice d'une activité, généralement économique, qui n'a pas un but d'intérêt général.

Tel est le cas, par exemple, des concessions conclues en vue de permettre l'installation de restaurants, de librairies ou d'autres commerces, ou des concessions d'affichage sur les édifices communaux.

Comme tous les contrats d'occupation du domaine public, de tels contrats ne sont légaux que s'ils sont compatibles avec l'affectation du domaine public, mais le principal problème qu'ils posent est celui de la concurrence.

1º Intérêt privé et concurrence

1009. L'occupation du domaine public par une personne privée peut apparaître comme un privilège de nature à porter atteinte à la liberté de la concurrence. Tel est le cas des concessions exclusives d'affichage sur le domaine public *(CE 2 mai 1969, Soc. Affichage Giraudy, AJDA 1969, 110, note Laubadère)*. La liberté de la concurrence ne peut être rétablie que par des mesures compensatoires, et notamment par le paiement du droit d'occupation.

Cependant, la conclusion d'un contrat d'occupation peut être déclarée illégale en application du principe de liberté du commerce et de l'industrie (même arrêt).

Il peut, par exemple, y avoir violation du principe de liberté du commerce et de l'industrie si la convention d'occupation est assortie de conditions, notamment financières, de nature à fausser la concurrence (ex. : *CE 19 mai 1993, Champel, Rec. t. 761* : la commune de Craponne-sur-Arzon a conclu une convention d'occupation d'une dépendance de la mairie avec une infirmière pour la somme de 2 000 francs par an ; compte tenu de la vétusté des lieux, ce n'est pas une subvention déguisée ; et, à raison de l'existence d'un accès distinct, ce n'est pas un avantage portant atteinte au libre exercice de leur art par les autres infirmiers). De plus, le titulaire d'une autorisation exclusive peut être sanctionné pour exploitation abusive de position dominante, s'il profite de son monopole pour fermer l'accès à la « facilité essentielle » qu'il a eu la possibilité de mettre en place (ex. : *Cons. conc. 3 septembre 1996, Hélinter Assistance, BOCC 8/1/1997, p. 3 ; Dr. adm. 1997, nº 89 ; CA Paris 9 septembre 1997, BOCC, 7 octobre 1997, p. 692)*.

Une mention particulière doit, par ailleurs, être faite du contrat de concession d'endigage qui, selon les cas, peut être conclu pour la réalisation d'une opération d'intérêt général ou pour celle d'une opération d'intérêt privé.

2º Intérêt privé et concession d'endigage

1010. La concession d'endigage est un contrat par lequel l'État permet au cocontractant d'assécher une partie du domaine maritime en vue d'y réaliser des ouvrages dont la destination peut être d'intérêt privé (marinas) ou d'intérêt public (parkings, défense contre la mer).

Jusqu'en 1986 il était admis que la concession d'endigage pouvait transférer la propriété des terrains exondés, puisqu'ils étaient soustraits à l'action des flots. Tout en laissant subsister les effets des concessions antérieures, la loi du 3 janvier 1986 sur le littoral a réagi en posant le principe de l'interdiction des concessions d'endigage en dehors des zones portuaires (art. 27, devenu art. L. 321-6 du Code de l'environnement). Cependant, l'article L. 321-6 comporte une importante liste d'exceptions, qui ne se rapportent pas toutes à des opérations d'intérêt public ; certains intérêts privés d'ordre économique sont protégés. En effet, la loi laisse subsister la possibilité d'endigage, assèchement, remblaiement dans l'intérêt de la défense contre la mer, de la sécurité maritime, de la défense nationale, ainsi que pour les besoins de travaux publics et des services publics, mais aussi de la pêche, de la saliculture et des cultures marines.

Lorsque la concession d'endigage met l'exécution de travaux publics à la charge du titulaire, elle constitue non seulement un contrat d'occupation du domaine public, mais aussi un marché de travaux publics ***(CE 18 mars 1988, Soc. civile des néo-polders, RDP 1988, 505, note Llorens)***.

b) Utilisation du domaine public dans un but d'intérêt général

1011. On a déjà vu que l'occupant du domaine public est souvent par ailleurs délégataire du service public, mais il arrive aussi que le lien entre occupation domaniale et service public soit moins étroit ou plus étroit.

Il est moins étroit lorsque l'activité, tout en étant d'intérêt général, ne constitue pas nécessairement un service public, ce qui est le cas des concessions de force hydraulique ; il est plus étroit quand la gestion du service public consiste à exploiter et mettre en valeur le domaine public ; tel est notamment le cas des concessions d'outillage portuaire et aéroportuaire.

1° Concession de force hydraulique

1012. La loi du 16 octobre 1919, modifiée par celle du 15 juillet 1980, subordonne à autorisation de l'État l'utilisation de l'énergie hydraulique ; elle s'applique aussi bien aux cours d'eau et lacs dépendant du domaine public qu'à ceux qui n'en font pas partie. Au-dessus d'une certaine puissance la loi prévoit la conclusion d'un contrat de concession. Par conséquent, dans de nombreux cas, ce sont des conventions autorisant l'utilisation du domaine public qui sont conclues en application de la loi de 1919. Ces conventions octroient au concessionnaire certains droits pour la réalisation de ses ouvrages et ils lui imposent des obligations, notamment au point de vue des débits. Elles prévoient également, qu'en fin de contrat, les installations reviennent à l'État, ce qui a amené le Conseil d'État à les qualifier de concessions de travaux publics *(CE 22 juin 1928, de Sigalas, S. 1928, 3, 113).*

Le régime de 1919 n'a pas été affecté par la loi du 3 janvier 1992 sur l'eau ; toutefois, la procédure de demande a été modifiée (déc. du 13 octobre 1994) et un nouveau cahier des charges a été adopté par un décret du 11 octobre 1999.

2º Concessions d'outillage public

1013. Les concessions d'outillage portuaire et aéroportuaire sont le plus souvent conclues avec les chambres de commerce et d'industrie, établissements publics ; elles ont pour objet de leur confier la gestion des installations nécessaires au fonctionnement du port ou de l'aéroport, ce qui constitue une mission de service public, et ces concessions sont donc des délégations de service public *(CE 20 décembre 2000, CCI du Var, Contrats et MP 2001, nº 74, obs Llorens).*

1014. Les contrats de concession d'outillage aéroportuaire sont conclus avec l'État (art. R. 223-2 et s. du Code de l'aviation civile) en conformité avec un cahier des charges type approuvé par décret. La chambre de commerce généralement concessionnaire réalise un programme d'équipements sous le contrôle de l'État, assure l'entretien et le fonctionnement des installations sous sa responsabilité et perçoit en contrepartie des redevances sur les usagers. À la fin du contrat, l'ensemble des équipements revient à l'État.

1015. Les contrats de concession d'outillage portuaire sont conclus par des collectivités différentes selon la destination du port.

Les ports maritimes de commerce et de pêche sont de la compétence du département depuis la loi du 22 juillet 1983, à l'exception de ceux de ces ports qui sont classés comme ports d'intérêt national (art. R. 121-7 du Code des ports maritimes) et de ceux qui sont gérés par un port autonome, établissement public. Les ports de plaisance relèvent de la compétence des communes, qui peuvent en concéder aussi bien la création que la gestion. Des modèles de cahiers des charges ont été définis par une circulaire du 30 janvier 1915 pour les concessions dans les ports de commerce et de pêche, par une circulaire du 19 mars 1981 pour les ports de plaisance.

L'objet d'une concession d'outillage public est à la fois d'autoriser l'occupation du port et de confier la gestion du service public industriel et commercial que constitue l'exploitation de l'outillage public. En pratique c'est l'exploitation même du port qui est concédée (ex. : arrêté du 23 décembre 1972 portant « concession à la chambre de commerce et d'industrie de Lorient et du Morbihan de l'exploitation du port de pêche de Lorient et de son établissement frigorifique », *JO* 31 décembre, p. 13888). Le concessionnaire assume l'entretien des infrastructures et les met à disposition des usagers ; il gère des activités annexes, comme la vente de poissons et a le droit de percevoir des « taxes » sur les usagers, qui sont en réalité des redevances pour services rendus *(CE 6 mars 1970, Soc. du port de pêche de Lorient, Rec. 166).*

§ 2. La passation du contrat

Bibliographie : GONZALEZ (G.) : « Domaine public et concurrence », *AJDA* 1999, 387.

LE MIERE (A.) et HASDAY (D.) : « Attribution des autorisations d'occupation du domaine public : cadre juridique et conditions de mise en concurrence », *CP-ACCP*, mai 2005, n° 044, p. 53.

ROUQUETTE (R.) : « La passation des conventions domaniales », *Cont. et MP*, mars 2003, p. 6.

WEINGARTEN (F.) : « La théorie des infrastructures essentielles et l'accès des tiers aux réseaux en droit communautaire », *CJEG* 1998, 461.

1016. Sauf lorsque l'autorisation d'occuper le domaine public résulte d'une convention de délégation de service public, la passation des contrats d'occupation du domaine public n'obéit à aucune règle générale de procédure. De manière curieuse, le code général de la propriété des personnes publiques approuvé par ordonnance du 21 avril 2006 ne comporte aucune règle à ce sujet, alors même qu'il ne s'agit pas d'un code à droit constant.

Mais si elle n'est pas obligatoire, la mise en concurrence est possible. Ainsi, l'article A 19 du Code du domaine prévoit que le directeur du domaine peut proposer le recours à la procédure d'adjudication. Par ailleurs, des textes spécifiques aux différentes catégories d'occupations définissent certaines règles de procédure. A, notamment, été instaurée une obligation de publicité et concurrence préalable à l'octroi des concessions de plage par la loi du 27 février 2002 (art. L. 321-9 du Code de l'environnement), dont le décret d'application (décret du 28 mars 2006) rend applicable la procédure de passation de la « loi Sapin » sans tenir compte de l'existence ou de l'absence d'un service public.

1017. Comme tout pouvoir discrétionnaire, celui de conclure un contrat d'occupation doit néanmoins respecter la légalité. Serait, par exemple, illégal un refus de contracter fondé sur des motifs inexacts ou entaché de détournement de pouvoir (ex. : *CE 26 octobre 1994, Aril, Dr. adm., 1994, n° 657*). S'impose également une obligation de non-discrimination d'origine communautaire : la Cour de justice des Communautés européennes a jugé que la ville de Biarritz avait porté atteinte à la liberté d'établissement en opposant une condition de nationalité à un artiste-peintre qui souhaitait louer un local appartenant à la commune *(CJCE 18 juin 1985, Steinhauser c/ Ville de Biarritz, Rec. 1819).* À partir de là, on peut se demander s'il reste possible d'attribuer sans publicité préalable le droit d'occuper le domaine public. En effet, selon la CJCE, le principe de non-discrimination implique une obligation de transparence, laquelle suppose un minimum de publicité (cf. ***CJCE, 7 décembre 2000, Telaustria, AJDA 2001. 106, note Richer***).

Dans un avis n° 04-A-19 du 21 octobre 2004, relatif à l'occupation du domaine public pour la distribution de journaux gratuits, le Conseil de la concurrence, en invoquant l'arrêt Telaustria, considère que la collectivité publique devrait organiser une publicité préalable à l'installation de présentoirs de journaux gratuits (*Avis n° 04-A-19 du 21 octobre 2004, RJEP/CJEG, n° 619, avril 2005, p. 144, note P. D.).*

1018. Le problème pourrait également se poser de la compatibilité avec le droit communautaire des textes qui instaurent un droit de préférence : par exemple l'article L. 321-9 du Code de l'environnement, issu de l'article 1er de la loi du 28 novembre 1963 relative au domaine public maritime donne aux collectivités locales (françaises par hypothèse) un droit de préférence pour obtenir des concessions d'endigage et des concessions de plages artificielles. Il en va de même du décret du 13 octobre 1994 qui reconnaît un droit de préférence au concessionnaire d'énergie hydraulique, lors du renouvellement du contrat.

1019. Dans les secteurs qui ont fait l'objet d'une régulation par le droit communautaire, des règles d'utilisation ont été établies. Par exemple, la SNCF ou les communes ne peuvent réserver à un seul opérateur de télécommunications l'utilisation du domaine public pour l'installation de réseaux de télécommunication. En effet, en application de la directive 90/388, la loi n° 96-659 du 26 juillet 1996 sur les télécommunications reconnaît aux opérateurs de télécommunications autorisés divers droits d'utilisation du domaine public. La conclusion de conventions est prévue par l'article L. 45-1 du Code des postes et communications électroniques pour l'accès au domaine non routier. Il n'existe pas de procédure de mise en concurrence, mais l'article L. 45-1 dispose que les autorités doivent donner accès « sous la forme de convention, dans des conditions transparentes et non discriminatoires » et moyennant des redevances « raisonnables et proportionnées à l'usage du domaine ».

1020. En-dehors de toute obligation légale spécifique, le droit de la concurrence vient progressivement apporter des limites à la liberté d'utilisation du domaine public.

Les positions de départ ont été les suivantes : le Conseil de la concurrence se déclarait incompétent pour apprécier le comportement du maître du domaine à l'occasion de l'attribution d'une convention d'occupation *(CA Paris 31 octobre 1991, BOCC, n° 21, 26 novembre 1991, p. 315)* et le Conseil d'État ne contrôlait pas la légalité de la conclusion d'une convention d'occupation au regard des règles de concurrence *(CE 10 mai 1996, SARL La Roustane, Rec. 168 ; AJDA 1996, 552, concl. Schwartz).*

La situation est aujourd'hui plus complexe.

1021. Le principe demeure que la décision d'autoriser l'occupation du domaine — et donc de conclure un contrat à cet effet — ne relève pas du contrôle du Conseil de la concurrence, mais d'une part le Conseil d'État accepte aujourd'hui de vérifier la compatibilité entre l'autorisation et les règles de la concurrence lorsque le domaine public est le siège d'une activité économique ***(CE Sect. 26 mars 1999, Soc. EDA, AJDA 1999, 427, concl.***

Stahl, note Bazex), d'autre part, le Conseil de la concurrence, avec une certaine audace, avait accepté de contrôler les décisions intégrées à une activité de service et il considérait que la mise à disposition du domaine est une telle activité *(Cons. conc. 15 décembre 1998, décision n° 98-D-77 Aéroports de Paris, BOCC 20 mars 1999, 101)*, mais le Tribunal des conflits a posé une limite : la compétence du Conseil s'arrête là où commence l'exercice d'une prérogative de puissance publique ***(TC 18 octobre 1999, ADP, rec. 469, concl. Stahl ; Cass. Com. 6 mai 2000 NAVSA, BOCCRF, 2000, n° 7, p. 331)***. Le principal grief susceptible d'être adressé à l'autorisation est celui qui est tiré de l'aide apportée à l'exploitation abusive d'une position dominante.

§ 3. La rémunération du maître du domaine

Bibliographie : AUTIN (J. L.) : *Les redevances d'occupation à titre privatif des dépendances du domaine public, Les mutations du droit domanial et le régime des infrastructures de transport en France et en Espagne*, L'Harmattan, 2001, p. 113 et s.

CONSEIL D'ÉTAT : *Redevances pour service rendu et redevances pour occupation du domaine public*, Rapport, Documentation française, 2002.

MELLERAY (G.) : « Domaine public et fiscalité », *AJDA* 1980, 323.

TEITGEN-COLLY (C.) : *La légalité de l'intérêt financier dans l'action administrative*, Economica, 1981.

1022. Le caractère onéreux des utilisations privatives du domaine public procède de l'idée de bonne gestion et constitue une conséquence normale du principe d'égalité.

A Principe de la redevance

1023. La mise à disposition gratuite d'une dépendance domaniale constitue une libéralité au profit d'un administré, ce que l'administration n'a pas le droit de consentir.

C'est pourquoi l'article L. 2125-1 du CGPPP dispose que « toute occupation ou utilisation du domaine public... donne lieu au paiement d'une redevance ».

Des exceptions, déjà admises antérieurement dans la pratique et la jurisprudence, sont cependant prévues par le texte : l'occupation peut être gratuite « soit lorsque l'occupation ou l'utilisation est la condition naturelle et forcée de l'exécution de travaux ou de la présence d'un ouvrage, intéressant un service public qui bénéficie gratuitement à tous », soit lorsque « lorsque l'occupation ou l'utilisation contribue directement à assurer la conservation du domaine public lui-même ».

Il n'est pas prévu d'exception pour le cas où l'occupation est le fait d'une entreprise chargée de l'exploitation d'un service public payant (eau, transports, etc..), alors que les conventions de délégation de service public en vigueur prévoient souvent la gratuité.

1024. Les sommes perçues sur les occupants du domaine public ont tantôt le caractère de taxes, tantôt celui de redevances, mais lorsque l'occupation procède d'un contrat et que la redevance est prévue par le contrat il s'agit toujours d'une redevance *(cf. concl. Fouquet sous CE Sect. 22 décembre 1989, CCI du Var, RFDA 1990, 649)*. Cette redevance a son fondement propre dans le pouvoir de gestion du domaine : en tant que propriétaire la collectivité publique peut rentabiliser son patrimoine et prendre des décisions motivées par l'intérêt financier (cf. Teitgen-Colly, *op. cit.*, p. 472 et s.).

Elle peut être exigée en cours de contrat *(CE avis 28 mars 1997, EDCE, n° 49, p. 177)*.

B Montant de la redevance

1025. Le montant de la redevance n'est pas fixé arbitrairement.

Le juge administratif exerce sur ce montant le contrôle de l'erreur manifeste d'appréciation. Il vérifie que la redevance a bien été établie en fonction des éléments particuliers de la situation et correspond à une contrepartie, ce qui la rapproche d'une redevance pour service rendu *(CE 8 juillet 1996, Meril, Rec. 272)*.

L'article R. 56 du Code du domaine de l'État prévoyait que la redevance « doit tenir compte des avantages de toute nature procurés au concessionnaire » ; cette règle est devenue législative en 2006 (art. L. 2125-3 CGPPP). Selon la jurisprudence le montant est fixé d'après la valeur locative d'une propriété privée comparable, mais aussi d'après les avantages spécifiques procurés, et notamment la rentabilité de l'exploitation *(CE 10 février 1978, Min. Fin. c/ Scudier, Rec. 66 ; CE 7 mai 1980, Soc. Les marines de Cogolin, Rec. 215).* Cette solution était également appliquée sans texte aux collectivités locales (ex. : *CE Sect. 18 décembre 1959, Ville de Nantes, Rec. 696*) ; depuis l'entrée en vigueur de l'article L. 2125-3 du CGPPP c'est une règle législative.

L'article L. 33 du Code du domaine de l'État prévoyait que les conditions financières pouvaient être révisées nonobstant toute clause contraire, mais on ne retrouve pas de disposition équivalente dans le CGPPP. Cependant, le Conseil d'État a admis la possibilité de résilier ou refuser de renouveler une convention d'occupation au motif que l'occupant refuse une augmentation *(CE 8 janvier 1960, Lafon, Rec. 15 ; CE 23 juin 1986, Thomas, Rec. 167).*

§ 4. Les droits du cocontractant dans les conventions d'occupation

1026. La nature des droits du cocontractant est étroitement liée aux conceptions relatives au domaine public : « la jurisprudence et la doctrine ont longtemps fait prévaloir l'impossibilité absolue d'exercer des droits réels sur le domaine public. Cette conception traduisait logiquement un des aspects de la théorie du domaine public considéré comme n'appartenant à personne ; l'État n'avait alors sur son domaine qu'un droit de garde et de surintendance. Mais, à partir du moment où l'on conçoit le domaine public comme un objet de propriété, dès l'instant où l'on adopte la notion de l'État-propriétaire, la prohibition primitive doit logiquement perdre de sa rigueur » (L. Jacquignon, *Le régime des biens des établissements nationaux*, Alger, 1954, p. 347).

Non seulement le droit de propriété des collectivités publiques sur le domaine public a été admis, mais encore il a été reconnu que le domaine public est susceptible d'exploitation économique et que la sécurité des investisseurs privés qui utilisent des dépendances domaniales justifie un renforcement de leurs droits. Il n'en demeure pas moins que le principe demeure la précarité des occupations domaniales, même fondées sur un contrat. Ce principe est aujourd'hui consacré par l'article L. 2122-3 du CGPPP qui dispose que l'autorisation d'occupation « présente un caractère précaire et révocable ».

A La précarité des occupations

1027. La jurisprudence a admis le « droit exclusif de jouissance » sur le domaine public concédé à un particulier *(CE 25 mai*

1906, Min. du commerce, S. 1908, 3, 65, note Hauriou — voir aussi Cass. 1re Civ., 29 mai 1973, Bull. I, n° 186), mais le principe d'inaliénabilité du domaine public s'oppose en principe à la constitution de droits réels susceptibles de renforcer la situation juridique de l'occupant, ces droits étant considérés comme des démembrements de la propriété.

1028. Il en résulte notamment que la conclusion de baux emphytéotiques est illégale en dehors d'une habilitation législative.

En effet, le bail emphytéotique de biens immeubles « confère au preneur un droit réel » (art. L. 451-1 du Code rural) et il « ne peut être valablement consenti que par ceux qui ont le droit d'aliéner » (art. L. 451-2).

C'est pourquoi le Conseil d'État a déclaré illégal un bail emphytéotique par lequel une commune avait loué un terrain en l'affectant à une maison de retraite que le preneur devait édifier et gérer : de par le bail lui-même, le bien loué se trouvait affecté à un service public et spécialement aménagé à cette fin, ce dont résultait l'application des principes de la domanialité publique et donc l'illégalité de la constitution d'un droit réel ***(CE 6 mai 1985, Association Eurolat, Rec. 141 ; AJDA 1985, 620, note Fatôme et Moreau ; RFDA 1986, 21, concl. Genevois)***. La même solution est applicable au bail à construction *(Avis CE 22 juin 1993, EDCE 1993, n° 45, p. 391)*.

1029. Mais, même en dehors de la constitution de droits réels, est également interdite la conclusion de baux commerciaux, qui confèrent une grande stabilité au preneur (ex. : *CE 18 mars 1943, Moktar Ben Moussa, S. 1944, 3, 36 ; CE 23 janvier 1976, Kergo, Rec. 55 ; TC 3 décembre 1979, Ville de Paris, Rec. 578 ; Cass. 3e Civ., 28 février 1984, D. 1984, 256*). Cette solution peut être rattachée directement au principe de précarité, aussi bien qu'à la règle classique selon laquelle la « clientèle » du concessionnaire de service public *(Cass. civ. 24 juillet 1941, D. 1943, 69, note Waline)*, comme celle du concessionnaire d'occupation du domaine public *(Cass. civ. 24 avril 1970, D. 1970, 381 ; Com. 7 mars 1978, D. 1978, IR 453)* est attachée au service ou à la dépendance domaniale et non au commerçant, ce qui fait obstacle à l'existence d'un fonds de commerce et donc à l'application de la législation sur les baux commerciaux, qui est subordonnée à l'exploitation d'un fonds dans les locaux (les clients du délégataire d'un service public sont les collectivités délégantes).

1030. Une autre conséquence de la précarité est que, même quand l'occupation du domaine public repose sur un contrat, le maître du domaine peut y mettre fin ; le caractère précaire et révocable des occupations compte au nombre des principes généraux de la domanialité publique (R. Chapus, *DAG*, t. II, n° 612). Dans l'intérêt du domaine, l'administration peut donc résilier le contrat et en refuser le renouvellement *(CE 20 juillet 1990, Duquesnoy, RDP 1992, 1549 ; CE 12 décembre 1997, Ville de Cannes, req. 160141, Rec., tab. 998)* ; en revanche, elle ne peut renoncer à son pouvoir de résiliation ***(CE 6 mai 1985, Association Eurolat, précit.)***.

B Les limites de la précarité

1031. La situation de l'occupant du domaine public a été renforcée par la loi au cours des dernières années (cf. *infra*), mais, en dehors de ces textes importants, la jurisprudence a tiré les conséquences du droit de jouissance reconnu à l'occupant, allant même jusqu'à consacrer l'existence d'un droit réel dans le cas de la concession funéraire.

a) Les droits de l'occupant en cas de résiliation

1032. Si le principe de précarité fait obstacle à ce que le contrat confère une situation intangible, le juge administratif ne s'en est pas moins efforcé de procurer certaines garanties au titulaire d'un contrat d'occupation en faisant en sorte que sa situation soit globalement supérieure à celle du titulaire d'une autorisation unilatérale.

Il fallait au minimum assurer au cocontractant une situation équivalente à celle du simple permissionnaire. Pour cela il a été fait exception à la règle selon laquelle le juge du contrat ne peut, sur demande du cocontractant, annuler la résiliation d'un contrat administratif : s'agissant d'un contrat d'occupation du domaine public, une telle annulation est possible *(CE 13 juillet 1968, Soc. des Établissements Serfati, AJDA 1968, 582, concl. Bertrand)*.

La convention d'occupation étant un contrat administratif, il semblerait normal que sa résiliation pour motif d'intérêt général ouvre droit à une indemnité et c'est ce qui est habituellement admis par la doctrine. Mais il semble que le Conseil d'État ait une conception plus radicale des conséquences de la précarité. Il a, en effet, été montré par un auteur (C. Mamontoff, *Domaine public et entreprises privées*, p. 235 et s.) que la jurisprudence habituellement citée sur ce point n'est pas probante *(cf. CE 27 novembre 1946, Soc. des chaux et ciments d'Algérie, Rec. 281 ; CE 27 novembre 1957, Landais, Rec. 628)*, et si, par la suite, le Conseil d'État a jugé, à propos d'une concession domaniale, qu'« il appartient à l'autorité concédante, en vertu des règles applicables aux contrats administratifs et sous réserve, le cas échéant, des droits à indemnisation du concessionnaire, de mettre fin avant son terme à un contrat de concession » *(CE, 4 avril 1997, Société Ledoyen, req. 137065),* un auteur bien informé a exposé que cet arrêt n'est pas topique et que le droit à indemnité n'existe pas s'il n'est pas prévu (C. Maugüé, « La réaffirmation du caractère exceptionnel de l'occupation des plages », *AJDA* 2006, 1503).

Un droit à indemnité est, en revanche, reconnu dans le cas où l'occupation est perturbée par des travaux.

b) Les droits de l'occupant en cas de travaux

Bibliographie : Fenet (A.) : « L'indemnisation du concessionnaire de service public pour le déplacement de ses ouvrages implantés sur le domaine public », *AJDA* 1974, 171.

1033. La présence d'un occupant du domaine public ne fait pas obstacle à l'accomplissement de travaux sur la dépendance concernée ; mais un préjudice peut en résulter pour l'occupant. Ce préjudice est indemnisé à certaines conditions qui ont varié dans un sens restrictif.

Le dernier état de la jurisprudence résulte d'un arrêt de 1981 *(CE Sect. 6 février 1981, Compagnie française de raffinage, Rec. 62 ; CJEG 1981, 63).*

1034. Le principe de base est consacré depuis longtemps : l'occupant n'a pas droit à indemnisation si les travaux sont réalisés dans l'intérêt de la dépendance occupée ; mais il a droit à une indemnité si les travaux préjudiciables sont réalisés dans l'intérêt d'une autre dépendance domaniale. Ainsi, le concessionnaire de transport de gaz qui a installé un gazoduc le long d'une route doit supporter sans indemnité le déplacement de la canalisation rendu nécessaire par l'élargissement de la route ; en revanche, il aurait droit à indemnité si le déplacement était rendu nécessaire par la construction d'une voie ferrée. À la base de ce principe se trouve l'idée que le risque de certains travaux a dû être accepté par l'occupant.

1035. Toutefois, même lorsque les travaux sont faits dans l'intérêt de la dépendance occupée, la responsabilité de l'administration peut être engagée s'il ne s'agit pas d'« une opération d'aménagement conforme à la destination du domaine occupé ». Cette formule, qui laisse place à l'appréciation, a été substituée aux notions de travaux anormaux et d'ouvrages nouveaux qui étaient antérieurement utilisées ; elle peut recouvrir ces notions sans coïncider nécessairement avec elles. Ainsi, la réalisation d'une écluse nouvelle a été considérée comme une opération d'aménagement conforme à la destination du domaine occupé ***(CE Sect. 6 février 1981, Compagnie française de raffinage, précit.)***, mais la création d'une autoroute et d'une route nouvelle sur une emprise différente de celle de la route occupée en sous-sol a été qualifiée d'opération non conforme *(CE 9 mars 1983, GDF, CJEG 1983, 288, concl. Stirn).*

Enfin, la responsabilité du maître d'ouvrage est également engagée si les travaux ne sont pas exécutés dans des conditions normales (ex. : *CE 13 juillet 1962, GDF, Rec. 507* : par suite des conditions anormales d'exécution des travaux, GDF a dû déplacer trois fois ses canalisations au lieu d'une).

Dans tous les cas, le responsable est le maître d'ouvrage, qui peut être ou ne pas être la collectivité signataire du contrat d'occupation ; mais cette circonstance n'influe pas sur les conditions de la responsabilité qui sont les mêmes en l'absence et en la présence d'un contrat.

c) La reconnaissance exceptionnelle d'un droit réel administratif : la concession funéraire

1036. Les articles L. 2223-13 et suivants du Code général des collectivités territoriales permettent aux communes d'accorder des concessions de terrains dans les cimetières pour une durée allant de quinze ans à la perpétuité.

Il a d'abord été reconnu que « les concessions présentent un caractère contractuel, conventionnel générateur d'une stabilité correspondante » ***(concl. Guionin sous CE 21 octobre 1955, Méline, D. 1956, 543)***, puis a été consacrée l'existence d'un droit réel immobilier ***(TC 25 novembre 1963, Commune de Saint-Just-Chaleyssin, Rec. 793, concl. Chardeau)***. Ce droit réel bénéficie d'une protection analogue à celle du droit de propriété, notamment en ce que la dépossession est qualifiée d'emprise, ce qui entraîne la compétence du juge judiciaire *(CE 22 avril 1983, Lasporte, Rec. 160 ; TC 4 juillet 1983, François, Rec. 539 ; JCP 1985, n° 20331, concl. Labetoulle).*

Cependant, la commune peut reprendre, selon une procédure déterminée par le CGCT, les concessions non entretenues depuis trente ans (cf. *CE 24 novembre 1971, Commune de Bourg-sur-Gironde, Rec. 704*).

C Le renforcement par la loi des droits de l'occupant du domaine public des collectivités locales : le bail emphytéotique administratif

Bibliographie : AUBY (J.-B.) : « Le bail emphytéotique sur le domaine public », *CJEG*, n° hors-série, octobre 1990, p. 67.

ECKERT (G.) : « Bail emphytéotique administratif », *J.-Cl. CMP*, fasc. 610.

FATÔME (E.) et TERNEYRE (P.) : « Bail emphytéotique, domanialité publique et financement privé d'un ouvrage public », *CJEG* 1994, 569.

INSTITUT DE LA GESTION DÉLÉGUÉE, *La gestion patrimoniale du domaine public*, avril 2001.

LAVIALLE (C.) : « L'article 13 de la loi du 5 janvier 1988 et l'évolution du droit de la domanialité publique », *CJEG* 1988, 163.

PLUNIAN (S.) : « La réception du bail emphytéotique administratif par le droit des contrats administratifs », *Contrats publics, Mél. Guibal*, 2006, p. 719.

TERNEYRE (P.) : « Les montages contractuels complexes », *AJDA* 1994, n° spéc. « Actualité des marchés publics », p. 43.

TERNEYRE (P.) et NOYER (B.) : « Le bail emphytéotique administratif comme technique contractuelle moderne de valorisation du domaine public des collectivités locales », *RF décentr.*, 1996, 171 et *LPA* juillet 1996, n° 83 et n° 84.

1037. Le principe de précarité est peu compatible avec la mise en valeur économique du domaine public. Il est, par exemple, difficile de convaincre une banque de financer un projet de télécommunications avec pour toute garantie un contrat d'occupation précaire et révocable.

C'est pourquoi le législateur a permis aux collectivités locales de conclure des baux emphytéotiques et à l'État d'attribuer des autorisations constitutives de droits réels.

1038. Utilisé à l'origine dans le monde rural pour stabiliser la situation de l'exploitant, le bail emphytéotique a gagné d'autres secteurs de la vie civile et commerciale, même si les dispositions qui le régissent continuent à figurer au Code rural. Il s'agit d'un contrat de location, mais dont l'économie est très particulière : la location est de longue durée (entre 18 et 99 ans), le loyer (dit le « canon ») est faible et, en compensation, les constructions du preneur deviennent, en fin de bail, propriétés du bailleur, le preneur (emphytéote) est titulaire d'un droit réel qu'il peut hypothéquer.

De tels baux peuvent être conclus par les collectivités publiques sur les biens de leur domaine privé (art. L. 415-11 du Code rural), mais on a vu que sur le domaine public le principe d'inaliénabilité les interdisait.

Cependant, le principe d'inaliénabilité ne s'étant pas vu reconnaître valeur constitutionnelle, la loi peut déroger à l'interdiction de constituer des droits réels. C'est ce qui a été fait par l'article 13 de la loi du 5 janvier 1988 portant amélioration de la décentralisation (art. L. 1311-2 et s. CGCT), qui permet la conclusion de baux emphytéotiques même sur le domaine public. Depuis l'ordonnance du 21 avril 2006 portant code général de la propriété des personnes publiques, qui a modifié l'article L. 1311-2 CGCT, ces baux sont dénommés « baux emphytéotiques administratifs » et ils ne constituent plus le seul instrument à la disposition des collectivités publiques, puisque le CGPPP étend aux collectivités locales la possibilité reconnue à l'État de donner des autorisations avec droits réels (v. *infra* 1055 et s.).

a) La légalisation du bail emphytéotique

1039. Les collectivités publiques n'avaient pas attendu 1988 pour conclure des baux emphytéotiques. L'utilisation de ce type de contrat était assez répandue dans le secteur hospitalier, ce qui s'explique par la circonstance que pendant longtemps il a été admis que les biens des établissements publics ne relevaient pas du domaine public ; mais des baux emphytéotiques illégaux étaient également consentis sur le domaine public.

1040. L'article L. 1311-2 ouvre la possibilité de conclure de tels baux uniquement aux collectivités locales et aux établissements publics locaux, pour la seule raison que la disposition a été introduite par un amendement parlementaire dans un projet relatif à la décentralisation. Jusqu'en 2002 le preneur ne pouvait être qu'une personne privée. La loi du 29 août 2002 sur la sécurité intérieure (art. 3) a supprimé cette restriction, le preneur à bail peut désormais être une personne publique, ce qui permet d'utiliser ce type de contrat pour la coopération entre personnes publiques.

Le texte vise tous les baux emphytéotiques dès lors qu'ils portent sur une opération de service public ou d'intérêt général. Il importe peu que le bien relève du domaine privé ou du domaine public. La différence entre domaine privé et domaine public n'est cependant pas dénuée de toute conséquence.

Sur le domaine public un bail emphytéotique ne répondant pas aux conditions légales qu'on va examiner est illicite (ex. : l'opération n'est pas d'intérêt général, le preneur n'est pas une personne privée). En revanche, sur un bien du domaine privé il reste possible de conclure des baux emphytéotiques de droit commun, comme avant 1988 (en ce sens : E. Fatôme, *CJEG, n° hors-série, octobre 1990, p. 74*).

Peuvent faire l'objet d'un bail emphytéotique toutes les dépendances du domaine public à l'exception de la voirie. Il a été précisé que les parkings sont des accessoires de la voirie et ne peuvent donc faire l'objet d'un bail emphytéotique *(TC 17 octobre 1988, Commune de Saint-Germain-des-Bois, D. 1989, 173, note Prétot ; CE 18 octobre 1995, Commune de Brive, Rec. 356).*

1041. Mais le bail emphytéotique est finalisé : il ne peut être conclu qu'« en vue de l'accomplissement, pour le compte de la collectivité territoriale, d'une mission de service public ou en vue de la réalisation d'une opération d'intérêt général relevant de sa compétence ». La condition d'intérêt général n'est pas trop stricte, compte tenu de la très large acception donnée à cette notion dans la jurisprudence (V. cependant : *TA Marseille 21 décembre 1990, Granjeon ; Dr. adm. 1991, n° 520* : bail avec une association qui n'a pas un but d'intérêt général). Plus gênante est la condition relative à l'exercice de la mission pour le compte de la collectivité bailleresse (ex. : *TA Orléans 2 novembre 1993* : une école privée n'exerce pas sa mission pour le compte d'une région). Cette condition est de nature à faire obstacle à la collaboration entre des personnes publiques qui voudraient réaliser un équipement en commun. Une dérogation temporaire a, toutefois, été apportée par les textes récents.

1042. Dans le cadre de la mise en place du partenariat public-privé (v. *infra*, n° 1118 et s.) les collectivités locales ont été autorisées à conclure des baux emphytéotiques non pas pour leurs propres besoins, mais pour ceux d'autres services, au développement desquels elles sont néanmoins intéressées. L'objectif est de permettre de faire réaliser sur le domaine public des constructions ensuite données à bail à l'administration. Successivement, les lois du 27 février 2002, du 29 août 2002 et l'ordonnance n° 2003-850 du 4 septembre 2003 ont modifié l'article L. 1311-2 du CGCT pour introduire cette dérogation à l'ordre normal des compétences, dérogation qui n'est, cependant valable que jusqu'au 31 décembre 2007. L'article L. 1311-2 prévoit dorénavant que le bail emphytéotique peut être conclu par la collectivité locale en vue « d'une mission de service public ou en vue de la réalisation d'une opération d'intérêt général relevant de sa compétence ou, jusqu'au, liée aux besoins de la justice, de la police ou de la gendarmerie nationales ainsi que d'un établissement public de santé ou d'une structure de coopération sanitaire dotée de la personnalité morale publique ». Il s'agit de faire face dans ces domaines à des besoins urgents de services publics à dimension nationale. Ce système coexiste avec les contrats de partenariat prévus par l'ordonnance 2004-559 du 17 juin 2004.

b) Le droit réel

1043. L'article L. 1311-2 du CGCT renvoie à l'article L. 451-1 du Code rural selon lequel « le bail emphytéotique de biens immeubles confère au preneur un droit réel susceptible d'hypothèque ; ce droit peut être cédé et saisi dans les formes prescrites pour la saisie immobilière. Ce bail doit être consenti pour plus de dix-huit années et ne peut dépasser quatre-vingt-dix-neuf ans ; il ne peut se prolonger par tacite reconduction ».

Mais, d'un autre côté, l'article L. 1311-3 prévoit aussi que « les litiges relatifs à ces baux sont de la compétence des tribunaux administratifs », ce qui entraîne l'application du droit public. Le droit réel obéit donc à un régime mixte, dont le contenu est encore mal défini, ce qui explique que les établissements financiers fassent preuve d'une certaine réserve envers la garantie qu'il fournit : « la plus grande angoisse des praticiens est la suivante : ce bail emphytéotique de l'article 13, quand bien même le texte renvoie aux dispositions de l'article L. 451-1 et suivants du Code rural, est-il réellement un bail emphytéotique ? » (intervention de Mme Boisgiraud, colloque « Domaine public et activités économiques », *op. cit.*, p. 72).

1044. La question se pose à raison des conditions particulières qui sont définies par la loi et à raison des règles de droit public qui sont susceptibles de s'appliquer.

Le droit réel conféré par le bail emphytéotique de la loi de 1988 n'est ni librement cessible, ni susceptible d'être hypothéqué librement.

1045. L'article L. 1311-3 CGCT prévoit que « les droits résultant du bail ne peuvent être cédés, avec l'agrément de la collectivité territoriale, qu'à une personne subrogée au preneur » et ce aussi bien dans les droits et obligations résultant du bail, que dans ceux qui résultent de la convention non détachable conclue en même temps (cf. *infra*). En cas de saisie du droit réel par le prêteur et de transfert de ce droit à un tiers enchérisseur, l'intervention de la collectivité locale est donc nécessaire, ce qui introduit un élément d'incertitude.

1046. Du côté de l'hypothèque, est introduite une restriction importante : « le droit réel conféré au titulaire du bail de même que les ouvrages dont il est propriétaire sont susceptibles d'hypothèque uniquement pour la garantie des emprunts contractés par le preneur en vue de financer la réalisation ou l'amélioration des ouvrages situés sur le bien loué ».

1047. Un autre élément de perturbation résulte du caractère administratif du contrat puisqu'en application des règles applicables aux contrats administratifs, la résiliation unilatérale est possible, ce qui affaiblit singulièrement le droit réel. Il eût été possible de considérer qu'à partir du moment où la loi crée un droit réel, elle supprime implicitement le pouvoir de résiliation unilatérale, mais ce n'est pas en ce sens que paraît s'orienter la jurisprudence, étant donné que le Conseil d'État a admis que la présence d'une clause de résiliation unilatérale n'était pas incompatible avec la qualité de bail emphytéotique ***(CE Sect. 25 février 1994, Soc. SOFAP Marignan ; RFDA 1994, 510, concl. Arrighi de Casanova ; D. 1994, 536, note M. Lombard)***. Toutefois, l'arrêt a pu être interprété comme excluant l'application du pouvoir de résiliation unilatérale, au motif que le Conseil d'État ne s'est pas fondé sur l'existence de ce pouvoir pour admettre la validité de la clause (Fatôme et Terneyre, *art. cit.*, p. 582), mais il est aussi permis de penser que le Conseil d'État a réservé la question tout en donnant une indication plutôt défavorable à l'exclusion du pouvoir de résiliation.

c) Utilisations du bail emphytéotique

1048. Le bail emphytéotique peut être utilisé pour réaliser une simple opération immobilière dans l'intérêt local ou, depuis la loi du 29 août 2002 d'orientation et de programmation pour la sécurité intérieure (Art. L. 1311-4-1 CGCT) dans l'intérêt de l'État pour les besoins de la justice, de la police ou de la gendarmerie nationales, mais cela seulement jusqu'en 2007. Mais, en association avec une convention non détachable, le bail emphytéotique sert aussi à confier l'exécution d'un service public.

1º Opération immobilière

1049. Une bonne illustration de l'utilisation du bail emphytéotique pour réaliser une opération immobilière est donné par l'affaire SOFAP — Marignan (*supra*, nº 1047).

La ville de Lille a donné à bail emphytéotique pour 65 ans un terrain lui appartenant afin que le preneur édifie des bureaux, dont une partie est destinée à être louée à la ville elle-même. La question se posait de savoir si ce bail ne devait pas être requalifié en marché de travaux et, en conséquence, déclaré illégal faute de mise en concurrence préalable. Le Conseil d'État ne l'a pas admis ; il a considéré qu'il n'était pas en présence d'une opération de travaux publics parce que la commune « n'assurera pas la direction technique des actions de construction, ne deviendra propriétaire des ouvrages qu'au terme du bail, et ne jouera ainsi ni pendant la réalisation desdits ouvrages, ni avant le terme fixé, le rôle de maître d'ouvrage » et ce alors même qu'une partie des ouvrages doit être utilisée par la commune en tant que locataire. Deux éléments sont donc pris en considération : le caractère différé (ici pendant 65 ans) du transfert dans le patrimoine public et l'absence de pouvoir de direction. La possibilité d'une disqualification est cependant réservée par le commissaire du gouvernement au cas où la collectivité se réserverait le pouvoir exclusif de définition du projet et la direction et le contrôle des travaux.

1050. Sous cette réserve, il est possible aux collectivités locales de faire réaliser des équipements correspondant à leurs besoins sans mise en concurrence préalable, mais une publicité communautaire est prudente (cf. *supra*).

En effet, l'article 11 de la loi du 3 janvier 1991 assujettit à des formalités de publicité la passation des contrats conclus entre une collectivité locale et un entrepreneur qui ont pour objet de faire réaliser des ouvrages de génie civil lorsque la rémunération de l'entrepreneur consiste en tout ou partie dans le droit d'exploiter l'ouvrage. Pour M. Arrighi de Casanova *(concl. précit.)* l'emphytéote qui loue les constructions réalisées n'est pas un « entrepreneur », et pour un autre commissaire du gouvernement cet emphytéote ne se livre pas à une « exploitation de l'ouvrage » *(concl. Lasvignes sous CE Ass. 10 juin 1994, Commune de Cabourg, Rec. 301 ; RFDA 1994, 728).* Cependant, pour l'application de la sixième directive sur la TVA, la Cour de justice a jugé que le concept d'« exploitation » (au sens de cette directive, il est vrai) se réfère à « toutes les opérations, quelle que soit leur forme juridique, qui visent à retirer du bien en question des recettes ayant un caractère de permanence » *(CJCE 20 juin 1991, Polysar, aff. 60/90, Rec. III-/32)* et, en France, le président du Tribunal administratif de Paris a considéré comme une concession le contrat relatif au « Grand Stade », alors même que le concessionnaire doit louer l'installation *(Ord. Pdt TA Paris 2 novembre 1994, Grou-*

pement des sociétés Eiffage et autres, AJDA 1995, 147, note Bréchon). De surcroît, si l'installation est louée à titre principal à la collectivité elle-même, la requalification en marché de travaux au sens communautaire est loin d'être exclue.

2° Gestion d'un service

1051. Mais, le bail emphytéotique est aussi, et surtout, utilisé pour la gestion de services publics et ce principalement dans trois secteurs : le traitement de déchets (usines d'incinération), les cuisines centrales pour la restauration scolaire et les stations d'épuration. Dans ces cas le bail emphytéotique est complété par ce que l'article L. 1311-3 dénomme « conventions non détachables ». La convention non détachable a pour objet de confier l'exécution du service public ou de faire participer à cette exécution.

1052. Dans les années qui ont suivi la loi du 5 janvier 1988 certains praticiens ont soutenu que le bail emphytéotique pouvant être conclu sans mise en concurrence, il en allait de même pour la convention non détachable. Une telle position était difficile à admettre car c'était pousser trop loin la théorie de l'accessoire que de considérer que, du seul fait de la « non détachabilité », la convention perdait son caractère intrinsèque de marché ou de délégation de service public, selon le cas.

1053. Cette thèse est abandonnée depuis que le Tribunal administratif de Caen et, après lui, le Conseil d'État, ont décidé qu'entraient dans les prévisions de l'article 11 de la loi du 3 janvier 1991 un bail emphytéotique et une convention de financement par lesquelles la ville de Cabourg confiait à une société la rénovation et la gestion du casino et du célèbre « Grand Hôtel » de Cabourg ***(CE Ass. 10 juin 1994, Commune de Cabourg, Rec. 301, concl. Lasvignes ; RFDA 1994, 728, concl. Lasvignes)***. Et par la suite le Conseil d'État a considéré que le bail emphytéotique n'est pas par lui-même une délégation de service public ou un marché public, mais qu'il convient de vérifier si la convention qui l'accompagne en est une ou pas *(Avis CE 16 juin 1994, EDCE 1994, n° 46, p. 367).*

Nonobstant, le bail emphytéotique reste utilisé parce qu'il permet de faire financer les équipements par le secteur privé. Certes, la concession permet d'obtenir le même résultat, mais, comme on sait, la concession suppose une rémunération par les usagers ; or, dans des activités comme l'incinération des déchets l'exploitant privé n'a pas de contact direct avec l'administré-usager. C'est ce qui explique qu'on ait recouru au bail emphytéotique ; mais il est possible que celui-ci régresse à partir du moment où, à côté de la concession, est admise l'existence d'autre types de conventions de délégation de service public.

1054. *Exemple* : bail emphytéotique et convention d'exploitation entre une communauté urbaine et un groupement de sociétés pour une installation de traitement de déchets signé en 1994.

> Ces contrats ont été signés après une procédure « loi Sapin » ; ils sont tous les deux de même durée (24 ans).
>
> 1) Bail emphytéotique
>
> — la CU donne à bail une parcelle de terrain ; le preneur accepte de concevoir, financer, réaliser, exploiter et entretenir l'usine dans les conditions prévues par l'ensemble contractuel,
>
> — les plans et descriptifs annexés au bail ont valeur contractuelle,
>
> — à l'achèvement, le bailleur a un délai de 4 mois pour vérifier la conformité ; en cas de non conformité, le bail est résilié sans indemnité,
>
> — le preneur a la charge de l'entretien,
>
> — le loyer annuel est de 900 000 F (valeur 1994).
>
> 2) Convention d'exploitation
>
> — liste des équipements,
>
> — principes généraux de l'exploitation : l'exploitant assume cette exploitation sous sa responsabilité, à ses frais, risques et périls, renvoi est fait à un règlement du service,
>
> — clauses financières : facturation mensuelle à la CU sur la base d'un prix à la tonne,
>
> — pouvoirs de contrôle et de sanction de la CU,
>
> — déchéance en cas de faute,
>
> — remise des ouvrages en fin de contrat.

D Le renforcement par la loi des droits de l'occupant du domaine public : l'autorisation d'occupation avec constitution d'un droit réel

Bibliographie : AGLAÉ (M.-J.) : « La loi du 25 juillet 1994 complétant le Code du domaine de l'État et relative à la constitution de droits réels sur le domaine public », *LPA* 28 décembre 1994, n° 155, p. 4.

COMBE (C.) : « Les droits réels sur le domaine public », *Dr. adm.*, décembre 2001, n° 22.

DAVID BEAUREGARD-BERTHIER (O. de) : « Domaine public et droits réels », *JCP* 1995, I, 3812.

FOURNIER (A.) et JACQUOT (H.) : « Un nouveau statut pour les occupants du domaine public », *AJDA* 1994, 759.

FATÔME (E.) et TERNEYRE (P.) : « La loi du 25 juillet 1994 : observations complémentaires », *AJDA* 1994, 780 ; « Droits réels sur le domaine public de l'État : clarification ou multiplication des interrogations ? », *AJDA* 1995, 905.

GODFRIN (P.) : « Une prudente audace : la loi du 25 juillet 1994 complétant le Code du domaine de l'État et relative à la constitution de droits réels sur le domaine public », *CJEG* 1995, 1.

JACQUOT (H.) et autres : « Les titres constitutifs de droits réels sur le domaine public », *JCP éd. N*, 1996, n° spécial.

LAVIALLE (C.) : « La constitution de droits réels sur le domaine public de l'État », *RFDA* 1994, 1106.

PIETRI (G.) et BERNIS (C. de) : « Les virtualités du système des droits réels mis en place par la loi du 25 juillet 1994 : des montages habiles mais risqués », *LPA* 27/11/1998, n° 142, p. 4.

1055. En ce qui concerne le domaine public de l'État et des établissements publics nationaux, la solution retenue n'a pas été celle du bail emphytéotique. La loi du 25 juillet 1994 complétant le Code du domaine de l'État et relative à la constitution de droits réels sur le domaine public innove de façon plus radicale en permettant la constitution d'un droit réel qui peut être fondé aussi bien sur une autorisation unilatérale que sur un contrat. L'ordonnance du 21 juin 2006 portant CGPPP a abrogé le code du domaine de l'Etat ; les dispositions de la loi de 1994 relatives à l'autorisation avec droits réels sont désormais codifiées aux articles L. 2122-6 et suivantes du CGPPP.

Comme dans le cas des collectivités locales, le but poursuivi est de renforcer la sécurité de l'investissement en permettant à l'occupant de se procurer du crédit par l'hypothèque et en supprimant l'incertitude qui existe au sujet de la propriété des ouvrages réalisés sur le domaine public.

a) La création du droit réel

1056. Les articles L. 2122-6 et s. CGPPP s'appliquent aussi bien lorsque l'occupant est une personne privée que lorsqu'il est une personne publique (ex. : contrats entre l'État et un OPHLM pour l'occupation temporaire d'une résidence universitaire). Le droit réel peut être créé aussi bien par une autorisation unilatérale que par un contrat, y compris, précise la loi, une concession de service public ou d'outillage public (art. L. 2122-11 CGPPP). La loi érige en principe le lien entre autorisation d'occupation et droit réel : sauf prescription contraire, le titulaire a « un droit réel sur les ouvrages, constructions et installations de caractère immobilier qu'il réalise pour l'exercice d'une activité autorisée » par le titre d'occupation (art. L. 2122-6 CGPPP).

Toutefois, le mécanisme est inversé quand les ouvrages sont nécessaires à la continuité du service public, ce qui vise notamment les ouvrages réalisés dans le cadre d'une concession de service public : en ce cas, le droit réel n'existe que « sur décision de l'État » (ou de l'établissement public), ce qui doit permettre de vérifier que le renforcement des droits de l'occupant ne présente pas de risque pour le bon fonctionnement du service public (art. L. 2122-10 CGPPP).

1057. L'équilibre du système a été quelque peu modifié par le décret d'application du 6 mai 1995 (art. R. 57-1 et s. du Code du domaine — à codifier dans la partie réglementaire du CGPPP). En effet, ce texte met en place une procédure spéciale de délivrance du « titre d'occupation constitutif de droit réel », ce qui limite la portée de la présomption. Dans le cas particulier où l'occupation a pour fondement une concession de service public, d'outillage public ou d'installations portuaires de plaisance, le décret prévoit que les conditions d'exercice du droit réel doivent être prévues au cahier des charges.

1058. La création de droit réel n'est possible que sur les dépendances du domaine public artificiel, au motif que le domaine naturel doit être mieux protégé (pour une critique de cette exclusion : C. Lavialle, *art. précit.*).

1059. La loi de 1994 a innové par rapport aux pratiques antérieures en prévoyant que l'occupation peut avoir une durée de 70 ans (art. L. 2122-6 CGPPP). Initialement, était même admise la possibilité de renouvellement à l'issue de la période de 70 ans, mais cette disposition a été censurée par le Conseil constitutionnel, au motif « qu'une telle faculté est de nature à porter atteinte à la protection de la propriété publique » ***(CC 21 juillet 1994, AJDA 1994, 786, note Gondouin)***. La durée de 70 ans n'est, bien sûr, qu'un maximum ; pour chaque convention la durée doit être fixée « en fonction de la nature de l'activité et de celle des ouvrages autorisés et compte tenu de l'importance de ces derniers ».

b) Le contenu du droit réel

1060. L'article L. 2122-6 CGPPP reconnaît au titulaire « pour la durée de l'autorisation et dans les conditions et les limites précisées dans le présent paragraphe, les prérogatives et obligations du propriétaire ». Ces prérogatives et obligations portent sur les ouvrages réalisés et le droit d'occuper le terrain (ou les ouvrages) d'assiette, mais non sur le terrain d'assiette lui-même.

Dans la jurisprudence antérieure avait déjà été admise la dissociation entre la propriété du sol et celle des ouvrages (cf. E. Fatôme et P. Terneyre, *art. cit.*), mais une incertitude existait, au moins dans l'esprit de certains, au sujet de la propriété des ouvrages.

Quand les conventions d'occupation ne sont pas créatrices de droit réel — ce qui reste possible — les règles jurisprudentielles continueront à s'appliquer.

1061. Dans le cadre du texte, l'occupant se voit reconnaître « les prérogatives et obligations du propriétaire ». Sur les ouvrages réalisés, sa situation est en fait celle d'un propriétaire puisqu'à la fin de l'occupation il doit, en principe, démolir les installations (art. L. 2122-9 CGPPP), sauf si leur maintien a été prévu.

En particulier, le propriétaire peut donner à bail les installations qu'il réalise à l'État lui-même, qui, de la sorte, peut faire réaliser des ouvrages sans avoir à les financer.

Néanmoins, les prérogatives de l'occupant sont limitées étant donné que, comme dans le régime du bail emphytéotique, la liberté de céder et celle d'hypothéquer sont restreintes.

1062. En principe, l'autorisation d'occupation du domaine public est, « en raison de la nature même du domaine public, strictement personnelle » *(CE 10 mai 1989 Munoz, Dr. adm. 1989, n° 336 ; CAA Marseille 15 mai 2003, Commune de Saint-Laurent-du-Var, Ctts et MP, 2003, n° 181)*, et, par conséquent, les ouvrages qui en font l'objet ne peuvent être cédés. La loi de 1994 ne supprime pas le caractère personnel de l'autorisation, mais elle l'assouplit en organisant la possibilité de transmission. La cession des « droits, ouvrages, constructions et installations de caractère immobilier » est possible « à une personne agréée par l'autorité compétente, en vue d'une utilisation compatible avec l'affectation du domaine occupé » (art. L. 2122-7 CGPPP). Le contrôle par le maître du domaine est de portée très générale : l'agrément est nécessaire même en cas de fusion ou scission de sociétés, alors que dans ce cas le patrimoine fait l'objet d'une transmission à titre universel ; il est également nécessaire si la transmission se produit par suite de la réalisation de l'hypothèque consentie sur le bien.

1063. En effet, les droits, ouvrages, constructions, installations sont susceptibles d'hypothèque ; mais, comme dans la loi de 1988 sur le bail emphytéotique, l'hypothèque ne peut garantir que des emprunts contractés pour financer « la réalisation, la modification ou l'extension des ouvrages, constructions et installations de caractère immobilier situés sur la dépendance domaniale occupée » (art. L. 2122-8 CGPPP). La valeur du droit réel comme garantie de crédit peut donc susciter les mêmes doutes que ceux qui sont apparus à la suite de la loi de 1988. Cependant, la situation est un peu différente pour deux raisons.

En premier lieu, la loi de 1994 ne s'est pas référée à un modèle de droit privé (le bail emphytéotique), susceptible de servir de point de comparaison.

En second lieu, elle préserve mieux les droits des créanciers en cas de résiliation anticipée : si la résiliation n'est pas prononcée pour faute de l'occupant, celui-ci a droit à une indemnité et « les droits des créanciers régulièrement inscrits à la date du retrait anticipé sont reportés sur cette indemnité » (art. L. 2122-9 CGPPP).

Le nouvel instrument de crédit mis en place est donc assez strictement encadré. Certains espéraient aussi que la loi de 1994 faciliterait la réalisation d'opérations d'investissement en permettant le recours au crédit-bail. À cet égard, les attentes ont été quelque peu déçues (cf. *infra*).

c) L'extension aux collectivités locales

1064. Deux limites apportées en 1988 à la possibilité pour les collectivités locales de conclure des baux emphytéotiques ont été critiquées : les baux emphytéotiques ne pouvaient être conclus qu'avec des personnes privées et pour les besoins d'un service public ou d'une opération d'intérêt général. La première restriction a été supprimée en 2002 ; la seconde aurait pu l'être en 2006 à l'occasion de l'adoption du code général de la propriété publique, mais tel n'est pas le cas.

1065. L'ordonnance du 21 avril 2006 portant CGPPP ajoute au CGCT des articles L. 1311-5 à L. 1311-7 qui transposent aux collectivités locales le régime des autorisations avec droits réels, mais c'est en y ajoutant la condition que les autorisations soient délivrées en vue de l'accomplissement pour le compte de la collectivité d'une mission de service public ou d'une opération d'intérêt général. La seule innovation consiste en ce que ce l'autorisation avec droit réel peut être délivrée pour occuper des dépendances de la voirie, alors qu'elles ne peuvent faire l'objet d'un bail emphytéotique. Le but poursuivi est, en effet, de ne pas remettre en cause les autorisations qui ont été délivrées par l'Etat au moment où celui-ci transfère aux départements de nombreux kilomètres de routes nationales.

L'innovation est donc de portée limitée.

E Le crédit-bail immobilier et la location avec option d'achat

Bibliographie : CONTAMINE-RAYNAUD (M.) : *Crédit-bail et location financière, ADPE Le financement des marchés publics,* Dalloz, 1986, p. 77.

CERCOL : « La commande publique et le partenariat public-privé », *RDI*, 2003. 481 et s.

CHANET (J.-P.) : « Possibilités et perspectives de financement des équipements publics en crédit-bail », *in* TERNY (G.) et PRUDHOMME (R.) : *Le financement des équipements publics de demain,* Economica, 1986, p. 357 et s.

CUCHE (P.) : « Domanialité publique, service public et partenariats public-privé », *Dr. Adm.* 2003, chron. 16.

DELVOLVÉ (P.) : « Sécurité intérieure, justice et contrats publics : confirmations et infléchissements », *BJDCP* 2002, n°25, p. 418.

INSTITUT DE LA GESTION DÉLÉGUÉE : *La gestion patrimoniale du domaine public*, avril 2001.

FATOME (E.) et RICHER (L.) : « Le Conseil constitutionnel et le droit commun de la commande publique et de la domanialité publique », *AJDA* 2003. 2348.

LAVIALLE (C.) : « Les conventions de financement des équipements publics de sécurité intérieure et la loi n° 2002-1094 du 29 août 2002 », *Ctts et MP* 2002, chron. 11.

MOURIESSE (X.) : « Crédit-bail », *J.-Cl. CMP*, fasc. 612.

PISANI (C.) : « Le recours aux procédés de financement de droit commun, crédit hypothécaire et crédit-bail », *JCP* éd. N 1996, p. 1266.

SYMCHOWICZ (N.) : *Droit public des montages contractuels complexes,* Imprimerie nationale, 2003.

TESSIER (A.) : « Le droit de la commande publique et les articles 5 et 6 de la loi du 2 juillet 2003 autorisant le gouvernement à simplifier le droit », *BJDCP* 2003, n° 30, p. 354.

1066. Introduit en France par la loi du 2 juillet 1966 (art. L. 313-7 du Code monétaire et financier), le crédit-bail est à la fois une opération de location et une opération de crédit (encore que, selon un jugement du *Tribunal administratif de Bordeaux du 22 octobre 1992, Préfet du Lot-et-Garonne, req. 9001925*, il s'agirait de contrats de location et non d'emprunt, ce qui exclurait l'octroi de la garantie communale). Il peut porter sur des meubles ou des immeubles. Le bien désigné ou réalisé par le preneur est acquis par le crédit-bailleur, établissement financier, qui le donne en location au preneur pour une durée correspondant à l'amortissement financier. À l'issue de cette période, le crédit-preneur peut devenir propriétaire. Cette formule est coûteuse, compte tenu des frais financiers, mais elle peut l'être moins qu'un emprunt, compte tenu de la garantie dont dispose le crédit-bailleur.

Du crédit-bail, peut être rapprochée la location avec option d'achat, qui n'en diffère guère : le maître du domaine autorise une occupation du domaine public avec droit réel, à charge pour l'occupant de réaliser un ouvrage, qu'il donne ensuite en location au maître du domaine, lequel se voit reconnaître le droit d'acheter l'ouvrage.

1067. On considère en général que le crédit-bail est contraire aux règles de la domanialité publique. En ce sens est invoqué ***l'avis du Conseil d'État du 30 mars 1989 relatif au projet de TGV Sud-Est (EDCE 1989, 237 ; GACE, p. 213)***, selon lequel « les infrastructures du TGV Sud-Est qui seront des biens immobiliers affectés à ce service public et aménagés spécialement à cette fin, feront ainsi partie du domaine public de l'État et ne pourront, par suite, faire l'objet, même de façon temporaire, de quelque appropriation privé que ce soit » ; en conséquence, le crédit-bail est exclu, sauf disposition législative. Et, le Conseil constitutionnel a cru pouvoir affirmer que le recours au crédit-bail ou à l'option d'achat anticipé pour préfinancer un ouvrage public, si elle ne se heurte, dans son principe, à aucun impératif constitutionnel, n'en constituerait pas moins une dérogation au « droit commun » de la domanialité publique, ce qui a justifié une réserve d'interprétation selon laquelle la loi ne peut permettre le recours au crédit-bail ou à la location avec option d'achat que pour des « motifs d'intérêt général tels que l'urgence qui s'attache, en raison de circonstances particulières ou locales, à rattraper un retard préjudiciable, ou bien la nécessité de tenir compte des caractéristiques techniques, fonctionnelles ou économiques d'un équipement ou d'un service déterminé » ***(CC 26 juin 2003, Loi habilitant le Gouvernement à simplifier le droit, Rec. 382 ; RFD Const. 2003. 772, note Fatôme et Richer)***.

Il est, cependant, douteux que l'interdiction formulée par l'avis TGV Sud-Est ait une portée générale ; on a déjà signalé (*supra*) que l'appropriation privée de biens affectés au service public ne fait pas l'objet d'une prohibition générale et les règles de la domanialité publique ne sont pas incompatibles avec les mécanismes du crédit-bail et de la location avec option d'achat (voir E. Fatôme et L. Richer, note précitée et *AJDA 2003. 2348)* Toutefois, les financiers préfèrent la certitude que donne la loi.

1068. Le législateur a autorisé le recours au crédit-bail en certains cas. Est d'abord intervenu l'article 30 de la loi du 15 juillet 1980 sur les économies d'énergie : il permet le recours au crédit-bail pour financer des installations permettant d'économiser l'énergie (ex. : usine d'incinération d'ordures ménagères avec production de chaleur). Seules peuvent pratiquer ce crédit-bail des sociétés agréées (SOFERGIE).

Par la suite, d'autres textes ont élargi la possibilité pour les SOFERGIE de faire du crédit-bail.

L'article 87 de la loi de finances pour 1987, en date du 30 décembre 1986, permet le financement par ce système des ouvrages des collectivités locales, et d'elles seules, dès lors qu'ils sont utilisés pour une activité assujettie à la TVA (cela pour éviter une déperdition de TVA puisque la TVA grevant le loyer, charge de fonctionnement, n'est pas éligible au FCTVA et n'est donc récupérable que par voie de déduction) et l'article 10 de la loi du 13 juillet 1992 sur les déchets l'a étendu aux ouvrages de récupération, transport, traitement, valorisation des déchets et effluents, même quand l'activité n'est pas assujettie à la TVA.

Enfin, l'ordonnance du 21 avril 2006 portant CGPPP a modifié l'article L. 1311-3 CGCT en prévoyant de façon générale que les constructions réalisées dans le cadre de baux emphytéotiques administratifs peuvent faire l'objet de crédit-bail.

1069. La conclusion d'un contrat de crédit-bail a pour condition et pour conséquence que les biens ne relèvent pas du domaine public, puisqu'ils sont la propriété du crédit-bailleur et non d'un personne publique. En conséquence, si les biens sont *ab initio* la propriété de la collectivité publique (cas des biens de retour ou des biens domaniaux par détermination de la loi, comme le domaine public ferroviaire), le crédit-bail n'est pas possible puisque les ouvrages sont inaliénables. Si les biens appartiennent à l'occupant privé, il est concevable que la propriété en soit attribuée à l'établissement financier ; mais subsiste l'obstacle du caractère personnel des autorisations : l'établissement financier étant propriétaire, doit être autorisé tout comme l'entreprise qui est chargée d'exploiter l'ouvrage et l'utilise effectivement. Dans la pratique, cet obstacle est levé par la conclusion d'une convention tripartite entre le crédit-bailleur, le crédit-preneur et le maître du domaine, convention qui doit préserver les nécessités du service public.

1070. En ce qui concerne l'État, la loi du 25 juillet 1994 a traité du cas des investissements réalisés par l'occupant du domaine et du recours par celui-ci au crédit-bail (art. L. 2122-13 CGPPP).

Le projet de loi complétant le Code du domaine public de l'État prévoyait, de manière générale, que la réalisation d'ouvrages sur le domaine public pouvait donner lieu à passation de contrats de crédit-bail par les occupants et que le crédit-bailleur était titulaire du même droit réel que l'occupant, ce qui ne lui donne pas, cependant, la qualité d'occupant du domaine public (*TC 21 mars 2005, Sté Slibail Energie, req. 3436 ; Ctts et MP 2005, doct. 5, art. F. Tenailleau et J.-L. Tixier*). Mais un retournement s'est produit au cours des débats parlementaires et, en fin de compte, les possibilités d'utilisation du crédit-bail ont été restreintes.

La loi de 1994 (article L. 2122-13 CGPPP) exclut le recours au crédit-bail, même par l'occupant privé, pour le financement des ouvrages, constructions et installations « affectés à un service public et aménagés à cet effet ou affectés directement à l'usage du public, ainsi que des travaux exécutés pour une personne publique dans un but d'intérêt général ». En revanche, la possibilité de crédit-bail est reconnue pour le financement des installations réalisées par le titulaire dans son propre intérêt ; en ce cas, le contrat de crédit-bail est conclu librement. Mais l'État s'est repenti, quelques années plus tard, de s'être privé de cet instrument de financement ; aussi des exceptions ont été apportées, au profit de certains occupants. Dans le cadre plus général du développement du partenariat public-privé (cf. *infra*, n° 1118 et s.), pour la réalisation d'ouvrages au profit de l'État, l'autorisation d'occupation domaniale accompagnée d'une location avec option d'achat ou d'un crédit-bail souscrit par l'occupant a été adoptée par le législateur comme une solution privilégiée permettant d'obtenir des résultats similaires à ceux des contrats de PFI anglais ou à ceux des METP d'antan. Les exceptions ainsi apportées amènent nécessairement à s'interroger sur le principe d'interdiction posé en 1994 : si les exigences du service public peuvent être préservées par contrat, pourquoi avoir posé un principe général d'interdiction ?

1071-1076. *Réservés*

Chapitre 4
Les concessions d'aménagement

1077. La concession d'aménagement appartient à la catégorie générale des contrats par lesquels la puissance publique confère le droit de mettre en valeur des biens, à la place de la collectivité publique, qui accepte de se retirer (*concedere* = s'en aller, se retirer). Pour l'aménagement de certaines régions françaises ont existé des concessions de mise en valeur (décret du 3 février 1955) et, à l'époque coloniale l'État attribuait des concessions coloniales par lesquelles le concessionnaire était autorisé par l'État à s'établir sur des terres domaniales, généralement de surfaces considérables, afin de les mettre en valeur en exerçant « tous droits de jouissance et d'exploitation » et moyennant le paiement d'une redevance (V. A. Girault, *Principes de colonisation et de législation coloniale*, Sirey, 1930, t. III, p. 151 et s.).

Ces contrats, comme la concession de service public, comme le contrat de partenariat, permettaient d'associer capitaux et initiative privés à l'action publique.

1078. En matière d'urbanisme et d'aménagement le système de la concession a été pratiqué sous le Second empire pour l'aménagement du Paris haussmannien : une compagnie privée était chargée de réaliser les travaux d'un boulevard en contrepartie de l'attribution de terrains à construire, dont la vente avec plus-value assurait sa rémunération.

1079. À l'époque contemporaine, la concession d'aménagement a été créée par l'article 78-1 du Code de l'urbanisme (rédaction du décret du 19 mai 1959), ensuite modifié par la loi d'orientation foncière du 30 décembre 1967. En 1967 deux contrats sont distingués, la concession d'aménagement, qui ne peut être conclue qu'avec une société d'économie mixte ou un établissement public et la convention d'aménagement, qui peut l'être avec tout aménageur. En 2000 il avait été envisagé de supprimer la distinction entre deux conventions, mais elle est, en fin de compte, maintenue par la loi du 13 décembre 2000 relative à la solidarité et au renouvellement urbains (SRU), avec un changement d'appellation de la concession qui devient « convention publique » pour éviter la confusion avec la concession de travaux et service publics, puis, enfin, la loi du 20 juillet 2005, adoptée sous la pression du droit communautaire, unifie le contrat sous l'appellation de concession d'aménagement.

1080. De nombreuses opérations d'aménagement, notamment dans le cadre de zones d'aménagement concerté, ont été réalisées sur la base de contrats d'aménagement, conclus dans la majorité des cas par des communes avec des sociétés d'économie mixte spécialisées.

Les règles applicables figurent dans le Code de l'urbanisme (art. L. 300-4 et s.), dont les dispositions relatives à ces contrats ont été modifiées à plusieurs reprises et, en dernier lieu, par la loi du 20 juillet 2005. La loi précise l'objet des concessions et définit, pour la première fois, une procédure de passation.

§ 1. Objet des concessions

Bibliographie : AUBY (J.-B.) et MAUGÜE (C.) : « Les contrats de délégation de service public », *JCP* 1994.I. 3743, nº 31).

BIZET (J.-F.) : « Observations sur l'évolution de la concession d'aménagement » *Dr. adm.*, mai 1992.

FATÔME (E.) : « L'urbanisme contractuel » *AJDA* 1993, nº spéc., p. 63.

FATÔME (E.) et RICHER (L.) : « La nature juridique des contrats d'aménagement », *Mon. T.P.*, 3 septembre 1993, p. 34 ; « Les conventions d'aménagement après la loi SRU », *CP-ACCP,* nº 5, novembre 2001, p. 17 et s.

FATÔME (E.) et RICHER (L.) : « Questions sur les nouvelles concessions d'aménagement », *AJDA* 2006, 926.

LLORENS (F.) et SOLER-COUTEAUX (P.) : « Nature et contenu des contrats d'aménagement », *Ctts et MP*, janvier 2001, chron., nº 1, p. 4.

MICHON (J.), *Les concessions d'aménagement,* éd. du Moniteur, 2006.

1081. Aux termes du 1er alinéa de l'article L. 300-4 du Code de l'urbanisme, le contrat d'aménagement est un contrat par lequel l'État, les collectivités locales ou leurs établissements publics, confient la réalisation des opérations d'aménagement prévues par le livre III du Code de l'urbanisme à une personne publique ou privée dont c'est la vocation.

A Objet complexe

1082. Aménager, c'est exécuter des travaux — qui peuvent d'ailleurs être très divers mais le plus souvent, sont des travaux de réalisation d'équipements publics ; confier la réalisation, c'est tout d'abord charger cette personne de réaliser ou de faire réaliser les travaux impliqués par cette opération. Mais l'objet du contrat d'aménagement ne consiste pas uniquement en cela. L'objet du contrat d'aménagement est un objet que l'on peut qualifier de complexe en ce qu'il se compose de trois éléments : acquisitions des terrains, réalisation des travaux d'aménagement, commercialisation. C'est ce qui résultait de deux documents types établis pour la mise en œuvre de la loi de 1967 : la convention type relative à l'aménagement et à l'équipement des zones d'aménagement concerté du 27 octobre 1970 et le cahier des charges type pour la concession des zones d'aménagement concerté du 18 février 1977.

L'objet complexe consiste à réaliser une opération d'aménagement, ce qui appelle des précisions.

a) Opération d'aménagement

1083. L'opération d'aménagement la plus courante est la zone d'aménagement concerté, mais ce n'est pas la seule. La notion d'opération d'aménagement est définie, avec plus ou moins de précision, par le Code de l'urbanisme (art. L. 300-1 et L. 300-4).

L'article L. 300-1 définit les objectifs : « les actions ou opérations d'aménagement ont pour objet de mettre en œuvre un projet urbain, une politique locale de l'habitat, d'organiser le maintien, l'extension ou l'accueil des activités économiques, de favoriser le développement des loisirs et du tourisme, de réaliser des équipements collectifs, de lutter contre l'insalubrité, de permettre le renouvellement urbain, de sauvegarder ou de mettre en valeur le patrimoine bâti ou non bâti et les espaces naturels ».

Ces objectifs étant communs aux « actions d'aménagement » et aux « opérations d'aménagement », il faut distinguer action et opération.

Il paraît logique de considérer, avec Serge Lasvignes (concl. sous *CE 28 juillet 1993 Commune de Chamonix-Mont-Blanc, RDP 1993, 1452, concl. Lasvignes*), que deux éléments sont déterminants.

1084. En premier lieu, pour constituer une opération il faut que l'intervention de la collectivité ait des incidences urbaines importantes : « l'opération projetée (doit) traduire et mettre en œuvre une volonté d'aménagement, c'est-à-dire un effort d'organisation des activités et d'ordonnancement de l'urbanisation » (S. Lasvignes, concl. précit.). Selon le commissaire du gouvernement, tel est notamment le cas « quand elle porte sur une portion significative du territoire communal que l'on ouvre à l'urbanisation ou que l'on restaure, notamment par l'installation d'équipements ».

1085. En second lieu, la notion d'opération implique un certain degré de complexité, l'opération combine différents types d'actions (ex. : réalisation d'équipements, restauration d'immeubles, aménagement de terrains...).

Dans ce cadre une question se pose, notamment en matière de renouvellement urbain, caractérisé par des interventions sur des constructions existantes, c'est celle de savoir si pour qu'il y ait opération d'aménagement ne doit pas figurer parmi les éléments de complexité une intervention à caractère foncier consistant à acquérir la maîtrise foncière de tout ou partie des terrains d'assiette de l'opération et à les revendre une fois aménagés. Jusqu'à la loi SRU la question de la nécessité d'une dimension foncière de la notion d'opération d'aménagement restait ouverte ; mais, il semble aujourd'hui possible de considérer que, pour le législateur, toute opération d'aménagement visée par les articles L. 300-4 et L. 300-5 du Code de l'urbanisme, et donc susceptibles d'être confiée par contrat à un aménageur, doit effectivement comporter une intervention à caractère foncier.

1086. Dans ces conditions, l'opération d'aménagement peut être définie par les éléments suivants : une finalité énoncée par l'article L. 300-1 du Code de l'urbanisme, une combinaison d'interventions sur le tissu urbain qui inclut des opérations à caractère foncier (acquisition et cession d'immeubles), ces interventions devant revêtir une ampleur suffisante pour avoir un impact significatif sur le site concerné.

1087. La loi du 20 juillet 2005 n'a pas modifié la notion d'opération d'aménagement, mais il résulte de l'ordonnance du 6 décembre 2005 modifiant le Code de l'urbanisme que le lotissement est dorénavant exclu des opérations d'aménagement. Sont donc concernées les opérations suivantes : Z.A.C., opérations de restauration immobilière et secteurs sauvegardés et, éventuellement, opérations innomées poursuivant un des objectifs énumérés à l'article L. 300-1 du Code de l'urbanisme.

b) Réalisation d'une opération d'aménagement

1088. L'ancienne version de l'article L. 300-4 prévoyait que les conventions d'aménagement « peuvent confier l'étude et la réalisation des opérations d'aménagement ». Dans la pratique ce texte avait été interprété comme permettant de confier les études préalables, même avant que l'opération ait été décidée. On a donc vu des conventions d'aménagement à tranches conditionnelles, où les études constituaient la tranche ferme, étant convenu que si le projet n'avait pas de suite, les études étaient payées par la collectivité, alors que si l'opération était lancée, le coût en était imputé à l'opération. Cette pratique aboutissait dans la première hypothèse à enfreindre le Code des marchés publics et elle était, de toute façon contestable puisque l'opération était confiée avant d'avoir été décidée (cf. *CE 8 décembre 2004, société Eiffel-distribution, req. 270432*).

De plus, la Commission européenne dans le recours en manquement qu'elle a déposé contre la France en 2004 a critiqué l'attribution des « mandats d'études préalables nécessaires à la définition des caractéristiques d'une opération d'aménagement » au motif que ces contrats, « dans la mesure où ils portent sur des montants supérieurs aux seuils communautaires, doivent être passés conformément aux règles de publicité et de mise en concurrence prévues par la directive 92/50/CEE relative aux marchés publics de services ».

1089. C'est pour lever ces ambiguïtés, que la loi du 20 juillet 2005 supprime la mention des études en prévoyant la concession de la seule réalisation des opérations d'aménagement. Mais, cela ne signifie pas que le concessionnaire ne réalise pas d'études.

En effet, il est indiqué au 3e alinéa que le concessionnaire assure « la réalisation des études et de toute mission nécessaire à leur exécution ». Plus précisément, l'article L. 300-4 alinéa 3 indique que « le concessionnaire assure la maîtrise d'ouvrage des travaux et équipements concourant à l'opération prévus dans la concession, ainsi que la réalisation des études et de toutes missions nécessaires à leur exécution » ; il résulte de cette rédaction que les études figurant dans la concession sont postérieures à la conclusion de celle-ci et à la définition des opérations.

B Conditions de réalisation

1090. La législation antérieure à 2005 reposait sur un présupposé comparable à celui qui est à la base de la loi MOP, selon lequel l'appartenance au secteur public préserve l'intérêt général contre les intérêts financiers. Sur cette base étaient distinguées deux catégories de conventions. La loi du 20 juillet 2005 a supprimé cette distinction.

a) Unité et diversité

1091. La différence entre conventions publiques d'aménagement (auparavant dénommées concessions) et conventions « ordinaires » consistait en ce que le titulaire d'une convention publique pouvait bénéficier d'avantages particuliers. Alors qu'une convention ordinaire d'aménagement pouvait être conclue avec « toute personne publique ou privée y ayant vocation », la convention publique d'aménagement ne pouvait l'être qu'avec des établissements publics ou des société d'économie mixte, lesquels pouvaient se voir reconnaître des privilèges consistant dans la mise en œuvre du droit de préemption et dans la possibilité de recourir à la procédure d'expropriation pour mener à bien une opération d'aménagement. De plus, alors que les opérations confiées par les conventions ordinaires sont nécessairement « aux risques et périls de l'aménageur », les conventions publiques pouvaient prévoir des participations publiques. Ces droits spéciaux reconnus aux aménageurs publics revêtaient un caractère discriminatoire, c'est pourquoi la loi nouvelle procède à l'alignement de la situation de l'aménageur privé, sur celle de l'aménageur public.

1092. Selon la loi de 2005 plus aucune discrimination ne subsiste puisque le dernier alinéa du nouvel article L. 300-4 dispose de façon générale que le concessionnaire peut être chargé d'acquérir « des biens nécessaires à la réalisation de l'opération, y compris, le cas échéant par la voie d'expropriation ou de préemption ».

Mais, toute concession ne confère pas nécessairement ces droits et il est à penser que les collectivités publiques seront enclines à les réserver en pratique aux aménageurs publics ou semi-publics qui dominent le secteur. Pour le rendre plus facile, la loi du 13 juillet 2006 portant Engagement national pour le logement a modifié l'article L. 327-1 du Code de l'urbanisme en prévoyant que « les collectivités territoriales et leurs groupements peuvent, à titre expérimental, pour une durée de cinq ans, prendre des participations dans des sociétés publiques locales d'aménagement dont ils détiennent la totalité du capital ».

Le but est de mettre en place des sociétés d'aménagement *in house,* qui pourront bénéficier de l'exception introduite par la loi du 20 juillet 2005 à la procédure de mis en concurrence qu'elle prévoit (voir art. L. 300-5-2 : « les dispositions du deuxième alinéa de l'article L. 300-4 ne sont pas applicables aux concessions d'aménagement conclues entre le concédant et un aménageur sur lequel il exerce un contrôle analogue à celui qu'il exerce sur ses propres services et qui réalise l'essentiel de ses activités avec lui ou, le cas échéant, les autres personnes publiques qui le contrôlent »).

b) Maîtrise d'ouvrage

1093. La loi de 2005 innove en ce qu'elle dispose que « le concessionnaire assure la maîtrise d'ouvrage des travaux et équipements concourant à l'opération prévus dans la concession ».

L'ancien texte ne comportait aucune référence à la notion de maîtrise d'ouvrage, mais il résultait de l'article 1er de la loi MOP que l'aménageur pouvait avoir la qualité de maître d'ouvrage, puisque la loi MOP n'est pas applicable « aux ouvrages d'infrastructures réalisés dans le cadre d'une zone d'aménagement concertée ou d'un lotissement au sens du titre 1er du livre III du Code de l'Urbanisme ». En dérogation à la loi MOP, l'aménageur avait donc la qualité de maître d'ouvrage, alors même que les équipements d'infrastructure étaient réalisés « pour » la collectivité publique. Cette solution est confirmée et généralisée par la loi.

1094. On sait que, même s'il a la qualité de maître d'ouvrage, l'aménageur, à certaines conditions peut se trouver conclure ses marchés « pour le compte » de la collectivité publique (cf. *supra*, n° 173).

c) Rémunération

1095. L'aménageur est rémunéré, en principe, par la commercialisation des terrains dont la vente permet d'encaisser la plus-value apportée par l'aménagement. Mais il est très fréquent que l'opération ne s'équilibre pas d'elle-même, ce qui rend nécessaire une participation de la collectivité publique. De plus, indépendamment de toute participation publique, quand l'aménageur réalise les équipements publics nécessaires, une charge en résulte pour la personne publique, sous forme de non perception d'une recette.

1º Participations publiques

1096. En ce qui concerne les participations de la part du concédant, la loi précise que la participation peut se faire « sous forme d'apports financiers ou d'apports en terrain » et le contrat doit comporter, à peine de nullité, des clauses particulières relatives aux modalités et au montant de la participation, qui viennent s'ajouter aux clauses obligatoires prévues à l'article L. 300-5.

Les participations financières donnent au contrat un caractère onéreux pour la collectivité publique.

Mais, même en l'absence de participation publique, ce caractère onéreux peut exister, même s'il est moins apparent.

2º Réalisation d'équipements publics

1097. La situation envisagée, qui est la plus fréquente, est celle de l'aménagement d'une ZAC avec réalisation d'équipements publics par le concessionnaire.

La décision de création de la ZAC peut prévoir que la taxe locale d'équipement ne sera pas exigible ; en vertu des articles L. 311-4 du Code de l'urbanisme, 1585 C du GGI et 317 quater de l'annexe II du CGI, cette exclusion est subordonnée à la mise à la charge de l'aménageur (ou des constructeurs) du coût de réalisation des équipements publics d'infrastructure énumérés par ces articles, auquel peut être ajoutée la prise en charge du coût d'équipements publics de superstructure à réaliser pour répondre aux besoins des futurs habitants ou usagers des constructions à édifier dans la zone (art. L. 311-4 C. urb.). En dehors des prévisions de ces textes, aucune autre obligation d'équipement ne peut être mise à la charge de l'aménageur, une telle obligation serait sans cause et sujette à répétition (art. L. 332-28 et s. C. urb.).

1098. Bien qu'aucun texte ne le prévoie expressément, il est admis que l'aménageur peut s'acquitter de cette obligation que lui impose la loi, non pas sous la forme du versement d'une somme d'argent, mais en réalisant lui-même les équipements sous sa maîtrise d'ouvrage pour les remettre à la collectivité dès leur achèvement. Lorsque tel est le cas, l'aménageur se substitue donc à la collectivité en payant les travaux à sa place avec une somme d'argent qu'autrement il aurait versée à la collectivité, qui, en ce cas aurait été maître d'ouvrage et aurait choisi les entrepreneurs en conformité avec le Code des marchés publics. En d'autres termes, les travaux de l'aménageur ont pour contrepartie un non-perçu pour la collectivité publique concédante, qui supporte dans tous les cas la charge des équipements publics. On verra que cette circonstance retentit sur la qualification du contrat.

§ 2. Modalités de passation des contrats

Bibliographie : FATÔME (E.) et RICHER (L.) : « Nature juridique et contenu du contrat d'aménagement », *RDI* 1994, 169.

FATÔME (E.) et RICHER (L.) : « Questions sur les nouvelles concessions d'aménagement », *AJDA* 2006, 926.

SESTIER (J.-F.), « L'aménagement conventionné à l'aune du droit communautaire », *CJEG* 2002.59.

1099. Les modalités de passation du contrat dépendent de sa qualification, au sujet de laquelle on commencera par s'interroger.

A Nature du contrat

1100. Il est certain que la convention d'aménagement fait participer directement à une mission de service public *(T.C. 8 novembre 1982, SCI Lucas, AJDA 1983. 200 ; CE 26 mars 1997, Commune de Sceaux, req. 129943)*, mais cela permet seulement de la considérer comme un contrat administratif. Faut-il aller jusqu'à la qualifier de concession de travaux publics ou de délégation de service public ?

1101. Des conventions d'urbanisme ont été conclues dans les années 1930 pour la réalisation d'opérations de résorption de l'habitat insalubre. Selon ces conventions, une société privée démolissait, construisait et gérait les habitations. Les fonds étaient empruntés par la commune et remboursés par la société qui se rémunérait par l'exploitation des immeubles pendant trente à cinquante ans. Le Conseil d'État a qualifié ces conventions de concessions de travaux publics *(CE 30 octobre 1936, Sibille, rec. 936)*. Ce précédent a influencé la doctrine, qui a longtemps considéré que les concessions d'aménagement étaient des concessions de service public et de travaux publics (voir p. ex. : Moderne *in*

Rép. Dall. Coll. loc., et *Traité des contrats*, n° 257). Mais, les arrêts des années 30 portaient sur des contrats différents qui confiaient la gestion d'habitations dans la durée. Dans les concessions d'aménagement, il en va différemment : l'aménageur réalise et livre à la collectivité publique les équipements publics et vend les terrains aux constructeurs, il n'est pas rémunéré par une redevance d'usage, alors que le concessionnaire est payé pour faire fonctionner le service ou l'ouvrage, l'aménageur est payé pour s'en débarrasser. La professeur Gilli résume la situation en écrivant que c'est la substance même de l'opération qui constitue sa rémunération (*RFDA* 1989, 667).

En bref, « les conventions d'aménagement urbain ne confient à l'aménageur que les opérations foncières de viabilisation et d'équipement de locaux ou de revente des lots viabilisés. Il n'y a donc là ni exploitation d'un service public, ni usagers » (J.-L. Bianco, *Débats Sénat*, 3 décembre 1992).

1102. Une autre qualification possible serait celle de marché. C'est ainsi que pour le professeur Douence (*Rép. Dalloz Coll. loc.* 6156-119, n° 65) si la qualification de concession n'avait pas été utilisée par le législateur, les concessionnaires de ZAC devraient être considérés comme des prestataires de service.

La jurisprudence communautaire ne l'a pas exclu.

1103. On a déjà vu que l'arrêt du *12 juillet 2001, Ordine degli Architetti delle Province di Milano e Lodi (affaire C-399/98* dite affaire de La Scala, v. *supra,* n° 641*)* admet que la réalisation de travaux en contrepartie de la dispense d'une contribution donne au contrat un caractère onéreux. Sur cette base, la Cour admet que pour fixer les règles de passation du contrat d'aménagement les États ont le choix entre deux solutions :

— la première solution consiste à qualifier le contrat qui prévoit le paiement en nature de la participation au coût de réalisation des équipements (à savoir en droit français le contrat d'aménagement) de marché de travaux soumis à la directive 93/37 (et 2004/18), lorsque le seuil communautaire est atteint.

— l'effet utile de la directive serait tout aussi observé si la législation nationale permet à l'administration d'obliger le lotisseur titulaire du permis, par les accords qu'elle conclut avec lui, de réaliser les ouvrages convenus en recourant aux procédures prévues par la directive, et cela pour remplir les obligations qui incombent à cet égard à l'administration communale en vertu de ladite directive. En effet, dans ce cas, « le lotisseur doit être regardé, en vertu des accords passés avec la commune qui l'exonèrent de la contribution aux charges d'équipement en contrepartie de la réalisation d'un ouvrage d'équipement public, comme détenteur d'un mandat exprès accordé par la commune pour la construction de cet ouvrage ».

La jurisprudence ultérieure *(CJCE 20 octobre 2005, Commission/France, aff. C-264/03, Rec. p. I-8831)* a, cependant, précisé que cette dernière possibilité est limitée au cas où la loi nationale ne permet de confier le contrat qu'à un entrepreneur déterminé (ici le propriétaire des terrains, titulaire du permis de construire), ce qui ne correspond pas au cas français.

1104. En 2001 la Commission européenne a fait parvenir au gouvernement français une lettre d'observations selon laquelle les conventions publiques d'aménagement avec couverture des pertes par la collectivité publique sont des marchés publics de travaux et les conventions aux risques de l'aménageur des concessions de travaux, si leur objet principal objet est la réalisation de travaux, et, dans le cas où la convention a pour objet la gestion d'activités économiques ou le développement des loisirs et du tourisme, la Commission considère qu'il s'agit de concessions de services dont la passation, selon le Traité, doit garantir un degré adéquat de publicité. Les arguments en réponse adressés par le Gouvernement français n'ont pas convaincu la Commission, qui, le 4 février 2004, a adressé un avis motivé aux autorités françaises. N'ayant pas reçu de réponse, la Commission a décidé en octobre 2004 d'assigner la France devant la CJCE. Il est possible que cette procédure soit abandonnée à la suite des réformes de 2005, mais, pour autant la France n'a pas échappé à la nécessité d'une réforme et la CJCE n'en a pas moins été appelée à statuer sur le sujet puisqu'elle a été saisie d'une question préjudicielle posée par le tribunal administratif de Lyon *(TA Lyon 7 avril 2005, Auroux, Contrats et marchés publics 2005, n° 183, note W. Zimmer)*, sur laquelle l'avocat général Kokott a conclu le 15 juin 2006 *(aff. C-220/05 Jean Auroux e.a.)*.

B Procédure de passation

1105. Le droit français a cherché à préserver le caractère spécifique du contrat d'aménagement.

Ainsi, l'alinéa 3 ajouté à l'article L. 300-4 par la loi du 9 février 1994 prévoyait que « les dispositions du chapitre IV du titre II de la loi N° 3-122 du 29 janvier 1993 relative à la prévention de la corruption et à la transparence de la vie économique et des procédures publiques ne sont pas applicables aux concessions ou conventions établies en application du présent article ». Cette exclusion n'avait été maintenue par la loi SRU que pour les conventions publiques d'aménagement, mais selon la circulaire du 18 janvier 2001, cette nouvelle rédaction ne signifiait pas que les conventions ordinaires d'aménagement devaient désormais être passées selon les procédures prévues par la loi Sapin pour les contrats de délégation de service public car elles ne constituaient pas de tels contrats. La loi française permettait donc de conclure sans aucune procédure les conventions d'aménagement au motif qu'elles comportaient une part importante d'*intuitu personae*.

1106. Un rappel au respect du droit communautaire est venu du juge administratif. En effet, la Cour administrative d'appel de Bordeaux dans l'arrêt *SODEGIS c/ commune de Cilaos du 9 novembre 2004 (AJDA 2005, p. 257, note J.-D. Dreyfus ; art. N. Charrel, CP-ACCP 2005 ; E. Fatôme et L. Richer, CP-ACCP, avril 2005, n° 43)* a déclaré nulle une concession d'aménagement (sans création de ZAC), conclue en 1993, au motif que cette convention, bien que non soumise à la loi Sapin et au Code des marchés publics « n'était pas pour autant exclue du champ d'application des règles fondamentales posées par le traité de l'Union, qui soumettent l'ensemble des contrats conclus par les pouvoirs adjudicateurs aux obligations minimales de publicité et de transparence propres à assurer l'égalité d'accès à ces contrats ». En se référant de la sorte directement au droit communautaire primaire, dans la ligne de la jurisprudence Telaustria ***(CJCE 7 décembre 2000, aff. C-324/98 ; AJDA 2001. 106, note L. Richer)***, la Cour administrative d'appel n'a pas pris position sur le champ d'application des directives sur les marchés publics, mais son arrêt n'en a pas moins eu des conséquences considérables.

1107. Les effets de cet arrêt ont largement dépassé le cirque de Cilaos. Un projet de loi, dont la gestation était en cours depuis longtemps, a vu son élaboration accélérée et est devenu la loi du 20 juillet 2005.

En premier lieu, cette loi valide les conventions d'aménagement en cours d'exécution et les actes subséquents. S'agissant de la validation de violations du droit communautaire, cette loi ne peut produire d'effet, au moins pour ce qui concerne le contrat lui-même à la différence des actes subséquents.

En second lieu et surtout, le législateur a tiré les conséquences du principe de transparence en prévoyant au nouvel article L. 300-4 du Code de l'Urbanisme que « l'attribution des concessions d'aménagement est soumise par le concédant à une procédure de publicité permettant la présentation de plusieurs offres concurrentes ». Il est renvoyé à un décret en Conseil d'État pour la détermination des conditions de cette procédure. Ce décret est intervenu le 31 juillet 2006 (art. R. 300-4 et s. C. urb.).

Il prévoit que la passation d'une concession d'aménagement précédée de la publication d'un avis dans un JAL et une publication spécialisée et au *JOUE*, si le montant des travaux dépasse 5 270 000 euros HT (l'avis en question est, semble-t-il, un avis de marché de travaux). Une fois l'avis publié, est obligatoire une procédure négociée, sauf dans les cas où la participation financière de la personne publique est inférieure à 135 000 euros et où les terrains à acquérir par préemption ou expropriation ou cédés par le concédant représentent moins de 10 % des terrains.

Il est à craindre que ces dispositions, qui auraient pourtant reçu l'aval de la Commission européenne, ne soient pas entièrement euro compatibles.

1108. En effet, d'après les conclusions de l'avocat général Juliane Kokott présentées le 15 juin 2006 dans l'affaire Auroux, la convention d'aménagement est un marché de travaux, sans qu'ait une incidence ni le fait que certains ouvrages doivent être cédés à des tiers, ni celui qu'ils ne seront transférés qu'après leur achèvement. La qualification comme concession est exclue parce que, dans le cas de l'espèce, la charge des risques était imputée à la collectivité publique. Dans cette affaire la convention prévoyait une participation financière importante de la ville, mais la solution eût été la même en l'absence d'une telle participation dès lors que le caractère onéreux résulte aussi bien d'un manque soit à gagner à gagner fiscal (cf. l'arrêt de La Scala).

Il s'ensuit que le décret du 31 juillet 2006 fait problème aux moins sur deux points. En premier lieu, il part du principe que la concession d'aménagement répond toujours aux conditions de mise en œuvre de la procédure négociée, alors que l'article 30 de la directive 2004/18 ne permet la négociation que « dans des cas exceptionnels, lorsqu'il s'agit de travaux, de fournitures ou de services dont la nature ou les aléas ne permettent pas une fixation préalable et globale des prix ». En second lieu, on ne peut exclure que dans certains cas la concession d'aménagement doive être considérée comme un marché de service, ce qui fait que la référence au seul seuil de 5 270 000 euros pour rendre applicable les obligations communautaires est insuffisante.

1109. En ce qui concerne les contrats du concessionnaire lui-même, le nouvel article L. 300-5-1 prévoit que « lorsque le concessionnaire n'est pas soumis au Code des marchés publics ou aux dispositions de l'ordonnance n° 2005-649 du 6 juin 2005 relative aux marchés passés par certaines personnes publiques ou privées non soumises au Code des marchés publics, les contrats d'études, de maîtrise d'œuvre et de travaux conclus par lui pour l'exécution de la concession sont soumis à une procédure de publicité et de mise en concurrence définie par décret en Conseil d'État ».

1110. Cet article soumet dans tous les cas à concurrence les contrats de l'aménageur et ne soumet pas seulement les marchés de travaux. Il va au-delà des exigences communautaires, car l'aménageur n'a pas dans tous les cas la qualité de pouvoir adjudicateur.

1111. Les règles de passation des contrats du concessionnaire, quand celui-ci n'est pas déjà soumis au Code des marchés publics ou à l'ordonnance du 6 juin 2005, sont définies par le décret du 31 juillet 2006. Pour les opérations les plus importantes, définies comme celles qui comportent une participation publique de plus de 135 000 € ou un transfert de terrains représentant plus de dix pour cent des terrains, le concessionnaire doit respecter l'ordonnance du 6 juin 2005, c'est-à-dire les règles transposant la directive 2004/18.

Dans les autres cas, c'est-à-dire quand la participation publique est faible ou quand aucune participation publique n'est prévue, le concessionnaire détermine lui-même les modalités de publicité et mise en concurrence si les marchés sont inférieurs aux seuils communautaires

1112. En fin de compte, comme pour les contrats de partenariat, mais à travers bien des avatars nuisibles à la sécurité juridique, le droit français a réalisé une transposition minimale de la directive dans le but de respecter l'obligation de transparence tout en préservant le caractère *sui generis* du contrat. Dans la pratique, des procédures de mise en concurrence sont d'ores et déjà organisées, mais il faudra un certain temps avant qu'un réelle compétition se développe.

1113-1117. *Réservés*

Chapitre 5
Les contrats de partenariat

1118. Le terme « partenariat » n'appartient pas originairement au vocabulaire juridique, il renvoie à un état d'esprit, à un type de relation dans les affaires ou la vie administrative. Il s'agit, banalement, d'indiquer que deux personne ou institutions agissent en harmonie dans un intérêt commun.

Dans les relations entre personnes publiques on parle depuis longtemps de partenariat, notamment entre l'État et les collectivités locales pour désigner des modalités, notamment contractuelles, de réalisation en commun de politiques publiques, en théorie sur un pied d'égalité.

Dans le monde des entreprises privées, les analystes de la vie économique relèvent le développement de relations partenariales entre les entreprises. Il se rattache à la grande tendance au développement des services et des réseaux, qui se substituent à la traditionnel relation entre acheteur et vendeur : « au lieu de vendre quelque chose à son client, le fournisseur met à sa disposition son expertise et son savoir-faire pour l'aider à gérer sa propre affaire. Ainsi, le client devient simultanément un partenaire » (J. Rifkin, *L'âge de l'accès*, La Découverte, 2000, p. 153), et vice-versa. L'intérêt de ce type d'échange est de dispenser le client d'acquérir la propriété, de lui permettre d'accéder à des réseaux d'experts en se concentrant sur son « cœur de métier ». L'âge du partenariat est donc aussi celui de l'« *outsourcing* ».

1119. Non sans un certain retard, le secteur public a rejoint le secteur privé en ce domaine et les récentes réformes relatives au partenariat public-privé (PPP) en sont une des manifestations, en France comme ailleurs, car les réformes françaises s'inscrivent dans le contexte de la globalisation juridique (cf. J.-B. Auby *La globalisation, le droit et l'État*, Montchrestien, 2003). Elles ont consisté à créer une nouvelle catégorie de contrats dénommés contrat de partenariat, mais, à côté, ont aussi été mis en place des mécanismes, qui ont eu beaucoup plus de succès en pratique et qui relèvent aussi de la notion générale de partenariat. A propos de ces derniers contrats, qui ont été prévus par des textes spéciaux à certains secteurs on parle couramment de « partenariat sectoriel ».

§ 1. Le partenariat public-privé (PPP), phénomène mondial

Bibliographie : MARTY (F.), TROSA (S.), VOISIN (A.) : *Les partenariats public-privé,* La Découverte, 2006.

1120. Le développement du PPP est un phénomène mondial. Selon l'expression employée par un rapport du Fonds Monétaire International de mars 2004, « après un départ modeste, une vague de PPP est en train de submerger le monde » (International Monetary Fund, *Public-Private Partnerships*, prepared by the Fiscal Affairs Department, March 12, 2004). Le FMI n'est pas la seule institution internationale à s'intéresser au sujet.

A Orientations des institutions internationales

1121. La Banque mondiale, qui finance la lutte contre la pauvreté dans le monde, le FMI, qui promeut la stabilité financière et la croissance, enfin, la Commission des Nations Unies pour le droit commercial international (CNUDCI), qui a été chargée par l'Assemblée générale des NU d'encourager l'harmonisation et l'unification progressives du droit commercial international encouragent tous le PPP.

Dans les faits le développement du PPP affecte l'Europe, notamment le Royaume-Uni, l'Italie, l'Espagne, l'Australie (où on cite souvent l'État de Victoria), le Canada (en particulier au Québec), l'Amérique Latine est peu à peu gagnée (Chili, Mexique), l'Asie est moins réceptive (voir cependant les Philippines).

L'expansion des « arrangements » relevant de la notion de PPP prend des formes diverses, ce qui, on le verra, pose des problèmes d'identification et de classification, mais ces problèmes sont secondaires à partir du moment où l'on s'attache à la structure des contrats, qui sont analysés d'un point de vue économique, principalement au regard des notions de propriété et de risque.

B Notion générale de PPP

1122. Deux contrats sont considérés comme le type du PPP : la concession et le contrat de DBFO (design-build-fund-operate : concevoir-construire-financer-exploiter). Les spécialistes de la Banque Mondiale ont plutôt tendance à considérer que les contrats de PPP sont des variantes de la concession, alors que les spécialistes du FMI voient plutôt dans la concession une forme de PPP.

Mais, ces problèmes de vocabulaire perdent de leur importance dès lors qu'il est possible d'identifier une forme économique suffisamment caractérisée.

1123. Selon un document préparatoire de la Banque Mondiale (World Bank Technical Paper, n° 399, M. Kerf, *Concessions for Infrastructure. A guide to their design and award*, 1998, p. 16-17), « à côté des pures concessions existent des arrangements dénommés franchises, concessions d'exploitation, contrats de gestion, locations (*leases*), affermages, BOT (build-operate-transfer) et ainsi de suite. Les appellations ne sont pas toujours utilisées de façon cohérente et ne sont pas toujours significatives, mais seuls importent les possibilités offertes et les incitations apportées par les contrats ». La clef de la distinction entre les types de contrats est le transfert des risques. Selon que le transfert est plus ou moins important, les types suivants peuvent être distingués : contrats de gestion avec incitations financières (Management contracts with incentive payments), baux (Lease), concessions pures ou BOT (Buy-Operate-transfer).

Le rapport du groupe de travail du FMI propose une définition générale du PPP, qui reprend expressément celle donnée par la Commission européenne en 2003 : « transfert au secteur privé d'un investissement qui est traditionnellement réalisé ou financé par le secteur public » . Mais, ajoute le FMI, « outre la réalisation et le financement privés, le PPP présente deux autres caractéristiques importantes : l'accent est mis sur la fourniture de services aussi bien que sur l'investissement et un risque significatif est transféré ».

1124. À partir de ces critères de rattachement au PPP il est possible, selon le FMI, de considérer comme des PPP les contrats suivants :

Build-own-operate (BOO) Build-develop-operate (BDO) Design-construct-manage-finance (DCMF)	L'entreprise privée assume la conception, la construction, la propriété, de développement, l'exploitation et la gestion de l'actif sans obligation de transfert de propriété à la personne publique. Ce sont des variantes du DBFO (design-build-finance).
Buy-build-operate (BBO) Lease-develop-operate (LDO) Wrap-around addition (WAA)	L'entreprise privée achète ou loue à la personne publique un actif existant, le rénove ou l'étend et l'exploite, sans obligation de transfert de propriété
Build-operate-transfer (BOT) Build-own-operate-transfer (BOOT) Build-rent-own-transfer (BROT) Build-lease-operate-transfer (BLOT) Build-transfer-operate (BTO)	L'entreprise privée conçoit et réalise les actifs, les exploite, puis transfère la propriété à la personne publique au terme du contrat. Elle peut, par la suite, prendre l'actif en location.

Source : FMI, op. cit., *p. 8.*

Cette liste ne correspond évidemment pas à des contrats spéciaux, puisqu'il ne s'agit pas de types juridiques, mais on ne peut exclure que dans tel ou tel système juridique un ou plusieurs de ces contrats soit isolé, défini et réglementé.

C Recours au PPP

1125. Il pourrait sembler à première vue que les conditions économiques et administratives auxquelles sont subordonnées l'utilité du PPP sont éminemment variables et placées sous la dépendance des circonstances locales. Force est, cependant, de constater que le PPP est toujours utilisé dans les mêmes domaines : hôpitaux, prisons, écoles, routes, voies ferrées, eau, assainissement, énergie.

Les traits communs à ces domaines sont l'importance fondamentale des équipements concernés pour le fonctionnement de l'État et de l'économie et celle des investissements correspondants.

Pour faire face à ces besoins l'État et les collectivités décentralisées peuvent exercer eux-mêmes la maîtrise d'ouvrage et se procurer les financements, mais la situation des finances publiques peut exclure ce type de solution ou, même si ce n'est pas le cas, le PPP peut s'avérer globalement plus avantageux que les autres solutions.

En général, le coût du financement par le secteur privé sera plus élevé que le coût du financement par le secteur public, aussi pour que l'intervention du secteur privé puisse être économiquement avantageuse, il est nécessaire que celui-ci obtienne une meilleure efficacité, sans que, pour autant, la qualité du service soit mise en cause.

Cette conciliation entre efficacité économique et qualité est opérée par le contrat ; il en résulte que le recours au PPP n'est possible que si certaines conditions préalables sont remplies.

1126. La première condition préalable est très générale, elle renvoie au contexte de l'opération. Le contrat de PPP mettant à la charge du secteur privé le financement, son utilisation présuppose l'existence d'un système juridique et politique comportant des garanties suffisantes du respect des contrats. Et, une fois cette condition minimale satisfaite, il faut assurer la sécurité juridique de l'arrangement mis en place (absence de violation d'une règle interdisant l'intervention privée, compétence de la personne publique signataire, etc..).

La deuxième condition est relative aux prestations mises à la charge du co-contractant. Un contrat de PPP ne devrait être conclu que dans les cas où il est possible de définir par contrat les modalités d'exécution du service ; en effet si ces modalités ne sont pas « contractibles », il existe un risque non acceptable que le titulaire du contrat cherche à maximiser son profit aux dépens des usagers.

Dans les cas où les modalités d'exécution du service ne se prêtent pas à une définition précise par le contrat, le recours au PPP n'est acceptable que si est mise en place un contrôle très strict (et donc coûteux).

1127. Quand ces conditions préalables sont réunies, le PPP ne peut pas être utilisé sous n'importe laquelle de ses formes. Selon les domaines, il peut prendre la forme de concession avec paiement par les usagers, dans d'autres non.

Dans tous les secteurs concernés existe un besoin fort d'investissement et des monopoles naturels. D'après le document de la Banque Mondiale déjà cité, la concession est particulièrement adaptée aux secteurs où existe une monopole naturel, c'est-à-dire dans les situations où il est plus efficace économiquement qu'une seule entreprise intervienne, soit :

— distribution d'eau potable ;

— transport et distribution d'électricité et de gaz ;

— infrastructures ferroviaires et routières.

Selon ce même rapport, dans les secteurs compétitifs la concession n'est pas la meilleure solution. Tel est le cas dans les domaines suivants :

— production et fourniture d'électricité et de gaz ;

— télécommunications longue distance et par mobiles ;

— services ferroviaires.

Toutefois, en France, où la concession relève de la catégorie des délégations de service public, le contrat de partenariat ne correspond que très partiellement aux situations envisagées par les institutions internationales ; la situation y est plus proche de celle qui existe au Royaume-Uni, dont l'influence a été très forte sur la France.

D L'exemple du Royaume-Uni

Bibliographie : ALLEN (G.) : *The Private Finance Initiative*, 2001, *www.parliament.uk*

BRACONNIER (S.) : « Les contrats de Private Finance Initiative. Réflexions sur la dynamique contractuelle dans les partenariats public-privé », *BJDCP*, 2002, n° 22, p. 174.

BREVILLE (A.) : « Comparaison entre les contrats de partenariat au Royaume-Uni et aux USA », *CP-ACCP* septembre 2004, n° 36, p. 59.

FREEDLAND (M.) : « Le financement privé des activités publiques. Problématique générale du droit anglais », *RID comp.*, 2002, 7.

HM Treasury : *http://www.hm-treasury.gov.uk/documents/public_private_partnerships*

MIQCP : *Le développement de la procédure de PPP/PFI en Grande-Bretagne*, Le Moniteur, 11 juin 2004.

1128. Pour remettre à niveau les équipements de services publics de base, comme celui de la santé ou de l'éducation, a été lancé en 1992 par le gouvernement Major un programme dit « PFI » (Private Finance Initiative), qui a été repris en 1997 par le gouvernement Blair et a permis d'améliorer le fonctionnement des services publics concernés à travers la conclusion de contrats par lesquels le secteur privé apporte le financement et est intéressé au bon déroulement de l'opération puisque la personne publique ne commence à payer qu'une fois les travaux achevés et module ses paiements en fonction des résultats. Près de huit cents opérations ont été réalisées en PFI après une évaluation préalable dont les règles ont été définies au niveau central ; la procédure de passation est, en général la procédure négociée, ce qui n'est pas toujours conforme au droit communautaire.

1129. Pour chaque opération est conclu un ensemble de contrats. Le contrat principal, le plus souvent de type « DBFO », est conclu avec une société de projet (« Special Purpose Vehicle ») ; il est complété par des contrats avec les établissements financiers, dont la place dans le projet est importante, parfois trop, selon certains critiques.

Il a été constaté que « le PFI n'apporte pas une économie aux collectivités publiques, mais leur ouvre une nouvelle source de financement, probablement à un coût plus élevé que dans le traditionnel achat public » (G. Allen, *The PFI*, Research paper 01/117, 18/12/2001, House of Commons Library), ce qui n'a pas été sans susciter des critiques.

Il n'empêche que le PFI a été perçu en France comme un succès et a constitué une référence majeure pour la réforme du droit français.

§ 2. Genèse du contrat de partenariat en France

Bibliographie : BEZANÇON (X.), (R.) FISZELSON, (M.) FORNACCIARI : *Les nouveaux contrats de partenariat*, éd. du Moniteur, 2005.

BRENET (F.) et MELLERAY (F.) : *Les contrats de partenariat de l'ordonnance du 17 juin 2004*, Litec, 2005.

BRISSON (J.-F.) : « L'adaptation des contrats administratifs aux besoins d'investissement immobilier sur le domaine public. Les aspects domaniaux des contrats de partenariat », *AJDA* 2005, 591.

DELVOLVE (P.) : « Les contrats globaux », *RFDA* 2004, 1079.

FATOME (E.) et RICHER (L.) : « Contrat de partenariat immobilier. Paiement et statut des équipements et ouvrages », *CP-ACCP* septembre 2004, n° 36, p. 24.

GAUDEMET (Y.) : « Les contrats de partenariat public-privé : étude historique et critique », *BJDCP* 2004, 331.

« Le contrat de partenariat public-privé », colloque de Toulouse, 2 et 3 juin 2005, *Droit et Ville*, n° 60/2005.

LLORENS (F.) : « Les contrats de partenariat », *RJEP-CJEG* 2004, 511.

LAGUMINA (S.) et DERUY (L.) : « L'ordonnance relative aux contrats de partenariat : dépasser la polémique », *BJDCP*, 2004, n° 36, p. 348.

LICHERE (F.) : « Les contrats de partenariat. Fausse nouveauté ou vraie libéralisation dans la commande publique », *RDP* 2004, 1547.

MENEMENIS (A.) : « L'ordonnance sur les partenariats : heureuse innovation ou occasion manquée ? », *AJDA* 2004, p. 1737 et s.).

SYMCHOWICZ (N.) : « Paradoxes sur les contrats de partenariat », *Contrats et marchés publics*, décembre 2004, n° 12, doctrine, n° 12.

TARDIVEL (B.) : « La place du contrat de partenariat dans l'ordre des contrats publics », *Contrats publics, Mél. Guibal,* 2006, p. 847.

1130. Les mêmes causes produisant les mêmes effets l'État français, devant faire face à des besoins d'investissement croissants, a cherché à développer le recours au secteur privé, même dans des cas où les montages de type concessif ne sont pas possibles. Une « nouvelle forme » de contrat a été créée en 2004 dans un contexte assez difficile, qui n'a pas été sans influencer la carrière du contrat. Le projet de réforme a, en effet, été élaboré en collaboration étroite avec les professionnels intéressés, notamment les grandes entreprises de travaux publics, il a été considéré comme inspiré par les cercles « néo-libéraux » et a donné lieu à un *lobbying* important aussi bien en sa faveur qu'à son encontre. En effet, il a suscité de multiples oppositions de la part des PME, des maîtres d'œuvre et de la gauche politique. Cette opposition a remporté un succès partiel grâce au Conseil constitutionnel, qui saisi par des parlementaires socialistes, a apporté des restrictions importantes à la possibilité de conclure ce type de contrats (v. *infra*, n° 1158).

1131. Le résultat a été que le contrat de partenariat n'a, jusqu'ici, été que peu utilisé. Le premier contrat a été conclu en juin 2005 par la commune d'Auvers sur Oise (6000 habitants) pour la mise aux normes d'urgence du réseau d'éclairage public ; en ce même mois de juin 2005, le Museum d'Histoire naturel a annoncé qu'il aurait recours au partenariat pour la rénovation du zoo de Vincennes et en décembre 2005 a été conclu le premier contrat de partenariat dans le secteur hospitalier. L'État a cherché à donner l'exemple en identifiant en septembre 2005 trente-cinq projets d'infrastructures qui pourraient donner lieu à des partenariats. Mais, les collectivités locales restent réticentes et, de même que les hôpitaux publics, préfèrent avoir recours aux solutions plus simples reposant sur le bail emphytéotique avec option d'achat, soit dans le cadre du Code de la santé publique, pour les hôpitaux, soit dans le cadre de la jurisprudence SOFAP-Marignan pour les collectivités locales (cf. *supra*, n° 611).

L'avenir dira si ces réticences sont durables. Si tel est le cas, il faudra trouver d'autres moyens pour lever, quand c'est nécessaire, les obstacles qui s'opposent à la réalisation de certaines opérations, obstacles que la création du contrat de partenariat et des « partenariats sectoriels » a pour but de lever.

A Les obstacles juridiques à certains montages contractuels

1132. On aurait pu penser, *a priori*, que le droit français mettait à la disposition des administrations les outils juridiques nécessaires pour développer le partenariat public-privé, notamment sous la forme de concession ; mais, à tort ou à raison, il a semblé nécessaire de créer une nouvelle forme de contrat pour surmonter certaines rigidités du droit en vigueur, qui tenaient à l'interdiction du paiement différé dans les marchés publics, à l'absence de concessions à paiement public, à la loi sur la maîtrise d'ouvrage public du 12 juillet 1985.

a) L'interdiction du paiement différé et le METP

1133. Le marché d'entreprise de travaux publics, dont on a déjà étudié l'histoire (*supra*, n° 837 et 898), présente toutes les caractéristiques du partenariat public-privé. Comme dans la concession, l'entreprise est chargée de construire un ouvrage et de gérer le service auquel il est affecté, mais, à la différence du concessionnaire, l'entreprise, au lieu d'être rémunérée par des usagers, l'est par la collectivité publique. Le METP présente donc l'intérêt de confier une mission globale, qui comprend la gestion du service public, les contrats qui ne confient que la réalisation et l'entretien de l'ouvrage sans la gestion du service étant des marchés de travaux publics et non des METP (*CE 8 février 1999, Préfet des Bouches-du-Rhône c/Cne de La Ciotat*, AJDA, *1999, 364, concl. Bergeal, note Chabanol (*éclairage public*) — CE 30 juin 1999, Dpt de l'Orne, rec. 227 (*collèges*)*. Mais, si le METP a eu son heure de gloire, ce n'est pas tant à cause de son caractère global que parce que ces marchés prévoyaient un paiement étalé sur toute la durée du contrat, aussi bien pour l'entretien que pour les travaux eux-mêmes, ce qui permettait de reporter dans le temps la charge financière. Pendant longtemps, ce mode de paiement n'a pas soulevé d'objection, alors même que le Code des marchés publics comportait déjà une interdiction des clauses de paiement différé (art. 175 et 350 du Code antérieur à 2001). Il est probable que cette tolérance ou cette inconscience de la part du juge administratif était due à ce que l'ouvrage construit par le titulaire du contrat était exploité et donc conservé par celui qui l'avait construit pendant toute la durée du contrat et que, dans ces conditions, il paraissait admissible, voire même normal, que la collectivité n'ait pas à payer dès son achèvement le prix d'un ouvrage qui ne lui était pas remis. Il a été mis fin à cette occultation de l'illégalité lorsque le paiement différé a été appliqué à de « faux METP », c'est-à-dire à des contrats qualifiés comme tels, mais qui prévoyaient un paiement différé, alors que les ouvrages réalisés étaient remis à la collectivité publique, l'entreprise n'assurant que l'entretien.

1134. Pour permettre l'utilisation de ce type de mécanisme, qui constitue une forme de partenariat, il eût été possible de supprimer dans certains cas l'interdiction du paiement différé, ce qui aurait permis de renouer avec la pratique des METP, conclus dans le respect du Code des marchés publics. Cette solution n'a pas été choisie pour une raison conjoncturelle, mais qui a été déterminante : la notion même de METP a été discréditée parce que la région Ile-de-France a conclu, entre 1989 et 1995, pour la rénovation des lycées, des « faux METP » (en réalité des marchés de travaux publics), dont l'attribution a donné lieu à des pratiques pénalement répréhensibles de financement des partis politiques, qui ont, après une longue instruction, débouché sur la condamnation de nombreux responsables par le tribunal correctionnel de Paris le 25 octobre 2005. De ce fait, le METP s'est trouvé, dans l'opinion, assimilé à la corruption.

1135. Cependant, en même temps que se produisait cette remise en cause du METP, la pratique a mis au point, comme on l'a déjà vu (*supra*, n° 611), avec l'aval du Conseil d'État ***(CE sect. 25 février 1994, Sofap-Marignan ; RFDA, 1994, 510, concl. Arrighi de Casanova ; Avis CE 31 janvier 1995, EDCE, n° 47, p. 407 ; AJDA, 1997, 115, comm. E. Fatôme et P. Terneyre, GACE, p. 343***), des mécanismes d'étalement dans le temps du paiement de travaux d'équipements publics, sous la forme de « montages complexes » permettant à la collectivité publique de devenir locataire, puis, à terme, propriétaire d'un ouvrage. On verra que cette pratique a servi de modèle au législateur dans certains domaines.

b) L'absence de concession à paiement public

1136. La concession peut être considérée comme une forme et même comme un modèle de partenariat public-privé *lato sensu*, mais c'est un partenariat qui suppose d'une part la possibilité de déléguer le service public concerné, d'autre part l'existence de recettes en provenance de l'exploitation du service, le plus souvent des usagers. Quand le service ne peut pas être délégué, à raison de son caractère régalien, par exemple, la concession est illégale ; quand le service n'a pas d'usagers ou quand il n'est pas possible ou pas opportun de faire payer les usagers, la concession est impossible. Or, le besoin de financement et de globalisation des prestations existe dans de telles situations. Ainsi, dans plusieurs États européens (Portugal, Allemagne) des infrastructures routières ont été financées et réalisées par des entreprises privées, qui sont rémunérées par la collectivité publique en fonction de la fréquentation, selon le système du « péage virtuel » (*shadow toll*), reposant sur un système de comptage.

Une des idées des promoteurs du partenariat public-privé était de permettre l'utilisation de ce genre de mécanisme, mais on verra qu'ils n'y sont pas totalement parvenu.

c) La loi MOP du 12 juillet 1985

1137. La loi du 12 juillet 2005 sur la maîtrise d'ouvrage public et à ses rapports avec la maîtrise d'œuvre privée pose deux principes de bonne gestion des opérations qui sont incompatibles avec la conclusion de contrats globaux portant sur des travaux. Selon le premier principe, la personne publique pour qui l'ouvrage est réalisé à l'obligation d'exercer la fonction d'intérêt général que constitue la maîtrise d'ouvrage. Le second principe est celui de la séparation des fonctions : sauf cas particuliers, la même personne ne peut assumer le rôle de l'entrepreneur et celui du maître d'œuvre, la confusion des rôles risquant d'entraîner une dilution des responsabilités.

Dans le contrat de partenariat, qui relève de la catégorie générale à contenu indéterminé des contrats globaux, au moins un de ces deux principes n'est pas respecté.

1138. Pour permettre la passation de contrats donnant la maîtrise d'ouvrage à une entreprise chargée d'une mission globale et, le plus souvent, de la maîtrise d'œuvre, il est donc nécessaire d'écarter la loi MOP par voie législative. Le Conseil constitutionnel a admis qu'« aucun principe ou règle de valeur constitutionnelle n'impose de confier à des personnes distinctes la conception, la réalisation, l'aménagement, la maintenance et l'entretien d'un ouvrage public » *(CC Décision 22 août 2002, n° 2002-460 DC — Loi d'orientation et de programmation sur la sécurité intérieure)* et il n'a pas trouvé à redire au transfert de maîtrise d'ouvrage par lui-même, ce qui a ouvert la voie aux « partenariats sectoriels ».

B Les « partenariats » sectoriels

Bibliographie : DELVOLVE (P.) : « Sécurité intérieure, justice et contrats publics : confirmations et infléchissements », *BJDCP* 2002, p. 418.

JACOB (M.) : « Un guide pour mener à bien les contrats de partenariat dans le secteur hospitalier », *CP-ACCP* mai 2005, n° 44, p. 59.

Mission nationale d'appui à l'investissement hospitalier : *Guide du bail emphytéotique hospitalier (http://www.mainh.sante.gouv.fr/).*

1139. Dans des secteurs où la concession ne peut être pratiquée, faute d'usagers payants, et où d'importants retards d'équipements publics existent, le gouvernement a pris l'initiative d'introduire dans la législation des mécanismes contractuels identiques à ceux que la pratique avait pu mettre en place grâce à la jurisprudence SOFAP-Marignan. L'utilité d'une loi n'était pas évidente, puisque ce type de mécanisme était admis par la jurisprudence, mais, l'avantage de la loi est qu'elle renforce la sécurité juridique des « montages », ce qui est d'un grand intérêt pour les banquiers.

a) Loi du 29 août 2002 (LOPSI)

1140. Le premier texte sectoriel est la loi du 29 août 2002 d'orientation et de programmation pour la sécurité intérieure ; l'article 3 de cette loi permet de conclure deux types de contrat. Tout d'abord, pour les besoins de la police ou de la gendarmerie nationale, l'État peut conclure des marchés soumis au Code des marchés publics qui peuvent, en dérogation à la loi MOP du 12 juillet 1985, confier à une personne ou à un groupement de personnes « une mission portant à la fois sur la conception, la construction, l'aménagement, l'entretien et la maintenance d'immeubles ». Ensuite, et surtout, le même texte introduit dans le Code du domaine de l'État un article L. 34-3-1, devenu article L. 2122-15 du Code général de la propriété des personnes publiques (CGPPP adopté par ordonnance du 21 avril 2006), qui permet à l'État, pour les besoins de la justice (notamment, du service pénitentiaire), de la police et de la gendarmerie de conclure avec le titulaire d'une autorisation d'occupation temporaire du domaine public un bail avec option d'achat des bâtiments construits par le partenaire. Il est ajouté que le titulaire de l'autorisation peut financer les constructions par la voie du crédit-bail (article L. 2122-16 CGPPP). Ces dispositions domaniales ont été étendues aux constructions réalisées pour les armées ou les services du ministère de la défense par la loi du 27 janvier 2003 relative à la programmation militaire pour les années 2003 à 2008.

Pour l'application de l'article L. 34-3-1 du Code du domaine est intervenu le décret n° 2004-18 du 6 janvier 2004 qui définit la procédure de passation de la convention de bail (à codifier dans la partie réglementaire du CGPPP).

1141. La LOPSI comporte également des dispositions relatives aux collectivités locales, non pour permettre à celles-ci de conclure des contrats de partenariat pour leurs propres besoins, mais pour leur ouvrir la possibilité de contribuer au fonctionnement des services de l'État, comme c'était l'habitude avant 1982. Les dispositions en cause sont temporaires, elles ne s'appliquent que jusqu'à fin 2007. Il est prévu à l'article L. 1311-2 du Code général des collectivités territoriales qu'un bien immobilier appartenant à une collectivité territoriale peut faire l'objet d'un bail emphytéotique en vue de la réalisation d'une opération d'intérêt général liée aux besoins de la justice, de la police ou de la gendarmerie nationales et à l'article L. 1311-4-1 que les collectivités territoriales « peuvent construire, y compris sur les dépendances de leur domaine public, acquérir ou rénover des bâtiments destinés à être mis à la disposition de l'État pour les besoins de la justice, de la police ou de la gendarmerie nationales en recourant au crédit-bail ».

1142. La LOPSI a été complétée par la loi du 9 septembre 2002 d'orientation et de programmation pour la justice, dont l'article 2 prévoit que pour la construction et l'aménagement d'établissements pénitentiaires l'État peut conclure des marchés en dérogation à la loi du 12 juillet 1985 dans les mêmes conditions que pour les besoins de la police et de la gendarmerie nationale, ce qui ne va pas jusqu'au « partenariat », le contrat restant un marché public. Pour le programme de construction d'établissements pénitentiaires lancé en 2005 ce n'est pas cette solution qui a été retenue par le ministère de la justice, mais celle de l'autorisation d'occupation avec bail et option d'achat en application de la LOPSI (le premier contrat a été signé en février 2006 pour quatre sites avec Eiffage).

1143. Comme dans le cas précédent, l'article 52 de la loi du 26 novembre 2003 relative à la maîtrise de l'immigration, au séjour des étrangers en France et à la nationalité a modifié l'ordonnance du 2 novembre 1945 sur les étrangers en y insérant un article 35 septies, qui permet à l'État de conclure des marchés en dérogation à la loi du 12 juillet 1985 pour la conception, la construction, l'aménagement, l'entretien, l'hôtellerie et la maintenance de centres de rétention ou de zones d'attente.

b) Ordonnance du 4 septembre 2003 (articles L. 6148-1 à L. 6148-6 C.S.P.)

1144. L'ordonnance du 4 septembre 2003, prise en application de la loi de simplification du droit du 2 juillet 2003 (comme l'ordonnance du 17 juin 2004) a étendu aux opérations correspondant aux besoins d'un établissement public de santé ou d'une structure de coopération sanitaire la possibilité de conclure un marché globale et un bail emphytéotique avec option d'achat. La solution du bail emphytéotique avec option d'achat a rencontré un grand succès ; de nombreux baux emphytéotiques ont été conclus par des établissements publics de santé afin de réaliser des inves tissements prévus par le plan Hôpitaux 2007 (voir le site http://www.mainh.sante.gouv.fr).

1145. L'ordonnance a été complétée par l'article 153 de la loi du 9 août 2004 relative à la politique de santé publique, pour tenir compte des dispositions de la directive du 31 mars 2004 sur les marchés publics.

Ces textes sont codifiés aux articles L. 6148-1 à L. 6148-6 du Code de la Santé Publique.

La procédure de passation a été définie par un décret du 27 octobre 2004.

1146. Selon le *Guide du BEH*, publié par la Mission d'appui (MAINH), ces contrats doivent satisfaire aux conditions imposées par le Conseil Constitutionnel dans sa décision du 26 juin 2003 (v.*infra*, n° 1158), ce qui le conduit à indiquer que la complexité est une condition nécessaire du recours au BEH. On peut, cependant, douter que les conditions restrictives posées par le Conseil constitutionnel soient applicables puisque ces conditions sont posées pour éviter la généralisation des règles dérogatoires, alors que des textes dont la portée est limitée à un secteur n'opèrent pas une généralisation. La complexité ne devrait être exigée que comme condition de recours à la procédure de dialogue compétitif.

1147. La solution du bail emphytéotique hospitalier présente par rapport à la solution des contrats séparés l'avantage de « responsabiliser » les cocontractants et celui de différer le paiement.

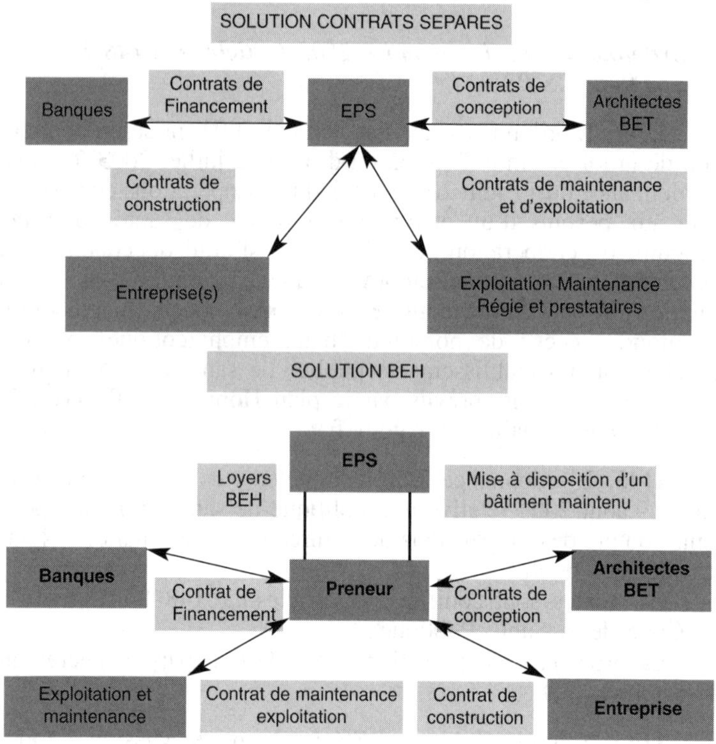

Source : MAINH *Guide du BEH*

c) Procédure de passation des contrats de partenariat « sectoriels »

1148. Le Conseil constitutionnel a considéré que relève du décret en Conseil d'État « la question de savoir » si une procédure de publicité et de mise en concurrence s'impose en ces cas, mais, le Conseil penche en faveur d'une telle procédure « eu égard au fait que le bail a pour objet de réaliser, pour le compte de l'État et sur son domaine public, des ouvrages entièrement conçus pour ses besoins propres » (*CC 22 août 2002, Loi Sécurité intérieure, AJDA 2002. 1059)*. Cette motivation du Conseil constitutionnel rejoint la définition communautaire du marché public de travaux (voir p. ex. *concl. S. Alber sous CJCE 12 décembre 2002, Universale Bau AG, aff. C-470/99, ACCP 2003, n° 20, comm. E. Fatôme et L. Richer*), dont un des critères est la présence au contrat d'une description des travaux correspondant aux besoins. En effet, dans les différents cas envisagés ci-dessus, la personne publique n'a pas la maîtrise d'ouvrage des travaux ; néanmoins, les investissements répondent aux besoins du pouvoir adjudicateur et sont financièrement à sa charge, ce qui fait que même s'ils échappent au Code des marchés publics, les contrats doivent être conclu dans le respect des exigences de la directive 2004/18.

1149. C'est pourquoi les textes d'application des ordonnances susmentionnées définissent des procédures similaires à celles du Code des marchés publics en prévoyant la possibilité de recourir à la procédure de dialogue compétitif dans le cas où la condition de « complexité » définie par la directive 2004/18 est satisfaite.

1150. Pour les contrats conclus par l'État en application de la LOPSI la procédure a été définie par le décret n° 2004-18 du 6 janvier 2004 pris pour l'application de l'article L. 34-3-1 du Code du domaine de l'État. Le décret fixe une procédure de droit commun, qui est un appel d'offres restreint ; il prévoit que la procédure de dialogue compétitif peut être utilisée si, « compte tenu de la complexité du projet, l'autorité administrative est objectivement dans l'impossibilité de définir les moyens techniques pouvant répondre à ses besoins ou d'établir le montage juridique ou financier du projet, la procédure du dialogue compétitif peut être utilisée pour passer la convention de bail ». Et, dans le cas où « le montant du loyer prévu par la convention est déterminé principalement par le montant des travaux à réaliser et que celui de l'opération est inférieur à un montant fixé par arrêté du ministre chargé de l'économie, les offres sont librement négociées par l'État sur la base des critères de sélection figurant dans l'avis d'appel public à concurrence ». Le montant de l'opération auquel il est fait référence est celui qui correspond au seuil communautaire des marchés de travaux.

1151. Les baux emphytéotiques passés par les collectivités locales pour la satisfaction des besoins de l'État ne font l'objet, curieusement, d'aucune disposition procédurale. En revanche, si le bail répond aux besoins d'un établissement public de santé ou d'une structure de coopération sanitaire dotée de la personnalité morale publique, il est conclu dans le respect des dispositions des articles L. 6148-3, L. 6148-4 et L. 6148-5 du Code de la santé publique.

1152. Quant au bail emphytéotique hospitalier il est conclu dans les conditions prévues à l'article L. 6148-5 du CSP. Ce texte a été modifié après la publication de l'ordonnance du 17 juin 2004 sur le contrat de partenariat et il prévoit les mêmes solutions que l'ordonnance. Peut donc être utilisée soit la procédure d'appel d'offres, soit la procédure de dialogue compétitif pour les projets particulièrement complexes au sens de la directive 2004/18.

1153. Textes sur les partenariats sectoriels

Texte	Dénomination	Domaine	Objet	Procédure	Pouvoir adjudicateur
L. 29/8/02 L. 9/9/02	Marchés	Police Gendarmerie Justice, prisons	Conception, construction, aménagement, entretien d'immeubles	CMP	État
L. 26/11/03		Centres rétention zones d'attente	Conception, aménagement, entretien, hôtellerie, maintenance		
L. 29/8/02 L. 27/01/03 L. 34-3-1 CDE	Bail	Police, gendarmerie, Justice Défense	Construction et location avec option d'achat + entretien, maintenance	Décret 6/1/04	État

Texte	Déno-mination	Domaine	Objet	Procédure	Pouvoir adjudicateur
L. 2/7/03 Ord. 17/06/04	Convention de partenariat	Tout domaine sous conditions : · urgence ou · caractéristiques techniques, fonctionnelles, économiques	Équipements publics : · conception, réalisation, transformation, exploitation, financement Services publics : · gestion, financement	Ord. 17/06/04	État Coll. loc.
Ord. 4/9/03 L. 6148-7 CSP	Marché	Équipements de santé	Conception, construction, aménagement, entretien, maintenance de bâtiments ou d'équipements	CMP	Établissements de santé
L. 6148-2 CSP L. 6148-3 CSP	Bail	Id.	Id.	L. 6148-5 CSP	Établissements de santé Coll. loc.

1154. Il apparaît donc que les lois sectorielles permettent tantôt la conclusion d'un contrat qualifié de marché portant sur une mission globale, tantôt la conclusion de baux avec un organisme privé ou public à qui est délivrée une autorisation du domaine public, ces baux n'étant pas considérés comme des marchés publics au sens du Code des marchés publics.

Pendant qu'étaient adoptées ces dispositions visant à parer au plus pressé, un travail de fond se poursuivait pour mettre au point un régime général du contrat de partenariat public-privé.

C La création d'une nouvelle forme de contrat

1155. Pour marquer clairement la rupture avec le METP et la volonté politique d'innover et de dépasser la distinction entre marché public et délégation de service public, la loi du 2 juillet 2003 autorise le Gouvernement à prendre par ordonnance les dispositions nécessaires pour « créer de nouvelles formes de contrats conclus par des personnes publiques ou des personnes privées chargées d'une mission de service public pour la conception, la réalisation, la transformation, l'exploitation et le financement d'équipements publics, ou la gestion et le financement de services, ou une combinaison de ces différentes missions ». Les objectifs initialement poursuivis n'ont pas pu être atteints, en raison des restrictions apportées par le Conseil constitutionnel.

a) Objectifs initiaux

1156. Les objectifs initiaux étaient d'ordre économique et juridique.

Au point de vue économique il s'agissait, avant tout, de relancer les programmes d'équipement public en dépit des restrictions budgétaires. Certes, la présentation officielle du contrat de partenariat insiste sur d'autres aspects : le contrat de partenariat permet de transférer une partie des risques sur l'entreprise et donc d'améliorer le respect des délais et des coûts et d'associer le secteur privé à la gestion ; l'intérêt d'y recourir dépend donc du gain global qu'il apporte et « si le contrat de partenariat est souvent présenté comme un instrument permettant de favoriser l'investissement public en mobilisant des ressources privées, la conclusion d'un contrat de partenariat ne saurait être envisagée comme un moyen de pilotage du solde budgétaire, d'externalisation du besoin de financement des administrations publiques ou d'externalisation de la dette publique » (MINEFI, *Les contrats de partenariat — Principes et méthodes*, p. 18). Dans le même sens une circulaire interministérielle du 29 novembre 2005 (*JO 15 décembre 2005*) à l'attention des collectivités locales énonce que « le contrat de partenariat ne doit pas être perçu seulement ou principalement comme un instrument de financement mais d'abord comme un nouvel outil de la commande publique, qui introduit des concepts novateurs dans la sphère administrative et ouvre aux collectivités de nouvelles possibilités pour mieux satisfaire les besoins de leurs administrés ».

L'intérêt de ces « concepts nouveaux » n'est visiblement pas apparu aux intéressés et le partenariat est encore perçu principalement comme un instrument de financement, ce qui en fait à la fois l'attrait et le danger.

1157. Au plan juridique les objectifs étaient d'abord d'écarter les obstacles ci-dessus mentionnés (*supra*, n° 1132). L'idée était de donner le choix aux collectivités publiques entre marché, délégation de service public et partenariat, de permettre le paiement différé et la concession à paiement public. Ces objectifs n'ont pu être que partiellement atteints du fait des restrictions apportées par le Conseil constitutionnel.

b) Restrictions constitutionnelles

1158. Le Conseil constitutionnel a considérablement limité les possibilités de recours au contrat de partenariat (***CC 26 juin 2003, Simplification du droit, RFDC 2003. 772, comm. Fatôme et Richer***) en subordonnant la constitutionnalité de la loi qui habilite le gouvernement à des réserves d'interprétation.

1159. Le Conseil constitutionnel rappelle la valeur constitutionnelle de l'égalité devant la commande publique (déjà mentionné dans sa décision du 29 août 2002), ainsi que celle de la protection des propriétés publiques et du bon usage des deniers publics. Il reprend aussi l'affirmation de la décision du 29 août 2002 selon laquelle aucun principe constitutionnel n'interdit de confier à une même personne la conception, la réalisation, etc. d'équipements publics. Mais, il considère néanmoins que la séparation de ces différentes missions constitue le « droit commun de la commande publique » et doit le rester, car la généralisation des dérogations « serait susceptible de priver de garanties légales les exigences constitutionnelles inhérentes à l'égalité devant la commande publique, à la protection des propriétés publiques et au bon usage des deniers publics ». Le Conseil en déduit que ces dérogations devront rester exceptionnelles, qu'elles ne sont possibles que dans deux cas, où elles peuvent être justifiées par d'autres exigences constitutionnelles (continuité du service public, protection de l'ordre et de la santé publique) : « situations répondant à des motifs d'intérêt général tels que l'urgence qui s'attache, en raison des circonstances particulières ou locales, à rattraper un retard préjudiciable,... nécessité de tenir compte des caractéristiques techniques, fonctionnelles ou économiques d'un équipement ou d'un service déterminé ».

1160. Les faiblesses juridiques de la décision du Conseil constitutionnel permettent de considérer qu'elle est, avant tout, politique. En effet, la démarche par laquelle le Conseil constitutionnel identifie des garanties légales des exigences constitutionnelles inhérentes à la commande publique manque de fondement. Le Conseil identifie un droit commun de la commande publique, alors que la notion de « commande publique » n'est pas consacrée par le droit, il qualifie de règles de droit commun de la commande publique la règle de séparation des fonctions entre maître d'œuvre et entrepreneur et l'appréciation séparée des lots, alors que la première règle n'est qu'une règle du marché de travaux posée par la loi MOP du 12 juillet 1985 et la seconde une exigence réglementaire posée par le Code des marchés publics. Le Conseil a, semble-t-il, été surtout sensible à l'argument des auteurs de la saisine, selon lequel la loi visait à ressusciter le METP, considéré comme intrinsèquement condamnable.

Nonobstant, la décision du Conseil constitutionnel a obéré le développement du contrat de partenariat et les restrictions qu'elle apporte sont de nature à contrarier durablement les réformes en matière de contrats.

c) Adoption de l'ordonnance du 17 juin 2004

1161. L'élaboration de l'ordonnance a fait l'objet d'un important *lobbying*, sous forme de concertation avec les professionnels intéressés.

Le Conseil d'État a été saisi d'un recours contre l'ordonnance avant sa ratification. Par un arrêt du 29 octobre 2004 (*CE 29 octobre 2004, Sueur, Rec. 392 ; RFDA 2004. 1103, concl. Casas ; AJDA 2004. 2384, chron. C. Landais et F. Lenica*) il a rejeté la requête, notamment en ce qu'elle soutenait que les conditions d'urgence et de complexité posées par le Conseil constiutionnel se trouvaient privées de force impérative au motif que l'ordonnance imposerait seulement une obligation formelle d'évaluation (v. *infra*). À cela l'arrêt répond « que la légalité de la décision de lancer la procédure de passation d'un contrat de partenariat est soumise, non seulement à la réalisation, dans les formes prescrites, de l'évaluation préalable qu'elles prévoient, mais aussi, sous le contrôle du juge, qui pourra notamment être saisi, au stade pré-contractuel, sur le fondement des dispositions de l'article L. 551-1 du Code de justice administrative, à ce que le projet envisagé corresponde effectivement à l'une des situations visées au a) de l'article 2 de l'ordonnance attaquée et de l'article L. 1414-2 du Code général des collectivités territoriales ».

1162. L'arrêt admet également que la définition des conditions n'outrepasse pas la réserve d'interprétation formulée par le Conseil constitutionnel.

Ces deux solutions témoignent d'une certaine réserve dans le contrôle exercé sur l'ordonnance. En effet, celle-ci prend quelques distances avec la décision du Conseil constitutionnel.

En premier lieu, l'impérativité des conditions n'est pas uniforme ; une différence existe selon que la complexité est d'ordre technique ou qu'elle est d'ordre financier. Pour que la condition relative aux moyens techniques soit réalisée, il faut que la personne publique ne soit pas « objectivement en mesure de définir seule et à l'avance les moyens techniques », ce qui renvoie aux caractéristiques propres du projet. En revanche, la condition relative au « montage financier ou juridique » est énoncée autrement, comme dans la directive 2004/18, il est admis que la condition est satisfaite si la personne publique n'est pas à même d'« établir » le montage financier ou juridique, ce qui renvoie aussi bien au cas où elle n'a pas pu le définir qu'à celui où elle n'a pas pu le mettre en place, par exemple parce qu'elle n'a pas trouvé un financement à un taux acceptable. De ce fait, la seconde condition, si on admet le double sens du verbe « établir » perd beaucoup de sa rigueur.

En second lieu, l'ordonnance élargit les possibilités de recours au partenariat en introduisant la notion de complexité, à partir de laquelle elle ajoute aux « circonstances particulières ou locales, à rattraper un retard préjudiciable, ou bien la nécessité de tenir compte des caractéristiques techniques, fonctionnelles ou économiques d'un équipement ou d'un service déterminé » la condition relative au montage financier ou juridique. Un tel ajout n'est pas exclu par la décision du Conseil constitutionnel, qui n'a mentionné les circonstances en question qu'à titre d'exemples (« situations répondant à des motifs d'intérêt général tels que... ») ; il est considéré comme valide par le Conseil d'État, qui apporte cependant une précision au sujet de la condition d'urgence en indiquant que l'urgence est celle qui « résulte objectivement, dans un secteur ou une zone géographique déterminé, de la nécessité de rattraper un retard particulièrement grave affectant la réalisation d'équipements collectifs ».

Par sa décision n° 2004-506 DC du 2 décembre 2004 le Conseil constitutionnel, saisi d'un recours contre la loi de ratification de l'ordonnance a confirmé les appréciations du Conseil d'État ; l'ordonnance a donc valeur législative après sa ratification par la loi n° 2004-1343 du 9 décembre 2004 de simplification du droit.

§ 3. La notion de contrat de partenariat

Bibliographie : DAL FARRA (T.) : « Risque juridique et contrat de partenariat », *CP-ACCP* septembre 2004, n° 36, p. 32.

Institut de la gestion déléguée : *Évaluation des contrats globaux de partenariat* (2004) — *http://www.fondation-igd.org/*

MATHARAN (X.) et PINTAT (P.) : « Les risques et leurs garanties dans les contrats de partenariat » *CP-ACCP* septembre 2004, n° 36, p. 40.

Ministère de l'économie et des finances : *Les contrats de partenariat : guide des bonnes pratiques*, 2005.

1163. L'article 1er de l'ordonnance du 17 juin 2004 et l'article L. 1414-1 du CGCT donnent la définition du contrat de partenariat. Cette définition multicritères est complexe ; elle vise à distinguer le contrat de partenariat du marché public au sens du Code des marchés publics, mais il n'en demeure pas moins que ce contrat demeure un marché public au sens du droit communautaire. De manière regrettable, est donc introduit un décalage entre droit national et droit communautaire.

Le cœur de la définition légale est constitué par la définition de la mission du cocontractant ; il s'agit d'« une mission globale relative au financement d'investissements immatériels, d'ouvrages ou d'équipements nécessaires au service public, à la construction ou transformation des ouvrages ou équipements, ainsi qu'à leur entretien, leur maintenance, leur exploitation ou leur gestion, et, le cas échéant, à d'autres prestations de services concourant à l'exercice, par la personne publique, de la mission de service public dont elle est chargée ». Les modalités de la rémunération sont mentionnées à la fois comme un élément de définition et comme une obligation : « la rémunération du cocontractant fait l'objet d'un paiement par la personne publique pendant toute la durée du contrat. Elle peut être liée à des objectifs de performance assignés au cocontractant ».

A L'objet du contrat

1164. Le contrat de partenariat appartient à la catégorie général des contrats globaux, caractérisée par la pluralité des missions du cocontractant.

a) Un contrat global

1165. La « mission globale » prévue par l'ordonnance peut se décliner en plusieurs combinaisons. Quatre situations peuvent être distinguées :

— cas des contrats confiant la conception, le financement, la réalisation et la gestion (maintenance) d'équipements immobiliers qui ne sont pas installés sur le domaine public, appartiennent à l'entreprise partenaire et sont loués à la collectivité publique ;

— cas des contrats confiant la conception, le financement, la réalisation et la gestion d'équipements immobiliers qui sont ou ne sont pas installés sur le domaine public, appartiennent à l'entreprise partenaire et dont l'exploitation constitue un service public (ex. : usine d'incinération) ;

— cas des contrats confiant la conception, le financement, la réalisation et la gestion (maintenance ou exploitation) d'équipements immobiliers qui sont installés sur le domaine public, appartiennent à l'entreprise partenaire et sont loués à la collectivité publique ;

— cas des contrats confiant le financement, l'acquisition et la gestion d'équipements à caractère mobilier (ex. : parc informatique).

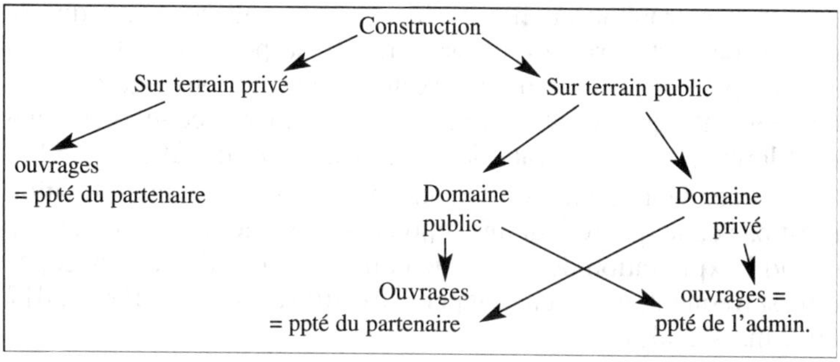

1166. Un débat existe sur le point de savoir si la mission peut consister à gérer le service public aux besoins duquel les équipements satisfont, ce qui rapprocherait le contrat de partenariat d'une délégation de service public.

Les textes sont plutôt en sens contraire. L'article 1er de l'ordonnance et l'article L. 1414-1 CGCT disposent que l'entreprise assure les missions qui sont prévues par le texte « et, le cas échéant,... d'autres prestations de services concourant à l'exercice, par la personne publique, de la mission de service public dont elle est chargée », ce qui implique que la personne publique reste chargée de la mission à laquelle concourt le partenaire. Par ailleurs, les textes donnent la liste des clauses que comporte obligatoirement un contrat de partenariat ; or, au nombre de ces clauses figure une clause relative aux « conditions dans lesquelles les ouvrages sont mis à la disposition de la personne publique » et une clause relative « aux obligations du cocontractant ayant pour objet de garantir le respect de l'affectation des ouvrages et équipements au service public dont la personne publique contractante est chargée ». Toutes ces formules rédactionnelles, de même que les travaux préparatoires de l'ordonnance, montrent que l'intention a été de mettre en place une forme de coopération et non une forme de délégation : « le contrat de partenariat n'a pas été conçu comme un mode de gestion du service public ; il est vrai que dans certains cas l'exploitation du service se confond avec celle de l'ouvrage, ce qui conduirait à admettre que pour ces activités le contrat de partenariat peut confier la gestion du service, mais, compte tenu des termes de la loi d'habilitation, de l'intention manifestée par le gouvernement et des dispositions mêmes de l'ordonnance, il est cependant permis de douter de la pertinence de cette interprétation. Il est plus probable au contraire que le contrat de partenariat ne puisse être utilisé pour la gestion d'un service public, ni donc pour l'exploitation d'un ouvrage ou d'un équipement qui impliquerait nécessairement cette gestion » (F. Llorens, « Les contrats de partenariat », *RJEP* 2004, p. 523).

Cependant, pour des raisons pratiques, cette interprétation n'est pas celle que retient une réponse ministérielle, qui admet que quand l'exploitation de l'ouvrage coïncide avec elle du service, ce qui est fréquent, le partenariat peut être utilisé (AN — QE n° 22017 du 9 mars 2006).

b) Un contrat financier

1167. Le contrat de partenariat confie toujours le financement d'un investissement à l'entreprise partenaire. Il est très largement conçu comme une opération financière et les candidats devraient, le plus souvent, être des groupements comportant un établissement financier. La question des garanties susceptibles d'être fournies à celui-ci se pose nécessairement.

1168. L'ordonnance admet que le cocontractant peut avoir un droit réel sur le domaine public, mais ne mentionne pas la possibilité de crédit-bail. Cela n'a pas pour effet de l'interdire. Le partenaire de l'administration peut, si cette dernière en est d'accord et si les principes applicables au service concerné le permettent, recourir au crédit-bail. D'une façon générale, le financement des investissements par ledit partenaire est facilité par la possibilité qui lui est reconnue de céder une part de sa créance sur la personne publique représentant une fraction du coût des investissements à l'établissement financier, sans que cette créance puisse être affectée par aucune compensation (art. 28 de l'ordonnance insérant un article L. 313-29-1 dans le Code monétaire et financier). Cette cession ne prend, cependant, sa pleine efficacité qu'après constatation de la réalisation des investissements. Cela ne devrait pas empêcher, si la personne publique y consent, que la créance fasse l'objet d'une cession de droit commun, laquelle crée une obligation contractuelle de la collectivité publique envers la banque (*CE 25 juin 2003, Caisse centrale de crédit mutuel du Nord, AJDA 2003. 1729, concl. Le Chatelier*).

c) Un contrat de service

1169. Le titulaire du contrat de partenariat n'assume pas seulement la maîtrise d'ouvrage des travaux ou autre investissements, il doit aussi assurer l'entretien, la maintenance, l'exploitation ou la gestion des ouvrages ou équipements et, le cas échéant, d'autres prestations de service, sans que la distinction soit clairement faite entre entretien et maintenance, ni entre exploitation et gestion. L'entreprise est donc impliquée dans l'utilisation des investissements et elle supporte un risque à cet égard. C'est cette implication et ce transfert d'une partie des risques qui constituent un des grands intérêts du contrat de partenariat dans la mesure où ils sont de nature à garantir à la collectivité publique une meilleure efficacité.

1170. L'originalité du contrat de partenariat tient à ce que la question de la répartition des risques, qui se pose pour tout contrat, doit être impérativement et expressément traitée par l'instrument contractuel, puisque l'insertion de clauses relatives à cette question est obligatoire. L'idée générale est que chaque type de risque doit être imputé à la partie qui est le mieux à même de l'assumer.

L'Office statistique des Communautés européennes (Eurostat), dans une décision du 11 février 2004 (STAT/04/18 reproduite in *Droit et Ville*, n° 60/2005, p. 258) relative au traitement des partenariats public-privé s'est référée à trois types de risques :

— le « risque de construction » (livraison tardive, non-respect de normes spécifiées, surcoûts,...) ;

— le « risque de disponibilité » (livraison du volume contractuellement convenu, manque de performance,...) ;

— le « risque lié à la demande » (variabilité de la demande lorsque celle-ci n'est pas imputable au comportement du partenaire — par exemple remplissage d'une prison ou d'un hôpital).

Cette typologie ne recouvre pas tous les risques, mais elle permet de caractériser le partenariat par rapport à d'autres contrats. Normalement dans un marché public tous les risques sont à la charge de la personne publique, dans une concession à la charge du concessionnaire ; dans un partenariat, en principe, l'entreprise a la charge du risque de construction et du risque de disponibilité, mais pas du risque demande, dont le transfert serait beaucoup trop coûteux pour être considéré comme normal.

B La rémunération du titulaire

1171. Le titulaire est rémunéré par un prix payé par la collectivité publique et, en cela le contrat de partenariat est onéreux pour le pouvoir adjudicateur et constitue un marché public au regard du droit communautaire, mais il diffère du marché public du Code français.

a) Rémunération par la collectivité publique

1172. La différence avec un marché public tient à ce que non seulement la rémunération peut, mais encore elle doit être étalée sur la durée du contrat : « la rémunération du cocontractant fait l'objet d'un paiement par la personne publique pendant toute la durée du contrat » (art. 1er de l'ordonnance ; art. L. 1414-1 CGCT). Il résulte de l'article 11 de l'ordonnance et de l'article L. 1414-12 CGCT que le contrat doit distinguer la part de l'investissement, celle du financement et celle du fonctionnement. Le paiement des travaux peut être étalé pendant toute la durée du contrat, mais, rien n'interdit d'en prévoir un paiement plus rapide et donc moins coûteux.

1173. En recourant au partenariat pour leurs investissements les collectivités publiques limitent leur endettement, ou, plus exactement, s'endettent autrement qu'en empruntant. Pour éviter l'occultation des charges Eurostat dans sa décision déjà citée du 11 février 2004 « recommande que les actifs liés à un partenariat public-privé soient classés comme actifs non publics et ne soient donc pas enregistrés dans le bilan des administrations publiques si les deux conditions suivantes sont réunies : le partenaire privé supporte le risque de construction, et le partenaire privé supporte au moins l'un des deux risques suivants : celui de disponibilité ou celui liée à la demande » ; si le transfert des risques est plus limité, l'actif est public. Et, pour garantir la transparence l'ordonnance de 2004 a instauré l'obligation pour les communes de publier une annexe retraçant l'ensemble des engagements financiers de la collectivité territoriale ou de l'établissement public résultant des contrats de partenariat (art. L. 2313-1 CGCT).

b) Autres rémunérations

1174. Un des intérêts du contrat de partenariat est de permettre à la personne publique de rentabiliser la capacité que son utilisation des ouvrages ou équipements peut éventuellement laisser disponible. Ainsi, des avions affectés au transport militaire peuvent être utilisés partiellement par l'entreprise pour des transports civils, des bâtiments à usage administratif peuvent être loués à des tiers en cas de vacance temporaire ou partielle, etc. Ces recettes complémentaires sont, aux termes de l'article 11 de l'ordonnance (art. L. 1414-12 CGCT) prises en compte pour déterminer la rémunération du cocontractant par l'administration. Bien entendu, les clauses du contrat doivent être rédigées de manière à préserver l'affectation prioritaire au service public. Quoique les textes ne le précisent pas, il faut considérer que l'utilisation pour des besoins autres que ceux de la personne publique contractante présente un caractère accessoire, faute de quoi le contrat risquerait d'être entaché d'incompétence (voir par analogie : *CAA Paris 10 juillet 2003, SOGERES, req. 01PA02303* — surdimensionnement d'un équipement concédé), mais la même exigence de caractère accessoire ne s'applique pas à la rémunération en provenance de tiers dans son montant.

1175. Le caractère mixte de la rémunération n'est pas de nature à entraîner la qualification comme convention de délégation de service public, puisque les recettes d'exploitation ne provenant pas du paiement d'un prix par la collectivité publique ne correspondent pas à l'exploitation du service public, mais à celle de l'ouvrage ou équipement. Des difficultés de qualification peuvent, cependant, exister dans le cas où l'exploitation de l'ouvrage et celle du service coïncident.

§ 4. La conclusion du contrat de partenariat

Bibliographie : BRENET (F.) et MELLERAY (F.) : *Les contrats de partenariat de l'ordonnance du 17 juin 2004*, Litec, 2005.

Institut de la gestion déléguée : *Évaluation des contrats globaux de partenariat*, Le Moniteur, 26 mars 2004 et *www.fondation-igd.org/*

LERAUT (J.) : « Réflexion sur les conditions d'urgence et de complexité justifiant le recours au contrat de partenariat », *BJDCP* 2005, n° 42, p. 343.

1176. Les exigences procédurales du droit français sont largement inspirées du système britannique. En effet, au Royaume-Uni la conclusion des contrats de PFI est précédée d'une évaluation approfondie incluant une comparaison avec l'achat public traditionnel (Public Sector Comparator) dans le but de vérifier que les conditions sont réunies pour obtenir la « best value for money ». Si le choix du PFI est retenu, le contrat est généralement conclu selon la procédure négociée, ce qui ne laisse pas de poser quelques problèmes au regard du droit communautaire ; sur ce point la procédure française est plus rigoureuse, voire trop, puisqu'elle ne prévoit pas la possibilité de négociation, même quand le droit communautaire l'autorise par exception.

A Évaluation préalable

1177. L'évaluation préalable prévue par l'ordonnance de 2004 n'a pas pour seul objet de déterminer l'intérêt économique de l'opération et de sa réalisation par voie de partenariat ; en effet, la phase d'évaluation sert aussi à vérifier que sont réunies les conditions issues de la décision du Conseil constitutionnel (complexité ou urgence) lesquelles sont en partie confondues par l'ordonnance de 2004 avec les conditions d'utilisation de la procédure de dialogue compétitif (complexité). Le manque de clarté et la lourdeur de ce dispositif sont un des obstacles au développement du contrat de partenariat.

1178. L'évaluation préalable comporte deux volets de portée juridique inégale. Dans un premier volet elle « montre » que la condition de complexité ou celle d'urgence est remplie. Dans un second volet elle « expose avec précision les motifs de caractère économique, financier, juridique et administratif, qui ont conduit, après une analyse comparative, notamment en termes de coût global, de performance et de partage des risques, de différentes options, à retenir le projet envisagé et à décider de lancer une procédure de passation d'un contrat de partenariat ».

Dans le premier cas la légalité de l'opération est subordonnée à la démonstration de la complexité, les conclusions de l'évaluation peuvent donc avoir pour effet de faire obstacle à l'utilisation du partenariat ; dans le second cas, il est seulement nécessaire que les décideurs aient été informés, ils ne sont pas liés par les conclusions de l'évaluation comparative.

1179. L'évaluation préalable est obligatoire aussi bien quand le projet est d'initiative publique que quand il est d'initiative privée, puisque l'une des innovations introduites consiste à permettre à une personne privée de faire des propositions, sans que cela l'empêche ultérieurement de participer à la procédure. Cette procédure de proposition privée est inspirée du droit italien ; mais, elle ne constitue pas une innovation radicale par rapport aux pratiques françaises, en matière d'aménagement, par exemple.

a) Évaluation des conditions juridiques

1180. Les conditions de fond, dont l'évaluation préalable a, entre autres objets, celui de vérifier l'existence, sont alternatives : ou bien le projet est complexe, ou bien il est urgent.

1181. Les conditions posées par l'article 2 de l'ordonnance et par l'article L. 1414-2 CGCT pour garantir le caractère exceptionnel du partenariat sont la reprise de la définition du « marché particulièrement complexe », qui figure dans la directive 2004/18 (comme condition d'utilisation non du partenariat, mais de la procédure de dialogue compétitif pour attribuer un marché public) :

Art. 2 ordonnance et L. 1414-2 CGCT	*Directive 2004/18*
« ... compte tenu de la complexité du projet, — la personne publique n'est pas objectivement en mesure de définir seule et à l'avance les moyens techniques pouvant répondre à ses besoins — ou d'établir le montage financier ou juridique du projet... »	« ... un marché public est considéré comme "particulièrement complexe" lorsque le pouvoir adjudicateur : — n'est objectivement pas en mesure de définir, conformément à l'article 23, paragraphe 3, point b), c) ou d), les moyens techniques pouvant répondre à ses besoins et à ses objectifs, et/ou — n'est objectivement pas en mesure d'établir le montage juridique et/ou financier d'un projet... ».

1182. Dans le cas du partenariat, la complexité ne sert pas seulement à rendre possible une certaine procédure, comme dans la directive, elle permet le recours à un type de contrat, dont la caractéristique majeure est la globalité ; néanmoins, il est possible de tenir compte des solutions de la directive pour interpréter le droit français, qui s'y réfère.

1183. La condition de complexité se décompose en deux branches :
— la personne publique n'est pas objectivement en mesure de définir les moyens techniques
— la personne publique n'est pas objectivement en mesure d'établir le montage juridique ou financier
À première vue, il pourrait sembler que ces conditions ne seront jamais réalisées, car la personne publique peut toujours, en recrutant du personnel ou en concluant des marchés de définition, d'assistance ou d'étude, se mettre en mesure de définir les moyens techniques et les montages juridiques et financiers. Mais, comme il faut bien que le texte soit susceptible de s'appliquer, on doit admettre que dans certains cas les études seraient trop lourdes ou vouées à l'échec, compte tenu de la multiplicité des possibilités à examiner et des moyens de satisfaire les besoins ou de l'absence de maîtrise de la personne publique sur certains aspects du projet.

1184. C'est en ce sens que va l'exposé des motifs de la directive 2004/18 (point 31), qui à propos du marché complexe indique que : « cette situation peut notamment se présenter pour la réalisation d'importantes infrastructures de transport intégrées, la réalisation de grands réseaux informatiques ou la réalisation de projets comportant un financement complexe et structuré, dont le montage financier et juridique ne peut pas être prescrit à l'avance ».

1185. On retrouve la même idée aux articles 18 de la loi MOP du 12 juillet 1985 et 37 du Code des marchés publics, qui permettent d'utiliser la procédure de conception-réalisation lorsque des motifs techniques rendent nécessaire l'association de l'entrepreneur aux études. Mais, il existe deux différence entre les textes sur la conception-réalisation et les textes sur le partenariat :

— en matière de partenariat les motifs techniques pris en compte peuvent avoir des implications autres que la nécessité d'associer l'entrepreneur ;

— en matière de partenariat, outre les motifs techniques, sont pris en considération les aspects juridiques et financiers (comme dans les textes sur le dialogue compétitif).

1186. Dans tous les cas l'impossibilité pour la collectivité de définir les moyens ou d'établir le montage doit être liée à la complexité ; il ne suffit pas, par exemple, que les banques refusent de financer un projet pour que la collectivité puisse être considérée comme n'étant pas « en mesure d'établir le montage financier ».

1187. La complexité peut résulter de la multiplicité des fonctions, du caractère innovateur du projet ; elle peut aussi être la conséquence de ce que la collectivité publique ne peut maîtriser l'ensemble des décisions, parce que la mise en place de l'opération nécessite l'intervention de tiers plus ou moins liés au projet, par exemple celle des établissements financiers dans le cas de financement de projet ou celle d'utilisateurs des installations, dans le cas où l'équilibre financier de l'opération implique que les installations soient mises à disposition de tiers pour une partie de leurs capacités.

1188. S'agissant de l'urgence, le Conseil Constitutionnel et le Conseil d'État ont précisé qu'elle « résulte objectivement dans un secteur d'une zone géographique déterminée de la nécessité de rattraper un retard particulièrement grave, affectant la réalisation d'équipements collectifs ».

Il paraît certain que l'urgence ne doit pas être interprétée aussi restrictivement que dans d'autres domaines, par exemple, quand elle permet de se dispenser d'appel d'offres pour la passation d'un marché public.

On peut ici se référer à la notion d'urgence de projet, par opposition à l'urgence de situation : l'urgence de projet à un caractère préventif et elle peut résulter de ce que, compte tenu de la durée nécessaire à l'exécution du projet, il n'est pas possible d'attendre les financements. Il est possible de se référer à la distinction qui a été faite depuis longtemps en matière d'aménagement et d'urbanisme entre l'urgence de situation et l'urgence de projet : l'urgence à aménager doit être comprise « comme expression d'une priorité opératoire plutôt que dans un sens de police comme exigence d'un remède immédiat à une menace actuelle » (*conclusions Rigaud, sur Conseil d'État, 13 décembre 1968, Ministre des affaires sociales c/ Milcent, AJDA 1969, p. 40*).

b) Évaluation comparative

1189. L'article 2 de l'ordonnance et l'article L. 1414-2 du CGCT prévoient que l'évaluation comporte une analyse comparative à caractère économique, financier, juridique et administratif. En cas d'urgence, l'exposé peut être succinct.

L'évaluation doit expliquer pourquoi le projet a été retenu « notamment en termes de coût global, de performance et de partage des risques ». Le plus souvent, il s'agira de comparer la solution du contrat de partenariat avec celle du marché public classique. Toutefois, même si le contrat de partenariat ne peut pas avoir pour objet de confier la gestion du service public, une comparaison avec la délégation de service public, dans les cas où elle est possible n'est pas à exclure ; car la collectivité peut avoir intérêt à déléguer plutôt qu'à conserver la gestion en régie d'un service dont les installations seraient réalisées dans le cadre d'un partenariat.

1190. L'analyse comparative a pour but de rechercher si l'opération peut être réalisée dans de meilleures conditions grâce au contrat de partenariat. À l'évidence, cette analyse ne peut pas être réalisée seulement en termes de coûts immédiats, car le contrat de partenariat est presque toujours plus coûteux qu'un marché public puisque le financement est apporté par l'entreprise privée. L'évaluation porte donc sur un ensemble de données susceptibles de donner son intérêt au partenariat parce que l'entreprise privée est stimulée, parce que la collectivité publique transfère certains risques, parce qu'une plus grande souplesse est possible. Des méthodes d'analyse plus ou moins sophistiquées au point de vue économique et financier sont utilisables pour déterminer l'utilité sociale du projet. Pour les définir et les mettre en œuvre l'ordonnance de 2004 a prévu la création d'un organisme expert, auquel les services de l'État doivent et ceux des collectivités locales peuvent faire appel ; il s'agit de la mission d'appui à la réalisation des contrats de partenariat.

c) Choix du partenariat

1191. En dehors de l'évaluation économique, l'analyse comparative a pour objet d'éclairer le choix entre les différentes formes de contrats utilisables. Quels sont les choix ouverts ?

1192. Le choix entre le contrat de partenariat et les autres formes de contrats n'existe que si la condition de complexité ou celle d'urgence est satisfaite. À supposer que tel soit le cas, la collectivité publique peut avoir le choix entre la concession et le partenariat, quand il s'agit d'un service délégable en droit et en fait (ce qui suppose des recettes d'exploitation).

1193. Si le service n'est pas de ceux qui peuvent être confiés à une entreprise privée, le recours au partenariat reste possible, mais une alternative existe, qui est la conclusion de marchés publics, ce qui suppose d'une part le paiement immédiat des travaux, d'autre part la conclusion d'un marché de service s'ajoutant au marché de travaux et, éventuellement à des marchés de maîtrise d'œuvre et de fourniture.

1194. La question se pose de savoir si, à côté du marché public, la personne publique peut toujours avoir recours aux mécanismes contractuels non prévus par la loi, mais admis par la jurisprudence dans lesquels elle donne à l'entreprise la maîtrise d'ouvrage et prend à bail l'équipement réalisé (ex. : Soc. Sofap-Marignan). Le maintien de cette possibilité peut-il encore être admis alors qu'elle peut sembler autoriser la dérogation aux règles de la commande publique, en dehors des conditions de complexité ou urgence ? L'hésitation est permise, mais il est peu probable que les solutions jurisprudentielles, qui reposent sur une interprétation du champ d'application de la loi MOP, doivent être abandonnés ; il ne revient pas au juge administratif de dire la loi MOP inconstitutionnelle.

B Procédure de passation

1195. Dans tous les cas le contrat de partenariat est complexe, même si sa passation échappe à la condition de complexité au motif qu'il y a urgence, et il opère une répartition des risques.

Ces circonstances rendent souhaitable, voire indispensable, une association des entreprises à l'élaboration du contrat et donc le recours à une négociation, même si le terme négociation n'est pas utilisé. La possibilité d'utiliser la procédure de dialogue compétitif, qui a été introduite par la directive 2004/18 sur les marchés publics, est donc consacrée en la matière dans les cas admis par la directive, c'est-à-dire quand le marché est complexe (voir *supra*, n° 781). Mais, comme on l'a vu, le recours au partenariat n'est pas seulement possible dans le cas de complexité ; il l'est aussi en cas d'urgence. On aurait pu imaginer que, parfois, l'urgence n'exclue pas la complexité, mais ce n'est pas la solution retenue par l'ordonnance, qui, en cas d'urgence impose une procédure d'appel d'offres. Dans tous les cas s'impose une publicité préalable.

a) Publicité préalable

1196. Le seuil au-delà la procédure de publicité formaliste est obligatoire a été fixé par décret. Le seuil valable en matière de travaux n'est pas appliqué ; en effet, les seuils prévus sont pour les contrats de partenariat de l'État le montant de 150 000 Euros (HT) et pour les collectivités locales de 230 000 euros. Ces seuils ne correspondent plus aux seuils communautaires, puisque ceux-ci ont été modifiés (v. *supra*, n° 670).

Pour les contrats inférieurs à ce montant, « la personne publique choisit librement les modalités de publicité adaptées au montant et à la nature des prestations envisagées » ; le principe de transparence doit donc être respecté ; mais on conçoit mal des contrats de partenariat de montant inférieur aux seuils.

Au-dessus des seuils est publié un avis d'appel public à la concurrence dans le Bulletin officiel des annonces des marchés publics et au Journal officiel de l'Union européenne.

L'avis doit être conforme au modèle communautaire et à l'arrêté ministériel fixant le modèle valable pour les marchés publics. Compte tenu de la complexité de l'opération et de la procédure, en cas d'utilisation du dialogue compétitif, les avis doivent, cependant fournir des informations plus nombreuses que pour un marché public classique.

1197. Le délai minimum de réception des candidatures est de quarante jours. Les conditions de recevabilité des candidatures sont similaires à celles qui sont posées par le Code des marchés publics. Cependant, les personnes en redressement judiciaire, même autorisées à poursuivre leur activité ne peuvent être candidates à un contrat de partenariat, alors qu'elles peuvent l'être à un marché public, ce qui s'explique par la dimension financière du partenariat.

La liste des candidats est établie pour l'État par « la personne publique », pour les collectivités locales par une commission, qui est composée comme la commission des délégations de service public et non comme la commission d'appel d'offres, sans doute pour marquer la spécificité du partenariat.

b) Dialogue compétitif

1198. La procédure de dialogue compétitif est organisée à peu près de la même manière que par le Code des marchés publics, mais il n'est pas procédé par renvoi. La procédure est définie pour l'État par l'article 7 l'ordonnance et par le décret n° 2004-1145 du 27 octobre 2004, pour les collectivités locales par les articles L. 1414-5 et suivants et D. 1414-1 du CGCT.

1199. Sur la base d'un programme fonctionnel, un dialogue est engagé avec les candidats, dont l'objectif est de définir le projet qui servira des base à la mise en concurrence ultérieure. Les textes ne précisent pas qui mène le dialogue du côté de la personne publique ; il faut donc admettre une certaine liberté en la matière.

Ce dialogue, qualifié de « discussion » pour le distinguer d'une « négociation » est, en fait une négociation, mais qui porte sur un projet de contrat, au lieu de porter sur le contrat lui-même comme la négociation de la procédure négociée. Cette discussion ne doit pas sortir du cadre du programme qui a été défini et elle doit obéir à un principe de confidentialité, qui a une importance fondamentale en la matière puisqu'il est demandé aux candidats de fournir un travail de réflexion et d'imagination, souvent coûteux, dont il serait inacceptable qu'il serve aux autres concurrents.

C'est là un des principaux écueils de la procédure, compte tenu de ce qu'il n'existe ni sanction efficace de la violation de la confidentialité, ni tradition de respect de cette obligation en France.

1200. La personne publique est libre, à condition de l'avoir annoncé dans l'avis ou dans le règlement de consultation, de prévoir que le dialogue se déroule en plusieurs phases, ce qui permet l'élimination successive des propositions et cela en application des critères pondérés qui ont été définis au départ. Une fois la discussion arrivée à son terme, pour lequel aucun délai n'est imposé, les candidats sont invités à déposer leur offre.

1201. Cette seconde étape de la procédure se rapproche d'un appel d'offres, à cette différence près, qui n'est pas négligeable, qu'il n'existe pas de cahier des charges commun ; mais le cadre est moins rigoureux que pour un appel d'offres classique ; il laisse place à un certain flou.

Les candidats dont la proposition reste en compétition disposent d'un délai, qui est d'au moins un mois pour déposer une offre sur la base de leur propre proposition, qui de simple projet non liant devient ainsi une offre que le candidat s'engage à maintenir. À l'ouverture de cette seconde étape, la personne publique, qui, s'agissant d'une collectivité locale est normalement représentée par l'organe délibérant, peut préciser les critères d'attribution du contrat et elle « définit les conditions d'exécution du contrat, y compris de celles de ses clauses qui prévoient une évolution, pendant la durée du contrat, des droits et obligations du cocontractant ». Il existe donc un risque de modification du cadre initial et un risque que la personne publique définisse un noyau de cahier des charges en reprenant les propositions de tel ou tel candidat. Le risque de « dérapage » est d'autant plus grand que l'article 8 de l'ordonnance et l'article L. 1414-7 énoncent seulement que la personne publique « s'efforce de maintenir jusqu'à ce stade une concurrence réelle ».

1202. Conformément à la directive 2004/18, les critères d'attribution doivent être pondérés ou, en cas d'impossibilité, hiérarchisés. Mais, à la différence des textes sur les marchés publics, les textes sur le partenariat rendent obligatoires la référence à certains critères. Il s'agit d'abord de critères procédant des motifs mêmes du recours au partenariat : coût global de l'offre et objectifs de performance. À cela a été ajouté un critère d'inspiration politique, qui est « la part d'exécution du contrat que le candidat s'engage à confier à des petites et moyennes entreprises et à des artisans ».

c) Appel d'offres

1203. La procédure d'appel d'offres applicable en cas d'urgence est une procédure d'appel d'offres restreint. Les critères d'attribution sont les mêmes qu'en cas de dialogue compétitif.

C Clauses obligatoires

Bibliographie : (L.) Vandomme et (D.) Bandet : « La reprise du projet par la partie publique dans les contrats de partenariat », *Revue de droit bancaire et financier*, mars-avril 2005, 75.

1204. Pour garantir l'efficacité du partenariat l'ordonnance (art. 11) et le CGCT (art. L. 1414-12) donnent une liste de clauses que le contrat de partenariat « comporte nécessairement », sans qu'il soit précisé que c'est à peine de nullité, mais il est à penser que tel est bien le cas. Ces clauses peuvent être réparties en trois catégories : les clauses qui sont caractéristiques du contrat de partenariat, les clauses qui sont dans l'esprit du partenariat, les clauses qui visent à préserver l'intérêt du service public.

a) Clauses caractéristiques

1° Répartition des risques

1205. Le partage des risques est une idée directrice de l'opération de partenariat. L'intérêt de ce partage est, selon la présentation générale du projet par le MINEFI, de permettre la mise en place des « systèmes dans lesquels les erreurs de projection ont un coût pour leurs auteurs. C'est le cas lorsque le secteur privé est rémunéré au moins partiellement sur la base de la fréquentation, et supporte le poids des dépassements de coûts ». De la sorte, l'accent est mis sur un aspect tout à fait fondamental du contrat de partenariat, qui est l'aspect incitatif. Par l'attribution au cocontractant de certains risques la personne publique l'incite à respecter les délais et les exigences de performances dans la réalisation des ouvrages et équipements et la prestation de service.

La difficulté de l'exercice tient à ce qu'il faut parvenir à imputer chacun des risques à la partie qui est le mieux à même de le supporter et à opérer un partage dans des conditions qui soient intéressantes pour la personne publique tout en ne décourageant pas les investisseurs.

L'ordonnance paraît imposer la rédaction de clauses générales définissant ces conditions de répartition des risques, alors qu'habituellement la répartition des risques résulte implicitement des clauses sur la maîtrise d'ouvrage, les responsabilités, les pénalités, les conditions de rémunération...

Les conditions de partage des risques sont définies *in abstracto et in concreto* et pas seulement *in concreto.*

1206. La répartition des risques par le contrat de partenariat a des répercussions non négligeables sur la situation économique de la collectivité publique concernée ; ces conséquences devraient être prise en compte en fonction d'un pronostic sur le partage des risques lors de l'évaluation préalable, car, même si elles ne peuvent être chiffrées avec précision, elles font partie du bilan global ; elles doivent aussi être prises en compte lors de l'élaboration du contrat. De la sorte le contrat de partenariat comporte, si l'on peut dire, une intériorisation de la dimension économique qui n'est pas la moindre de ses nouveautés.

2º Performances

1207. Un des intérêts du partenariat étant de renforcer la qualité du service fourni, les exigences correspondantes doivent être définies ; à cette fin le contrat doit fixer des objectifs de performances, dont le respect doit faire l'objet d'un contrôle et dont le non-respect se traduit par des pénalités. De cette manière la répartition des risques est concrétisée.

3º Rémunération

1208. Pour la clarté des comptes de la personne publique, le contrat doit distinguer les différents éléments de la rémunération, notamment en séparant investissement et fonctionnement.

b) Clauses d'esprit partenarial

1209. Certaines clauses ont paru adaptées à une relation de type partenarial, caractérisée par un esprit de collaboration sur une durée qui est, en principe, longue (déterminée en fonction de la durée d'amortissement des investissements).

1º Avenants

1210. L'idée de départ était que les contrats de partenariat auraient dû pouvoir évoluer plus facilement que les marchés publics. La version du projet d'ordonnance arrêtée en réunion interministérielle le 11 février 2004 prévoyait que « les parties au contrat peuvent librement le modifier par avenant, pour tenir compte de l'évolution des circonstances de fait ou de droit qui contribuent à affecter les conditions de son exécution. Toutefois, une nouvelle procédure de mise en concurrence doit être organisée si la modification envisagée aboutit à transformer la qualification juridique du contrat ou à bouleverser l'économie générale du contrat. Une telle remise en concurrence n'est pas exigée si les modifications en cause résultent d'un cas de force majeure ou de l'exercice d'une clause contractuelle contenue dans le contrat initial ». Il eût donc été possible d'apporter des modifications très importantes à condition d'en avoir prévu la possibilité dans le contrat lui-même. Le texte définitif de l'ordonnance est revenu à une rédaction plus conforme à la jurisprudence sur les avenants (v. *supra*, n° 344) ; il prévoit seulement que le contrat comporte une clause relative « aux conditions dans lesquelles il peut être procédé, par avenant ou, faute d'accord, par une décision unilatérale de la personne publique, à la modification de certains aspects du contrat ou à sa résiliation, notamment pour tenir compte de l'évolution des besoins de la personne publique, d'innovations technologiques ou de modifications dans les conditions de financement obtenues par le cocontractant ». Il s'agit là d'un simple rappel d'utilité douteuse.

2° Arbitrage

1211. Il est obligatoire d'insérer des clauses relatives au règlement des différends et possible de déroger au principe d'interdiction du recours à l'arbitrage par les collectivités publiques (v. *supra*, n° 496). L'arbitrage est apparu comme un moyen de règlement des litiges adéquat, à la fois parce qu'il est de nature à rassurer les investisseurs et parce qu'il préserve mieux la continuité des relations que la saisine du juge étatique. Cependant, la dérogation au principe est assortie d'une limite peu en harmonie avec l'esprit de l'arbitrage : seule la loi française peut être appliquée.

c) Clauses de protection du service public

1212. Les prérogatives et les intérêts du partenaire — investisseur ne doivent pas nuire à la bonne exécution du service public auquel il est associé. À cette fin le contrat de partenariat comporte nécessairement des clauses visant à empêcher que la personne publique puisse être empêchée d'utiliser les équipements pour les besoins du service. La primauté de l'affectation au service public doit être garantie aussi bien pendant l'exécution du contrat qu'à son terme. À cet égard le contrat de partenariat ne diffère guère d'une convention de délégation de service public.

1213-1217. *Réservés*

Chapitre 6
Les contrats de recrutement d'agents publics

1218. Dans les administrations civiles, les agents sont, en principe, dans la situation unilatérale et réglementaire du fonctionnaire, le recrutement par contrat fait figure d'exception. Il n'en va différemment que pour l'Armée, où l'emploi de « militaires servant sous contrat » est considéré comme normal (cf. loi du 24 mars 2005 portant statut général des militaires).

Si l'on n'envisage que les personnels civils, l'État, les collectivités locales et leurs établissements publics emploient environ un million d'agents non titulaires. Certains d'entre eux sont dans une situation unilatérale, mais, dans leur majorité, ils ont la qualité d'agents contractuels de droit public ou d'agents contractuels de droit privé, selon qu'ils sont affectés ou non à l'exécution d'un service public administratif (cf. *supra* n° 143). L'arrêt Berkani ***(TC 25 mars 1996, Rec. 536, concl. P. Martin, RFDA 1996.818, concl. P. Martin ; AJDA 1996.399)*** a eu pour conséquence d'augmenter le nombre des contractuels de droit public. Mais, contrairement à ce qu'on a parfois cru, il n'a pas porté atteinte au critère organique : un salarié employé par une personne privée, fût-elle chargée d'un service public administratif, ne peut être agent public ***(CE, avis, 16 mai 2000, Joly, Gazette des communes 30 juillet 2001, p. 67, concl. Fombeur ; RDP 2001. 1513, note Canedo)***.

Périodiquement, il est question de limiter le recours aux agents contractuels en tirant les conséquences du caractère exceptionnel qu'il devrait revêtir, mais les titularisations et interdictions de recrutements nouveaux n'y font rien ; il existe un besoin de contractuels. En témoigne par exemple le grand succès des contrats emploi-solidarité (à durée déterminée et temps partiel) créés en 1989, auprès des services publics autres que ceux de l'État ; mais il s'agissait de contrats de droit privé par détermination de la loi (art. L. 322-4-8 Code du travail), de même que les contrats de travail prévus par la loi n° 97-940 du 16 octobre 1997 relative au développement d'activités pour l'emploi des jeunes (art. L. 322-4-18 C. trav. ; *TC 23 février 2004, CHU Toulouse, Bull. Jur. Coll. Loc., 2004, n° 5/04, p. 345, concl. G. Bachelier)*.

La qualification comme contrat de droit privé peut s'expliquer par la volonté de ne pas donner vocation à titularisation et n'est pas exclusive de requalification en contrat de droit public dans le cas où le contrat ne répond pas aux conditions légales ***(CE, avis, 16 mai 2000, Joly précit.)***.

Les motifs des recrutements de non-titulaires sont avant tout budgétaires : les agents contractuels peuvent être, selon les cas, rémunérés mieux ou moins bien que les fonctionnaires. Ils sont moins bien rémunérés lorsqu'ils occupent des emplois peu qualifiés, ils sont mieux rémunérés quand leur recrutement a été rendu nécessaire par l'absence de fonctionnaires qualifiés.

Traditionnellement, les plus gros employeurs de contractuels sont les administrations de l'Éducation nationale et de l'Équipement, ainsi que La Poste ; les collectivités locales recrutent aussi beaucoup de contractuels.

Cette situation ne laisse pas d'étonner, étant donné que, d'après les textes en vigueur, le recrutement de contractuels est exceptionnel, ce qui explique le désordre qui règne dans le droit applicable.

Les contractuels, à la différence des fonctionnaires, n'ont ni statut, ni garantie d'emploi. Ont-ils même un contrat ? La question est posée par la doctrine.

Bibliographie : BELLOUBET-FRIER (N.) : « Le statut des agents non-titulaires de l'État : de la précarité à la pérennité », *AJDA* 1990, 851.

CABANEL (J.) et GOURDON (J.-L.) : *Les contractuels*, Économica, 1991.

CABANEL (J.) : *Droits des contractuels*, Économica, 1988.

« Contrats d'emploi (Les) », dossier *CP-ACCP* 2006, n° 56.

DESBARATS (I.) : « La précarisation de l'emploi dans le secteur public et dans l'entreprise privée. Approches croisées », *D.* 2002, chron. 593.

GAUDEMET (Y.) : « Existe-t-il une "catégorie" d'agents publics contractuels de l'administration ? », *AJDA* 1977, 614.

IFSA : *Les agents non titulaires dans l'administration*, Cujas, 1976.

JACOB (M.) : « Militaire professionnel : militaire de carrière ou militaire sous contrat ? » *Revue administrative*, janvier-février 2000, p. 60.

MINISTÈRE DE L'INTÉRIEUR : Circulaire non-titulaires du 23 juillet 2001, *Gazette des communes*, 3 septembre 2001, p. 316.

MONIOLLE (C.) : *Les agents non titulaires de la fonction publique de l'État*, LGDJ, 1999.

MONIOLLE (C.) : « Le non-titulariat dans la fonction publique de l'État », *AJFP* 1998, n° 2, p. 45 et n° 3, p. 49.

NAUQUIER (J. P.) : « Agents contractuels : droits et garanties, indices d'un statut ? », *Gazette des communes* 4 juin 2001, p. 46.

PELLETIER (P.) et THUAL (R.) : *Les agents non titulaires*, Berger-Levrault, 1998.

RENARD (P.) : « Le guide de l'agent non titulaire », *Gazette des communes*, Le Moniteur, 1995.

RENARD (P.) : « Les agents non titulaires des collectivités locales », *AJFP* 1997, n° 2, p. 45.

SUTTER (G.) et ZECLER (H.) : « Les agents contractuels des services publics administratifs », *RDP* 2000, 521.

§ 1. Le recrutement des agents contractuels

1219. Le recrutement des agents contractuels est dérogatoire à deux titres : il déroge au principe selon lequel les emplois publics doivent être occupés par des fonctionnaires, il déroge aux règles qui s'appliquent au recrutement des fonctionnaires, même si le recours pour excès de pouvoir est admis, par exception contre le contrat de recrutement lui-même ***(CE 30 octobre 1998, Ville de Lisieux, RFDA 1999, 128, concl. Stahl ; JCP 1999, II, 10045, note Haïm ; AJDA 1998, 1041, chron. Fombeur et Raynaud ; AJFP 1999, 4, note Boutelet)***.

A Le caractère exceptionnel du recrutement

1220. Le statut général de la Fonction publique pose le principe selon lequel les emplois civils permanents sont occupés par des fonctionnaires placés en situation statutaire et réglementaire (art. 2 et 3 de la loi du 13 juillet 1983 portant droits et obligations des fonctionnaires). Ce principe n'est pas nouveau ; les exceptions qui y sont apportées non plus.

Les conditions de recrutement des contractuels des différentes fonctions publiques sont formulées par les lois statutaires, qui ont été modifiées dans le sens de l'assouplissement par la loi n° 87-588 du 30 juillet 1987 et par des lois postérieures de caractère circonstanciel. La moins étonnante n'est pas la loi du 12 avril 2000, dont l'article 34 règle la situation des agents recrutés par un contrat de droit privé, devenu de droit public par l'effet de l'arrêt Berkani du 25 mars 1996 : les agents de catégorie C concernés se sont vu ouverte une option entre la conservation du lien de droit public ou le « retour » au droit privé.

1221. En ce qui concerne l'État et ses établissements publics administratifs — lesquels emploient un nombre important de contractuels (Universités, ANPE, notamment), la loi du 11 janvier 1984 (modifiée par la loi du 26 juillet 2005) définit les conditions suivantes à son article 4 :

« Par dérogation au principe énoncé à l'article 3 du titre I du statut général, des agents contractuels peuvent être recrutés dans les cas suivants :

1° Lorsqu'il n'existe pas de corps de fonctionnaires susceptibles d'assurer les fonctions correspondantes ;

2° Pour les emplois du niveau de la catégorie A et, dans les représentations de l'État à l'étranger, des autres catégories, lorsque la nature des fonctions ou les besoins des services le justifient.

Les agents ainsi recrutés sont engagés par des contrats d'une durée maximale de trois ans qui ne peuvent être renouvelés que par reconduction expresse ».

L'article 6 ajoute que :

« Les fonctions qui, correspondant à un besoin permanent, impliquent un service à temps incomplet, d'une durée n'excédant pas 70 % d'un service à temps complet, sont assurées par des agents contractuels.

Les fonctions correspondant à un besoin saisonnier ou occasionnel sont assurées par des agents contractuels, lorsqu'elles ne peuvent être assurées par des fonctionnaires titulaires ».

1222. Pour les collectivités locales, les conditions sont en partie différentes selon la loi du 26 janvier 1984 dont l'article 3 dispose que :

« Les collectivités et établissements mentionnés à l'article 2 ne peuvent recruter des agents non titulaires pour occuper des emplois permanents que pour assurer le remplacement momentané de titulaires autorisés à exercer leurs fonctions à temps partiel ou indisponibles en raison d'un congé de maladie, d'un congé de maternité ou d'un congé parental, ou de l'accomplissement du service national, du rappel ou du maintien sous les drapeaux, ou pour faire face temporairement et pour une durée maximale d'un an à la vacance d'un emploi qui ne peut être immédiatement pourvu dans les conditions prévues par la présente loi.

Ces collectivités et établissements peuvent, en outre, recruter des agents non titulaires pour exercer des fonctions correspondant à un besoin saisonnier pour une durée maximale de six mois pendant une même période de douze mois et conclure pour une durée maximale de trois mois, renouvelable une seule fois à titre exceptionnel, des contrats pour faire face à un besoin occasionnel.

Par dérogation au principe énoncé, à l'article 3 du titre Ier du statut général, des emplois permanents peuvent être occupés par des agents contractuels dans les cas suivants :

« 1° Lorsqu'il n'existe pas de cadre d'emplois de fonctionnaires susceptibles d'assurer les fonctions correspondantes ;

2° Pour les emplois du niveau de la catégorie A, lorsque la nature des fonctions ou les besoins des services le justifient ».

1223. Enfin, dans la Fonction publique hospitalière, les conditions sont moins strictes. L'article 9 de la loi du 9 janvier 1986 prévoit que :

« Par dérogation à l'article 3 du titre Ier du statut général, les emplois permanents mentionnés au premier alinéa de l'article 2 peuvent être occupés par des agents contractuels lorsque la nature des fonctions ou les besoins du service le justifient, notamment lorsqu'il n'existe pas de corps de fonctionnaires hospitaliers susceptibles d'assurer ces fonctions ou lorsqu'il s'agit de fonctions nouvellement prises en charge par l'administration ou nécessitant des connaissances techniques hautement spécialisées.

Les établissements peuvent recruter des agents contractuels pour assurer le remplacement momentané de fonctionnaires hospitaliers indisponibles ou autorisés à exercer leurs fonctions à temps partiel. Ils peuvent également recruter des agents contractuels pour faire face temporairement et pour une durée maximale d'un an à la vacance d'un emploi qui ne peut être immédiatement pourvu dans les conditions prévues par le présent titre.

Ils peuvent, en outre, recruter des agents contractuels pour exercer des fonctions occasionnelles pour une durée maximale d'un an.

Les emplois à temps non complet d'une durée inférieure au mi-temps et correspondant à un besoin permanent sont occupés par des agents contractuels ».

1224. La matière est donc très réglementée. Il résulte de ces textes que le recrutement de contractuels obéit à deux principales catégories de motifs : tantôt le recours aux fonctionnaires est impossible parce qu'il n'existe pas de fonctionnaire susceptible d'occuper l'emploi, tantôt il est difficile à raison de l'inadéquation du statut de fonctionnaire à la précarité de l'emploi.

Les conditions légales peuvent être résumées dans le tableau suivant :

	Besoin permanent	Besoin temporaire
ÉTAT	— tous niveaux absence d'un corps de fonctionnaires • service à temps incomplet — en France : catégorie A/à l'étranger tous niveaux • nature des fonctions • besoins du service	— à défaut de fonctionnaires
COLLECTIVITÉS LOCALES	— tous niveaux • absence d'un corps de fonctionnaires • service à temps incomplet — catégorie A • nature des fonctions • besoins du service — communes < 1 000 ha • emploi permanent à temps non complet	— besoin saisonnier — besoin occasionnel — remplacement momentané — vacance d'emploi ne pouvant être immédiatement pourvu
HÔPITAUX	— nature des fonctions — besoins du service — emploi à temps non complet < mi-temps	— besoin occasionnel — remplacement momentané — vacance d'emploi ne pouvant être immédiatement pourvu

1225. Le juge administratif contrôle l'application des conditions légales (V. chron. L. Touvet, *AJDA 1995, 184*). Dans un arrêt du *11 mars 1992, Commune de Blagnac (AJDA 1992, 522, concl. Pochard)*, il a, ainsi, été jugé que le recrutement d'un assistant juridique était légal parce que justifié par les besoins du service, qui ne pouvait attendre les résultats des concours de recrutement, et par la nature des fonctions, qui nécessitaient un agent ayant une expérience et une formation, juridique en l'espèce. De la sorte, il s'avère que le recours aux contractuels traduit une certaine inadéquation de l'organisation de la Fonction publique aux besoins du service.

B Les modalités dérogatoires du recrutement

1226. Il n'existe pas de principe d'égalité entre fonctionnaires et agents non titulaires *(CE 11 janvier 1980, Delaunay, Rec. t. 585 ; Avis CE 30 janvier 1997, AJFP 1997, n° 3, p. 50)* ; cette situation permet aux collectivités publiques « d'ajuster les conditions de leur recrutement » *(concl. Fratacci sous CE Ass. 29 avril 1994, Colombani, Rec. 209).* En particulier, le recrutement des agents contractuels n'est pas soumis au principe du concours.

Cependant, certaines conditions fondamentales de recrutement des fonctionnaires sont rendues applicables par les textes aux agents contractuels. En particulier, les agents contractuels doivent jouir de leurs droits civiques (État : décret n° 86-83 du 17 janvier 1986, art. 3 ; collectivités locales : décret n° 88-145 du 15 février 1988, art. 8 ; hôpitaux : art. 3, décret n° 91-155 du 6 février 1991) et les vacances d'emplois doivent faire l'objet d'une publication *(CE 14 mars 1997, Dépt. des Alpes-Maritimes, Rec. 79).*

1227. Le décret du 17 janvier 1986 applicable à l'État prévoit que l'agent non titulaire « est recruté par contrat ou engagement écrit », l'engagement écrit paraissant correspondre dans l'intention du rédacteur à une situation unilatérale. La rédaction du décret du 15 février 1988 applicable aux collectivités territoriales est plus explicite : « l'agent non titulaire est recruté soit par contrat soit par décision administrative » (art. 3). Lorsqu'aucun écrit n'a été établi, une certaine équivoque peut exister au sujet du caractère unilatéral ou contractuel de la situation. Ainsi, dans un cas où des kinésithérapeutes ont, à l'occasion d'un enseignement, dispensé des soins à des malades et été rémunérés par l'hôpital, il a été jugé que « ces prestations réciproques établissaient entre eux et l'hôpital un lien direct » *(CE 18 mai 1994, Pellegrini, Rec. 244),* sans que la nature dudit « lien » soit précisée.

§ 2. Le droit applicable

Bibliographie : REY (J.-L.) : « L'application des règles issues du Code du travail aux agents de droit public », *LPA* 9 février 1996, n° 18, p. 20.

1228. Dès lors que le contrat est de droit public, le droit du travail est totalement inapplicable, sauf « réception » opérée par le droit public ou renvoi par le contrat. Ces agents se trouvent donc dans une zone intermédiaire entre le Code du travail et le statut de la Fonction publique, mais cette zone n'est pas un *no man's land*. En effet, un nombre assez important de textes définissent ce qu'un auteur a appelé des « quasi-statuts » (Siwek-Pouydesseau « Les personnels non titulaires de l'État », in *IFSA, op. cit.*, p. 40), auxquels se superposent des principes généraux identifiés par le juge administratif.

A Les « quasi-statuts »

1229. On ne peut qu'être frappé par le désordre qui règne en la matière : à côté de trois textes de portée générale (décret 86-83 du 17 janvier 1986 ; décret 88-145 du 15 février 1988, décret 91-155 du 6 février 1991), existent des décrets, des arrêtés, des circulaires, des délibérations, qui définissent une partie des règles applicables aux agents de telle ou telle administration (V. une liste in J. Cabanel, *Droits des contractuels*, Économica, 1988, p. 235 et s.). La légalité de ces différents textes est parfois discutable, notamment au point de vue de la compétence.

a) L'autorité compétente

1230. L'article 34 de la Constitution réserve au législateur la fixation des règles concernant « les garanties fondamentales accordées aux fonctionnaires civils et militaires de l'État » et la détermination des principes fondamentaux « du droit du travail ». Les agents contractuels ne relevant ni de la Fonction publique, ni du droit du travail *stricto sensu*, on peut en déduire que les règles qui les concernent appartiennent au domaine du règlement (en ce sens, cf. F. Hamon « Les contractuels, de quel droit ? » in Cabanel et Gourdon, *op. cit.*, p. 83 s. ; *contra* : intervention de P. Laroque, *ibid.*, p. 107). C'est pourquoi, en dehors des dispositions relatives à la titularisation, les textes sur les contractuels ont le caractère réglementaire (cf. Belloubet-Frier, art. cit. *AJDA* 1990, 851 ; *Avis du CE 30 janvier 1997, EDCE 1998, n° 49, p. 185, AJFP 1997, n° 3, p. 50*).

1231. Les lois statutaires ont prévu l'intervention de décrets en Conseil d'État fixant les dispositions générales applicables aux agents non titulaires (art. 7 de la loi du 11 janvier 1984 ; art. 136 de la loi du 26 janvier 1984 ; art. 10 de la loi du 9 janvier 1986).

Ces dispositions générales sont complétées par des décrets, des arrêtés relatifs aux agents de l'État et des délibérations concernant les agents des collectivités locales. Quand l'employeur est un établissement public administratif de l'État (ANPE, Universités, etc.), les règles statutaires sont normalement fixées par décret, sauf texte habilitant tel ou tel organe de l'établissement public *(CE 17 juin 1983, Syndicat national CFDT de l'ANIFOM, Rec. 260* ; et pour le cas particulier des établissements consulaires : *CE Sect. 29 novembre 1991, Crépin, Rec. 411).*

1232. Quand l'employeur est une collectivité locale, la réglementation fixée au plan national peut être complétée à titre résiduel par la collectivité. Mais il est impossible à cette dernière d'aller à l'encontre des règles nationales, par exemple en prévoyant une carrière pour les non-titulaires, alors que le législateur leur dénie expressément le droit à un déroulement de carrière *(CE 30 juin 1993, Préfet de la Martinique c/ Commune du Robert, Rec. t. 629 ; Avis du CE 30 janvier 1997, EDCE 1998 p. 185, AJFP 1997, n° 3, p. 50).*

b) Les textes généraux

1233. Les décrets n° 84-16 du 17 janvier 1986 pour l'État et ses établissements publics autres qu'industriels et commerciaux, 88-145 du 15 février 1986 pour les collectivités locales et leurs établissements publics administratifs, 91-155 du 6 février 1991 pour les établissements publics de santé déterminent les dispositions générales applicables aux agents non titulaires de droit public. Le décret relatif aux agents de l'État laisse subsister les dispositions réglementaires en vigueur lorsqu'elles sont plus favorables, alors que les deux autres décrets abrogent la réglementation antérieure en prévoyant toutefois que les stipulations des contrats doivent être au moins aussi favorables.

Les trois décrets fixent les conditions générales de recrutement, les droits en matière de congés, les sanctions disciplinaires et les règles applicables en cas de licenciement, notamment pour le calcul de l'indemnité de licenciement.

1234. En dehors des décrets spécifiques aux agents de droit public, certains textes de portée générale sont applicables à l'ensemble des salariés, y compris les non-titulaires de droit public. Tel est notamment le cas pour l'indemnisation du chômage : l'article L. 351-12 du Code du travail dispose qu'ont droit aux allocations d'assurance-chômage les agents non-titulaires de l'État, des collectivités territoriales, des établissements publics administratifs. Les administrations concernées peuvent passer une convention avec l'UNEDIC pour la gestion de l'assurance-chômage et la convention d'assurance-chômage leur est applicable *(CE 5 février 1988, Commune de Mouroux, D. 1989, 95, note Ayoub)*.

c) Les textes particuliers

1235. Des textes particuliers portent sur d'autres questions, comme la rémunération, la formation, etc. En particulier sont applicables aux non-titulaires les dispositions du décret du 24 octobre 1985 sur les rémunérations.

Il arrive que ces textes constituent un statut complet (ex. : décret n° 90-543 du 29 juin 1990 fixant le statut applicable aux agents de l'ANPE).

1236. Un « statut » à part s'applique aux maîtres contractuels des établissements d'enseignement privé placés sous contrat d'association.

Ces établissements concourent à l'exécution du service public ; les enseignants non titulaires qui y travaillent sont liés à l'État par contrat ; il s'ensuit qu'ils ont la qualité d'agents publics, même si la Cour de cassation a identifié une « relation de travail » de droit privé (J. Ngafaounain, « Les maîtres contractuels des établissements privés d'enseignement à la recherche de leur juge », *Dr. soc.* 1994, 767 ; B. Toulemonde, « Le statut des maîtres contractuels des établissements d'enseignement privé », *AJDA* 1995, 427). Cependant, il ne s'agit pas d'agents contractuels comme les autres : leur situation est régie par un décret du 10 mars 1964 pris en application de la loi Debré du 31 décembre 1959 et non par les règles générales applicables aux non titulaires.

La diversité juridique a cependant une limite : certains droits et obligations concernent tous les agents publics.

B Les règles de portée générale

1237. À de rares principes généraux du droit s'ajoutent quelques règles communes d'origine jurisprudentielle.

a) Les principes généraux

1238. Faute de pouvoir reconnaître aux agents contractuels de droit public les garanties d'emploi et de carrière qui caractérisent la situation du fonctionnaire, il a été proposé de leur faire application du droit du travail. Ainsi, le président Laroque estimait qu'« il n'est pas admissible que l'État ne s'impose pas à lui-même et n'impose pas aux collectivités locales l'obligation d'assurer aux agents non titulaires au moins les garanties qu'il impose aux employeurs privés de donner à leurs salariés » (*IFSA, op. cit.*, p. 291). Dans cet esprit, une proposition de loi déposée en 1988 par le député Maurice Ligot (proposition n° 317 du 19 octobre 1988) prévoyait l'application du Code du travail aux agents contractuels ; elle n'a pas abouti. Cependant, le Conseil d'État a rendu applicables certains des principes du Code du travail en considérant qu'il s'agit de principes généraux du droit.

La solution remonte à l'arrêt d'***Assemblée du 8 juin 1973, Peynet (Rec. 406, concl. S. Grévisse, AJDA 1973, 587, chron. Franc et Boyon)*** qui identifie un principe général du droit selon lequel « un employeur ne peut, sauf dans certains cas, licencier un salarié en état de grossesse ». Est également applicable aux agents publics le principe général du droit, dont s'inspire l'article L. 141-2 du Code du travail, selon lequel la rémunération doit être au moins égale au SMIC ***(CE Sect. 23 avril 1982, Ville de Toulouse c/ Aragnou, Rec. 152, concl. Labetoulle ; AJDA 1982, 440, chron. Tiberghien et Lasserre)***.

Mais il faut des motifs très sérieux pour qu'une disposition du Code du travail soit considérée comme la traduction d'un principe général du droit. Dans les cas où cette solution a été admise, la règle de droit a une valeur particulière : elle est consacrée au plan international et elle « exprime une sorte d'obligation morale de la société » (concl. Labetoulle précit.).

b) Les règles communes aux non-titulaires et aux titulaires

1239. Sans aller jusqu'à considérer que le statut général applicable aux fonctionnaires titulaires consacre un principe général du droit, le Conseil d'État a parfois admis « d'appliquer des règles communes aux agents non titulaires comme aux titulaires lorsqu'ils sont dans une situation analogue vis-à-vis de l'intérêt du service, vis-à-vis des obligations découlant du service ou des contreparties qui s'y attachent » *(concl. Fratacci sous CE Ass.*

29 avril 1994, Colombani, Rec. 209). Il existe donc un régime de droit public applicable à tous les agents de droit public même sans texte, dès lors qu'ils participent à l'exécution du service public.

Au nombre de ces règles communes figurent :

— l'obligation de réserve *(CE Sect. 5 janvier 1968, Min. Trav. c/ CRSS de Rennes, Rec. 16)* ;

— le droit à être remboursé des frais engagés dans l'intérêt du service *(CE Ass. 9 décembre 1966, Queinnec, Rec. 698)* ;

— le droit d'être garanti des condamnations pour faute de service *(CE Sect. 26 avril 1963, CHR de Besançon, Rec. 242)* ;

— le droit au paiement de la rémunération correspondant à une période de suspension lorsqu'aucune sanction pénale ou disciplinaire n'a été prononcée *(CE Ass. 29 avril 1994, Colombani, Rec. 209, concl. Fratacci)* ;

— l'obligation de reclasser un agent inapte physiquement à exercer son activité (*CE 2 octobre 2002, CCI de Meurthe et Moselle, AJDA 2002. 1294, concl. Piveteau).*

À l'intérieur du cadre ainsi défini, il ne subsiste que peu de place pour le contrat qui reste pourtant susceptible de fixer certains éléments de la situation de l'agent.

C Le contrat

1240. Le contrat de l'agent public a tout de l'acte-condition par lequel un statut préétabli est rendu applicable à un individu sans que ce statut s'incorpore à l'acte qui le rend applicable. En cela, le contrat de recrutement est proche de l'acte de nomination du fonctionnaire, qui n'a été qualifié de contrat qu'à titre exceptionnel par l'arrêt *Winkell (CE 7 août 1909, S. 1909. 3. 145, concl. Tardieu, note Hauriou*), dont la solution a été abandonnée par l'arrêt du *22 octobre 1937 Minaire (D. 1938. 3. 49, concl. Lagrange, note Eisenmann ;* — cf. J. Lafon, « Le contrat de fonction publique », *RHDF* 1975, p. 102).

C'est ainsi que la jurisprudence a toujours admis le droit pour l'administration de changer les conditions d'emploi, y compris celles concernant la rémunération (ex. : *CE 6 novembre 1987, Ravey, Dr. adm. 1987, n° 656 ; CE 28 juillet 1995, Delisle, Dr. adm. 1995, n° 607*). Un texte réglementaire peut cependant limiter les pouvoirs de l'administration (ex. : *CE 30 juin 1993, Min. délégué auprès du Min. Ind. c/ Yepez, Rec. t. 856* : application de l'article 9 du décret du 18 juin 1969 fixant le statut des agents contractuels de l'État en service à l'étranger, qui prévoit que « pendant la période de validité du contrat (...) seules peuvent être modifiées et faire l'objet d'un avenant les dispositions concernant : les fonctions de l'agent... »).

1241. Même si la situation de l'agent contractuel est largement légale et réglementaire, il n'en demeure pas moins que l'existence d'un contrat n'est pas dénuée de tout intérêt.

En premier lieu, la réglementation laisse subsister la possibilité de la compléter, et le juge fait alors prévaloir la commune intention des parties : « la circonstance que le régime applicable à certaines catégories d'agents contractuels est défini par des textes de caractère réglementaire ne fait pas obstacle à ce que, dans le silence de ces textes, certains éléments de la situation de ces agents soient fixés par les stipulations de leurs contrats » *(Conseil d'État, avis du 30 janvier 1997, EDCE n° 49, p. 185).* Lorsque l'emploi est situé à l'étranger, le Conseil d'État a accepté de faire application de la loi locale si le contrat y renvoie (ex. : *CE 28 janvier 1983, Johnston, Rec. 28 ; RCDIP 1985, 316, concl. Franc* : application des dispositions régissant le licenciement au Royaume-Uni à une secrétaire des services de l'expansion économique à Manchester), mais cette solution n'est plus admise que dans le cas où certaines règles du droit français restent applicables *(CE 19 novembre 1999, Tegos, RFDA 2000.883, concl. Arrighi de Casanova* — cf. *supra* n° 332*).*

En second lieu, comme l'a relevé le professeur Gaudemet, le contrat pourrait justifier une indemnisation, par exemple dans le cas de modification aboutissant à une transformation substantielle (cf. Y. Gaudemet, « Existe-t-il une « catégorie » d'agents publics contractuels de l'administration ? », *AJDA* 1977, 614), ce que confirme la jurisprudence (*CE 1er mars 1968, Syndicat unifié des techniciens de l'ORTF, rec. 150).* Enfin, le contrat détermine la durée de l'emploi.

§ 3. La fin du contrat

1242. Le contrat de l'agent public contractuel peut prendre fin par la titularisation, dont les modalités sont fixées par les lois statutaires, mais il expire aussi par survenance du terme ou licenciement.

A La durée du contrat

Bibliographie : DERRIDJ (L.) : « Le recours aux agents non titulaires de la fonction publique territoriale : peut-il encore exister un principe du contrat à durée déterminée ? », *RFDA* 2003. 126.

HEINIS (M.) : « Les critères du contrat à durée indéterminée dans la jurisprudence administrative », *Dr. soc.* 1994, 995.

LEMOYNE DE FORGES (J.-M.) : *L'adaptation de la fonction publique française en droit communautaire*, Dalloz, 2003, p. 118 et s.

1243. En l'absence de texte, « il ne résulte d'aucun principe général du droit applicable aux agents publics contractuels que les contrats de travail les liant à leurs employeurs seraient conclus sans détermination de durée » *(CE 14 mars 1990, CCI de Strasbourg, RFDA 1990, 445)*, contrairement à ce qui se passe en droit du travail où le principe est la durée indéterminée (art. L. 121-5, C. trav.). Le droit communautaire va dans le même sens que le droit du travail.

En effet, la directive 1999/70 du 28 juin 1999, sur le travail à durée indéterminée, vise à prévenir les abus résultant de l'utilisation de contrats à durée déterminée. Elle oblige les États membres à prendre des mesures restrictives de l'utilisation de tels contrats. Cette directive s'applique aux emplois dans l'administration ; elle aurait dû être transposée le 10 juillet 2001 ; elle l'a été, à minima, par la loi du 26 juillet 2005, qui a aménagé les lois sur la fonction publique, en indiquant une durée maximale totale de contrats ou un nombre de renouvellement de contrats au-delà duquel le contrat est réputé conclu pour une durée indéterminée.

1244. Pour les agents de l'État, le principe est le recrutement par contrat à durée déterminée d'une durée maximale de trois ans, renouvelable par reconduction expresse (art. 4, loi du 11 janvier 1984). Lorsqu'il s'agit d'emplois correspondant à un besoin saisonnier ou occasionnel, la durée totale au cours d'une année ne peut dépasser six mois dans le premier cas, huit mois dans le second.

La loi du 26 juillet 2005 a réformé l'article 4, pour fixer une limite maximale aux contrats à durée déterminée : le premier contrat de trois ans est renouvelable dans la limite de six ans ;

après quoi, la reconduction en est possible (par décision expresse) pour une durée indéterminée.

1245. Les collectivités locales peuvent, on l'a vu, recruter des agents contractuels dans les mêmes cas que l'État, pour faire face à un besoin permanent. La règle de la durée maximale de trois ans avec possibilité de reconduction expresse s'applique alors.

Les règles prévues par la loi du 26 juillet 2005 s'appliquent aux collectivités locales.

1246. Dans les autres cas, les conditions de durée, résultant des dispositions législatives déjà citées, sont les suivantes :

Emploi saisonnier	Emploi occasionnel	Emploi permanent à temps partiel < 1 000 hab.	Remplacement	Vacance d'emploi
6 mois par période de 12 mois	*Col. loc.* 3 mois renouvelable une fois hôp. un an	Durée déterminée	*Col. loc. et hôp.* Durée de l'indisponibilité du titulaire	*Col. loc. et hôp.* Un an

1247. C'est dans le cadre de ces dispositions qu'il faut comprendre l'article 8 du décret du 17 janvier 1986 qui prévoit que, en dehors des cas de besoins saisonniers ou occasionnels, le contrat « peut être à durée indéterminée ». En réalité, la loi ne permet de durée indéterminée sans maximum que dans le cas de fonctions correspondant à un besoin permanent impliquant un service à temps incomplet et dans certains cas exceptionnels, comme celui des agents « berkaniens ».

1248. La question de l'identification du contrat à durée indéterminée se pose donc en droit public comme en droit privé.

Il a, ainsi, été jugé qu'un contrat qui ne mentionne pas expressément de terme peut néanmoins être qualifié de contrat à durée déterminée. Par exemple, quand l'agent est recruté pour en remplacer un autre, son contrat n'est conclu que pour la durée de l'arrêt de travail, alors même que cette durée ne pouvait être fixée précisément lors du recrutement (ex. : *TA Clermont-Ferrand, 31 mai 1988, Monier, Rec. 877*).

Dans le cas de clause de tacite reconduction, s'éloignant des solutions du droit privé, le Conseil d'État a abandonné son ancienne jurisprudence *(CE sect. 14 novembre 1980, Guilley, rec. 430)* et il juge dorénavant que dans le cas où — illégalement

— le contrat comporte une clause de tacite reconduction, cette stipulation ne peut avoir pour effet de conférer au contrat une durée indéterminée ***(CE sec. 27 octobre 1999, Bayeux, RFDA 1999.1289)***. De même, ni l'insertion dans le contrat d'une clause de renouvellement exprès, ni la conclusion de contrats successifs n'aboutissent à la qualification comme contrat à durée indéterminée (ex. : *CE 28 septembre 1984, Bertrand, RDP 1985, 525*). Le renouvellement de fait d'un contrat à durée déterminée a pour seule conséquence la conclusion d'un nouveau contrat de même durée *(CE 22 novembre 2002, Mme Sandra M., req. 232367)*.

L'enjeu de cette qualification est généralement lié à la notion de licenciement : si le contrat est à durée déterminée, son non-renouvellement n'est soumis à aucune formalité, et le juge n'exerce sur la décision de non-renouvellement qu'un contrôle minimum (ex. : *CE 13 février 1987, Le Moing, Rec. t. 804*). S'il est à durée indéterminée, la résiliation ouvre droit à indemnité *(CE 10 juin 1983, Ville de Béziers, Rec. 242)* et les règles de licenciement s'appliquent, comme, par exemple, l'interdiction de licencier les femmes enceintes *(CE sect. 14 novembre 1980, Guilley, Rec. 430)*.

B Le licenciement

1249. Le licenciement peut être prononcé pour motif disciplinaire sans préavis, ni indemnité, mais dans le respect des droits de la défense.

Il peut aussi être décidé pour un motif d'intérêt général. En ce cas, s'appliquent les règles définies par les décrets des 17 janvier 1986, 15 février 1988 et 6 février 1991. L'agent a droit à un préavis et à une indemnité dont le montant varie en fonction de la rémunération et de l'ancienneté.

1250. Par dérogation aux principes habituellement applicables en matière de contentieux des contrats et compte tenu de l'analogie entre la situation du contractuel et celle du fonctionnaire, la décision de licenciement est considérée comme un acte détachable susceptible de recours pour excès de pouvoir *(CE 26 octobre 1960, Rioux, Rec. 558, concl. Chardeau ; CE Sect. 25 mai 1979, Rabut, Rec. 23)*.

Lorsque le licenciement est prononcé pour un motif disciplinaire, le juge administratif exerce un contrôle de l'erreur manifeste d'appréciation sur la proportionnalité de la sanction (ex. : *CE 21 septembre 1992, Min. Déf. c/ Gros, Rec. t. 1074*). Lorsque le licenciement est motivé par l'insuffisance professionnelle, c'est un contrôle normal qui est exercé (ex. : *CAA Paris, 21 septembre 1992, Satounet, Rec. t. 1082*). Si le licenciement est fondé sur un motif d'intérêt général, il est à penser que le contrôle serait limité à l'erreur manifeste d'appréciation ; des annulations ont été prononcées pour erreur matérielle (ex. : *CE 17 octobre 1984, Premier Ministre c/ Judlin, Rec. 332* : licenciement fondé sur une prétendue réorganisation d'un service, alors qu'aucune modification n'est intervenue).

1251. À bien des égards, le régime applicable aux agents publics contractuels les rapproche donc des fonctionnaires et certains de ces agents bénéficient en fait d'une stabilité équivalant à celle des fonctionnaires. Il n'en demeure pas moins que, du point de vue juridique, le contractuel est avant tout un non-titulaire privé des garanties de carrière et d'emploi. De manière paradoxale, la situation contractuelle est moins bien protégée que la situation légale et réglementaire. Cependant, par un retournement historique inattendu le rapport du Conseil d'État de 2003 « Perspectives pour la fonction publique » (*EDCE* 2003, n° 54, p. 329 et s.) propose l'introduction par la loi d'une part d'accords collectifs « sur des segments très limités des conditions d'emploi et de travail des fonctionnaires », d'autre part, d'un « contrat d'affectation sur emploi » précisant et concrétisant les conditions d'emploi dans le cadre statutaire.

1252-1256. *Réservés.*

Conclusion

1257. Il convient de rappeler pour conclure brièvement qu'il n'existe pas, selon l'expression d'un juriste allemand, de *numerus clausus* en matière de contrat administratif. Même si, dans la pratique, les autorités administratives utilisent intensivement les principaux contrats qui viennent d'être étudiés, elles bénéficient de la liberté contractuelle et peuvent conclure des contrats innommés et inédits, sous réserve de certaines restrictions d'ordre constitutionnel apparues dans la jurisprudence récente. L'intégration éventuelle à la catégorie des contrats administratifs entraînera néanmoins l'application du *corpus* de règles qui constitue le régime général du contrat administratif.

1258. Ce régime fait largement place à la spécificité du contrat administratif, spécificité qui, on l'a dit, est, dans une certaine mesure, irréductible. C'est pourquoi, l'idée, qui est parfois défendue, de privatiser les contrats de l'administration ne paraît pas avoir d'avenir en France. En revanche, la question est posée des améliorations à apporter à un régime juridique parfois trop complexe, parfois injuste. Force est de constater que les améliorations viennent souvent du législateur. Verrons-nous en France une Loi sur le contrat administratif ? Telle ne semble pas la tendance actuelle, qui est plutôt la multiplication de dispositions législatives ayant pour objet de permettre la conclusion de contrats plus ou moins nouveaux ; le code des contrats publics est encore loin.

Le 1er septembre 2006

Index

(Les chiffres renvoient aux numéros des paragraphes)

B

C

F

G

N

O

P

Annexes : Tables

Juridictions administratives et Tribunal des Conflits

(Les chiffres renvoient aux numéros des paragraphes)

NB : les arrêts rendus depuis les années 1980 se trouvent sur le site http://www.legifrance.gouv.fr/

Q

R

S

T

U

V

W

Y

Avis des formations administratives du Conseil d'État

Juridictions judiciaires

Conseil constitutionnel

Juridictions communautaires

NB : les arrêts se trouvent sur le site http://curia.eu.int/fr/content/aide/index.htm

Cour européenne des droits de l'homme

Table des matières

TROISIÈME PARTIE

PRINCIPAUX CONTRATS ADMINISTRATIFS

MANUELS

Collection dirigée par Bernard AUDIT et Yves GAUDEMET

Ph. ARDANT : *Institutions politiques et droit constitutionnel*, 18e éd., 2006.
B. BASDEVANT-GAUDEMET et J. GAUDEMET : *Introduction historique au droit, XIIIe-XXe siècles*, 2e éd., 2003.
A. BATTEUR : *Droit des personnes et de la famille*, 2e éd., 2003.
J.-B. BLAISE : *Droit des affaires*, 3e éd., 2002.
M. BOUVIER, M.-Ch. ESCLASSAN et J.-P. LASSALE : *Finances publiques*, 8e éd., 2006.
B. BRACHET : *Le système fiscal français*, 7e éd., 1997.
Ph. BRAUD : *Sociologie politique*, 8e éd., 2006.
D. CARREAU et P. JUILLARD : *Droit international économique*, 4e éd., 1998.
J.-P. CHAUCHARD : *Droit de la Sécurité sociale*, 4e éd., 2005.
J.-Ph. COLSON : *Droit public économique*, 3e éd., 2001.
I. DAURIAC : *Les régimes matrimoniaux*, 2004.
A. DECOCQ et G. DECOCQ : *Droit de la concurrence interne et communautaire*, 2e éd., 2004.
A. DECOCQ et G. DECOCQ : *Droit européen des affaires*, 2003.
E. DERIEUX : *Droit de la communication*, 4e éd., 2003.
E. DERIEUX : *Droit européen et international des médias*, 2003.
Y. GAUDEMET et J.-C. VENEZIA : *Droit administratif*, 18e éd., 2005.
O. GOHIN : *Institutions administratives*, 4e éd., 2002.
G. GOUBEAUX et P. VOIRIN : *Droit civil*, 2 vol., 30e éd., 2005, 24e éd., 2006.
F. HAMON et M. TROPER : *Droit constitutionnel*, 29e éd., 2005.
J.-J. ISRAEL : *Droit des libertés fondamentales*, 1998.
J.-C. JAVILLIER : *Droit du travail*, 7e éd., 1999.
P. JULIEN et N. FRICERO : *Droit judiciaire privé*, 2e éd., 2003.
P. JULIEN et G. TAORMINA : *Voies d'exécution et procédures de distribution*, 2000.
P. KINDER-GEST : *Droit anglais*, vol. 1 : *Institutions politiques et judiciaires*, 3e éd., 1997.
J. LAROCHE : *Politique internationale*, 2e éd., 2000.
D. LEGEAIS : *Sûretés et garanties du crédit*, 5e éd., 2006.
J. LEROY : *Droit pénal général*, 2003.
B. MATHIEU et M. VERPEAUX : *Contentieux constitutionnel des droits fondamentaux*, 2002.
J. MESTRE et M.-E. PANCRAZI : *Droit commercial*, 26e éd., 2003.
F. PÉROCHON et R. BONHOMME : *Entreprises en difficulté, instruments de crédit et de paiement*, 7e éd., 2006.
J.-F. RENUCCI : *Droit européen des droits de l'homme*, 3e éd., 2002.
L. RICHER : *Droit des contrats administratifs*, 5e éd., 2006.
J. RIDEAU : *Droit institutionnel de l'Union et des Communautés européennes*, 5e éd., 2006.
J.-J. ROCHE : *Relations internationales*, 3e éd., 2005.
P. RODIÈRE : *Droit social de l'Union européenne*, 2e éd., 2002.
J.-C. SOYER : *Droit pénal et procédure pénale*, 19e éd., 2006.
F. STASIAK : *Droit pénal des affaires*, 2005.
L. TROTABAS et P. ISOART : *Droit public (droit constitutionnel, droit administratif, finances publiques, droit administratif spécial)*, 24e éd., 1998.
D. VIDAL : *Droit des sociétés*, 5e éd., 2006.

Traitement informatique, impression, façonnage par

IMPRIMERIE
FRANCE QUERCY

ZA Les Grands Camps — 46090 Mercuès

Dépôt légal : septembre 2006
Numéro d'impression : 61836 L

LGDJ-E.J.A.
N° éditeur : 4133

Imprimé en France